LEI PENAL
DA REPÚBLICA POPULAR
DA CHINA

UMA ABORDAGEM HISTÓRICO-POLÍTICA

JÚLIO ALBERTO CARNEIRO PEREIRA
Magistrado do Ministério Público
Mestre em Estudos Chineses

LEI PENAL DA REPÚBLICA POPULAR DA CHINA

UMA ABORDAGEM HISTÓRICO-POLÍTICA

LEI PENAL DA REPÚBLICA POPULAR DA CHINA
UMA ABORDAGEM HISTÓRICO-POLÍTICA

AUTOR
JÚLIO ALBERTO CARNEIRO PEREIRA

EDITOR
EDIÇÕES ALMEDINA, SA
Avenida Fernão de Magalhães, n.º 584, 5.º Andar
3000-174 Coimbra
Tel.: 239 851 904
Fax: 239 851 901
www.almedina.net
editora@almedina.net

PRÉ-IMPRESSÃO • IMPRESSÃO • ACABAMENTO
G.C. – GRÁFICA DE COIMBRA, LDA.
Palheira – Assafarge
3001-453 Coimbra
producao@graficadecoimbra.pt

Março, 2007

DEPÓSITO LEGAL
256536/07

Os dados e as opiniões inseridos na presente publicação
são da exclusiva responsabilidade do(s) seu(s) autor(es).

Toda a reprodução desta obra, por fotocópia ou outro qualquer processo,
sem prévia autorização escrita do Editor,
é ilícita e passível de procedimento judicial contra o infractor.

Ao meu pai,
Júlio Dias Pereira,
pelo exemplo de vida

ÍNDICE

Abreviaturas 15

Advertências 17

Prefácio 19

Introdução 23

CAPÍTULO I

A lei penal nas bases e nas zonas libertadas.
Sua influência após a fundação da República Popular da China

01.1 Introdução.. 29
01.2 Primeira fase: período da germinação 31
01.3 Segunda fase: período das fundações... 47
01.4 Terceira fase: período da consolidação 55
01.5 Quarta fase: período da dimensão nacional 69
01.6 Conclusão 77

CAPÍTULO II

A dialéctica entre lei penal e políticas criminais,
linha de massas e anti-campanhas

02.1 Introdução.. 81
02.1.1 O poder da Nova Democracia 83
02.1.2 Domínio territorial 86
02.1.3 Administração do país.. 86
02.1.4 Actividade económica.. 87
02.2 Linha de massas e anti-campanhas.. 89
02.2.1 Linha de massas.. 89
02.3 Lei penal e administração da justiça 92

8   *Lei Penal da República Popular da China*

02.4 Organizações de massas 95
02.5 Políticas criminais 96
02.6 As anti-campanhas 101
02.6.1 Reforma agrária 101
02.6.2 A campanha "resistir à América, ajudar a Coreia" 103
02.6.3 Eliminação dos contra-revolucionários 106
02.6.4 Sanfan 三反 113
02.6.5 Wufan 五反 116
02.7 O direito penal 119
02.7.1 Regulamentos penais 120
02.8 A actividade interpretativa e intervenção tutelar 126
02.9 Conclusão 129

CAPÍTULO III

O processo de transformação socialista
e os primeiros projectos para um código penal

03.1 Introdução 135
03.1.1 As primeiras divisões na elite dirigente 138
03.2 A constituição de 1954 144
03.3 A constituição e o movimento "sufan 肃反" 151
03.4 Os projectos para um código penal 161
03.5 A actividade judicial 163
03.6 O esboço preliminar 169
03.7 O combate ideológico para a construção do sistema penal 175
03.8 Conclusão 177

CAPÍTULO IV

As flores, o salto e... a queda

04.1 Introdução 181
04.1.1 Duas vias para o socialismo 183
04.2 Os trabalhos para o código penal 195
04.3 Os efeitos do movimento anti-direitista 205
04.3.1 O movimento anti-direitista e o trabalho judicial 213
04.4 O relançamento da via legal 216
04.5 Restante actividade legislativa 218
04.5.1 O regulamento para a segurança da administração 220
04.5.2 Reabilitação pelo trabalho 223

Índice 9

04.6 A actividade judiciária... 224
04.7 Conclusão.. 225

CAPÍTULO V
A situação durante a revolução cultural

05.1 Introdução... 229
05.1.1 As causas imediatas da revolução cultural............................. 232
05.2 O direito durante a revolução cultural 240
05.3 As instituições judiciárias... 252
05.4 A constituição de 1775.. 256
05.5 O estudo do direito... 259
05.6 Conclusão.. 261

CAPÍTULO VI
O fim do radicalismo maoista
e o despertar do sistema legal chinês

06.1 Introdução... 265
06.1.1 A situação económica da China após a revolução cultural e a política de Hua Guofeng.. 266
06.1.2 A abordagem de Deng Xiaoping... 268
06.1.3 O caminho de Deng para o poder... 269
06.1.4 Deng Xiaoping, Ni Hao (Olá, Deng Xiaoping)....................... 271
06.2 A constituição de 1978.. 272
06.3 O código penal de 1979... 279
06.3.1 Introdução.. 279
06.3.2 Princípios fundamentais... 283
06.3.2.1 princípio da legalidade 283
06.3.2.2 conceito de crime.. 284
06.3.2.3 Perigosidade social da conduta... 285
06.3.2.4 Conduta criminalmente punível 286
06.3.2.5 Alcance da última parte do art. 10.°. As sanções administrativas. Infracções à segurança da administração................................. 286
06.3.2.6 A reabilitação pelo trabalho.. 287
06.3.2.7 As medidas de segurança... 288
06.3.2.8 Da analogia. Estrutura do crime... 289
06.3.2.9 Dos conceitos indeterminados... 291
06.3.2.10 Princípio da proporcionalidade entre o crime e a pena...... 291

10 *Lei Penal da República Popular da China*

06.3.2.11 Princípio da responsabilidade individual 292
06.3.2.12 Princípio da combinação da punição com a educação 292
06.3.2.13 Outros princípios 293
06.3.3 Âmbito da aplicação da lei penal 294
06.3.3.1 Aplicação no tempo 295
06.3.3.2 Aplicação retroactiva. Antecedentes históricos 295
06.3.3.3 Momento da prática do facto 297
06.3.3.4 Aplicação no espaço 297
06.3.3.5 Princípio da territorialidade 297
06.3.3.6 Princípio da nacionalidade 299
06.3.3.7 Princípio da protecção 300
06.3.3.8 Princípio da universalidade 301
06.3.3.9 Relevância do julgamento em país estrangeiro 301
06.3.3.10 Lugar da prática do facto 302
06.3.4 Modalidades do crime 302
06.3.5 Responsabilidade criminal 303
06.3.6 Formas do crime 304
06.3.7 Comparticipação 304
06.3.8 As penas principais 305
06.3.8.1 Pena de controlo 305
06.3.8.2 Detenção criminal 307
06.3.8.3 Pena de prisão. Prisão perpétua 307
06.3.8.4 Pena de morte. Pena de morte com suspensão 308
06.3.9 Penas acessórias 310
06.3.9.1 Pena de multa 310
06.3.9.2 Privação dos direitos políticos 311
06.3.9.3 Confisco de património 312
06.3.10 Os crimes contra-revolucionários no código de 1979 312
06.4 Conclusão 314

CAPÍTULO VII

O reforço do sistema legal e o regresso às campanhas

07.1 Introdução 317
07.2 A constituição de 1982 328
07.3 O reforço da segurança pública e o renovar das anti-campanhas 331
07.3.1 A nova disciplina de reabilitação pelo trabalho 331
07.3.2 A campanha contra a criminalidade grave 333
07.3.3 A campanha contra as seis peçonhas 339
07.4 A emergência do direito penal económico 340

Índice

07.5 A actividade judicial 345
07.6 Conclusão 347

CAPÍTULO VIII
Principais aspectos da revisão penal de 1997. Parte geral

08.1 Introdução 351
08.1.1 Antecedentes da revisão 352
08.1.2 Alcance da revisão 354
08.2 Fundamentos e fins da lei penal 355
08.2.1 Fundamentos 358
08.2.2 Fins 359
08.3 Princípios fundamentais da lei penal 360
08.3.1 Princípio da legalidade 361
08.3.2 Princípio da igualdade dos cidadãos perante a lei penal 363
08.3.3 Princípio da proporcionalidade entre o crime e a pena 364
08.4 Aplicação da lei penal no tempo 365
08.4.1 O problema da retroactividade da lei penal 365
08.4.1.1 1 de Outubro de 1949 a 31 de Dezembro de 1979 366
08.4.1.2 1 de Janeiro de 1980 a 30 de Setembro de 1997 367
08.4.1.3 A partir de 1 de Outubro de 1997 368
08.5 Crime e responsabilidade criminal 369
08.5.1 Noção de crime 369
08.5.1.1 As sanções administrativas. Reabilitação pelo trabalho 371
08.6 Legítima defesa 373
08.6.1 Legítima defesa no código de 1979 373
08.6.2 As novas opções do legislador 376
08.7 Sujeito do crime 377
08.7.1 O sujeito do crime no código de 1979 377
08.7.2 As opções do legislador na revisão. Os crimes corporativos ... 380
08.8 Penas principais e acessórias 382
08.8.1 A pena de morte. Regime no código penal de 1979 385
08.8.1.1 A primeira da fase da luta contra a criminalidade 388
08.8.1.2 A segunda fase da luta contra a criminalidade 390
08.8.1.3 A aplicação obrigatória da pena de morte 392
08.8.1.4 Alterações processuais 393
08.8.1.5 A execução da pena de morte 394
08.8.1.6 O debate sobre o âmbito de aplicação da pena de morte 396
08.8.1.7 As propostas da doutrina para a revisão da lei penal 399

12   *Lei Penal da República Popular da China*

08.8.1 8 O impacto das propostas da doutrina na revisão da parte especial do código 400
08.8.1.9 As regras gerais de aplicação da pena após a revisão do código 401
08.8.1.10 Os pressupostos gerais da aplicação da pena de morte 403
08.8.1.11 Limitações à aplicação da pena de morte 404
08.8.1.12 A suspensão da execução da pena de morte 405
08.8.1.13 O regime da suspensão no código de 1979 406
08.8.1.14 O regime da suspensão no novo código 407
08.8.2 A pena de privação dos direitos políticos 409
08.8.2.1 O conteúdo da pena de privação dos direitos políticos 410
08.8.2.2 A duração da privação dos direitos políticos 412
08.8.2.3 Aplicação necessária ou facultativa da pena de privação dos direitos políticos 412
08.8.2.4 A privação dos direitos políticos nos casos especiais de condenação à morte ou a prisão perpétua 414
08.8.2.5 A privação dos direitos políticos no caso de comutação das penas ... 416
08.8.2.6 A contagem da pena acessória de privação dos direitos políticos 416
08.8.3 Confisco de património 418
08.8.3.1 Âmbito do pena de confisco de património 420
08.8.3.2 Responsabilidade por dívidas 421
08.9 Aplicação concreta da pena. Medida da pena 422
08.9.1 Princípios gerais para a determinação da medida da pena 423
08.9.2 Agravação e atenuação 424
08.9.3 Atenuação especial 425
08.9.4 Destino dos bens apreendidos ou confiscados e do produto das multas 426
08.10 Reincidência 427
08.10.1 A reincidência geral 427
08.10.2 A reincidência especial 429
08.11 Entrega voluntária e serviços meritórios 431
08.11.1 Entrega voluntária 432
08.11.2 Requisitos da entrega voluntária 433
08.11.3 Serviços meritórios 434
08.12 Concurso de crimes e cúmulo de penas 436
08.12.1 Regra geral do concurso 436
08.12.2 Conhecimento superveniente do concurso 438
08.12.3 Concurso sucessivo 439
08.13 Suspensão da pena 440
08.13.1 Introdução 440
08.13.2 Pressupostos 442
08.13.3 Período de prova 443
08.13.4 Reincidentes 444
08.13.5 Obrigações que acompanham a suspensão 444

Índice

08.13.6 Observação do delinquente.. 446
08.13.7 Revogação da suspensão 447
08.14 A redução da pena... 448
08.14.1 Noção e pressupostos 448
08.14.2 Processo para a redução da pena... 451
08.14.3 Contagem da pena de prisão resultante da comutação da pena de prisão perpétua 452
08.15 Liberdade condicional... 453
08.15.1 Origens e antecedentes da revisão... 453
08.15.2 Requisitos da liberdade condicional 455
08.15.3 Processo de concessão.. 456
08.15.4 O período de prova na liberdade condicional, obrigações e supervisão 457
08.15.5 Revogação da liberdade condicional 459
08.16 A extinção da pena.. 461
08.16.1 Cumprimento, decurso do prazo de suspensão e morte do delinquente 461
08.16.2 A prescrição 462
08.16.2.1. Excepções à imprescritibilidade.. 464
08.16.2.2 Prazos de prescrição 465
08.16.2.3 Suspensão da prescrição.. 465
08.16.2.4 Início do prazo. Interrupção da prescrição.................................... 467
08.16.3 Remição da pena 467
08.16.3.1 Perdão especial.. 468

CAPÍTULO IX

Principais aspectos da revisão penal de 1997. A parte especial

09.1 Introdução.. 471
09.1.2 A erosão do código de 1979... 472
09.1.3 Sistemática da parte especial após a revisão 473
09.1.4 A identificação dos crimes... 473
09.2 Crimes contra a segurança do estado 474
09.2.1 O abandono dos crimes "contra-revolucionários".............................. 475
09.3 Crimes contra a segurança pública... 478
09.4 Crimes contra a ordem da economia de mercado socialista................. 480
09.4.1 Crimes de produção e venda de mercadorias contrafeitas de má qualidade 481
09.4.2 Crimes de contrabando... 481
09.4.3 Crimes contra a ordem na administração de sociedades e empresas.... 482
09.4.4 Crimes de sabotagem da ordem financeira 482
09.4.5 crimes de fraude financeira 483
09.4.6 Crimes contra a cobrança de impostos.. 483

14   *Lei Penal da República Popular da China*

09.4.7 Crimes de violação da propriedade intelectual 483
09.4.8 Crimes de perturbação da ordem de mercado 483
09.5 Crimes contra os direitos pessoais e direitos democráticos dos cidadãos 484
09.6 Crimes contra a propriedade 486
09.7 Crimes contra a ordem social 489
09.7.1 Crimes de perturbação da ordem pública.. 490
09.7.2 Crimes contra a justiça.. 491
09.7.3 Crimes contra a administração das fronteiras 491
09.7.4 Crimes contra a administração do património cultural.. 492
09.7.5 Crimes contra a saúde pública.. 492
09.7.6 Crimes contra a protecção dos recursos ambientais.. 492
09.7.7 Crimes de contrabando, tráfico, transporte e fabrico de drogas 493
09.7.8 Crimes de organização, coacção, indução, favorecimento e intermediação para o exercício da prostituição.. 493
09.7.9 Crimes de fabrico, tráfico e divulgação de artigos pornográficos 493
09.8 Crimes contra os interesses da defesa nacional.. 494
09.9 Crimes de peculato e corrupção 496
09.10 Crimes de violação de deveres 500
19.11 Crimes de violação de deveres por militares.. 502
09.12 Conclusão.. 505

CAPÍTULO X

Da terceira para a quarta geração. A via para a sociedade harmoniosa

10.1 Introdução.. 509
10.1.1 A transição de poder para a quarta geração 514
10.2 A revisão constitucional 1999.. 528
10.3 A revisão constitucional de 2004 534
10.4 As alterações da lei penal e legislação conexa.. 535
10.4.1 As revisões do código penal.. 535
10.4.2 A lei de extradição 539
10.4.3 Sanções administrativas.. 542
10.5 A evolução da doutrina 543
10.6 Ainda a questão da pena de morte.. 547
10.7 Conclusão.. 554

Cronologia da China dos séculos XX e XXI 557

Glossário 569

Bibliografia 611

ABREVIATURAS

ANP   — assembleia nacional popular

BP   — bureau político

BPCC   — bureau político do comité central

CC   — comité central

CCPPC — conferência consultiva política do povo chinês

CPANP — comité permanente da assembleia nacional popular

EPL   — exército popular de libertação

EUA   — Estados Unidos da América

GMD   — guomindang

MJ   — ministério da justiça

MSE   — ministério da segurança do Estado

MSP   — ministério da segurança pública

PCC   — partido comunista chinês

RMB   — renminbi

RPC   — República Popular da China

SPP   — suprema procuradoria popular

STP   — supremo tribunal popular

URSS   — União das Repúblicas Socialistas Soviéticas

ADVERTÊNCIAS

A romanização de caracteres chineses depara com várias dificul-dades, resultantes algumas dos vários métodos existentes (entre outros o Pinyin, o Wade-Giles ou o Yale) e outras do facto de certas palavras terem entrado na linguagem ocidental através de locais diversos, com diferentes dialectos.

A romanização utilizada neste livro é o pinyin, método oficial da República Popular da China e presentemente de uso quase universal, que adopta como base a "língua comum", o putonghua 普通话 (mandarim). No entanto há quatro nomes que, pela forma como se encontram arreiga-dos na linguagem ocidental, de acordo com a sua origem em cantonês, decidimos manter na versão por que são mais conhecidos. São eles Sun Yat-sen 孙逸仙 (em mandarin Sun Yixian), Chiang Kai-sheck 蒋介石 (em mandarim Jiang Jieshi), Cantão 广州 (em mandarim Guangzhou) e Whampoa 黄埔 (em mandarim Huangpu).

Os caracteres chineses serão usados à medida que vão surgindo nomes ou expressões, cuja redacção em chinês (nem sempre fácil de determinar através do pinyin, principalmente nos nomes) se revele útil para os leitores que tenham conhecimento da língua. As obras citadas, publicadas em chinês, serão referidas em pinyin, com indicação também em chinês do autor, título e, no caso de artigos de revistas, boletins ou colectâneas, com identificação da respectiva edição.

Com muita frequência se referem reuniões do partido comunista, nomeadamente plenos ou reuniões plenárias do comité central, o que tem o mesmo significado. Quando por exemplo se aluda à VI reunião plenária do XVI comité central, tal significa a sexta reunião plenária dos membros do comité central eleitos no XVI congresso (2002). O mesmo se passa em relação a outros órgãos, como a assembleia nacional popu-lar. Assim, uma eventual alusão ao comité permanente da IX assembleia nacional popular, refere-se aos membros desse comité, eleitos para a IX legislatura da assembleia (1988).

O texto será acompanhado de notas de rodapé que procurarão esclarecer de imediato o significado de alguns expressões e contextualizar alguns dos nomes que são referidos. No glossário é feita referência mais detalhada às personalidades e factos mais importantes.

Há ainda na parte final uma cronologia da China nos séculos XX e XXI, aludindo aos acontecimentos mais relevantes e aos que com este trabalho tenham relação mais próxima.

PREFÁCIO

O livro *"O Direito Penal da República Popular da China, uma abordagem histórico-política"*, de Júlio Pereira, é uma obra de um alcance, amplitude e profundidade impressionantes. O autor fornece uma análise sólida e pormenorizada do conteúdo do actual Código Penal chinês, aprovado em 1997, assim como do código precedente, o Código Penal de 1979, e de toda a legislação avulsa que o precedeu. Ao contrário de outras obras escritas em línguas ocidentais, o livro *"O Direito Penal da República Popular da China, uma abordagem histórico-política"* aborda o direito penal chinês de uma forma detalhada e rigorosa, analisando a singularidade da referida legislação penal – e os debates suscitados na China relativamente à adequação em termos de conteúdo dessa legislação – a partir de uma perspectiva analítica rigorosa e inteligível para os juristas ocidentais. Tal abordagem proporciona uma compreensão valiosa e subtil, que não havia resultado antes da panóplia de trabalhos subordinados ao tema do direito penal da China, excessivamente politizados e insuficientemente adequados à perspectiva do jurista.

Tal não significa que o livro em apreço seja apenas uma explanação convincente do direito penal da China. O autor, astutamente, identifica e coloca o enfoque na teoria e prática do direito penal chinês, assim como nos debates mais controversos e politicamente interessantes, realizados na China, no contexto da reforma do direito penal. Recentemente, tais debates têm-se centrado em questões tais como o âmbito de aplicação da pena de morte, a eliminação dos crimes "contra-revolucionários", o papel da "analogia" em direito penal, a questão da "retroactividade", o princípio da "igualdade" perante a lei e a introdução de várias proibições penais aplicáveis a situações de ameaça à ordem económica, social e política.

Júlio Pereira não negligencia, todavia, aspectos fundamentais do contexto legal global. Tendo em vista uma total compreensão do direito penal da China, a análise realizada não deixa de incluir uma discussão sobre as alterações mais importantes operadas na constituição chinesa, problematizando ainda as "sanções administrativas". Com efeito, a discussão relativamente à constituição da China, sujeita a várias revisões, afigura-se vital não apenas para uma boa compreensão dos elementos da "justiça de classe" e dos "crimes políticos" no âmbito do direito penal chinês, mas também para percepcionar as recentes movimentações tendentes a estabelecer a igualdade perante a lei e limitações a uma justiça penal politizada. O papel e as funções do direito penal na República Popular da China não poderão igualmente ser compreendidos sem se considerar o recurso a sanções administrativas, tecnicamente "não-penais", impostas sem um processo judicial prévio (e, só recentemente, susceptíveis de recurso), muitas vezes tão severas como as sentenças criminais e frequentemente utilizadas para finalidades "políticas" (assim como para delitos menos "graves").

O livro de Júlio Pereira vai mais longe. *"O Direito Penal da República Popular da China, uma abordagem histórico-política"*, contextualiza cautelosa e historicamente os recentes desenvolvimentos do direito penal chinês. O autor fornece um esquema cronológico da evolução do pensamento e práticas comunistas chinesas relativamente ao direito penal, desde as suas origens nas "bases", há aproximadamente um século, passando pela proclamação da República Popular da China e pelas eras de Mao Zedong, Deng Xiaoping e Jiang Zemin, até ao período actual, com a governação de Hu Jintao e a chamada liderança da "quarta geração". Esta narrativa histórica permite clarificar como a relevância continuada das ideias relativas à justiça penal evoluiu desde períodos iniciais, bem como as profundas peculiaridades das modificações registadas no direito penal chinês e na sua prática, incluindo a construção inicial da "legalidade socialista" na década de 1950, a fase radical da Revolução Cultural na década de 1960, o início da era da reforma em 1979 e a mais recente fase da reforma do direito penal no fim da década de 1990.

Acresce ainda que *"O Direito Penal da República Popular da China, uma abordagem histórico-política"*, permite de facto contextualizar politicamente a evolução do direito penal da China. O livro em questão reflecte uma clara compreensão de um ponto essencial: o direito penal da China não poderá ser entendido sem uma simultânea compreensão da política chinesa. E com efeito, o autor articula a problematização da evolução do direito penal com os factos políticos mais relevantes, incluindo a "linha de massas", as campanhas dos primeiros anos da RPC – "san fan", "wufan" e "sufan" –, assim como os movimentos "Cem flores" e "Anti-direitista" dos anos cinquenta, as políticas radicais e o anti-legalismo da Revolução Cultural, a viragem para a reforma e a legalidade no tempo de Deng Xiaoping e a procura de uma "sociedade harmoniosa" na era de Hu Jintao.

O livro *"O Direito Penal da República Popular da China, uma abordagem histórico-política"*, de Júlio Pereira, revela-se um guia completo e actual para a compreensão do direito penal da China, da sua evolução até ao estado presente e do seu contexto político e jurídico. Caso venha a estar disponível em língua inglesa, eu não hesitarei em, entusiasticamente, o recomendar aos meus colegas anglófonos interessados no estudo do direito chinês, assim como aos meus alunos.

JACQUES DELISLE

Stephen Cozen Professor of Law (Chair) University of Pennsylvania Law School;
Member of the Faculty of the Center for East Asian Studies University of Pennsylvania;
Director of the Asia Program, Foreign Policy Research Institute (USA)
Antigo Professor-visitante, Centro de Estudos Chineses, Universidade de Aveiro.

INTRODUÇÃO

Um trabalho sobre a evolução da lei penal da China, abrangendo o direito revolucionário republicano anterior e posterior à fundação da República Popular, é uma empresa ousada.

Desde logo pela escassez de meios no que se refere a todo o período que antecede a era de Deng Xiaoping 邓小平, mais especificamente aos primeiros anos da República Popular e às fases das campanhas de massas.

A República Popular da China (RPC) não ajustou ainda contas com a sua história recente. Escasseiam por isso os materiais, não só de natureza documental mas mesmo doutrinário ou de análise histórica e política, no que à evolução jurídica diz respeito. O acesso a documentos é limitado, a doutrina não está ainda liberta de todos os dogmas do passado e o discurso sobre esta temática em regra não se afasta substancialmente das posições oficiais. O que explica que as obras sobre a evolução do direito e sobre os temas jurídicos em geral, sejam bastante repetitivas. Isto sem prejuízo de também no discurso jurídico, apesar de situado ainda no domínio da diversidade na unidade, se vir assistindo a rasgos progressivamente mais ousados, não tanto nos manuais académicos mas principalmente em intervenções avulsas nas inúmeras revistas jurídicas que hoje se publicam na República Popular da China.

No período revolucionário e mesmo após a fundação da RPC, não se pode falar em direito no sentido de um sistema coerente de leis que, globalmente se possa, com rigor, apelidar de sistema legal revolucionário ou, mais posteriormente, de sistema legal da República Popular da China. Daí que, quando utilizamos esta expressão, a mesma deva ser entendida com algumas limitações.

A primeira preocupação das autoridades do novo regime foi aliás a destruição do sistema legal do tempo do guomindang 国民党 (partido nacionalista), o qual foi substituído por legislação revolucionária que, por ser muito reduzida e em alguns domínios quase inexistente, conduzia ao primado das orientações e dos princípios de natureza política.

Com períodos de avanços e de recuos, que por vezes apontavam no sentido da criação de um novo sistema legal, a verdade é que a cada iniciativa nesse sentido respondia um movimento de sinal inverso o que, ao invés de uma ideia de construção, criava uma ideologia de secundarização, indiferença ou mesmo hostilidade pelas leis. Assim aconteceu nomeadamente com a aprovação da constituição de 1954 que foi logo seguida por um movimento "sufan 肃反" (supressão de contra-revolucionários) ou com a "campanha das cem flores" (que incentivou os intelectuais a expressarem as suas críticas), seguida da "campanha anti-direitista" (que se abateu sobre os que criticaram o partido na campanha anterior). O movimento de aniquilação das leis e das instituições judiciárias, ocorrido durante a revolução cultural, é simplesmente o corolário lógico de uma política anterior que nunca soube e verdadeiramente nunca quis dar a devida relevância às leis, na medida em que tal constituía, em maior ou menor grau, uma efectiva limitação do poder do partido, das organizações sob seu controlo e dos seus dirigentes.

A revolução cultural veio mostrar a importância das leis como suporte da democracia socialista, mesmo no prisma redutor como o partido a entendia. Demonstrou que, apesar dos mecanismos de democracia interna e das regras de funcionamento do centralismo democrático, sem leis não seria possível afirmar esses princípios e essas regras. E que nem mesmo os mais importantes dirigentes se podiam sentir seguros. Tanto assim que as grandes vítimas da revolução cultural foram exactamente aqueles que, ao tempo em que foi lançada, controlavam as estruturas do partido e do governo, que delas se viram afastados através de decisões sem qualquer fundamento nas leis do Estado ou estatutos do partido. Exactamente pelo facto de a autoridade de alguns dirigentes, e em primeiro lugar de Mao Zedong 毛泽东, se sobrepôr à autoridade das leis.

Daí que esses mesmos líderes, alguns dos quais tanto mal fizeram ao processo de construção legislativa durante a "campanha anti-direitista", após terem sofrido as humilhações, torturas, prisão ou ameaças, sobre si e seus familiares, se tenham apressado a lançar o projecto de construção de um sistema legal que, iniciado em 1978, não cessou de progredir e de se aperfeiçoar, mesmo após a repressão de Tiananmen, no ano de 1989.

Introdução   25

Quando nos princípios dos anos 80 os líderes chineses falavam na criação de um sistema legal, as referidas afirmações suscitavam sorrisos de compreensível descrença ou pelo menos de duvidosa expectativa.

A situação modificou-se entretanto radicalmente, podendo hoje afirmar-se que a China se envolveu neste projecto com o mesmo entusiasmo com que enveredou pela modernização económica. O panorama legislativo e judiciário não tem qualquer semelhança com o que se verificava nos anos 80 ou mesmo nos anos 90 do século passado. E nada indica que este processo esteja em vias de ruptura ou de travagem. Avança, de forma por vezes lenta em alguns domínios, mas com objectivos claros e definidos, que frequentemente os observadores ocidentais se recusam a ver, ou vendo se apressam a denegrir.

A verdade é que o sistema aí está. E quando hoje na China ao invés de se falar simplesmente em sistema legal, se fala já em governo pela lei ou em Estado de direito, a experiência destes 20 anos dá algum crédito à promessa.

A evolução do direito penal chinês, tal como aqui se apresenta, demonstra que é possível governar sem leis. Mas demonstra também que essa possibilidade é efémera e com custos elevadíssimos. Persistir nessa via conduz seguramente ao desastre, à semelhança do que aconteceu em experiência tão voluntarista como a chinesa, que foi a do Cambodja de Pol Pot. E demonstra também que face à problemática das leis se não pode assumir uma atitude oportunista como foi a seguida até ao fim da revolução cultural, já que sucessivos projectos inconsequentes contribuíram para acentuar o descrédito das leis, que mesmo hoje não está completamente ultrapassado.

Todavia, ao julgar os protagonistas de todo este processo não se pode ser excessivamente severo. Afinal que tradição de legalidade havia na China? Praticamente nenhuma quando a lei seja entendida como intrumento de imposição de deveres mas também de afirmação de direitos.

Até 1911 vigorou a legislação imperial que, no que concerne ao direito penal, não era mais do que um conjunto de rigorosas imposições visando a governação pacífica e harmoniosa do país, no respeito pelas cinco grandes relações subjacentes à ética Confuciana.

A legislação moderna, elaborada no fim da dinastia Qing 清朝 (1644-1911), não chegou a vigorar, nem durante os primeiros anos da República, instaurada em 1912, foi produzido um corpo coerente de legislação e muito menos a legislação produzida teve efectiva aplicação.

A partir dos anos 30, durante o governo de Nanjing, foram publicados os códigos mais importantes, conhecidos como a compilação das seis leis (liufa quanshu 六法全书) que todavia não eram reconhecidos nas zonas de influência do partido comunista, onde havia legislação própria. Legislação que, em boa verdade, se limitava em muitos casos a simples directivas ou orientações.

Não surpreende por isso que, instaurada a República Popular da China, a produção legislativa não fosse uma preocupação imediata. Até porque politicamente se revelava vantajosa, para o partido comunista, a existência de uma situação anómica que permitisse às suas estruturas moldar o terreno de acordo com a estratégia partidária de subjugar os chamados contra-revolucionários e intimidar as restantes classes de proprietários rurais, industriais, comerciantes, intelectuais que, sendo aliados numa fase inicial do processo, estavam destinados a ser os próximos inimigos, logo que despontasse nova contradição de classe, por via da eliminação dos contra-revolucionários.

Acresce que os protagonistas da revolução chinesa eram na sua esmagadora maioria pessoas sem formação jurídica e os quadros do partido eram maioritariamente indivíduos sem instrução, que encaravam as leis como extravagância burguesa. Esta postura não foi abandonada quando quadros mais jovens e melhor preparados poderiam assumir responsabilidades no âmbito do sistema judicial. Tentativa que de facto ocorreu mas que suscitou o confronto com os veteranos, credores da nova sociedade, pelo contributo para uma revolução vitoriosa e que viam num direito sofisticado, trabalhando conceitos que de todo ignoravam, apenas uma tentativa de os afastar do poder.

A soma de todos estes factores contribuiu para o atraso na afirmação do direito e criação de um sistema legal, o que só ocorreria com a liderança política de Deng Xiaoping.

Porquê um tema tão amplo sobre direito chinês?

Por estranho que pareça, apesar de Portugal ter sido o primeiro país ocidental com um contacto permanente com a China, a temática dos estudos chineses tem despertado pouco interesse no nosso país.

Afigurou-se por isso que um estudo numa perspectiva mais extensiva se ajustaria melhor a essa realidade. Por outro lado, num trabalho prévio sobre o direito penal chinês (*Comentário à lei penal chinesa*, Livros do Oriente, Macau, 1996), sentiu o autor as dificuldades de quem procura um fio condutor para enveredar por esse estudo. De certa forma este trabalho vem responder à necessidade que então foi sentida.

Introdução 27

Porquê o enquadramento histórico e político?

Esse enquadramento é fundamental para perceber a evolução das leis e políticas penais. O pulsar da sociedade chinesa ditou as respectivas leis, que ora assumiam configuração mais formal, ora se traduziam em simples circulares ou directivas. O direito num dado momento avançava, autoritário e afirmativo, num outro recuava deixando a iniciativa aos movimentos de massas, uns mais expontâneos, outros manobrados pelas organizações do partido. Não será possível acompanhar a evolução do direito sem ter como ponto de referência o seu enquadramento histórico e político. No entanto, as vertentes histórica, política e jurídica não têm sempre o mesmo peso. Os primeiros capítulos têm fundamentalmente importância histórica pelo que, na vertente do direito, não justificam análise muito detalhada. À medida que nos aproximamos do direito vigente, desde a publicação do código de 1979 e particularmente a partir da revisão penal de 1997, o tema da lei penal, pela actualidade, passa a ter importância redobrada, pelo que o esforço principal foi concentrado na sua análise.

Este trabalho é o princípio de uma investigação que há vários anos decidira levar a cabo.

Princípio porque temos consciência que cada capítulo propiciaria uma exposição mais longa do que a agora apresentada.

O curso de mestrado em estudos chineses, criado há anos na Universidade de Aveiro, foi o pretexto de que esse projecto necessitava para o impulso inicial.

Seria difícil referir todas as pessoas que, de uma forma ou outra, deram contributo para este trabalho e sua publicação. O nome de duas não pode porém ser omitido. O Prof. Doutor Jacques de Lisle, da Universidade de Pensilvânia, pela orientação, estímulo, conselhos e sugestões, que se revelaram de preciosa utilidade. O Prof. Doutor Jorge Bacelar Gouveia, da Universidade Nova de Lisboa, pelo apoio e empenho na sua publicação. A ambos os meus agradecimentos.

Soutelos/Ruivães (Vieira do Minho), 31 de Dezembro de 2006

JÚLIO PEREIRA 彭仲廉

Capítulo I

A LEI PENAL NAS ZONAS LIBERTADAS. SUA INFLUÊNCIA APÓS A FUNDAÇÃO DA REPÚBLICA POPULAR DA CHINA

01.1 Introdução

Quando os autores da República Popular da China (RPC) se referem ao sistema legal que vigorava, nas áreas de influência do partido comunista chinês (PCC), antes de 1 de Outubro de 1949, data da proclamação da RPC, dão-lhe a designação de sistema legal da "nova democracia". Porquê esta designação?

Na análise da sociedade chinesa feita pelo partido comunista considerava-se que, estando então este país num estádio semi-feudal e semi-colonial[1], haveria ainda que aproveitar o potencial revolucionário da burguesia, designadamente na luta contra o imperialismo.

Num momento posterior, considerando também que a liderança do movimento anti-imperialista era assumida pela classe operária, deveria esta, em aliança com camponeses, soldados, pequena burguesia e burguesia nacional, liderar uma revolução democrática até que a China saísse do estádio semi-feudal e semi-colonial, fase a partir da qual se entraria num novo ciclo, com vista à instauração do socialismo.

---

[1] Estádio semi-feudal e semi-colonial, refere-se ao período entre 1842, ano em que a China teve que assinar, na sequência da guerra do ópio, um tratado com a Inglaterra que limitava a sua soberania e 1949, ano da proclamação da RPC.

Mao Zedong 毛泽东[2], reflectindo sobre vários modelos de regime republicano, refere-se a três: a república da velha democracia, que consistia numa ditadura da burguesia, vigente na generalidade dos países capitalistas; a república sob ditadura do proletariado, que era a existente na União Soviética e a república da nova democracia, que seria numa ditadura conjuntamente exercida por várias classes anti-imperialistas[3]. Era este precisamente o modelo advogado pelo partido comunista chinês. Deve dizer-se que tal análise não representava, pelo menos na fase inicial, o pensamento genuíno do PCC. Ela foi profundamente influenciada, para não dizer imposta, pelos soviéticos que, vencendo resistências iniciais dos comunistas chineses, acabaram por levá-los a aceitar uma política de alianças compatível com o próprio jogo de interesses russos na época e na China.

Esta posição não veio a ser apenas proclamação programática, dado que o PCC, desde a sua criação, sempre teve fases de importante protagonismo na política chinesa, quer por participação nas instituições políticas do poder nacionalista, quer pela administração de regiões por si controladas, onde deu corpo a instituições militares, políticas, administrativas e judiciais, criando também um acervo de legislação deste modelo da "nova democracia", inclusive legislação penal.

Quando falamos em regiões controladas pelo PCC referimo-nos a zonas que inicialmente eram quase simples refúgios mas que, mercê nomeadamente da guerra anti-japonesa, se foram alargando por vastas áreas, até ao controlo total da China continental. Os primeiros locais de instalação das forças do partido comunista eram designados por "bases" e aqueles que no decurso da guerra foram sendo recuperados aos japoneses eram designados por "zonas libertadas", designação utilizada também para os territórios que, durante a guerra civil entre 1945 e 1949, iam sendo retirados do controlo nacionalista. É exactamente o direito penal que aí vigorava que constitui objecto desta abordagem de

---

[2] Mao Zedong (1893-1976). Líder carismático do PCC, cujo aparelho foi dominando a partir de 1935, sendo desde 1945 e até ao fim da sua vida líder máximo do partido, do governo e das forças armadas, ainda quando não exercesse formalmente as respectivas funções.

[3] Mao Zedong, On New Democracy, in *Selected Works of Mao Tse-Tung*, vol. II, Foreign Languages Press, 1975, pág. 339 e ss.

Capítulo I – A lei penal nas zonas libertadas... 31

natureza necessariamente introdutória, visto não ser objectivo imediato do nosso trabalho.

Analisando o direito penal deste período, apontam-se em geral quatro fases da sua criação e desenvolvimento[4]: a primeira fase, dita de germinação; a segunda fase, considerada das fundações; a terceira é reconhecida como da consolidação; a quarta e última fase a da dimensão nacional.

Como teremos oportunidade de verificar, o espaço temporal abrangido por estas quatro fases não cobre todo o período da "nova democracia", já que este vai para além da data de instauração da RPC. No entanto, a fundação da RPC constitui um marco suficientemente importante para merecer um tratamento diferenciado.

01.2 Primeira fase: período da germinação

Esta primeira fase vai de 1921 a 1927, cobrindo o período que se seguiu à fundação do PCC e o da primeira guerra civil.

O partido comunista chinês, (Zhongguo Gongchandang 中国共产党), foi criado apenas em 1921, num contexto que lhe augurava condições altamente favoráveis de crescimento na sociedade chinesa[5].

Conscientes da necessidade de modernização e de reforma, desiludidos com as potências capitalistas ocidentais, não só pela imposição dos tratados desiguais[6] mas também pela sua cumplicidade com o

---

[4] Neste sentido Zhang Jinfan zhubian张晋藩主编, *Zhongguo fazhishi*, 中国法制史, qunzhong chubanshe, Beijing, 1998, pág. 657 e ss.

[5] O partido comunista chinês realizou o seu primeiro congresso, em Shanghai, entre 23 e 31 de Julho, de 1921. Tinha na altura apenas 50 membros. Elegeu como membros do bureau central Chen Duxiu, Zhang Guotao e Li Da, assumindo o primeiro o cargo de secretário-geral.

[6] A China imperial não aceitava a liberdade de comércio, o qual só era permitido no âmbito do chamado sistema tributário, por concessão do imperador, a quem reconhecesse a suserania da China e apenas em certos locais e períodos do ano. Inicialmente os portugueses e posteriormente os ingleses conseguiram atenuar muitas das restrições, mas ainda assim estava-se longe da liberdade de comércio desejada pelas potências coloniais em geral e pela Inglaterra em particular. Na sequência da chamada "guerra do ópio", que envolveu a China e a Inglaterra, a China foi coagida a assinar, em 29 de Agosto de 1842, um tratado de "paz e amizade" com a Inglaterra, o tratado de Nanjing, que abria alguns

Japão[7], a sociedade chinesa viu com esperança os eventos na Rússia, na sequência da revolução bolchevique, país que na sua política anti-imperialista unilateralmente se comprometera, primeiro a prescindir, posteriormente a negociar, o termo das concessões obtidas na província chinesa da Manchúria, por esses mesmos tratados.

Por sua vez a União Soviética, não só por razões estratégicas de interesse nacional, mas também no âmbito da missão internacionalista desenvolvida pelo comintern[8], tinha todo o interesse em acompanhar e

---

dos portos ao comércio e fazia concessões territoriais. A partir daí outros tratados se seguiram, com as diferentes potências coloniais, incluindo os Estados Unidos, a França, a Rússia e o Japão, cada vez com mais concessões e que progressivamente corroíam o poder soberano chinês. Esses tratados eram pelos chineses considerados "tratados desiguais", já que assinados sob coacção, e por isso repudiados pela generalidade da população.

[7] O conflito entre a China e o Japão era centenário mas agudizou-se a partir do início da era Meiji (1867-1912) e com o nascimento da política imperial japonesa, que pretendia alargar o seu território à custa da Coreia, da China e mesmo da Rússia. Os primeiros alvos da cobiça japonesa foram Taiwan, objecto de uma expedição punitiva, em 1874, a pretexto de um ataque de locais a pescadores de Okinawa, e a Coreia, país tributário da China, que em 1876, sob pressão do Japão, com este país estabeleceu rela-ções diplomáticas. Em 1894 o Japão enviou tropas para a Coreia, no propósito claro de retirar a península da esfera de influência da China. Seguiu-se um conflito sino-japonês, em 1895, de que a China saiu derrotada, tendo que entregar Taiwan ao Japão. Em 1904 -1905 deu-se a guerra russo-japonesa, ganha pelo Japão, na sequência da qual este país ocupou Port Arthur (actual Dalian), na Manchúria (actual Liaoning). Em 1910 o Japão anexou a Coreia e, progressivamente, foi estendendo a sua influência sobre a Manchúria. O estatuto de potência emergente (ganho com a vitória sobre a Rússia) e a adopção de instituições políticas de tipo ocidental, levaram a que este país emparceirasse com as potências ocidentais na partilha de zonas de influência na China. O Japão, para comple-tar o cerco ao centro do poder político chinês, precisava de estender a sua influência à província de Shandong, onde estavam os alemães. Isto conseguiu-o no termo da primeira guerra mundial em que os aliados concordaram, na conferência de Versailles, que essa possessão alemã fosse transferida para o Japão. O que provocou uma reacção indignada, em Beijing, em 4 de Maio de 1919. Nesta data a China ganhou novo fôlego anti-impe-rialista e não será exagero dizer-se que, esse mesmo dia, foi decisivo para o sucesso do partido comunista, que iria ainda nascer, e mesmo para a fundação da República Popular da China, 30 anos mais tarde.

[8] Nome abreviado da internacional comunista, organização de partidos comunistas e operários criada por Lenine em 1919 e sediada em Moscovo.

influenciar os acontecimentos políticos na China. As teses de Lenine[9] sobre o imperialismo como última fase do capitalismo, assentavam no pressuposto de que o capitalismo só se podia manter por via da rapina nas colónias ou territórios em regime semi-colonial, como a China, países para onde as potências capitalistas exportavam as suas contradições, aí se degladiando e adiando o colapso do sistema. Era pois urgente mobilizar os povos desses países contra o imperialismo, como forma de pôr termo ao capitalismo.

O pensamento de Lenine foi consagrado na "tese sobre a questão oriental", adoptada no quarto congresso do comintern que decorreu em Moscovo em Novembro-Dezembro de 1922[10]. De resto, já em Janeiro de 1922, durante o primeiro congresso dos partidos comunistas e grupos revolucionários dos países do Extremo Oriente, que decorreu também em Moscovo e que teve a participação do PCC, se havia apontado como tarefa mais urgente para a China, "a libertação do jugo estrangeiro e o derrube dos governantes militares".[11]

Descrentes com o poder em Beijing,[12] os russos perceberam, após contactos do seu agente Maring[13] com SunYat-sen 孙逸仙[14], que a única

---

[9] Vladimir Ilytch Oulianov (1870-1924), líder da facção bolchevique do partido social democrata russo e líder do partido bolchevique desde a sua criação, em 1918.

[10] Alexander Pantsov, *The Bolsheviks and the Chinese Revolution 1919-1927*, curzon, 2000, pág. 47 e ss.

[11] *L'Histoire du Parti Communiste Chinois 1921-1991*, Dir.Hu Sheng, Editions en Langues Etrangères, Beijing, 1994, pág. 42.

[12] Após a revolução de 1911 que conduziu à proclamação da República, o poder central foi-se fragmentando em bases regionais, sustentadas por exércitos armados por senhores da guerra, alguns com importante domínio territorial. No entanto duas bases de poder eram preponderantes: Guangzhou (Cantão) e Beijing (Pequim). Em Beijing três cliques –Anhui, Zhili e Fengtian– degladiavam-se permanentemente. Dado que os interesses russos se situavam a norte, tinham interesse no entendimento com a base de poder de Beijing. Todavia, os permanentes conflitos aí existentes bem como a orientação política dos seus protagonistas, não davam garantias de entendimento sério e estável. Sobre os principais senhores da guerra e a situação da China durante este período V. David Bonavia, *China's Warlords*, Oxford University Press, 1995.

[13] Hendrikus Sneevliet (1883-1942), de nacionalidade holandesa, especialista do comintern na China, a partir de 1920, durante quase três anos.

[14] Sun Yixian 孙逸仙 (1886-1925), também conhecido por Sun Wen 孙文 e Sun Zhongshan 孙中山. Opositor da monarquia manchu e mentor da revolução republicana

força aglutinadora para um projecto nacional era o guomindang 国民党[15] (GMD), ou seja, o partido nacionalista. E conscientes também da fraqueza deste partido e da necessidade que ele teria do apoio da União Soviética, encaminharam os acontecimentos no sentido de uma aliança entre o partido comunista chinês e o guomindang.

Esta aliança, apesar de ser do interesse mútuo, encontrou severa resistência, quer em um quer em outro dos partidos. Pelo lado dos comunistas, essa aliança representava uma negação dos seus princípios ideológicos; por banda dos nacionalistas receava-se que a mesma fosse um instrumento de infiltração comunista.

Tinham ambos razão.

Todavia a divisão do país fornecia o ingrediente necessário para se poder ultrapassar o obstáculo ideológico a esse pacto. Afinal essa união era um objectivo também da burguesia nacional, empenhada em pôr termo a uma situação que facilitava a penetração imperialista, beneficiando apenas os seus agentes internos representados pela classe dos "compradores"[16] e cliques militaristas que careciam de apoio das potências estrangeiras. O GMD, enquanto força anti-imperialista, constituiria através dessa aliança um bloco de burguesia nacional, pequena burguesia, operários e camponeses. Nesse bloco, em luta contra as classes reaccionárias dos militaristas e latifundiários, o PCC representaria os operários e camponeses[17].

Esta aliança consumou-se com o manifesto Sun-Joffe,[18] uma importante vitória de Sun Yat-sen e do guomindang. Com efeito, nele se reco-

---

chinesa. Foi o fundador do guomindang (partido nacionalista) e seu dirigente até à morte. Aceitou a ajuda da União Soviética e a aliança com o partido comunista em nome do interesse na unidade do país.

[15] Partido Nacionalista, fundado em 1911 por Sun Yat-sen e Song Jiaoren. As suas bases programáticas assentavam nos três princípios do povo (Sanmin Zhuyi 三民主义), formulados por Sun Yat-sen: nacionalismo, democracia e condições de vida do povo.

[16] Termo português correntemente utilizado na época e no sul da China para designar os comerciantes chineses que actuavam como intermediários no comércio com estrangeiros.

[17] John King Fairbank, *The United States and China*, 4ª ed., Harvard University Press, 1983, pág. 280.

[18] Adolphe Joffe foi representante do comintern nas negociações com o GMD, em 1922.

nhecia a inviabilidade, a título imediato, de um regime comunista, e o governo soviético reafirmava a intenção de renúncia a direitos especiais e privilégios na China, comprometendo-se ainda numa futura política de cooperação económica e a abdicar de pretensões imperialistas na Mongólia Exterior[19].

Este acordo inicia uma fase de importante colaboração entre a União Soviética e o GMD, no campo político e militar. Nessa cooperação destacaram-se figuras do comintern, particularmente Borodin[20] e, no campo militar, Galen,[21] que teve papel de relevo no funcionamento da academia militar de Whampoa 黃埔 (Huangpu)[22].

A partir daqui fortalece-se o GMD que pode passar a dispensar o apoio de aliados duvidosos, senhores da guerra que se aproveitavam do vazio de poder para reforçar as suas bases de influência, e que com frequência nos anos anteriores tinham obrigado Sun Yat-sen a, mais ou menos precipitadamente, abandonar Cantão e refugiar-se em Shanghai. Nestas novas condições, em 1 de Julho de 1925 constitui-se em Cantão um governo nacionalista, sob presidência de Wang Jingwei 汪精卫[23], líder da ala esquerda do GMD, logo de seguida ao termo da última ofensiva dos senhores da

---

[19] A Mongólia Exterior, que por conquista havia sido integrada na China, em 1691, aproveitando o enfraquecimento do poder central chinês em resultado da revolução republicana, declarou em 1911 a independência, desígnio no qual teve o apoio da Rússia.

[20] Mikhail Markovich Grusenberg Borodin (1884-1951). Funcionário das relações internacionais do comintern, chegou à China em 1923 como conselheiro do GMD, tendo um papel fundamental na reorganização do partido. A sua missão terminou em Julho de 1927, após rompimento entre o GMD e o PCC.

[21] Vassili Konstantinovitch Blucher (1889-1938). Conselheiro militar na China entre 1924 e 1927, teve por missão criar uma força militar do GMD, que possibilitasse uma ofensiva militar em direcção ao norte para unificação da autoridade da República. Foi substituir Pavel Andréiévitch Pavlov (1892-1924) que morreu afogado três meses depois de ter chegado a Cantão.

[22] Academia militar fundada em Maio de 1924, onde se formaram importantes quadros militares quer do GMD quer do PCC.

[23] Wang Jingwei (1883-1944) foi líder da ala esquerda do GMD até ao rompimento com os comunistas em 1927. Após a morte de Sun Yat-sen disputou a liderança do partido com Chiang Kai-shek, com o qual acabou depois por colaborar. Em 1940, em plena guerra sino-japonesa, aceitou liderar (tinha realmente vocação para líder) um governo colaboracionista, em Nanjing, controlado pelo Japão. Morreu no Japão em 1944.

guerra Yang Ximin 杨希闵 e Liu Zhenhuan 刘振环[24], batidos pelas tropas nacionalistas em 12 de Junho. Nesta altura, porém, iam-se também acentuando os focos de tensão entre comunistas e nacionalistas, para o que não deixou de contribuir o falecimento de Sun Yat-sen, em 12 de Março de 1925, e um novo vigor da acção dos comunistas.

Após o IV congresso do partido comunista, que decorreu em Shanghai em 11 e 12 de Janeiro de 1925, proclamando o papel central da classe operária para o triunfo da revolução[25], acentuou-se o trabalho dos comunistas junto do operariado, particularmente no meio industrial de Shanghai. Um movimento grevista iniciou-se em Fevereiro do mesmo ano e rapidamente se estendeu às fábricas japonesas de têxteis. Ao assassinato de um operário respondeu o povo com uma grande manifestação em 30 de Maio[26], data que deu o nome ao movimento que se seguiu, a que a polícia inglesa respondeu com violência armada, matando 13 manifestantes. Daí surgiu uma reacção anti-imperialista a nível nacional, terreno fértil que colocou o partido comunista à cabeça da movimentação e que aumentou grandemente a sua dimensão.

No decurso deste movimento foram também organizadas em Cantão diversas manifestações. Em 19 de Junho foi desencadeada uma greve. A sua repressão sangrenta pelas polícias inglesa e francesa das conces-

---

[24] Yang Ximin e Liu Zhenhuan comandavam, respectivamente, as tropas das províncias de Yunan e Jiangxi, com as quais tinham anteriormente apoiado Sun Yat-sen. Aproveitando uma campanha militar das tropas do GMD à zona leste da província de Guangdong, tomaram o controlo da cidade de Cantão.

[25] Na altura do IV congresso o partido comunista tinha já quase mil membros. Como responsáveis máximos do partido foram eleitos Chen Duxiu, Zhang Guotao, Peng Shuzhi, Cai Hesen e Qu Qiubai, continuando Chen Duxiu como secretário-geral.

[26] O movimento grevista de Fevereiro iniciou-se num complexo industrial japonês, motivado pelo despedimento de 40 operários, mas rapidamente se transformou num conjunto de acções anti-japonesas. O partido comunista pretendia manter a chama acesa até 4 de Maio, data de mais um aniversário da grande manifestação anti-japonesa de 1919, de protesto contra a conferência de Versalhes, que atribuiu ao Japão as concessões alemãs na China. A agitação e as greves continuaram mesmo para além dessa data, sempre com o apoio do clube de trabalhadores de Shanghai. Foi em um dos diversos confrontos com os guardas japoneses e a policia, em 15 de Maio, que um operário membro do clube de trabalhadores, Gu Zhengshong, foi gravemente ferido, acabando por morrer dois dias mais tarde, facto que constituiu a causa imediata da manifestação de 30 de Maio.

sões[27], que causou 52 mortos, ampliou a sua intensidade e levou a um bloqueio comercial contra os interesses dos estrangeiros, com proibição de passagem de pessoas e mercadorias para Macau, Hong-Kong e Shamian.

Foi neste ambiente de efervescência revolucionária que se constituiu o poder operário naquele que de facto viria a ser o primeiro soviete (governo operário) da China[28]. Formou-se um comité de greve, de 13 elementos, presidido por um marinheiro comunista[29] e um congresso de 800 delegados dos grevistas, para além de uma força armada, auxiliada por secções de vigilância e piquetes de greve e um tribunal dos grevistas, nomeado pelo comité de greve. O governo de Cantão, dominado pelo guomindang, deu apoio a esta estrutura de poder operário, inclusive apoio financeiro[30].

Apesar de toda esta agitação havia aparentemente boas razões para satisfação no seio do GMD. O seu governo estava agora firmemente implantado em Cantão, dominava boa parte do sul da China e estavam preparadas as condições da ofensiva para o norte com vista à unificação nacional sob a sua liderança.

Todavia o poder crescente do partido comunista, agravado pela conivência na estratégia de penetração comunista por parte da ala esquerda do próprio partido nacionalista, acentuou as divisões no seio do GMD, o que levou à constituição, em Beijing, em 23 de Novembro de 1925, do "grupo da montanha ocidental", que advogava a expulsão dos comunistas.

A situação agravou-se em Janeiro de 1926, no II congresso do GMD, onde os comunistas ganharam ainda maior influência.

---

[27] As concessões eram áreas territoriais nas cidades abertas ao comércio, sob jurisdição e controlo das diferentes potências que se instalaram na China na sequência dos chamados "tratados desiguais".

[28] Pierre Broué, *Histoire de L'Internationale Communiste 1919-1943*, Fayard, 1997, pág. 429 e 430.

[29] Esse marinheiro era Su Chaozheng (1885-1929), presidente do sindicato dos marítimos. Comandou também a revolta de Cantão em 1928.

[30] Hu Sheng, Dir., *L'histoire du Parti Communiste Chinois 1921-1991*. Editions en Langues Etrangères,

O lançamento da "Beifa 北伐"[31], em 1 de Julho de 1926, iria ser pretexto de novos avanços do PCC. Embora Chiang Kai-shek 蒋介石[32] tivesse uma posição dominante junto do exército nacionalista, as conquistas de terreno por parte do exército eram acompanhadas da implantação de estruturas da organização dos comunistas, particularmente de associações camponesas, no que tiveram importância decisiva os diplomados no Instituto do Movimento Camponês de Cantão, alguns dos quais haviam sido alunos de Mao Zedong. A influência destes fez-se sentir designadamente nas províncias de Hunan, Hubei e Jiangxi, onde os camponeses eram estimulados a organizar-se como poder local e a apoderar-se, se necessário pela violência, das terras dos latifundiários, bem como a fazer o ajuste de contas com os chamados "tiranos locais e caciques malvados"[33]. Os excessos então cometidos foram mais um factor de divisão no seio do guomindang.

Em 1 de Janeiro de 1927, o governo transferiu-se de Cantão para Wuhan. O fim da aliança entre o PCC e o GMD estava perto: a influência crescente do PCC fizera soar o alarme em cada vez maior número de militantes do partido nacionalista; o PCC ganhara muito terreno na sociedade civil. Porém a ala moderada e direita do GMD avançaram no plano militar, tendo do seu lado Chiang-Kai-shek, o que seria decisivo nas batalhas que se aproximavam.

---

[31] Abreviatura de "Beifa Zhanzheng 北伐战争" (expedição militar ao norte). Ofensiva militar do GMD para por termo ao domínio no norte por parte dos senhores da guerra.

[32] Chiang Kai-shek (1887-1975). Primeiro presidente da academia militar de Huangpu, as suas ligações ao aparelho militar permitiram-lhe o apoio necessário para suceder a Sun Yat-sen como líder do GMD. Derrotado em 1949 pelos comunistas, saiu com os seus apoiantes e o exército nacionalista para a ilha Formosa (Taiwan), onde fixou o seu governo, reivindicando ser o governo legítimo da China, estatuto que lhe foi reconhecido por muitos países até ao reconhecimento da RPC por parte dos EUA.

[33] "Tuhao lieshen 土豪劣绅" era a expressão utilizada para designar a classe que oprimia os camponeses, aí se incluindo os proprietários da terra acusados de explorar desmesuradamente quem nela trabalhava e aqueles que, mercê da sua origem familiar ou instrução, exerciam funções de autoridade e delas se serviriam para extorquir benefícios ou fazer imposições indevidas à população.

Capítulo I – A lei penal nas zonas libertadas...   39

Por sua vez, a constituição do governo de Wuhan[34] foi a última investida do PCC, que excluía do bloco a burguesia nacional[35], representada pela direita do GMD. A ala esquerda, com a qual se aliara neste governo, representaria a pequena burguesia.

A ofensiva anti-comunista, iniciada em Shanghai em 12 de Abril de 1927[36], iniciou a ruptura definitiva entre os dois partidos, que se completou com a expulsão dos comunistas, de Wuhan, em Julho de 1927, na sequência da aliança entre Feng Yuxiang 冯玉祥[37] e Chiang Kai-shek.

Apesar do poder crescente do GMD, Moscovo insistia numa postura ofensiva por parte dos comunistas, na ilusão de que havia condições para levar a bom termo a criação de sovietes. Sucederam-se por isso diversas acções, todas elas fracassadas, de que se destacaram: o levantamento de Nanchang, Jiangxi, em 1 de Agosto, que durou apenas 3 dias; a revolta da colheita de Outono, em 7 de Setembro, que comandada por Mao, o obrigou após a derrota a refugiar-se em Jingganshan[38]; a comuna de Cantão, em 11 de Dezembro, que durou também apenas 3 dias.

Pelo caminho ficara o líder do PCC, Chen Duxiu 陈独秀[39] que viu recair sobre si as consequências da falência de estratégia do partido,

---

[34] Capital da província de Hubei, situada na região central da China, junto do Changjiang (Yangtze), é um importante ponto estratégico. Por isso foi escolhida para sede do governo do GMD, durante a expedição ao norte. Esta situação manteve-se apenas até ao fim da coligação do GMD (ala esquerda) com o PCC.

[35] John King Fairbank, ob. cit., pág. 281.

[36] Quando as tropas nacionalistas chegaram a Shanghai, na sua expedição ao norte, a luta entre os comunistas e a ala direita do GMD, estava ao rubro. Chiang Kai-shek, conluiado com elementos do crime organizado de Shanghai e forças anti-comunistas, lançou uma ofensiva em 12 de Abril de 1927 para aniquilação de militantes comunistas e sindicalistas, tendo eliminado vários milhares e dado um rude golpe nas estruturas do PCC.

[37] Feng Yuxiang (1882-1948). Conhecido como o "general cristão", por alegadamente professar o protestantismo, era um poderoso senhor da guerra, cuja base de influência era inicialmente na província de Shaanxi mas que, em 1924, ocupou temporariamente Beijing.

[38] Zona montanhosa a sudoeste da província de Jiangxi, próxima da fronteira com a província de Hunan.

[39] Chen Duxiu (1879-1942) foi um notável intelectual do princípio do século XX e um dos fundadores do PCC, de que foi o primeiro secretário-geral. Viria a ser expulso do partido, acusado de simpatias trotskistas.

acusado de derrotismo face ao GMD, tendo em 7 de Agosto, logo após o fracasso do levantamento de Nanchang, sido substituído por Qu Qiubai 瞿秋白[40]. As acções fracassadas que se seguiram, levadas a cabo sob a direcção deste último[41], foram o pretexto para, passado um ano, no VI congresso do partido realizado em Moscovo[42], ser por sua vez acusado de aventureirismo de esquerda e substituído por Xiang Zhongfa 向忠发[43], o qual rapidamente se deixaria ultrapassar por Li Lisan 李立三[44], na mesma altura eleito como responsável pelo departamento de propaganda.

Um primeiro ciclo da vida política do PCC, o da cooperação com o guomindang com vista ao estabelecimento de um poder nacional, estava encerrado. Iria iniciar-se a segunda fase da guerra civil, agora entre os antigos aliados.

Estamos ainda longe da fundação da R.P. China. Todavia, aqui começa já a germinar o direito revolucionário. E quer no plano legislativo quer no plano da aplicação prática, vamos já encontrar elementos que se manterão até aos dias de hoje e que marcarão grandemente a luta política do PCC, quer antes quer após a fundação da República Popular. É que, estando embora ainda numa fase de construção da chamada nova democracia, fase que na estratégia do PCC antecederia a do socialismo,

---

[40] Qu Qiubai (1899-1935). Tradutor, jornalista e crítico literário, a sua passagem por Moscovo, como correspondente, permitiu-lhe aí ganhar apoios que influenciaram a sua sucessão a Chen Duxiu. Foi fuzilado às ordens do governo do GMD.

[41] Na verdade tais acções foram desencadeadas sob orientação de Besso Lominadze, novo representante do comintern, em substituição de Borodin que regressara à Rússia. Lominadze, embora recomendasse prudência em tais acções, dava execução a directivas de Moscovo.

[42] O congresso decorreu entre 18 de Junho e 11 de Julho de 1928, tendo sido eleitos para o "bureau" político do comité central Xiang Zhongfa, Zhou Enlai, Su Zhaozheng, Xiang Ying, Qu Qiubai, Zhang Guotao e Cai Hesen.

[43] Xiang Zhongfa (1888-1931) foi líder sindical, tendo chegado a secretário-geral da união de sindicatos. As suas credenciais no meio operário valeram-lhe para chegar a secretário-geral do PCC, cargo a que não aspirava mas e no qual se tornou mero executor das políticas de Li Lisan. Foi fuzilado às ordens do governo do GMD.

[44] Li Lisan (1896-1968) foi um importante dirigente sindical e insuperável agitador político. A sua desconfiança relativamente ao potencial revolucionário dos camponeses levou-o a adoptar uma estratégia assente na mobilização operária, conduzindo a iniciativas que se revelaram desastrosas para o PCC. Em Dezembro de 1930 foi arredado da liderança, que vinha de facto exercendo desde o ano anterior, por erros ultra-esquerdistas.

o direito produzido nesse primeiro período é, na expressão de um ilustre penalista da RPC, o primeiro passo e o alicerce do direito socialista[45].

A legislação penal então produzida foi-o no contexto, primeiro do governo de Cantão e posteriormente do governo de Wuhan. E tinha a particularidade de ser aplicável a par da legislação que fora produzida pelo governo de Beiyang[46], bem como de legislação ainda da fase última do ciclo imperial, naquilo em que não houvesse contradição com a legislação nova.

De uma forma geral reconhece-se que a legislação deste período tinha natureza progressista e revolucionária,[47] carácter que se acentuou a partir do movimento de 30 de Maio, não só em razão do clima vivido em Cantão durante a greve e o bloqueio contra os estrangeiros, que se manteve desde Julho de 1925 até Outubro de 1926, mas também devido ao progressivo ascendente nos órgãos de poder político dos comunistas e da ala esquerda do GMD, situação que durou até Julho de 1927.

É porém durante o período da greve de Cantão que surge legislação com cariz mais revolucionário e que, em alguns aspectos, deixará marcas para o futuro. Sob a égide do "mini-governo operário", como chegou a ser designado o executivo da estrutura grevista[48], é publicada legislação diversa, merecendo destaque a primeira referência a "condutas contra-revolucionárias", designação que antecede a expressão "crime contra-revolucionário" (fangemingzui 反革命罪), que tanta importância virá a ter no direito penal da R. P. China. Deve dizer-se que tal legislação não faz parte do elenco oficial da legislação produzida pelo governo nacio-nalista. Com efeito, nos termos da declaração da primeira assembleia nacional do guomindang, realizada em 1924, o poder legislativo era da

---

[45] Gao Mingxuan zhubian 高铭暄主编, *Xingfaxue Yuanli* 刑法学原理, Zhongguo Renmin Daxue Chubanshe, 1994, Vol. I, pág. 35.

[46] Governo sediado em Beijing, entre Abril de 1912 e Junho de 1928, inicialmente sob controlo de Yuan Shikai (1859-1916) e posteriormente sob as diferentes cliques que entre si o disputaram. O Governo de Beyang teve expressão nacional até à morte de Yuan Shikai, que foi o segundo presidente da República da China, sucedendo a Sun Yat-sen que abdicou de tais funções em 1 de Abril de 1912.

[47] *Xingfaxue Quanshu* 刑法学全书, Shanghai kexue jishu wenxian chubanshe, 1993, pág. 538.

[48] Zhang Jinfan zhubian 张晋藩主编, *Zhongguo Xingfazhi* 中国刑法制, Qunzhong Chubanshe, 1998, Beijing, pág. 657.

competência deste órgão e do governo, para além de se reconhecer efeito legal aos diplomas emanados do comité central executivo do GMD. Teve todavia a referida legislação operária aplicação efectiva e por isso não deixaremos de a referir.

A legislação penal desse período[49] visava em primeira linha reprimir todas as condutas que, de alguma forma, concorressem para sabotar a greve e os efeitos do bloqueio.

O primeiro diploma aprovado foi o "regulamento disciplinar dos piquetes de greve", de 5 de Julho de 1925, que atribuía aos piquetes, entre outras competências, a de reprimir todas as condutas contra-
-revolucionárias.

O regulamento de 5 de Julho de 1925 era pouco detalhado e explícito sobre o que se deveria entender por actividade contra-revolucioná-
ria, já que de concreto referia apenas agentes e espias do inimigo, sem qualquer explicitação de tais conceitos, o que, como se pode intuir, dava possibilidade quase ilimitada de aplicação.

Mais detalhado era o regulamento de 15 de Novembro do mesmo ano, que, visando embora regular a investigação e julgamento das acti-
vidades sabotadoras da greve, portanto de índole processual, assumia importante dimensão substantiva, definindo essas condutas, agora de forma mais densificada, como: assistência de bens alimentares ao inimigo; retoma não autorizada da actividade laborar; instigação de traba-
lhadores no sentido de porem termo à greve; fornecimento ao inimigo de informações sobre a greve; transporte clandestino de pessoas ou mercadorias para Hong Kong, Macau ou Shamian[50] e venda clandestina de mercadorias ou animais. Medidas que foram complementadas pelo regulamento disciplinar dos piquetes de greve, de 18 de Novembro de 1925, que previa, após aprovação da assembleia de representantes dos grevistas, o fuzilamento daqueles que, tendo o exclusivo dos direitos de transporte, disso se aproveitassem para venda de bens alimentares, furto

---

[49] Para uma visão detalhada V. Zhang Xipo, Han Yanlong zhubian 张希坡, 韩延龙主编, *Zhongguo Geming Fazhishi*, 中国革命法制史, Zhongguo Shehui Kexue Chubanshe, 1987, Beijing, Vol. I, pág. 283 e ss.

[50] Ilha fluvial situada na cidade de Cantão, onde se encontravam as concessões estrangeiras.

e venda de mercadorias apreendidas, transporte clandestino de chineses para Hong Kong, Macau e Shamian e rapto para extorsão.

No âmbito da legislação formalmente produzida merecem destaque a "lei penal militar", de 9 de Outubro de 1925, o "regulamento sobre crimes de violação de juramento dos elementos do partido", de 22 de Setembro de 1926, ambos do governo de Cantão, o "regulamento dos crimes contra-revolucionários", de 30 de Março de 1927, emanado do Governo de Wuhan e o "regulamento provisório para a punição de tiranos locais e caciques malvados" da província de Hubei, aprovado também no dia 2 do mesmo mês de Março pelo comité central executivo do GMD.

A lei penal militar era aplicada a crimes tipicamente militares mas também a crimes comuns, se cometidos em tempo de guerra, tais como pilhagem ou violação. Compreende-se facilmente a necessidade de um diploma visando a disciplina das forças armadas, num período em que o governo nacionalista tinha como objectivo a unificação do país, que se encontrava repartido por esferas de influência, consoante o poder dos diversos senhores da guerra. Essa própria circunstância favorecia a deserção e a passagem para o adversário, sem que os desertores sentissem estar a trair o país, já que as diversas bases de poder careciam de legitimidade que impusesse o seu reconhecimento.

O regulamento sobre violação de juramento dos elementos do partido punia condutas de funcionários do partido que iam desde a conspiração contra-revolucionária na guerra civil, passando pela manipulação de funções para proveito financeiro próprio ou de terceiro, até apropriação fraudulenta de dinheiro público. Era um diploma que, pretendendo ser disciplinador dos elementos do partido, tendo por certo presente a cisão que se verificara no ano anterior e a progressiva falta de coesão entre as diversas facções, visava também atacar a corrupção e introduzir padrões de moralidade na função pública, com a pretensão de obrigar os funcionários a honrar o juramento de lealdade para com a coisa pública.

A expressão crime "contra-revolucionário", nos termos em que veio a manter-se a designação no futuro, surgiu no "regulamento dos crimes contra-revolucionários", que o definia nos seguintes termos: "Considera-se conduta contra-revolucionária toda aquela que, com intenção de derrubar o governo nacional ou subverter a revolução nacionalista, através de qualquer conduta hostil, usando força estrangeira, de conluio com as forças armadas ou usando o poder económico, procure sabotar a política da revolução nacional".

Os crimes nele previstos tinham a ver com os objectivos gerais do GMD e não com os fins específicos do PCC. Visadas eram especialmente condutas relacionadas com a organização de bandos armados, quer para fins contrários aos objectivos nacionalistas do GMD quer para a ocupação ilegal de terras, actividades de espionagem e de agitação e propaganda contra-revolucionária, organização de grupos contra-revolucionários, auxílio de tropas inimigas, destruição de meios ou vias de comunicação, actividades repressivas sobre o movimento revolucionário ou sobre o movimento operário e camponês, etc. Todas essas actividades, que para serem consideradas abrangidas pelo referido diploma exigiam que o respectivo agente tivesse propósitos contra-revolucionários, se prendiam com acções de sabotagem dos objectivos do GMD.

Mais radical e claramente na linha política do partido comunista era o regulamento para a punição de "tiranos locais e caciques malvados" da província de Hubei, que na altura reflectia a luta travada pelo movimento camponês principalmente nas províncias de Hunan, Hubei e Jiangxi. Consideravam os comunistas que era necessário mobilizar os camponeses para os objectivos da revolução, o que só seria alcançado pela distribuição de terras. A esse projecto resistiu durante bastante tempo o GMD mas, com a radicalização das estruturas do partido, teve que pelo menos parcialmente ceder. Este regulamento era um reflexo disso, reflectindo também a luta política dos camponeses, sob direcção do PCC nas províncias de Hubei e Hunan. Aliás, este diploma inspirou-se num regulamento provisório da província de Hunan, de Janeiro de 1927.

O regulamento começava por indicar, no seu art. 1.º, quem ficava sujeito à disciplina nele contida: eram punidos nos termos desse regulamento os "tiranos locais e caciques malvados "que, apoiando-se no poder político, poder económico, estatuto familiar e em todas as forças de índole feudal ou outras forças especiais (como o apoio em forças civis locais em conluio com os bandidos armados) tivessem nas localidades praticado os factos de seguida enumerados. Esses factos, no total de onze e de latíssima definição, eram os seguintes:

1. Resistência à revolução ou acção de propaganda contra-revolucionária;
2. Resistência ou obstrucção ao movimento camponês e outros movimentos de massas;

Capítulo I – A lei penal nas zonas libertadas... 45

3. Devastação das localidades em conluio com os senhores da guerra;
4. Conluio com os bandidos para partilha do espólio de roubos;
5. Opressão da população por forma a causar a morte de pessoas;
6. Opressão da população por forma a causar lesões corporais ou danos;
7. Monopólio do poder político, com indícios claros de decisões arbitrárias;
8. Intimidação e humilhação de órfãos e viúvas, casamentos forçados ou organização de raptos para casamento;
9. Fomento de processos civis ou penais para obtenção fraudulenta de benefícios;
10. Sabotagem ou obstrucção do interesse público local;
11. Acumulação de riqueza à custa de fundos públicos.

As penas previstas na legislação elaborada durante este período eram: morte, prisão perpétua, prisão (cinco escalões, sendo o mínimo de 2 meses e o máximo de 15 anos). Para além destas penas principais previam-se ainda, como penas acessórias, as penas de confisco, multa e privação dos direitos civis.

Não se pode dizer que durante esta fase se tenha criado um qualquer sistema legal. O que houve foi simplesmente a produção de legislação avulsa sobre a base do sistema legal produzido durante o governo de Beiyang, cuja legislação, bem como alguma ainda da última fase do poder imperial, continuou em vigor naquilo que não contrariasse a legislação nova.

As bases teóricas do direito penal mantiveram-se, os institutos legais previamente existentes continuaram a funcionar. Realmente de novo temos apenas uma legislação prevendo crimes contra-revolucionários e punindo os "tiranos locais e caciques malvados", funcionando esta última como instrumento de implementação da reforma agrária. Inovações que todavia terão grande importância no desenho da matriz do direito penal das restantes fases e da futura RPC.

Um outro aspecto importante deste período que merece ser salientado é a introdução da linha de massas na aplicação da lei. Esta situação verificou-se durante a greve de Cantão, em que os autores de crimes que se prendiam com a violação das leis da greve e do bloqueio eram julgados por tribunais constituídos pelos grevistas. Esta mesma prática verificou-

-se na aplicação do regulamento para a punição de crimes de "tiranos locais e caciques malvados". Numa primeira fase esses julgamentos eram feitos em reuniões públicas, em assembleias populares, em que os participantes tomavam a decisão. Em regra eram escolhidos os casos mais graves, como forma de mobilização das massas. Numa segunda fase os julgamentos eram efectuados por um comité de julgamento ou por um tribunal especial, onde havia uma postura mais serena, que se reflectia nos veredictos produzidos[51].

Especial destaque merece um trabalho elaborado por Mao Zedong, que haveria de constituir a cartilha de política criminal da RPC nos seus períodos mais agudos de conflitualidade política. Referimo-nos ao "relatório sobre a investigação do movimento camponês em Hunan", de Março de 1927[52].

Trata-se de um documento que se reveste de grande importância não só pela informação que contém sobre o modelo de organização e exercício do poder por parte das associações de camponeses mas também por consagrar uma linha política de rumo que haveria de afastar Mao das posições mais ortodoxas veiculadas pelo comintern, que insistia em fazer uma revolução operária num país de camponeses.

Apesar dos excessos das associações camponesas, que eram fonte de conflito no seio do GMD e suscitavam receios à ala citadina do PCC por porem em perigo a coligação com os nacionalistas, Mao apoiava fortemente a sua actuação.

Dava o seu acordo à negação dos direitos dos "tiranos locais e caciques malvados", não só dos direitos civis mas também do direito de expressão em auto-defesa. Era adepto de uma política de humilhação relativamente a esses elementos, defendendo a execução daqueles que suscitassem mais ódio popular, considerando que um período de terror era indispensável sob pena de não ser possível a eliminação de contra-revolucionários. Esses elementos deveriam ser publicamente humilhados e alguns, os autores de crimes mais graves, deveriam ser executados, após decisão tomada em tribunal popular constituído para o efeito.

---

[51] Sobre alguns destes julgamentos V. Zhang Xipo e Han Yanlong张希坡, 韩延龙主编, *Zhongguo Geming Fazhishi* 中国革命法制史, Zhongguo Shehui Kexue Chubanshe, Beijing, 1987, pág. 295 e ss.

[52] *Selected Works of Mao Tse-Tung*, vol. I, foreign languages press, Peking, 1977, pág. 23 e ss.

Nesse relatório Mao dá-nos conta também da "eficiente colaboração" entre a associação dos camponeses e os magistrados, quando refere que se a associação pedisse uma prisão de manhã ela não seria adiada para a tarde e que se a pedisse à tarde não seria adiada para a noite.

Deixando às massas a última palavra sobre o destino dos suspeitos, Mao revela uma total confiança na sabedoria do povo para encontrar a solução justa, dizendo que raras vezes se cometiam excessos.

E quando se verificavam não era de surpreender. Afinal, escrevia Mao nesse mesmo relatório:

"Uma revolução não é um jantar festivo, escrever um ensaio, pintar ou bordar; não pode ser algo tão refinado, calmo, suave, sóbrio, simpático, cortês, moderado e magnânimo. A revolução é uma insurreição, um acto de violência pelo qual uma classe derruba outra".

A experiência política de Mao levaria posteriormente a maior moderação, não nos objectivos da acção revolucionária mas quanto à própria acção concreta. No entanto a metodologia aí referida irá manter-se em diversos períodos até à revolução cultural e, nalguns aspectos, também em posteriores campanhas contra o crime.

01.3 Segunda fase: período das fundações

Esta fase vai de 1927 a 1937 e corresponde ao segundo período da guerra civil.

Após o fracasso do levantamento da colheita de Outono, Mao foi atacado em duas frentes. Pelo lado do guomindang, que o obrigou a refugiar-se nas montanhas Jingang, na província de Jiangxi, e pelo seu próprio partido, de cujo "bureau" político foi excluído[53]. Mao veio a ser vítima das hesitações do partido ao tempo da liderança de Chen Duxiu relativamente à questão da mobilização dos camponeses, de que resultou insuficiente apoio popular para a campanha de Outono. Consciente da falta de força das massas e sem apoio militar para a tomada de Changsha[54],

---

[53] Mao era membro suplente do "bureau" político do comité central, cargo para que tinha sido eleito no V congresso do partido.

[54] Capital da província de Hunan. Um dos objectivos da campanha era a tomada desta cidade.

acabou por não levar a termo a tarefa imposta pela direcção partidária. O insucesso, deste e dos restantes levantamentos, foi atribuído pela direcção a oportunismo pequeno-burguês de que foram explicitamente acusados Ye Ting 叶挺[55] e He Long 贺龙[56] e, implicitamente, Mao.

Todavia, na resolução sobre "a situação actual da China e as tarefas do partido comunista"[57], adoptada na sessão alargada do "bureau político", que decorreu em Shanghai, em 9 e 10 de Novembro de 1927, apesar das críticas acima referidas, a verdade é que em boa parte se adoptou a visão de Mao no que respeita à questão dos camponeses.

A inflexão à esquerda foi clara. Consideravam agora os comunistas que a burguesia era incapaz de constituir um partido que levasse a bom termo a revolução burguesa. Daí que o partido comunista tivesse que assumir sozinho essa tarefa, rompendo definitivamente com a ideia de colaboração com o guomindang, abrindo-se embora à cooperação com a pequena burguesia, na revolução democrática que antecederia a revolução socialista.

A tarefa do partido seria assim organizar e enquadrar os movimentos de massas, preparar acções de guerrilha e tomar o poder político apenas quando houvesse condições para que a iniciativa saísse vitoriosa. A tomada do poder devia ser acompanhada da execução de latifundiários, "caciques malvados", fura-greves e reaccionários e da distribuição das suas terras pelos camponeses. As estruturas de poder seriam destruídas e substituídas por sovietes, ou seja, estruturas representativas de operários, camponeses, soldados, artesãos e cidadãos pobres.

O processo de formação de novo poder iniciava-se pela criação de assembleias de camponeses (sovietes). Durante o período de guerrilha o órgão executivo, funcionando como governo provisório, seria o comité revolucionário local, eleito pela associação camponesa. Após conquista do poder numa área considerável, uma cidade ou mesmo província, deveria ser constituído formalmente um governo soviético.

---

[55] Ye Ting (1897-1946), militar de carreira das tropas do GMD, aderiu ao PCC e participou na revolta de Nanchang.

[56] He Long (1886-1969), foi um dos mais brilhantes militares do exército vermelho e do exército popular de libertação (EPL). Participu com Ye Ting na revolta de Nanchang.

[57] Tony Saich, *The rise to power of the Chinese communist party*, An East Gate Book, 1996, pág. 331 e ss.

Só a pequena burguesia que não explorasse o povo seria admitida, a par de artesãos e pequenos agricultores, a participar na assembleia. A política era transformar associações camponesas em congressos de camponeses.

Toda a terra dos latifundiários deveria ser confiscada e distribuída através do congresso, pelos camponeses, arredando-se as teses reformistas que advogavam a expropriação das terras apenas dos grandes latifundiários e a execução apenas de "tiranos locais e caciques malvados".

A resolução advogava também uma política radical relativamente ao comércio, indústria, transportes, minas e bancos, que passava pela sua nacionalização, a que não escapavam os pequenos proprietários quando houvesse decréscimo na produção das suas fábricas ou manufacturas.

Mao, agora em Jinggangshan, a quem entretanto se juntou Zhu De朱德[58] com as suas tropas, beneficiando de relativo distanciamento em relação às estruturas centrais do partido, podia finalmente dar corpo às suas ideias expressas no relatório sobre a situação dos camponeses de Hunan. No projecto de resolução apresentada por Mao ao segundo congresso do partido da área fronteiriça de Hunan-Jiangxi, em 5 de Outubro de 1928, eram salientados os erros do passado como o não favorecimento, na questão agrária, dos interesses dos camponeses pobres, em nome do compromisso com os médios e os ricos. Criticava-se a falta de empenhamento na imposição do terror vermelho, advogando-se para futuro a imposição do terror através da eliminação dos latifundiários, caciques déspotas e seus agentes e ameaça aos camponeses ricos, bem como a constituição de brigadas de execução, constituídas por elementos que seriam mais tarde integrados no exército vermelho[59].

A experiência de Jinggangshan foi extraordinariamente rica para Mao no que respeita à organização do exército vermelho, à táctica de guerrilha, às estruturas organizativas do partido e do poder camponês e à própria natureza da sociedade rural, o que o levou a adoptar postura menos radical nos períodos que se seguiram. Mao teve oportunidade de verificar, não só o peso das estruturas sociais tradicionais, mas também a grande influência dos camponeses médios e ricos e a importância de

---

[58] Zhu De (1886-1976), comandante militar do exército vermelho desde a revolta de Nanchang, veio a ser o mais importante dos generais do EPL.

[59] Stuart R. Schram, ed., *Mao's Road to Power*, vol. III, pág. 62 e ss.

50   *Lei Penal da República Popular da China*

os chamar para a luta pela revolução "democrática". Lições sofridas em Jinggangshan, que Mao teve que abandonar em fins de 1928, instalando-se em Ruijin, entre as províncias de Jiangxi e Fujian. Comentando em 1941 a lei da terra de Jinggangshan, de Dezembro de 1928, o próprio Mao reconheceu que a mesma fora errada ao consagrar a expropriação de todas as terras e de a propriedade passar para o governo e não para os camponeses[60].

A aplicação prática destas lições por Mao em Ruijin, se bem que não imediata, conduziu a sucessos notáveis, embora em contraste com a política do partido. O sucesso de Mao[61] permitiu-lhe convocar o 1.º congresso chinês dos sovietes, que teve lugar em Ruijin, em 7 de Novembro de 1931. Apesar da vitória das suas teses no congresso, onde foi eleito presidente do comité central executivo de todos os sovietes e comissário político chefe do 1.º exército vermelho, a partir daí agudizou-se a sua luta com os chamados elementos bolcheviques[62] que, progressivamente, o marginalizaram até ao período da "grande marcha". As chamadas tendências pequeno burguesas de Mao, atribuídas à sua origem camponesa, que o levava a políticas de compromisso com médios e ricos camponeses, bem como a sua táctica de guerrilha que apelidavam de derrotista, isolaram-no progressivamente. Porém, a derrota do exército vermelho e a consequente retirada na "grande marcha", traduziram nos factos a razão

---

[60] Stuart Schram, ob. cit., pág. 130.

[61] Mao defendia uma estratégia de confronto com as tropas do guomindang radicalmente diferente da proposta pela direcção do partido. Enquanto a direcção partidária preconizava acções ofensivas no terreno do inimigo, Mao entendia que o inimigo devia poder penetrar nas zonas ocupadas pelos comunistas, onde estes gozavam de apoio da população, sendo aí atacados através de acções de guerrilha. Foi assim que conseguiu sair vitorioso nas duas primeiras campanhas para aniquilação dos comunistas, desencadeadas pelo guomindang.

[62] Com o regresso à China, vindos da União Soviética, da primeira vaga de estudantes chineses, constituiu-se uma facção, conhecida por "28 bolcheviques", imbuída do pensamento estalinista e cujos membros eram seguidores cegos das orientações do comintern. Foi exactamente com o apoio dos agentes do comintern que lograram obter posição dominante no PCC, criticando as posições de compromisso de Mao na questão da terra, bem como o seu pensamento sobre a guerra de guerrilha.

de Mao que, a partir de Zuny[63], foi retomando o controlo do partido. Todavia a querela com as linhas radicais, inicialmente de Li Lisan[64] e posteriormente de Wang Ming 王明[65] iria traduzir-se num combate de desgaste mais ou menos permanente que acompanharia os diferentes protagonistas até ao termo dos seus dias.

Nesta fase assistiu-se ao nascimento, em 7 Novembro de 1931, da República Soviética da China, bem como de instrumentos jurídicos como um projecto de constituição, lei de organização do poder político, regulamento penal, lei laboral, etc., criatividade esta que, no plano da realidade, tinha pouca correspondência, dada a fraqueza do poder soviético devido, alegadamente, aos erros esquerdistas de Wang Ming, que sucedera a Li Lisan na liderança do partido.

Ainda em Ruijin foi convocado o primeiro congresso de representantes de operários camponeses e soldados, em 7 de Novembro de 1931, que entre outras medidas aprovou as linhas gerais da constituição da República Soviética da China, documento com apenas 17 artigos[66]. De acordo com o seu artigo 1.º a tarefa da constituição era garantir a ditadura democrática do proletariado e camponeses nas áreas soviéticas

---

[63] Em Outubro de 1934 os comunistas, incapazes de enfrentar as campanhas de aniquilação lançadas pelas tropas do GMD, decidiram abandonar Ruijin, numa movimentação para noroeste que ficou conhecida como "grande marcha". Chegados em Janeiro seguinte à localidade de Zunyi, na província de Guizhou, foi decidido convocar um encontro alargado do bureau político, que decorreu entre 15 e 18 desse mês. Aí Mao atacou a linha militar seguida pelo partido, que considerou ter levado à queda de Ruijin. Iniciou-se então, com a aprovação das suas teses, a ascensão irreversível do maoismo.

[64] Li Lisan era defensor de campanhas militares do tipo das que tiveram lugar nas cidades após ruptura com o guomindang, considerando como derrotistas as posições de Mao que advogava o recuo para as áreas camponesas. Todavia, ao tempo da conferência de Zuny já se encontrava em Moscovo.

[65] Wang Ming (1904-1974) era o líder do grupo dos 28 bolcheviques, tendo chegado a secretário-geral do PCC, no início dos anos 30. Em 1931 chegou a liderar o partido, liderança que no ano seguinte foi atribuída a Bo Gu, que dela foi afastado em Zuny, a favor de Zhang Wentian. Wang Ming foi todavia o grande derrotado na conferência de Zunyi, já que era o único que de facto poderia vir a ter condições para travar a ascensão de Mao.

[66] Todos os documentos constitucionais da China podem ser vistos em Huang Tangui, Chen Shaolin bianji 黄潭贵, 陈少林编辑, *Xianfaxue Zziliao Xuanbian* 宪法学资料选编, Beijing, 1994.

e assegurar o seu triunfo em toda a China, sendo que, nos termos do art. 2.º, o poder político soviético pertencia aos operários, camponeses, soldados do exército vermelho e às massas trabalhadoras, que exerciam a ditadura sobre senhores da guerra, burocratas, latifundiários, déspotas locais, camponeses ricos e todos os contra-revolucionários.

Consagrou as regras do centralismo democrático, como forma de exercício do poder, sendo o congresso de operários, camponeses e soldados, a mais alta instância do poder político.

No plano dos direitos previa a expropriação da terra dos latifundiários. Garantia os direitos fundamentais dos cidadãos e a igualdade perante a lei mas apenas a todos os trabalhadores, camponeses, soldados do exército vermelho, trabalhadores e suas famílias.

Como escreve Shiping Zheng, a República Soviética de Jiangxi deu aos comunistas a primeira oportunidade de testar a sua capacidade para governar. Foi durante este período que o PCC convocou dois congressos nacionais da República Soviética, aprovou diversas leis, organizou eleições e estabeleceu uma administração governamental, criando formalmente o seu próprio Estado.[67]

O contexto político deste período revela grandes êxitos mas também grandes fracassos para o partido, resultantes por um lado da situação interna e por outro de crença cega nas análises do comintern para quem a revolução chinesa era um campo de ensaio das várias tendências que se degladiavam na União Soviética. As teses voluntaristas dos chamados bolcheviques tendiam a ver maré favorável para a acção revolucionária no mais pequeno pormenor. Correspondia isso a uma necessidade de Estaline, no sentido de demonstrar a validade das suas teses perante os elementos trotskistas que também na China, a partir de finais de 1929, se constituíram como oposição interna. Essas análises conduziram a sucessivos fracassos, quer por falta de apoio nos meios citadinos, quer por impreparação do exército vermelho para enfrentar as forças do GMD em posturas de guerra convencional. Todavia estas divisões no partido arrastaram-se praticamente desde o rompimento com o GMD até à ins-

---

[67] Shiping Zheng, *Party vs. State in Post-1949 China*, Cambridge University Press, 1997, pág. 336 e ss.

Capítulo I – A lei penal nas zonas libertadas... 53

talação em Yanan[68], se bem que, a partir de Zunyi, Mao tivesse já uma posição firme a caminho da liderança.

Naturalmente que um partido, afectado por fissuras internas, acossado pelas campanhas destruidoras do GMD, apostando fortemente no apoio camponês e dividido quanto à estratégia política e militar, irá reflectir todo esse clima na legislação penal e principalmente no processo e nas políticas criminais.

Os inimigos a abater eram os contra-revolucionários. Daí que, pouco após a constituição da República Soviética, em 13 de Dezembro, tenha sido aprovada pelo comité central executivo a directiva n.º 6, definindo os princípios para lidar com os crimes contra-revolucionários. Da sua implementação e da experiência obtida nas diversas bases, acabou por resultar a publicação, em 8 de Abril de 1934, do regulamento para a punição de contra-revolucionários da República Soviética da China. Foi este o principal diploma aprovado nesse período, o qual tinha aplicação nacional, independentemente de os factos terem ou não ocorrido na área dos sovietes, sendo aplicável a chineses ou estrangeiros.

No artigo segundo dizia-se: "considera-se conduta contra-revolucionária a de todos aqueles que, qualquer que seja a forma utilizada, conspirem para derrubar ou sabotar o governo soviético e os direitos alcançados pela revolução democrática de operários e camponeses, com intenção de manter ou restaurar o poder político da classe capitalista dos tiranos locais e caciques malvados". Enumerava de seguida 28 tipos de condutas, em todas se exigindo intuito contra-revolucionário. O diploma consagrava o recurso à analogia para a punição de condutas que, levadas a cabo com o referido intuito, não estivessem expressamente previstas. De resto, a abertura dada na definição do crime, com a referência a "qualquer forma", não poderia dispensar esse expediente.

O regulamento consagrava o princípio da agravação para reincidentes; de atenuação ou isenção de pena para menores de 16 anos, agentes de tentativa, auxiliares e cúmplices coagidos e atenuação para os casos de rendição voluntária, que ocorria quando o delinquente se entregasse às autoridades, confessasse os crimes e colaborasse na investigação. Relativamente a operários ou camponeses que fossem agentes de crimes,

---

[68] Localidade situada na província de Shanxi, onde se instalou a liderança comunista, desde Dezembro de 1936 até Março de 1947.

desde que não fossem autores principais ou o crime não fosse de muita gravidade, deveria sempre ser considerada a possibilidade de atenuação. Para além disso o art. 35.º do diploma consagrava expressamente o princípio da atenuação para todos aqueles que tivessem prestado serviços meritórios à República Soviética.

No que se refere às penas eram previstas como principais a de morte e de prisão com um mínimo de 6 meses e máximo de 10 anos. Confisco e privação de direitos civis eram as penas acessórias.

Deve dizer-se que este regulamento, sem lhes por termo, veio ainda assim corrigir abusos cometidos antes, ao tempo da vigência da directiva de 1931.

Naturalmente que, em face da situação política vivida na época, o chamado movimento de eliminação de contra-revolucionários (sufan 肅反) foi tido como essencial, só que acabou por se transformar quase numa tarefa fundamental do partido. Os comunistas acossados, em todo o lado viam conspiração, mesmo no interior do partido. Daí que o movimento se alargasse a simples suspeitos, muitas vezes obrigados a confessar crimes inexistentes. A confissão, frequentemente obtida sob tortura era prova julgada suficiente. A regra era fuzilar sem excepção e incendiar as casas de tiranos locais, latifundiários, funcionários do inimigo e daqueles que lhes prestassem assistência material ou em transportes.

A política de linha de classe na apreciação de casos penais era expressamente consagrada na directiva n.º 6, onde se mandava punir com maior rigor os "tiranos locais e caciques malvados", camponeses ricos e capitalistas, consagrando-se o princípio da benevolência para operários, camponeses e pobres em geral.[69]

Para além disso não havia regras processuais definidas, Nos períodos de maior radicalismo qualquer organização popular assumia o papel dos tribunais e prendia suspeitos a seu bel-prazer. Alguns destes excessos foram corrigidos pelo regulamento, sendo porém que o problema só foi verdadeiramente ultrapassado com o início da frente nacional, quando nacionalistas e comunistas decidiram combater em conjunto contra os japoneses.

---

[69] Zheng Qin郑秦, *Zhongguo Fazhishi* 中国法制史, Falü Chubanshe, 1998, pág. 458.

Capítulo I – A lei penal nas zonas libertadas...   55

Retomando a avaliação de Shiping Zheng, esta fase foi a de ensaio de verdadeiro governo para os comunistas. Ensaio mal sucedido em resultado das querelas internas do próprio partido e da situação a que esteve sujeito por parte do poder nacionalista. A política dos bolcheviques conduziu a soluções políticas e legais que provocaram forte alienação de importantes apoios para a causa comunista. A política de terror, aliás advogada no discurso político, esteve presente em quase todo este período que, tendo embora assistido a importantes avanços no que se refere à construção de um sistema legal, frequentemente permitia uma prática que ignorava as regras por si criadas.

01.4 Terceira fase:período da consolidação

Esta fase vai de 1937 a 1945, cobrindo o período da guerra anti-japonesa.

Em Outubro de 1935 Mao, com o que restava das suas tropas, chegou a Wuqizhen, na zona fronteiriça das províncias de Shanxi e Ningxia. O mais poderoso adversário encontrava-se em Xian. Era Zhang Xueliang 张学良[70], o comandante das forças do GMD, que tinha por missão eliminar os comunistas na zona nordeste. Aparentemente Chiang Kai-shek não poderia ter escolhido melhor comandante. Anti-comunista, era filho de Zhang Zuolin 张作霖[71], o antigo senhor da guerra da Manchúria que levou à morte os comunistas presos na invasão da embaixada Russa em Beijing, entre os quais Li Dazhao 李大钊[72]. À sua postura anti-comunista acrescia o facto de o afastar consideravelmente da Manchúria, zona da

---

[70] Zhang Xueliang (1900-2001), conhecido por "Jovem marechal", teve um papel decisivo na formação da frente anti-japonesa, ao prender Chiang Kai-shek, em Xian, em 12 de Dezembro de 1936. Viveu nos EUA após ter passado décadas na situação de prisão domiciliária em Taiwan.

[71] Zhang Zuolin (1875-1928), antigo governador da Manchúria, tornou-se líder da clique de Fengtian, disputando com os restantes senhores da guerra o controlo do centro de poder de Beijing. Em Abril de 1927 invadiu a embaixada soviética em Beijing, tendo prendido diversos comunistas que aí tinham procurado refúgio, entre os quais Li Dazhao, mandando-os executar. Morreu num atentado bombista preparado pelos japoneses.

[72] Li Dazhao (1882-1927) professor e bibliotecário da Universidade de Beijing, com quem Mao chegou a trabalhar, foi o elemento mais importante na criação do PCC.

56 Lei Penal da República Popular da China

sua influência, que no futuro poderia constituir a base territorial de um contra-poder.

Todavia a opção acabou por ser a melhor para os comunistas. A Manchúria, terra de Zhang Xueliang, encontrava-se sob ocupação japonesa[73]. O seu pai fora assassinado num atentado orquestrado pelos japoneses. Daí que o marechal se tenha começado a mostrar sensível aos apelos comunistas de constituição de uma frente unida contra o Japão.

Em Dezembro de 1936 Chiang Kai-shek deslocou-se a Xian para acertar os termos de mais um ataque contra os comunistas. Foi aí raptado pelos homens de Zhang Xueliang e só foi libertado após assumir o compromisso de abertura à colaboração com os comunistas na luta anti-japonesa, desde que estes aceitassem a política dos "três princípios do povo" de Sun Yat-sen[74].

O efeito imediato do incidente foi o desmantelamento do exército do nordeste, o que permitiu aos comunistas instalarem a sua base principal em Yan'an. A partir de então iniciou-se uma política de moderada aproximação de posições, em ordem à construção da frente nacional. Um impulso decisivo para isso foi o incidente da ponte Marco Polo, em 7 de Julho de 1937[75], que deu início à guerra de ocupação japonesa.

Em 15 de Julho de 1937, Zhou Enlai 周恩来[76], em representação do comité central (CC) do PCC, anunciou um acordo com o GMD no sentido de ser lançada uma guerra nacional de resistência contra o Japão, declarando o PCC aderir aos três princípios do povo de Sun Yat-sen, pôr termo à política de sublevação contra o GMD, ao movimento soviético e confisco de terras, anunciando ainda a abolição do governo soviético e reorganização do exército vermelho que passaria a chamar-se exército

---

[73] Os japoneses invadiram a Manchúria em 1931.

[74] Nacionalismo, democracia e condições de vida do povo.

[75] Nesta data iniciou-se um conflito aberto entre tropas japonesas e as tropas chinesas que defendiam a cidade de Wanping, ponto estratégico próximo da cidade de Beijing. A ponte aí existente, Lugouqiao, é conhecida entre os ocidentais como ponte Marco Polo.

[76] Zhou Enlai (1898-1976). Um dos mais importantes dirigentes da primeira geração do PCC. Foi o primeiro comissário político na academia militar de Whampoa e hábil diplomata. Exerceu as funções de primeiro-ministro desde a fundação da RPC e até à sua morte.

nacional revolucionário e que seria colocado sob ordens do conselho militar do governo nacional.

A frente estava constituída no que, objectivamente, foi uma derrota para o GMD, que advogava a prévia exterminação dos comunistas, antes do embate com os japoneses.

Este acordo foi o início da preparação dos comunistas para a tomada do poder. Como primeira tarefa, Mao tratou de consolidar a sua posição no seio do partido. E aqui começou a ascendência de Liu Shaoqi 刘少奇[77] que em princípio de 1937 lançou um ataque às políticas esquerdistas do período de Jiangxi, as quais serviram de base a um ataque sistemático a Wang Ming, único elemento que eventualmente poderia vir a constituir ameaça para a liderança de Mao. As memórias de Jiangxi misturaram-se com divergências entre Mao e Wang Ming a propósito da política da frente nacional e da estratégia militar, bem como de expansão do partido, que acabaram por isolar Wang na sexta reunião plenária do CC do partido, realizada em Novembro de 1938.

Entretanto os aliados na frente nacional vigiavam-se mutuamente, sabendo que o crescimento de um ou outro seria fatal para o ajuste de contas que, mais tarde ou mais cedo, haveria de ocorrer. Os conflitos que iam acontecendo localmente nas estratégias de ocupação do terreno, levaram mesmo alguns elementos do GMD a advogar o fim da colaboração com o PCC. Por outro lado, face à capitulação de Wang Jingwei[78], em Dezembro de 1938, surgiu a possibilidade de ocorrência de uma via capitulacionista no seio do GMD. Este receio tornou-se sério a partir do momento em que Chiang Kai-shek, em reunião plenária do GMD, entre 21 e 30 de Janeiro de 1939, disse pretender restaurar a situação anterior

---

[77] Liu Shaoqi (1898-1969). Um dos mais importantes dirigentes do PCC, com especiais responsabilidades no campo sindical. Foi protagonista na luta travada por Mao com Wang Ming, promovendo a consagração do pensamento de Mao Zedong, nos estatutos do partido aprovados no VII congresso, em 1945. Eleito Presidente da República em 1959, aí começou a sua queda. Apontado por Mao como o Khrushchev chinês, foi o principal alvo da "revolução cultural".

[78] Wang Jingwei aceitou presidir a um governo pró-japonês, em Nanjing, estratégia que os japoneses já haviam utilizado na Manchúria, nomeando Puyi 溥仪 (1905-1967), o último imperador da Dinastia Qing, inicialmente (1932) chefe de governo e posteriormente (1934), imperador da Manchúria (Manzhouguo 满洲国).

a Julho de 1937, assim admitindo implicitamente a ocupação japonesa da Manchúria[79].

A descrença no GMD iria naturalmente aumentar as responsabilidades do PCC. E aqui se iniciou de certo modo a criação das condições para a via do poder, que as vicissitudes da guerra iriam potenciar. Nesta fase a política de moderação era um imperativo da política do partido. O apoio da burguesia com potencial revolucionário, embora na avaliação dos comunistas incapaz de liderar o processo, era um pressuposto do êxito na luta contra o Japão, que exigia ainda reforço da presença comunista e do seu exército e finalmente um partido capaz de enfrentar esse passo de tomada do poder. A moderação passava, não apenas por uma política cautelosa de expropriações, mas também por uma partilha política que desse às classes mais ricas, mas socialmente influentes, desde que os seus elementos estivessem imbuídos de fervor nacionalista, a sensação de participação no governo das diversas bases.

Um instrumento fundamental desta política foi a tese dos "três terços", formulada por Mao em 6 de Março de 1940[80]. Classificando o poder político da frente nacional como ditadura democrática das várias classes revolucionárias sobre traidores e reaccionários, apontava a repartição nos órgãos de poder político em três partes, uma para comunistas, outra para elementos da esquerda progressista não filiados no partido e uma terceira para sectores centristas, nem de esquerda, nem de direita[81].

Entretanto as relações PCC-GMD foram-se deteriorando progressivamente. O factor que mais agravou esse relacionamento e que praticamente bloqueou o contacto entre as duas partes foi o chamado "incidente de Anhui", em Janeiro de 1941, em que o IV exército comunista foi atacado pelas tropas nacionalistas. Incidente que de resto reflectiu a ânsia de cada uma das partes de ocupação de terreno e construção de bases de influência. O PCC explorou esse facto em seu favor, azedaram as relações

---

[79] Tony Saich, obra citada, pág. 853 e ss.

[80] *Selected Works of Mao Tse-Tung*, vol. II, Foreign Languages Press, 1975, pág. 417 e ss.

[81] Este sistema admitia mesmo a participação de "um pequeno número de direitistas" em organizações populares"– V. Deng Xiaoping, The Party and the Anti-Japanese Democratic Government, in *Selected Works of Deng Xiaoping (1935-1965)*, Foreign Languages Press, 1992, pág. 15 e ss.

Capítulo I – A lei penal nas zonas libertadas... 59

entre os partidos e o GMD deu execução a uma política de bloqueio às áreas de ocupação comunista, com a mobilização de importantes recursos que bem mais úteis seriam na luta anti-japonesa. Foi precisamente esta situação que levou o Gen. Stilwell[82] a propor em 6 de Setembro de 1943 o levantamento desse bloqueio, disponibilizando o 18.º exército nacionalista para a luta anti-japonesa, sugestão que naturalmente não agradou a Chiang Kai-shek.

Todavia, com a entrada dos americanos no conflito, começou a desenhar-se o panorama do pós-guerra, com uma intervenção mediadora mais activa por parte dos EUA, que não desejavam uma zona de tensão na China e muito menos uma China sob influência soviética. A mediação falhou, não só por factores estratégicos mas porque um problema imediato inviabilizava qualquer acordo. E esse problema era, face à previsível e próxima derrota do Japão, a ocupação da Manchúria. Em vésperas da rendição japonesa, os exércitos comunistas lançaram uma poderosa ofensiva, ao que Chiang Kai-shek respondeu "integrando" nas forças nacionalista as tropas japonesas e colaboracionistas, dando-lhes instruções para enfrentar os comunistas e se renderem apenas aos nacionalistas. O que não foi propriamente um golpe de sagacidade política.

Com esta política em execução no teatro de guerra, o que de mais importante se passou no PCC até 1944 foi o movimento de rectificação de Yan'an, (Yan'an Zhengfeng yundong 延安整风运动)[83], que acabou por afirmar a liderança indiscutida de Mao, plenamente confirmada no VII congresso do partido, em Abril-Junho de 1945. Foi neste congresso que formalmente nasceu o maoismo, com a consagração, nos novos

---

[82] Joseph Stilwell (1883-1946), comandante das forças americanas no triângulo de guerra "China-Birmânia-Índia", oficial de ligação do presidente Roosevelt com Chiang Kai-shek e conselheiro deste.

[83] Foi o primeiro movimento de rectificação, levado a cabo sob a égide de Mao, tendo como lema a adaptação do Marxismo-Leninismo à realidade chinesa e a educação de grande número de elementos que se juntaram ao partido no decurso da guerra. Em concreto o movimento visava erradicar ideias não proletárias, colocar os interesses do partido acima de conflitos pessoais, locais ou de facção e dotar os elementos do partido de um conjunto de conhecimentos que lhes permitissem encontrar soluções para questões concretas – V. Frederick C. Teiwes, *Politics and Purges in China*, M.E. Sharpe, 2ª ed. 1993, pág. 51 e ss. Mas o objectivo fundamental foi o de impôr os pontos de vista e a liderança de Mao.

estatutos do partido, do pensamento de Mao Zedong a par do Marxismo-
-Leninismo.

Ao longo deste período e já na iminência do fim da segunda guerra,
múltiplos foram os contactos entre PCC e GMD com vista ao reforço
da frente nacional, para a reconstrução do país, encontros esses, patro-
cinados uns, mediados outros, pelos americanos. Todos falharam. O que
realmente se preparava era a terceira fase da guerra civil, para tomada
definitiva do poder. A China não estava ainda, nem viria a estar por muito
tempo, preparada para ser governada por mais que um partido.

As novas condições políticas iriam obviamente ter reflexos no
direito penal revolucionário. Como verificámos, o combate aos contra-
revolucionários esteve desde sempre no cerne das prioridades do PCC
na legislação produzida. Com a política da frente nacional e apesar de
os contra-revolucionários continuarem a ser considerados uma séria preocupação, a prioridade foi o combate a traidores e colaboracionistas e aos
sabotadores da luta anti-japonesa. Para além disso, dado o alargamento
da política classista de alianças, o conceito de contra-revolucionário foi
alterado, para ajustar a lei às novas circunstâncias.

O combate político, se bem que intenso no seio do partido, assumiu
contornos de grande moderação, naquilo que se traduzia num apelo à participação de não comunistas e mesmo da burguesia na luta desencadeada
pelo PCC. Também isso se reflectiu na lei e processo penal, acabando-se
com práticas arbitrárias de investigação criminal, consagrando o princípio
da igualdade, reabilitando quem tinha sido injustamente perseguido no
período anterior e criando um elenco de penas mais compatível com uma
política repressiva penal mais flexível. Havia uma acentuada preocupação
em evitar erros de julgamento, tornando-se popular a fórmula de não
deixar escapar um traidor, nem condenar um inocente. O PCC tinha a
consciência dos efeitos que isso poderia causar, alienando potenciais
aliados na luta pela revolução democrática.

Pretendendo para além disso ser uma alternativa ao GMD e sentindo
que se iam criando condições para que tal fosse viável, prosseguiam uma
política de tolerância em relação aos adversários, com calculados efeitos
no que isso poderia resultar em matéria de fidelidade ao GMD por parte
das suas tropas e procurava-se uma relação correcta com a população,
tentando fazer um contraponto à acção arbitrária que era apanágio dos
adversários.

Capítulo I – A lei penal nas zonas libertadas...　　　61

Para além disso haverá que ter em conta que neste novo período as bases comunistas eram diversas e com um âmbito de implantação mais vasto, enfrentando realidades muito diferentes[84]. Daí que a legislação vigente nas diversas bases se devesse ajustar às especificidades locais, embora assentando basicamente nos mesmos princípios. De tal forma que, e tendo em conta a política de unidade nacional, em algumas bases chegou a ser aplicada legislação aprovada pelo governo do GMD, que se considerava adequada.[85]

Indo de encontro a esta política, em Setembro de 1940, o departamento central de assuntos sociais emitiu uma directiva contendo nove princípios, em ordem a elevar a vigilância revolucionária, sem exagerar a luta contra os traidores. Eram eles: 1) combater as prisões e mortes arbitrárias; 2) combater a obtenção de confissões sob tortura; 3) impedir maus tratos aos delinquentes; 4) aderir ao espírito da legalidade revolucionária; 5) adoptar uma política objectiva e prudente; 6) apoio na investigação; 7) decidir em função das provas; 8) abolir penas corporais; 9) buscar apoio nas políticas.

Uma das preocupações foi a afirmação do princípio da igualdade perante a lei, em correcção da política que vinha do período anterior, que privilegiava os delinquentes de origem operária ou camponesa. Neste período acabam-se os privilégios e não em raros casos até se mostrava mais exigência para com membros do partido e do exército popular revolucionário.

Estas mesmas opções foram sustentadas, num enquadramento mais vasto da situação política chinesa, num texto subscrito por Mao (sobre política), em 25 de Dezembro de 1940[86]. Nele se defendia uma táctica de luta e alianças, a desenvolver em face da correlação de forças e das contradições nos vários segmentos da sociedade chinesa, que em geral permitia a cooperação com todos aqueles que favorecessem a luta de

---

[84] As bases mais importantes eram Shaan-Gan-Ning (Shaanxi-Gansu-Ningxia); Jin-Ji-Lu-Yi (Shanxi,-Hebei-Shandong-Henan); Jin-Cha-Ji (Shanxi-Chahar-Hebei); Jin-Sui (Shanxi-Suiyuan).

[85] Zhang Xipo, Han Yanlong zhubian 张希坡, 韩延龙主编, *Zhongguo Geming Fazhishi*中国革命法制史, Zhongguo Shehui Kexue Chubanshe, Beijing, 1987, Vol. I, pág. 320 e ss.

[86] *Selected Works of Mao Tse-Tung*, vol. II, Foreign Languages Press, 1975, pág. 441.

resistência, não se excluindo os anti-comunistas e mesmo traidores que tivessem agido sob coacção ou assumissem uma posição hesitante, que, se possível, deviam ser chamados para o lado da resistência. Mesmo em relação ao imperialismo e seus aliados chineses, haveria que distinguir entre o imperialismo japonês e seus aliados e as restantes potências que combatiam o Japão, tarefa na qual se admitia a cooperação.

Concretamente a propósito do combate à espionagem, designação que cobria um vasto leque de actividades, já referidas a propósito do regulamento para a punição de traidores, defendia Mao uma política de moderação, com poucos mortos, adoptando uma política de clemência com os relutantes e vacilantes, apelando a precauções com a confissão e lembrando a necessidade de outras provas, eliminação de castigos corporais, procurando ganhar para a causa nacional prisioneiros que fossem capturados aos japoneses, excepto aqueles que tivessem cometido crimes mais graves. Defendia-se ainda rigor em matéria de prisões de pessoas, relativamente às quais deveria haver firme cumprimento da lei.

Para além do interesse que esta posição teve, na medida em que reconheceu os abusos do período anterior, Mao mostrou aqui uma política penal ao serviço da frente nacional, instrumento de luta contra traidores mas, ao mesmo tempo, de construção de alianças com aqueles que se identificassem com o projecto de libertação.

A política de "não deixar escapar um espião, não condenar um inocente", foi apontada como princípio fundamental no editorial do "jiefang ribao 解放日报"[87], de 21 de Outubro de 1941[88]. Aí se apelava a uma posição cuidada no combate aos traidores e colaboracionistas, por forma a evitar a condenação sem provas bastantes e a rotulagem de inocentes como traidores ou contra-revolucionários.

Em Novembro de 1941 foi aprovado o programa de governo de Shan-Gan-Ning 陕甘宁[89], documento de apenas 22 artigos, com pretensão de força constitucional que, definindo como tarefa fundamental a mobilização de todos os recursos humanos e materiais para a guerra de

---

[87] "Diário libertação", órgão do CC do PCC durante a guerra anti-japonesa e a terceira fase da guerra civil. Iniciou a sua publicação em Yan'an, em 16 de Maio de 1941.

[88] Zhang Xipo, Han Yanlong 张希坡, 韩延龙, obra citada, pág. 321 e ss.

[89] Base comunista implantada em espaço territorial que se repartia pelas províncias de Shaanxi, Gansu e Ningxia, onde se situava Yan'an.

Capítulo I – A lei penal nas zonas libertadas... 63

resistência contra o Japão, fazia uma abordagem politicamente moderada da questão das alianças do PCC e do sistema de governo, baseado na doutrina dos "três terços" mediante a qual o poder deveria ser partilhado por um terço dos elementos do partido, um terço para elementos progressistas não pertencentes ao partido e um terço para sectores moderados, sendo tolerada até a presença de alguns direitistas.

No seu art. 6.º garantia os direitos pessoais, políticos, de propriedade e o exercício de todos os direitos fundamentais a todos os resistentes, incluindo latifundiários e capitalistas, assim como proibia qualquer pessoa ou organização, que não fossem os organismos de segurança pública e judiciais, de proceder a prisões e aplicar sanções. No art. 7.º proibia as penas corporais, exigia provas para além da confissão e abria a possibilidade de os traidores arrepiarem caminho, garantindo que não seriam mortos ou corporalmente molestados, insultados ou obrigados a fazer confissões ou declarações de arrependimento. Faculdade idêntica era dada a elementos do exército ou funcionários do inimigo ou da administração colaboracionista.

Como foi referido, o crime de traição foi durante este período o mais grave e que deu origem a mais intervenções legislativas.

Em Outubro de 1937, o governo de Shaan-Gan-Ning aprovou um regulamento sobre a organização de comités para a eliminação de traidores, tendo em 1939 elaborado um projecto de regulamento para a sua punição. Diploma que na sua essência se não afastava substancialmente da lógica do regulamento para punição de contra-revolucionários, se bem que, aqui, se fizesse frequente referência aos interesses da resistência anti-japonesa. Assim eram considerados como traidores os que praticassem condutas como: conspiração com governos fantoches com o propósito de derrubar o poder político da resistência, sabotagem das actividades de resistência anti-japonesa, actividades de espionagem, organização de actividades de deserção ou traição, indução do povo a servir o inimigo, sinalização ao inimigo de locais para bombardeamento, assassinato de quadros ou envenenamento de pessoas, sabotagem dos transportes, perturbação da administração financeira, propaganda sabotadora das actividades de resistência anti-japonesa, fuga a traidores, difamação de outrem como traidor, actividades estas punidas com pena de prisão ou pena de morte, conforme a gravidade das circunstâncias. Orientações políticas concretas sobre a forma de lidar com a questão criminal, começaram a surgir no ano de 1940.

Regulamentos semelhantes foram posteriormente surgindo noutras áreas, até 1945[90].

Em 25 de Setembro de 1945 foi publicado um "regulamento provisório para a punição de criminosos de guerra e traidores", condenando à morte, prisão perpétua ou prisão a partir de 10 anos e privação dos direitos civis aqueles que, durante a guerra, tivessem servido com posição de destaque o exército, serviços secretos, departamento de ligação ou polícia militar japoneses, que após a declaração de rendição do Japão tivessem organizado resistência à rendição, maltratado ou morto a população, maltratado prisioneiros de guerra, servido em lugares de responsabilidade polícia, governo ou organizações fantoches, sabotado positivamente a causa da resistência, organizado a deserção para o inimigo, sabotado a posição da resistência junto do exército, na política, economia, cultura, etc.

Um outro aspecto, que mereceu também o cuidado do legislador, foi de natureza económica, quer no que respeita aos bens dos traidores quer daqueles casos em que tivesse havido aproveitamento da situação política para enriquecimento à custa de outrem. Este problema colocou-se desde muito cedo[91], sendo o primeiro diploma da base de Jin-Cha-Ji[92], de Fevereiro de 1938, seguindo-se diversos outros numa sucessão que foi até Agosto de 1945, este último de Shandong. Em geral previa-se o confisco, não apenas para os agentes de crimes de traição mas também para os que se aproveitassem do apoio do inimigo ou colaboracionistas para a obtenção de vantagens patrimoniais, através de pilhagem, extorsão, venda forçada, aquisição em condições especiais de preço, etc.

Todavia, a par desta política repressiva, era seguida uma outra de aliciamento para a mudança de terreno, com promessa de tolerância para aqueles que se entregassem à resistência. Em Novembro de 1938 foi

---

[90] Zhang Xipo, Han Yanlong 张希坡, 韩延龙, obra citada, pág. 330 e ss.

[91] Na mensagem aos compatriotas sobre a resistência ao Japão, para salvar o país, de 1 de Agosto de 1935, já se proclamava a necessidade de confiscar os bens japoneses e usá-los na luta contra o Japão, bem como da expropriação de todos os bens de traidores e colaboracionistas. V. Tony Saich, *The Rise to Power of the Chinese Communist Party*, Na East Gate Book, 1996, pág. 692 e ss.

[92] Base comunista localizada em territórios das províncias de Shanxi, Hebei e na então província de Chahar (território presentemente integrado na província de Hebei e região autónoma da Mongólia Interior).

Capítulo I – A lei penal nas zonas libertadas... 65

publicado o regulamento sobre a rendição, de Jin-Cha-Ji 晋察冀, a que outros se seguiram. Garantindo a vida e a segurança a quem se arrependesse e se entregasse. E se, no acto de deserção do campo inimigo, trouxessem armas, documentos importantes, matassem ou ferissem elementos importantes das forças armadas ou da administração inimiga ou colaboracionista, seria isso considerado como acção meritória, recompensada monetariamente e publicamente louvada[93]. Quem não aproveitasse a oportunidade seria duramente punido como traidor.

A guerra com o Japão agudizou outros problemas, já tradicionais na sociedade chinesa, nomeadamente nos períodos de menor controlo da situação política. Um desses problemas era o do banditismo, sendo certo que, nos períodos de maior dificuldade económica, e o da ocupação foi um deles, quem não tivesse uma arma dificilmente teria que comer.

O primeiro diploma contra o banditismo durante a guerra de resistência foi de 1939, de Shaan-Gan-Ning. Um segundo foi publicado em Shandong, em Setembro de 1942, punindo com prisão ou morte crimes como os de roubo à mão armada, rapto para extorsão, detenção ou ocultação de armas com o propósito da prática de roubos, armazenamento ou transporte de armas e munições, ataques ou resistência às forças armadas, fogo posto, violação de mulheres, tudo no contexto de acção de bandos armados.

A progressiva implantação da administração comunista, com a consequente prestação de serviços à população e as necessidades de defesa, exigiram também medidas penais de protecção das forças armadas e de defesa das funções públicas, que conduziram à publicação, em Outubro de 1942, em Jin-Cha-Ji, do "regulamento provisório para a punição de crimes contra as forças armadas e trabalho militar", punindo com a morte, prisão perpétua ou prisão não inferior a cinco anos, aqueles que matassem soldados da resistência ou seus familiares, instigassem à sua deserção ou passagem para o inimigo, organizassem rebeliões armadas, fizessem circular rumores contra elementos do exército da resistência, os incitassem a semear discórdias, etc.. O mesmo diploma punia com idênticas penas os autores de acções contra o exercício de funções públicas.

---

[93] Zhang Xipo, Han Yanlong 张希坡, 韩延龙, obra citada, pág. 333.

Também a gestão económica era uma preocupação fundamental, objecto de diversas intervenções legislativas, que se iniciaram por um regulamento de Junho de 1939, de Shan-Gan-Ning. O objectivo era impedir a circulação nas zonas sob controlo comunista de dinheiro japonês ou de governos colaboracionistas, impedir actividades especulativas e obrigar à aceitação de dinheiro emitido pelas autoridades monetárias das bases. Em geral as actividades previstas por estes diplomas eram punidas com confisco e multa, em alguns casos com trabalhos forçados e, em situações especiais, como a de falsificação de papel moeda, com a pena de morte.

A intervenção do direito penal neste período ganhou também grande extensão não apenas em função da luta anti-japonesa: corrupção, furto, consumo de drogas, jogo, tráfico de pessoas, crimes contra os direitos pessoais.

Como se viu não havia um direito penal unificado, sendo que, por vezes em função das contingências da guerra, era mesmo muito difícil o contacto entre as várias bases. Para além disso as diferentes bases respondiam a problemas diversos.

Assim, por exemplo, em Shan-Gan-Ning, entre 1939 e 1942, a maior parte dos crimes julgados eram de consumo de drogas e jogo, atingindo estes cerca de 40%. Furto e corrupção rondavam 15% e os crimes de homicídio iam a 1.8%. Muito diferente era a realidade em Jin-Cha-Ji onde, em 1938, 42% dos crimes eram de homicídio (12%) e de ofensas corporais (30%). Estes crimes tiveram uma descida drástica até 1942, ano em que o homicídio foi de 6% e as ofensas corporais 7%, tendo em contrapartida o crime de furto evoluído de 10% em 1938 para 34% em 1942[94].

Isto naturalmente teve o seu reflexo nas penas. Entre 1939 e 1941 (Junho), a pena de morte teve uma incidência de 3.2%, em Shan-Gan-Ning. Entre Junho de 1941 e Março de 1942, na base de Jin-Cha-Ji, a pena de morte foi aplicada em 189 casos, numa incidência de 25.5%.

As penas previstas neste período eram a pena de morte, prisão perpétua (não aplicada), prisão, detenção, multa, confisco e privação dos direitos civis.

---

[94] Zhang Xipo, Han Yanlong 张希坡, 韩延龙, obra citada, pag 337.

Foi neste período que se iniciou uma prática de condenação à morte com suspensão, embora num modelo diferente do que vigoraria posteriormente. Era aplicada quando se considerasse que o condenado era susceptível de recuperação, passando uma espécie de regime de prova que, consoante as circunstâncias, poderia variar entre um e cinco anos. Se não cometesse outros crimes, passado esse período, a condenação à morte deixaria de ter efeito.

Fora destes casos a condenação à morte poderia ter lugar após condenação judicial ou, era previsto em alguns locais, ser executada de imediato, toda a gente tendo o direito de o fazer, mediante aprovação do comissário político do lugar da captura, nos casos de traidores autores de crimes que suscitassem grande ira da população e em que as provas fossem irrefutáveis. Era uma espécie de perda da paz.

A pena de prisão perpétua, embora prevista nalguma legislação publicada em Jin-Cha-Ji, Jin-Ji-Lu-Yu 晋冀鲁豫[95] e Shandong 山东, nunca foi aplicada. Em Outubro de 1941 o "jiefang ribao 解放日报"[96] publicou mesmo um artigo advogando a extinção dessa pena, obviamente com alargamento da aplicação da pena de morte.

Também a duração da pena de prisão variava conforme a legislação das diferentes bases. Em Shaan-Gan-Ning, inicialmente, a pena de prisão tinha a duração mínima de 2 meses e máxima de 5 anos. Considerou-se entretanto que havia uma diferença muito grande entre 5 anos e pena de morte, pelo que por resolução de Abril de 1942 o máximo foi aumentado para 10 anos. Em Jin-Cha-Ji o máximo era de 15 anos.

Para as penas de prisão entre 1 e 5 anos o tribunal, verificadas certas condições, poderia suspender a pena ou, decorrido algum período, permitir a liberdade condicional.

Eram ainda aplicadas penas de detenção, trabalho forçado e multa, esta em geral para crimes de natureza económica, o confisco e a privação de direitos civis, estas de natureza acessória e o confisco acompanhando a punição de crimes de maior gravidade.

Para além dessas penas eram ainda, por determinação legal ou prática judicial, aplicadas as penas de controlo, com duração de um dia a

---

[95] Base comunista implantada em territórios das províncias de Shanxi, Hebei, Shandong e Henan.

[96] Zhang Xipo, Han Yanlong 张希坡, 韩延龙, obra citada, pág. 347.

um ano; admoestação pública, expulsão, declaração de arrependimento, libertação caucionada, apresentação de desculpas, etc.

Foi também nesta altura que surgiu legislação integrando condutas de menor gravidade em regulamentos policiais, cuja violação constituía infracção de natureza administrativa. Assim aconteceu com o regulamento provisório sobre infracções de disposições policiais, de Shan-Gan-Ning, de 23 de Fevereiro de 1942 e medida sobre matéria idêntica, de 23 de Outubro de 1942, de Jin-Ji-Lu-Yu.

Estes diplomas, teoricamente, abrangiam as condutas de menor gravidade, que se considerava não revestirem perigosidade suficiente para constituir crime, sendo os casos apreciados e punidos pelos serviços de segurança pública. Será no entanto de referir que as elevadas percentagens de crime de homicídio e de penas de acentuada severidade sugerem que a maioria dos problemas, que não apenas as infracções menores, seriam resolvidos por via administrativa.

O direito penal deste período assumia já os contornos daquilo que viria a ser a lei penal da R. P. China. Os crimes mais importantes estavam já definidos, regras de aplicação das penas em função do tipo de participação, dos agentes envolvidos ou das circunstâncias. Previam-se já também institutos como a liberdade condicional ou suspensão da pena, etc. Ou seja, o direito penal, na sua estrutura básica tal como iria ser assimilado pela RPC, já existia.

A efectiva administração de vastas áreas durante a guerra, obrigaram o partido comunista a ir para além de uma produção legislativa e gestão meramente guerrilheira, defensiva, obrigando a invadir domínios muito mais complexos, como administração financeira, gestão de propriedade, reconhecimento de direitos, protecção dos direitos pessoais, protecção da moralidade pública, do casamento, da família, protecção da economia, transportes e comunicações. Isto para além, como é óbvio, das tarefas imediata ou mediatamente relacionadas com a guerra e o combate político tendo em vista a expulsão japonesa e a conquista do poder.

Um aspecto curioso prende-se com as penas, e revela as condições em que a justiça era aplicada. A pena de prisão era indesejada, se bem que indispensável em certos casos. Isso ajudou de alguma forma a encontrar soluções alternativas e daí o elenco de penas que foram sendo encontradas, quer por via administrativa ou legislativa, quer judicial. Nas condições difíceis em que este período foi vivido era pesado encargo não só a guarda mas também a manutenção de prisioneiros, em condições que não facilitavam a actividade produtiva dos mesmos. A frequente investida do inimigo tornava difícil o transporte de presos e a sua captura pelo inimigo possibilitava a aliança entre eles. Daí que se gerasse um esforço para evitar as penas de prisão. Todavia isso levava também a uma aplicação excessiva da pena de morte, pelo menos em algumas bases, em casos que, a haver um sistema efectivo de prisão, não conduziria por certo à condenação em pena capital.

Por exemplo, entre Junho de 1941 e Março de 1942, em Jin-Cha-Ji, houve 170 condenações em pena de prisão entre 2 meses e um ano; 167 entre 1 e cinco anos; 103 entre 5 e 10 anos; 27 em mais de 10 anos e...189 à morte! Diferente era a situação em Shaan-Gan-Ning, entre 1939 e Junho de 1941. Ainda assim, nesse período, foram condenadas na pena de prisão máxima prevista nessa base, ou seja, pena até 5 anos, 57 pessoas. No mesmo período foram condenadas à morte 146[97]. De onde se conclui que não eram desejados prisioneiros por período longo, sendo antes executados.

01.5 Quarta fase: período da dimensão nacional

Refere-se esta última fase ao terceiro momento da guerra civil, entre 1945 e 1949.

O ambiente de conflito que se gerou devido à ocupação da Manchúria e que levou ao confronto aberto entre o PCC e o GMD procurou ser travado por George Marshal[98], que inicialmente até teve sucesso aparente, conseguindo mesmo um cessar-fogo em 10 de Janeiro de 1946.

O cessar fogo assentava em bases muito frágeis dado que sobre questões relacionadas com as tropas e administração do território continuariam as negociações.

---

[97] Zhang Xipo, Han Yanlong 张希坡, 韩延龙, obra citada, pág. 351 e ss.

[98] George C. Marshal (1880-1959). General americano, foi em fins de 1945 nomeado pelo presidente Truman embaixador presidencial na China no intuito de obter um acordo entre comunistas e GMD e auxiliar os nacionalistas a implantar a sua autoridade. Fracassou nesse objectivo tendo regressado aos EUA em 1947. Mais bem sucedido foi no seu plano de recuperação económica para a Europa.

As proclamações de boa vontade sucediam-se, no sentido de constituição de uma assembleia política consultiva, aprovação de nova constituição e mesmo eventual formação de um governo de coligação. Todavia nenhuma das partes estava disposta a abdicar de alguns princípios que a prudência aconselhava, face ao passado não muito distante das relações entre ambos os partidos.

Assim, os comunistas não pretendiam abdicar de um número considerável das suas tropas e mostravam-se relutantes em deixar as zonas que se encontravam sob a sua administração, enquanto o GMD pretendia um controlo efectivo de tropas e território.

O que de alguma forma ajudou a manter uma certa estabilidade não foi apenas a diplomacia de Marshal mas o facto de as tropas soviéticas continuarem a ocupação da Manchúria[99], diferentemente daquilo que haviam anteriormente acordado. Todavia, com a sua saída em Maio de 1946, as partes entraram de novo em agitação, mais uma vez devido à ocupação deste território.

Agora Chiang Kai-shek, auxiliado pelos americanos, estava demasiado confiante na sua capacidade para destruir os comunistas. E apesar de avisado por Marshal de que a sua posição poderia levar à vitória comunista[100], manteve-se irredutível.

Em Julho de 1946 reacendeu-se a guerra civil. Zhou Enlai abandonou as negociações de mediação em Novembro, já quando as tropas do GMD lançavam uma enorme ofensiva contra os comunistas, conseguindo reocupar importantes áreas territoriais e mesmo Yan'an, em 19 de Março de 1947.

Esta acção do GMD haveria de lhe sair cara. Alargando demasiado a frente de combate, as suas tropas tornaram-se mais vulneráveis e, a partir

---

[99] A entrada da União Soviética na Guerra contra o Japão fora acordada na Conferência de Yalta. As tropas soviéticas entrariam na Manchúria mas, em respeito pela soberania chinesa, iniciariam a retirada no prazo de três semanas após a ocupação, devendo a retirada completar-se no prazo de três meses. À data da rendição japonesa (14 de Agosto de 1945) os soviéticos já ocupavam a Manchúria, de onde saíram apenas em Maio de 1946, facto que lhes terá permitido desmontar e transportar para a União Soviética o equipamento industrial aí existente, montado durante a ocupação japonesa.

[100] Suzanne Pepper, The KMT-CCP conflict 1945-1949 in *The Cambridge History of China*, vol. 13, Cambridge University Press, 1986, pág. 758.

Capítulo I – A lei penal nas zonas libertadas... 71

de meados de 1947, o avanço das tropas comunistas, agora denominadas exército popular de libertação (EPL), foi imparável, culminando com a proclamação da RPC em 1 de Outubro de 1949.

Com a ofensiva de meados de 1946 a guerra situava-se definitivamente a nível interno, pelo que se verificou nova política de alianças por parte do PCC.

Uma directiva do comité central do PCC, de 4 de Maio de 1946, sobre ajuste de contas com os latifundiários, redução de rendas e a questão da terra, alterou a política anterior que apontava para uma redução de rendas e suspendia as expropriações, voltando a uma política de expropriação e distribuição de terras dos latifundiários mas, como regra geral, poupando os camponeses ricos e, numa primeira fase, privilegiando os camponeses médios.

Esta política iria radicalizar-se com o programa político da lei da terra da China, de 10 de Outubro de 1947, que consagrou mais uma vez o princípio da terra para quem a trabalha, determinando a abolição dos direitos de propriedade dos latifundiários, bem como dos direitos de santuários e templos ancestrais, mosteiros, escolas, instituições e organizações, o mesmo acontecendo com a propriedade dos camponeses ricos.

Os bens, móveis e imóveis, foram distribuídos com igualdade, não excluindo os expropriados, excepto os traidores, colaboradores e criminosos de guerra, que nada recebiam. Nessa distribuição tinha papel fundamental a associação de camponeses.

A política de ocupação e distribuição de terras enveredou por caminhos mais moderados quando se tornou claro que o PCC iria a breve prazo tomar o poder, pelo que teria que atrair para a sua causa sectores intermédios da sociedade chinesa.

Em 23 de Abril de 1946 foram aprovados novos princípios constitucionais de Shan-Gan-Ning. Eram muito parcos no que diz respeito ao problema aqui em análise. Na parte relativa à justiça consagravam o princípio da independência dos tribunais e o princípio da recuperação dos delinquentes. O que significa que ficaram muito aquém do programa administrativo de 1941.

Com o fim da guerra anti-japonesa haveria necessariamente alteração das linhas de rumo do direito penal. Embora mantivesse o empenhamento na apreciação de casos de colaboracionistas e de criminosos de guerra, a tarefa orientou-se de novo para a repressão dos contra-revolucionários.

Havia todavia dois novos factores a considerar. Um deles era a probabilidade já bem visível da tomada do poder e a luta praticamente aberta com o GMD. O PCC não poderia manter-se em permanente conflito com o campo nacionalista, com a dimensão deste. Era necessário conquistar grande parte da população e das suas tropas para a causa da nova revolução democrática. Esta prioridade era fundamental nas forças armadas do GMD. Os comunistas tinham que fazer das hostes nacionalistas fonte de abastecimento, quer de homens, quer de armas e munições.

Esse mesmo factor e a circunstância de os comunistas terem passado a ter grandes extensões territoriais sob o seu domínio, mesmo grandes cidades, implicava que o direito fosse além dos objectivos imediatos que tradicionalmente moldavam a sua natureza e abarcar situações de maior complexidade.

Deve dizer-se que, na situação de complexidade que então se vivia, estas políticas não tiveram um percurso linear. Passou-se de uma política de moderação para maior radicalismo em fins de 1946, aprofundado em princípios de 1947 mas, progressivamente, a moderação voltou a ganhar tom, numa via de captação de classes médias, situação que haveria de se manter praticamente até ao início da guerra da Coreia.

As tarefas fundamentais que se colocavam no campo do direito penal eram a punição de criminosos de guerra, espiões, contra-revolucionários e tiranos locais. As diferentes zonas de poder comunista deviam actuar em função dos diversos circunstancialismos, com base nos princípios: punir os cabecilhas, ignorar os cúmplices coagidos, recompensar acções meritórias. Catalogando as áreas de intervenção penal, poderíamos assinalar cinco como principais: punição de criminosos de guerra, eliminação do banditismo, punição de tiranos locais, erradicação de organizações reaccionárias e dissolução de tríades e organizações supersticiosas feudais.[101]

Relativamente aos criminosos de guerra o primeiro documento com relevância foi o manifesto do exército popular de libertação, de 10 de Outubro de 1947, elaborado por Mao que, fundamentalmente e no que ao nosso tema se refere, se traduzia num apelo à deserção por

---

[101] *Xingfaxue Quanshu*, 刑法学全书, Shanghai Kexue Jishu Wenxian Chubanshe, 1993, pág. 553.

Capítulo I – A lei penal nas zonas libertadas...

parte das forças do GMD, decidindo uma amnistia a todos os militares e funcionários que não tivessem cometido crimes de maior gravidade e que se arrependessem, podendo inclusivamente ingressar, se assim o desejassem, no EPL.[102]

Com base nesses princípios foi elaborada legislação subsequente, sempre no sentido de procurar captar homens do GMD para a causa comunista.

Empenhamento especial houve na publicação de diplomas para punição de reaccionários e contra organizações reaccionárias, medidas levadas a cabo através de diversos meios, fosse por via de intervenção militar, governamental ou judicial. Essas medidas visavam actividades subversivas para desestabilizar o EPL ou instituições governamentais. Actividades essas que, sem necessidade de grande pormenorização, deveriam ser, nos termos de uma circular de Junho de 1946 do tribunal superior de Jin-Cha-Ji, punidas como rebelião, sem prejuízo da possibilidade de atenuação ou isenção de pena.

Relativamente à posse de armas, explosivos, munições ou venenos havia maior rigor. Nos termos de regulamento provisório de Su-Wan 苏皖[103], de Junho de 1946, quem fosse encontrado na posse desses produtos, pondo em causa a segurança pública ou fazendo perigar a vida de elementos do partido, governo, forças armadas ou população, seria condenado à pena de morte.

Também importante foi a legislação contra a sabotagem da reforma agrária nas novas zonas libertadas, que teve como óbvios destinatários, fundamentalmente, os latifundiários.

As linhas gerais foram definidas pelo programa geral da lei da terra, estabelecido em 10 de Outubro de 1947[104]. Há que recordar que a expropriação não era apenas da terra mas de todos os bens pelo que, como actividade de boicote da reforma eram consideradas todas as condutas que procurassem fugir à expropriação, como venda, destruição, ocultação, doação, etc. Os autores destes crimes eram punidos por tribunais populares, com juízes eleitos pelos camponeses. Com base nestes

---

[102] *Selected Works of Mao Tse-Tung*, Vol. IV, Foreign Languages Press, 1975, pág. 147 e ss.

[103] Base localizada em territórios das províncias de Jiangsu e Anhui.

[104] Tony Saich, obra citada, pág. 1295 e ss.

princípios foram aprovados vários diplomas, o mais detalhado dos quais em Jin-Ji-Lu-Yu, de Janeiro de 1948, "Regulamento provisório para a punição da sabotagem da reforma agrária", que dizia:

"Quem premeditadamente sabotar a reforma agrária, liderar organização ou for conivente com levantamento armado reaccionário, desencadear insurreição, retirar da posse de camponeses terras anteriormente confiscadas, matar ou ferir camponeses ou quadros ou por outra forma grave lesar os interesses dos camponeses, será punido com pena de morte. Cúmplices ou encobridores serão punidos com trabalhos forçados até 5 anos".

Para outras condutas de menor gravidade eram previstas penas de prisão.

Outra frente de combate foi contra os partidos e organizações reaccionárias que foram dissolvidas, apreendidos os seus documentos e sujeitos a registo os seus membros.

Finalmente foi também desencadeado combate contra as tríades e organizações supersticiosas de origem feudal. De acordo com diploma publicado em Janeiro de 1949, pelo governo de Huabei 华北[105], essas organizações foram também dissolvidas e os seus membros registados.

Preocupação séria mereceram também problemas como corrupção, direitos das pessoas, família, toxicodependência, jogo, etc.

Especial relevo merece uma directiva do comité central, de Fevereiro de 1949, revogando o "compêndio das seis leis" (liufa quanshu 六法全书)[106] e definindo os princípios da actuação judicial nas zonas libertadas. Esta directiva teve como antecedente imediato uma posição de Mao Zedong, de 14 de Janeiro de 1949, em relação a uma proposta de Chiang Kai-shek, feita no dia de passagem de ano, no sentido de negociações de paz, com base na manutenção da constituição e da autoridade constituída. Mao não só rejeitou essa proposta como avançou com

---

[105] À medida que o partido comunista, durante a última fase da guerra civil se ia implantando no terreno, criava a sua própria administração, tendo ao todo constituído seis regiões administrativas, com governo próprio, sendo uma delas a da China do norte (Huabei).

[106] Dava-se esta designação ao conjunto das leis mais importantes aprovadas pelo governo do guomindang: constituição, código civil, código penal, código de processo civil, código de processo penal e código administrativo.

Capítulo I – A lei penal nas zonas libertadas...   75

diversas medidas entre as quais a abolição da "falsa constituição" e da "falsa autoridade constituída"[107].

Na sequência de tal posição surgiu a directiva em causa que aboliu as referidas leis, proibiu os tribunais de lhes fazer qualquer referência, devendo decidir com base nas novas leis, abrangendo os diversos programas, leis, regulamentos, decretos, decisões, etc., emanados do governo e do EPL. Nos locais onde o sistema ainda estivesse pouco desenvolvido, os tribunais deveriam julgar com base em disposições constantes de programas, leis, decretos, regulamentos ou decisões. Na falta de norma a decisão teria de ser conforme aos princípios políticos da nova democracia[108].

Mas a directiva prendia-se também com um sério problema com que os comunistas se depararam neste período: a falta de quadros à medida que se ia alargando a área de ocupação. Falta que se sentia sobretudo nas cidades. A solução foi manter os funcionários do GMD em funções, inclusive no aparelho judicial. Acontece que o partido não estava satisfeito com os termos de aplicação da lei, por considerar que, ao lidar com elementos reaccionários, os juízes encontravam na legislação e nas teorias herdadas do GMD razões para os poupar à punição. Daí as citadas instruções. Todavia foi-se mais além, iniciando-se um verdadeiro movimento de rectificação no aparelho judicial, que consistiu na crítica às "seis leis" e toda a mais legislação reaccionária do GMD e estudo do Marxismo-Leninismo e pensamento de Mao Zedong, princípios políticos da nova democracia, programas, leis, decretos e resoluções do novo poder.

Um outro documento de maior importância, de 1949, foi uma circular do Governo de Huabei relativa aos critérios de aplicação das penas nos processos de maior importância, definindo como crime "toda a conduta que ponha em perigo o Estado da Nova Democracia e a sua ordem jurídica ou que seja lesiva dos direitos e interesses individuais por forma a ter grave influência social".

Esta circular vai marcar a definição de crime tal como passará a partir de então a ser entendida: "conduta socialmente perigosa, lesiva ou potencialmente lesiva do Estado ou dos indivíduos".

Referindo-se à matéria da prescrição, o mesmo documento, fazendo embora distinção entre prescrição do procedimento criminal e prescrição

---

[107] Mao Tse-Tung, *Selected Works*, Vol. IV, pág. 325 e ss.
[108] Zhang Xipo, Han Yanlong 张希坡, 韩延龙, obra citada, pág. 355 e ss.

76 Lei Penal da República Popular da China

de pena, acrescentava que de imediato nada se regularia sobre matéria de prescrição, assunto que seria posteriormente considerado em função da gravidade do crime, ou seja, da sua perigosidade social, agora adoptado como critério de definição de crime.

As penas aplicadas durante este período eram a morte, prisão perpétua, prisão, cujo máximo variava em função das zonas (em algumas o máximo era 5 anos, noutras 10, 15 anos e previa-se ainda, no caso de acumulação de infracções, a pena de 20 anos; o mínimo variava entre 3 e 6 meses) detenção, trabalho forçado, controlo, multa, privação dos direitos civis e confisco.

A pena de controlo era usada relativamente a elementos reaccionários e contra-revolucionários. Os membros de partidos e organizações ditas reaccionárias, após o respectivo registo, eram colocados em regime de reeducação pelo trabalho, sob vigilância das massas e das autoridades, ficando privados dos direitos políticos e com liberdade pessoal limitada. Eram obrigados a estrito cumprimento das leis e a dar conta das suas actividades. Decorrido o tempo de controlo, caso se considerasse que tinham melhorado eram libertados ou, caso se julgasse necessário, o regime continuaria.

Nos termos de um aviso de Dezembro de 1948 de Jin-Cha-Bei "os latifundiários e camponeses ricos estão proibidos de sair da aldeia, suprimidos os seus direitos políticos e liberdade de acção, sobre eles exercendo as organizações de camponeses pobres estrito controlo". O mesmo foi decidido relativamente a alguns indivíduos pertencentes a organizações reaccionárias.

Durante o período da nova democracia colheu-se uma importante experiência no plano legislativo e na definição de princípios orientadores e linha política, cuja influência foi muito para além desse período e que, nalguns casos, ainda se mantém.

O sistema legal deste período reveste-se de diversas características.

Desde logo era um sistema criado sob a égide do partido comunista, para as áreas das bases. Como instrumento de uso e manutenção do poder, o direito era mera extensão da política. Pelo que, na apreciação dos casos concretos, aplicava-se a lei quando ela existisse. Não havendo lei recorria-se às políticas definidas pelo partido.

Dada a sua marca ideológica, os seus princípios assentavam no marxismo-leninismo e pensamento de Mao Zedong.

Tinha por especial missão o combate ao imperialismo e feudalismo, missões suficientemente importantes para dele fazer suporte da ditadura democrática do povo.

Era suposto reflectir os interesses e anseios das massas populares.

Finalmente, dado que o direito se foi firmando nas diversas bases, sem expressão a nível nacional, reflectia muitas vezes especificidades locais e com frequência tinha carácter temporário.

Relativamente a criminosos de guerra as instruções do EPL eram no sentido de os prender, dando todavia oportunidade de remissão do crime através de acções meritórias àqueles que desistissem das suas condutas e mostrassem propósito de se emendar.

Foi ainda neste período publicada legislação penal respeitante a corrupção, consumo de droga, sabotagem de transportes, sabotagem financeira, protecção florestal, etc.

01.6 **Conclusão**

Numa análise global da lei penal vigente nas bases e nas zonas libertadas teremos que ter em conta dois factores. Um deles é a tradição jurídica e judiciária da China. Outra é a influência recebida da experiência revolucionária da União Soviética e as concepções marxistas do direito.

Até 1911 vigorava o código Qing que por sua vez era produto de uma tradição secular com sólidas raízes, pelo menos na Dinastia Tang 唐朝 (618-906) e que manteve continuidade nos aspectos essenciais.

A lei não era vista na China como um instrumento de salvaguarda de direitos, mas de imposição de deveres, em ordem à harmoniosa realização das tarefas definidas pelo império.

Perceberemos a distinção entre lei tal como entendida na China Imperial e no Ocidente se tivermos em conta a forma como surgiu em Roma a lei das XII tábuas e como se estabeleceu na China a dinastia legalista, a dinastia Qin 秦朝 (221-207 AD).

A lei das XII tábuas surgiu em Roma em resultado das reivindicações da plebe[109], que exigia uma definição clara de direitos e obrigações.

---

[109] Sobre esta questão V. Sebastião Cruz, *Direito Romano*, Almedina, 1969, pág. 175 e ss.

Na dinastia Qin a lei era um instrumento do império para impor a vontade aos seus súbditos. Para a lei penal chinesa o cidadão não era visto como titular de direitos mas simplesmente como um destinatário de penas. O direito penal era um instrumento usado pela burocracia imperial para impor a vontade do Estado.

Ao tempo da queda da monarquia havia um projecto de código penal moderno, de influência ocidental, que foi adaptado à nova situação política e publicado como lei penal provisória em 30 de Abril de 1912. Alguma outra legislação penal avulsa foi publicada. Todavia uma tradição milenar não se esvai numa dúzia de anos.

A concepção tradicional chinesa da lei penal ajusta-se melhor às concepções marxistas do que a concepção burguesa que encara o indivíduo como sujeito de direitos. A adaptação da lei imperial a uma concepção Marxista-Leninista seria mais difícil se a China tivesse transitado para uma democracia popular através de uma democracia burguesa.

Para o Marxismo-Leninismo a lei é um instrumento da classe dominante para impor a sua ditadura. O PCC aceitou placidamente esta concepção, de direito como instrumento de poder, poupando-se a querelas que minaram a dogmática jurídica na União Soviética dos anos 20.

A lei penal revolucionária começou por ser pontual, apontando para objectivos concretos, instrumento de realização de políticas concretas, nomeadamente da movimentação anti-imperialista e da reforma agrária.

Em nome da concentração em objectivos concretos a lei não procurava uma definição de crime. Procurava antes um conceito de actividade: contra-revolução, traição, banditismo, etc.

Ignorava o conceito de culpa, não por considerações de falta de fundamento científico, como entendia Pasukanis e a generalidade dos juristas soviéticos dos anos 20, mas porque para os fins pretendidos o direito prescindia desse conceito, que no entanto passou a ter consagração implícita a partir do momento em que se iniciaram distinções entre autores principais, cúmplices, consumação, tentativa, dolo, negligência, etc.

Estas distinções, por sua vez, começaram a ser feitas após alguma experiência de governação nos sovietes de Jiangxi e durante as campanhas de correcção que se seguiram aos excessos esquerdistas.

Pode-se dizer que o avanço mais significativo do direito revolucionário chinês ocorreu durante o período da guerra anti-japonesa. A política de apaziguamento classista em nome da frente nacional impôs um direito mais conciliador. O direito penal perdeu as características de direito de conquista dos trabalhadores e passou a assumir também um papel de garantia de todos aqueles que se associavam à luta nacional. A tentativa de aliciamento do campo adversário desenvolveu novos conceitos e expedientes e uma política concertada de rigor e benevolência. Por sua vez as vastas zonas de administração comunista exigiam que a lei tivesse um âmbito de aplicação mais alargado, desenvolvendo-se por domínios que inicialmente não mereciam preocupação do partido.

Esta característica acentuou-se na última fase da guerra civil.

Finalmente, chegados ao ano de 1949, os comunistas depararam com a tarefa de governo da nação. O direito penal tinha que ser mais ambicioso, arriscando mesmo passar pela dificuldade de ter que prescindir de um sistema construído pelo governo do GMD, quando foi decidido revogar as suas leis. O PCC encarou esse facto com naturalidade e, sendo o direito o prolongamento da política, sempre restariam as políticas do partido para suprir as lacunas da lei penal.

O direito penal passou a assentar, não em definições pontuais, não no tipo legal, mas numa definição abstracta de crime, como actividade socialmente perigosa para o Estado ou para os cidadãos.

O valor jurídico supremo era a ditadura democrática do povo pelo que os crimes mais graves eram os crimes contra-revolucionários a que se sucediam os que atentavam contra os interesses colectivos e, depois disso, os que ferissem os direitos pessoais dos cidadãos.

A analogia criminal era expressamente admitida numa dimensão que a aproximava mais da regra do que da excepção. Adoptou-se uma política maleável na punição do crime já que a RPC foi instaurada num clima de apelo à reconstrução e mobilização nacional. A linha de massas tinha já uma longa experiência e a diversa legislação avulsa conhecia praticamente todos os institutos relacionados com as regras gerais de aplicação da lei penal. Os serviços de segurança pública tiveram uma grande intervenção, administrativizando grande parte das questões que "a priori" seria suposto merecerem intervenção judicial.

Pode dizer-se que, chegados à data de instauração da RPC, a China Popular estava dotada dos instrumentos jurídicos fundamentais que iria utilizar durante 30 anos. Instrumentos obviamente insuficientes. Insuficiência suprida, normalmente mal, com a superação do direito pela política, que a ela recorria se necessário, para suprir lacunas ou mesmo para se negar a si próprio quando, pela sua feição conservadora, se deixava ultrapassar pela dinâmica revolucionária das massas.

Capítulo II

A DIALÉCTICA ENTRE LEI PENAL E POLÍTICAS CRIMINAIS, LINHA DE MASSAS E ANTI-CAMPANHAS

02.1 Introdução

O partido comunista, ao tempo da instauração da República Popular da China, em 1 de Outubro de 1949, deparou-se com uma tarefa gigantesca. O controlo da situação interna não estava totalmente consolidado. Havia ainda combates e tropas do GMD no sul e no oeste. A situação económica estava depauperada, com inflação elevadíssima, grande parte do aparelho produtivo, transportes e comunicações inoperantes. No plano internacional e por parte dos países capitalistas a posição era de céptica expectativa, em geral hostil. O partido tinha agora cerca de 4 milhões e meio de membros o que, quer em quantidade, quer em qualidade, era insuficiente para a tarefa de administração do país, já que, colhidos na sua base de apoio predominantemente camponesa, ignoravam por completo a gestão das cidades.

A luta anti-japonesa e o programa de afirmação nacional expresso na sua política anti-imperialista mereciam a simpatia da generalidade da população, mesmo da burguesia nacional. Esses factores e obviamente a vitória sobre o guomindang conferiam ao partido comunista uma legitimidade indiscutível mas que diversos factores circunscreviam a prazo. A sua duração iria depender da forma como o partido soubesse enfrentar as referidas dificuldades. É que a burguesia olhava com desconfiança, pelo menos a médio prazo, o poder comunista. Os intelectuais, apesar da sua mobilização para as tarefas de reconstrução, manifestavam importantes reservas à colaboração com quadros do partido claramente impreparados. Os representantes da velha ordem tinham um importante peso no país e, a par dos inúmeros agentes do guomindang, esperavam a oportunidade favorável para reverter a situação interna.

O partido comunista tinha consciência destes problemas pelo que, mesmo antes da instauração da República Popular, preparava um programa de governo com uma abrangência tal que não alienasse uma substancial base de apoio, imprescindível pelo menos numa primeira fase.

Em matéria de política externa, apesar dos gestos de boa vontade da administração americana, que pretendia um relacionamento normal com uma China comunista, a sua ajuda ao GMD gerou fricções irreparáveis e que, a partir de 1948, tinham levado os mais importantes dirigentes do PCC a fazer declarações de compromisso de alinhamento com a URSS, numa política anti-imperialista[110].

O destino da China estava traçado a partir do momento em que era visível o sucesso da revolução. A China seria um país socialista. Opção clara, resultante não só da ideologia do próprio partido comunista, mas também do facto de a revolução chinesa ter triunfado precisamente num dos momentos em que o chamado bloco socialista tinha maior prestígio: após a derrota do nazi-fascismo e ainda antes do desgaste da "guerra fria".

Esta referência à política externa deve-se ao facto de os compromissos internacionais da China terem empurrado este país para as situações de maior radicalismo no início dos nos 50, para além de que o alinhamento com a URSS não deixava de criar suspeitas em algumas componentes do espectro político alargado que se pretendia.

---

[110] Sobre esta questão e em geral sobre as relações entre a China e os EUA neste período V. A Doak Barnett, *China and the Major Powers in East Asia*, The Brookings Institution, 1977, pág. 153 e ss.

Capítulo II – A dialéctica entre lei penal e políticas criminais...

02.1.1 *O poder da Nova Democracia*

A manutenção da política de frente unida após o triunfo da revolução, vinha sendo desde sempre anunciada nas várias intervenções do partido comunista. Na comunicação feita na reunião preparatória da nova conferência consultiva política, em 15 de Junho de 1949, Mao reafirmou com clareza essa política, proclamando a união de toda a nação da qual eram excluídos apenas os imperialistas, os reaccionários do GMD e as forças do feudalismo e do capitalismo burocrático[111]. A revolução congregava numa frente unida os operários, camponeses, a pequena burguesia urbana e a burguesia nacional[112].

Esta política, no plano interno, era complementada por uma frente unida internacional, que assinalava o alinhamento da RPC com a União Soviética e as democracias populares[113]. A aparente contradição entre o alinhamento externo da China e a amplitude da coligação interna, abrangendo a burguesia nacional, foi de certa forma esclarecida pelo próprio Mao quando, no seu texto sobre a ditadura democrática do povo, respondeu à pergunta: quem é o povo? A resposta era a seguinte, com sublinhado nosso: *na presente situação* o povo é a classe trabalhadora,

---

[111] A distinção entre burguesia burocrática e a burguesia nacional tinha uma dimensão económica, uma vertente política mas era sobretudo uma opção estratégica.

No plano económico, a burguesia burocrática era a do grande capital industrial e financeiro, sendo a burguesia nacional, sobretudo, a que estava ligada a pequenas e médias empresas. Politicamente, o capital burocrático seria o aliado do imperialismo e a força motora do GMD, resultando os seus privilégios precisamente desse conúbio político. A burguesia nacional, pelo contrário, contaria apenas com as suas próprias forças e os seus interesses eram geralmente opostos aos do imperialismo e seus aliados internos. Esta era a principal razão para alargar a frente unida à chamada burguesia nacional. Todavia a razão principal era de índole estratégica. Sendo absolutamente necessária a expropriação do capital burocrático para a destruição do velho poder do GMD, era imperioso aumentar a capacidade produtiva e satisfazer as necessidades básicas da população durante o período de afirmação do novo poder. Para esse fim era indispensável a burguesia industrial e comercial enquanto se não chegasse à fase de avanço para a transformação socialista.

[112] Mao Zedong, Address to the Preparatory Meeting of the New Political Consultive Conference, in *Selected Works of Mao Tse-Tung*, Foreign Languages Press, Peking, 1975, vol. IV, pág. 405 e ss.

[113] Mao Zedong, On the People's Democratic Dictatorship, in obra citada, vol. IV, pág. 411 e ss.

os camponeses, a pequena burguesia urbana e a burguesia nacional[114]. O "desajustamento" seria, pois, meramente temporário.

Após a instauração da República Popular, foi preocupação dos comunistas não alterar abruptamente a situação. Mesmo o pessoal que serviu o GMD manteve-se em funções, excepto os que haviam exercido cargos mais importantes, alguns dos quais foram presos ou mesmo executados. A carência de quadros não permitia diferente solução a título imediato. A estratégia global, excepto no respeitante à minoria objecto de ditadura, era "maximizar o apoio e minimizar os receios"[115].

Esta política de abrangência era correspondida na forma como o partido e o exército popular de libertação (EPL) lidavam com as populações, particularmente nas cidades. Como escrevia em 22 de Dezembro de 1949 o correspondente do jornal "Le Monde", mantiveram-se os funcionários que trabalharam com o GMD, mantiveram-se os mesmos professores nas universidades, os mesmos juízes nos tribunais, os mesmos jornalistas nos jornais e colocou-se depois toda essa gente em trabalho de reeducação na escola da "nova democracia", onde, junto dos quadros do partido comunista, aprendiam as políticas e os princípios pelos quais teriam que orientar a respectiva actividade[116].

Exemplo elucidativo da forma como o partido comunista devia lidar com a população quando ocupava as diferentes zonas foi dado por Deng Xiaoping nas instruções, transmitidas em 12 de Novembro de 1949, sobre a táctica para o trabalho na área da província de Guizhou. O princípio a seguir era de união com a maioria, ataque da minoria e antagonismo com o menor número de pessoas, evitando colocar a população em situação tal que a empurrasse para o campo reaccionário. Deveria ainda procurar-se o apoio de personalidades, não apenas de esquerda mas também de centro e, mesmo, de alguns direitistas e preencher pelo menos um terço dos lugares com não membros do partido, mantendo nos seus empregos todo o pessoal, mesmo que ligado ao GMD, nem uma pessoa devendo ser demitida[117].

---

[114] Mao Zedong, On the People's Democratic Dictatorship, obra citada, vol. IV, pág. 411 e ss.

[115] Frederick C. Teiwes, Emulating the Soviet Model, 1949-1957 in *The Cambridge History of China*, vol. 14, Cambridge University Press, 1987, pág. 76.

[116] *1949: Mao Président*, Seuil, 1999, pág. 42 e ss.

[117] Tactics for working in the new area of Guizhou, in *Selected Works of Deng Xiaoping* (1938-1965), Foreign Languages Press, 1992, pág. 143 e ss.

Capítulo II – A dialéctica entre lei penal e políticas criminais...

Estas mesmas regras foram seguidas na constituição do governo central, em que quase metade dos seus membros não eram do partido comunista.

Foram representantes dos estratos sociais que a política de frente unida englobava no conceito de "povo" que tiveram participação na primeira reunião plenária da conferência consultiva política, que se reuniu em Beijing entre 21 e 30 de Setembro de 1949. Recorde-se que a realização de uma nova conferência consultiva política era uma reivindicação do partido comunista desde o fracasso do resultado das conversações havidas sob mediação americana, em Chongqing, em Janeiro de 1946.

Nesta reunião foi aprovado o "programa comum" e a lei de organização do governo popular central, tendo Mao Zedong sido eleito presidente. Este evento foi o compromisso solene da continuidade da política de frente unida ao mesmo tempo que se encontrava uma base de legitimidade formal para o poder agora instituído.

O novo poder emergente tinha a sua base jurídico-programática no referido "programa comum", que iria funcionar como constituição provisória até que nova lei fundamental fosse aprovada pela assembleia nacional popular (ANP)[118], quando esta fosse convocada.

O programa comum dava expressão jurídica às políticas definidas pelo partido comunista para esta nova fase da frente unida e até que se considerasse chegada a hora de avançar para a transformação socialista. No poder, expressamente assumido como ditadura democrática do povo, cabiam operários, camponeses, soldados, pequena burguesia, burguesia nacional, patriotas democratas e chineses ultramarinos. Os inimigos eram o imperialismo e as forças contra-revolucionárias. Esses inimigos seriam combatidos com o termo de todos os privilégios especiais dos imperialistas, confisco do capital burocrático que seria transformado em propriedade do Estado e conversão da propriedade fundiária semi-feudal em propriedade dos camponeses. Para além de outras medidas o programa comum previa ainda a revogação de todas as leis opressoras do governo do guomindang e a criação de um sistema judicial.

---

[118] Nos termos do art.º 12.º do programa comum, a assembleia nacional popular seria o órgão supremo do Estado.

Para além do partido comunista havia ainda os seguintes partidos: comité revolucionário do guomindang, liga democrática da China, associação nacional para a construção da China democrática, associação chinesa para o desenvolvimento da democracia, sociedade três de Setembro, partido democrático dos operários e camponeses, partido zhigong e liga para a autonomia e democracia de Taiwan. A condição de sobrevivência como "partidos democráticos" era a aceitação do programa comum que reconhecia, não expressamente, mas através das políticas nele consagradas, a liderança do processo político ao partido comunista.

O início da República Popular da China assistiu a importantes sucessos. O fracasso viria em meados dos anos cinquenta quando o partido, inebriado com os êxitos alcançados, foi progressivamente dominado pelas ideias e pelas intrigas dos revolucionários impacientes.

No período inicial da República Popular da China o clima social era de expectativa mas de moderada confiança. A disciplina do EPL, a unificação nacional, o restauro da dignidade do país, um programa de unidade amplo, uma definição clara do inimigo e tarefas consensuais de reconstrução nacional, geraram acalmia e mobilizaram as massas para as tarefas prioritárias que eram a consolidação do domínio territorial, administração do país e reconstrução económica.

02.1.2 *Domínio territorial*

Esta tarefa foi relativamente fácil, dada a desmoralização das tropas do GMD. Assim, e para referir apenas os momentos mais importantes desta ofensiva, em 14 de Outubro de 1949 o EPL ocupou Cantão, 17 de Outubro Xiamen, em meados de Novembro Guyang, 30 de Novembro Chongqing, 4 de Dezembro Nanning, 27 de Dezembro Chengdu e 30 de Abril de 1950 ocupou a ilha de Hainan. Por essa mesma altura o EPL obteve o domínio da província de Xinjiang e, em 26 Outubro de 1951, entrava no Tibete. Subsistia a questão de Taiwan que se haveria de manter até aos dias de hoje.

02.1.3 *Administração do país*

Inicialmente a administração do país tinha feição predominantemente militar, com recurso a quadros do EPL. À ocupação militar seguia-

Capítulo II – A dialéctica entre lei penal e políticas criminais...

-se a constituição de uma "comissão de controlo militar" cujas funções eram impedir as actividades contra-revolucionárias, manter a ordem social, suceder ao GMD no controlo das instituições públicas, promover a retoma da actividade produtiva e confiscar o capital burocrático.[119]

A China foi administrativamente dividida em seis regiões, quatro das quais geridas por comités administrativo-militares e duas, China do Norte e do Nordeste, correspondentes às zonas primeiramente libertadas e, portanto, com a situação mais controlada, por governos populares.

As regiões eram as seguintes: Nordeste, Noroeste, Norte, Leste, Centro-Sul e Sudoeste.

O poder central era a nível máximo exercido pelo conselho do governo popular central, eleito pela conferência consultiva política e assim formalmente legitimado para o exercício dos vários poderes do Estado. Dado que nos termos da respectiva lei orgânica o conselho reunia apenas de dois em dois meses, os seus poderes eram correntemente exercidos pelo conselho dos assuntos governamentais.

O poder político, exercido pelo partido, pelo governo e pelo exército, era levado até às bases e a todas as estruturas da sociedade chinesa através das organizações de massas, que serviam de ponte entre a população e a burocracia (oficialidade)[120]. Era esta ligação que iria permitir o lançamento, com sucesso e fácil orientação, das campanhas de massas, já que estas organizações atingiam todos os segmentos da sociedade chinesa.

02.1.4 *Actividade económica*

Uma das tarefas mais importantes era a do controlo dos preços, sendo a hiper-inflação considerada o mais pesado fardo herdado pelos comunistas[121].

---

[119] Hu Sheng Ed., *L'Histoire du Parti Communiste Chinois 1921-1991*, Editions en Langues Etrangères, Beijing, 1994, pág. 409 e ss.

[120] John King Fairbank, *The United States and China*, 4ª ed., Harvard University Press, pág. 368.

[121] Nicholas R. Lardy, Economic Recovery and the 1st Five-Year Plan, in *The Cambridge History of China*, vol. 14 Cambridge University Press, 1987, pág. 149.

O partido conseguiu levar a cabo uma política de controlo dos preços através do uso exclusivo do renminbi 人民币 (RMB), que era a moeda nacional, medida que aliás fora já adoptada em Maio de 1949. A prisão dos especuladores da bolsa de Shanghai, poucos dias após a entrada do EPL nesta cidade, desviou a especulação financeira para a especulação em bens essenciais, particularmente arroz, algodão e carvão. O governo preparou um plano de combate a esta actividade, consumado em 25 de Novembro. Quando os preços destes bens essenciais tinham atingido já níveis excessivamente elevados, os mercados foram inundados com esses produtos que haviam sido previamente armazenados, levando à ruína a maioria dos especuladores.

Esta política foi complementada em Março de 1950 com a emissão pelo conselho dos assuntos governamentais da "decisão sobre a unificação da política económica e financeira", que colocou à disposição do governo central a maioria das receitas financeiras e alargou as bases de incidência fiscal. Esta medida, aliada a uma política de contenção de gastos, redução de pessoal e rigor na cobrança de impostos, conduziu em pouco tempo a uma situação de equilíbrio orçamental e de controlo da inflação.[122] O combate à inflação foi cimentado através da avaliação de salários, depósitos bancários, títulos etc., através do preço correspondente a um cabaz de compras que incorporava o conjunto de bens essenciais de consumo diário, medida que gerou um clima de confiança da população, que foi suficiente para possibilitar a cobertura do défice através de empréstimos internos. Acresce a isto o controlo do crédito devido à nacionalização da banca e o controlo da rede comercial de alguns produtos de maior procura.

No âmbito da agricultura assistiu-se a uma mobilização de massas para a construção de obras hidráulicas. Em 3 anos, 20 milhões de pessoas participaram nesses trabalhos[123].

No capítulo dos transportes, em 1950, as linhas ferroviárias e designadamente as de ligação entre o norte e o sul, desactivadas durante vários anos, foram recuperadas. Novas obras foram lançadas quer de estradas quer de caminhos de ferro, tais como a ligação Chongqing – Chengdu

---

[122] Hu Sheng Ed., obra citada, pág. 413 e ss.
[123] Hu Sheng Ed., obra citada, pág. 438.

Capítulo II – A dialéctica entre lei penal e políticas criminais...

e estradas para Qinhai e Tibete. Empreendimentos absolutamente necessários, tanto por razões económicas, como por razões político-militares.

02.2 Linha de massas e anti-campanhas

02.2.1 *Linha de massas*

A par das tarefas acima referidas, no ano de 1950 iniciou-se na China um remoinho político que, com algumas pausas, um ou outro período de recuo, basicamente se iria manter até à morte de Mao Zedong. Agitação que ora tinha por objectivo os inimigos da revolução, ora os elementos degenerados do partido, depois os intelectuais, a seguir os direitistas. Viria depois o combate contra os revisionistas e aqui já não se tratava de uma luta rectificadora do partido mas de combate intra-partidário que, durante a revolução cultural, degenerou em períodos de autêntica guerra civil. Em todos esses combates as armas foram sempre as mesmas: as massas populares que, movimentadas pelo partido ou facções deste, se iam destruindo a si próprias.

A linha de massas vinha sendo seguida praticamente desde as primeiras movimentações revolucionárias e a sua acção foi, pela primeira vez, teorizada por Mao no seu "relatório sobre a investigação do movimento camponês em Hunan". Relatório que nunca perdeu e, após a instauração da República Popular, renovou a sua actualidade em cada movimento que se verificou.

O partido comunista transformou as organizações populares numa onda destruidora dos alvos que foram sucessivamente apontados em cada uma das campanhas que se verificaram a partir dos anos cinquenta.

Quando se fala em "anti-campanhas" vem de imediato à ideia a campanha dos "três contras" (sanfan) e dos "cinco contras" (wufan)[124].

---

[124] Estas duas campanhas foram lançadas em fins de 1951 e princípios de 1952 e terminaram em Outubro de 1952. A campanha sanfan pretendia atacar três males: corrupção, desperdício e burocracia e visava principalmente elementos do partido e dos órgãos do governo. A campanha wufan pretendia atacar as seguintes cinco peçonhas: suborno, evasão fiscal, furto de bens do Estado, fraude nos contratos com o Estado e furto de informação económica estadual. Os alvos eram os capitalistas. Ver *infra*.

90   *Lei Penal da República Popular da China*

Todavia, embora com outras designações, mais campanhas ocorreram. A campanha da reforma agrária, a campanha de resistência à América e auxílio à Coreia, a campanha de supressão dos contra-revolucionários. E as anti-campanhas, com diferentes designações e objectivos, iriam renovar-se nos anos subsequentes.

Estas campanhas assinalaram uma nova fase da vida política da RPC e uma relação anómala com o direito. O direito tinha aqui uma intervenção cautelosa, subsidiária, sancionadora dos excessos revolucionários e, nos períodos de acalmia, controladora da violência de massas.

As campanhas de massas na República Popular da China não eram um simples fenómeno social ainda que de grande impacto social e político. Representavam um elemento fundamental do sistema político[125]. Esta característica, que a partir dos anos 80 se foi diluindo, passando a estar associada apenas a movimentos de largo consenso social, representava a matriz do pensamento maoista. Os movimentos de massas protagonizaram os momentos mais criativos da vida política desse período, nas sucessivas rupturas quer com as classes reaccionárias quer com as facções mais cautelosas do próprio partido comunista.

E essa actividade criativa das massas, como expressão mais pura da dinâmica revolucionária, não conhecia leis, já que isso seria colocar uma ferramenta do poder a travar os próprios fundamentos desse mesmo poder.

Meticulosamente organizadas pelo partido comunista, com objectivos perfeitamente definidos, as campanhas dissolviam na sua turbulência revolucionária os aspectos mais negativos do regime e comprometiam os participantes, de forma irreversível, com a nova política. As várias anti-campanhas levaram a cabo tarefas que nenhum governo com o seu aparelho repressivo institucional conseguiria realizar sem grave ou mesmo irrecuperável desgaste político.

A lei, quando comparecia neste processo, chegava deliberadamente atrasada, procurando sobretudo o controlo das massas quando o poder político considerava ultrapassados os obstáculos mais difíceis da campanha.

---

[125] Werner Meissner, La voie orthodoxe (1949-1955), in Marie-Claire Bergère, Lucien Bianco et Jurgen Domes, *La China au XXe Siècle, Vol. II*, Fayard, 1990, pág. 26 e ss.

Capítulo II – A dialéctica entre lei penal e políticas criminais... 91

As condições de criação do novo poder estimulavam a participação popular nas referidas campanhas, não só por via da sua preparação através dos comités respectivos, mas também pelo interesse genuíno na sua realização por parte dos sectores mais radicais. Relativamente aos sectores intermédios a sua presença pretendia testemunhar a adesão à revolução.

É que, sendo o programa comum um instrumento de unidade, era também uma ferramenta de intimidação sabiamente usada pelo partido comunista.

No relatório apresentado na primeira sessão da conferência consultiva política, Zhou Enlai explicava a diferença entre "povo" e "nacionais", na óptica do programa comum. Por povo entendia-se a classe operária, os camponeses, a pequena burguesia, a burguesia nacional e certos democratas patriotas politicamente conscientes, oriundos das classes reaccionárias. Os elementos da burguesia burocrática e os proprietários fundiários eram simples "nacionais", que não gozavam dos direitos do povo mas tinham deveres para com o Estado. Só depois de transformados em homens novos, através do trabalho e da educação ideológica, poderiam ser considerados como povo.[126]

Se este programa não afligia os representantes do capital burocrático, os mais importantes dos quais tinham fugido da China Continental, a situação era verdadeiramente complicada para os proprietários fundiários que, numa avaliação do próprio Zhou Enlai, seriam cerca de 10 milhões[127]. Acresce que a separação entre latifundiário e camponês rico passava por uma linha indefinida que oscilava ao sabor da interpretação das políticas. Por outro lado, os elementos oriundos das classes reaccionárias, tinham que dar mostras de saudável consciência política para merecerem ser tratados como povo e não como simples nacionais.

Este ambiente criou um estado de tensão que levou a maior parte de elementos potencialmente hostis a uma posição de defensiva. Como

---

[126] Les caracteristiques du projet du programme commun de la conferance consultive politique du peuple chinois, in *Oeuvres Choisis de Zhou Enlai*, I, Editions en Langues Etrangères, Beijing, 1981, pág. 445.

[127] A propos de la bourgeoisie nationale chinoise in *Oeuvres choisies de Zhou Enlai*, II, Editions en Langues Etrangères, Beijing, 1989, pág. 120 e ss.

se tal não bastasse, o próprio partido estimulava a participação de intelectuais, comerciantes, industriais, etc. a assistir à execução de contra-revolucionários[128], numa atitude de claro aviso a esses elementos que a prudência aconselhava a olhar com reservas.

É neste contexto que deve ser analisada a tensão dialéctica entre as anti-campanhas, as políticas criminais e as leis penais.

02.3 Lei penal e administração da justiça

A lei, nesta fase do processo da R.P. China, e como de resto tinha acontecido durante o período soviético, veio sempre após as políticas. Ou seja, a lei sempre foi uma sumarização de experiências levadas a cabo durante um período maior ou menor, em regra já corrigidas de alguns excessos, sem todavia impedir que alguns outros se realizassem. E casos havia em que a lei servia para dar ênfase à acção de massas quando se considerasse que esta não atingira a dimensão pretendida.

Por outro lado, nunca a lei se sobrepôs às políticas que, sempre que considerado necessário, arredavam a sua aplicação. A lei, sendo útil como instrumento planificador de execução de determinadas políticas, como corpo de directivas transmitidas a nível nacional, era de aplicação mais ou menos consensual em períodos de menor agitação ou radicalismo político, sendo frequentemente referida nos momentos de alguma concórdia social. No entanto, fora de tal contexto, prontamente era lembrado o seu carácter subordinado para além de que, quando se falava em leis, nem sempre o sentido era de lei em sentido formal, mas abrangendo os diversos documentos e directivas emanados dos diferentes órgãos do poder, com destaque para os do partido.

Mao não se coibia de dizer que nem todas as políticas têm que se traduzir em lei, devendo ser executadas sem que sejam tornadas públicas: "Deveremos publicar uma lei estipulando que contra-revolucionários do partido ou de órgãos do governo não devem ser executados? Trata-se de uma política para observação interna que não carece de ser tornada

---

[128] Deng Xiaoping, Agrarian Reform in Southwest China and Our Experience, in *Selected Works of Deng Xiaoping* (1938-1965), Foreign Languages Press, Beijing, 1992, pág. 180.

Capítulo II – A dialéctica entre lei penal e políticas criminais... 93

pública e o que é necessário é que seja na prática levada o mais longe possível..."[129]. Ou quando afirmava que o sistema legal devia ser respeitado sem que isso implicasse que se ficasse de mãos atadas[130]. Afirmações proferidas num período em que o sistema legal da RPC tinha já certa consolidação.

Para além da pouca relevância da lei o novo poder não atribuiu grande importância ao sector da administração formal da justiça, o que começou logo com o ministério da justiça. A existência desse ministério pode dar a aparência de que se dava a este sector grande relevo. Não dava de facto. A criação do ministério da justiça era importante como factor de confiança necessária a uma política de frente unida mas não mais que isso. E tanto assim que acabou por ser abolido em 1959. De resto, a posição do partido relativamente ao ministério exprimiu-se bem na escolha do seu primeiro titular. Shi Liang 史良 (1900-1985), apesar de se ter distinguido em Shanghai como advogada defensora de presos políticos (ela própria chegou a ser presa em 1936), não era membro do partido comunista. Era pois uma figura simbólica da política de frente unida. Acresce que, embora na retórica comunista se consagrasse a igualdade entre homens e mulheres, a verdade é que o PCC nunca confiou a mulheres tarefas de maior responsabilidade. O facto de Shi Liang ser mulher e não comunista revela de alguma forma a natureza simbólica e formal que o partido atribuia ao ministério da justiça. É que, como aliás se veio a demonstrar, se havia grande pressa na destruição do velho sistema legal, nenhuma urgência existia em erigir um novo.

A desconfiança chegava também aos tribunais. É sabido que, pela carência de quadros, muitos lugares nos tribunais foram preenchidos por antigos servidores do GMD e isso bastaria para as reservas do partido relativamente à execução das suas políticas por parte dos tribunais. Daí que, para as tarefas politicamente mais relevantes, tivessem sido criados tribunais populares especiais, servidos por quadros sem qualquer formação jurídica, que tinham como referência as políticas partidárias. Da importância dos tribunais populares deu testemunho Liu Shaoqi quando

---

[129] Mao Zedong, On the Ten Major Relationships, in *Selected Works of Mao Tsetung*, vol. V, Foreign Languages Press, Beijing, 1977, pág. 300.

[130] Mao Zedong, Talks at a Conference of Secretaries of Provincial, Municipal and Autonomous Region Party Committees, obra citada, Vol. V, pág. 380.

afirmou: "...tribunais populares serão encarregados de lutar contra os tiranos locais, agentes secretos contra-revolucionários e os proprietários fundiários que conduzem actividades subversivas, e de organizar os processos contra eles. Os assuntos civis e criminais ordinários assim como os que sejam particularmente complexos e exijam longos inquéritos serão confiados aos tribunais ordinários e aos organismos de segurança pública; desta forma os tribunais populares poderão concentrar a sua atenção nos casos de violação da reforma (agrária) e na manutenção da ordem revolucionária....Os governos populares a todos os níveis ajudarão os tribunais populares a reforçar o seu enquadramento e a formar o seu pessoal a fim de que possam desempenhar correctamente a sua função, caso contrário corre-se o risco de que a ordem não seja correctamente mantida".[131]

Com efeito, a par da organização judiciária que estava sendo erigida por todo o país com a criação, aos diversos níveis, dos tribunais populares (renmin fayuan 人民法院), em execução do prescrito no "programa comum", em 14 de Julho de 1950, o conselho dos assuntos governamentais publicou os "princípios de organização dos tribunais populares especiais (renmin fating 人民法庭)", que teriam por missão, "usando o procedimento judicial, punir os criminosos que lesem os interesses do povo e do Estado, instigadores de rebelião, déspotas locais sabotadores da segurança pública, bandidos, espiões, contra-revolucionários e opositores às leis e decretos da reforma agrária, com vista ao reforço da ditadura democrática do povo"[132]. Nos termos dos mesmos princípios tinham estes tribunais poderes para ordenar prisões, detenções e para condenar nas penas de morte, prisão, confisco e trabalho forçado. As condenações à morte ou a prisão a partir de cinco anos estavam sujeitas a aprovação por parte do governo provincial ou autoridade por ele indicada. Estes mesmos tribunais especiais foram criados no decurso das campanhas contra os três contras (sanfan 三反) e os cinco contras (wufan 五反), tendo as "normas de criação do tribunal popular para o movimento wufan" sido publicadas

---

[131] Liu Shaoqi, Rapport sur la Reforme Agraire, in *Oeuvres Choisies de Liu Shaoqi*, II, Editions en Langues Etrangères, Beijing, 1990, pág. 46 e ss.

[132] Wu Lei zhubian 吴磊主编, *Zhongguo Sifa Zhidu* 中国司法制度, Zhongguo Renmin Daxue Chubanshe, 1992, pág. 27.

Capítulo II – A dialéctica entre lei penal e políticas criminais... 95

em 24 de Março de 1952 e as "normas de criação do tribunal popular para o movimento sanfan" publicadas a 30 do mesmo mês.

Finalmente, não era dada grande importância aos tribunais e procuradorias. Muito mais relevo era atribuído aos serviços de segurança pública que tinham, inclusive, enorme ascendente em relação aos organismos judiciais. Significativo deste relacionamento anómalo é o facto de se terem registado casos de elementos corruptos dos serviços de segurança pública terem sido despromovidos para a posição de juizes[133].

02.4 Organizações de massas

Nos termos do art. 17.º do programa comum "Todas as leis, decretos e sistema judicial reaccionários do guomindang, opressores do povo serão abolidas. Serão adoptados leis e decretos protectores do povo e estabelecido um sistema judicial popular".

Este artigo vinha simplesmente dar tradução legal à directiva do CC de Fevereiro de 1949, que abolira o sistema legal do GMD, determinando que as questões passassem a ser resolvidas de acordo com os programas, leis, ordens, actos ou resoluções que existissem ou, não as havendo, de acordo com as políticas da nova democracia.

Deve dizer-se que não era imperativa a revogação da legislação existente do guomindang, que aliás chegou a ser aplicada nas bases naquilo em que não contrariasse a legislação revolucionária. Todavia o partido comunista não poderia levar para a frente o seu projecto espartilhado por um sistema legal que limitasse a acção revolucionária. Se para a elite dominante são vantajosas leis flexíveis que permitam a inovação[134], mais vantajosa era para o partido comunista a inexistência de sistema legal pelo menos durante o período de graça e fervor revolucionário nacionalista e anti-imperialista, que transformou a China num terreno politicamente moldável aos projectos da nova dinastia.

---

[133] Victor H. Li, The Public Security Bureau and Political-Legal Work in Hui-yang, 1952-64, in John Wilson Lewis Ed., *The City in Communist China*, Stanford University Press, 1971, pág. 51 e ss.

96 *Lei Penal da República Popular da China*

Esta actividade de transformação, de educação da população nas doutrinas da nova democracia e na eliminação, ou pelo menos neutralização dos opositores, exigia uma ampla movimentação político-ideológica. A China durante o período maoista esteve em quase permanência em campanhas e profunda agitação popular. E a prática demonstrou que a vitória era conseguida e o poder mantido por aqueles que conseguissem ganhar e manter a iniciativa nessas mesmas campanhas de agitação.

Para tal objectivo, ou seja, para o sucesso das campanhas, eram imprescindíveis as organizações de massa, que levassem as políticas do partido até ao local mais recôndito e permitissem uma permanente monitorização dos diversos segmentos sociais.

O partido comunista tinha uma vasta experiência de organização nas zonas rurais, onde os comités de camponeses desempenhavam um papel fundamental, sendo organizados ou mobilizados por equipas de trabalho destacadas pelo próprio partido.

Nas cidades esse papel cabia, para além das diversas estruturas do partido, do governo e do EPL, a organizações diversas por eles controladas, que tinham assento nas ruas, nas fábricas, nas escolas, etc. Essas organizações eram entre outras a federação dos sindicatos, a federação de mulheres, a liga comunista da juventude, a federação da juventude, federação de estudantes, a federação de intelectuais, as diversas associações de amizade, com destaque para a associação de amizade China-União Soviética, etc., para além de outras organizações a nível de rua ou de bairro onde militantes comunistas marcavam presença e exerciam de facto autoridade.

Tendo em conta o primado da política, a precariedade do sistema legal e a linha de massas, gerou-se uma tensão permanente entre estes elementos, sem que isso significasse propriamente confronto mas antes períodos alternados de avanços e recuos, em que a lei, se a houvesse, avançava ou paralisava consoante o partido e o governo pretendessem dar primazia ao avanço através da lei ou através do movimento de massas.

02.5 **Políticas criminais**

Com todo este dispositivo e libertadas as massas do empecilho das leis, faltava apenas um programa que, na área de que estamos tratando, era constituído pelos princípios expressos no "programa comum" e pelas políticas criminais definidas pelo partido.

Nos termos do art. 7.º do programa comum era tarefa da R. P. China suprimir todas as actividades contra-revolucionárias, punir severamente todos os criminosos de guerra contra-revolucionários do guomindang e outros dirigentes contra-revolucionários incorrigíveis que tivessem tido colaboração com o imperialismo, cometido traição contra a mãe pátria ou se opusessem à causa da democracia popular. Latifundiários feudais, capitalistas burocratas e elementos reaccionários em geral, seriam privados dos direitos políticos e, caso continuassem as suas actividades contra-revolucionárias, severamente punidos.

O programa comum definia o âmbito mas, subjacente a esse âmbito, havia ainda que definir a metodologia.

O princípio básico da política criminal da R.P. China é o chamado princípio da combinação da punição com a benevolência[135].

Como teremos oportunidade de verificar o conteúdo fica aquém da designação. Todavia a verdade é que tal princípio foi sempre formulado desde os tempos da luta revolucionária nos sovietes nos anos 30 e tem efectiva consagração legislativa.

Subjacente a este princípio está uma abordagem diferenciada de cada caso, no sentido de uma análise cuidada de cada situação e a crença de que, sendo o crime o produto de uma sociedade opressiva e corrupta, o direito penal deve punir uma minoria e propiciar a reforma da maioria.

O princípio da combinação da punição com a benevolência, segundo as doutrinas afirmadas pelo partido, manifestava-se em concreto nas seguintes abordagens: punição dos cabecilhas, não punição dos cúmplices coagidos; punição para quem confessasse, rigor para quem resistisse; atenuação para os serviços meritórios, recompensa para serviços muito meritórios.[136]

Este princípio tem outras manifestações, designadamente em sede de legislação. Todavia, de momento e para a análise, quer dos movimentos de massas quer do tratamento dos delinquentes objecto das sucessivas

---

[134] Jerome Alan Cohen, Drafting People's Mediation Rules, in John W. Lewis Ed., obra citada pág. 50.

[135] Sobre o papel central deste princípio e o seu conteúdo V. Ma Kechang zhubian 马克昌主编, *Zhongguo Xingshi Zhengcexue* 中国刑事政策学, Wuhan Daxue Chubanshe, 1992, pág. 89 e ss.; Yang Chunxi zhubian杨春洗主编, *Xingshi Zhengcelun* 刑事政策论, Beijing Daxue Chubanshe, 1993, pág. 231 e ss.

[136] Ma Kechang zhubian马克昌主编, obra citada, pág. 98 e ss.

campanhas, são estas vertentes que nos interessam, de resto as mais importantes das chamadas políticas criminais.

A punição dos cabecilhas e quase indiferença perante cúmplices coagidos não suscita dificuldade, sendo aliás princípio consensual em qualquer sistema jurídico-penal. Os dois outros princípios tiveram na China, e têm ainda hoje, uma enorme relevância, fundamentalmente como instrumentos de submissão.

Não era possível a benevolência sem a confissão.

Esta ideia estava claramente expressa numa directiva de Novembro de 1950 do conselho dos assuntos governamentais para o reforço do trabalho judicial, na qual se apontavam as directrizes para lidar com elementos contra-revolucionários: prioritária é a repressão; só havendo repressão se consegue que eles admitam a culpa; só depois de admitirem a culpa se pode falar em benevolência. Só então poderá haver combinação de benevolência com repressão.

E como era a aplicação concreta dessa política?

Nos termos da mesma directiva deveria proceder-se da forma seguinte:

— relativamente aos contra-revolucionários autores dos crimes mais odiosos, que tivessem provocado enorme ira do povo, que se recusassem a confessar integralmente os seus crimes ou que, tendo sido tratados de forma benévola após a libertação, continuassem a envolver-se em actividades de sabotagem, deveriam ser punidos de acordo com a lei;

— de entre os contra-revolucionários que devessem ser punidos de acordo com a lei, com excepção do pequeno número daqueles cujos crimes não poderiam deixar de ser condenados com a morte, todos os restantes seriam condenados em prisão, sujeitando-os à política de reforma pelo trabalho;

— de entre os condenados à morte, aqueles que não tivessem dívidas de sangue, relativamente aos quais a indignação das massas não fosse muito grande ou que, tendo embora causado graves danos aos interesses do Estado, todavia os mesmos não tivessem atingido excessiva gravidade, seria a pena de morte suspensa na respectiva execução, com sujeição a trabalho forçado para apreciação do comportamento futuro, dando-se-lhes uma última oportunidade para se emendarem;

– aqueles que tivessem cometido crimes comuns, mas que não devessem ser resolutamente considerados como inimigos do povo, não deveriam ser presos, distinguindo-se entre aqueles que deveriam ou não ser sujeitos a controlo;
– aqueles que fizessem integral confissão dos seus crimes e se apresentassem às autoridades, mesmo os que fossem importantes quadros contra-revolucionários, deveriam ser tratados com bene-volência. Se pela natureza dos crimes devessem ser condenados à morte, poderiam não sofrer essa condenação e, consoante apre-sentassem serviços meritórios ou muito meritórios, poderiam ver as penas atenuadas ou ser recompensados[137].

A prestação de serviços meritórios era uma extensão do princípio da confissão. Serviços meritórios, analisados na perspectiva que estamos abordando, consistiam exactamente e antes de mais na confissão dos próprios crimes, mas também numa colaboração eficiente na investigação criminal e no combate ao crime, expondo co-autores ou cúmplices do crime praticado pelo próprio delinquente e, se fosse caso disso, denun-ciando outros casos. Quando a colaboração do delinquente auxiliasse de forma importante as autoridades a resolver grandes casos criminais, os serviços seriam considerados muito meritórios.[138] A prestação de tais serviços poderia constituir fundamento não só de atenuação, mas mesmo de isenção de pena

Haverá no entanto que ter em conta que a validade destes prin-cípios não era constante e oscilava ao sabor do clima político vigente. A prevalência da punição ou da benevolência variava consoante as con-veniências dos objectivos políticos, sendo o mote dado pelas instituições do partido ou do governo ou mesmo pelos mais importantes dirigentes, nomeadamente Mao Zedong.

Para além disso a benevolência tinha conotação classista. "O aparelho de Estado, incluindo o exército, a polícia e os tribunais, é o instrumento pelo qual uma classe oprime outra. É um instrumento para opressão de classes antagónicas; é violência e não benevolência. Vós não sois bene-

---

[137] Gao Mingxuan zhubian 高铭暄主编, *Xingfaxue Yuanli*, Vol. I 刑法学原理, Zhongguo Renmin Daxue Chubanshe, 1993, pág. 55 e ss.

[138] Yang Chunxi zhubian 杨春洗主编, obra citada, pág. 239.

100 · Lei Penal da República Popular da China

volentes. É isso mesmo. Nós efectivamente não aplicamos a política de benevolência aos reaccionários e às actividades das classes reaccionárias. A nossa política de benevolência é aplicada apenas no seio do povo, não chegando aos reaccionários ou às actividades reaccionárias das classes reaccionárias".[139]

Os termos aqui utilizados por Mao para designar benevolência, "renci 仁慈" e "ren 仁" não se identificam com a linguagem técnica que estamos apreciando e inseriam-se numa análise global da luta de classes [140]. Não pretendia, pois, liminarmente excluir a aplicação dos referidos princípios aos contra-revolucionários. Aliás, noutras circunstâncias, Mao referia-se à necessidade de aplicação destes princípios exactamente nestes casos: "Bandidos, agentes secretos, tiranos locais e outros contra-revolucionários, todos eles são ameaças para o povo, devendo ser resolutamente eliminados. Nesta questão é necessário seguir a política de combinação da repressão com a benevolência, sem acentuar uma ou negligenciar a outra...".[141]

Não fosse de esperar, todavia, a aplicação da política de clemência contemporaneamente com as declarações de Mao primeiramente referidas. O que reforça a ideia do carácter sazonal na execução de uma ou outra política.

O ênfase dado a estas políticas e a forma prática da sua execução, deram lugar a situações dramáticas. O que se pretendia era uma aceitação sem reservas das culpas e reconhecimento dos crimes. Tal era um pressuposto absolutamente inultrapassável de aceitação na sociedade nova. Choviam pois as denúncias e as confissões espontâneas, fosse por aceitação voluntária da nova política, fosse na expectativa de evitar males maiores.

Todavia estes princípios eram também parte constituinte de uma política que o partido pretendia realizar. A política de combinação da punição ou do rigor com benevolência, sendo não apenas de índole metodológica na investigação e aplicação da lei penal mas um objectivo

---

[139] Mao Zedong, On the People's Democratic Dictatorship, in *Selected Works of Mao Tse-Tung*, vol. IV, pág. 411 e ss.

[140] Mao Zedong Xuanji, 毛泽东选集, Renmin Chubanshe, 1991, vol. IV, pág. 1468 e ss, esp. Pág. 1476.

[141] *Selected Works*, Vol. V, pág. 26 e ss.

Capítulo II – A dialéctica entre lei penal e políticas criminais...

político, punha o aparelho repressivo do Estado ou a acção coactiva das massas ao serviço da sua realização.

Daí o ênfase nas confissões ou a frequência da sua extracção através de tortura, problema para que documentos do partido muitas vezes chamavam a atenção e cuja frequência demonstrava a dificuldade na sua erradicação.

É esta tensão dialéctica entre a lei, as políticas e acções de massas que se pode ver retratada na análise das anti-campanhas e da primeira legislação penal produzida na República Popular da China.

02.6 As anti-campanhas

02.6.1 *Reforma agrária*

À reforma agrária aludia expressamente o art. 3.º do programa comum que previa a transformação do sistema de propriedade fundiária feudal e semi-feudal no sistema de propriedade dos camponeses. Mais adiante, no art. 27.º, inserido no capítulo da política económica, era apontada como pressuposto necessário do desenvolvimento da capacidade produtiva da nação e da sua industrialização.

Mas a reforma agrária era mais que isso. Representava um objectivo básico e fundamental da política do partido, uma exigência indeclinável da sua principal base de suporte. Foi a reforma agrária que mobilizou os camponeses para o apoio ao partido pelo que, chegada a hora da vitória, era altura de colher os respectivos frutos.

As expectativas dos camponeses eram enormes. Esperavam-se desvios de extrema-esquerda no processo da sua execução e admitiam-se como dificilmente evitáveis situações de agressão e morte indiscriminada.[142] Essas situações não preocupavam grandemente o partido na medida em que tivessem por alvo os latifundiários. Todavia havia que as prevenir relativamente aos camponeses ricos já que isso poderia comprometer a política de alianças da frente unida.

---

[142] *Selected Works of Mao Tsetung*, Vol. V, pág. 24.

Adoptou por isso o partido uma política moderada, alterando a orientação adoptada em 1947 relativamente aos camponeses ricos, impedindo que a terra excedente lhes fosse confiscada. Assim se conseguiria levar a cabo uma política em que o partido se apoiava nos camponeses pobres e assalariados agrícolas e tacticamente se unia com os camponeses médios,[143] ao mesmo tempo que, na luta contra os latifundiários, se conseguia uma posição de neutralidade por parte dos caponeses ricos.[144]

O papel fundamental no processo cabia aos próprios camponeses e seus representantes que, nos termos do art. 34.º da lei da reforma agrária, tinham o direito de criticar e promover a demissão dos funcionários que entendessem que não salvaguardavam os seus direitos. Para além disso cabia-lhes a liderança de todo esse processo através dos comités de reforma agrária e associações de camponeses, organismos constituídos por representantes por si eleitos.

A reforma era levada avante tendo em conta a situação em termos de classe dos diferentes participantes. A classificação dos camponeses segundo as diferentes classes era feita por auto-avaliação, de preferência por forma consensual e de acordo com orientações do governo central[145].

Para implementar a reforma e castigar aqueles que a ela se opusessem, bem como os autores de outros crimes, existia um tribunal especial – art. 32.º.

O processo iniciava-se através da denúncia e ajuste de contas com os latifundiários, muitos dos quais foram executados, seguido de uma partilha de bens entre os camponeses conforme a classificação que recebessem em termos económicos (latifundiários, camponeses ricos, camponeses médios, camponeses pobres e trabalhadores sem terra), classificação que, se possível, deveria ser consensual, merecendo se possível a concordância dos visados, com exclusão dos latifundiários que nem direito de defesa tinham.

---

[143] *Oeuvres Choisies de Liu Shaoqi*, Vol. II, pág. 44.

[144] Zhong Huaiwen Ed., Years of Trial, *Turmoil and Triumph – China from 1949 to 1988*, Foreign Languages Press, Beijing, 1989, pág. 25.

[145] O partido comunista tinha uma vasta experiência nesta matéria, obtida durante a reforma prévia à instauração da República Popular. Para um retrato vivo sobre o processo em que a reforma se desenrolava V. William Hinton, *Fanshen*, University of California Press, 1966.

Capítulo II – A dialéctica entre lei penal e políticas criminais...   103

A reforma agrária foi um processo violento. Não se tratou de uma simples actividade expropriativa. Foi uma alteração profunda que se pretendeu levar a cabo nas relações sociais no mundo rural, com a destruição, ao menos como classe, da velha elite dominante. Não se sabe e ignora-se se algum dia se saberá quantos terão sido mortos neste processo. Há quem aponte que terão sido mortas um milhão de pessoas[146].Mas há quem estime que o número terá chegado a 5 milhões.[147]

Na fase inicial poderá ter havido alguma contenção, em face do empenhamento na subsistência da política de alianças. Mas o próprio Mao reconhecia, em Fevereiro de 1951, a dificuldade em persuadir os camponeses em não utilizar a tortura[148]. Milénios de pobreza dos camponeses e as promessas comunistas de distribuição da terra com a vitória da revolução, fizeram da política de frente unida um obstáculo às aspirações da população rural. E a moderação foi palavra que perdeu sentido com a ocorrência da Guerra da Coreia.

02.6.2 *A campanha "resistir à América, ajudar a Coreia"*

Em 5 de Janeiro de 1950, o presidente Truman[149] declarava que os Estados Unidos não iriam intervir na defesa do regime do guomindang instalado em Taiwan. Uma semana mais tarde o secretário de Estado Dean Acheson[150] definia como perímetro estratégico dos interesses americanos as Aleutas, Japão e Filipinas[151]. O problema de Taiwan

---

[146] Jonathan Spence, *The Search for Modern China*, Hutchinson, 1990, pág. 517.

[147] Werner Meisner, obra citada, pág. 19.

[148] *Selected Works*, Vol. V, pág. 46.

[149] Harry Truman (1884-1972), foi o 33.º presidente dos EUA (1945-1953). Truman deparou-se com as situações mais difíceis do pós-guerra, particularmente no que respeita ao expansionismo soviético na Europa e a abertura de uma frente comunista na Ásia.

[150] Dean Acheson (1893-1971), Secretário de Estado americano ao tempo da instauração da República Popular da China. Embora interessado numa política de amizade e cooperação com a China, tinha consciência clara dos resultados que a vitória dos comunistas iria ter nas opções políticas da China.

[151] Mineo Nakajima, Foreign relations: from Korean War to the Bandung Line in *The Cambridge History of China*, vol. 14, Cambridge University Press, 1989, pág. 270 e seguintes.

104　　*Lei Penal da República Popular da China*

passava, pois, a ser assunto que só aos chineses dizia respeito, podendo tais declarações ser interpretadas como carta branca a Beijing para lidar com essa questão.

Ninguém diria na altura que tais declarações, objectivos gestos de aproximação de Washington a Beijing, continham a semente da discórdia, não só das relações sino-americanas, mas de um confronto mais vasto que acabou por se estender a quase todo o continente asiático.

A definição de perímetro estratégico deixava de fora a Coreia. O presidente da Coreia do Norte, Kim Il Sung, julgou poder extrair dessa omissão a conclusão de que os Estados Unidos não reagiriam ao avanço comunista para o sul. E após consultas com Estaline e Mao, decidiu avança com uma invasão ao sul, o que aconteceu em 25 de Junho de 1950[152].

A reacção internacional, liderada pelos EUA, foi rápida e dura. Pressupondo que atrás da invasão estaria indução da R.P. China, os EUA prometeram apoio à Coreia do Sul e decidiram bloquear com a 7ª esquadra o estreito de Taiwan. Ou seja, a guerra da Coreia fez de Taiwan um ponto nevrálgico da política de defesa americana contra o avanço comunista no Extremo-Oriente. Tendo obtido mandato das Nações Unidas[153], as forças americanas, sob o comando do Gen. MacArthur, rapidamente inverteram o curso da guerra. Em Setembro de 1950 tornou-se claro que as forças americanas da ONU poderiam cruzar o paralelo 38 para Norte. A China ameaçou que se tal acontecesse encontrariam resistência chinesa. MacAr-

---

[152] Um outro factor que contribuiu para a invasão foi o desconcertante resultado das segundas eleições gerais levadas a cabo na Coreia do Sul, em Maio de 1950, nas quais o partido governamental elegeu 56 deputados, os partidos da oposição 26 e 128 lugares foram preenchidos por independentes, o que reflectia bem a desconfiança da população em relação aos partidos políticos. V. Ki-baik Lee, *A New History of Korea*, Harvard University Press, 1984, pág. 380.

[153] Curiosamente, a resolução do Conselho de Segurança para que a Coreia do Norte regressasse ao paralelo 38 foi conseguida, sem enfrentar o veto da União Soviética, pelo facto de o seu representante se recusar a participar na reunião do Conselho de Segurança, em protesto contra o facto de o lugar da China ser ocupado por Taiwan. Sempre se dirá, no entanto, que um envolvimento bélico entre os Estados Unidos e a República Popular da China na província da Coreia não deixava de ir ao encontro dos interesses estratégicos da União Soviética.

Capítulo II – A dialéctica entre lei penal e políticas criminais...

thur ignorou o aviso e a intervenção chinesa ocorreu de facto[154], assim se iniciando uma guerra entre a China e os EUA, que perdurou até 1953, ano a que se chegou a um acordo que manteve a situação previamente existente, ou seja, divisão das Coreias pelo paralelo 38.

A guerra da Coreia foi o grande factor de radicalização política na China após a instauração da República Popular. Para além do movimento anti-americano e anti-ocidental que se gerou e que mobilizou a generalidade da população, principalmente nas áreas urbanas, suscitou receios ao poder instituído e esperanças às forças derrotadas na guerra civil.

A guerra da Coreia era uma oportunidade para o regime de Taiwan desestabilizar a situação interna na China e a longo prazo, com o apoio americano, tentar derrubar o governo de Beijing.

Esses anseios tinham eco no continente, já que o novo poder encarava como possível um cenário de tentativa de invasão com apoio externo das potências ocidentais e apoio interno de antigos elementos do GMD e forças que tradicionalmente os apoiavam. E de facto, a partir do desembarque americano na Coreia, foram-se sucedendo as acções de grupos internos de resistência na China e actividades de recrutamento de agentes de Taiwan junto de latifundiários, elementos de sociedades secretas e antigos soldados.[155]

A presença de ocidentais na China tornou-se insustentável, levando à saída de pessoas ligadas particularmente ao ensino, saúde e religião, olhadas como suspeitas de ligações aos serviços de espionagem ocidentais e como empecilho ao progresso da indoutrinação comunista. A histeria anti-ocidental teve episódios e acusações semelhantes às ocorridas durante o movimento "boxer"[156].

---

[154] Não foi unânime o apoio dos dirigentes do partido relativamente à participação na guerra da Coreia. Um forte opositor foi Lin Biao, com quem Mao contava para comandar as tropas chinesas. Lin Biao acabou por invocar motivos de saúde, tendo ido receber tratamento na União Soviética. O comando das tropas acabou por ser confiado ao general Peng Dehuai, apoiante desde a primeira hora da intervenção da China no conflito. Sobre esta questão V. Nie Rongzhen, *Inside the Red Star*, New World Press, 1988, pág. 633 e ss.

[155] Michael H. Hunt, *The Genesis of Chinese Communist Foreign Policy*, Columbia University Press, 1996, pág. 198.

[156] Movimento anti-ocidental ocorrido entre 1899 e 1901. Constituído por elementos de uma seita (yihequan 义和拳), inicialmente opositora à dinastia Qing, as suas acções

106 Lei Penal da República Popular da China

A coexistência temporal deste clima com a reforma agrária radicalizou o curso desta campanha. Mas os efeitos não se ficariam por aqui. Para além de minimizar os riscos, expulsando estrangeiros e proibindo a acção de organizações destes, havia que neutralizar possíveis colaboradores de forças externas e internas, com uma campanha que levasse à eliminação dos contra-revolucionários, tarefa que o programa comum previa mas que a guerra tornou imperativa, inadiável e prioritária.

02.6.3 *Eliminação dos contra-revolucionários*

Naturalmente que a retirada do GMD para Taiwan não acabou com as hostilidades contra os comunistas. Chiang Kai-shek aguardava a oportunidade para novo confronto e a guerra da Coreia parecia ser a oportunidade para, em aliança com os EUA, tentar retomar a China continental. Entretanto, a tarefa dos elementos do GMD e seus apoiantes na China era sabotar as medidas de consolidação do poder comunista.

Segundo o partido comunista, para além das actividades de sabotagem económica (incêndio de armazéns e habitações, destruição de vias de comunicação, pilhagem de bens alimentares, etc.), só em 1950, nas novas regiões libertadas, cerca de 40.000 quadros, 7.000 dos quais na província de Guangxi, foram massacrados por elementos contra-revolucionários[157].

Visava assim este movimento a eliminação de "bandidos, agentes secretos, déspotas locais e elementos destacados de seitas reaccionárias e partidos políticos reaccionários".

Uma das tarefas da República Popular da China, de acordo com o art. 7.º do programa comum, era a supressão de toda a actividade contra-revolucionária, a punição severa de todos os contra-revolucionários criminosos de guerra do GMD que tivessem colaborado com o imperialismo, traído a mãe pátria e feito oposição à causa da democracia popular, bem como de outros destacados e incorrigíveis contra-revolucionários. Reaccionários em geral, latifundiários feudais e capitalistas burocratas,

---

violentas acabaram por ser orientadas contra os estrangeiros, culminando com o cerco às legações estrangeiras, em Beijing, no Verão de 1900.

[157] Hu Sheng Ed., obra citada, pág. 429.

Capítulo II – A dialéctica entre lei penal e políticas criminais...   107

depois de desarmados e privados dos seus direitos especiais, deveriam ser privados dos direitos políticos nos termos da lei e submetidos a reforma pelo trabalho.

Com base nesta disposição, em 18 de Março de 1950, o comité central do partido comunista aprovou a directiva "sobre o movimento para a supressão dos contra-revolucionários" que mobilizava para essa tarefa todas as estruturas do partido, do governo e do exército. Objectivo reafirmado como primordial na terceira sessão plenária do 7.º CC do partido, em 6 de Junho de 1950, onde Mao Zedong aludiu à necessidade de eliminação resoluta de bandidos, agentes secretos, tiranos locais e outros contra-revolucionários, contra os quais o partido e a nação deveriam reforçar a vigilância[158].

Em 14 de Julho, o conselho dos assuntos governamentais aprovou os "princípios gerais de organização dos tribunais populares" com a tarefa de "mediante recurso ao processo judicial punir os actos lesivos dos interesses do povo e do país praticados por criminosos fomentadores de agitação, déspotas locais sabotadores da ordem social, bandidos, espiões, contra-revolucionários e opositores às disposições da reforma agrária e, bem assim, reforçar a ditadura democrática do povo".

Após publicação do referido diploma, que ocorreu em 20 de Julho, logo no dia 21 o conselho dos assuntos governamentais e o supremo tribunal popular emitiram uma directiva conjunta "sobre a supressão das actividades contra-revolucionárias".[159]

Esta directiva fixava em quatro pontos o critério de punição dos casos considerados mais graves:

1. Todos os portadores de armas e grupos de bandidos agitadores das massas populares deveriam ser resolutamente suprimidos,

---

[158] Mao Zedong, Fight for a Fundamental Turn for the Better in the Nation's Financial and Economic Situation, in *Selected Works of Mao Tsetung*, V, Foreign Languages Press, 1977, pág. 26 e ss.

[159] Para consulta das instruções, avisos, opiniões, directivas, decisões interpretativas, etc., emitidas entre 1949 e 1993 pelo supremo tribunal popular, isolada ou conjuntamente com outras instituições (conselho dos assuntos governamentais, ministério da justiça, ministério da segurança pública, suprema procuradoria popular, etc.), V. *Sifa Jieshi Quanji*, 司法解释全集, Zuigao Renmin Fayuan Yanjiushi bian, Renmin Fayuan Chubanshe, 1994. Quanto a esta directiva V. pág. 251.

condenando-se à morte os chefes, comandantes e os autores dos crimes de maior gravidade.

2. Os autores de homicídio ou ofensas corporais contra funcionários e elementos da população, praticados com intuito contra-revolucionário, bem como os sabotadores de fábricas, armazéns, transportes ou outra propriedade pública, que roubassem bens do Estado ou do povo, furtassem segredos de Estado, agitassem elementos retrógrados para os pôr contra o governo, organizassem ou dessem informações, montassem estratagemas para assassinatos, deveriam ser descobertos e presos e os seus organizadores e responsáveis por crimes mais monstruosos condenados à morte ou a longas penas de prisão:

3. Bandidos e espiões impenitentes, bem como bandidos profissionais, deveriam ser condenados a longas penas de prisão ou à morte;

4. Quem colaborasse com as referidas actividades ou desse guarida aos seus autores, desde que isso ocorresse em circunstâncias graves, deveria ser condenado a longas penas de prisão ou à morte.

A directiva, alertando ainda para os cuidados a ter na apreciação das provas, na regularidade da sua obtenção e proibição de agressão e morte indiscriminada, indicava quais as entidades competentes para aprovação da pena de morte e determinava que, em regra, nos casos de condenação à morte de elementos contra-revolucionários pelos crimes nela indicados, não deveria haver recurso.

Completando estas iniciativas, o supremo tribunal popular, a suprema procuradoria popular, o ministério da justiça e o comité para os assuntos legislativos, convocaram uma conferência sobre trabalho judicial, que decorreu entre 26 de Julho e 11 de Agosto, na qual Liu Shaoqi, Zhu De e Zhou Enlai definiram como tarefa prioritária dos tribunais resolver os processos relacionados com crimes contra-revolucionários e de sabotagem da construção económica nacional bem como outros crimes de maior gravidade[160].

---

[160] Han Yanlong zhubian韩延龙主编, *Zhonghua Renmin Gongheguo Fazhi Tongshi* 中华人民共和国法制通史 *(1949-1995)*, Vol. I, Zhonggong Zhongyang Dangjiao Chubanshi, pág. 86 e ss.

Capítulo II – A dialéctica entre lei penal e políticas criminais... 109

As respostas dadas pelos tribunais aparentemente não receberam o agrado do partido. Com efeito, no relatório apresentado em 30 de Setembro de 1950, ao encontro comemorativo da fundação da RPC, organizado pelo comité nacional da conferência consultiva política, Zhou Enlai[161] alertava para os erros cometidos pelos juizes locais na interpretação da política de clemência em relação aos contra-revolucionários, de tal forma que as massas já apelidavam essa atitude de "clemência infinita". E recordava que o princípio fixado pelo presidente Mao de "punição para os culpados principais, clemência para os cúmplices coagidos e recompensa para os serviços meritórios", deveria ser aplicado integralmente e não apenas em parte.

Esses desvios eram atribuídos quer a problemas de organização da estrutura judicial, ainda com forte peso de pessoal do tempo do GMD, quer a uma alegada falta de vigilância de alguns quadros que, convencidos da vitória definitiva da revolução, não viam obstáculos a uma atitude tolerante. Esta postura, que o partido considerava perigosa, conduziu à adopção da directiva do "duplo dez", conhecida por esse nome pelo facto de ter sido adoptada pelo comité central em 10 de Outubro. Nessa directiva "sobre a supressão dos contra-revolucionários", eram mobilizadas todas as estruturas do partido no sentido de promover a reapreciação dos casos em que tivesse havido desvios de direita na aplicação das políticas de supressão, em ordem a uma implementação correcta das mesmas. Três dias mais tarde o conselho dos assuntos governamentais e o supremo tribunal popular emitiam uma directiva conjunta sobre a rápida solução dos processos atrasados, dando orientações para a elaboração de estatísticas a nível local, coordenação dos esforços das várias organizações, simplificação das formalidades processuais e aumento da eficiência.

A estas instruções seguiram-se encontros a nível dos tribunais e ministério da segurança pública para estudo das directivas em causa, de tal forma que "desde a emissão da directiva do "duplo 10" até ao fim do mês de Dezembro, desde o centro até às localidades, desde os organismos do partido e do governo até às amplas massas populares,

---

[161] Zhou Enlai, *Luttons pour Consolider et Etendre La Victoire du Peuple, Oeuvres Choisies de Zhou Enlai*, Vol. II, Editions en Langues Etrangères, Beijing, pág. 43 e ss.

através de três meses de esforço, a tendência de direita foi basicamente ultrapassada"[162].

Um documento importante nessa tarefa foi a directiva da delegação do leste do supremo tribunal popular, de 14 de Novembro de 1950, "sobre a correcção da tendência para atenuação das penas relativamente a contra-revolucionários".

Reconhecendo a directiva que o tribunal da cidade de Shanghai estava a conduzir um trabalho bem sucedido na luta aos contra-revolucionários, acrescentava que esse sucesso seria maior se fossem corrigidos os erros seguintes:

1. Erro de interpretação sobre a linha de combinação da punição com a benevolência. A directiva lembrava que os tribunais são um instrumento da ditadura democrática do povo, pelo que a ideia prioritária relativamente a criminosos contra-revolucionários é a de supressão. Substituir essa ideia pela de benevolência era errado. Só depois de apreciação do papel de cada delinquente e circunstâncias do crime teria sentido falar em benevolência. A directiva acusava o tribunal de não fazer uma análise cuidadosa das situações, distinguindo as de maior das de menor gravidade, na apreciação da relevância da confissão, se tinha ou não sido espontânea, real valor dos serviços meritórios, etc.

2. Erro de caracterização da conduta contra-revolucionária. Aqui era principalmente apontado o erro na distinção entre tentativa e consumação. Referia-se tal crítica a situações em que, descobrindo-se uma actividade conspirativa para acção contra-revolucionária, nenhum acto em concreto houvesse sido realizado. O supremo considera errado ver aí simples tentativa e perguntava enfaticamente, relativamente a um caso concreto, se seria necessário esperar que um assassinato tivesse ocorrido para se considerar estar-se perante um crime grave.

3. Erro na aplicação dos quatro pontos da directiva de 21 de Julho. Essa directiva indicava os critérios de aplicação das penas. Ponto 1, pena de morte; pontos 2 e 3, pena de morte ou longa pena de prisão; ponto 4, longa pena de prisão ou pena de morte. Daí

---

[162] Han Yanlong zhubian 韩延龙主编, obra citada, pág. 89.

Capítulo II – A dialéctica entre lei penal e políticas criminais...   111

resultava, o que nem sempre terá sido observado, que nas situações dos pontos 2 e 3 a pena deveria em regra ser a de morte e, havendo circunstâncias atenuantes, pena longa de prisão. Nas situações do ponto 4 a regra seria a pena de prisão, mas seria a de morte havendo circunstâncias agravantes.

4. Insuficiência na aplicação do princípio de não confiar apenas na confissão do réu, descurando a procura de outras provas para além dessa, ou não indo além dos elementos obtidos pelos serviços de segurança pública.

5. Insuficiente atenção ao princípio da omissão de actos supérfluos.

6. Erro de valorização excessiva do momento da prática do crime contra-revolucionário. O STP constatava que, por regra, tendo o crime sido cometido antes da libertação, isso constituiria fundamento para atenuação da pena, independentemente de se ter em conta a natureza do crime e os resultados do mesmo. O supremo censurava tal procedimento e alertava:"nós temos pena do inimigo mas o inimigo não se sentirá grato".

Em 4 de Fevereiro de 1951, o governo popular central emitiu a directiva "sobre o confisco do património de criminosos de guerra, traidores, capitalistas burocratas e contra-revolucionários" e só em 21 de Fevereiro de 1951 foi publicado o "regulamento da República Popular da China para a punição de contra-revolucionários".

A campanha visando os contra-revolucionários decorreu em quatro fases: a fase do lançamento, entre Outubro de 1950 e Fevereiro de 1951; a fase do apogeu, entre Fevereiro e Maio de 1951; a fase de liquidação dos processos, entre Junho e Outubro de 1951 e a fase final, entre Novembro de 1951 e a Primavera de 1952.[163]

O partido e o governo fizeram desta campanha um amplo movimento de massas, por forma a que nele se fizessem participar "centenas de milhões". Particularmente durante o auge da campanha e no período que imediatamente se lhe seguiu, as estruturas do partido, do governo

---

[163] Han Yanlong zhubian 韩延龙主编, *Zhonghua Renmin Gongheguo Fazhi Tongshi*中华人民共和国法制通史 *(1949-1995)*, I, Zhonggong Zhongyang Dangxiao Chubanshe, 1998, pág. 95.

112   *Lei Penal da República Popular da China*

e organizações de massas, mantiveram um estado de permanente agitação. Assim, segundo dados oficiais[164], só na cidade de Beijing foram convocadas 29.626 reuniões de massas, que tiveram a participação de 3.380.000 pessoas. Esta experiência ia sendo transmitida pelas estruturas centrais do partido para que fosse seguida noutras cidades. Em Tianjin, entre Março e Julho de 1951, houve 21.400 reuniões, com participação de 2.200.000 pessoas. Até Agosto de 1951, as autoridades da Região Nordeste receberam 160.000 cartas denunciando contra-revolucionários; em Shanghai foram recebidas 33.000, denunciando 29.000 indivíduos; em Hebei a população participou activamente na prisão de 1.394 suspeitos. Tudo isto acompanhado pela fanfarra editorial do "diário do povo", que entre 23 de Fevereiro e 5 de Junho de 1951 apresentava títulos como "tolerância para os contra-revolucionários é crueldade para o povo"; "supressão dos contra-revolucionários precisa de muitas bandeiras e tambores"; "Abaixo a paralisia; venham todos prevenir e eliminar a actividade contra-revolucionária", etc.[165]

Os referidos editoriais iam sendo acompanhados de notícias relativas ao movimento da mais diversa ordem: Peng Zhen 彭真[166] condenava a política de clemência; a ministra da justiça censurava os juizes por não serem suficientemente severos, advertindo-os de que a recusa em aplicar a pena de morte enfraquecia, ao invés de reforçar, a ditadura democrática do povo; relatavam-se julgamentos e execuções em massa nas principais cidades; salientava-se a atitude das esposas que denunciavam os maridos e dos filhos que denunciavam os pais[167].

As queixas dos dirigentes tinham eco nas massas, que nesta mesma fase proclamavam: não tememos o céu nem a terra, tememos é a clemência do partido comunista (tian bu pa, di bu pa, jiu pa gongchandang jiang kuanda 天不怕, 地不怕, 就怕共产党讲宽大).[168]

---

[164] Han Yanlong zhubian 韩延龙主编, obra citada, pág. 95 e seguintes.

[165] Han Yanlong zhubian 韩延龙主编, obra citada, pág. 95.

[166] Peng Zhen (1902-1997). Um dos dirigentes históricos do CCP. Aliado de Liu Shaoqi, foi uma das primeiras vítimas da Revolução Cultural. Tanto nos anos 50 como após a sua reabilitação, depois da prisão do "bando dos quatro", teve um importante papel na área dos assuntos legais e legislativos.

[167] Laszlo Ladany, *The Communist Party of China and Marxism 1921-1985*, Hong Kong University Press, 1992, pág. 17 e ss.

[168] Gong Pixiang zhubian 公丕祥主编, *Dangdai Zhongguo de Falü Geming* 当代中国的??革命, Falü Chubanshe, 1999, pág. 101.

Capítulo II – A dialéctica entre lei penal e políticas criminais... 113

Todo este ambiente "festivo" levou a que os alegados preconceitos de direita, denunciados pelo partido, degenerassem em excessos de esquerda pelo que, na terceira conferência nacional sobre segurança pública, realizada em Beijing, no mês de Maio de 1951, se adoptaram medidas no sentido de limitar o número de condenações à morte e, entre estas, aquelas que deveriam ser efectivamente executadas ou deveriam ser suspensas. O problema foi decidido através do sistema de quotas. Nas aldeias as condenações não deveriam exceder 1% da população e nas cidades 0.5%. Dos condenados à morte entre 80 e 90% deveriam ver a execução da pena suspensa[169].

É difícil saber o número de contra-revolucionários eliminados durante esta campanha. De acordo com Mao terão sido mortos cerca de 700.000 indivíduos[170].

Deste número se aproxima o balanço da campanha feito pelo partido que calculou em cerca de 80% os contra-revolucionários neutralizados, dos quais 1.270.000 condenados em prisão, 230.000 sujeitos a controlo e 710.000 condenados à morte[171].

Restará dizer que, apesar da insegurança gerada pelo lançamento desta campanha, a mesma suscitou significativa adesão das massas, dado o clima de ameaça externa que a guerra da Coreia representava.

02.6.4 *"Sanfan* 三反*"*

Em Julho de 1951 a guerra da Coreia entrou numa fase em que já era previsível uma solução política, embora os combates continuassem a par de negociações. A campanha de guerra e a manutenção de tropas, a par da continuação e reforço do processo de recuperação económica, levaram os órgãos centrais do partido a enveredar por um processo de

---

[169] Han Yanlong zhubian 韩延龙主编 obra citada, pág. 96.

[170] Roderick MacFarquhar, Timothy Cheek, Eugene Wu Ed., *The Secret Speeches of Chairman Mao*, Harvard, 1989, pág. 142.

[170] Frederick C. Teiwes, Emulating the Soviet Model, 1949-1957 in *The Cambridge History of China*, vol. 14, Cambridge University Press, 1987, pág. 72

[171] Han Yanlong zhubian 韩延龙主编, obra citada, pág. 98.

114   *Lei Penal da República Popular da China*

aumento da produção, contenção de gastos, simplificação da administração, combate à corrupção[172].

Contra os três males representados pela corrupção, desperdício e burocracia, foi o mote desta campanha cujos destinatários eram elementos do partido, da administração, do exército e das organizações populares que, alegadamente, se teriam deixado contaminar pelos capitalistas, sucumbindo às tentações do dinheiro, da comida, da bebida ou do sexo. Principais suspeitos eram os elementos da administração que tinham anteriormente servido sob o governo do guomindang.

O movimento começou na Região de Nordeste no mês de Setembro de 1951.

O primeiro sinal do lançamento desta campanha foi a prisão, em Novembro de 1951, de um antigo e do então secretário do comité da prefeitura de Tianjin, do partido comunista, respectivamente Liu Qingshan 刘青山 e Zhang Zishan 张子善. Na mesma data em que aprovava a prisão de ambos os dirigentes, em 30 de Novembro, Mao chamava a atenção para a corrosão dos quadros pela burguesia e alertava para a necessidade de combater a corrupção e o desperdício[173]. No mesmo dia o comité central do partido emitiu a directiva "sobre a luta dos três contras" determinando que nos organismos do Estado, forças armadas, empresas estaduais e outras unidades se iniciasse um combate contra a corrupção, o desperdício e a burocracia. Ao mesmo tempo o comité central aprovou o "relatório para o comité central sobre a prisão dos grandes corruptos Liu Qingshan e Zhang Zishan", apresentado pelo bureau do norte, acentuando a necessidade de descobrir, expor e punir os casos de corrupção[174].

Em 8 de Dezembro, Mao Zedong marcava o tom da nova campanha apelando à mobilização das massas com o mesmo empenhamento que se verificara na campanha para a supressão dos contra-revolucionários, para

---

[172] Liu Suinian, Wu Qungan Ed., *China's Socialist Economy – An Outline History (1949-1984)*, Beijing Review, 1986, pág. 66.

[173] *Selected Works of Mao Tsetung*, vol. V, Foreign Languages Press, Beijing, 1977, pág. 64 e ss.

[174] Sobre os momentos mais importantes das anti-campanhas V *Zhongguo Jingji Fazhan wushinian dashiji* 中国经济发展五十年大事记1949.10 – 1999.10, Renmin Chubanshe, 1999, pág. 38 e seguintes e *Zhonghua Renmin Gongheguo Dashiji* 中华人民共和国大事记 *(1949-1980)*, Xinhua Chubanshi, 1982, pág. 114 e ss.

Capítulo II – A dialéctica entre lei penal e políticas criminais...   115

acusar, criticar e denunciar, censurando as faltas menores, demitindo os responsáveis por faltas mais graves que deveriam para além disso ser presos e reformados pelo trabalho e liquidando os responsáveis pelos crimes de maior gravidade.[175]

A campanha assistia a momentos importantes em que casos exemplares mereciam especial publicidade como o julgamento e condenação à morte, por tribunal especialmente constituído para o efeito, em 1 de Fevereiro de 1952, de Xue Kunshan e Song Degui, dois importantes quadros do partido, o primeiro antigo director do departamento de logística do conselho militar revolucionário, o último antigo responsável pelo departamento administrativo do ministério da segurança pública.

O desfecho do caso mais mediático desta campanha ocorreu em 10 de Fevereiro de 1952, quando um tribunal especial da província de Hebei condenou à morte Liu Qingshan e Zhang Zishan, que foram de imediato executados[176].

Esta campanha foi uma excelente oportunidade para "purificar" os elementos do partido. Desde 1947 que o número de militantes crescera a um ritmo médio de um milhão por ano. A necessidade de quadros para a tarefa da administração da China tinha levado a uma atitude de alguma condescendência relativamente à adesão de novos membros[177], situação que foi rectificada durante esta campanha, no decurso da qual terão sido

---

[175] *Selected Works*, V, pág. 65.

[176] As execuções de Liu Qingshan e Zhang Zishan ainda hoje suscitam controvérsia. De facto a sua execução foi planeada desde que os responsáveis do partido em Huabei reportaram o caso ao comité central, em 29 de Novembro de 1951, relatório que foi aprovado no dia seguinte pelo CC. O comité do partido da província de Hebei deu em 14 de Dezembro de 1951 parecer no sentido de que deviam ser executados. E perante a proposta do responsável do partido de Tianjin de que se tivesse em conta o contributo que ambos tinham dado durante a luta anti-japonesa e a guerra civil, o que permitiria a suspensão da execução, Mao terá retorquido que a morte de ambos constituiria exemplo que poderia contribuir para salvar dezenas ou milhares de outros quadros. Sobre este caso V. em www.jcrb.com Mao Zedong xia Juexin Chujue Liu Qingshan, Zhang Zishan Jingguo 毛泽东下决心处决刘青山，张子善经过, de 16/10/2006, citando como fonte o jornal sobre a história do partido, Dangshi Xinxibao 党史信息报.

[177] Frederick C. Teiwes, Emulating the Soviet Model, 1949-1957 in *The Cambridge History of China*, vol. 14, Cambridge University Press, 1987, pág. 72.

expulsos do partido um milhão de quadros e terá havido milhares de execuções sumárias[178]. O número de presos terá também sido elevado a avaliar pela percentagem de presos em cumprimento de pena pelo crime de corrupção durante os anos 50.[179] Muitos dos excessos resultaram do facto de, para cada departamento terem sido fixadas quotas que, na falta de prova do cometimento de crimes, eram preenchidas através de falsas denúncias e extorsão de confissões.[180]

02.6.5 *"Wufan* 五反*"*

Esta campanha foi dirigida contra o suborno, a evasão fiscal, o furto de bens do Estado, fraude nos contratos com o Estado e furto de informação económica estadual.

A retórica dos três contra apontava os capitalistas como principais agentes indutores da corrupção no seio da administração. Não surpreende por isso que, ainda no período inicial da campanha dos três contras, em 26 de Janeiro de 1952, Mao Zedong tenha apelado aos capitalistas cumpridores para se unirem às classes trabalhadoras e outros estratos da população urbana para combaterem os capitalistas violadores da lei, agentes de propagação das referidas cinco peçonhas[181].

A campanha wufan foi meticulosamente preparada quer quanto ao momento em que foi lançada, quer quanto aos métodos e aos fins[182].

Iniciada a campanha wufan, quinze dias depois são executados os chamados maiores corruptos expostos durante a campanha dos três contras. Os capitalistas escusavam de se justificar com a atitude corrupta de elementos do partido e da administração. O tratamento era aquele. O exemplo estava dado.

---

[178] Han Suyin, Eldest Son, *Zhou Enlai and the Making of Modern China*, London, 1994, pág. 229.

[179] Frank Diköter, Crime and Punishment in Post-Liberation China: The Prisoners of a Beijing Gaol in the 1950s in *The China Quarterly*, n.º 149, pág. 147 e ss.

[180] Liu Suinian, Wu Qungan Ed., obra citada, pág. 67.

[181] *Selected Works*, V, pág. 65.

[182] *Selected Works*, V, pág. 64 e ss.

Criado um clima psicológico favorável para a campanha, havia que fixar critérios de actuação. Para isso o conselho dos assuntos governamentais, em 8 de Março, fez publicar e mandou aplicar a nível nacional as "medidas e critérios para classificação de empresas industriais e comerciais do governo popular da cidade de Beijing no movimento wufan".

De acordo com esse documento as empresas e capitalistas, incluindo empresas familiares e artesãos independentes mas excluindo vendedores ambulantes, foram divididas em cinco categorias: cumpridores da lei, basicamente cumpridores, semi-cumpridores, gravemente violadores e totalmente violadores[183].

Cumpridores eram aqueles relativamente aos quais nenhuma infracção fosse detectada e em que os próprios garantissem não ter praticado ilegalidades, garantia essa corroborada através de investigação efectuada.

Os basicamente cumpridores dividiam-se em duas categorias. A primeira categoria era daqueles cujo proveito ilícito fosse inferior a 2.000.000 de yuan, de cuja infracção o governo tivesse provas, que os próprios confessassem e as circunstâncias não fossem especialmente graves. A segunda categoria era a daqueles cujo proveito ilegal, sendo embora superior a 2.000.000 de yuan, haviam confessado espontaneamente os factos e em que as circunstâncias fossem pouco graves.

Semi-cumpridores e semi-incumpridores eram também de dois tipos. O primeiro era daqueles que, tendo obtido proveito ilícito superior a 2.000.000 todavia, para além do prejuízo económico directo causado ao Estado, não tivessem causado outras consequências nefastas. O segundo tipo era daqueles que, não obstante ter havido outro tipo de prejuízos, confessassem integralmente os factos e espontaneamente reparassem o crime.

Gravemente violadores eram também de duas espécies. A primeira era daqueles que, tendo obtido através do crime contra o Estado proventos muito elevados, tivessem ainda causado outros prejuízos muito graves ou que, não tendo embora causado outros prejuízos graves, se recusassem a confessar os crimes. A segunda espécie era constituída por aqueles que, devendo ser considerados totalmente violadores da lei, as circunstâncias

---

[183] Han Yanlong zhubian 韩延龙主编, obra citada, pág. 169 e ss.

dos crimes não fossem odiosas, confessassem integralmente e tivessem prestado serviços meritórios, sendo por isso a sua conduta atenuada e integrada nesta espécie.

Finalmente, os totalmente violadores da lei eram de quatro espécies:

Os ladrões que tivessem causado grave dano à causa da construção nacional, principalmente nas áreas da defesa ou da segurança.

Organizadores de furto em massa e autores de grandes furtos.

Os que, procurando benefício económico, tivessem provocado gravíssimos prejuízos ao Estado e ao povo através do furto de informação económica ou por outros meios especialmente odiosos.

Os que, tendo adoptado condutas ilegais de grande gravidade, se recusassem a confessar e resistissem ao movimento.

De acordo com os resultados alcançados em Beijing as primeiras três categorias constituiriam 95% dos casos e as duas últimas apenas 5%, o que não seria muito diferente no resto do país.

Os princípios a seguir na apreciação das infracções detectadas seriam: generosidade para as infracções do passado, severidade para as futuras; generosidade para a maioria, severidade para a minoria; generosidade para os que reconheciam as faltas e severidade para os que se recusavam a reconhecê-las; generosidade para a indústria e severidade para o comércio; generosidade para o comércio em geral e severidade para com o comércio especulativo.

Quanto aos fins que deveriam ser atingidos pela campanha foram os mesmos perfeitamente definidos nas instruções do comité central de 23 de Março de 1952:[184]

- Obter uma ideia clara sobre a situação da indústria e comércio privados com vista a enveredar pela economia planificada;
- Fazer uma distinção clara entre as classes trabalhadoras e a burguesia e banir dos sindicatos a burocracia e os mercenários da classe capitalista;
- Reorganizar as estruturas associativas industriais e comerciais afastando das suas direcções indivíduos culpados das cinco peçonhas, substituindo-os por aqueles que tivessem postura correcta durante a campanha;

---

[184] Han Yanlong zhubian 韩延龙主编, obra citada, pág. 160 e ss.

Capítulo II – A dialéctica entre lei penal e políticas criminais... 119

- Auxiliar os responsáveis da associação nacional para a construção da China democrática[185] a tornar-se uma organização capaz de representar os interesses legítimos da burguesia;
- Eliminar as cinco peçonhas e a especulação comercial, levando a burguesia a obedecer às leis do Estado e a dedicar-se a actividades industriais e comerciais benéficas, desenvolvendo a indústria dentro dos limites superiormente fixados, reduzindo progressivamente o comércio privado que deveria vir a ser monopolizado pelo Estado;
- Proibir a contabilidade oculta permitindo que gradualmente os trabalhadores pudessem exercer supervisão sobre a produção e a gestão;
- Recuperar os prejuízos económicos do Estado através do pagamento de impostos objecto de evasão fiscal, restituição, multas e confisco;
- Reforçar o trabalho do partido junto das grandes e médias empresas, criando estruturas partidárias entre os seus trabalhadores.

Neste ambiente as confissões eram naturalmente "espontâneas" e foi recuperado avultado montante de impostos devidos e dos prejuízos causados. Muitas empresas faliram, designadamente aquelas que o partido comunista queria que falissem. Relativamente a empresas que as autoridades pretendiam que continuassem a operar, o pagamento de débitos foi facilitado através de prestações[186].

02.7 O direito penal[187]

O direito penal do período inicial da R. P. China consta fundamentalmente de normas com incidência penal, constantes de diplomas

---

[185] A associação nacional para a construção da China democrática (Zhongguo Minzhu Jianguo Hui 中国民主建国会) é um partido político, fundado em 1945. É um dos "oito partidos democráticos", admitidos para além do PCC, que reconhecem e aceitam o papel de liderança política do partido comunista.

[186] Liu Suinian, Wu Qungan Ed., obra citada, pág. 69.

[187] Sobre o direito e processo penal neste período V. Jerome Alan Cohen, *The Criminal Process in the People's Republic of China 1949-1963, na Introduction,* Harvard

120 *Lei Penal da República Popular da China*

diversos sem natureza criminal. Excluindo algumas directivas emanadas do poder político, pode dizer-se que diplomas legais de natureza criminal começam a surgir apenas em 1951.

Em 30 de Junho de 1950 foi publicada a lei da reforma agrária que, no seu art. 32.º previa a punição, de acordo com a lei, dos culpados dos crimes mais odiosos e de todos aqueles que resistissem ou violassem as disposições da lei da reforma agrária. A punição "de acordo com a lei" seria decidida pelos tribunais especiais, cuja criação estava prevista no mesmo artigo, de acordo com as directivas de execução da reforma, já que nenhuma legislação criminal foi criada para o efeito.

Em 20 de Agosto de 1950, o conselho dos assuntos governamentais aprovou a "resolução sobre a definição de classes nas zonas rurais", o que era uma exigência do art. 31.º da lei da reforma agrária. Também esta resolução previa a punição pelos tribunais populares (renmin fating) dos tiranos locais que fossem denunciados pelo povo. Quanto às penas valem as observações feitas no parágrafo anterior, a propósito das acções de violação da lei de reforma agrária.

Para além disso, até 1952, foi aprovada diversa legislação penal avulsa punindo responsáveis por acidentes de viação, incêndios florestais, sabotagem de telecomunicações, contrabando, especulação no comércio de sal, evasão fiscal, etc.

02.7.1 *Regulamentos penais*

O *regulamento para a punição da contra-revolução* foi o primeiro diploma importante da R. P. China e sem dúvida aquele que maior impacto teve.

A sua publicação surgiu na sequência da correcção da chamada tendência para a "clemência infinita" e quando o movimento para supressão dos contra-revolucionários estava a atingir o seu apogeu. Visava dar aos quadros e às massas um instrumento jurídico para combater os contra-revolucionários, apontar ao pessoal judicial critérios para medida das

---

University Press, 1968. V. também *Xingfaxue Quanshu*, 刑法学全书, Shanghai Kexue Jishu Wenxian Chubanshe, 1993, pág. 555.

Capítulo II – A dialéctica entre lei penal e políticas criminais...   121

penas, ultrapassar ou prevenir possíveis desvios direitistas ou esquerdistas no decurso do movimento, conferindo-lhe um desenvolvimento saudável.[188]

Aprovado em 20 de Fevereiro de 1951 e promulgado no dia imediato, tinha apenas 21 artigos.

O objectivo do diploma era, nos termos do seu art. 1.º, punir os criminosos contra-revolucionários, suprimir as actividades contra-revolucionárias e consolidar a ditadura democrática do povo. Por sua vez o art. 2.º apontava como contra-revolucionários todos aqueles que tivessem como propósito o derrube do poder político democrático do povo ou a subversão da causa da democracia popular. Este propósito era a marca de distinção entre os crimes comuns e os crimes contra-revolucionários.

Passava depois, do art. 3.º ao art. 13.º a enumerar os diferentes crimes, 11 dos quais os mais importantes: traição à pátria; rebelião ou instigação à rebelião; levantamento armado de massas; espionagem ou auxílio ao inimigo; organização ou adesão a organizações de serviços secretos para prossecução de actividades contra-revolucionárias; uso de organizações de natureza feudal para desenvolvimento de actividade contra-revolucionária; homicídio ou sabotagem com propósito contra-revolucionário; agitação ou incitamento com propósito contra-revolucionário; passagem clandestina de fronteiras com propósito contra-revolucionário; assalto de massas a prisões ou insurreição violenta para fuga de prisões e guarida ou protecção a criminosos contra-revolucionários.

Como requisitos para atenuação geral, atenuação especial ou isenção de pena, previa o art. 14.º os seguintes:

- Entrega voluntária, que consistia na apresentação às autoridades, desde que consubstanciasse uma atitude de desistência das actividades contra-revolucionárias e de arrependimento;
- Arrependimento sincero e prestação de serviços meritórios;
- Envolvimento em actividades contra-revolucionárias motivado por coacção ou indução fraudulenta;

---

[188] Han Yanlong zhubian 韩延龙主编, *Zhonghua Renmin Gongheguo Fazhi Tongshi* 中华人民共和国法制通史 *(1949-1995)*, Zhonggong Zhongyang Dangxiao Chubanshe, 1998, pág. 89.

122   *Lei Penal da República Popular da China*

- Arrependimento pelos crimes do passado, desde que estes não tivessem acentuada gravidade e rompimento com as actividades contra-revolucionárias.

O regulamento previa como penas principais a pena de morte, a prisão perpétua e a pena de prisão, esta com o mínimo de 3 anos. Os autores dos crimes previstos no regulamento poderiam ainda ser acessoriamente punidos com a privação de direitos políticos e confisco total ou parcial de património, conforme o artigo 17.º.

O artigo 15.º previa as regras de cúmulo para os casos de acumulação de crimes. Excluindo os casos de condenação em prisão perpétua ou pena de morte, casos em que não haveria cúmulo de penas, a pena teria como limite inferior a pena correspondente ao crime mais grave e como limite superior a soma das penas de cada um dos crimes.

Nos termos do artigo 16.º os autores de crimes não previstos no regulamento, levados a cabo com propósito contra-revolucionário, seriam punidos com a pena prevista para o crime mais semelhante.

O artigo 18.º mandava aplicar as suas disposições a crimes cometidos antes da entrada em vigor do regulamento.

O artigo 19.º, apesar de proibir as falsas denúncias, admitia expressamente o direito de qualquer pessoa, secretamente, denunciar ao governo popular criminosos contra-revolucionários.

Deve dizer-se que uma boa parte das disposições do regulamento tinham uma definição minimamente detalhada das condutas criminalmente punidas. Todavia, o diploma deixava em aberto um vasto leque de condutas cujo preenchimento era de definição indeterminada. O art. 3.º que condenava à morte ou prisão perpétua "os colaboradores com o imperialismo para trair a pátria" era disso um bom exemplo.

Também a definição de propósito contra-revolucionário era susceptível de aí fazer caber um simples delito de opinião ou actividades inócuas, como práticas religiosas, ou adesão a organizações que não mereciam a aprovação do partido. Esse facto, aliado ao princípio da incriminação por analogia e aplicação retroactiva, fizeram do regulamento um importante instrumento de perseguição política.

Uma outra característica do regulamento consistia na marcada diferença de tratamento entre cabecilhas, comandantes, organizadores, etc. e outros participantes activos. Em regra, relativamente a acções contra-revolucionárias, para os primeiros as penas previstas eram de morte ou

Capítulo II – A dialéctica entre lei penal e políticas criminais...   123

prisão perpétua. Relativamente aos segundos eram previstas penas de prisão. No entanto, tratando-se de crimes relacionados com organizações contra-revolucionárias, as penas mais graves abrangiam também os simples participantes, embora a lei previsse atenuação para os casos em que a gravidade fosse menor.

Um aspecto importante relacionado com a supressão dos contra--revolucionários era o confisco de património. Antes da publicação do regulamento, em 4 de Fevereiro de 1952, havia sido publicada uma "directiva sobre o confisco de património de criminosos de guerra, traidores, capitalistas burocratas e contra-revolucionários", que no entanto visava fundamentalmente os elementos do capital burocrático. Mais conforme com o regulamento foram as disposições aprovadas em 22 de Junho de 1951 pelo conselho dos assuntos governamentais *"sobre o confisco de património de contra-revolucionários"*.

De acordo com o seu art. 1.º o confisco total de património abrangia terras, casas, cereais, gado, ferramentas, materiais, créditos, acções, depósitos, numerário e outros bens móveis e imóveis. No caso de confisco parcial os bens confiscados seriam determinados pelo tribunal em função das circunstâncias concretas do caso. Salvaguardava-se no entanto a situação dos familiares que vivessem em economia comum com o delinquente e não fossem participantes activos em actividades contra-revolucionárias, relativamente aos quais seriam deixados instrumentos de produção e meios de subsistência. Determinava-se também que os bens de contra-revolucionários pobres não fossem confiscados.

De acordo com o art. 3.º todos os bens confiscados eram entregues ao governo popular para deles dispor. Se esses bens tivessem sido obtidos pelo condenado mediante acção ilícita contra a população, após verificação do facto e a pedido do lesado seriam devolvidos. Através desses bens seriam também pagas dívidas e o remanescente ficaria à disposição do governo.

Regulamento temporário para a punição de crimes contra a moeda nacional, de 19 de Abril de 1951

Diploma constituído por 11 artigos, previa os crimes de falsificação e alteração de moeda nacional, tráfico e uso de moeda nacional falsa ou alterada.

O regulamento fazia a distinção entre estes tipos de crime consoante fossem praticados com intuito contra-revolucionário ou com intuito lucrativo. Distinção idêntica era feita a propósito do crime previsto neste mesmo diploma, de disseminação de rumores para sabotar a credibilidade da moeda nacional.

As penas previstas eram de morte, prisão perpétua e prisão, entre 1 e 15 anos. Acessoriamente eram também previstas as penas de privação dos direitos políticos e confisco de património.

Regulamento para a punição da corrupção, de 21 de Abril de 1952.

Este diploma considerava crime de corrupção todos os actos de apropriação, furto, obtenção fraudulenta ou por especulação ilegal de propriedade do Estado, extorsão de bens alheios, aceitação de subornos e outros actos que consistissem na obtenção de lucros mediante uso de recursos públicos para fins privados, levados a cabo por pessoal de órgãos do Estado, empresas, escolas e instituições a elas subordinados– art. 2.º. Os artigos 15.º e 16.º alargavam a aplicação do diploma ao pessoal de organizações sociais e soldados no activo, respectivamente.

O artigo 3.º consagrava o princípio da responsabilidade individual e previa as penas em função dos montantes envolvidos. A pena mais grave, a de morte, seria aplicável a casos que envolvessem montante não inferior a 100.000.000 de yuan, caso o crime fosse praticado em circunstâncias graves. Previam-se depois penas desde prisão perpétua ou prisão, cujo mínimo era de um ano quando o montante envolvido fosse inferior a 10.000.000 de yuan. Neste caso a sanção criminal poderia ser substituída por sanção administrativa. Consagrava-se ainda o princípio da devolução dos bens ilegalmente obtidos.

Para além destas penas eram para os casos menos graves previstas as de trabalho forçado ou de controlo. Como penas acessórias as de confisco e privação dos direitos políticos.

O art. 5.º previa requisitos de atenuação ou isenção, que não diferiam substancialmente dos previstos no regulamento para a punição dos contra-revolucionários.

Previam-se várias circunstâncias de agravação no art. 4.º. É de destacar no entanto uma circunstância especial prevista no artigo 7.º, que previa uma agravação das penas dos crimes cometidos após a promulgação da lei, o que implicitamente comportava o princípio da aplicação retroactiva. Princípio reafirmado pela instrução conjunta do supremo tribunal popular e do ministério da justiça, de 19 de Maio de 1952, determinando que aos processos de corrupção instaurados antes da campanhas sanfan e wufan, mas ainda não julgados, ou que, embora

Capítulo II – A dialéctica entre lei penal e políticas criminais...

julgados em primeira instância estivessem em recurso, seria aplicado o regulamento para a punição da corrupção.[189]

O art. 6.º punia a corrupção activa. A pena por corrupção activa era agravada nos casos de coacção ou indução para aceitação do suborno.

O art. 13.º punia os actos de encobrimento de actividades corruptas com sanção criminal ou administrativa, conforme a gravidade do caso.

Envolvendo o regulamento funcionários públicos e sendo reconhecido o direito de apresentar denúncias, haveria que proteger os denunciantes de eventuais acções de represália. Por isso o art. 14.º previa sanções criminais ou administrativas contra actos retaliatórios.

Medida temporária para controlo de contra-revolucionários, aprovada pelo conselho dos assuntos governamentais em 27 de Junho de 1952.

Medida adoptada para submeter a controlo por parte da segurança pública elementos de serviços secretos contra-revolucionários, quadros de partidos reaccionários, chefes de seitas secretas reaccionárias, latifundiários que persistiam em posições reaccionárias e antigos funcionários e soldados do GMD e dos governos colaboracionistas.

Nos termos do art. 4.º todos esses elementos eram privados dos direitos de eleger ou ser eleitos, exercer funções em organismos do Estado, fazer parte das forças armadas ou organizações populares, dos direitos de expressão, imprensa, reunião, associação, comunicação, residência, deslocação e manifestação, bem como do direito de receber benefícios populares. Para além de privados de direitos políticos tinham que cumprir os deveres próprios do regime de controlo, dedicando-se ao trabalho e denunciando quaisquer actividades contra-revolucionárias de que tivessem conhecimento.

O período de controlo era em regra até ao máximo de 3 anos, que no entanto poderia ser prolongado ou encurtado consoante as circunstâncias. O regime de controlo, podendo ser aplicado pelos tribunais ou pelos serviços de segurança pública, era em regra aplicado por estes últimos.

Os referidos diplomas continham a principal legislação penal que vigoraria na R P China durante quase 30 anos. No entanto muita outra legislação foi aprovada, alguma dela de âmbito local, assumindo a forma

---

[189] *Sifa Jieshi Quanji*, 司法解释全集, pág. 318.

126   *Lei Penal da República Popular da China*

de decisões, medidas, resoluções, etc. Algumas dessas disposições tinham autonomia, sendo outras o desenvolvimento de diplomas aprovados pelo governo central. Como exemplo das primeiras temos a resolução da assembleia dos representantes da cidade de Beijing, de 21 de Novembro de 1949, que mandou selar todas as casas de prostituição e confiscar os bens relacionados com essa actividade. Na sequência dessa resolução 48 donos de prostíbulos foram, em 24 de Fevereiro de 1950, condenados em penas de prisão e, em 6 de Abril, dois foram executados.

A resolução adoptada pela assembleia de Beijing haveria de conduzir a soluções semelhantes nas restantes cidades da China.

Como exemplo de desenvolvimento de medidas do poder central temos, na sequência da ordem do conselho dos assuntos governamentais, de 24 de Fevereiro de 1950, sobre a proibição do consumo de ópio, as medidas e regulamentos subsequentes adoptadas pela Região de Sudoeste, em Julho do mesmo ano, ou em Maio do ano seguinte pela província de Shaanxi. Temos também a legislação preventiva de acções de sabotagem dos latifundiários, como aconteceu com o regulamento provisório da China do Leste para a punição de actos ilegais de latifundiários, de 19 de Setembro de 1950 e regulamentos semelhantes da Região Noroeste, de 15 de Novembro, da Região Centro-Sul, de 16 de Novembro ou da Região Sudoeste, de 13 de Dezembro, que visavam impedir actos de disposição, real ou simulada, bem como de delapidação do património levados a cabo pelos latifundiários, no intuito de evitarem a perda da propriedade a favor dos camponeses, nos termos da lei da reforma agrária.[190]

02.8 A actividade interpretativa e intervenção tutelar

Como foi já amplamente salientado o sistema legal neste período da R.P. China era constituído por diplomas legais e directivas do poder político. Aliás os diplomas legais a que fazemos aqui referência entraram em vigor muito depois da criação da R.P. China.

---

[190] Sobre as linhas fundamentais destes diplomas V. Gao Mingxuan zhubian 高铭暄主编, *Xingfaxue Yuanli*, Vol. I, 刑法学原理, Zhongguo Renmin Daxue Chubanshe, 1993, pág. 56 e seguintes.

Capítulo II – A dialéctica entre lei penal e políticas criminais...   127

Eram pois inúmeras as dificuldades com que os tribunais se deparavam, as quais iam sendo ultrapassadas através da assistência dos tribunais superiores, maxime por via de decisões interpretativas, ordens, instruções e directivas do supremo tribunal popular, bem como dos órgãos de poder político, com destaque para o conselho dos assuntos governamentais e ministério da justiça.

Um dos problemas que se colocou com a revogação das leis do GMD, foi o de saber se as penas aplicadas pelos tribunais do velho regime, com base nas referidas leis, se manteriam em vigor ou se os condenados deveriam ser colocados em liberdade.

Em decisão interpretativa de 12 de Dezembro de 1950, o supremo tribunal popular pronunciou-se sobre a questão, decidindo que sobre esses casos os tribunais populares deveriam fazer uma análise cuidadosa. E a política a seguir deveria ser basicamente a seguinte: quando os sujeitos fossem militantes revolucionários, condenados pelos chamados crimes políticos ou a conduta que motivou a condenação, de acordo com os interesses da revolução não devesse ser punida, devidamente esclarecida a situação, deveriam ser libertados. Relativamente a outros delinquentes, quando relativamente à sua conduta fosse de considerar que a protecção e reforço da ordem revolucionária exigiriam também a sua condenação, como por exemplo em relação a traidores e bandidos, obtida a aprovação do tribunal popular, continuariam em cumprimento de pena.

Um outro problema com que os tribunais se depararam foi o do limite da pena de prisão e que os diplomas publicados não esclareciam. A questão foi resolvida por resposta de 11 de Junho de 1953 do supremo tribunal popular e do ministério da justiça: em regra a pena de prisão não devia exceder 15 anos. Verificando-se circunstâncias especiais, poderia ser aumentada até 20 anos.

Numa resposta sobre esta mesma matéria, de 16 de Novembro de 1953, o supremo tribunal popular foi um pouco mais explícito. Depois de várias referências às soluções do direito soviético sobre este problema dos limites máximos da pena de prisão, o STP insistiu na ideia de que o limite regra deveria ser 15 anos podendo ir até 20 anos nos casos de crimes contra-revolucionários e em outras situações especiais. Sobre o que se devia entender por situações especiais apontava aquelas em que a pena de 15 anos de prisão se afigurasse demasiado branda, não conseguindo convencer as massas mas, por outro lado, a pena de prisão perpétua se mostrasse excessiva.

128   *Lei Penal da República Popular da China*

Referência especial merece o aviso do STP, de 9 de Outubro de 1951, relativamente à política a seguir sobre "condenação à morte com suspensão por dois anos e sujeição a trabalho forçado para avaliação do comportamento posterior à condenação". Constatando as diferenças de entendimento sobre esta questão, o STP dava como exemplo de errada aplicação, a suspensão da execução a um latifundiário decidida em 1 de Agosto de 1951, pelo tribunal popular (renmin fating) de Liucheng, província de Guangxi, porque o réu "de cabeça baixa no tribunal, se declarou pronto a ficar sem todo o seu património para compensar o sangue e o suor do povo". Considerando que isso resultava de má interpretação e revisão das políticas definidas pelo poder central, advertia que tais condutas eram susceptíveis de causar profundo dano ao trabalho de supressão dos contra-revolucionários, determinando que se evitasse a ocorrência de casos semelhantes.

Também nesta linha, em 8 de Janeiro de 1950, a delegação leste do supremo tribunal popular criticava severamente o tribunal de Shanghai pela facilidade com que atenuava as penas, substituindo as de prisão por multa, com argumentos como a adopção de bom comportamento após a libertação, reconhecimento dos erros do passado, falta de consciência de classe, ida para a universidade revolucionária para reforma através do estudo, etc.[191].

O tribunal considerava essas decisões erradas lembrando que nenhum funcionário poderia manter qualquer confusão na demarcação entre a velha e a nova legislação e acrescentando que, tendo embora a nova legislação sanções económicas, as mesmas nada tinham de comum com a multa prevista na legislação reaccionária. Lembrava que as sanções económicas da nova ordem eram fundamentalmente dirigidas contra os cães de fila do imperialismo, elementos da classe dos latifundiários e do capitalismo burocrático, bem como os seus cúmplices reaccionários do GMD e que tal sanção económica se traduzia no confisco total ou parcial do património.

Proibia o uso da faculdade de remição da prisão por multa e, sem excluir totalmente o uso da sanção pecuniária relativamente a elementos da população que não fossem objecto da ditadura democrática do povo, fixava os seguintes critérios:

---

[191] *Sifa Jieshi Quanji* 司法解释全集, pág. 157.

1. Nos processos por consumo de drogas deveria ser seguida a directiva do STP de 10 de Novembro (que mandava aplicar, consoante a gravidade das circunstâncias, as penas de prisão ou trabalho forçado);
2. Nos casos de ofensas corporais ou morte em resultado de negligência profissional ou em casos de relações sexuais ilícitas, não haveria em geral punição em multa;
3. Relativamente a crimes visando a obtenção de benefícios ilegítimos poderia haver punição com multa. Haveria que separar os casos de maior dos menor gravidade, punindo acessoriamente com multa aqueles nos quais a privação da liberdade não fosse suficiente para alcançar o fim da pena;
4. No momento da determinação da pena de multa ter-se-ia em conta a situação económica do condenado e condições de vida do seu agregado familiar;
5. Proibia-se a remição da pena de prisão por multa.

02.9 Conclusão

Ao fim de três anos de governo comunista, a China estava numa situação bem melhor do que algum observador poderia prever em 1949.

A situação política interna encontrava-se estabilizada. Estabilizada estava também a situação na Coreia, onde brevemente haveria um acordo quanto ao armistício. Os indicadores económicos superavam largamente quer os de 1949 quer os de 1936, que tinha sido o melhor ano antes da tomada de poder pelo partido comunista.

A guerra da Coreia deu um enorme impulso no avanço do regime para a fase de transformação socialista.

A radicalização política provocada pela guerra gerou uma intensa actividade política de mobilização anti-imperialista. Os potenciais adversários do partido comunista ficaram isolados interna e externamente. Internamente pelas movimentações de massas e anti-campanhas que, quando os não tornou objecto da repressão, no mínimo os remeteu para a defensiva. Externamente pelo bloqueio político e económico a que a China foi sujeita.

Este estado de coisas foi sabiamente aproveitado pelo partido comunista. As suas organizações foram penetrando nos mecanismos de controlo da indústria e comércio privados, ao mesmo tempo que a rede comercial e industrial do Estado ia progressivamente dominando esses sectores.

Terminadas as anti-campanhas, a economia privada, na avaliação do partido comunista, já não tinha importante papel na sociedade chinesa, até porque as empresas privadas eram em geral de pequena dimensão e tecnologicamente pouco evoluídas.

A campanha dos "cinco contras", para além da colheita de fundos que proporcionou, já que teve carácter sobretudo expropriativo, aniquilou a moral e a resistência dos capitalistas, amaciando-os para a nova fase que aí vinha, a da transformação socialista.

Com a expropriação do capital burocrático, que colocou na propriedade do Estado a banca e 80% da infra-estrutura económica, dominando o Estado uma vasta rede comercial e com vasta experiência no programa de entreajuda na produção agrícola, considerou-se que era tempo de dinamizar o capitalismo de Estado e avançar para formas mais racionais de produção agrícola, nomeadamente para cooperativas. Ou seja, a ideia inicial de que a passagem ao socialismo só poderia ter lugar em 20 ou 30 anos, expressa por Mao Zedong aquando da terceira reunião plenária do VII CC, em 1950, deu lugar a uma visão mais optimista, de que tal seria possível em cerca de metade desse tempo.

O país estava pronto para novos caminhos. Era tempo de avançar com o primeiro plano quinquenal, o que implicava a necessidade de dar novo rumo à economia privada.

Em Dezembro de 1953, o departamento de propaganda do CC emitiu o documento "mobilizemos todas as forças para fazer da China um grande país socialista – programa de estudo e de propaganda relativo à linha geral do partido para o período de transição"[192].

Como Mao tinha já anunciado em 6 de Junho de 1952,[193] a principal contradição na sociedade chinesa era agora entre as classes trabalhadoras e a burguesia nacional.

O programa da frente unida estava esgotado.

Estava-se agora no limiar do período da revolução socialista e assistindo ao colapso da "nova democracia". O caminho que se seguiu

---

[192] Hu Sheng Ed., obra citada, pág. 457.
[193] *Selected Works of Mao Tsetung*, vol. V, pág. 77.

Capítulo II – A dialéctica entre lei penal e políticas criminais...

foi o da industrialização e das transformações socialistas da agricultura, artesanato e indústria e comércio capitalistas.

O direito penal acompanhou de forma distanciada toda esta evolução. A primazia foi dada a formas mais céleres de intervenção política.

Como já foi dito não era imperativa a revogação da legislação do GMD. Havia mesmo quem, no seio do partido, defendesse a sua subsistência num período de transição[194]. Todavia o novo poder estava apostado na destruição do velho sistema legal, não apenas na sua dimensão positivada mas mesmo no seu espírito reaccionário. O facto de o direito revogado não ter sido durante longo período substituído, conduziu a uma situação de vazio legal[195] em detrimento da dimensão da política e da acção de massas. Por sua vez, os vários diplomas que sob aparente pressão dos movimentos de massas iam surgindo, reproduziam as políticas definidas pelo partido.

O direito penal não ganhou de imediato dimensão nacional. Houve casos em que as diversas regiões produziram legislação para valer localmente, se bem que com disposições semelhantes já que orientadas pelas políticas partidárias. As diferenças faziam-se sentir particularmente entre as novas e as velhas regiões libertadas, dado que nestas a execução da política do partido estava mais avançada.

Um aspecto comum aos diversos movimentos foi o facto de os diplomas reguladores surgirem após o seu início. Isso verificou-se quer com o regulamento para a punição da contra-revolução quer com o regulamento para a punição da corrupção. Não se verificou o mesmo com a reforma agrária dado o facto de o partido ter uma longa experiência na sua aplicação, para além de que as normas com incidência penal não eram numerosas.

A lei surgia pois após um movimento inicial, em geral violento, incorporando as experiências das campanhas e articulando as políticas a que o partido solenemente assinalava dimensão nacional. Todavia a lei, como expressão mais solene de opções políticas, assistia a momentos de maior ou menor fervor na sua aplicação, em função da execução das mesmas políticas. Eram com efeito o partido e o governo que davam indi-

---

[194] Gong Pixiang zhubian 公丕祥主编, *Dangdai Zhongguo de Falü Geming* 当代中国的法律革命, Falü Chubanshe, 1999, pág. 79 e ss.

[195] Gong Pixiang zhubian 公丕祥主编, obra citada, pág. 82.

cações sobre a maior ou menor ênfase no rigor ou na benevolência, que combatiam os desvios direitistas ou corrigiam a pertinácia esquerdista.

Todavia a lei tinha um papel secundário na execução das políticas. O papel fundamental cabia às campanhas de massas que a substituíam se a lei não existia ou a ultrapassavam quando, por desvios reais ou supostos na sua aplicação, não atingia os fins pretendidos. Assim aconteceu por exemplo na campanha para eliminação dos contra-revolucionários.

A aplicação das leis era outro problema. Apesar de nas mais elevadas instâncias do poder judicial primar a política, o pessoal judicial era dominado por juristas ligados ao velho regime. Isso constituía um empecilho na óptica do partido. Por um lado, os quadros do partido a funcionar junto dos tribunais, porque não tinham formação jurídica, sentiam-se "esmagados" pelo conhecimento dos juízes oriundos do velho sistema. Por outro, por natural desconfiança num sector que havia servido o sistema repressivo do GMD. O partido não confiava nos juízes nem poderia de imediato substitui-los. A solução era, numa fase transitória, priva-los por um lado das leis do velho regime e por outro confiar a decisão de questões politicamente mais sensíveis a tribunais especiais (renmin fating) como os que foram criados para a reforma agrária, os três e os cinco contras. Mas isso não bastou, como se verificou com as críticas feitas à sua actuação pelas massas, pelos diversos dirigentes políticos e pelo supremo tribunal popular.

Esta situação foi de alguma forma ultrapassada com o movimento para a reforma da justiça, que decorreu entre Junho de 1952 e Fevereiro de 1953. A partir daí, com o afastamento de muito do pessoal judicial ligado ao velho regime[196], o partido conseguiu um mais firme controlo da actividade judiciária.

Nesta altura, porém, os danos produzidos por este processo inicial eram já irreparáveis.

A execução de políticas através de movimento de massas conduziu a situações de violência incontrolada e à ideia de que todos os excessos eram legítimos, desde que inseridos numa linha de massas.

---

[196] Os quadros judiciais com ligação ao velho regime seriam cerca de 22% a nível nacional. Todavia o seu peso era muito grande nas cidades. Assim acontecia com 80 dos 104 juízes de Shanghai, 97 dos 120 juízes de Tianjin, 23 de 26 juízes de Shenyang ou 13 dos 16 juízes da secção centro-sul do supremo tribunal popular-V. Gong Pixiang zhubian 公丕祥主编, obra citada, página 117.

Capítulo II – A dialéctica entre lei penal e políticas criminais...   133

A lei, reduzida a mero instrumento de acção política, era de vigência incerta, de execução diversificada e conduzia a soluções muitas vezes imprevisíveis, já que acompanhava as oscilações das políticas e as interpretações que delas eram feitas pelos diferentes organismos e dirigentes. Acresce a isto o facto de os tribunais não serem independentes e de o pessoal judicial, nomeadamente após o movimento de reforma da justiça, ser mal preparado ou completamente impreparado no domínio da ciência jurídica.

Num ambiente de ausência de leis e desprestígio dos tribunais, os organismos de segurança pública tinham uma intervenção excessiva na decisão de conflitos e na punição de comportamentos desviantes, o que conduziu a uma progressiva administrativização da tarefa que em princípio competiria aos tribunais.

Todos estes aspectos tiveram uma influência marcante na evolução do sistema penal e do sistema jurídico em geral, da República Popular da China.

Capítulo III

O PROCESSO DE TRANSFORMAÇÃO SOCIALISTA
E O PRIMEIROS PROJECTOS PARA UM CÓDIGO PENAL

03.1 Introdução

Na reunião do CC ocorrida entre 28 e 31 de Dezembro de 1952, Mao Zedong apresentava nos seguintes termos a linha geral para o período de transição: "O período desde a fundação da República Popular da China até à realização básica da transformação socialista é de transição. Durante o período de transição a linha geral e tarefa fundamental do partido é realizar passo a passo a transformação socialista da agricultura, da manufactura, da indústria e comércio capitalistas"[197].

Em que termos se daria execução a essa linha geral?

O próprio Mao dava resposta a esta questão, em 15 de Junho de 1953, na forma seguinte: "A linha geral ou a tarefa geral do partido para o período de transição é basicamente completar a industrialização do país e transformação socialista da agricultura, da manufactura, da indústria e comércio capitalistas no período de 15 anos ou um pouco mais. Esta linha geral é um farol que ilumina o nosso trabalho em todos os domí-

---

[197] Liu Suinian, Wu Qungan ed., *China's Socialist Economy, an Outline History (1949-1984),* Beijing Review, 1986, Beijing, pág. 114; Kenneth Lieberthal, Bruce Dickson, *A Research Guide to Central Party and Government Meetings in China 1949-1986,* M. E. Shape, Inc., 1989, pág. 12.

136   *Lei Penal da República Popular da China*

nios. Não haja desvios desta linha geral, caso contrário serão cometidos erros de esquerda ou de direita"[198].

Estas afirmações foram feitas num contexto político de alguma indefinição quanto ao caminho a seguir e fundamentalmente quanto ao ritmo das medidas a implementar, o que gerou diferendos no seio do CC, alguns dos quais nunca viriam a ser ultrapassados. O próprio Mao, como teremos oportunidade de constatar, incorreu nos desvios para que alertava no mencionado discurso. O certo é que, durante a conferência nacional sobre as tarefas no plano económico e financeiro, que decorreu entre 13 de Junho e 12 de Agosto de 1953, foi aprovada a linha geral de transição para o socialismo, se bem que se tenha optado pela sua não divulgação imediata[199], o que ocorreu alguns meses depois. E a sua adopção formal verificou-se apenas durante a primeira sessão plenária da assembleia nacional popular, em Setembro de 1954.

Isto não significa que a fase de transformação socialista tenha obedecido a etapas rigidamente fixadas. O início verificou-se, pode dizer-se, com a governação do PCC que, nas áreas da sua influência, ia encaminhando o processo nesse sentido, embora enquadrado numa retórica ideológica diferente. Assim, mesmo o programa da nova democracia, ainda que tivesse seguido o percurso que de início lhe foi assinalado, não deixaria de ser uma primeira fase de um processo de transformação socialista. Aliás, o programa da nova democracia sempre foi considerado como uma primeira etapa desse processo mais ambicioso de caminhada para o socialismo e o comunismo.Demonstração deste facto é a circunstância de um instrumento fundamental para a transformação socialista, o primeiro plano quinquenal, ter começado a ser elaborado a partir de 1951.

A aprovação da linha geral, o fim da guerra da Coreia e as transformações político-sociais ocorridas até finais de 1952 deram ao plano um impulso decisivo. O plano veio a ser aprovado formalmente em meados de 1955, embora absorvendo os projectos levados a cabo desde 1953 e cobrindo o período de 1953 a 1957.

---

[198] *Selected Works of Mao Tse-tung*, vol. V, Foreign Languages Press, Peking, 1977, pág. 93.

[199] Kenneth Lieberthal, Bruce Dickson, obra citada, pág. 14 e ss.

Capítulo III – O processo de transformação socialista...

As tarefas fundamentais fixadas pelo plano eram[200]:

– Concentrar os principais esforços da nação na construção de 156 projectos planeados com o auxílio da União Soviética e 694 grandes e médios projectos industriais, por forma a lançar as bases fundamentais do processo de industrialização socialista;

– Promover o aumento das cooperativas de produção agrícola, no sistema de propriedade parcialmente colectiva e das cooperativas de produção de manufactura, para lançar as bases da transformação socialista da agricultura e da manufactura;

– Colocar o grosso da indústria e comércio capitalistas na órbita das várias formas de capitalismo de Estado, como forma de criar as bases para a transformação socialista da indústria e comércio privados. Mais concretamente pretendia-se:

• Concentrar os recursos no desenvolvimento da indústria pesada e lançar as bases da industrialização do país e da modernização da defesa nacional;

• Desenvolver simultaneamente os transportes, comunicações, indústria ligeira, agricultura e comércio;

• Formar os trabalhadores necessários à reconstrução do país;

• Encorajar sistematicamente o cooperativismo agrícola e na manufactura;

• Prosseguir a transformação da indústria e comércio capitalistas;

• Assegurar um crescimento regular do sector socialista na economia nacional;

• Assegurar, através do aumento da produção, uma melhoria progressiva das condições de vida da população nos planos material e cultural.[201]

---

[200] Liu Suinian, Wu Qungan ed., obra citada, pág. 115 e ss.
[201] Hu Sheng ed., *L'Histoire du Parti Communiste Chinois 1021-1991*, Editions en Langues Etrangères, Beijing, 1994, pág. 461.

03.1.1 *As primeiras divisões na elite dirigente*

A questão da linha geral, que acompanhou a elaboração do plano, suscitou intensos debates e deu origem a importantes divisões no seio da elite dirigente, provocando brechas profundas, das quais algumas tiveram desfecho imediato e outras se manifestaram mais tarde, de forma dramática. Ainda que algumas das questões surgidas não tivessem directamente a ver nem com o plano nem com a linha geral, o ambiente de controvérsia e debate propiciou o desfecho de conflitos intra-partidários, com diferentes alinhamentos e inerentes purgas.

Os primeiros problemas sérios manifestaram-se no caso Gao-Rao[202]. Gao Gang高岗 tinha um invejável curriculum revolucionário que, na sua própria avaliação lhe deveria conferir uma posição mais importante no ranking da elite dirigente. Embora tenha sido removido da sua importante base de apoio, a Manchúria, em finais de 1952, foi nomeado presidente da comissão do plano, cargo que no novo ciclo político tinha manifesta importância. Importantíssimo também era o cargo de Rao Shushi 饶漱石, seu principal aliado, que era o director do departamento de organização do comité central e também membro da comissão do plano.

Tentando explorar em seu favor as divergências entre Mao Zedong por um lado e Liu Shaoshi e Zhou Enlai por outro, sendo que estes eram adeptos de uma linha mais cautelosa no avanço para o processo de transformação socialista; instalando a intriga entre facções do partido em função das maiores ou menores ligações dos seus membros com o EPL; criticando a subalternização dos elementos afectos ao EPL em detrimento dos restantes, jogaram uma cartada que lhes valeu a perda dos respectivos cargos e da própria filiação partidária. O desfecho do caso Gao-Rao acabou por beneficiar a linha "civilista" do partido, e consequentemente o eixo Liu-Zhou, facilitando o processo que haveria de conduzir ao termo da administração militar e estabelecimento de uma nova organização administrativa, que haveria de ser consagrada com a constituição de 1954.

Todavia nem todas as questões tiveram desfecho tão rápido. Algumas divergências, aparentemente ultrapassadas em nome da unidade do

---

[202] Frederick C. Teiwes, Emulating the Soviet Model, 1949-1957, in *The Cambridge History of China*, Cambridge University Press, 1989, V. 14, pág. 97 e ss.

Capítulo III – O processo de transformação socialista...   139

partido, haveriam de se manifestar futuramente e acentuariam clivagens no topo dirigente.

As reprimendas de Mao a Liu Shaoqi e Yang Shangkun 杨尚昆[203] a pretexto de lhe não darem conhecimento de determinados documentos[204] ou o criticismo a propósito da política fiscal de Bo Yibo 薄一波[205], tudo isto ocorrido por alturas da discussão da linha geral, foram simples sintomas de uma crise latente, relacionada não apenas com a questão da titularidade do poder mas também com a questão de cariz ideológico sobre a política de transformação socialista a seguir.

O primeiro plano quinquenal foi um plano visando criar uma base industrial e dar corpo a quatro grandes transformações: da agricultura, da indústria, da manufactura e do comércio capitalistas. À partida seria de pensar que a sua apresentação representaria o alcance de um consenso, quer no plano económico quer no ideológico. Curiosamente, como salienta Maurice Meisner, os seus detalhes foram publicamente apresentados em meados de 1955, "precisamente na altura em que, paradoxalmente, os maoistas começaram a pôr em causa as suas premissas teóricas"[206].

Uma obra cuja necessidade reunia largo consenso era o estabelecimento de uma indústria pesada, condição necessária para que a China pudesse satisfazer as necessidades de desenvolvimento de outros sectores

---

[203] Yang Shangkun (1907-1998), um dos veteranos da grande marcha, aderiu em 1925 ao partido comunista. Caiu em desgraça durante a revolução cultural, tendo sido após esse período um importante apoiante das reformas económicas de Deng Xiaoping. Resvalou para posições mais conservadoras com o movimento de Tiananmen, apoiando o seu esmagamento.

[204] Mao considerava, em Maio de 1953, que a emissão de telegramas e outros documentos, sem que dos mesmos lhe fosse dado conhecimento prévio, era uma falta disciplinar e que, a partir de então, documentos emitidos nessas circunstâncias não teriam validade. V. *Selected Works*, vol. V, pág. 92.

[205] Bo Yibo (1908-2007) ascendeu a membro do CC do partido comunista em 1945, tendo desempenhado importantes funções nas áreas económica e financeira. Mao criticava em Agosto de 1953 Bo Yibo pelo facto de ele defender uma tributação fiscal idêntica para empresas privadas e empresas do Estado, considerando tais ideias como burguesas, conducentes não ao socialismo mas ao restabelecimento do capitalismo. V. *Selected Works*, vol. V, pág. 103 e ss.

[206] Maurice Meisner, *Mao's China and After*, The Freee Press, 1997, pág. 122.

140   *Lei Penal da República Popular da China*

da economia, bem como firmar uma política de defesa. O aspecto fulcral desta política de industrialização era representado por 156 projectos industriais, a erigir com a ajuda da União Soviética. Ajuda que não foi muito significativa no aspecto financeiro mas que se revelou muito importante no capítulo da assistência técnica.

Neste domínio a China assistiu a importantes resultados, conseguindo, entre 1952 e 1957 um crescimento industrial médio anual entre 16 e 18%[207].

Mas a par desta política de desenvolvimento industrial havia uma outra, que era a de transformação socialista do comércio e indústria privados.

Deve dizer-se que foi um processo levado a cabo com relativa facilidade. A China, pressionada pela necessidade de rápida expansão industrial, com o que isso representou de deslocação de pessoas para as cidades e aumento da procura de bens essenciais, cedo levou a cabo uma política de controlo do comércio de bens essenciais e de monopólio estadual de alguns deles. Tendo o Estado o controlo do fornecimento de matérias primas, permitia-se exigir à indústria privada os bens a produzir e respectivas quotas de produção, exercendo nas unidades industriais uma permanente acção fiscalizadora.

Estas circunstâncias, aliadas à coacção exercida durante as anti-campanhas e sucessiva pressão político-ideológica, conduziram os capitalistas a um estado de sujeição que "alegre" e "voluntariamente" os levou a "aceitar" que era do seu próprio interesse a via socialista.

O caminho da transformação socialista do comércio e indústria capitalistas iniciou-se com o sistema de compropriedade privado-estadual das empresas[208]. O Estado fazia investimentos e participava na administração das empresas privadas. Os resultados eram repartidos em função das participações dos comproprietários.

Em 1952 havia em toda a China 997 empresas nesta situação[209], número que permanentemente se foi expandindo.

---

[207] Maurice Meisner, obra citada, pág. 125.

[208] Sobre a evolução deste processo V. Liu Siunian e Wu Qungan, obra citada, pág. 137 e ss.

[209] Liu Suinian, Wu Qungan, obra citada, pág. 138.

Em Setembro de 1954, o conselho de Estado publicou um regulamento provisório sobre o regime de compropriedade privado-estadual das empresas industriais. De acordo com esse documento, a transformação das empresas privadas para esse regime de propriedade e gestão deveria basear-se nos interesses do Estado e merecer o apoio dos capitalistas privados. As empresas ficariam sob controlo estadual, sendo a administração composta por representantes do Estado e dos capitalistas, que poderiam nelas exercer funções de acordo com as suas capacidades. A repartição dos lucros era: 30% para o Estado, 25% para os capitalistas e o restante revertia para fundos de acumulação e amortização das próprias empresas.

Em finais de 1954 o número de empresas nesta situação era já de 1746.

O processo continuou no ano seguinte e teve um enorme impulso a partir de Outubro de 1955 quando Mao, num encontro com o comité executivo da federação da indústria e comércio da China, "convenceu" os respectivos membros do seu interesse no processo de transformação socialista, tendo em conta as leis do desenvolvimento social[210].

Em finais de 1956, 99% da indústria tinha sido objecto de transformação, o mesmo se verificando relativamente a 82% do comércio.

Os antigos proprietários deixaram de ter qualquer interferência na gestão, recebendo simplesmente, e temporariamente, 2% de juros correspondente à sua participação no capital da empresa.

Paralelamente a este processo de transformação na indústria e comércio, correu um outro na manufactura, tendo os artesãos sido organizados em cooperativas, o que se completou também em finais de 1956.

No domínio da agricultura a transformação haveria de processar-se em três etapas.

Na primeira dessas etapas, iniciada em princípios dos anos 50, foi estimulada a criação de equipas de entreajuda por forma a que os camponeses, designadamente durante os períodos de maior intensidade de trabalhos agrícolas, prestassem assistência mútua nessas tarefas.

Numa segunda fase os agricultores seriam incentivados a partilhar não apenas o trabalho mas também terra, ferramentas e animais. Esses

---

[210] Liu Suinian, Wu Qungan, obra citada, pág. 154.

meios seriam postos ao serviço da organização cooperativa e os resultados seriam repartidos em função da contribuição de cada um, quer em trabalho, quer em terra, animais ou ferramentas.

Numa terceira fase todos os meios de produção passariam a pertencer à organização cooperativa e os resultados seriam repartidos simplesmente em função do trabalho prestado por cada um.

O problema da transformação da agricultura era complexo fundamentalmente por duas razões: os camponeses constituíam mais de 80% da população e, na falta de indústria, a agricultura teria que ser a base para a transformação económica da China.

Este problema acabou por se transformar na questão mais fracturante da política chinesa.

Por um lado, não se poderia perder o apoio dos camponeses nem prejudicar o aumento da produção. Todavia, seria possível conseguir o aumento de produção necessário através das formas tradicionais de exploração agrícola e regime minifundiário de propriedade?

Seria possível fazer a transformação socialista na agricultura sem um prévio desenvolvimento da indústria que permitisse o fornecimento de maquinaria, pesticidas, fertilizantes, etc.?

Tudo isto conduziu a indefinições da política a seguir, mesmo relativamente à política de entreajuda. É que, se em finais de 1951 tal política foi considerada como importante passo, em Março de 1953 considerava-se a interferência excessiva na vida dos camponeses como um dos "cinco excessos"[211].

A partir de 1953 a política proposta era basicamente a do exemplo de sucesso que depois deveria ser divulgado para ser seguido. Foi esta a via seguida para a implementação das cooperativas de forma elementar e depois das de tipo avançado. E com tal êxito que, na primavera de 1955, havia já 529 cooperativas de tipo avançado e 670.000 de forma elementar.

Tão aparente sucesso residia porém em inúmeros abusos resultantes fundamentalmente de dois factores: da política de monopólio estadual do

---

[211] Mao Zedong, *Selected Works*, vol. V, pág. 89 e ss. Os cinco excessos consistiam em "excesso de objectivos, excesso de reuniões e acções de formação, excesso de documentos, relatórios e boletins estatísticos, excesso de organização e excesso de trabalhos paralelos para os activistas".

Capítulo III – O processo de transformação socialista...

comércio de cereais e meios de produção, que tendia a favorecer quem seguia a política definida pelo partido; e de uma propaganda infundada das estruturas do partido relativa ao sucesso das experiências piloto para avanço neste domínio.

Os responsáveis partidários, à força de pretenderem demonstrar o empenhamento, nas respectivas regiões, no processo de transformação socialista na agricultura, cometeram inúmeros abusos, nomeadamente contra os camponeses médios, que o partido, em 1955, considerou dever corrigir, fazendo uma pausa no processo de cooperativização, em ordem à sua consolidação, tendo algumas cooperativas, cerca de 20.000, sido mesmo desmanteladas.

Resultou esta decisão de uma avaliação rigorosa por parte dos responsáveis pela agricultura, nomeadamente Deng Zhihui 邓子恢[212], que lançaram o chamado movimento "fanmaojin 反冒进"[213] e que visava, fundamentalmente, consolidar os ganhos existentes e avançar de forma cuidada. Não se pretendia de forma alguma inverter ou mesmo parar o processo. De resto o propósito era, entre a primavera de 1955 e a primavera do ano seguinte, aumentar as cooperativas de 650.000 para um milhão.

Entretanto Mao Zedong efectuou em fins da primavera de 1955 uma visita de inspecção ao sul, onde certamente os dirigentes locais lhe disseram aquilo que sabiam que ele gostava de ouvir, ou seja, o amplo sucesso do movimento cooperativo e o entusiasmo dos camponeses na sua concretização. Daí que após o regresso a Beijing, em 31 de Julho de 1955, tenha acusado os autores do "fanmaojin" de serem como "mulheres de pés ligados"[214] e

---

[212] Deng Zhihui (1896-1972). Aliado de Mao desde os tempos de Ruijin, veio a ser acusado de conservadorismo e arredado da liderança das questões da agricultura, em 1956.

[213] Literalmente "contra o avanço precipitado".

[214] Na sociedade tradicional chinesa, às crianças do sexo feminino eram desde tenra idade ligados os pés, dobrando a parte dianteira sobre a respectiva base, deformando e atrofiando os dedos. Já adultas, as mulheres moviam-se com dificuldades, em pequenos passos, o que supostamente lhes conferia graça aos olhos masculinos. O que na realidade se tratava era de um mecanismo tendente a evitar que as mulheres se afastassem do lar, onde passavam a totalidade dos seus dias.

144   *Lei Penal da República Popular da China*

tenha advogado o aumento para o dobro, até à primavera seguinte, do número de cooperativas[215].

Esta política veio a ser consagrada durante o VI pleno alargado do 7.º CC, que decorreu entre 4 e 11 de Outubro de 1955, onde Deng Zihui e os membros do departamento para o trabalho rural foram criticados por oportunismo de direita.

Esta decisão deu um tal ímpeto ao movimento de transformação socialista na agricultura que, em fins de 1956, 96,3% dos camponeses estavam organizados em cooperativas, das quais 87,8% de forma superior. Ou seja, um processo que se previa pudesse demorar dezoito anos, completou-se em apenas sete[216].

03.2 A constituição de 1954

Em 21 de Setembro de 1954 foi aprovada pela assembleia nacional popular a primeira constituição da República Popular da China.

Embora considerada por alguns como herança e desenvolvimento do programa comum[217], o que de resto era assinalado pelo próprio preâmbulo da constituição, este diploma representou de facto muito mais do que isso. O programa comum era antes de mais uma declaração de intenções que supostamente representaria interesses comuns de diversas classes sociais, formulada na sequência de discussões de natureza consultiva no seio da conferência consultiva política[218]. A constituição, apesar do valor relativo que lhe era conferido no sistema, era considerada a lei fundamental e prometia uma nova via para o processo político: a via da legalidade socialista.

Largamente tributária da constituição da União Soviética de 1936, a constituição chinesa prometia aparentemente marcar para a China uma idêntica via. Até porque, à data da sua aprovação, as relações sino-soviéticas não conheciam problemas de qualquer espécie e o primeiro

---

[215] Mao Zedong, *Selected Works*, vol. V, pág. 184 e ss.
[216] Hu Sheng Ed., obra citada, pág. 508.
[217] Gao Mingxuan 高铭暄, Obra citada, pág. 74.
[218] Tsien Tche-hao, *La Republique Populaire de Chine, Droit Constitutionnel et Institutions*, Librairie Générale de Droit et de Jurisprudence, Paris, 1970, pág. 23 e ss.

Capítulo III – O processo de transformação socialista...

plano quinquenal apontava o caminho que havia sido seguido pela União Soviética.

Pelo teor das disposições constitucionais poderia concluir-se que a China iria fazer uma inversão completa na sua política criminal.

Nos termos do artigo 73.º da constituição, o poder judiciário seria exercido pelo supremo tribunal popular, tribunais populares locais de diferentes níveis e tribunais populares especiais.

Acrescentava o artigo 78.º que os tribunais eram independentes e apenas subordinados à lei.

O artigo 81.º previa a suprema procuradoria popular, procuradorias populares locais de diversos níveis e procuradorias populares especiais, consagrando ainda, na última parte do artigo, o princípio da subordinação hierárquica.

O artigo 83.º consagrava o princípio do exercício independente de funções por parte das procuradorias, que não sofreriam interferência quer de autoridades locais quer nacionais.

Relativamente quer aos tribunais quer às procuradorias, os artigos 74.º e 82.º, respectivamente, previam que a sua estrutura orgânica seria definida por lei.

A constituição continha também um capítulo dedicado aos direitos e deveres dos cidadãos que contemplava os direitos fundamentais assentes no princípio da igualdade – artigo 85.º –, direito de eleger e ser eleito – artigo 86.º –, direitos de expressão, imprensa, reunião, associação, manifestação e demonstração – artigo 87.º –, liberdade de crença religiosa – artigo 88.º –, direito à liberdade pessoal – artigo 89.º –, inviolabilidade de domicílio e correspondência – artigo 90.º –, etc.

A aprovação da constituição pode ser vista numa dupla perspectiva.

Por um lado, assinala uma nova organização política e administrativa. O poder assentava agora na assembleia nacional popular e seu comité permanente, presidente da República e conselho de Estado.

Foram abolidas as seis regiões administrativas e substituídas por um modelo de organização que, no plano macro-administrativo, era constituído por províncias, regiões autónomas e cidades sob jurisdição directa do governo central.

Mas numa outra perspectiva, não menos importante que a primeira, será que se poderá dizer que a constituição assinalava um novo período na convivência entre a população e o poder político?

Esta seria a ideia de Peng Zhen ao afirmar, durante a sexta conferência nacional sobre segurança pública, que tinha terminado o período das grandes campanhas e que era agora tempo para a construção económica, o que exigiria um conjunto de leis mais completo e um maior papel da lei[219].

Seria certamente também a ideia de uma linha mais pragmática do partido que, pondo menos ênfase no plano ideológico, entendia que a reforma agrária e as anti-campanhas tinham de facto destruído as estruturas fundamentais de apoio do regime anterior, que o processo de transformação socialista exigia estruturas burocráticas devidamente organizadas, regras definidoras, disciplina na produção e na ordem social e uma nova geração de quadros mais preparada para as tarefas de modernização da economia chinesa.

O próprio Mao, ao tempo da aprovação da constituição, estaria convencido da necessidade de seguir esta via, ao menos enquanto não sentiu que a gestão burocrática da vida nacional lhe fazia sair das mãos o exercício efectivo do poder. Com efeito, a propósito do projecto da constituição, Mao dizia em 14 de Junho de 1954: "Qualquer organização tem que ter regras, o mesmo acontecendo com o Estado. A constituição é um conjunto de regras gerais, é a lei fundamental. Codificar os princípios da democracia popular e do socialismo na forma de lei fundamental, na forma de constituição, em ordem a tornar claro o rumo perante a população de todo o país por forma a que se sinta segura e tenha uma ideia clara e definida sobre o caminho a seguir, aumentará o seu entusiasmo".[220]

E no discurso de abertura da primeira sessão do primeiro congresso da assembleia nacional popular, em 15 de Setembro de 1954, assinalava, como duas importantes tarefas da assembleia, aprovar a constituição e elaborar um conjunto de leis importantes.[221]

A constituição como primeiro passo para a via da legalidade socialista foi também apontada por Liu Shaoqi quando, no relatório sobre o respectivo projecto apresentado à assembleia nacional popular afirmava:

---

[219] Kenneth G. Lieberthal e Bruce J. Dickson, obra citada, pág. 21.
[220] Mao Zedong, *Selected Works*, vol. V, pág. 145.
[221] Mao Zedong, *Selected Works*, vol. V, pág. 148.

Capítulo III – O processo de transformação socialista...

"A constituição, por um lado resume a experiência passada, mas por outro dá um contributo legal à luta presente. Sobre as questões mais importantes da vida do Estado, ela indica o que é legal e deve ser levado a cabo mas também o que é ilegal e deve ser interdito. A promulgação da constituição não fará desaparecer por si os fenómenos que atentam contra as suas disposições, mas irá dar-nos uma arma poderosa e eficaz para os eliminar"[222].

Acima de tudo, e este é o aspecto mais importante que aqui se pretende realçar, a constituição viria dar um sinal de opção clara por uma via de legalidade. Viria repudiar o nihilismo legal e resolver uma questão que se tinha posto também na União Soviética, que era a de saber se a lei era um instrumento da sociedade capitalista, que não teria sentido numa sociedade a caminho do socialismo e do comunismo ou se, despida das suas características burguesas, poderia ser um instrumento de afirmação do poder das classes trabalhadoras. Esta questão, que há muito havia sido ultrapassada na União Soviética, viria aparentemente ter resposta na constituição, que seria o reconhecimento da importância da lei no processo de transformação socialista.[223]

Dizemos aparentemente porque, à semelhança do que acontecera também na União Soviética, o processo não iria ser linear nem a opção definitiva. Também na União Soviética, numa primeira fase se fez sentir o peso da corrente economicista, que manifestava claro desprezo pelo direito, considerado inerente à sociedade capitalista e só a partir de meados dos anos 30, com a afirmação da corrente voluntarista, se firmou de forma dramática a ideia de que o direito era um instrumento indispensável para a afirmação e consolidação do Estado socialista.

O estudo do direito penal soviético e sua influência no processo da recuperação económica e transformação socialistas foi aliás uma componente importante do processo de restauração do papel do direito na China.

Também a União Soviética tinha assistido a um período de recuperação da economia nacional, entre 1921 e 1925 e a um período de transformação socialista, entre 1926 e 1936. Ora, consideravam os juristas

---

[222] Liu Shaoqi, *Oeuvres Choisies*, vol II, pág. 153.

[223] V. sobre esta temática Yang Yuqing 杨玉清, Lun Zunshou Falü 论遵守法律 in *Zhengfa Yanjiu* 政法研究, 1954, n.º 3, pág. 31 e ss.

chineses, a publicação do primeiro código penal soviético, em 1922, teve um importantíssimo papel na luta travada com os contra-revolucionários da mais variada ordem, que procuravam travar os processos de recuperação económica e de construção socialista, no combate à corrupção e à violação de funções nos organismos públicos e organizações sociais. Destes pressupostos partia-se para a conclusão de que um código penal na China e o reforço dos organismos judiciários seriam ferramentas indispensáveis para afastar os obstáculos no processo de transição da nova democracia para o socialismo.[224]

Elemento fundamental para a salvaguarda dos princípios do Estado de direito é a organização das procuradorias e dos tribunais bem como a legislação concernente ao exercício dos direitos fundamentais.

É de realçar que também neste domínio se assistiu, a partir da primeira sessão plenária da assembleia nacional popular, a assinaláveis progressos, para além daquele que resultou da aprovação da constituição.

Desses instrumentos são precisamente de realçar as leis de organização das procuradorias populares e dos tribunais populares, aprovadas em 21 de Setembro de 1954.

A República Popular da China não aceita o princípio da divisão de poderes. O poder é uno, pertence ao povo e é exercido através de repartição de tarefas, sob a orientação do partido comunista. Entre os diversos órgãos de poder do Estado estabelece-se uma relação de mútua cooperação e mútuo controlo.

Apesar disso, as leis orgânicas das procuradorias e dos tribunais procuravam conferir a estes órgãos capacidade de intervenção com salvaguarda da respectiva autonomia funcional. Também aqui se reproduzia a política mais civilista iniciada pela constituição já que, em perda com a importância dos tribunais e procuradorias, ficavam os organismos de segurança pública.

As procuradorias estavam previstas como estruturas hierarquizadas, dependentes em última instância da assembleia nacional popular, órgão que elegia o procurador-geral.

---

[224] Wang Zuofu 王作富, Suweiai Xingfa zai shishi Xinjingji Zhengci Shiqizhong de Zuoyong 苏维埃刑法在实施新经济政策时期中的作用, *Zhengfa Yanjiu* 政法研究, n.º 2 de 1955, pág. 31 e ss.

As procuradorias, para além do exercício da acção penal, eram órgãos de supervisão do poder político.

Nos termos do art. 6.º da lei orgânica e de acordo com a constituição, as procuradorias exerciam as suas funções de forma independente, sem interferência. Independência que deve ser entendida dentro dos condicionalismos de eleição e demissão dos procuradores e funcionamento das procuradorias.

O art. 4.º da lei orgânica dos tribunais populares consagrava a independência dos tribunais, sujeitos apenas à lei, nos termos da constituição.

A aprovação das leis orgânicas dos tribunais e procuradorias populares teve um importante papel no progresso da aplicação do direito penal. Particularmente no que respeita aos tribunais. De acordo com o primeiro presidente do supremo tribunal popular eleito pela ANP, Dong Biwu 董必武[225], cinco facetas iriam contribuir para a melhoria do funcionamento dos tribunais e redução dos erros de julgamento[226]:

1. Sistema colegial: o julgamento deveria ser feito não por uma única pessoa mas por um colectivo;
2. Sistema de júri: verificadas as necessárias condições, elementos das massas deveriam participar no julgamento, em pé de igualdade com os juízes. Por essa forma se reforçaria o papel de supervisão e se diminuiriam os erros;
3. Sistema de defesa: diferentemente de muitas situações ocorridas no passado, em que o réu não era autorizado a falar em sua defesa nem a ter um defensor, esse direito passaria agora a ser garantido;
4. Julgamento público: que não deveria ser confundido com julgamentos de massas e que contribuiria para a educação das massas na observância do direito;
5. Comité judicial: que contribuiria para analisar dúvidas nos casos mais difíceis, através da experiência.

---

[225] Dong Biwu (1885-1975) foi um dos fundadores do partido comunista. Para além de presidente do supremo tribunal popular, foi vice-primeiro-ministro e vice-presidente da República.

[226] *Dong Biwu Xuanji* 董必武选集, vol. II, pág. 363 e ss.

Mas Dong Biwu apontava ainda dois requisitos para prevenir erros de julgamento: o primeiro era a necessidade de progredir na construção do sistema legal, particularmente no referente aos códigos penal e de processo penal. O segundo era suprir a falta de pessoal qualificado, o que implicaria um grande esforço de formação do pessoal judicial.

Como veremos, os códigos que Dong Biwu considerava necessários, só passados muitos anos foram publicados. O mesmo aconteceria com a preparação do pessoal judicial.

Um outro instrumento importante para salvaguarda dos direitos dos cidadãos foi a aprovação, em 20 de Dezembro de 1954, da lei sobre detenção e prisão, que deu execução ao princípio consagrado no artigo 89.º da constituição, segundo o qual a liberdade pessoal dos cidadãos da República Popular da China era inviolável, só podendo ser presos mediante mandado de um tribunal popular ou aprovação da procuradoria popular.

Fora das situações de urgência especificadas na lei – artigos 5.º e 6.º – em que o suspeito poderia ser detido sem mandado, em todos os restantes casos tinha que ser cumprida a exigência prescrita pela constituição. Consagrava ainda o dever de informação, quer relativamente ao detido sobre as razões da detenção, quer em relação aos seus familiares sobre a situação de custódia – artigo 4.º. A detenção sem mandado deveria ser comunicada no prazo de 24 horas à procuradoria que, no prazo de 48 horas, aprovaria ou não a detenção, sendo que neste caso o detido deveria ser imediatamente libertado – artigo 7.º.

Nos termos do artigo 13.º as disposições desta lei não eram aplicáveis aos casos de detenção administrativa por violação das normas sobre segurança da administração.

Refira-se que, embora as normas sobre segurança da administração tivessem grande importância na sociedade chinesa, administrativizando grande parte da intervenção correctiva e repressiva do Estado no que se refere a problemas de menor gravidade, não havia ainda um diploma sistematizado sobre esse tipo de infracções, o que veio a acontecer mais tarde e de que oportunamente daremos conta. Essas normas estavam contidas em diplomas dispersos, muitos deles de incidência local.

03.3 A constituição e o movimento "sufan 肅反"

Quando se fala em legalidade socialista a propósito do sistema legal que se pretendeu instaurar na China na sequência da aprovação da constituição de 1954, há que ter sempre presente a natureza instrumental da lei relativamente a um projecto de construção económica do Estado e o papel dirigente do partido comunista. Com efeito, apesar da constituição, a liderança e a supervisão do partido comunista eram consideradas a garantia decisiva do sistema legal democrático nacional.[227]

Daí que a lei pudesse em qualquer momento recuar ou ser mantida em diferente plano, em nome de valores superiores como sejam o processo de transformação socialista ou a defesa do papel dirigente do partido.

Naturalmente que o processo de transformação socialista não deixava de suscitar oposição por parte de vastos sectores da população cujos interesses ficavam afectados por esse processo.

Por parte dos intelectuais, a afirmação constitucional dos direitos e liberdades individuais, bem como a consciência da sua importância para o desenvolvimento do processo de construção socialista, levou-os a uma postura de maior firmeza perante os velhos quadros e o poder.

As transformações em termos de organização do Estado, de uma gestão progressivamente mais civilista, maior exigência para a nomeação de quadros, conduziu também a situações de descontentamento no seio de elementos do partido.

Acresce que, um processo tão complexo como o da transformação socialista, não poderia prescindir de uma nova campanha de rectificação. Não só em função das novas exigências requeridas aos elementos do partido, mas também em resultado de divergências e divisões ocorridas no seio da elite dirigente. Para além de que, como já foi referido, o partido considerava que, no decurso da campanha lançada em 1950, só 50% dos contra-revolucionários haviam sido neutralizados.

Haveria pois que prosseguir o esforço de supressão de contra-revolucionários, fundamentalmente dos que se encontravam escondidos no

---

[227] Sun Guohua 孙国华, Lun Wo Guo Renmin Minzhu Fazhi Zai Shehuizhuyi Jianshizhong de Zuoyong 论我国人民民主法制在社会主义建设中的作用, *Zhengfa Yanjiu* 政法研究, n.º 1 de 1955, pág. 25.

seio das organizações do partido e do Estado. Para além de eventuais partidários da "clique Gao-Rao" que urgia descobrir e eliminar, esse mesmo incidente demonstrava a necessidade de um firme controlo do partido, designadamente em relação ao EPL e organismos de segurança pública.

Finalmente, porque a participação dos intelectuais era imprescindível para o sucesso da transformação económica, havia que purificar o partido e nele estabelecer um novo equilíbrio na eleição dos seus quadros, possibilitando uma diferente articulação entre o saber e a postura ideológica.

Esta nova campanha iniciou-se em Março de 1955 e continuou durante o ano de 1956.

Foi exactamente no âmbito do conflito com os intelectuais que surgiu o caso de maior impacto e que teve por alvo o escritor Hu Feng 胡风[228]. Em boa verdade este caso pretendeu ser o ponto de partida do movimento e definir as bases em que o mesmo deveria assentar.

Hu Feng, mesmo durante a guerra civil, nunca havia tido uma relação fácil com as estruturas do partido, por ser cioso da sua independência intelectual. Os conflitos com o partido agudizaram-se particularmente quando se recusou a participar na campanha contra Yu Pingbo 俞平伯, a propósito da interpretação dada por este à obra "Hongloumeng 红楼梦" (O sonho do pavilhão encarnado).[229]

O conflito tornou-se insanável quando Hu Feng, em Julho de 1955, apresentou ao partido um memorando, no qual punha em questão a obrigação de os intelectuais:

---

[228] Hu Feng (1902-1985), nome literário de Zhang Guangren, era membro do partido desde 1923. Defensor da modernização da literatura chinesa, era contrário ao controlo partidário da expressão artística. Pela sua contestação à linha oficial do partido, que se manifestara já nos anos 40, veio a ser preso em 1955.

[229] "Hongloumeng 红楼梦" é um célebre romance do século XVIII, da autoria de Cao Xueqin 曹雪芹. De acordo com o PCC essa obra deveria ser interpretada como uma denúncia da corrupção feudal da China durante a dinastia Qing. Todavia Yu Pingbo interpretou-o como uma obra autobiográfica. Convidado a rever tal interpretação, Yu Pingbo recusou. Em resultado disso foram mobilizados dois jovens estudantes para o criticarem. Hu Feng recusou publicar essas críticas na "gazeta literária", de que então era director. Sobre esta questão V. Merle Goldman, The Party and Intelectuals, in *Cambridge History of China*, vol. 14, pág. 236 e ss.

Capítulo III – O processo de transformação socialista...

1. Terem uma concepção comunista;
2. Deverem trabalhar para os operários, camponeses e soldados;
3. Irem obrigatoriamente para a reforma;
4. Estarem sujeitos a uma forma estética nacional;
5. Ficarem submetidos ao princípio de que a arte deve estar ao serviço da política.

A resposta veio por várias formas e de diversas direcções. Em 1 de Abril de 1955 um outro intelectual, Guo Moruo 郭沫若[230], converteu as posições de Hu Feng em outros tantos crimes, acusando-o de:
- Oposição à concepção comunista do mundo;
- Oposição à união de escritores, operários, camponeses e soldados;
- Oposição à reforma ideológica dos intelectuais;
- Oposição a uma forma nacional de arte;
- Propósito de dissolver a organização das artes e da literatura e suprimir a direcção do partido comunista.[231]

Hu Feng veio a ser preso em 18 de Maio de 1955 e nessa situação se manteve até 1980.

O mais significativo neste caso foi a virulência do ataque dirigido contra Hu Feng e a sua "clique", que mereceu mesmo um prefácio de Mao Zedong ao "materiais sobre a clique contra-revolucionária de Hu Feng", publicado pelo "diário do povo". E Mao chegou mesmo a afirmar, referindo-se a vários indivíduos entre os quais Hu Feng: "Não os executamos, não porque os seus crimes não mereçam a pena capital mas porque tais execuções não trariam qualquer vantagem".[232]

Visava esta campanha contra Hu Feng erradicar supostas tendências erradas no seio dos intelectuais, por forma a que com segurança, ou pelo menos colocando-os na defensiva, pudessem depois ser mobilizados pelo partido. Como teremos oportunidade de verificar tal objectivo não foi

---

[230] Guo Moruo (1892-1978), poeta e dramaturgo chinês, foi uma importante figura da linha "oficialista" entre os intelectuais ligados ao partido comunista. Chegou a ser vice primeiro-ministro e exerceu funções de destaque no âmbito da educação e cultura.

[231] Tsien Tche-hao, *La Republique Populaire de Chine, Droit Constitutionnel et Institutions*, Paris, 1970, pág. 143 e ss.

[232] Mao Zedong, *Selected Works*, vol. V, pág. 299.

154   *Lei Penal da República Popular da China*

alcançado. O conflito com os intelectuais não foi sanado e nunca viria a sê-lo.

Mas este episódio não pode deixar de ser analisado tendo em conta a nova realidade e o novo contexto político, que o tornam um aparente paradoxo. Na verdade, Hu Feng conseguiu passar imune por outros movimentos de rectificação, muito mais violentos, chegando depois disso a desempenhar importantes funções na área da cultura e acabou por cair precisamente quando se aprovou uma constituição que, entre outros, reconhecia o direito de expressão.

O movimento foi iniciado com o caso Hu Feng e sem que qualquer documento prévio indicasse o respectivo âmbito. No entanto, as respectivas coordenadas encontravam-se definidas no primeiro e no último dos pontos do libelo de Guo Moruo e progressivamente foram sendo alargadas às diferentes áreas que o partido pretendia ver abrangidas.

Durante a segunda reunião plenária do primeiro congresso da assembleia nacional popular, que decorreu em Julho de 1955, foi aprovada a "resolução sobre o desenvolvimento da economia nacional e o primeiro plano quinquenal", que no seu art. 4.º expressamente determinava o lançamento a nível nacional de uma campanha contra todos os contra-revolucionários assumidos ou ocultos, com vista a esmagar os inimigos internos e externos, inimigos das causas da construção e transformação socialistas.

Mais uma vez se seguiu o critério de quotas. De acordo com um documento emitido pelo CC em 25 de Agosto de 1955, "Instruções para a completa limpeza dos contra-revolucionários ocultos", 5% dos elementos do partido, Estado, forças armadas e organizações sociais eram contra-revolucionários ou maus elementos.[233]

Em Janeiro de 1956, com a aprovação do programa para o desenvolvimento da agricultura para os anos de 1956 a 1967 foram, no seu artigo 5.º, previstas disposições especiais para os contra-revolucionários das aldeias, relativamente aos quais se fixava a seguinte disciplina[234]:

---

[233] Kwok-sing Li, *A Glossary of Political Terms of the People's Republic of China*, The Chinese University Press, HK, 1995, pág. 441.

[234] Dong Biwu 董必武, *Zhengzhi Falü Wenji* 政治法律文集, Falü Chubanshe, pág. 453.

Capítulo III – O processo de transformação socialista...   155

1. Os envolvidos em actividades de sabotagem e aqueles que no passado tivessem praticado crimes que pela sua gravidade tivessem suscitado grande indignação popular, deviam ser presos e tratados de acordo com a lei;
2. Os que no passado tivessem apenas praticado crimes comuns que não houvessem suscitado grande indignação popular e actualmente não estivessem envolvidos em actividades sabotadoras, seriam entregues pelo comités de aldeia para trabalho produtivo sob controlo, com vista à sua reforma pelo trabalho;
3. Os que tivessem praticado crimes de gravidade menor, presentemente se mostrassem arrependidos e que, libertados após cumprimento da pena, se mostrassem bons elementos. E bem assim aqueles que, apesar da prática de crimes, houvessem prestado importantes contributos para a campanha de supressão dos contra-revolucionários, podiam ser autorizados a ingressar nas cooperativas e, conforme o maior ou menor grau de arrependimento e do contributo para o movimento, passavam a ser membros da cooperativa sem o estatuto de contra-revolucionários e a ser designados por camponeses ou ser aceites como membros suplentes, temporariamente sem a designação de camponeses. Todavia, independentemente de obterem ou não a qualidade de membros da cooperativa, após o seu ingresso e durante certo tempo, nenhum poderia exercer funções importantes na cooperativa;
4. Relativamente aos contra-revolucionários que tivessem sido entregues às cooperativas para trabalho produtivo sob controlo, as cooperativas deveriam adoptar o princípio para trabalho igual salário igual, dando-lhes a remuneração devida pelo seu trabalho;
5. Relativamente aos familiares dos contra-revolucionários, desde que não tivessem estado envolvidos na prática de crimes, teriam que ser autorizados a ingressar nas cooperativas e ser tratados como qualquer outro membro, sem discriminação.

Estas normas diferiam substancialmente daquelas que eram utilizadas nas cidades e dispensavam, excepto relativamente aos casos de maior gravidade, a intervenção dos tribunais. O movimento foi claramente aproveitado para sujeitar uma grande massa de camponeses ao trabalho produtivo, devessem ou não receber o estatuto de contra-revolucionários.

156   *Lei Penal da República Popular da China*

O documento mais importante desta campanha consistiu nas disposições provisórias relativamente à demarcação na aplicação da política sobre definição e punição de contra-revolucionários e outros maus elementos, o qual surgiu já na fase do início do seu declínio e que pretendeu de certa forma proceder à sua "arrumação", alcançados que estavam já os objectivos fundamentais.

Elaborado por um grupo de trabalho constituído por 10 elementos, este documento foi aprovado pelo comité central em 10 de Março de 1956.[235]

O documento em causa procurava dar resposta a diversas questões, que resumidamente consistiam em indicar quem deveria ser considerado contra-revolucionário, quem eram os maus elementos e qual o tratamento que essas pessoas deveriam receber no decurso do movimento. Por outro lado, tendo em conta a política criminal tradicionalmente seguida pelo partido, haveria que indicar qual a relevância da confissão, dos serviços meritórios e muito meritórios.

O documento em causa ilustra o carácter subsidiário do direito penal. Com efeito, tendo sido aprovado e estando vigente um regulamento para a punição dos contra-revolucionários, seria tudo menos necessário qualquer outro documento para encontrar o respectivo enquadramento penal. Todavia, como iremos verificar, o que se pretendia era encontrar uma definição que tivesse em conta, não tanto factos concretos, mas principalmente determinadas posições políticas ou o exercício de determinadas funções, que indiciassem comportamentos com relevância penal ou que, pelo menos, sujeitassem os visados a reeducação pelo trabalho.

O artigo primeiro enumerava de forma quase exaustiva aqueles que deveriam ser considerados contra-revolucionários: espiões, quadros principais de partidos e organizações reaccionárias, líderes de seitas reaccionárias, tiranos locais, bandidos, traidores, quadros do exército, governo, polícia e organismos políticos da clique de Chiang Kai-shek, elementos das classes inimigas infiltrados em organizações revolucionárias e outros contra-revolucionários e sabotadores activos.

Feito o elenco geral das categorias de contra-revolucionários, indicava ainda o documento os diversos elementos que constituíam as respectivas categorias.

---

[235] Um extracto deste documento pode ser consultado em *Xinzhongguo Sifa Jieshi Daquan* 新中国司法解释大全, Zhongguo Jincha Chubanshe, 1990, pág. 1 e ss.

Capítulo III – O processo de transformação socialista...

Espiões eram aqueles que antes da libertação tinham servido os serviços especiais do GMD, do governo fantoche de Wang Jingwei ou dos países imperialistas. No mesmo lote eram incluídos os que após a libertação se tinham envolvido em actividades semelhantes, ao serviço de Taiwan ou país estrangeiro.

Eram indicados como quadros principais dos partidos e organizações reaccionárias os que, após o início da guerra civil de 1946, tivessem exercido funções de responsáveis de bairro ou categoria superior em organismos do guomindang ou cargos equivalentes em outros partidos reaccionários.

Indicava também as funções correspondentes a posições de liderança bem como os quadros superiores de seitas reaccionárias.

Tiranos locais eram em geral os que nas cidades ou aldeias tinham no passado exercido o poder apoiados em forças reaccionárias.

Traidores eram aqueles que tinham exercido funções de pelo menos chefe de concelho no governo do inimigo ou no governo colaboracionista bem como nas suas forças armadas.

Definiam-se também as categorias dos postos no exército de Chiang, que levavam a que os respectivos titulares fossem abrangidos pela categoria de contra-revolucionários.

Os contra-revolucionários infiltrados das classes inimigas abrangiam os camponeses ricos e capitalistas que, mercê desse status, eram colocados na órbita dos suspeitos.

Outros contra-revolucionários sabotadores eram, entre outros, os que escreviam palavras de ordem reaccionárias, divulgavam panfletos reaccionários, se envolviam em propaganda contra-revolucionária ou praticavam crimes com intuito contra-revolucionário.

Esta última definição é a que melhor ilustra o âmbito a que foi levada a definição de elemento contra-revolucionário, que ultrapassava claramente aquela que resultaria da prática de crimes dessa natureza, abrangendo ainda tomadas de posição consideradas reaccionárias, cuja definição era feita pelas estruturas do partido, sem qualquer tradução legalmente positivada.

Feita a descrição dos contra-revolucionários passava o diploma no seu artigo 2.º a indicar os "outros maus elementos". Porquê "outros" maus elementos?

Nos termos do mesmo artigo "todos os contra-revolucionários são maus elementos; os chamados outros maus elementos são os maus elementos não abrangidos pela categoria de contra-revolucionários". Mais precisamente os seguintes: usurpadores políticos, desertores, vagabundos ou indivíduos moralmente degenerados.

Como usurpadores políticos consideravam-se todos aqueles que procuravam alterar a história ou documentos, ou se faziam falsamente passar por elementos do partido, da juventude comunista, quadros do Estado ou do exército revolucionário.

Desertores eram os que durante a guerra revolucionária se tinham passado para o inimigo ou que, depois de terem sido capturados pelo inimigo a ele se tinham rendido, traindo as suas organizações e camaradas. Os que depois disso se tivessem ainda envolvido em actividades ao serviço do inimigo seriam considerados não apenas maus elementos mas também contra-revolucionários.

Vagabundos eram indivíduos sem ocupação definida que se dedicavam a actividades ilegais e que eram insusceptíveis de correcção.

Havia finalmente os indivíduos degenerados, categoria ampla para a qual não era dado qualquer elemento definidor. Esta categoria poderia não ser incluída na percentagem de 5% dos maus elementos, definida pelo partido como quota a considerar durante a campanha. Era uma forma de conseguir um número mais elevado de indivíduos para serem sujeitos a reeducação pelo trabalho.

Feita a definição dos contra-revolucionários e dos maus elementos, indicava-se de seguida a punição para os mesmos.

Sujeitos a penas de prisão seriam aqueles que estivessem envolvidos em actividades de espionagem, os que tivessem cometido crimes relativamente aos quais, pela sua gravidade, só a prisão acalmasse a ira do povo, os que no passado tivessem pertencido a organizações contra-revolucionárias e, não tendo embora cometido crimes graves, se tivessem infiltrado nas tropas revolucionárias, ocultando o seu estatuto e envolvendo-se em actividades de sabotagem contra-revolucionária. Os que comprados pelo inimigo recebiam ordens para envolvimento em sabotagem contra-revolucionária. Os envolvidos em acções de retaliação e sabotagem em circunstâncias graves. Cabecilhas de pequenas organizações contra-revolucionárias. Delinquentes fugidos das prisões, desertores que houvessem traído a sua organização e seus camaradas e que após a rendição tivessem jurado fidelidade ao inimigo. Usurpadores políticos com graves acções de sabotagem. Os que, tendo ocultado o seu estatuto de contra-revolucionários, apesar disso durante o movimento tivessem

Capítulo III – O processo de transformação socialista...   159

mantido as suas posições e se tivessem recusado a confessar. Os que tendo no passado beneficiado de benevolência, mantiveram a sua actividade contra-revolucionária e outros elementos actualmente envolvidos em crimes graves de sabotagem contra-revolucionária.

Eram sujeitos a reeducação pelo trabalho, nos termos do artigo 5.º, os contra-revolucionários e outros maus elementos, relativamente aos quais se verificasse terem sido autores de crimes cuja gravidade não justificasse uma pena de prisão mas que devessem ser sancionados com controlo ou privação dos direitos políticos. Os que tivessem ocultado o seu estatuto contra-revolucionário ou crimes contra-revolucionários, cuja gravidade não justificasse pena de prisão mas, no decurso do movimento, insistissem nos seus pontos de vista reaccionários e resistissem a confessar. Indivíduos de mau carácter, vagabundos insusceptíveis de correcção e pessoal de organismos do Estado que tivesse sido demitido e não obtivesse outra ocupação. Outros contra-revolucionários e delinquentes que devessem ser submetidos a reeducação pelo trabalho. Familiares daqueles que, durante a reforma agrária, campanhas para a supressão de contra--revolucionários e transformação socialista, tivessem sido mortos, detidos, sujeitos a ajuste de contas, tivessem sentimentos hostis, mantendo posições reaccionárias, permanecendo na oposição ao partido e ao governo, não se rendendo e, não obstante não tivessem praticado crimes graves, não se considerasse apropriada a sua permanência nos organismos do Estado ou nas escolas. Casos em que, mediante aprovação das instituições competentes, deveriam ser enviados para reeducação pelo trabalho.

A grande maioria dos elementos apelidados de contra-revolucionários ou maus elementos foram de facto administrativamente sancionados, sendo colocados em reeducação pelo trabalho.[236] O que, para além dos objectivos políticos visados pela campanha, contribuía ainda para satisfazer a vasta necessidade de mão de obra requerida pelo processo de transformação socialista.

A par desta política de repressão, era prevista a de benevolência, que tinha em conta a confissão e a denúncia de contra-revolucionários.

---

[236] Maurice Meisner, obra citada, pág. 133 e ss.

A política definida neste documento poupava a pesadas sanções e previa mesmo a remuneração material, para além de isenção de pena, para todos aqueles que dessem boa colaboração na campanha, nomeadamente se permitissem a captura de importantes contra-revolucionários e o esclarecimento de crimes graves desta natureza.

O movimento "sufan", apesar dos seus efeitos intimidatórios e dos excessos, que aliás foram logo em 1956 reconhecidos, não foi visto como um retrocesso no processo de construção de um sistema legal, havendo até quem considerasse que contribuiu para o seu reforço[237]. Com algum esforço no sentido de compreender tal posição, poderia dizer-se ter isso a ver com a efectiva participação dos tribunais e procuradorias em algumas fases desse processo o que, nas campanhas anteriores, só marginalmente aconteceu. Dong Biwu afirma mesmo que no movimento "sufan" foram acatadas a constituição e as leis e que por isso não houve erros ou estes foram diminutos.[238] Se tal afirmação pode corresponder à verdade, no enquadramento relativo do contexto em que o processo se desenrolou, será apenas no aspecto formal já que erros de julgamento foram claramente detectados pelo supremo tribunal que de resto os mandou corrigir, como teremos oportunidade de verificar. E por outro lado tal juízo não se aplicaria às aldeias, nem ao elevado número de situações em que os suspeitos nem sequer eram sujeitos a qualquer procedimento judicial, sendo pura e simplesmente sujeitos a sanções administrativas.

Sempre se poderá dizer, porém, que este processo, não obstante as circunstâncias em que se desenrolou, nunca poderia representar qualquer ruptura com o sistema criado pela constituição e as leis aprovadas em 1954. É que se de facto a via da legalidade fora aberta por esses instrumentos legislativos, o sistema não estava ainda construído. Ao que se assistia era a dois percursos paralelos que representariam, numa visão mais optimista, a construção de um novo modelo decorrente dos imperativos constitucionais, a par de um outro que seria um mero resquício da tradição revolucionária do início dos anos 50.

---

[237] Han Yanlong zhubian 韩延龙主编, *Zhonghua Renmin Gonheguo Fazhi Tongshi* 中华人民共和国法制通史, Zhonggong Zhongyang Dangxiao Chubanshe, 1998, vol. I, pág. 244.

[238] *Dong Biwu Xuanji* 董必武选集, vol. II, pág. 401.

Capítulo III – O processo de transformação socialista...

03.4 Os projectos para um código penal

A elaboração de um código penal foi tarefa a que o comité dos assuntos legais do governo central lançou mãos ainda no ano de 1950. Tarefa que se iniciou com a tradução e estudo da legislação penal da União Soviética e dos países de democracia popular e também de países capitalistas como a Alemanha ou os Estados Unidos.[239]

O primeiro trabalho deste comité vindo a público foi o "Projecto de linhas gerais da lei penal da República Popular da China", publicado em 25 de Julho de 1950.

O projecto tinha o total de 157 artigos, repartidos por uma parte geral e uma parte especial. A parte geral, com 33 artigos, tinha três capítulos: princípios gerais, crimes e penas. A parte especial, com 124 artigos, previa os diversos crimes e respectivas penas, em 9 capítulos: crimes contra-revolucionários, crimes contra a ordem estadual, crimes contra a propriedade do Estado e propriedade colectiva, crimes no exercício de funções públicas, crimes económicos, crimes contra a ordem e saúde públicas, crimes contra a vida, saúde e liberdade das pessoas, crimes contra a propriedade privada e crimes contra o casamento e a família.

Eram previstos onze espécies de penas: morte, prisão, trabalho forçado, confisco, multa, privação dos direitos políticos, privação do poder paternal, proibição do exercício de certas actividades ou funções, repreensão pública, indemnização por danos, reconhecimento do crime e pedido de desculpas.

Este processo não teve de imediato seguimento pelas razões aludidas no capítulo anterior: guerra da Coreia, movimento para a supressão dos contra-revolucionários, movimentos dos três e dos cinco contras.

Em 30 de Setembro de 1954 o mesmo comité publicou o "projecto de princípios gerais orientadores da lei penal da República Popular da China", com apenas 76 artigos.

Não dividia parte geral e parte especial.

Tinha apenas três capítulos. O primeiro sobre o crime. O segundo sobre as penas, prevendo 10: morte, prisão perpétua, prisão, trabalho

---

[239] Gao Mingxuan zhubian 高铭暄主编, *Xingfaxue Yuanli* 刑法学原理, Zhongguo Renmin Daxue Chubanshe, 1993, pa. 62 e ss.

forçado, controlo, expulsão, exílio, privação dos direitos políticos, confisco e multa. As primeiras cinco eram as penas principais e as restantes penas acessórias, que todavia podiam ser aplicadas autonomamente.

No terceiro capítulo eram previstos os crimes e as respectivas penas, repartidos por sete secções: crimes contra-revolucionários, crimes contra a propriedade colectiva, crimes contra a ordem pública, crimes contra os direitos pessoais, crimes económicos, crimes contra a propriedade dos cidadãos e crimes no exercício de funções públicas.

No primeiro dos referidos projectos e particularmente no que se refere às penas, havia uma mistura de sanções penais com sanções de natureza civil e mesmo de ordem moral, o que afinal revelava uma distinção pouco clara entre esses diversos domínios.

Nos princípios gerais verificaram-se recuos e avanços. Se por um lado existia uma mais correcta definição de sanções penais (morte, prisão perpétua, prisão, trabalho forçado, controlo, expulsão, exílio, privação dos direitos políticos, confisco e multa), por outro verificava-se uma redução de disposições e eliminação da parte especial, o que aproximava o documento do célebre projecto Krilenko[240].

A eleição da assembleia nacional popular e a aprovação da constituição deram novo impulso aos trabalhos para elaboração de um código penal, que passou para a esfera da comissão para os assuntos legislativos do comité permanente da assembleia nacional popular (CPANP).

O movimento "sufan" não teve influência neste processo tendente à elaboração do código.

O esboço preliminar do "projecto de lei penal da República Popular da China" surgiu em Junho de 1955, tendo sido submetido a amplas consultas que levaram à sua alteração em Março de 1956, o mesmo tendo acontecido com esta nova versão. Este trabalho iria no entanto deparar com bloqueios numa fase posterior, como teremos oportunidade de ver, mais uma vez em resultado da radicalização política.

---

[240] Nikolaï Vassilievitch Krylenko (1885-1938) foi comissário do povo para a justiça entre 1920 e 1938, ano em que foi executado. Foi autor de um projecto de código penal que ignorava os tipos e respectiva medida das penas, projecto este que foi rejeitado.

03.5 A actividade judicial

Dada a situação nos trabalhos de elaboração do código penal, a pobreza da produção legislativa e a pouca produção doutrinal, continuaram os tribunais, particularmente o supremo tribunal popular, a ter papel de grande importância na criação de um sistema sancionatório penal que de alguma forma conferisse um mínimo de conformidade às decisões judiciais e fosse criando novas soluções à medida que novos problemas se fossem deparando.

Esse trabalho, que vinha sendo desenvolvido desde o início da RPC e que tanta importância teve em matéria de definição de crimes, medida de penas, responsabilidade criminal, suspensão de penas, liberdade condicional, critérios de execução das políticas criminais, etc., continuou e haveria de continuar por muito tempo.

Pode dizer-se que o acto de aprovação, durante a primeira sessão da assembleia nacional popular, das leis orgânicas dos tribunais populares e procuradorias populares, a par da constituição e de outros importantes diplomas como a leis orgânicas da própria assembleia, do conselho de Estado e assembleias locais, conferiu importante estatuto às organizações judiciárias, iniciando-se um novo período na história destas instituições[241].

Devem-se ao supremo tribunal popular, por vezes em directivas conjuntas com outros organismos, as orientações mais importantes sobre os mais diversos problemas (responsabilidade criminal, medida de penas, contagem de penas, possibilidade de liberdade condicional, redução de penas, etc.), dada a falta de disposições legais aplicáveis. O supremo tribunal popular, mesmo durante o movimento "sufan", e não obstante a sua controversa natureza, acabou por ter um importante papel moderador.

Neste contexto merece especial relevância a conclusão preliminar das experiências de julgamento durante o movimento "sufan" de 1955, publicada em 1 de Junho de 1956[242] a qual, para além de nos dar

---

[241] Wu Lei zhubian 吴磊主编, *Zhongguo Sifa Zhidu* 中国司法制度, Zhongguo Renmin Daxue Chubanshe, 1992, pág. 32.

[242] *Sifa Jieshi Quanji* 司法解释全集, Renmin Fayuan Chubanshe, 1994, pág. 255 e ss.

importantes dados sobre esse movimento, apontava caminhos para o prosseguimento desse trabalho.

Dando conta da evolução na situação do inimigo, recomendava moderação nas prisões e condenações à morte, prendendo-se apenas o pequeno número daqueles que "não possam deixar de ser presos" e condenando à morte apenas aqueles "que não possam deixar de ser mortos". Todos os restantes deveriam ser sujeitos a penas de prisão e trabalho forçado, permitindo-se que, através da reforma pelo trabalho, se habituassem a viver pelos seus próprios meios e se transformassem em homens novos. Alertava todavia para o facto de em alguns tribunais não se ter em devida consideração a maior ou menor gravidade de circunstâncias, maior ou menor perigosidade das condutas, natureza do crime, reconhecimento dos erros, etc., condenando indiscriminadamente todos os acusados em longos períodos de prisão.

Advogando a aplicação integral da política da combinação da punição com a benevolência, com recurso aos princípios benevolência para quem confessa, rigor para quem resiste, remição do crime através de serviços meritórios, recompensa para serviços muito meritórios, princípios estes que o tribunal considerava como a política correcta para dividir, desagregar e isolar os contra-revolucionários, passava a partir daí a definir em concreto linhas orientadoras para lidar com os contra-revolucionários, que em resumo eram as seguintes:

- Punição rigorosa para aqueles relativamente aos quais, sendo inquestionáveis as provas sobre as suas actividades contra-revolucionárias, se recusavam a admitir os factos, insistindo na sua posição contra-revolucionária, continuando como inimigos do povo, fabricando rumores, exercendo violências ou outras actividades de sabotagem;
- Nos casos de entrega voluntária a redução da pena deveria ser aferida em função do âmbito da confissão. No caso de os crimes não serem de especial gravidade e havendo confissão sincera ou, sendo embora os crimes de maior gravidade, para além de confissão sincera havendo prestação de serviços meritórios, deveria haver isenção de pena.
- O núcleo do combate deveria centrar-se nos contra-revolucionários actuais, havendo ainda que distinguir entre elementos destacados de organizações contra-revolucionárias, agentes especiais e espiões que, tendo beneficiado de política de clemência continuavam

Capítulo III – O processo de transformação socialista...

envolvidos em actividades contra-revolucionárias ou indivíduos que cometiam crimes contra-revolucionários de acentuada gravidade, os quais deveriam ser punidos com severidade. Mas relativamente àqueles que, após cumprimento das respectivas penas, ou que tivessem sido registados como contra-revolucionários após apresentação voluntária e que, por problemas normais da sua vida, se tivessem envolvido em actos ilícitos de menor gravidade, não deveriam estas condutas ser consideradas como crimes.

- No julgamento deveriam evitar-se duas tendências erradas. Uma delas, associada a um desvio de direita, consistia em negligenciar a perigosidade dos contra-revolucionários, descobrindo sistematicamente argumentos para atenuação, fosse recorrendo ao conceito de tentativa fosse pela não ocorrência de resultado. Uma outra, um desvio de esquerda, consistia em não fazer a distinção entre circunstâncias de maior ou menor gravidade, punindo todos com severidade.

- Em relação aos elementos contra-revolucionários com antecedentes no velho regime, havia também que distinguir as diferentes situações. Aqueles que após a libertação tivessem prosseguido com as suas actividades contra-revolucionárias ou os autores de crimes no passado, que pela sua gravidade tivessem suscitado enorme indignação popular, deveriam ser severamente punidos. Os que, apesar de no passado terem cometido crimes graves se tivessem entregado e confessado os crimes deveriam ser tratados com benevolência. Em relação aos crimes do passado que após a libertação tivessem sido objecto de apreciação e cujos autores durante todos estes anos se tivessem mostrado cumpridores da lei, não praticando actos de sabotagem, tais crimes não deveriam voltar a ser apreciados. Nos casos de ter já havido apreciação mas em que os autores contra-revolucionários tivessem ocultado circunstâncias individuais de pouca relevância, não deveria considerar-se ter havido falsa reforma e não haveria reapreciação. Relativamente aos contra-revolucionários das zonas rurais deveria proceder-se de acordo com o n.º 5 do projecto para desenvolvimento da agricultura de 1956 a 1967.

- Em relação aos que no passado tivessem praticado crimes comuns e presentemente não estivessem envolvidos em acções de sabotagem poderia não ser exercida a acção penal, sujeitando-os a outras medidas apropriadas.

- Havia juizes que, relativamente ao princípio da tolerância em relação ao passado, adoptavam uma atitude duvidosa ou até negativa, sujeitando cegamente ao procedimento criminal aqueles que a ele já não deveriam ser sujeitos. Por essa via levavam a que contra-revolucionários do passado, entretanto reformados e que por longo período se mostraram cumpridores da lei, voltassem a nutrir sentimentos contra o governo. Esta atitude prejudicava o combate aos contra-revolucionários, tendo que ser corrigida.
- Era necessário distinguir claramente crimes contra-revolucionários de simples problemas do passado de natureza política. Para tal haveria que distinguir entre os elementos destacados do exército, polícia e governo do guomindang, após o início da guerra civil e restante pessoal. O mesmo raciocínio deveria ser levado a cabo no respeitante à distinção entre quadros importantes e simples membros dos partidos reaccionários, depois do início da guerra civil em 1946. Relativamente aos casos de erros políticos do passado ou crimes de menor gravidade relativamente aos quais após a libertação tivesse havido confissão, cumprimento da lei e cujos autores, devido à sua formação política retrógrada, mostrassem sentimentos incompatíveis com as posições centralmente definidas, proferindo afirmações erradas ou praticando actos ilegais de gravidade menor, deveriam ser adoptadas medidas educativas e não de natureza criminal.
- No julgamento de processos por crimes contra-revolucionários e outros crimes, havia que apurar os antecedentes de natureza política dos réus. Todavia, algum pessoal de julgamento, isoladamente, vinha-se socorrendo do facto de no passado ter ou não havido estatuto reaccionário como principal ou único critério para considerar a existência de crime contra-revolucionário. O que não era correcto. Por esta via poderia acontecer que contra-revolucionários actuais fugissem à punição e que pessoas com problemas políticos no passado fossem punidas como contra-revolucionários.
- Havia que distinguir a propagação de rumores contra-revolucionários de afirmações retrógradas de elementos das massas populares. Os elementos contra-revolucionários que motivados pelo seu ódio de classe propositadamente propagassem boatos sabotadores, agitassem as massas e provocassem sublevações deveriam ser punidos com rigor. Aqueles elementos das massas que devido a formação política retrógrada e incompreensão da

Capítulo III – O processo de transformação socialista...

política acreditassem erroneamente em boatos contra-revolucioná-rios e proferissem palavras de insatisfação ou inconscientemente as propagassem ou praticassem actos ilegais de gravidade menor, deveriam ser sujeitos a medidas de persuasão educativa, não se sujeitando a procedimento criminal, ainda que tivessem causado algumas dificuldades às autoridades centrais. De entre esses, os que tivessem praticado factos graves ou provocado resultados especialmente danosos seriam sujeitos a sanções penais.

- No processo de construção socialista havia não apenas uma luta entre revolução e contra-revolução, mas também entre ideias progressistas e ideias retrógradas. Havia que distinguir essas lutas não podendo haver confusão entre ambos os combates. Era errado e prejudicial tratar ambas as situações da mesma maneira.

- Em relação ao crime de encobrimento de criminosos contra-revolucionários, havia que distinguir antes de mais entre as condutas praticadas antes e depois da publicação do regulamento para a punição de crimes contra-revolucionários. Relativamente aos que tivessem sido praticados antes e motivados por falta de consciência política, com excepção daqueles que tivessem sido praticados em circunstâncias de especial gravidade, não haveria responsabilidade criminal. De seguida deveria ser tida em conta a maior ou menor gravidade do crime cometido pela pessoa protegida. Se o crime ocultado fosse de grande gravidade ou houvesse diversos casos de ocultação ou se o agente fosse funcionário que disso se aproveitasse para a ocultação, em todos esses casos deveria haver punição agravada. Se os crimes contra-revolucionários fossem de gravidade menor deveriam ser tratados com benevolência.

O diploma não tratava apenas de crimes contra-revolucionários. Referia-se também à política a seguir na perseguição penal de crimes de furto, vandalismo, jogo, burla, etc., cujos autores eram vulgarmente designados por maus elementos, definindo os alvos principais a abater e a política a seguir.

Concluía recomendando a reavaliação dos processos em que as orientações não tivessem sido seguidas, devendo ser corrigidas as sentenças em que tivesse havido erro de decisão, excepto para os casos já transitados em que deveria ser seguido o processo de revisão previsto no art. 12.º da lei orgânica dos tribunais populares.

Esta conclusão do supremo tribunal popular foi importante a vários níveis.

Desde logo, porque se identificava com a metodologia seguida nos movimentos de massas anteriores, em que as leis e os tribunais apareciam a impor disciplina depois de realizado o trabalho de limpeza determinado pelo partido e em que os excessos eram garantia da sua realização eficaz, ainda que depois fossem corrigidos os que o pudessem ser.

O movimento para a supressão de contra-revolucionários iniciado em 1955 era uma tarefa de todos os organismos e de toda a sociedade, que foi levado a cabo de forma metódica e consequente.[243]

Este movimento não teve a dureza e violência dos anteriores, não só porque as forças de oposição ao partido eram menos numerosas, mas porque a sua execução, como foi referido por Zhou Enlai, foi mais controlada pelo partido e portanto menos exposta aos excessos do movimento de massas.

Apesar disso, a conclusão do supremo tribunal popular foi elucidativa, não só dos excessos mas também do âmbito em que a campanha se desenrolou. Pelo teor do relatório conclui-se que a vida dos elementos suspeitos foi revolvida até ao passado anterior à guerra civil e que mesmo os princípios de política criminal definidos pelo partido nem sempre eram seguidos.

No decurso da campanha terão sido investigados 1.770.000 indivíduos, envolvendo 750.000 pessoas nas investigações tendo havido dois milhões de denúncias[244].

Esta tomada de posição do supremo tribunal popular foi o corolário de uma política de arrefecimento deste processo, que se iniciou com intervenções no sentido de nova análise da questão dos intelectuais. Esta posição teve uma intervenção inicial da autoria de Zhou Enlai, em 14 de Janeiro de 1956. Nessa comunicação assinalava-se como tarefa da campanha no que concerne aos intelectuais, descobrir os contra-revolucionários dissimulados entre eles, reduzir ao mínimo o número dos

---

[243] Zhou Enlai, *Oeuvres Choisies*, vol. II, pág. 186.

[244] Laszlo Ladany, *The Communist Party of China and Marxism 1921-1985 a Self-Portrait*, Hong Kong University Press, 1992, pág. 206.

reaccionários, fazer os possíveis para que os hesitantes se tornassem progressistas e os progressistas perfeitamente socialistas.[245]

Considerando que o movimento se iniciou precisamente com a luta com os intelectuais, o reconhecimento pelo partido da sua importância para a construção socialista vinha de alguma forma contribuir para atenuar o rigor do "sufan".

Esta ideia de abrandamento foi formulada ainda no mês de Janeiro de 1956, perante a conferência consultiva política, por Dong Biwu[246], que aí enunciou os princípios das distinções – crimes contra-revolucionários versus crimes comuns; crimes do passado versus crimes do presente; crentes enganados por contra-revolucionários versus contra-revolucionários disfarçados de crentes; organizações retrógradas versus grupos contra-revolucionários – princípios estes que constituiriam o cerne das orientações posteriormente adoptadas pelos tribunais.

O documento teve ainda em conta as normas provisórias aprovadas pelo CC do partido em 10 de Março de 1956, às quais já fizemos referência, que também se traduziram numa delimitação e consequente redução daqueles que deveriam ser perseguidos como contra-revolucionários e outros maus elementos.

Apesar de tudo seria errado fazer uma avaliação negativa da prestação dos tribunais durante este movimento. Desde logo porque o trabalho dos tribunais não foi apreciado por alguns elementos mais radicais do partido, que privilegiariam a intervenção mais activa das massas no processo. Por outro lado porque, precisamente durante os anos de 1954 a 1956, o supremo tribunal popular deu importantes contributos para a interpretação e aplicação da lei penal. O que nos leva à análise do chamado "esboço preliminar".

03.6 O esboço preliminar

Mais importante do que o anterior documento foi um outro, também do supremo tribunal popular, que contribuiu de forma importante para o processo legislativo e teve marcada influência no desenvolvimento da

---

[245] Zhou Enlai, obra citada, vol. II, pág. 203.
[246] Dong Biwu 董必武, *Zhengzhi Falü Wenji* 政治法律文集, pág. 452.

aplicação da lei penal, sendo para além disso um importante testemunho da forma como os tribunais vinham desenvolvendo a sua actividade. Trata-se do esboço preliminar sobre a designação e espécie de crimes e medida das penas, de Fevereiro de 1956, elaborado pelo gabinete de estudos do supremo tribunal popular, destinado a ser utilizado como material de referência.[247]

De acordo com o preâmbulo do referido documento, o esboço foi elaborado a partir de mais de 19.000 casos compilados nos arquivos das secções criminais do supremo tribunal e suas extintas delegações, de alguns tribunais superiores, tribunais intermédios e tribunais de base, sendo o cerne do trabalho a apreciação de cinco mil casos directamente analisados pelo gabinete de estudos.

Na discussão do projecto participaram diversos tribunais e várias instituições universitárias.

Não obstante ser apresentado como material de estudo e referência histórica, o certo é que o documento encerra um importante testemunho sobre a aplicação formal da lei penal, seu enquadramento teórico e deu importante contributo para os trabalhos de elaboração do código penal.

Constatava-se no documento, sobre as espécies de crimes, que os diversos tribunais tinham diferentes entendimentos. Havia tribunais que não faziam a divisão por espécies, havia outros que separavam os crimes contra-revolucionários dos restantes crimes e havia quem os repartisse por três, quatro, oito e nove espécies.

O documento dividia os crimes em nove espécies:
1. Crimes contra-revolucionários;
2. Crimes contra a segurança pública;
3. Crimes contra a propriedade pública;
4. Crimes contra a ordem económica;
5. Crimes contra as pessoas;
6. Crimes contra a propriedade dos cidadãos;
7. Crimes contra o casamento e a família;
8. Crimes contra a ordem da administração;
9. Crimes praticados no exercício de funções públicas.

---

[247] Este esboço encontra-se integralmente publicado em *Sifa Jieshi Quanshu* 司法解释全书, Renmin Fayuan Chubanshe, 1994, pág. 494 e ss.

Capítulo III – O processo de transformação socialista...

O enquadramento do conceito de crime contra-revolucionário tinha como quadro de referência o art. 2.º do diploma para a punição da contra--revolução, ou seja, as condutas visando o derrube do poder democrático do povo ou a sabotagem da causa da democracia popular.

Os crimes contra a segurança pública eram as condutas que, sob o ponto de vista da perigosidade para a ordem pública, segurança e ordem da administração social, se revelassem de maior gravidade. Daí que tenham sido autonomizados da categoria referida em 8, sendo estes de gravidade menor.

Os crimes contra a propriedade pública englobavam a propriedade do Estado e a propriedade colectiva que constituíam a base económica do processo de construção socialista.

Os crimes contra a ordem económica visavam as condutas contra a transformação e construção socialistas, ou seja, todas aquelas que visavam obstruir a política económica do Estado, o plano e as medidas de carácter económico.

Os crimes contra as pessoas protegiam a vida, integridade física, liberdade e honra das pessoas.

Os crimes contra a propriedade dos cidadãos visavam condutas que atentavam conta os bens legitimamente pertencentes aos cidadãos.

A categoria dos crimes contra o casamento e a família era reconhe-cida pela generalidade dos tribunais se bem que, em alguns casos, com um âmbito demasiado alargado, abrangendo crimes mais correctamente enquadráveis na categoria dos crimes contra as pessoas. O documento delimitava melhor esta categoria de crimes.

Os crimes contra a ordem da administração social constituíam uma categoria residual, bastante ampla, que para além das condutas contra o regular funcionamento das instituições, que se não enquadrassem em diferente categoria, abrangia ainda outras que perturbassem o regular funcionamento do pulsar social.

Os crimes praticados no exercício de funções públicas tinham a ver com condutas levadas a cabo no exercício de funções públicas que atentavam contra o regular funcionamento das instituições, contra os direitos pessoais dos cidadãos ou contra a propriedade pública ou privada.

Na várias opiniões recolhidas sobre a categorização que veio a ser catalogada, as posições divergentes tinham em regra como referência o projecto de código penal que dava às diferentes categorias de crimes,

172 *Lei Penal da República Popular da China*

nalguns casos, diferente designação e diferente ordenação, embora ainda assim bastante próximas, como já tivemos oportunidade de verificar.

Sobre as espécies de penas constatava o documento que, após um período de confusão inicial, em que as penas chegaram a ser designadas por 132 nomes, progressivamente se foi chegando a um consenso. As penas indicadas eram dez:

1. Morte;
2. Prisão perpétua;
3. Prisão;
4. Trabalho forçado;
5. Controlo;
6. Expulsão do país;
7. Privação dos direitos políticos;
8. Confisco;
9. Multa;
10. Repreensão pública.

Estas dez penas representavam uma importante evolução no trabalho de sistematização, de resto prévio à elaboração do documento, sendo referido que nos 5500 processos que constituíram a base do trabalho de análise, tinham sido referenciadas 132 designações para as diferentes penas.

Já na segunda parte, relativa à designação dos crimes e medida das penas, o documento constatava a existência de grande confusão nesta matéria, tendo verificado que, em 5500 processos, eram referidos 1460 tipos de crime. Só a propósito do crime de furto, em 467 processos tinham sido utilizadas 90 diferentes designações.

Essa diversidade tinha a ver com diferentes nomes para o mesmo crime, idêntica designação para crimes diferentes, tipos demasiado amplos ou restritos, designações desajustadas, utilização de dialectos locais, etc. As divergências decorriam ainda dos diferentes métodos de abordagem da conduta para efeitos da sua qualificação, partindo-se nalguns casos da acção, noutros dos sujeitos, do objecto, dos motivos, das formas de execução, de particularidades locais, etc.

Mas a importância deste trabalho não se ficava por aqui. Nele tiveram intervenção, para além de juízes de diferentes tribunais, juristas da escola do partido, da universidade popular, universidade de Beijing e universidade de ciências jurídico-políticas, que sobre as várias questões

Capítulo III – O processo de transformação socialista... 173

abordadas no documento deram as suas opiniões e que nele se encontram registadas.

A título de exemplo, vejamos algumas opiniões dadas a propósito da pena de morte:

- O âmbito da pena de morte deve ser reduzido, devendo considerar-se se se justifica a sua aplicação para os casos de contradição no seio do povo;
- Deverão ser mantidas a pena de morte com suspensão da execução por dois anos bem como a pena de prisão perpétua. Caso contrário haverá um grande fosso entre a pena de morte e a pena de prisão, o que não será conveniente em sede de fixação da medida da pena.
- Deve ser mantida a pena de morte com suspensão por dois anos e suprimida a pena de prisão perpétua. A pena de morte com suspensão é um novo desenvolvimento da política criminal do nosso país. Sob o ponto de vista da sua aplicação produziu já bom resultados e colheu o apoio das massas. Ela incorpora os princípios do humanismo revolucionário e está conforme ao espírito "matar pouco, longas penas", pelo que deve ser mantida. A prisão perpétua sob o ponto de vista da sua aplicação não revela utilidade, facilmente levando o criminoso a questionar a utilidade da sua reforma. As longas penas de prisão visam forçar o criminoso à reforma pelo trabalho, levando-o a cuidar da sua subsistência e transformando-o num homem novo. O máximo da pena deve ser 20 anos.
- Com a alteração da situação política a pena de morte com suspensão deve ser abolida. Aqueles que tenham que ser mortos que o sejam e os que possam não ser executados, sejam condenados em penas longas de prisão. Acresce que de facto a pena vem sistematicamente a ser reduzida, o que demonstra que deverá ser abolida.
- A maioria dos camaradas defende a manutenção da prisão perpétua e a abolição da pena de morte com suspensão, porque de acordo com o princípio "matar pouco e longas penas", só deve ser condenado à morte quem tenha mesmo que ser executado.

Sobre o âmbito da aplicação da pena de morte com suspensão:
- Relativamente ao âmbito de aplicação da pena de morte com suspensão, alguns camaradas entendem que só deve ser aplicada

nos casos de crimes contra-revolucionários e essa era a prática que vinha sendo seguida, não se aplicando aos crimes comuns. Muitos camaradas no entanto entendem que a pena máxima mesmo que deva ser aplicada a crimes comuns, não justifica sobre o seu uso disposição especial;

- A pena de morte com suspensão, na prática, não é muito utilizada nos casos de crimes comuns.

Sobre a pena de prisão perpétua:
- A pena de prisão perpétua deve ser mantida, sendo uma forma de dar execução ao princípio "poucas mortes longas penas de prisão";
- A pena de prisão perpétua deve ser mantida mas não é conveniente que seja frequentemente aplicada;
- No caso de haver a abolição da prisão perpétua haverá um fosso muito grande entre as penas de morte e de prisão;
- Deve ser abolida a prisão perpétua e a pena máxima de prisão ser de 25 anos. Uma longa pena de prisão consegue operar a reforma de um delinquente, o qual, se condenado a prisão perpétua, não vê no processo de recuperação qualquer utilidade. Mostra a psicologia que a maioria dos autores de crimes graves andam por volta dos 20 anos. Assim sendo, uma longa pena de prisão só por si é apta para afastar a sua perigosidade.

Muitas outras opiniões foram dadas quer a respeito destas quer das restantes penas bem assim como sobre os diversos tipos de crime.

Este trabalho revelou-se de grande importância dada a carência de produção doutrinal na China mesmo nessa altura. Será bom lembrar que na China em 1954 não havia ainda departamentos especializados no estudo do direito e que só nesse ano surgiu a revista "zhengfa yanjiu 政法研究", que então era a única da especialidade[248].

---

[248] *Dong Biwu Xuanji* 董必武选集, vol. II, pág. 360.

03.7 O combate ideológico para a construção do sistema legal

Foi exactamente a partir de 1954 e particularmente após a aprovação da constituição que a República Popular da China se voltou com maior vigor para o estudo do direito, com o aparecimento de estudos e revistas jurídicas.

Esses estudos incidiam nomeadamente na investigação sobre o direito soviético, procurando adaptar as suas soluções à China como forma de suprir a carência de produção legislativa e em especial no domínio do direito e processo penal.

Praticamente todos os institutos do direito penal foram objecto de artigos então publicados, saindo o estudo e investigação jurídicas dos gabinetes de produção legislativa para as universidades e também para os tribunais. Em geral inspiravam-se no modelo soviético mas, tendo em conta as especificidades da situação chinesa, nomeadamente a vastidão do sector camponês, encontravam-se soluções próprias do sistema, como o tratamento diferenciado nos campos e nas cidades ou as particularidades da reforma pelo trabalho ou reeducação pelo trabalho. E chegaram a advogar-se soluções ousadas quer para a época quer para o contexto político, como por exemplo a previsão da pena de morte separadamente do elenco das restantes penas, com menção expressa de que era uma pena de aplicação temporária destinada a ser abolida do sistema. Solução que estaria de acordo com o humanismo socialista, aspecto este marcante e que seria o grande traço de distinção entre o fim das penas numa sociedade socialista, que visa a recuperação do indivíduo e a concepção burguesa de natureza fundamentalmente retaliatória.[249] O mesmo autor manifestava até oposição à prisão perpétua já que isso seria incompatível também com a ideia de recuperação. Posição esta que, como tivemos oportunidade de constatar através do trabalho elaborado pelo supremo tribunal, não sendo maioritária, não era de forma nenhuma isolada.

Mas subjacente a esta produção teórica estava também um combate ideológico e entre quadros de diferentes gerações do partido. De um lado, ao quadros mais antigos, sem formação especializada, que exibiam em seu abono uma revolução vitoriosa, a recuperação com sucesso da

---

[249] Wang Chu 望楚, Tan Tan Xingfazhong de Ji Ge Wenti 谈谈刑法中的几个问题, *Zhengfa Yanjiu* 政法研究, n.º 2 de 1956, pág. 22 e ss.

economia nacional e um bom princípio do processo de transformação socialista, tudo isto praticamente sem leis e com base na política definida pelo partido.

Do outro lado estavam as camadas mais jovens do partido, sem os atributos revolucionários dos veteranos, intelectualmente mais bem preparados que estes e que jogavam em seu proveito a nova linha do partido que ao menos em aparência pretendia instituir um sistema legal coerente.

A aprovação da constituição, das leis orgânicas dos tribunais e procuradorias, a lei sobre prisão e detenção, foram objectivamente derrotas para os veteranos, absolutamente incapazes de governar se subordinados à lei, para cuja interpretação e aplicação não estavam preparados. Com efeito, entendiam que governar de acordo com a consciência era fácil mas acatar as leis era difícil[250]. E, afinal, sempre havia o argumento de que haviam feito uma revolução, apoiados quase exclusivamente em políticas.

Estas posições tinham que ser combatidas no plano da justificação teórica, demonstrando a necessidade do direito para a nova fase do processo de transformação socialista.

Para além da referência à evolução do sistema soviético e sua importância nas duas fases da nova política económica, a que já fizemos referência, lançaram-se nesta fase os juristas num trabalho de argumentação necessário para impor o direito.

O primeiro obstáculo encontrado era o da hostilidade às leis. Sendo as leis do guomindang reconhecidas como opressoras e por isso revogadas, essa primeira atitude face ao direito, como em geral as primeiras impressões, deixou profunda influência. Para além de que isso deixou às massas ampla margem de manobra para afirmar as suas reivindicações e anseios, tantas vezes fabricados através de uma máquina de propaganda, que fazia a população sentir-se dona dos seus destinos. O apelo à observância das leis não suscitava por isso entusiasmos. Havia pois que salientar que o ódio às leis do governo reaccionário, tinha como

---

[250] Sun Guohua 孙国华, Lun Wo Guo Renmin Minzhu Fazhi Zai Shehuizhuyi Jianshezhong 论我国人民民主法制在社会主义建设中, in *Zhengfa Yanjiu* 政法研究, n.º 1, 1955, pág. 20 e ss.

Capítulo III – O processo de transformação socialista... 177

contraponto ou consequência necessária o respeito das leis do governo popular, agora de diferente natureza, porquanto destinadas a oprimir as classes reaccionárias.[251]

As leis e decretos expressavam agora a vontade do povo e garantiam a efectiva repressão dos contra-revolucionários e traidores. Daí ser de evitar o vazio legal, o qual se traduzia na negação das políticas do Estado e do partido, na negação de um importantíssimo instrumento da ditadura democrática do povo, que era o sistema legal revolucionário. Com a tomada do poder a vontade do povo transformava-se em leis e por isso tinham que ser acatadas. No entanto havia que nesta questão evitar o formalismo e ter em conta a nova natureza do sistema legal. Interpretar e aplicar a lei nos limites da sua natureza instrumental ao serviço de uma classe. Assim, por exemplo, qual o sentido do artigo 85.º da Constituição, segundo o qual os cidadãos são iguais perante a lei? Será que este artigo pretendia ultrapassar as desigualdades inerentes a uma sociedade classista? Não, o seu significado é que todos os cidadãos estão igualmente obrigados ao cumprimento da lei.[252]

Era com argumentação, de conteúdo fundamentalmente ideológico e didáctico que se pretendia impor a lei e convencer as massas bem como a generalidade do partido à sua aceitação.

03.8 Conclusão

Com a constituição de 1954 iniciou-se um novo período na República Popular da China no que respeita à relevância do direito. E se há algum exagero na consideração de que o período aqui em análise foi o período de ouro[253] da era maoista, é certo no entanto que só a partir de então a lei passou a ser entendida como um instrumento de construção socialista, como uma ferramenta ao serviço da revolução.

---

[251] Yang Yuqing 杨玉清, Lun Zunshou Falü 论遵守法律, in *Zhengfa Yanjiu* 政法亚九, n.º 3, 1954, pág. 31.

[252] Sun Guohua 孙国华, Lun Wo Guo Renmin Minzhu Fazhi zai Shehuizhuyi Jianshezhong 论我国人民民主法制在社会主义建设中, in *Zhengfa Yanjiu* 政法研究, n.º 1, 1955, pág. 20 e ss.

[253] Jerome Alan Cohen, *The Criminal Process in the People's Republic of China 1949-1963, an Introduction*, Harvard University Press, 1968, pág. 11.

178 Lei Penal da República Popular da China

Não obstante o período da campanha de supressão dos contra-revolucionários foram dados passos efectivos no sentido da melhoria das garantias dos cidadãos, através do reforço do papel das instituições judiciárias, que reduziram a capacidade de intervenção da polícia e a adopção de legislação protectora dos direitos pessoais consagrados na constituição, particularmente a lei sobre prisão e detenção.

Os trabalhos para a elaboração de um código penal foram retomados e importantes progressos na sua evolução viriam a ser tornado públicos após o VIII congresso do partido.

O aspecto mais relevante deste período foi porém a renovação da importância da lei e das instituições judiciárias. A constituição deu-lhe nova dinâmica e nova importância que eram também enfatizadas nas intervenções públicas dos lideres partidários. A lei e as instituições judiciárias, desprestigiadas pelo serviço prestado ao velho regime, foram agora reabilitadas como garantias da sociedade socialista, o que lhes conferia a legitimidade de que careciam. As massas foram afastadas do processo de julgamento e substituídas por assessores populares.

Reconhecendo-se embora que o direito é uma manifestação da política, alertava-se porém para a necessidade de não confundir uma coisa com a outra e que a política não dispensa a lei. A lei, sendo manifestação da política, uma vez aprovada tinha autonomia. De outra forma não teria utilidade. Seria por isso errado encarar com desprezo a lei e considerar que a lei tanto poderia existir como não existir.[254]

Notável foi também o trabalho dos tribunais, particularmente do supremo tribunal popular que neste período levou a cabo importante tarefas de sistematização e forneceu aos tribunais em geral importantes pólos de referência que, com maior ou menor dificuldade, permitiam ultrapassar as maiores dúvidas em termos de determinação da responsabilidade criminal, medida das penas, contagem de penas, atenuação, agravação e sua redução, designação de crimes, suspensão de penas e liberdade condicional, etc.

Para além disso desempenhou o supremo tribunal, decorrido o período inicial de onda mais viva no movimento "sufan", uma acção moderadora,

---

[254] Jinyibu tigao dui renmin minzhu falü de renshi 进一步提高对人民民主法律的认识, editorial de *Zhengfa Yanjiu* 政法研究, n.º 4 de 1954, pág. 1 e ss.

apontando caminhos não só para conter os ímpetos desse movimento mas também para corrigir excessos que houvessem sido praticados.

Há no entanto que ter em conta que o processo de revalorização da lei iria encontrar necessariamente grandes obstáculos. Procuraram-se sólidos fundamentos políticos e ideológicos para a necessidade do seu acatamento, procurando demonstrar-se que a superestrutura pode ser uma força importante ao serviço da infra-estrutura e que, o enfraquecimento do sistema legal era, objectivamente, um auxílio intencional ou não intencional ao inimigo.[255]

À partida havia condições para que esta tendência se mantivesse, não obstante alguns obstáculos, com destaque para o movimento "sufan". Com a nova constituição e o empenhamento na elaboração dos códigos mais importantes, tendo para além disso em conta a própria experiência soviética que apontava para esse percurso e que era atentamente estudada na China, as perspectivas eram optimistas.

Tudo se iria complicar com a alteração da política relativa ao processo de transformação socialista. A aceleração deste processo iria de novo congelar as preocupações com o sistema legal, dando de novo prioridade à política. Era necessário vencer a resistência de alguns comerciantes, industriais, camponeses médios e ricos. Os antigos aliados transformavam-se em novos inimigos, pelo emergir de novas contradições na sociedade chinesa. A lei não convive pacificamente com processos desta natureza. Não só porque tem uma função fundamentalmente garantística mas também porque o ritmo da sua aplicação não tem tempos consentâneos com a dinâmica de massas.

No contexto de transformações sociais mais profundas emerge principalmente o direito penal como reserva sancionatória para os comportamentos desviantes da linha política imposta pelo poder. Não cuida aí o direito penal de preservar ou proteger determinados bens jurídicos ou relações sociais. Para isso não é necessário. A força bruta do poder trata desse aspecto. O direito penal serve apenas para legitimar formalmente a punição dos inimigos do processo. E para isso não seria ainda necessário um sistema penal complexo. A lei para punição da contra-revolução ou

---

[255] Wang Zuofu 王作富, Suweiai Xingfa Zai Shishi Xinjingji Zhengce Shiqizhong de Zuoyong 苏维埃刑法在实施新经济的作用, in *Zhengfa Yanjiu* 政法研究, n.º 2, 1955, pág. 36.

a lei contra a corrupção, com a sua elasticidade interpretativa e possibilidade de recurso à analogia, davam resposta mais que satisfatória.

De todo o modo, o movimento "sufan" representou mais do que uma luta política entre os comunistas e os novos adversários políticos emergentes das novas contradições. Exprimiu também um conflito no seio do próprio partido. Entre os elementos mais jovens que pretendiam ter intervenção activa na fase de transformação socialista e os velhos quadros que temiam ser marginalizados.

No âmbito da aplicação da lei penal corriam dois processos paralelos que eram expressão disso mesmo. De um lado uma forte pressão por parte dos tribunais e de alguns teóricos no sentido do reforço do sistema penal, das garantias processuais e da intervenção dos tribunais. De outro as campanhas no sentido da mobilização popular e de recurso à sanção administrativa, particularmente com sujeição a reeducação pelo trabalho dos contra-revolucionários e maus elementos.

O combate entre estas duas facções não iria agora ser decidido. Após o movimento "sufan" surgiria ainda uma outra fase em que os juristas e os intelectuais em geral julgaram poder usufruir de liberdade para criticar e melhorar o sistema. Seria a "campanha das cem flores"[256] que, lançada timidamente em 1956, com imensas reservas por parte da maioria dos dirigentes do partido, veio de facto a ser levada a cabo em 1957, por insistência de Mao. Após a qual tudo se esclareceu.

---

[256] Campanha iniciada em 1956 e relançada em 1957, promovendo o debate no seio do partido comunista, sob a palavra de ordem "deixem que cem flores se abram e que cem escolas de pensamento entre si contendam" (bai hua qifang, bai jia zhengming 百花齐放, 百家争鸣).

Capítulo IV

AS FLORES, O SALTO E ... A QUEDA

04.1 Introdução

Kenneth Lieberthal assinala de forma exemplar a situação decorrente do sucesso verificado na China, entre 1949 e 1955, dizendo que produziu um sistema "that did not need Mao"[257]. Esta seria, ainda nas suas palavras, uma das quatro tensões instaladas na sociedade chinesa, consistindo as restantes no sistema centralizador inspirado no modelo soviético, os problemas resultantes do pagamento da dívida e respectivos juros à União Soviética e o conflito entre quadros e intelligentsia.

Estas tensões geraram duas linhas dentro do partido, que poderíamos designar por linha ideológica e linha burocrática. Naturalmente que nem a linha ideológica repudiava de todo a burocracia, nem a linha burocrática se alheava das questões ideológicas. O que se pretende assinalar são as grandes preocupações de uma e outra.

A linha ideológica era encabeçada por Mao, enquanto a linha burocrática era chefiada por Liu Shaoqi, tendo como segunda figura Deng Xiaoping 邓小平. Entre as duas linhas havia personalidades que, conotadas com uma ou outra das facções, não se expunham em nome da sobrevivência política.

---

[257] Kenneth Lieberthal, *Governing China*, W.W.Norton, 1995, pág. 98 e ss.

182 *Lei Penal da República Popular da China*

O caso mais claro era o de Zhou Enlai que, favorecendo claramente a linha burocrática, jamais contrariava as posições de Mao, fazendo a ponte, enquanto possível, entre as duas margens. Outro caso é o de Chen Yun 陈云 que, sendo adepto da linha burocrática, se acautelava nas suas intervenções e procurava manter um cauteloso distanciamento.

As diferenças entre as duas referidas linhas podem, em boa parte, ser encontradas nos distintos traços marcantes da personalidade dos respectivos líderes, Mao e Liu, que John King Fairbank caracteriza da seguinte forma:[258] líder versus comissário; linha de massas versus construção do partido; aldeia versus cidade; voluntarismo versus plano e posição ideológica versus competência.

Essas diferentes facetas de personalidade encerram em boa parte a explicação do conflito que entre eles iria ocorrer. Liu Shaoqi era um organizador, seguidor fiel das normas de funcionamento do partido, cujas estruturas inequivocamente o apoiavam. Todavia, confiante no funcionamento das regras da disciplina partidária, descurou o lado inconformista e conspirador de Mao, o que lhe iria provocar amargos dissabores.

A partir de meados dos anos 50, o papel de Mao começou a ser questionado. Conquistado o poder na China continental e encerrado o problema da guerra da Coreia, o partido teria que se concentrar nas tarefas do desenvolvimento do país, carecendo mais de técnicos competentes e de quadros com capacidade de organização do que de campanhas de massas e mobilização revolucionária. Assim se gerou um clima de desconfiança entre Mao e o comité central do partido, que iria marcar a política chinesa durante os 20 anos seguintes. Na luta política com o comité central Mao usou a sua táctica de sempre: a táctica do cerco. Quando o centro não lhe dava o acordo, recorria às províncias. Se nem assim conseguia os objectivos recorria às massas. Sendo isso insuficiente recorria às forças armadas e, por fim, instigaria mesmo à revolta contra a direcção do partido, apelando ao bombardeamento do "quartel-general"[259].

---

[258] John King Fairbank, *The United States and China*, Harvard University Press, 1983, pág. 418 e ss.

[259] Em plena revolução cultural, no dia 5 de Agosto de 1966, Mao, regressado a Beijing do seu retiro na cidade de Hangzhou, para dar força ao movimento contestatário dos estudantes nas universiades, não apenas ordenou que os mesmos fossem autorizados

04.1.1 *Duas vias para o socialismo*

No capítulo anterior, aludimos aos primeiros sinais de separação, com reprimendas e reparos feitos por Mao a figuras destacadas do partido.

O sinal mais forte dado por Mao e que, de facto, inverteu a política económica do partido, consistiu na crítica feita, em 31 de Julho de 1955, a Deng Zihui 邓子恢 durante a conferência de secretários provinciais que conduziu a uma aceleração do processo de transformação socialista.

Entretanto, a partir de Fevereiro de 1956, novos factos vieram complicar os dados em jogo na política chinesa.

O primeiro desses factos aconteceu entre 14 e 25 de Fevereiro, período durante o qual decorreu XX congresso do partido comunista da União Soviética, onde Khrushchev criticou duramente os crimes de Estaline e o culto da personalidade.

Este acontecimento teve duas consequências. Se por um lado veio enfraquecer a posição de Mao, que na China tinha um papel semelhante ao desempenhado por Estaline na União Soviética, veio por outro abrir o caminho para que Mao se pudesse afirmar como líder máximo no mundo socialista ou ao menos na Ásia, enquanto autor de uma via própria para o socialismo. Há que ter em conta que, não tendo embora a China o poder económico e militar da União Soviética, Mao tinha como importante crédito o facto de ter conduzido uma revolução vitoriosa.

O primeiro sinal desta nova situação e das pretensões do líder chinês em se afirmar com autonomia em relação à União Soviética, foi a apresentação em Abril, durante um encontro alargado do bureau político do comité central, do seu discurso sobre as "dez grandes relações".

Aludindo aos erros cometidos pela União Soviética e procurando evitar a sua repetição na China, Mao apontava, para cada uma das dez grandes contradições do processo de construção socialista, uma solução. Solução que, no essencial, passava pela mobilização de todos os factores

---

a afixar cartazes contestatários das autoridades académicas como ele próprio escreveu um com os dizeres "bombardeiem o quartel-general" (paoda silingbu 炮打司令部), querendo referir-se ao comité central do partido. Cartaz que foi caracterizado por um comentador do "diário do povo" como o primeiro de natureza realmente marxista-leninista.

184 *Lei Penal da República Popular da China*

positivos, quer no plano interno, quer no externo, pela transformação em factores positivos dos negativos, pela neutralização e divisão de elementos adversos[260].

O segundo acontecimento de maior impacto, no ano de 1956, este na política interna chinesa, foi o VIII congresso do partido, que decorreu entre 15 e 27 de Setembro e que, claramente, consagrou as teses de Liu Shaoqi e Deng Xiaoping. De facto, este congresso ocorreu numa altura em que Mao estava debilitado, não apenas devido aos efeitos devastadores para lideranças fortes e personalizadas do congresso soviético, mas também devido aos maus resultados que estavam sendo gerados pelo processo acelerado de colectivização agrícola, por ele proposto. Daí que o próprio Mao tenha optado por um recuo estratégico, evitando durante o congresso excesso de protagonismo.

O VIII congresso, que formalmente aprovou o segundo plano quinquenal, decorreu sob a égide da moderação no plano económico, atacando quer o conservadorismo quer o avanço temerário e fixando metas económicas consideradas realistas para um prazo de cinco anos: aumento de 100% e 35% na produção industrial e agrícola, respectivamente; produção entre 10.5 e 12 milhões de toneladas de aço, no ano de 1962; crescimento do investimento de capital em 100% e aumento de 25 a 30% do rendimento dos trabalhadores[261].

O congresso consagrava, no plano económico, as teses de Chen Yun que, advogando o papel principal para a economia estadual e colectiva, deixava espaço também para a economia privada. Por outro lado, a necessidade de aumento e disciplina na produção levou à adopção de medidas tendentes a conciliar a liderança colectiva nas empresas com a responsabilidade individual, o que aconteceu quer na indústria, quer na agricultura.

No plano político, constatava-se que a contradição entre a burguesia e o proletariado, no estado presente da transformação socialista, estava basicamente ultrapassada. Assim sendo, a luta de classes perderia terreno em favor da construção económica. Com efeito, a contradição principal passava a ser a existente entre um sistema social avançado e um aparelho produtivo atrasado.

---

[260] Mao Zedong, *Selected Works*, vol. V, pág. 284 e ss.
[261] Liu Suinian e Wu Qungan ed., obra citada, pág. 215 e ss.

Capítulo IV – As flores, o salto e... a queda   185

Estas teses, constantes do relatório político apresentado por Liu Shaoqi, foram complementadas pelo relatório de Deng Xiaoping relativo à revisão dos estatutos do partido no qual, para além de se acentuar a importância da democracia interna e liderança colectiva, se criticava severamente aqueles que pretendiam exercer controlo pessoal, salientando-se que "os líderes do partido das classes trabalhadoras não estão acima das massas, mas entre elas, não estão acima do partido mas no seu seio"[262]. Não será difícil entender o alcance de tais referências.

No plano da liderança política, Mao perdeu acentuado peso já que, tendo embora sido eleito presidente do partido, nos termos dos novos estatutos deixou de ser por inerência o líder do principal órgão de decisão, a comissão permanente do bureau político.

Mas o facto politicamente mais significativo saído deste congresso foi a eliminação, nos estatutos do partido, da referência ao pensamento de Mao Zedong. Mao estava claramente em perda. A linha burocrática, responsável pelo sucesso do primeiro plano quinquenal, tinha nas suas mãos, solidamente, ao menos na aparência, as rédeas do poder. E pretendia, ostensivamente, colocando embora bem alto a figura de Mao, torna-lo objecto de reverência do partido e do povo, mas afastando-o do centro de decisão.

Daí até Janeiro de 1957 a política foi de ajustamento económico, procurando conter os objectivos em margens comportáveis, definidas no congresso.

Foi precisamente em Janeiro de 1957, durante a conferência de secretários provinciais, que ocorreu entre 18 e 27, que Mao voltou a criticar a política "fanmaojin". E em 27 de Fevereiro apresentou o seu célebre discurso sobre como lidar com as contradições no seio do povo, o qual foi tremendamente mobilizador e ganhou amplo apoio dos dirigentes comunistas mas que, na verdade, encerrava a sua nova estratégia de ataque aos colegas do partido. De facto, com este discurso Mao pretendeu retomar o debate sobre as premissas ideológicas, deslocando a agenda política para o terreno que lhe era mais favorável.

Na sequência deste discurso, em 27 de Abril foi relançada a "campanha das cem flores", convidando os intelectuais a expor livremente

---

[262] *Selected Works of Deng Xiaoping* (1938-1965), pág. 218.

os seus pontos de vista. Na verdade, dividindo Mao as contradições em antagónicas (entre o povo e o inimigo, diwo maodun 敌我矛盾) e não antagónicas (as ocorridas no seio do povo, renmin neibu maodun 人民内部矛盾), deixava um vasto campo de debate e crítica que, pela sua natureza não antagónica, não só não fazia perigar o poder comunista, como potenciava a crítica construtiva e combatia o burocratismo partidário. Um amplo debate sobre as contradições não-antagónicas não só se situava nos domínios da democracia, como era consequência lógica da linha de massas. Não tinham por isso sentido os receios da parte de elementos do partido relativamente à campanha, que já havia sido lançada no ano anterior, mas que nunca foi encarada de forma favorável pela generalidade dos elementos do partido e que os acontecimentos na Polónia e na Hungria tinham conduzido ao esquecimento[263]. Todavia esses mesmos acontecimentos ocorridos na Europa, foram determinantes para o referido discurso sobre as contradições.

Nesta segunda investida, a "campanha das cem flores" arrancou mesmo e a crítica ao partido, iniciada embora em tom suave, rapidamente ganhou expressão de violenta oposição ao poder comunista, designadamente à classe burocrática dos dirigentes, ao seu progressivo afastamento em relação às massas, aos seus privilégios, ao regresso aos velhos hábitos que o partido condenava no regime anterior.

A virulência da crítica ao poder comunista levou a que, em 8 de Junho, se iniciasse um movimento de sinal contrário, a "campanha anti-direitista", durante a qual foi levada a cabo intensa perseguição a todos aqueles que haviam ousado criticar o regime.

---

[263] Em Junho e Outubro de 1956 verificaram-se tumultos na Polónia e na Hungria, respectivamente, que no segundo caso se assumiram abertamente como revolta popular anti-comunista e que conduziram a uma intervenção armada da União Soviética. É de realçar que, no decurso destes acontecimentos, a China teve papel de grande relevo, facto que representou para Mao factor de auto-confiança. Com efeito, foi a China que convenceu os dirigentes soviéticos a não intervir militarmente na Polónia, considerando que os problemas com o partido polaco resultavam da postura de "chauvinismo de grande potência" assumido pela URSS em relação aos outros partidos comunistas. Mas por outro lado foi também a China quem incentivou a URSS a intervir militarmente na Hungria, assumindo que neste país a contestação tinha diferente natureza. Sobre esta questão V. Chen Jian, *Mao`s China and the Cold War*, The University of North Carilina Press, 2001, pág. 146 e ss.

Estas duas campanhas, diferentemente do que por vezes se tem entendido, só aparentemente e no prazo imediato prejudicaram Mao[264]. Em boa verdade vieram reforçar a sua posição, por várias razões. Constituindo os intelectuais o maior número de críticos, a campanha mostrou que se não poderia contar com eles para as tarefas de desenvolvimento económico na via pretendida pelo partido comunista. A China teria que encontrar uma via alternativa já que era bem reduzido o número daqueles que, sendo competentes, tinham uma posição ideológica compatível com os objectivos da liderança comunista.

Os ataques contra o partido demonstrariam ainda que a suposta contradição entre o povo e os inimigos era bem mais ampla do que os cultores da linha burocrática sustentavam e que foi consagrada nas teses do VIII congresso.

Finalmente, aos olhos do partido, tornava-se ainda claro que a luta de classes continuava na sociedade socialista.

Tudo isto iria dar a Mao importantes argumentos.

Entre 20 de Setembro e 9 de Outubro de 1957, teve lugar a terceira reunião plenária do VIII comité central, durante a qual Mao criticou, mais uma vez, a política "fanmaojin 反冒进"[265] bem como as teses do VIII congresso, defendendo que a principal contradição na sociedade chinesa era entre o proletariado e a burguesia. A esta argumentação somavam-se novos factores que iriam aproximar Mao e Liu Shaoqi. As sublevações nas democracias populares de Leste e a política de desestalinização demonstravam também que o modelo soviético tinha fracassado. E o facto de a União Soviética, em resultado das movimentações anti-soviéticas na Polónia e principalmente na Hungria, ter de canalizar os seus recursos

---

[264] No sentido de que abalaram o prestígio e autoridade de Mao V. Roderick MacFarquhar, *The Origins of the Cultural Revolution, 1*, Columbia University Press, 1974, pág. 311.

[265] « Fanmaojin », ou seja, « contra o avanço precipitado", era a política sustentada pela generalidade da linha burocrática do partido, segundo a qual o excesso de ambição quanto aos objectivos económicos poderia conduzir ao desastre. Pelo contrário, Mao e os seus partidários consideravam que travar o avanço da transformação económica congelava o entusiasmo revolucionário das massas. Alcançar mais, mais rápidos, melhores e mais económicos resultados era a linha geral para a política de construção socialista advogada por Mao e que, por pressão deste, acabou por ser adoptada na conferência de Beidaihe, em Agosto de 1958.

para estabilizar a Europa de Leste, fez com que a China tivesse de contar apenas com as suas próprias capacidades. Fundamentalmente com a mobilização de massas já que, como a campanha das cem flores demonstrara, não seria de contar com os intelectuais.

A par desta questão, desenvolveu-se no seio da reunião plenária um combate entre aqueles que desejavam um forte poder do centro e os que pretendiam uma transferência de poderes para as províncias. Foi esta última a posição de Mao, com o argumento de que só por esta via seria possível uma verdadeira mobilização à escala nacional.

Esta posição, com o apoio dos delegados provinciais, acabou por sair vencedora, passando para as províncias o controlo da indústria ligeira e dando-se-lhes ainda poderes de acompanhamento das empresas sob gestão do centro, bem como parte dos respectivos lucros. Foi a consagração do sistema de direcção dual: central-regional.[266]

Neste contexto Mao visitou a União Soviética, entre 2 e 21 de Novembro. Cheio de optimismo afirmava que os ventos de leste já sopram mais forte que os do ocidente, aí anunciando planos ambiciosos para a economia chinesa[267]. Em 13 de Novembro o "diário do povo" fez pela primeira vez referência a tais planos, referindo-se-lhe como o "grande salto em frente, dayuejin 大跃进" (GSF).

Ganha de novo a liderança do processo político, e como forma de isolar ainda mais o bureau político do CC, Mao forçou ainda a maior transferência de poderes para as províncias e obrigou os líderes partidários mais proeminentes da linha burocrática, que não tinham embarcado na maré iniciada com a terceira reunião plenária, a fazer auto-crítica. De Janeiro a Maio de 1958 a política chinesa foi um palco por onde as mais destacadas figuras do partido passaram, algumas mais que uma vez, fazendo o papel de carpideiras, em sessões de auto-crítica pela sua anterior oposição ao avanço decidido para o socialismo[268].

---

[266] Marie-Claire Bergère, *La Chine de 1949 à nos jours*, 3ª edição, Armand Colin, 2000, pág. 79.

[267] Entre outros objectivos anunciava a intenção de, em 15 anos, ultrapassar a Grã-Bretanha na produção de aço.

[268] Frederick Teiwes e Warren Sun, *China's Road to Disaster*, M.E.Sharpe, 1999, pág. 245 e ss.

Capítulo IV – As flores, o salto e... a queda   189

A segunda sessão do VIII congresso do partido[269], que decorreu em 23 de Maio de 1958, consagrou a liderança ideológica de Mao, adoptando a linha geral por ele proposta e que era traduzida no slogan "Avançar decididamente, ambicionar mais e alcançar maiores, mais rápidos, melhores e mais económicos resultados na construção do socialismo".[270] Esta linha geral, a par do grande salto em frente e as comunas populares seriam as três bandeiras (sanmian hongqi 三面红旗) da política radical maoista.

O sucesso económico da mobilização popular durante o inverno precedente, que levara à criação de grande extensão de terras irrigáveis bem como um acentuado crescimento da produção industrial davam aparentemente crédito às teses de Mao. E o grande aumento a que se iria assistir nesse ano na produção de cereais seria a demonstração de que o grande salto, com total mobilização de massas, seria a alternativa correcta e viável de desenvolvimento.

A linha ideológica criara o seu próprio instrumento de propaganda, com o início de publicação, em Junho de 1958, da revista "bandeira vermelha" (hongqi 红旗), sob direcção de Chen Boda 陈伯达[271].

Em Junho de 1958, Mao era de novo o soberano da política chinesa, papel aparentemente reconhecido pelos restantes líderes, a começar por Zhou Enlai que, em 9 de Junho, colocou à disposição do "bureau" político o seu lugar de primeiro-ministro.

Os objectivos económicos propostos por Mao para o grande salto em frente obtiveram consagração na conferência deBeidaihe[272], entre 17 e 30 de Agosto.

---

[269] O VIII congresso teve duas sessões. A primeira, que decorreu entre 15 e 27 de Setembro de 1956. A segunda foi em 23 de Maio de 1958, constituindo uma reviravolta na política do partido, já que a sua finalidade foi no essencial dar o aval à política radical de Mao.

[270] Zong Huaiwen Ed., *Years of Trial, Turmoil and Triunph*, Beijing, 1989, pág. 87.

[271] Chen Boda (1904-1989). Foi secretário e conselheiro de Mao até à instauração da RPC. Com o ascendente de Lin Biao aliou-se a este, tendo sido afastado devido alegadamente a posições ultra-esquerdistas, mas na verdade para minar a posição de Lin Biao. Durante o julgamento do "bando dos quatro" foi também julgado, tendo sido condenado a 18 anos de prisão.

[272] Beidaihe é uma pequena cidade costeira, localizada a cerca de 200 quilómetros de Beijing, sendo o mais popular destino de férias de Verão. É normal ocorrerem tam-

190 Lei Penal da República Popular da China

Foi a partir de então que se desenvolveu a política de transformação das cooperativas em comunas, num regime de total colectivização, em estilo muito semelhante ao da vivência das forças armadas.[273] As comunas, como unidades produtivas, administrativas, políticas e de defesa, seriam a base de um novo modelo de desenvolvimento alternativo ao modelo soviético. Acabando com a dicotomia campo/cidade, procuravam promover o desenvolvimento industrial também nos campos, aliando agricultura e indústria o que, para além do mais, ajudaria a pôr cobro ao sobrepovoamento urbano e subemprego rural. Considerava-se que, no estádio de desenvolvimento do país, a capacidade de mobilização do partido e das diversas organizações sociais por ele controladas e o próprio entusiasmo revolucionário das massas, conduziriam este processo de forma gloriosa e a China rapidamente ultrapassaria, em produção industrial, os países mais poderosos.

Para uma mais eficaz mobilização de massas, foi lançada nova campanha para a conquista de Taiwan que, como Mao confessaria ao seu médico, não visava outros objectivos que não fossem de política interna e de provocação a Khruschev, que pretendia captar as simpatias dos Estados Unidos, servindo de moderador nessa questão[274].

A excelente colheita de cereais em 1958, apesar de empolada pelas estatísticas (375 milhões de toneladas), levou a que as energias do país fossem orientadas para a produção de aço, mobilizando para o efeito todos os meios humanos e materiais e levando à dramática decisão de reduzir no ano seguinte a área de cultivo.

---

bém nesse período reuniões dos líderes do partido comunista, em geral antecedendo e preparando os congressos ou reuniões plenárias do CC. Em Beidaihe foram, ao longo da história do partido comunista, a partir da instauração da RPC, negociadas as mais importantes soluções de compromisso entre as várias facções partidárias, nomeadamente quanto à composição do topo da liderança a propor aos congressos do partido.

[273] Hu Sheng ed., *L'Histoire du Parti Communiste Chinois 1921-1991*, Beijing, 1994, pág. 565.

[274] Li Zhisui, *The Private Life of Chairman Mao*, Chatto & Windus, London, 1994, pág. 270. Mas na verdade, para além da questão de política interna, Beijing pretendia lembrar a Washington que não podia ser ignorado na solução desta questão, ao mesmo tempo que testava a solidez da aliança de Taiwan com os EUA, à semelhança do que acontecera nos anteriores ataques e recuperação das ilhas junto da província de Zhejiang. V. Chen Jian, obra citada, pág. 163 e ss.

Capítulo IV – As flores, o salto e... a queda

O ambiente de fervor revolucionário gerado por esta reviravolta política e económica suscitou intensa rivalidade entre províncias, pretendendo cada uma ir ainda mais longe, o que conduziu a excessos que o próprio Mao pretendeu corrigir, durante a conferência de Zhengzhou, entre 2 e 10 de Novembro, embora apelando a que não se congelasse o fervor revolucionário das massas. Esta política teve novo arrefecimento durante a conferência de Wuchang, de 21 de Novembro a 10 de Dezembro, quando já era claro que a economia estava a derrapar.

Embora a situação se tenha continuado a deteriorar, só na segunda conferência de Zhengzhou, entre 27 de Fevereiro e 5 de Março de 1959, Mao criticou os excessos igualitaristas, embora alertando contra o oportunismo de direita, dando conta que a China se encontrava ainda na fase do socialismo, não se consentindo portanto condutas próprias de um regime comunista, ainda não alcançado. Estas posições radicais vinham levando a atitudes demissionistas do esforço produtivo e excesso de consumo de bens alimentares, já que a alimentação era fornecida gratuitamente nas cantinas colectivas, com a consequente deterioração da situação económica.

Os resultados económicos do "grande salto em frente", foram desastrosos. O produto industrial obtido era de péssima qualidade, desbaratou-se um modelo de organização que foi substituído por um outro completamente ineficaz e, devido à escassez de bens alimentares, milhões de pessoas morreram à fome[275]. Perante este cenário, a liderança começou a mostrar-se desunida. Foi-se percebendo que os dados apresentados pelas províncias, nomeadamente quanto à produção de cereais, eram empolados, visando agradar a Mao, mas dando azo a que o centro exigisse contribuições em bens que deixavam na penúria a população. Mao apelou então ao espírito crítico, invocando o exemplo de Hai Rui 海瑞, oficial da dinastia Ming 明朝 (1368-1644) que não se coibia de criticar o imperador quando este negligenciava os seus deveres. Numa actitude de auto-crítica demitiu-se de presidente da República em Abril, durante a primeira sessão do segundo congresso da assembleia nacional

---

[275] Estima-se que o número de mortos terá rondado 40 milhões de pessoas. V. sobre esta questão Jasper Becker, *La Grande Famine de Mao*, Éditions Dagorno, 1998, pág. 366 e ss.

popular, sendo eleito para o seu lugar Liu Shaoqi. A posição de Mao estava de novo em perigo.

O grande acontecimento político de 1959 acabou por ser a conferência de Lushan, que decorreu entre 2 de Julho e 16 de Agosto. Peng Dehuai 彭德怀, ministro da defesa e membro do bureau político do partido, escreveu em 15 de Julho uma carta a Mao, na qual expunha os erros resultantes dos excessos do grande salto em frente, evidenciados pela situação deplorável em que o país se encontrava.

Peng Dehuai era um homem frontal, desde longa data aliado de Mao e um dos poucos que o apoiara na decisão de intervir na guerra da Coreia. Pretendeu por isso colocar Mao perante as suas responsabilidades, agindo de acordo com as regras partidárias. Este, porém, tomou a carta como uma afronta e, tomando a ofensiva, apresentou-a no dia seguinte na reunião do CC, rotulando-a como manobra divisionista e exigindo uma posição clara de apoio ou de condenação por parte dos membros do partido. Apanhados de surpresa, a maioria dos eventuais apoiantes de Peng, na incerteza quanto ao resultado final da controvérsia, começaram a titubear e puseram-se do lado de Mao, ficando Peng Dehuai e os seus apoiantes, Zhang Wentian 张闻天, Huang Kechang 黄克诚 e Zhou Xiaozhou 周小舟, completamente isolados.

Ao conseguir que a conferência considerasse Peng e seus apoiantes como grupo anti-partido, levou a que Peng fosse demitido do cargo de ministro e substituído por Lin Biao 林彪, assim lhe ficando garantido o apoio sólido das forças armadas, o qual se revelaria decisivo posteriormente. Pelo mesmo motivo, Huang Kechang, chefe do estado-maior, foi substituído por Luo Ruiqing 罗瑞卿.

A partir da conferência de Lushan seguiu-se uma campanha contra o oportunismo de direita, visando eventuais apoiantes de Peng Dehuai, e foram adoptadas algumas medidas que, pontualmente, reforçavam a tendência colectivista. No entanto, este movimento visava efeitos de curto prazo, desviando as atenções dos efeitos nefastos do "grande salto em frente", por forma a salvar a face de Mao. Por isso muito rapidamente se iniciou um processo de reajustamento da economia que foi arrefecendo o voluntarismo e levou à reformulação da organização das comunas populares, quer quanto à dimensão, quer quanto à descentralização de poderes e dando maior importância à exploração privada da terra.

A saída dos técnicos soviéticos, em Julho de 1960, reforçou mais ainda a necessidade de uma política cuidadosa na área económica. Nesta altura já não era possível ignorar os sinais claros de fome nas zonas rurais e graves carências nas áreas urbanas. Daí que, no Verão, se tenham adoptado 12 medidas visando o reajustamento da economia, que no essencial davam prioridade à agricultura sobre a indústria, reduziam a dimensão das comunas, reajustavam o sistema de propriedade com reforço da propriedade individual, devolviam bens indevidamente colectivizados e incentivavam a produção privada, aliviando a carga fiscal e aumentando os preços dos produtos agrícolas.

Esta política foi oficialmente adoptada em Janeiro de 1961, durante a IX reunião plenária do VIII comité central.

A partir da segunda metade de 1961, Mao começou a criticar a nova orientação económica pelos perigos que encerrava contra o comunitarismo. Com efeito, apesar de a exploração privada da terra não dever exceder 5 a 7% da superfície cultivável, rapidamente atingiu 10 a 15%, o que dificilmente se conciliava com os planos de Mao.

Ao longo do ano de 1962, houve de novo intenso debate entre críticas da linha burocrática ao "grande salto em frente" e da linha ideológica à política da exploração privada da terra e contrato de responsabilidade.

Esta debate foi iniciado por Liu Shaoqi, entre 11 de Janeiro e 7 de Fevereiro, durante a conferência dos 7000 quadros, onde a política maoista das três bandeiras vermelhas (linha geral, grande salto em frente e comunas populares) foi fortemente atacada. Mas a luta não se verificava apenas no estrito palco dos dirigentes políticos. Ela surgiu também no círculo dos intelectuais e o facto mais marcante, neste capítulo, foi a representação, em Fevereiro de 1961, da peça de Wu Han 吴晗, "a demissão de Hai Rui". Mais directas eram as críticas dirigidas por Deng Tuo 邓拓, na revista publicada pelo município de Beijing, "qianxian 前线"[276].

Durante o X pleno do VIII CC, em Setembro de 1962, a linha ideológica voltou a ganhar proeminência, com Mao a insistir na luta de classes, criticando a reabilitação de oportunistas de direita. Foi extinto o departamento de trabalho rural, que promoveu o sistema de respon-

---

[276] A revista "qianxian" começou a ser publicada em 1958, sendo um instrumento de divulgação da política do partido, em Beijing, mas também das posições da linha burocrática da qual o responsável do partido na cidade, Peng Zhen, era um elemento destacado.

sabilidade e exploração privada e, por iniciativa de Mao, iniciada uma campanha de educação socialista.

Estas decisões eram o resultado de uma intensa luta ideológica travada por Mao durante uma sessão de trabalho, em Agosto, em Beidaihe, onde ele forçou ao debate sobre a luta de classes, a situação do país e as contradições do momento.

A evolução do movimento de educação socialista estava pois já marcada por uma luta aberta entre Mao e Liu.

Tendo inicialmente objectivos de natureza marcadamente económica, procurando atacar a corrupção nas áreas onde supostamente era existente (pontos referentes à prestação de trabalho, contabilidade, armazéns e propriedade pública) o processo foi evoluindo para fins marcadamente políticos (política, economia, ideologia e organização).

Entretanto, a direcção do partido mantinha a sua política de incentivos contrariando as posições políticas de Mao. Assim, em Setembro de 1963, o partido fez aprovar uma directiva de dez pontos, toda ela virada para os estímulos ao trabalho. Mao respondeu no ano seguinte com uma directiva de novos 10 pontos, apresentando como modelo a brigada de Dazhai, na qual era dada primazia ao trabalho político.

A par desta luta, era travada uma outra tendo como protagonista as forças armadas.

Em Março de 1963, Mao citou o soldado Lei Feng 雷锋[277] como modelo. Em Maio de 1964, foi lançado sob a égide do exército popular de libertação, o pequeno livro vermelho, que condensava afirmações de Mao as quais, deslocadas do respectivo contexto, serviam de catecismo aos diversos movimentos radicais.

Estas movimentações correspondiam a um plano pacientemente elaborado por Lin Biao e o círculo maoista, com vista ao reforço do papel das forças armadas, apontadas como modelo de implementação da política de Mao. O plano seria completado com o afastamento de Luo

---

[277] Lei Feng (1939-1962). Membro da juventude comunista, era normalmente considerado trabalhador modelo nos projectos em que estava envolvido. Alistou-se em 1960 no exército popular de libertação, tendo morrido em serviço, em 15 de Agosto de 1962. Era apontado como um exemplo de dedicação, simplicidade e lealdade. Os diários de Lei Feng, supostamente fabricados pelo departamento de propaganda do exército popular de libertação, fizeram dele um exemplo para trabalhadores e soldados.

Ruiqing, em princípios de 1966. A partir de então, o exército popular de libertação passaria a ser a "muralha de aço" do pensamento maoísta e das três bandeiras vermelhas.

Foi neste ambiente, de directivas e orientações contraditórias, que se desenvolveu a campanha de educação socialista, qual feira ideológica em que os produtos eram as diferentes orientações do partido e seus líderes, o exemplo de Dazhai[278], o exemplo das forças armadas e de Lei Feng, o "livro vermelho" de Mao, a obra "como ser um bom comunista", de Liu Shaoqi. Nessa feira, cada qual adquiria os produtos de que gostava e, quem adquirisse a mercadoria errada, iria em breve pagar caro por isso.

04.2 Os trabalhos para o código penal

Em 1956, durante o VIII congresso, o partido e diversos responsáveis políticos reafirmavam o propósito de dotar a China de um sistema legal completo, com elaboração dos grandes códigos, designadamente o penal, até por se constatar a necessidade de rever a legislação existente face às novas situações com que a RPC se deparava. Considerava-se com efeito que, completada basicamente a revolução socialista, com as três grandes transformações, se tornava indispensável o reforço do sistema legal.[279]

Em Novembro de 1956 o projecto ia já na 13ª versão, com 261 artigos. As alterações nele introduzidas após consultas deram lugar a novas e sucessivas versões, tendo a 22ª sido submetida em 28 de Junho de 1957 à ANP. E relativamente à qual, durante a quarta sessão plenária

---

[278] Dazhai era uma brigada de produção, na província de Shanxi, considerada pelos maoistas como modelo já que os seus membros, com persistência e enorme trabalho, sem qualquer ajuda governamental, terão realizado importantes empreendimentos e conseguido elevada produção. Dazhai tornou-se local de peregrinação e o líder da brigada, apesar de quase analfabeto, chegou a vice primeiro-ministro. Na verdade, o sucesso de Dazhai assentava em trabalho de propaganda realizado pelo EPL, pelo que após a revolução cultural o projecto se desmoronou.

[279] Han Yanlong zhubian 韩延龙主编, *Zhonghua Renmin Gongheguo Fazhi Tongshi* 中华人民共和国法制通史, vol. I, Zhonggong Zhongyang Dangxiao Chubanshe, pág. 478 e ss.

do I congresso da assembleia nacional popular, foi deliberado autorizar o seu comité permanente a aprovar alterações, conforme as opiniões formuladas pelos delegados, procedendo depois à sua publicação.

Esta 22ª versão do projecto tinha 215 artigos, 96 na parte geral e 119 na parte especial.

A parte geral tinha cinco capítulos: missão e âmbito de aplicação do direito penal, crime, penas, aplicação concreta das penas e anexos. A parte especial tinha oito capítulos: crimes contra-revolucionários, crimes contra a segurança pública, crimes contra a ordem económica socialista, crimes contra os direitos pessoais dos cidadãos, crimes contra a propriedade, crimes contra o casamento e a família, crimes contra a administração da ordem social e crimes de violação de deveres.

As penas principais eram as de controlo, detenção, prisão, prisão perpétua e morte. Como penas acessórias havia multa, privação dos direitos políticos e confisco. De aplicação autónoma ou acessória havia ainda a pena de expulsão do país.

Para as condutas consideradas de gravidade diminuta que não exigissem sanção criminal podia ser dada simples admoestação.

Considerava-se que a 22ª versão continha já as soluções basicamente consensuais daquilo que viria a ser o código, cuja publicação se esperava para breve.

O entendimento era o de que esta versão constituía um trabalho equilibrado que decorria das experiências da República Popular da China e da análise da experiência de outros países, nomeadamente a União Soviética. Mesmo assim, reconhecia-se que os trabalhos haviam sido influenciados por algum dogmatismo em relação ao que se passava na União Soviética, que em boa verdade era a única referência válida em termos de experiência na construção de um sistema legal socialista. Era por isso frequentemente invocado o exemplo soviético, havendo dogmáticos que sustentavam que aquilo que existia na União Soviética deveria existir na China e o que não existisse na União Soviética não deveria existir na China.[280]

Os debates em redor da 22ª versão do projecto centraram-se, fundamentalmente, na questão da natureza das contradições. A distinção

---

[280] Han Yanlong韩延龙, obra citada, vol. I, pág. 483.

entre contradições no seio do povo e contradições entre o povo e o inimigo é tema clássico do marxismo leninismo, que no entanto ganhou redobrada actualidade com o movimento das cem flores e subsequente movimento anti-direitista e com o discurso de Mao Zedong, de 27 de Fevereiro de 1957, sobre como lidar correctamente com as contradições no seio do povo.

Nos termos do art. 1.º da Constituição de 1954, "A República Popular da China é um Estado de democracia popular dirigido pelas classes trabalhadoras e baseado na aliança entre operários e camponeses".

Por outro lado, nos termos do art. 19.º, "A República Popular da China protege o sistema de democracia socialista, oprime todas as actividades de traição e contra-revolucionárias, pune todos os traidores e contra-revolucionários.

Durante certo período os latifundiários e capitalistas burocratas são privados dos direitos políticos, ao mesmo tempo que se lhes proporciona um modo de vida fazendo com que se reformem pelo trabalho tornando-se cidadãos que provêm pela sua subsistência".

A constituição previa pois um regime de democracia para o povo e de ditadura para traidores, contra-revolucionários, latifundiários e capitalistas burocratas. De um lado o povo, do outro o inimigo.

As contradições entre o povo e o seu inimigo são de natureza antagónica porque encerram uma questão de regime. As contradições no seio do povo são de natureza não antagónica porque não põem em causa o regime, consistindo apenas em pontos de vista correctos ou incorrectos sobre determinadas questões.

As contradições entre o povo e o inimigo só podem ser ultrapassadas através da repressão, do exercício da ditadura.

As contradições no seio do povo não devem ser objecto de ditadura mas corrigidas através da persuasão e educação ou, nos casos de maior gravidade, através de sanções predominantemente de natureza disciplinar.

Nas conferências de Janeiro de 1957, do comité dos secretários do partido, Mao colocava a questão do sistema legal nos seguintes termos[281]: "A lei tem que ser observada, os contra-revolucionários têm que ser

---

[281] Mao Zedong, *Selected Works*, vol. V, pág. 379 e ss.

eliminados e os nossos êxitos na eliminação dos contra-revolucionários têm que ser afirmados.

A lei tem que ser acatada e o sistema legal revolucionário não pode ser minado. As lei fazem parte da superestrutura. As nossas leis são feitas pela própria classe trabalhadora. Elas visam manter a ordem revolucionária e proteger os interesses do povo trabalhador, a base económica socialista e as forças produtivas.

[...]

Mantenham o trabalho de eliminação dos contra-revolucionários e eliminem-nos onde quer que eles se encontrem. O sistema legal tem que ser respeitado. Mas agir de acordo com a lei não significa ficar de pés e mãos atados. É incorrecto ficar de pés e mãos atados e não eliminar os contra-revolucionários onde quer que eles se encontrem. Tenham a certeza de agir de acordo com a lei e com os pés e mãos libertos".

Esta posição de Mao era bem precisa quanto à missão da lei como instrumento da ditadura sobre os contra-revolucionários mas também quanto ao seu valor relativo já que, na missão da eliminação do inimigo a lei deveria ser acatada, mas sem que os seus aplicadores se devessem sentir amarrados para levar a cabo as suas tarefas.

Todavia, a diferente natureza das contradições não dava resposta satisfatória em determinados casos. Se a lei penal servia para punir os contra-revolucionários e se estes eram fundamentalmente os elementos da classe capitalista, como caracterizar as condutas socialmente danosas levadas a cabo por elementos do povo? A resposta a esta questão dada por Mao não era clara. No seu discurso sobre as contradições afirmava[282]: "O nosso Estado é uma ditadura democrática do povo dirigida pela classe trabalhadora e baseada na aliança operária camponesa. Para que é esta ditadura? A sua primeira função é interna, nomeadamente suprimir as classes e elementos reaccionários e aqueles exploradores que resistem à revolução socialista, suprimir aqueles que procuram enfraquecer a construção socialista ou, por outras palavras, resolver as contradições entre nós próprios e o inimigo interno. Por exemplo, prender, julgar e condenar certos contra-revolucionários e privar os latifundiários e capitalistas burocratas do seu direito de voto e liberdade de expressão durante um

---

[282] Mao Zedong, *Selected Works*, vol. V, pág. 387 e ss.

certo período, tudo isto está incluído no âmbito da nossa ditadura. Para manter a ordem pública e salvaguardar os interesses do povo é também necessário exercer a ditadura sobre ladrões, burlões, homicidas, incendiários, associações criminosas e outros bandidos que põem seriamente em causa a ordem pública...

A ditadura não é exercida no seio do povo. O povo não pode exercer a ditadura sobre si próprio, nem pode uma parte do povo oprimir outra. Os infractores que pertençam ao povo serão punidos de acordo com a lei mas isto, em princípio, é diferente do exercício da ditadura para supressão dos inimigos do povo".

A posição não era todavia esclarecedora quanto aos termos em que Mao desenrolava a sua teoria sobre a solução das contradições. E por isso acrescentava um outro elemento que aparentemente legitimava o alargamento do âmbito da ditadura. Esta servia não apenas para proteger o regime dos contra-revolucionários mas também para manter a ordem pública e salvaguardar os interesses do povo. E daí que a punição de ladrões, homicidas, violadores, etc. fosse, não uma exigência imediatamente resultante da ditadura democrática do povo, mas uma exigência das massas.[283]

Esta polémica foi objecto de acesos debates que se manifestaram nos meios académicos, debates que foram abertos pela revista "Zhengfa Yanjiu 政法研究", no seu número 3 de 1958,[284] e que haveriam de prosseguir nos números seguintes. É que, apesar de tudo, subsistiam dúvidas sobre até onde deveria ser alargado o âmbito da ditadura, se é que o deveria ser quando os prevaricadores fossem elementos do povo.

Nos debates eram defendidas principalmente três diferentes posições.

Uma teoria sustentava que nem todos os crimes eram expressão de contradições antagónicas. Alguns eram resultado de contradições no seio do povo e por isso, nestes casos, os seus autores não deveriam ser sujeitos a ditadura.

---

[283] Mao Zedong, *Selected Works*, Vol. V, pág. 416.

[284] "Yiqie Xingshi Fanzui Shifou dou Suanzuo Diwo Maodun 一切刑事犯罪是否都算作敌我矛盾? Shifou dou Kanzuo Zhuanzheng Duixiang 是否都看作专政对象?", pág. 73 e ss.

Deng Ping[285] afirmava mesmo que, na maioria dos casos, a crime era expressão de contradições no seio do povo. Ora o povo não poderia exercer a ditadura sobre si próprio. A ditadura deveria ser reservada para contra-revolucionários e maus elementos. Estes eram os autores de crimes de maior gravidade, como os assassinos, violadores, incendiários, corruptos, ladrões, etc. Esses maus elementos, ainda que oriundos do seio do povo, fosse por opção pessoal, fosse por influência da velha sociedade, tinham-se passado para o campo do inimigo e por isso como tal deveriam ser tratados.

A ideia de que a prática de quaisquer crimes expressaria contradições antagónicas, diferentemente das violações das disposições sobre segurança pública que encerrariam contradições não antagónicas e por isso eram administrativamente sancionadas, era errada e conduziria a um alargamento excessivo do âmbito da ditadura.[286]

Para além dos inimigos de classe, a ditadura deveria apenas aplicar--se aos maus elementos.

De acordo com outra tese, a prática de um crime era sempre a manifestação de uma contradição entre o povo e o inimigo (diwo maodun 敌我矛盾). Por isso, o seu autor deveria ser sempre objecto da ditadura.

Na opinião de Yu Tiemin[287], todos os crimes expressariam contradição entre o povo e o seu inimigo pelo que todos os criminosos deveriam ser objecto de ditadura. Criminosos e maus elementos, apesar de serem termos diferentes, encerrariam o mesmo significado.

Para além das posições de Mao Zedong, que invocava em defesa desta tese, o autor fundamentava-a ainda na evolução das posições apresentadas pelos editoriais do "diário do povo". Assim, enquanto no editorial de 19 de Agosto de 1957 se escrevia "é preciso exercer a ditadura contra os maus elementos", já nos editoriais de 27 de Janeiro

---

[285] Deng Ping 邓平, Juebuke ba Renmin Zhongjian de Fanfafenzi dou Dangzuo Zhuanzheng Duixiang 绝不可把人民中间的犯法分子都当作专政对象, in *Zhengfa Yanjiu* 政法研究, n.º 3 de 1958, pág. 73 e ss.

[286] Deng Ping, artigo citado pág. 76.

[287] Yu Tiemin 于铁民, Dui Gezhong Xingshi Fanzuifenzi Bixü Shixing Zhuanzheng Bixü Kanzuo Diwo Maodun 对各种刑事犯罪分子必须实行专政必须 看作敌我矛盾, in *Zhengfa Yanjiu* 政法研究, n.o 3 de 1958, pág. 77 e ss.

e 10 de Março de 1958, se defendia o exercício da ditadura contra os diversos criminosos.[288]

A terceira teoria procurava, de alguma forma, conciliar as posições anteriores. Considerava que todos os autores de crimes deveriam ser objecto de ditadura. Todavia nem em todos os casos se deveria entender que existia contradição antagónica. Os defensores desta teoria consideravam que se não tratava aqui do exercício da ditadura pelo povo contra o povo mas sim ditadura do povo sobre os criminosos.[289] Nem se afastava a possibilidade de que a ditadura fosse exercida, não apenas em relação a autores de crime, mas também a autores das violações mais graves de natureza administrativa.

Havia ainda quem entendesse que o critério da distinção entre as diferentes contradições deveria assentar no carácter negligente ou doloso do crime.

Ultrapassada a fase inicial da controvérsia acabou por prevalecer uma posição relativamente moderada que grosso modo correspondia à primeira das citadas teorias.

Foi no âmbito deste dualismo que se projectaram as discussões à volta da 22.º versão do código que, pretendendo dar expressão às teses maoistas sobre a diferente natureza das contradições, visavam consagrar um tratamento diferenciado de acordo com o princípio "benevolência para o povo, rigor para o inimigo". A tarefa principal do direito penal era resolver as contradições entre o povo e o inimigo. Ao mesmo tempo competia-lhe ajustar as contradições no seio do povo, reforçar o sistema de ditadura democrática do povo sob a liderança das classes trabalhadoras, proteger a transformação socialista e o desenvolvimento harmonioso do processo de construção socialista[290].

Os crimes mais graves eram naturalmente os crimes contra-revolucionários, seguidos dos crimes contra a segurança pública. Estes crimes traduziam-se em condutas que, claramente, eram manifestações de contradições antagónicas. Daí que, dos 28 tipos de crime em que se previa

---

[288] Yu Tiemin, trabalho citado, pág. 77.

[289] Gao Mingyu 高明宇, Keyi Yong Zhuanzheng de Fangfa Chuli Renmin Neibu de Fanzuifenzi 可以用专政的方法处理人民内部的犯罪分子, in *Zhengfa Yanjiu* 政法研究, n.º 3 de 1958, pág. 80 e ss.

[290] Han Yanlong 韩延龙, obra citada, vol. I, pág. 484.

202 *Lei Penal da República Popular da China*

a aplicação da pena de morte, 10 fossem relativamente a crimes contra-
-revolucionários e 8 a crimes contra a segurança pública. Quanto aos crimes de furto, roubo, vandalismo, burla, etc., a determinação da respectiva
natureza era mais difícil. Porém, Mao considerava que os autores destes
crimes deveriam ser objecto da ditadura já que a sua conduta, sendo
de sabotagem da ordem socialista, atentando contra o fruto do trabalho
das classes trabalhadoras, não se continha no seio das contradições não
antagónicas. Como resquícios da velha sociedade, teriam que ser punidos como o inimigo, de que objectivamente eram instrumentos. Não se
excluindo que pudesse haver tratamento mais benévolo relativamente a
condutas de menor gravidade, que seriam corrigidas através de medidas
de carácter educativo, haveria que punir com dureza principalmente criminosos habituais e reincidentes, sujeitando-os cumulativamente a longos
períodos de reforma pelo trabalho.

A política de tratamento diferenciado dava lugar a soluções que,
relativamente ao passado se mostravam mais benévolas. Chegou mesmo
a contestar-se a existência da pena de prisão perpétua e a redução do
âmbito da pena de morte, que não deveria exceder 13% do conjunto dos
crimes. De outra forma estaria a pactuar-se com vestígios da sociedade
antiga.

No que se refere às contradições no seio do povo, a medida para
o seu ajustamento não deveria ser a aplicação de penas. O povo e os
funcionários públicos deveriam estar sujeitos antes a medidas educativas
e de rectificação do estilo de trabalho.

Em consequência deste entendimento, da versão 21.º do projecto
que tinha um total de 261 artigos foram eliminados 44, todos da parte
especial, sendo que à parte geral foram acrescentados dois. Essa redução
ficou a dever-se, em concreto, a diversos factores. Por um lado, os dois
capítulos que se referiam, um aos crimes contra a propriedade pública,
e outro contra a propriedade privada, passaram a constar de um único
capítulo de crimes contra a propriedade, assim se eliminando 11 artigos.
Para além disso, entendeu-se que diversas condutas não deveriam constituir crime ou que passariam a ser tratadas como infracções disciplinares
ou administrativas. Havia ainda situações que deixaram de ter razão de
existir dado o avanço do processo de transformação socialista, como o
crime de emissão de cheque sem provisão.

Um bom exemplo do impacto que a discussão sobre a natureza
das contradições teve no projecto é o tratamento dado ao seu artigo

21.º, referente aos crimes negligentes. Entendeu-se na discussão que tais crimes, designadamente quando relativos a acidentes em minas, fábricas, etc., resultavam da falta de preparação dos quadros e que a sua repressão penal não iria ajudar à causa do desenvolvimento socialista. Daí que esse fosse campo de intervenção para medidas de carácter educativo e administrativo. O mesmo pensamento prevaleceu relativamente a erros cometidos por funcionários no exercício das suas funções.

O art. 9.º da 22ª versão do projecto dava a seguinte definição de crime: "considera-se crime toda a conduta que ponha em perigo o sistema da ditadura democrática do povo sob a liderança das classes trabalhadoras, sabote a ordem social, seja socialmente lesiva e que, de acordo com a lei, deva ser punida com uma pena".

Da definição resulta, como valor máximo a proteger, a ditadura democrática do povo. A própria ordem social era um minus relativamente ao valor do sistema político e a sua protecção era uma forma de proteger a própria ditadura.

A perigosidade social era o critério de caracterização da conduta como criminosa.

Era consagrada a possibilidade da analogia, tida com um "complemento" do princípio da legalidade.

Relativamente às penas, considerando um total de 169 crimes previstos nos 119 artigos da parte especial, as que tinham mais incidência eram, por ordem decrescente, as seguintes[291]:

- Pena de morte, prisão perpétua ou prisão não inferior a 10 anos: 21 crimes (12.43%);
- Pena de prisão de 3 a 10 anos: 14 crimes (8.28%);
- Pena de prisão até 3 anos ou detenção: 14 crimes (8.28%);
- Pena de prisão até 5 anos: 13 crimes (7.69%);
- Pena de prisão até 1 ano: 13 crimes (7.69%);
- Pena de prisão até 5 anos ou detenção: 12 crimes (7.10%);
- Pena de prisão até 2 anos ou detenção: 11 crimes (6.51%);
- Pena de prisão não inferior a 5 anos: 10 crimes (5.92%);
- Pena de prisão não inferior a 7 anos: 9 crimes (5.33%);
- Pena de prisão de 1 a 7 anos: 9 crimes (5.33%);

---

[291] De acordo com tabela constante de Han Yanlong 韩延龙, obra citada, pág. 489, 490.

204 *Lei Penal da República Popular da China*

- Prisão perpétua ou pena de prisão não inferior a 7 anos: 8 crimes (4.73%);
- Pena de morte ou prisão perpétua: 7 crimes (4.14%).

Estas eram as penas com maior incidência, que não esgotavam a totalidade das molduras penais, num total de 20, e nas quais sobressaíam as penas privativas de liberdade.

A única pena não privativa de liberdade, a pena de multa, estava prevista apenas para 2 crimes.

Sobre a responsabilidade criminal em função da idade, entendeu-se que esta se iniciava parcialmente aos 13 anos, mas apenas para crimes de homicídio, ofensas corporais, fogo posto e outros crimes especialmente graves. Entre os 15 e os 18 anos, os menores eram totalmente responsáveis mas as penas seriam atenuadas.

No que diz respeito às penas havia no projecto também algumas inovações.

A pena de controlo que tradicionalmente era usada em relação a contra-revolucionários e, em certas alturas, era usada algo abusivamente, passou a partir de 1956, por decisão do comité permanente da assembleia nacional popular, a ser aplicada apenas pelos tribunais, sendo executada pelos organismos de segurança pública. O projecto vinha alargar o âmbito da sua aplicação, permitindo que fosse também usada, por exemplo, em casos de furto ou burla. Advertia-se todavia na doutrina que a pena de controlo era uma pena estigmatizante, porque estava associada a crimes contra-revolucionários. Daí recomendar-se que fosse aplicada com parcimónia e particularmente quando, por razões de isolamento, não fosse fácil ou viável enviar pessoas para locais de reforma pelo trabalho.

A pena de morte com suspensão era uma pena cuja existência suscitava opiniões diversas, havendo um elevado número de pessoas que defendiam sua abolição. A versão do projecto acabou por manter esta pena prevalecendo a ideia daqueles que entendiam que isso correspondia à concretização do princípio "matar pouco" e que poderia mesmo ser um primeiro passo para a abolição da pena de morte. Por outro lado, acabava por ser um mecanismo de amortecimento do número de execuções, dado o elevado número de tipos de crime que previam a possibilidade da sua aplicação.

A advertência estava prevista não como uma pena, mas como forma de evitar a aplicação de uma pena, nos casos em que esta se não mostrasse necessária em virtude da pouca gravidade dos factos.

No que respeita à privação dos direitos políticos, o projecto trazia alguma precisão na matéria. Determinava a obrigatoriedade de privação dos direitos políticos relativamente aos condenados por crimes contra-revolucionários e a possibilidade de determinar a sua privação aos autores de crimes de maior gravidade, punidos com pena a partir de cinco anos de prisão. Privados dos direitos políticos ficavam também aqueles que fossem condenados em pena de controlo. Embora esta pena não fosse grave, incidia sobre contra-revolucionários e uma vasta categoria de indivíduos designados por maus elementos, envolvidos em crimes de furto, roubo, burla, consumo de droga, jogo, vandalismo, etc.

A pena suspensa não era admitida relativamente a contra-revolucionários, reincidentes e naqueles casos em que a sua aplicação suscitasse o desagrado das massas.

Quando a 22ª versão, entretanto sujeita a mais algumas alterações em virtude das consultas havidas estava pronta para aprovação, surgiu o movimento anti-direitista, que acabou por retirar a questão do sistema legal da agenda política. O "grande salto em frente" arredou ainda mais esta temática das preocupações do partido e do governo. Os trabalhos do código foram esquecidos e foi ignorada a decisão que previa a sua publicação.

A primazia voltava de novo para o campo da política na sua vertente de linha de massas, sendo o trabalho legislativo completamente ignorado.

04.3 Os efeitos do movimento anti-direitista

Deve reconhecer-se que os juristas que defendiam a via reformadora agiram com alguma imprudência e excesso de confiança.

No relatório político apresentado ao VIII congresso em 15 de Setembro de 1956, Liu Shaoqi fez o acto de contrição pelas insuficiências do sistema legal. E justificava isso no facto de, durante a guerra de libertação e nos tempos que se lhe seguiram, as energias terem sido orientadas para a liquidação do inimigo e da resistência contra-revolucionária, destruição da ordem reaccionária e construção da ordem revolucio-

206   *Lei Penal da República Popular da China*

nária. Por isso mesmo, as leis limitavam-se a linhas gerais respondendo a exigências de momento. Ultrapassada essa fase, havia agora que criar legislação mais perfeita.[292]

Apesar do movimento "sufan" que lançou pesadas dúvidas sobre a via legal que se julgava ter sido consagrada a partir da constituição de 1954, até 1957 e particularmente durante a campanha das cem flores, houve um amplo movimento no sentido do reforço do sistema legal, defendendo-se um processo de passagem do governo dos homens para o governo das leis.

O relatório político apresentado por Liu Shaoqi ao VIII congresso era expressão dessa tendência.

Não significava isso que deixasse de se reconhecer o papel de liderança do partido comunista. Sustentava-se era que o papel do partido seria o de promover a conversão em leis das suas políticas. Uma vez isso verificado, o próprio partido deveria acatar as leis, abstendo-se de interferir nos organismos da sua administração.

Apesar deste novo clima, a contrição de Liu Shaoqi e que formalmente revelava a atitude do partido, não foi aceite por alguns elementos, que não desistiram da ideia de ajustar contas com o passado, ao invés de aproveitar a maré de construção que o futuro parecia prometer.

Particularmente infeliz foi a ideia de referir, durante uns encontros de juristas ocorridos em Shanghai e Beijing, na Primavera de 1957, que o guomindang tinha tido Hu Hanmin 胡汉民[293] e, em dois, três anos tinha publicado os principais códigos, ao passo que o partido comunista, após sete, oito anos de poder, nem um havia produzido[294].

Não que a crítica fosse incorrecta. Todavia, contrapor os insucessos do partido aos sucessos do arqui-reaccionário Hu Hanmin, revelava séria provocação.

---

[292] Liu Shaoqi, *Oeuvres Choisies*, Vol. II, Editions en Langues_Etrangères, Beijing, 1985, pág. 237.

[293] Hu Hanmin (1879-1936) foi um dos elementos mais destacados do guomindang e também dos mais conservadores. Foi um opositor desde sempre à aliança do GMD com o partido comunista.

[294] Li Gong 李琪, Wo Guo Xingfa Shibushi Zhixing de Tai Chi le? 我国刑法是不是制定得太迟了?, in *Zhengfa Yanjiu* 政法研究, n.º 5 de 1957, pág. 27.

Uma das críticas que mais enfureceu a linha tradicionalista do partido vinha contida num artigo de Yang Zhaolong publicado em 9 de Maio de 1957 no jornal de Shanghai "Shanghai xinwen ribao 上海新闻日报"[295].

Yang Zhaolong questionava a insuficiência de produção legislativa, apontando designadamente os códigos penal, de processo penal, civil e de processo civil. Considerava que, em tais circunstâncias, se tornava difícil a distinção entre o que era legal e ilegal. Por outro lado, considerava que essa situação se devia ao afastamento dos juristas competentes porquanto o partido não tinha quadros capazes para a construção do sistema legal.

Para agravar a situação, a este artigo seguiram-se debates em Shanghai e Beijing, a que acima fizemos referência, cujo resultado foram intensas críticas ao referido estado de coisas e que incidiam em várias áreas com particularidade na independência dos tribunais, presunção de inocência do arguido em processo penal, o papel do defensor, a linha de massas no trabalho judicial, o princípio da livre convicção do julgador, etc..

Uma das mais vivas reacções contra este movimento surgiu no primeiro número da revista "zhengfa jiaoxue 政法教学", publicação do instituto de ciências político-jurídicas de Beijing, tendo o mote sido dado pelo gabinete de ensino e pesquisa desta instituição.[296]

Acusavam-se os direitistas de ter escolhido o sistema legal como um dos principais pontos de ataque e assumia-se que a não publicação do código penal não se devia à falta de conhecimento das leis mas porque, do ponto de vista dos interesses da luta de classes, tal ainda se não revelara necessário nem desejável. A política do partido não deveria ser totalmente convertida em leis que, pelo seu nível de concretização e estabilidade, nem sempre se ajustavam às alterações da situação da luta de classes, principalmente quando sopravam os ventos revolucionários.

---

[295] Não tivemos acesso a este artigo. Referências ao seu conteúdo foram extraídas de diversos artigos críticos posteriormente publicados e nomeadamente do "Wo Guo Zhongyao Fadian Shi Banbu de Tai Chi Ma 我国中要法典是颁布太迟吗?", de Ning Hanlin 宁汉林, publicado no n.º 1 de 1957 da revista *Zhengfa Jiaoxue* 政法教学, pág. 12 e ss.

[296] Bochi Zichan Jieji Youpaifenzi dui Wo Guo Xingshi Lifa he Shenpan Gongzuo de Wumie 驳斥资产阶级右派分子对我国刑事立法和审判工作的诬蔑, in *Zhengfa Jiaoxue* 政法教学, 1957, n.º 1, pág. 4 e ss.

208   *Lei Penal da República Popular da China*

Por parte de juizes e outros juristas defendia-se a independência dos tribunais, os princípios da legalidade e da presunção de inocência, o que de resto estava conforme com a constituição. Por banda das procuradorias populares, defendia-se o reforço do seu papel de supervisão.

Estas posições foram objecto de críticas violentas. Não podia ser questionada a liderança do partido no trabalho judicial, não apenas ao nível central mas mesmo localmente, por parte das estruturas partidárias ao respectivo nível[297].

É certo que o artigo 78.º da constituição consagrava a independência dos tribunais dizendo que estavam apenas subordinados à lei. Todavia, objectava-se que a independência dos tribunais não era incompatível com a liderança do partido que tinha também consagração constitucional. Por isso, não respeitar essa liderança era violar a constituição.

Mas ia-se ainda mais longe. A liderança do partido não deveria ser entendida como mero "slogan" mas em termos concretos, devendo traduzir-se em orientações para o trabalho em geral das polícias, procuradorias e tribunais e mesmo em orientações na decisão de casos concretos, maxime os mais complexos e socialmente de maior relevância[298].

Junto dos tribunais, as funções de liderança cabiam aos comités judiciais do partido, aos quais deveriam ser expostas as questões mais controversas, assim se evitando "decisões subjectivas"[299]. Isto era expressão do facto de na sociedade socialista não se aceitar a tese burguesa da divisão de poderes.

Mas a argumentação atingia níveis mais "sofisticados". O artigo 78.º da constituição referia-se expressamente à independência do tribunal. Isso significaria que a independência era do tribunal e não do juiz[300]. O alcance do artigo 78.º da constituição seria o de que o tribunal, no momento da decisão, de acordo com os factos e no respeito pela lei, sob

---

[297] Zhang Zipei 张子培, Zai He Fangeminfenzi, Huaifenzi ji Qita Zuifan de Douzhengzhong Bixü Jianchi Dang de Zhengque Fangzhen 在盒反革命分子，坏分子及其他罪犯的斗争中必须坚持党的正确方针, in *Zhengfa Jiaoxue* 政法教学, n.º 1, 1957, pág. 18 e ss.

[298] Zhang Zipei 张子培, artigo citado, pág. 20.

[299] Li Mu 李木, Pipan Cong Jiufa Guandian Chufa de Shenpan Duli 批判从就发观点出发的审判独立, in *Zhengfa Yanjiu* 政法研究, n.º 1 de 1958, pág. 24 e ss.

[300] Li Mu 李木, artigo citado, pág. 25.

liderança colectiva, exercia com independência a função de julgar, sem favoritismos, perversão da lei ou considerações subjectivas, mas sem que pudesse afastar a liderança do partido, na qual teria que se apoiar.

Sendo a lei manifestação da vontade do proletariado e o partido comunista a vanguarda do proletariado, as disposições legais e a vontade do partido confundiam-se pelo que, agir de acordo com a lei seria agir de acordo com a vontade do partido comunista.

Próxima desta crítica estava uma outra que era dirigida contra o princípio da livre convicção dos juízes. Considerava-se este princípio como reaccionário e contrário à política do partido, a par de outros como a independência de julgamento, protecção dos interesses do arguido ou presunção de inocência[301].

A adesão a esse princípio representava uma tomada de posição na luta judicial entre o inimigo e o povo. Tomada de posição do lado errado, obviamente. Significava aceitar a liderança da classe capitalista e servir como instrumento da sua ditadura.

A posição do sistema legal socialista quanto a esta matéria era "os factos como base e a lei como critério" e "partir da realidade, apoio nas massas, articular investigação e análise" e estar sob liderança do partido comunista no combate ao inimigo; proteger o povo, reforçar a ditadura democrática do povo e estar ao seu serviço[302].

A luta entre os que defendiam e os que estavam contra tal princípio não era simples querela académica mas representava, na frente de luta judicial, duas posições, dois pensamentos, duas vias, no combate político entre o inimigo e o povo.

Quais as razões de crítica tão feroz a esse princípio?

É que o seu nascimento e desenvolvimento histórico, associados à afirmação do poder da burguesia, demonstravam a sua natureza reaccionária, sendo um instrumento ao serviço da classe capitalista. Assentando no idealismo subjectivo era contrário ao Marxismo-Leninismo. Tendo na sua base concepções sobre imparcialidade, moralidade, conhecimento intuitivo, justiça e conceitos legais de índole burguesa, estava em con-

---

[301] Zhang Zipei 张子培, Pipan Zichanjieji "Faguan Ziyou Xinzheng" Yuanze 批判资产阶级法官自由心证原则, in *Zhengfa Yanjiu* 政法研究, n.º 2 de 1958, pág. 42 e ss.

[302] Zhang Zipei 张子培, artigo citado, pág. 44..

210 *Lei Penal da República Popular da China*

fronto com o socialismo. Finalmente, e aqui estaria o aspecto mais importante, o princípio entrava em conflito com a independência dos tribunais na actividade de julgamento sob liderança do partido comunista.

Críticas severas mereceu também a presunção de inocência do arguido.

Considerava-se que este princípio não podia ser aplicado sustentando-se antes a continuação da aplicação do princípio "os factos como base, a lei como critério"[303].

O princípio não reflectia a verdadeira situação do arguido nem se ajustava à realidade processual da China. A prática processual demonstraria que, graças à implementação da política do partido de articulação de rigor e prudência, na esmagadora maioria dos casos os arguidos eram de facto culpados.

Tomando como referência as estatísticas nacionais de 1955 concluía-se que só em 3% dos casos os tribunais haviam absolvido os arguidos, ou rejeitado as acusações ou considerado a necessidade de investigação suplementar.

No mesmo ano, na cidade de Beijing, só em 0.72% dos casos se decidiu ter havido prisão indevida. E finalmente, ainda em Beijing, durante a primeira metade de 1956, só relativamente a duas pessoas se decidira ter havido prisão ilegal.

A realidade era pois eloquente e demonstrava claramente que, em mais de 99% dos casos, o arguido era mesmo criminoso. Assim sendo, o princípio da presunção de inocência contrariava esta realidade objectiva, contemplando uma minoria ínfima de situações e ignorando a maioria dos casos.

O princípio da presunção de inocência fora uma criação da burguesia para subtrair os seus membros à punição. Estava objectivamente a servir o arguido, contrariando a política do partido.

Por sua vez os advogados e académicos defendiam a possibilidade de defender eficazmente os arguidos em processo penal.

Em artigo publicado em 1957 na revista "zhengfa yanjiu", no seu n.º 4 de 1957[304], um reputado jurista, Wu Lei吴磊, sustentava que o

---

[303] Wu Yu 巫宇, Pipan Zibenjieji "Wuzui Tuiding" Yuanze 批判资产阶级无罪推定原则, in *Zhengfa Yanjiu* 政法研究, n.º 2 de 1958, pág. 37 e ss.

[304] "Guanyu Wo Guo Xingshi Susongzhong Bianhuren Susong Diwei de Yanjiu 关于我国刑事诉讼中辩护人诉讼地位的研究".

defensor, no exercício das funções que processualmente lhe competiam, não podia praticar actos que prejudicassem o arguido, nomeadamente denunciar crimes que ele tivesse cometido. Considerava que o defensor teria de ser pessoa de confiança do arguido, não o podendo pois prejudicar. Denunciar e demonstrar a prática de crimes era tarefa da polícia e procuradorias e não do defensor. Agir de outra forma seria sabotar a actividade de defesa.

Estas posições mereceram a crítica no n.º 2 da mesma revista, em 1958, por parte de Su Yi. Apesar disso Wu Lei era tratado por camarada e não por elemento direitista, como normalmente acontecia noutros casos[305].

A crítica assentava na ideia de que o sistema de defesa tinha natureza idêntica à das restantes leis. A missão do defensor era defender o arguido mas no respeito pela protecção do sistema legal que tinha como missão primeira a repressão do inimigo para a consolidação da ditadura democrática do povo e realização do objectivo de não poupar um único culpado nem condenar um inocente. Wu Lei esqueceria, ao sustentar que a denúncia de crimes competia à polícia e procuradorias, que tal missão deveria ser levada a cabo com as massas e o apoio destas, tal como consagrado na constituição.

As razões para o tratamento com deferência de Wu Lei constavam da mesma revista que publicou a crítica, a qual publicava também um outro artigo do mesmo Wu Lei, retractando-se das posições assumidas anteriormente e reconhecendo ter errado.[306]

Naturalmente que também o próprio movimento "sufan" foi objecto de críticas por parte dos chamados direitistas, segundo os quais o mesmo seria contrário à constituição e à lei.

A posição contrária foi assumida pela facção esquerdista. O movimento estaria conforme ao artigo 19.º da constituição e com o artigo 1.º do regulamento para a punição dos contra-revolucionários. Para além disso, correspondia ao preceituado no artigo 4.º do primeiro plano

---

[305] Su Yi 苏忆 , Bianhuren Yinggai Daji Fanzui Haishi Baohu Fanzui 辩护人应该打击犯罪还是保护犯罪?, pág. 76.

[306] Dui "Guanyu Wo Guo Xingshi Susongzhong Bianhuren Susong Diwei de Yanjiu", Yi Wen Jiancha 对 关于我国刑事诉讼中辩护人诉讼地位的研究, 一文检查, pág. 78 e ss.

212   *Lei Penal da República Popular da China*

quinquenal nos termos do qual "Os organismos do Estado e o povo devem elevar a vigilância revolucionária, eliminar todos os contra-revolucionários declarados ou ocultos, destruir as actividades sabotadoras da construção socialista e do processo de transformação socialista levadas a cabo pelos inimigos internos e externos". De resto, o direito consagrado no artigo 89.º da constituição, que consagrava o direito à liberdade pessoal, seria do povo e não dos contra-revolucionários[307].

Finalmente, será ainda de referir algumas reacções às críticas sobre a linha de massas durante o movimento "sufan".

Sustentava-se que a linha de massas era a política de base do partido e do Estado e que a sua adopção fora a principal garantia de sucesso do movimento. Como demonstração disso mesmo, apontava-se o facto de 70% da população rural e 80% da população urbana terem nele participado, ter havido mais de 3.800.000 denúncias e se terem decidido processos envolvendo mais de 84.000 contra-revolucionários.

Para coroar esta retórica, considerava-se que no Estado socialista a ditadura do proletariado e os interesses das massas constituíam as leis mais importantes. O povo era totalmente livre de decidir que as coisas se fizessem desta ou daquela maneira, desde que isso estivesse de acordo com os altos interesses do proletariado e das massas.[308]

As reacções por parte das facções partidárias no meio académico foram apenas o início de um processo repressivo levado a cabo por parte das estruturas do partido e do Estado.

Num editorial do "diário do povo", de 9 de Outubro de 1957[309], afirmava-se que nos tribunais populares, procuradorias populares, organismos de segurança pública, departamentos judiciais e outros órgãos vitais do poder do Estado se escondiam muitos direitistas que, servindo-se das suas funções, exerciam uma influência extremamente perniciosa.

---

[307] Li Shiwen 李示文, Bo Youpai "Sufan Weifa" de Miulun 驳右派肃反违法的谬论, in *Zhengfa Yanjiu* 政法研究, n.º 5 de 1957, pág. 33 e ss.

[308] Li Changchun, Jiang Enci 李长春, 蒋恩慈, Bo Youpaifenzi dui Sufan Caiqu Qunzhong Luxian de Wumie 驳右派分子对肃反群众路线的诬蔑, in *Zhengfa Jiaoxue* 政法教学, n.º 1 de 1957, pág. 24 e ss.

[309] Gong Pixiang zhubian 公丕祥主编, *Dangdai Zhongguo de Falü Geming* 当代中国的法律革命, Falü Chubanshe, 1999, pág. 205.

Capítulo IV – As flores, o salto e... a queda　　　213

Os debates que sobre estas questões se haviam já iniciado em Beijing e Shanghai, em meados de 1957 e se prolongaram até finais do ano, intensificaram-se em 1958, acompanhando o trajecto do movimento anti-direitista.

04.3.1 *O movimento anti-direitista e o trabalho judicial*

Uma primeira medida foi adoptada, em 24 de Junho de 1957, com a interpretação suplementar feita às disposições provisórias relativamente à demarcação na aplicação da política sobre definição e punição de contra-revolucionários e outros maus elementos, de 10 de Março de 1956.

Considerava-se que a aplicação das disposições consagradas na sua formulação inicial tinha revelado algumas dificuldades devido à complexidade das organizações reaccionárias, insuficiência de dados e dificuldade dos próprios processos. Isso estaria a levar a que, em muitos casos, se optasse por uma classificação dos processos que, na prática, se traduzia numa política indiscriminada de clemência. Optou-se por isso pela elaboração de um documento mais detalhado, do que resultou a referida interpretação suplementar.

Essa interpretação traduziu-se no alargamento do âmbito de aplicação das disposições provisórias, ou seja, numa ampliação da definição de contra-revolucionários, traidores e maus elementos.

Em 15 de Outubro de 1957 o comité central definia os critérios de determinação dos direitistas, que eram todos aqueles que:

- Se opunham ao sistema socialista;
- Se opunham à ditadura do proletariado e ao centralismo democrático;
- Se opunham ao papel dirigente do partido comunista na política nacional;
- Os que dividiam a unidade do povo com o propósito de oposição ao socialismo e ao partido comunista;
- Os organizadores e participantes activos em grupelhos de oposição ao socialismo e ao partido comunista; que premeditavam derrubar a liderança do partido comunista em qualquer departamento ou unidade de base; os instigadores de distúrbios de oposição ao partido e ao governo;

214   *Lei Penal da República Popular da China*

- Os direitistas que, com vista à prática dos crimes acima referidos, faziam aos seus autores sugestões, tentavam com eles estabelecer relações, passavam informações ou lhes transmitam segredos de organizações revolucionárias[310].

Entre Março e Agosto de 1958 sucederam-se diversas reuniões de trabalho, especificamente no âmbito judiciário, das procuradorias e da segurança pública, tendo por objectivo a crítica aos desvios direitistas.

Os então presidente e vice-presidente da secção criminal do supremo tribunal popular, bem como o responsável do gabinete de estudos foram vivamente atacados por se oporem à interferência do partido na actividade de julgamento e defenderem a presunção de inocência dos arguidos. Sustentavam os seus opositores que essas opiniões estavam de acordo com as velhas leis e os pontos de vista das classes capitalistas, que o princípio da presunção de inocência só favorecia os réus e que a oposição à interferência e liderança do partido em relação à actividade judicial distorcia a natureza e função dos tribunais.[311]

Relativamente aos que defendiam o reforço do papel de supervisão das procuradorias eram acusados de pretender colocar esta instituição acima do partido e do próprio Estado.

À semelhança do que acontecera em 1955 com Hu Feng, também em relação aos elementos apelidados de clique direitista eram apontados quatro crimes de oposição ao partido: advogar o fim da luta de classes; manter o ponto de vista das velhas leis; oposição à liderança do partido no trabalho judicial e protecção dos direitistas[312].

Este movimento teve uma enorme amplitude e visou largamente os juristas, nomeadamente aqueles que, no processo de construção do sistema legal iniciado com a constituição, se tinham batido pelos princípios da igualdade, da legalidade, etc. voltando quase a cair-se num ambiente de nihilismo legal.

Alguns dos juízes reabilitados após o movimento "sufan", foram objecto de novo ataque por parte da estrutura do partido junto do supremo tribunal. Foi reforçada a submissão dos tribunais ao partido

---

[310] Han Yanlong zhubian 韩延龙主编, obra citada, I, pág. 523.
[311] Gong Pixiang 公丕祥, obra citada, pág. 206.
[312] Gong Pixiang 公丕祥, obra citada, pág. 208.

Capítulo IV – As flores, o salto e... a queda   215

e a supervisão do partido relativamente a todas as actividades destes, por forma a que estas instituições, a pretexto da prerrogativa da independência, se não afastassem da linha política partidária e a aplicação da lei fosse um exercício em estrita conformidade com as necessidades políticas da luta de classes, não "viciada" por argumentação de carácter jurídico-científico.

Para além disso, dado o carácter quase programático do direito penal, a aplicação do mesmo deveria ter em conta não só a concreta situação política mas também a diversidade das circunstâncias locais. O direito penal era apenas um instrumento de luta de classes.[313]

Nem mesmo a doutrina produzida no âmbito das instituições controladas pelo partido escapou à censura dos zelotas esquerdistas.

Em Setembro de 1957, sob a égide da escola de quadros do partido, foram publicadas umas "Lições sobre a parte geral do direito penal da República Popular da China"[314].

Este trabalho foi, no entanto, atacado por algumas insuficiências e incorrecções[315]. No plano mais político, não destacaria suficientemente o papel de liderança do partido, quer na ideologia quer mesmo na estrutura do crime, nem o sentido do direito penal como instrumento da ditadura classista.

No plano técnico, sustentava-se que as lições incorriam em diversos erros que a nova situação decorrente do movimento anti-direitista não poderia deixar passar em claro. Alguns desses erros eram por exemplo o sustentar-se que a lei penal não deveria ter efeito retroactivo desfavorável ou o considerar-se que deveria ser ponderada a possibilidade de eliminação do recurso à analogia incriminatória bem como a alusão ao processo evolutivo que viria a pôr termo à aplicação da pena de morte.

---

[313] Han Yanlong韩延龙, obra citad, pág. 523 e ss.

[314] Zhongyang Zhengfa Ganbu Xuexiao XingfajiaoYanshi bianzhu 中央政法干部学校刑法教研室编著, *Zhonghua Renmin Gongheguo Xingfa Zongze Jiangyi* 中华人民共和国刑法总则讲义, Falü Chubanshe, Beijing, 1957;

[315] Fan Ming 范明, Dui "Zhonghua Renmin Gongheguo Xingfa Zongze Jiangyi" de Jidian Yijian 对中华人民共和国刑法总则讲义的几点 意见, in *Zhengfa Yanjiu* 政法研究, n.º 4 de 1958, pág. 72 e ss.

216   *Lei Penal da República Popular da China*

04.4 **O relançamento da via legal**

Em 22 de Março de 1962, Mao Zedong declarava:"não precisamos apenas de lei penal mas também de lei civil, porque agora vive-se sem lei. Não se pode estar sem leis, é necessário elaborar lei penal e civil. E temos não apenas que aprovar leis mas também compilar casos judiciais".[316]

Estas palavras deram novo impulso ao trabalho legislativo, tendo a respectiva comissão retomado os trabalhos, sobre a 22ª versão do projecto do código penal. Em 9 de Outubro de 1963, era apresentada a 33ª versão.

Nesta última versão, o projecto tinha 206 artigos. A parte geral, com 95 artigos, continha cinco capítulos com designações idênticas às da 22ª versão. A parte especial, tinha 111 artigos com oito capítulos, sensivelmente idênticos aos da 22ª versão.

Apesar disso houve algumas alterações, que melhoraram a distinção da natureza das contradições, com os consequentes efeitos na determinação dos crimes e medida das penas, sendo o alvo principal a punição dos elementos contra-revolucionários. No caso desta espécie de crimes, a incidência da pena de morte, que no projecto 22.º era de 10 crimes, aumentou neste para 12. Os restantes crimes puníveis com pena de morte eram homicídio, fogo posto, roubo, violação, furto, burla habitual e outros crimes particularmente graves contra a ordem social, quando os respectivos agentes fossem tidos como irrecuperáveis.[317] Para os casos reveladores de contradições no seio do povo, nomeadamente nos casos de menor gravidade e quando houvesse arrependimento, entrega voluntária ou serviços meritórios, seria de seguir uma política de clemência.

Algumas alterações relativamente ao que constava da 22ª versão merecem referência.

No caso da reincidência, foram alterados os respectivos requisitos. Passou a haver reincidência quando, tendo havido condenação em pena de prisão ou superior, no prazo de cinco anos após o cumprimento da pena ou concessão de amnistia, fosse cometido novo crime punível

---

[316] Gao Mingxuan zhubian 高铭暄主编, obra citada, pág. 79, citando o Diário do Povo (Renmin Ribao人民日报) de 29 de Outubro de 1978.

[317] Han Yanlong, obra citada, vol. I, pág. 500.

no mínimo com pena de prisão, excepto tratando-se de crime negligente. Na versão anterior não se exigia que a punição anterior fosse em pena de prisão. Exigia-se antes que o segundo crime fosse da mesma natureza do anterior e que o segundo crime fosse praticado num prazo que variava entre três e sete anos, consoante a gravidade da primeira condenação.

Suscitou-se mais uma vez um interessante debate à volta da punição dos crimes negligentes relacionados com a actividade económica, não apenas por motivos atinentes ao tipo de contradição que lhes estava subjacente mas também porque havia quem entendesse que deveriam ser eliminados, tendo em conta a situação de atraso da economia nacional, a pouca experiência de muitos trabalhadores e a inexistência de normas de procedimento, factores objectivos que frequentemente eram motivo de acidentes graves. Seria por isso perigoso, ou no mínimo imprudente, recorrer nesses casos ao direito penal. Havia também quem entendesse que, em alguns casos especialmente gritantes, em que os resultados tivessem sido particularmente danosos, não seria bom omitir a acção penal, servindo esses mesmos casos de exemplo e estímulo para elevação do nível dos técnicos.

A solução acabou por ser uma espécie de compromisso, consagrando a responsabilidade criminal para os casos de grave negligência na observância das normas que tivessem provocado acidentes graves, com elevados prejuízos. Esta discussão prendia-se com uma importante questão política que tinha a ver com a discussão que, desde longa data, vinha sendo travada sobre os requisitos para preenchimento de lugares de quadros técnicos, na qual os elementos moderados defendiam o critério da preparação técnica, contrariados porém pelos elementos mais radicais que privilegiavam o nível de formação política.

A 33ª versão endurecia o regime penal aplicável aos contra-revolucionários. Assim, no caso de crime contra-revolucionário, havia sempre reincidência sendo cometido novo crime após o cumprimento da pena ou da amnistia, independentemente do tempo entretanto decorrido. Não poderia haver pena suspensa e o prazo para o exercício da acção penal não tinha qualquer limite.

Um tema que voltou à discussão foi o do âmbito de aplicação da pena de controlo. Ultrapassada que estava a ideia de que só deveria ser aplicada a contra-revolucionários, havia que determinar com maior precisão o respectivo âmbito. Havia quem entendesse que deveria ser aplicada às quatro categorias (contra-revolucionários, latifundiários, camponeses ricos e maus elementos). Todavia, havia quem considerasse que os maus elementos praticavam factos que pela sua gravidade deveriam ser punidos com mais rigor. Daí surgir uma outra proposta no sentido de a aplicar apenas às três primeiras categorias. A versão acabou por consagrar uma solução que era tudo menos clara: "A pena de controlo é aplicada relativamente a contra-revolucionários e outros criminosos por crimes cuja gravidade não requeira a aplicação de uma pena de prisão ou superior".

Uma inovação importante foi introduzida relativamente ao uso da analogia, que só poderia ser aplicada após aprovação do tribunal superior ou do supremo tribunal.

Iniciou-se entretanto o movimento das quatro limpezas e depois a revolução cultural. O processo legislativo voltou a parar, agora definitivamente.

04.5 A restante actividade legislativa

A par dos trabalhos para o código penal, que ficariam parados por decisão do próprio grupo de trabalho para os assuntos políticos e legais que, em Junho de 1957 considerou que, nas condições de então, não seria necessária a sua aprovação[318], outra actividade legislativa foi levada a cabo. Tinha ela a ver com práticas já seguidas na China mas ainda não suficientemente institucionalizadas ou pelo menos devidamente regulamentadas. Referimo-nos às sanções administrativas e regime de reeducação pelo trabalho.

Há a particularidade curiosa de estes diplomas terem sido aprovados num contexto de forte ataque ao sistema legal bem como às instituições judiciárias, em plena campanha anti-direitista.

Esse facto levou Victor Li a considerar que a fase inicial do movimento anti-direitista foi, ironicamente, um daqueles períodos em que o governo da lei foi mais forte na China[319].

---

[318] Shiping Zheng, *Party Vs. State in Post-1945 China*, Cambridge University Press, 1997, pág. 73 e 74.

[319] Victor H. Li, Public Security in Hui-yang, in John Wilson Lewis Ed., *The City in Communist China*, Stanford University Press, 1971, pág. 72.

Capítulo IV – As flores, o salto e... a queda

A ironia, todavia, não tinha razão de ser. Na verdade, esses instrumentos eram fundamentais para a política anunciada por Mao no seu discurso sobre as contradições e também para a política que se pretendia lançar de mobilização popular para a construção económica.

Para Mao, o tempo das grandes matanças tinha sido no início dos anos 50. A partir de agora, apesar de os contra-revolucionários continuarem a existir, a política era prender menos e matar o mínimo. E em relação àqueles que estivessem infiltrados no partido, órgãos governamentais, escolas e forças armadas, deveria seguir-se o princípio consagrado em Yenan, de não matar e prender poucos.[320]

Mas a que se devia esta nova atitude de Mao? O próprio responde com dois argumentos não convincentes e cinco convincentes. Os não convincentes eram que, uma vez morta injustamente uma pessoa, o erro não poderia ser reparado. E que um contra-revolucionário vivo sempre poderá facultar provas em relação a outros contra-revolucionários.

Convincente era quando referia as seguintes vantagens em manter os contra-revolucionários vivos: aumento da produção, elevação do nível científico do país, auxílio na eliminação dos quatro venenos; reforço da defesa nacional e auxílio para a recuperação de Taiwan. Enfim, concluía Mao, apesar de os contra-revolucionários serem como lixo e vermes, poderiam prestar bons serviços ao povo.

Pelo tipo de serviços que poderiam prestar vê-se que grande parte desses contra-revolucionários eram intelectuais. Úteis para as tarefas mais ligadas à actividade científica. Mas todos os outros poderiam ser forçados ao trabalho, melhorando a produção ou servindo de carne para canhão num eventual ataque contra Taiwan. O regulamento para a segurança da administração e, fundamentalmente, o regulamento da reeducação pelo trabalho, ajustavam-se exactamente a esse objectivo. Serviam ainda para

---

[320] Mao Zedong, *Selected Works*, vol. I, pág. 298 e ss. Todavia esta política só foi seguida em Yanan a partir de 9 de Outubro de 1943 (o movimento de rectificação tinha-se iniciado em Abril), quando Mao propôs que se pusesse termo às mortes e prisões da maioria dos quadros do partido. Sobre esta posição Nie Rongzhen faz o seguinte comentário: "assim o grave erro foi corrigido oportunamente" (V. *Inside the Red Star, the Memories of Marshal Nie Rongzhen*, New World Press, 1988, nota 84, pág. 776). O que demonstra que até essa data Kang Sheng e a sua polícia secreta tiveram mão livre para se livrarem dos conhecidos ou hipotéticos adversários de Mao.

220 *Lei Penal da República Popular da China*

tratar todos aqueles que se opusessem ao rápido avanço de colectivização que estava sendo levado a cabo em todos os domínios da actividade económica.

04.5.1 *O regulamento para a segurança da administração*

Um importante instrumento legislativo foi o regulamento para a segurança da administração, de 22 de Outubro de 1957[321].

Este regulamento veio dar consagração legislativa a uma prática que vinha sendo seguida pelos serviços de segurança pública e que, de facto, colocava no âmbito desta instituição o grande volume de questões que, não assumindo gravidade que justificasse a aplicação de uma pena, exigiam no entanto uma sanção e não simples criticismo ou persuasão.

A aprovação do regulamento pretendia, por um lado, dar fundamento legal a esta prática. Por outro, ajudar a uma demarcação mais clara entre aquilo que constituia crime e simples infracção administrativa. O que significava, cumulativamente, demarcar as competências dos tribunais e procuradorias e as dos organismos de segurança pública.

A delimitação de competências entre polícia e instituições judiciárias era, de resto, uma questão que deixava uma ampla margem de indefinição, que em regra revertia em proveito das polícias que, tendo em primeira mão conhecimento dos factos, lhe davam o encaminhamento de acordo com a sua própria definição de crime e de infracção contra a segurança da administração.

Acresce que as pessoas condenadas nos termos deste regulamento podiam, verificados certos condicionalismos, ser depois colocadas em regime de reabilitação pelo trabalho.

Decorre do exposto que o regulamento era um importante instrumento colocado nas mãos da polícia, não apenas para punir casos de menor gravidade, mas que também podia ser usado, e o era seguramente, para retirar da esfera dos tribunais inúmeras situações que, na prática,

---

[321] Sobre este diploma V. Jerome Alan Cohen, *The Criminal Process in the People's Republic of China 1949-1963*, Harvard University Press, 1968, pág. 200 e ss.

podiam levar ao cumprimento de medidas privativas de liberdade e que só nominalmente diferiam do cumprimento de penas.

Na apresentação deste diploma Luo Ruiqing afirmava: "O regulamento para a punição dos actos contra a segurança da administração é uma arma por meio da qual o povo exerce efectivamente a ditadura contra as várias espécies de maus elementos".[322]

Esta posição reflectia os problemas de definição das contradições nos casos de crimes cometidos por elementos que não pertenciam às classes consideradas contra-revolucionárias. E representava uma espécie de terreno vago no ponto de encontro entre o instrumento por excelência do exercício da ditadura do proletariado, o código penal, e o instrumento próprio para lidar com a matéria da regulação de contradições no seio do povo, quando insuficientes a persuasão e educação, que era precisamente este regulamento. Quando Luo Ruiqing afirmava que o regulamento era uma forma de exercício da ditadura democrática do povo, pretendia efectivamente invadir uma área que deveria estar fora da intervenção dos serviços de segurança pública.

O mesmo Luo Ruijing afirmava que a definição de algumas condutas como crime ou violação do regulamento para a segurança da administração era feita em função da gravidade das circunstâncias[323], o que tornava ainda mais ténue a demarcação do terreno entre a lei penal e a sanção administrativa, com óbvias vantagens para as polícias.

A batalha seria ganha pela polícia, com o apagamento progressivo dos tribunais após o movimento anti-direitista, a extinção do Ministério da Justiça, em 1959, e extinção das procuradorias cujas competências passaram para a polícia.

Nos termos do art. 2.º o regulamento era aplicável no caso de infracções contra: a ordem pública, direitos pessoais dos cidadãos, propriedade pública ou privada e segurança da administração (segurança pública).

Nos termos do mesmo artigo, o diploma seria aplicável sendo as circunstâncias de gravidade menor, não requerendo a aplicação de uma sanção penal.

---

[322] Jerome Alan Cohen, obra citada, pág. 202.

[323] Jin Zhong 金钟, Weifan Zhian Guanli Xingwei yu Fanzui Xingwei de Qufen Wenti 违反治安管理行为与犯罪行为的区分问题, in *Faxue* 法学, n.º 3 de 1958, pág. 36 e ss.

222   *Lei Penal da República Popular da China*

Nos termos do art. 3.º as sanções previstas eram:

- Advertência;
- Multa de 5 jiao a 20 yuan, podendo nos casos de maior gravidade chegar a 30 yuan. Caso a multa não fosse paga seria convertida em detenção.
- Detenção entre 1 e 10 dias, podendo nos casos de maior gravidade ir até 15 dias. Caso o detido não tivesse meios para pagar as suas refeições durante o período de detenção, teria que compensar, pelo trabalho, os respectivos custos.

As condutas previstas pelo regulamento eram em elevado número. Só a título de exemplo vejamos algumas: lutas de rua; desordens em estações, cais, aeroportos, parques ou espectáculos; danos em locais públicos, venda ou aluguer de objectos ou qualquer material obsceno ou reaccionário, jogo, falsos rumores, falsificação de carimbos, pesca ou caça ilegal, violação das regras de prevenção de incêndios, queimadas sem autorização, destruição negligente de bens alheios, uso de armas sem autorização, sobrelotação de embarcações, linguagem obscena e insultos; furto, apropriação de veículos alugados, condução sem licença, falta de registo do agregado familiar, etc.

A competência para a aplicação das sanções era dos organismos de segurança pública das cidades e condados – art. 16.º e 17.º. No entanto a advertência poderia ser dada por uma esquadra.

Apesar da enumeração de inúmeras condutas, o art. 31.º do regulamento previa a sua aplicação por analogia, a qual só poderia, no entanto, ser usada pelos "bureaux" de cidade ou cantão, sujeitas a aprovação dos conselhos populares respectivos.

Nos termos do art. 19.º, quer o procedimento, quer as sanções, prescreviam após 3 meses.

A idade mínima para ser objecto destas sanções era 13 anos, nos termos do art. 26.º.

Como se pode verificar o objecto das infracções administrativas tinha a ver com condutas que, formalmente, poderiam preencher um tipo legal de crime – casos de furto, dano, injúrias, ofensas corporais, etc.. O critério da distinção tinha a ver com a gravidade das circunstâncias e a perigosidade da conduta. Daí que, nos termos do art. 10.º do regulamento, se as circunstâncias do facto fossem graves, constituindo crime, o agente devesse ser sujeito a responsabilidade criminal de acordo com a lei.

Capítulo IV – As flores, o salto e... a queda 223

A verdade é que esta disposição deixava um vasto campo de manobra aos organismos de segurança pública que só uma actividade de supervisão eficiente por parte das procuradorias poderia evitar, o que nem sempre se revelou eficaz.

04.5.2 *Reabilitação pelo trabalho*

Um outro importante diploma legal foi a decisão do conselho de Estado sobre reabilitação pelo trabalho, publicada em 3 de Agosto de 1957.

Esta prática vinha sendo seguida relativamente a delinquentes da mais diversa espécie, bem como relativamente a dissidentes políticos para os quais o trabalho manual constituía uma componente do processo "educativo".

Nos termos do artigo 1.º do diploma, o regime de reabilitação pelo trabalho era aplicável a quatro tipos de pessoas:

- Os indivíduos que não se dedicassem ao trabalho e vadios e aos que, dedicando-se embora ao furto, burla e outros actos semelhantes, não fossem sujeitos a procedimento criminal, bem como aqueles que violassem a lei da segurança da administração e relativamente aos quais tivessem falhado medidas educativas;
- Contra-revolucionários e reaccionários anti-socialistas relativamente aos quais não tivesse havido procedimento criminal pela pouca gravidade dos seus crimes, que tivessem sido expulsos de órgãos, organizações, empresas, escolas ou outras unidades e não tivessem forma de ganhar a vida;
- Pessoas que, tendo capacidade para o trabalho, durante longo período se recusassem a trabalhar, pusessem em causa a disciplina ou interferissem com a ordem pública e por isso fossem expulsas de órgão, organização, empresa, escola, ou outra unidade, ficando sem modo de vida;
- Aqueles que não aceitassem as imposições laborais que lhes fossem feitas ou a transferência para outro emprego, ou que não aceitassem as recomendações para se envolverem no trabalho e na produção, que continuamente e sem razão causassem problemas ou interferissem com assuntos públicos e que resistissem a qualquer medida educativa.

O âmbito da aplicação do diploma era vastíssimo e abrangia, desde vadios e delinquentes até dissidentes políticos.

O trabalho era pago sendo o regime administrado por entidades administrativas especificamente criadas para o efeito.

O requerimento para a aplicação da medida podia ser feito por uma entidade civil ou organismo de segurança pública, pelo órgão, organização, empresa escola ou outra unidade em que o visado estivesse integrado ou mesmo pelo chefe de família ou tutor.

O sistema de reabilitação pelo trabalho era diferente do regime de reforma pelo trabalho, legalmente instituído por regulamento de 7 de Setembro de 1954, sendo este aplicável a delinquentes aguardando julgamento ou em cumprimento de pena.

04.6 A actividade judiciária

As instituições judiciárias continuaram a exercer regularmente as sua funções até ao início da campanha anti-direitista. Todavia, depois desta ter sido desencadeada, e após um período de aparente não interferência, esta veio a verificar-se a partir de Março de 1958, quando se iniciaram as sessões para expor os perigos direitistas, particularmente aqueles que:
- Ignoravam a luta contra o inimigo e punham excesso de ênfase nos direitos democráticos dos cidadãos;
- Ignoravam a natureza de classe e das massas do sistema legal;
- Sustentavam os pontos de vista burgueses e copiavam na íntegra a experiência soviética;
- Ignoravam a liderança do partido e até afirmavam a independência em relação a ele[324].

A interferência junto dos tribunais levou a um poder progressivo dos comités do partido junto das instituições judiciárias, que minavam a sua independência. Esta situação foi agravada com a abolição do ministério da justiça e um progressivo peso do ministério da segurança pública.

---

[324] Shiping Zheng, *Party vs State in Post-1949 China*, Cambridge University Press, 1997, pág. 73.

Capítulo IV – As flores, o salto e... a queda 225

A interferência nos tribunais e a sujeição destes a um movimento de rectificação foi expressamente saudada por Mao, segundo o qual na fase em que a China então se encontrava deveria recorrer-se não tanto ao mecanismo dos tribunais e da lei mas a formas mais expeditas de decisão, se possível através da mediação.

04.7 Conclusão

Pode dizer-se que este período, no que às perspectivas do direito se refere, começou da melhor maneira e terminou da pior forma. De facto encerrou as possibilidades de criação de um sistema legal na era de Mao. Se após o movimento "sufan" ainda se confiou na possibilidade de criação desse sistema, o movimento anti-direitista encerrou definitivamente essa possibilidade.

Quando durante o VIII congresso, Liu Shaoqi se referiu à necessidade de criar leis mais perfeitas e colocou mesmo a possibilidade de terminar com a pena de morte, uma onda de esperança percorreu a China e aqueles que esperavam uma via de legalidade. É certo que já nessa altura estava em curso o movimento "sufan", com os excessos normalmente associados à linha de massas e a necessidade de criação de um clima intimidatório que facilitasse o processo de transformação socialista. Todavia o relatório político e a adopção das teses burocráticas por parte do congresso poderia significar uma moderação no processo e o regresso ao que se julgava ser o espírito da constituição de 1954.

A questão era, todavia, mais complexa e estava intimamente associada às oscilações da política interna e ao peso maior ou menor de cada uma das facções partidárias.

Não são ainda claras as circunstâncias em que surgiu a segunda fase da campanha das cem flores e o movimento anti-direitista. Não é porém de excluir, que o génio conspirativo de Mao tenha aí tido uma influência decisiva. Saído em perda do VIII congresso e afastado da gestão corrente dos assuntos do Estado, Mao necessitava de fazer voltar a política chinesa aos domínios em que ele era insuperável.

A campanha das cem flores não o poderia apanhar desprevenido nem o poderia surpreender. Mao era um bom conhecedor da realidade da China e não deixaria de se aperceber dos riscos que, praticamente, todos os restantes dirigentes anteviam.

De todo o modo não se pode imputar apenas a Mao a falta de vontade política de prosseguir o caminho de construção de um sistema legal. Os elementos da linha burocrática empenharam-se seriamente na repressão anti-direitista, que constituiu o maior golpe nessas aspirações, não só pela descrença que gerou na constituição, nas leis e nos tribunais, mas também pela interferência excessiva do partido nas instituições judiciárias.

O "grande salto em frente" bloqueou praticamente a vigência das leis, excepto no que se refere àquelas que se ajustavam às suas finalidades, como o regulamento para a reeducação pelo trabalho. O grande salto, como ampla mobilização popular, hostilizava por sua natureza qualquer mecanismo que constituísse empecilho à actividade produtiva. As questões deveriam ser resolvidas de forma expedita, pondo o maior número de pessoas ao serviço da produção. Daí uma nova forma de encarar a punição dos contra-revolucionários e maus elementos, os quais podiam agora ser mais úteis vivos que mortos. O ideal era que o povo nem sequer tivesse tempo para violar a lei. Mas se tal acontecesse a resposta devia ser imediata.

Na conferência de Beidaihe, em 1958, Mao deixou bem claro que, em cada província, se deviam fazer cumprir regras da ditadura proletária, fazendo que por cada injustiça o devedor pagasse o respectivo preço.[325] Mao sonhava com milhões de indivíduos em reabilitação pelo trabalho, sem preocupações com as leis, que não deviam ser elemento que pudesse travar tal objectivo mas funcionar simplesmente como referência.

Que importância podiam ter as leis, a maioria delas feitas em gabinetes de burocratas? Se a maioria da população desconhecia o seu conteúdo? Se nem ele próprio se lembrava do teor da constituição? Não, o povo agia com base em princípios e não em leis.[326]

Neste contexto, os tribunais foram perdendo importância ao mesmo tempo que os serviços de segurança pública, mais fortemente controlados pelo partido e agora dotados de um importante instrumento de acção que, em boa parte, lhes permitia agir fora da órbita dos tribunais (o regulamento para a segurança da administração), ganhavam importância.

---

[325] Roderick MacFarquhar, Timothy Cheek, Eugene Wu Ed., *The Secret Speeches of Chairman Mao*, Harvard Contemporary China Series, 1989, pág. 407.

[326] Roderick MacFarquar, Timothy Cheek, Eugene Wu, obra citada, pág. 424.

Capítulo IV – As flores, o salto e... a queda

A política era a de "destribunalizar" o máximo possível e, quando isso não fosse viável, manipular os tribunais[327]. O que era possível não apenas em resultado do saneamento dos chamados direitistas mas também pelo poder crescente dos comités partidários.

O problema da construção do sistema legal esteve também intimamente ligado à evolução do pensamento de Mao sobre o significado e importância da lei. Palavra que ele desse sobre a sua necessidade desencadeava o renascimento do processo da sua criação.

Assim aconteceu já em 22 de Março de 1962, quando Mao declarou "não precisamos apenas de lei penal mas também de lei civil. Agora vive-se no caos. Não se pode estar sem leis, sendo necessário elaborar lei penal e civil. E temos não apenas que elaborar leis mas também compilar casos judiciais".[328]

Tais afirmações, como já vimos, fizeram revigorar o trabalho legislativo que, no entanto, não resistiu à escalada seguinte no processo de radicalização política.

Por parte dos tribunais, pelas razões que já foram expostas, não foram tomadas iniciativas de vulto, à semelhança do que aconteceu até 1956. O supremo tribunal teve algumas intervenções, fundamentalmente através de respostas em regra relacionadas com crimes ligados ao casamento e regras sobre cumprimento de penas. Todavia, os tempos não eram de protagonismo para o aparelho judicial. A ideia de independência dos tribunais, consagrada na constituição, soçobrara durante a campanha anti-direitista. O princípio da livre convicção do juiz também não resistiu à onda esquerdista. Os princípios do processo penal que de alguma forma contemplassem a protecção do arguido, foram objecto de repúdio. O próprio ministério da justiça foi extinto.

A linha de massas voltava a ganhar terreno, situação que se iria manter e mesmo agravar até à morte de Mao.

O regulamento para a protecção da segurança da administração e o regulamento para a reeducação pelo trabalho passavam a ser os instru-

---

[327] Gilbert Padoul, Droit et Ideologie en Chine Populaire, in Claude Aubert, Lucien Bianco, Claude Cadart, Jean-Luc Domenach, *Regards Frois sur la China*, Seuil, Paris, 1976, pág. 214 e ss.

[328] Gao Mingxuan zhubian 高铭暄主编, *Xingfaxue Yuanli* 刑法学原理, Zhongguo Renmin Daxue Chubanshe, 1993, pág. 79 (citando o Diário do Povo).

mentos fundamentais da política criminal, disfarçada de política administrativa. O ministério da segurança pública substituía-se ao ministério da justiça no grosso das tarefas relativas à lei e à ordem.

A repressão da delinquência e da dissidência era colocada ao serviço da produção.

Capítulo V

A SITUAÇÃO DURANTE A REVOLUÇÃO CULTURAL

05.1 **Introdução**

Durante a sétima reunião plenária do VIII CC, que decorreu em Shanghai, entre 2 e 5 de Abril de 1959, perante os primeiros sinais do desastre a que estava a conduzir o "grande salto em frente", Mao propôs que as várias diferenças de pontos de vista se fizessem sentir, ainda que não fossem do agrado dos líderes, enaltecendo o espírito de Hai Rui, mandarim do século XVI que, arriscando a própria vida, enfrentou o imperador Jiajing, censurando-o pelos abusos de poder.

Esse apelo não demorou a ter resposta. Em Junho de 1959, um historiador e vice-presidente do município de Beijing, Wu Han, escreveu um ensaio com o título "Hai Rui repreende o Imperador", no qual o bravo mandarim acusava o soberano de dogmático e preconceituoso, de estar sempre convencido de ser dono da verdade e não aceitar qualquer crítica.

Convirá dizer que Wu Han pertencia ao círculo dos apoiantes e protegidos de Peng Zhen, presidente da câmara de Beijing, que Mao considerava, e de facto era, seu opositor.

Em 1961 Wu Han escreveu uma obra dramática com o título "A demissão de Hai Rui, Hai Rui Baguan 海瑞罢官", em que o mandarim era demitido pelo facto de ter criticado o imperador por não atender as queixas dos camponeses em relação às terras que lhe haviam sido confiscadas.

Intervenções literárias deste tipo não se limitavam a Wu Han. Na mesma altura, outros autores também do círculo de Peng Zhen, publicavam com o apoio deste, artigos sarcásticos em que eram visados Mao e a política do "grande salto em frente".De entre tais autores destacavam-se Deng Tuo 邓拓 [329] e Liao Mosha 廖沫沙[330].

A peça de Wu Han foi apresentada em Beijing, em 1961. Apesar de, do seu teor, se depreender com clareza que Hai Rui representava Peng Dehuai 彭德怀 e o imperador era, nem mais nem menos, Mao Zedong, este não teve, de imediato, qualquer reacção desfavorável e convidou mesmo o actor principal para um jantar em sua residência em Zhongnanhai.[331]

Esta peça seria, no entanto, o pretexto para os acontecimentos que levaram à revolução cultural.

Porquê uma revolução cultural? Desde logo porque tal era o complemento lógico de uma revolução que já se tinha verificado ao nível político e económico. No entanto, a revolução cultural chinesa tem outras razões e mais complexas motivações.

Segundo Kenneth Lieberthal, Mao teria quatro grandes objectivos:[332]

• Alterar a sucessão;
• Disciplinar a pesada burocracia que governava o país;
• Expor a juventude chinesa a uma experiência revolucionária;
• Fazer mudanças substanciais em diversas áreas políticas.

---

[329] Deng Tuo (1912-1966). Redactor chefe do "diário do povo" entre 1950 e 1957 e seu director executivo até 1966. Em princípios dos anos 60 as suas crónicas publicadas nos jornais "Beijing wanbao 北京晚报", "Beijing ribao 北京日报" e "qianxian 前线" "constituiram a denúncia mais audaciosa e acutilante do maoismo jamais feita na China" (escrevia Simon Leys em 1971 – *Les Habits Neufs Du Prédident Mao*). Suicidou-se no início da Revolução Cultural.

[330] Liao Mosha (1907-1970). Nasceu na província de Hunan, tendo aderido em 1930 ao partido comunista e, em 1935, à liga dos escritores de esquerda. Próximo de Peng Zhen, juntamente com Wu Han e Deng Tuo foi autor, no início dos anos 60, de artigos críticos dos radicais maoistas, razão pelo qual, com os referidos colegas escritores, foi considerado durante a revolução cultural membro da clique anti-partido de "sanjiacun 三家村". Foi preso durante a revolução cultural e reabilitado em 1979. Posteriormente fez parte ca conferência consultiva política da China e foi vice-presidente da conferência consultiva política de Beijing.

[331] John Byron and Robert Pack, *The Claws of the Dragon*, Simon &Shuster, 1992, pág. 286 e ss.

[332] Kenneth Lieberthal, *Governing China*, W.W.Norton, 1995, pág. 111 e ss.

Capítulo V – A situação durante a revolução cultural   231

A sucessão era um problema que, obviamente, preocupava Mao que não podia deixar de ter em conta o sucedido com Estaline na União Soviética.

Sem dúvida que nenhum desses objectivos estaria arredado da estratégia de Mao. No entanto, nem todos eles eram consistentes com as medidas por ele adoptadas. Por exemplo, a manutenção de Zhou Enlai como primeiro-ministro, não obstante a posição de total subserviência que ele sempre adoptou em relação ao "grande timoneiro", era um claro obstáculo à maioria desses objectivos. Por outro lado, há que tomar em conta objectivos menos nobres de Mao, particularmente o papel que pretendia para si próprio na China e o seu apego ao poder. Só isso explica a perseguição até à morte de companheiros de luta, como Liu Shaoqi.

Mao estava fragilizado perante o partido. Em cada encontro que tivesse com os membros do comité central não deixariam de pairar na atmosfera os fracassos da sua política económica que nem as sucessivas declarações quanto ao respectivo sucesso poderiam fazer esquecer. A crítica a que era sujeito pelos círculos literários de Beijing espelhavam isso mesmo.

O livro de Liu Shaoqi "como ser um bom comunista" vendeu 15 milhões de exemplares, entre 1962 e 1966, ultrapassando nesse período o número de vendas das obras de Mao, que era cada vez menos referido na imprensa.[333]

A eliminação desses companheiros, testemunhas dos seus fracassos, era para Mao uma terapia. Para isso impunha-se uma tomada de posição decidida em que se mostrou habilíssimo manobrador de grupos e tendências.

Usou os guardas vermelhos contra o aparelho do partido. Usou depois o exército contra os guardas vermelhos. Usou o bando dos quatro contra Lin Biao. Usou Zhou Enlai e Deng Xiaoping contra o bando dos quatro. Usou depois o bando dos quatro para enfraquecer Deng Xiaoping. Usou finalmente Hua Guofeng 花国锋 para travar as ambições do bando dos quatro. Assim, conseguiu terminar os seus dias deixando em aberto o jogo para a sucessão. Talvez Mao tivesse o secreto anseio de assistir,

---

[333] David Reynolds, *One World Divisible, a global history since 1945*, Penguin Books, 2001, pág. 256.

232   *Lei Penal da República Popular da China*

divertido, na companhia de Marx, Lenine e Estaline, ao combate que se iria travar pelas rédeas do poder.

05.1.1 *As causas imediatas da revolução cultural*

Em 10 de Novembro de 1965, um artigo de Yao Wenyuan 姚文元[334], publicado no "wenhui bao文汇报", jornal diário de Shanghai, denunciava a peça de Hai Rui como um ataque ao processo de reforma agrária na China. Esse artigo viria a ser publicado depois no jornal das forças armadas (jiefang junbao 解放军报) e, perante a amplitude das críticas que entretanto foram surgindo, acabou após algumas resistências por ser publicado também no "diário do povo" (renmin ribao 人民日报).

Obviamente que o objecto das críticas não era Wu Han, mas o seu patrono Peng Zhen, um importante aliado de Liu Shaoqi.

Peng Zhen era o presidente do "grupo da revolução cultural", constituído em 1964 e do qual faziam ainda parte Lu Dingyi 陆定一, Kang Sheng 康生, Zhou Yang 周扬 e Wu Lengxi 吴冷西. Na qualidade de presidente ainda tentou, em Fevereiro de 1966, que o "grupo da revolução cultural" adoptasse uma posição moderada relativamente ao autor da peça sobre Hai Rui e em relação a outros críticos, circunscrevendo tais manifestações à esfera literária, sem os propósitos políticos que os mais próximos de Mao, como Kang Sheng, sustentavam. E defendia mesmo uma posição liberal em relação às posições críticas dos meios académicos. Mas essas suas posições, conhecidas por "teses de Fevereiro", foram rejeitadas por Mao.

Em 16 de Abril de 1966, o EPL anunciou o apoio ao pensamento de Mao e à grande revolução cultural socialista. Com o apoio sólido das forças armadas, Mao estava mais firme para poder avançar.

Pela circular de 16 de Maio, as teses de Fevereiro foram formalmente rejeitadas, como revisionistas, e foi anunciada a constituição de um novo "grupo da revolução cultural".

---

[334] Yao Wenyuan (1925-). Jornalista de Shanghai que ganhou proeminência durante a campanha anti-direitista, era em 1965 redactor chefe do "jiefang ribao 解放日报". Sempre ligado ao grupo de Shanghai, chegou durante a revolução cultural ao politburo do comité central e fazia parte do grupo da revolução cultural. Condenado em 25 de Janeiro de 1981 em 20 anos de prisão, foi no entanto libertado em 1996.

Capítulo V – A situação durante a revolução cultural

A queda de Peng Zhen, em Maio de 1966, foi uma importante vitória para os radicais de Mao, que a partir de então passaram a ter o domínio em Beijing. Mas para além disso foram atacados e afastados dos respectivos postos Luo Ruiqing (este formalmente, porquanto de facto já tinha sido afastado), Lu Dingyi e Yang Shangkun 杨尚昆.

O afastamento de Luo Ruiqing, consolidou a posição de Lin Biao junto das forças armadas. De todo o modo, o que com estas medidas estava verdadeiramente em causa, era colocar sob domínio maoista os órgãos de decisão do partido e ir minando a posição de Liu Shaoqi.

Do novo grupo da revolução cultural, que iria ter enorme influência no período subsequente, faziam já parte três dos elementos radicais que viriam a constituir o chamado "bando dos quatro" (Sirenbang 四人帮):Jiang Qing 江青, Zhang Chunqiao 张春桥 e Yao Wenyuan 姚文远. Eram ainda elementos do grupo, para além do seu presidente Chen Boda, Wang Li 王力, Guan Feng 关锋 e Qi Benyu 戚本禹. Kang Sheng exercia funções de assessor.

Com a situação sob controlo, Mao voltou a Beijing em 18 de Junho de 1966, vindo do seu retiro de Hangzhou. Nessa altura já o movimento radical varria todas as instituições do país.

Entre 1 e 12 de Agosto de 1966, teve lugar em Beijing o 11.º pleno alargado do VIII CC que, para além de confirmar decisões já consumadas, como o afastamento das pessoas acima referidas, aprovou ainda a cartilha da revolução cultural: decisão relativa à grande revolução proletária cultural, vulgarmente conhecida por "16 pontos".

Entre outros aspectos, aí se considerava que o movimento tinha por finalidade esmagar os detentores de lugares de direcção que estavam comprometidos com a via capitalista, criticar as autoridades académicas reaccionárias da burguesia, criticar a ideologia da burguesia e de todas as outras classes exploradoras, reformar a educação, a literatura, a arte e todos os outros aspectos da superestrutura que não correspondiam à base económica socialista[335]. Apelidava de justas as movimentações dos jovens, aprovando as acções contestatárias que haviam sido iniciadas na universidade de Beijing (Beida 北大), apelava à libertação das massas e

---

[335] Hu Sheng Ed., *L'Histoire Du Parti Communiste Chinois 1921-1991*, Beijing 1994, pág. 665.

legitimava os distúrbios considerando que uma revolução é incompatível com o conforto e a tranquilidade.

Foram formalmente reconhecidos os guardas vermelhos que passaram a constituir a tropa de choque dos radicais junto das diferentes instituições, substituindo-se às estruturas tradicionais do partido, como a liga da juventude comunista.

O número de membros da comissão permanente do bureau político do comité central, passou para onze, sendo eleitos os novos membros: Tao Zhu 陶铸, Chen Boda, Kang Sheng Li Fuchun 李富春.

Foi nessa altura, em 5 de Agosto, que Mao escreveu a célebre frase "bombardeiem o quartel-general", querendo referir-se ao CC do partido.

Com esta tomada de posição e o reconhecimento dos guardas vermelhos, o movimento ganhou expressão nacional. Até 26 de Novembro foram a Beijing mais de onze milhões de jovens. Estas visitas, para as quais o Estado facultava todos os meios, quer de transporte, quer de alimentação e alojamento, constituíam romagens de endoutrinação de uma massa enorme que iria incendiar o país.

Porquê a mobilização dos jovens para esta tarefa? Será porque eram nesta fase os únicos mobilizáveis?[336]

Em parte assim acontecia. A luta desencadeada por Mao dirigia-se contra o aparelho do partido, que em larga parte controlava as organizações que poderiam fazer a mobilização de massas. Porém, após os desastres económicos da política maoista, não haveria empenhamento das massas para a tarefa da revolução cultural

Os intelectuais não estariam disponíveis, não apenas por não merecerem o apoio de Mao, mas porque haviam sido por ele ferozmente perseguidos. Para além de que a revolução cultural representava a negação de valores e de uma cultura de que eles eram os principais portadores.

As forças armadas eram o grande apoio de Mao. Todavia, não se podia confiar a esta instituição uma tarefa essencialmente destruidora. Destruidora não apenas dos dirigentes, que no seio do partido alegadamente procuravam uma via capitalista, mas também das velhas ideias, dos velhos hábitos, dos velhos costumes e da velha cultura.

---

[336] Marie-Claire Bergère, *La Chine de 1949 a nos jours*, Armand Colin, 2000, pág. 123.

Capítulo V – A situação durante a revolução cultural   235

O primeiro movimento no sentido da formação dos guardas vermelhos[337] começou pelas escolas, onde Nie Yuanzi 聂元梓[338], da Universidade de Beijing, desencadeou o primeiro ataque contra o comité do partido na universidade, no contexto da crítica contra Wu Han, já que estas pretendiam impedir essa crítica.

Perante o apoio claro de Mao a esse tipo de manifestações, também as estruturas do partido procuraram canalizar esse potencial de contestação estudantil mas sob controlo partidário, organizando grupos de estudantes rebeldes que procuraram desviar os ataques para alvos mais indefesos, como alunos e professores com antecedentes duvidosos ou com estatuto pessoal desfavorável.

As diversas facções envolveram-se em luta, até que foi impedida a sua actuação nas universidades, após o que os mais radicais se constituíram formalmente como "guardas vermelhos" (hong weibing 红卫兵), em Julho de 1966.

A actuação dos guardas vermelhos foi facilitada pela decisão, não inocente, de adiar por seis meses os exames de acesso às universidades, o que lhes deu tempo suficiente para levarem a sua tarefa destruidora até ao ponto em que permitiu o afastamento de Liu Shaoqi da vida política já que, a partir de Novembro de 1966, não mais apareceu em público.

A acção violenta dos guardas vermelhos não deixou de provocar reacção por parte das estruturas partidárias afectas à linha burocrática, que promoviam a constituição de grupos que rivalizavam com os mais radicais.

Mao promoveu a ida da revolução para as fábricas, onde fenómenos semelhantes se verificaram e para as províncias, onde os líderes resistiam às movimentações maoistas.

Um exemplo que ilustra como os factos ocorriam é o de Shanghai.

O objectivo dos guardas vermelhos era ocuparem as estruturas partidárias, no que encontraram resistência por parte dos respectivos dirigentes.

---

[337] Sobre este processo V. Maurice Meisner, *Mao's China and after*, the Free Press, 1986, pág. 333 e ss.

[338] Nie Yuanzi (1920-) era docente de filosofia na universidade de Beijing (Beida 北大). Foi autora do primeiro "dazibao 大字报" da revolução cultural.

236 *Lei Penal da República Popular da China*

Estes acabariam por ceder dada a força de uma nova organização que se havia constituído em Novembro, "quartel-general da revolta revolucionária dos trabalhadores de Shanghai", cujo líder era Wang Hongwen 王洪文, que mais tarde viria a ser um dos elementos do "bando dos quatro", bem como pelo clima de insurreição que se gerou na cidade devido às lutas entre várias facções e paralisia da economia.

A queda das estruturas do partido aconteceu em 6 de Janeiro de 1967, após o que Zhang Chunqiao se deslocou para Shanghai. Aí, após trabalho conjunto com Yao Wenyuan, foi em 5 de Fevereiro proclamada a comuna de Shanghai.

Este modelo, assente numa democracia popular de base, directamente exercida, não foi porém o seguido nos outros locais, onde se optou pela criação de comités revolucionários constituídos pela "tripla aliança" (sanjiehe 三结合) das organizações revolucionárias de massas, dos quadros e do exército.[339] O mesmo aconteceu com a Comuna que, após 19 dias, se converteu num comité revolucionário, por determinação expressa de Mao.

A tripla aliança dava um importante papel ao exército, o que de resto estava de acordo com a directiva de 28 de Janeiro do comité militar do partido. Para além de prevenir a ruptura dos serviços essenciais devido às movimentações dos radicais, esta aliança iria fazer com que o exército pudesse dar apoio aos grupos maoistas ou, nos termos da própria directiva, aos verdadeiros rebeldes revolucionários.

Mas esta posição não mereceu o apoio generalizado das forças armadas. Os seus elementos mais destacados, não satisfeitos com o afastamento já consumado de Luo Ruiqing, Zhu De e He Long, manifestaram-se contra o envolvimento das forças armadas neste processo e a actuação do grupo da revolução cultural contra os velhos quadros do partido. Esta posição foi assumida, em Fevereiro de 1967, por Tan Zhenlin 谭震林, Chen Yi 陈毅, Ye Jianying 叶剑英, Li Fuchun 李富春, Li Xiannian李先念, Xu Xiangqian 徐向前 e Nie Rongzhen 聂荣臻[340]. Este movimento oposicionista foi designado por "contra-corrente de Fevereiro" e serviu de

---

[339] Maurice Meisner, obra citada, pág. 348.

[340] Kwok-sing Li, *A Glosary of Political Terms of The People's Republic of China*, The Chinese University Press, 1995, pág. 78.

Capítulo V – A situação durante a revolução cultural

pretexto para que o bureau político do comité central fosse, na prática, substituído nas respectivas funções pelo grupo da revolução cultural.

A resistência dos responsáveis quer do partido quer das forças armadas aos grupos radicais que pretendiam tomar o poder, bem como as divergências entre os diversos grupos, levaram a situações próximas da guerra civil, a mais grave das quais ocorreu emWuhan.

No mês de Julho de 1967, a cidade estava praticamente parada devido a confrontos entre duas facções: Os "milhões de heróis", apoiada pela autoridades locais e o "quartel-general dos trabalhadores de Wuhan", mais radical e que tinha o apoio do grupo da revolução cultural. Perante a resistência das autoridades locais em acatar as ordens do centro no sentido de retirarem apoio à primeira facção, Xie Fuzhi e Wang Li deslocaram-se a Wuhan, para obrigar ao seu cumprimento. Porém, as suas determinações não só não foram acatadas, como foram mesmo sequestrados. O problema acabou por ser resolvido através do envio de reforços militares para Wuhan, o que levou os comandantes locais à rendição.

O ocorrido em Wuhan verificou-se também em outros locais, embora com menor intensidade.

A situação estava a ficar fora de controlo e havia que tomar medidas.

Entre 13 e 31 de Outubro de 1968, decorreu em Beijing o XII pleno alargado do comité central, para preparar o IX congresso do partido.

Dado que mais de 50% dos elementos do comité central eleitos no VIII congresso, haviam de facto sido afastados da acção política, houve necessidade de aumentar o número de suplentes para poder haver "quorum", o que fez do pleno uma assembleia dominada pelos elementos maoistas.[341] Aí foi decidido, nomeadamente, excluir Liu Shaoqi de todas as funções, dentro e fora do partido, do qual foi expulso.

Dominado o partido, havia agora que dominar os guardas vermelhos, o que viria a suceder durante o inverno seguinte. A pretexto de aprender com os camponeses, cerca de 20 milhões de jovens foram enviados para zonas remotas da província e para zonas fronteiriças do interior, deixando dessa forma mão livre à reposição da ordem nas cidades, que por outro lado eram descongestionadas do excesso de população.[342]

---

[341] Hu Sheng, obra citada, pág. 685.
[342] Stanley Karnow, *Mao and China a Legacy of Turmoil*, Penguin Books, 3ª ed., pág. 410.

O IX congresso abriu em 1 de Abril de 1969. Nele foi consagrada a teoria da revolução permanente sob a ditadura do proletariado e Lin Biao designado como companheiro de armas e sucessor de Mao Zedong. O comité permanente do bureau político era constituído por Mao, Lin Biao, Chen Boda, Zhou Enlai e Kang Sheng, sendo os restantes lugares do bureau político preenchidos por elementos afectos a Jiang Qing e Lin Biao.

Consumado o afastamento da linha burocrática e revisionista do partido, iniciou-se um novo processo de ajuste de contas, agora entre as facções de Jiang Qing e Lin Biao mas obviamente promovido e explorado por Mao. O perdedor seria Lin Biao. Designado como herdeiro do líder, aliou-se a Chen Boda que foi o estratega de uma política de colagem a Mao, advogando o reforço dos poderes deste, nomeadamente através da manutenção e investidura no cargo de presidente da República, de que se demitira em 1959. Mao percebeu que tais propostas visavam apenas satisfazer a ambição política de Lin Biao. Essas propostas foram rejeitadas e Chen Boda foi afastado dos cargos de liderança, na sequência do II pleno do IX comité central, reunido em Agosto de 1970 em Lushan. Lin Biao, percebendo que a queda de Chen Boda era o prenúncio do que lhe iria acontecer de seguida, terá tentado um golpe de Estado. Denunciados os seus intuitos, acabou por fugir de avião para a União Soviética. Destino onde não chegou já que o aparelho se despenhou na Mongólia Exterior. Era o dia 13 de Setembro de 1971.

Desde os acontecimentos de Lushan que Zhou Enlai vinha ganhando influência, facto que se sentiu particularmente na política internacional.

Devido aos confrontos entre a China e a União Soviética, em 1969, a China tinha receio de um confronto mais vasto. Não excluía também uma guerra com os Estados Unidos devido ao Vietname. Por sua vez os Estados Unidos tinham interesse em pôr termo a este conflito, mas sem riscos de expansão da influência soviética no resto da península da Indochina.

As circunstâncias encaminharam a China e os Estados Unidos para uma aproximação contra um inimigo comum que era a União Soviética. Em Fevereiro de 1972 Nixon visitava Beijing, assim se abrindo um novo ciclo no capítulo das relações externas da China.

Após o caso Lin Biao, Zhou Enlai ganhou importante margem de acção. No prazo de dois anos, conseguiu afastar as forças armadas da

Capítulo V – A situação durante a revolução cultural   239

administração do país[343] e promover a reabilitação de vários quadros que haviam sido afastados durante o período anterior.

A reabilitação mais espectacular foi a de Deng Xiaoping que, em Março de 1973, passou a exercer as funções de vice primeiro-ministro. Reabilitação a que, naturalmente, não foi alheia a autocrítica feita por Deng, em Julho de 1968, e que bem lhe poderia ter sido ditada por Zhou Enlai:

"Sinceramente e sem qualquer reserva aceito as denúncias e acusações que me foram dirigidas pelo partido e pelas massas revolucionárias. Quando penso no mal que os meus erros e os meus crimes causaram à revolução, sinto um misto de remorso e de lamento que me dá vergonha de mostrar a cara. Falhei completamente em viver em função da confiança e esperança que o partido e o presidente Mao depositaram em mim... Para alguém como eu, qualquer que seja o destino que me esteja reservado, jamais será excessivo. Prometo nunca tentar a reversão do veredicto sobre mim porque não tenho o desejo de morrer como um impenitente servidor do capitalismo. A minha maior esperança é poder continuar a ser membro do partido e peço ao partido que me confie, quando seja possível, uma humilde tarefa de qualquer espécie, por forma a que possa ter uma oportunidade de me redimir dos erros do passado e virar uma nova página. Saúdo vivamente a grande vitória da grande revolução cultural proletária"[344]

Entre 24 e 28 de Agosto de 1973, decorreu em Beijing o X congresso do partido. No último dia de Agosto, teve lugar o I pleno do X comité central, no qual Wang Hongwen foi eleito vice-presidente, assumindo-se em terceiro lugar no ranking do partido. A promoção de Wang Hongwen foi uma aposta de Jiang Qing, da qual ele haveria de ser fiel seguidor.

O "bando dos quatro" estava definitivamente constituído e mais que nunca decidido a tomar o poder.

No entanto, apesar das sucessivas manobras no sentido de retirar o poder a Zhou Enlai e Deng Xiaoping, não conseguiu impedir que este viesse a ser eleito vice-presidente do comité central e membro permanente do bureau político, sendo que, em 5 de Janeiro de 1975, havia

---

[343] Kenneth Lieberthal, *Governing China*, W.W.Norton, 1995, pág. 117.

[344] Michael Schoenhals, The Central Case Examination Group, 1966-1979, in *The China Quarterly*, n.º 145, pág. 104.

240   *Lei Penal da República Popular da China*

já sido nomeado vice-presidente da comissão militar central e chefe do estado maior do EPL. Estas nomeações, propostas por Mao, são bem reveladoras da sua capacidade de manobra e sentido estratégico. E visavam claramente impedir que o "bando dos quatro" pudesse criar qualquer estrutura de apoio junto das forças armadas. Medida que se mostrou decisiva para a futura queda do bando.

Em 8 de Janeiro de 1976, Zhou Enlai faleceu.

Em Abril houve grandes manifestações populares de homenagem a Zhou Enlai, segundo o "bando dos quatro" engendradas por Deng Xiao-ping. O ponto alto destas manifestações teve lugar em 4 e 5 de Abril, na praça Tiananmen, tendo sido dispersadas pela polícia.

Em 7 de Abril de 1976, Hua Guofeng 华国锋 assumiu as funções de primeiro vice-presidente do CC e de vice primeiro-ministro. Deng Xiaoping foi demitido de todas as suas funções, ficando apenas como membro do partido.

Os acontecimentos no plano económico, durante a revolução cultural, não divergiram substancialmente do que vinha acontecendo desde os primeiros tempos do radicalismo maoista. Em tempos de prosperidade, Mao desinvestia na economia para investir na ideologia, promovendo o igualitarismo e o comunitarismo. Em tempos de crise, desinvestia na ideologia para investir de novo na economia, recorrendo às reservas burocráticas para promoverem um maior papel da economia privada. Ao menor sinal de recuperação económica, logo Mao lembrava a luta de classes e os perigos da via revisionista.

05.2 O direito durante a revolução cultural

São grandes as semelhanças entre o período inicial da revolução cultural e os primeiros anos da R.P. China. Os guardas vermelhos lança-ram-se numa campanha com idêntico ou maior vigor do que aquele que foi posto na reforma agrária ou nas anti-campanhas. A diferença é que, apesar de tudo, foi menos violento, com um número muito inferior de vítimas, até porque a violência foi orientada não apenas contra as pessoas mas também contra as coisas, que de alguma forma representassem quer a velha cultura, hábitos, ideias e costumes quer os símbolos capitalistas ou revisionistas.

Capítulo V – A situação durante a revolução cultural   241

O alvo principal desta violência eram os elementos que, dentro do partido, supostamente prosseguiam a via capitalista, aderindo às teses revisionistas, e cujo expoente máximo era Liu Shaoqi.

Para levar a cabo esta tarefa destruidora e permitir a remodelação do aparelho do partido, era necessário o recuo do direito, que mais uma vez daria lugar à política. Diga-se porém, em abono da verdade, que neste contexto não teve o direito que recuar muito, dado o estado calamitoso herdado do período anterior.

A produção legislativa cessou, bem como o ensino ou a divulgação do direito.

Os tribunais remeteram-se a tarefas politicamente inócuas, pelo menos enquanto não serviam como instrumento utilizável pela ditadura do proletariado.

Se consultarmos qualquer colectânea de decisões interpretativas do supremo tribunal popular, pelo menos das que hoje estão publicadas, não encontraremos nenhuma decisão ou intervenção relativa, não apenas aos primeiros anos mas durante os 10 anos da revolução cultural.[345]

Em boa verdade, tal instituição era até desnecessária, como era reconhecido na decisão sobre a revolução cultural saída do XI pleno do VIII comité central, de 8 de Agosto de 1966, onde nomeadamente se afirmava "na grande revolução cultural proletária o único método para as massas é libertarem-se a elas próprias não sendo aceitável qualquer método em que alguém as pretenda representar".[346]

Estavam pois as massas entregues a si próprias num processo destruidor em que nem a dignidade humana tinha qualquer relevância. Como escrevia o "bandeira vermelha", no seu número de Dezembro de 1966 "os guardas vermelhos castigaram, expuseram, criticaram e repudiaram com dureza a cultura decadente e reaccionária da burguesia, puseram à luz do dia o lado negro dos direitistas burgueses, colocando-os como ratos a correr pelas ruas fugindo à perseguição de todos. Então os direitistas gritavam:"isto viola a dignidade humana". Falando francamente,

---

[345] As colectâneas a que tivemos acesso foram *Sifa Jieshi Quanji* 司法解释全书, Renmin Fayuan Chubanshe, 1994 e *Xinzhongguo Sifa Jieshi Daquan* 新中国司法解释大全, Zhongguo Jiancha Chubanshe, 1990.

[346] Michael Schoenhals Ed., *China's Cultural Revolution, 1966-1968 Not a Dinner Party*, M.E.Sharpe, 1996, pág. 36.

devemos não apenas violar a sua "dignidade" mas derruba-los por forma a que não mais se consigam levantar".[347]

Tal não significava, todavia, que no processo não houvesse normas. Todavia, quando fazemos alusão a normas ou a leis no que se refere a este período, temos que afastar do ângulo de análise a ideia de sistema legal, como o conjunto de instrumentos legislativos produzidos pelos órgãos competentes.

A revolução cultural corresponde ao período mais agudo da teoria do governo dos homens, por contraponto ao governo das leis.

Verdade seja dita que, apesar das frequentes alusões a esta dicotomia que tão frequentemente é feita na China, governo dos homens/ /governo das leis, certo é que este último, no sentido em que no ocidente é entendido, nunca existira na China. A ideia de governo das leis supõe a superioridade da lei, quando emanada de órgãos representativos, legitimados para o efeito. Assim acontece com as assembleias legislativas ou outros órgãos de poder legitimados por disposição habilitante, de natureza constitucional ou legal. Na China, a lei não tinha essa dimensão legitimadora. Governo das leis significava apenas que o imperador fazia valer a sua vontade através da lei, sem se deixar subordinar aos princípios da ética confuciana, que nela não tivessem acolhimento. Mas a vontade do soberano estava acima da lei.

A situação durante a revolução cultural foi precisamente esta.

Os pilares da autoridade assentavam em estruturas sem qualquer base legal legitimadora. E daí que as disposições de natureza constitucional e legal fossem pura e simplesmente ignoradas.[348]

A autoridade máxima era de Mao Zedong, que não tinha qualquer limitação de ordem constitucional ou mesmo dentro do partido.

O órgão executivo desta autoridade política central era o grupo central da revolução cultural, sem qualquer legitimidade formal.

A nível local, a autoridade assentava nos comités revolucionários com base no princípio "san jiehe" (tripla aliança), que integrava representantes das forças armadas, dos quadros revolucionários e das massas e

---

[347] Michael Schoenhals Ed., obra citada, pág. 47.

[348] Sobre esta questão V. Gong Pixiang 公丕祥, *Dangdai Zhongguo de Falü Geming* 当代中国的法律革命, Falü Chubanshe, 1999, pág. 268 e ss.

Capítulo V – A situação durante a revolução cultural

que concentravam em si os poderes político, militar e judicial, contrariamente ao disposto na constituição.

Neste contexto de usurpação de poder, não cabia a ideia de sistema legal, assente na constituição.

No período da revolução cultural as leis eram de três espécies:[349]
Directivas supremas;

Decisões, decretos, avisos, etc., emanadas em nome do comité central do partido, conselho de Estado, comissão militar central, ministério da segurança pública, etc.

Editoriais e comentários dos "dois jornais e uma revista" (liang bao yi kan 两报一刊).[350]

Estes instrumentos tinham valor supra-legal e supra-constitucional.

A verdadeira constituição eram as directivas supremas, emanadas do próprio Mao. Não podiam ser questionadas. Como o discurso maoista era vasto e muitas vezes contraditório, as posições que se impunham eram as que iam sendo divulgadas por documentos produzidos na altura ou através dos referidos jornais ou revista, que normalmente encabeçavam as respectivas edições e artigos com frases de Mao.

As normas produzidas pelos organismos centrais consistiam fundamentalmente em instruções de natureza política que se sobrepunham às leis. Tal como os editoriais e comentários procuravam levar até às últimas consequências os objectivos da revolução cultural, constituindo instrumentos de agitação e indicação de objectivos para cada uma das fases da revolução. Todos os grandes movimentos eram divulgados e impulsionados por essa via. De resto, a importância destes meios como forma de afirmação de autoridade já vinha de antigamente. Uma publicação no "diário do povo" era o reconhecimento da validade do respectivo conteúdo.

Durante o período da revolução cultural, a assembleia nacional popular e o seu comité permanente não reuniram durante oito anos e o mesmo aconteceu com os correspondentes órgãos locais.

Tal não significa, todavia, que a actividade dos tribunais ou dos serviços de segurança pública tenha sido interrompida. A ordem pública

---

[349] Gong Pixiang 公丕祥, obra citada pág. 275 e ss.

[350] Esses jornais eram o "diário do povo" (renmin ribao 人民日报) e o jornal das forças armadas de libertação (jiefangjun bao 解放军报). A revista era a "bandeira vermelha" (Hong Qi 红旗).

244   *Lei Penal da República Popular da China*

foi mantida ao mais baixo nível e em tudo aquilo que não tivesse a ver com os objectivos destruidores da revolução cultural[351]. Por sua vez, os tribunais e as polícias passaram a ser usados como instrumentos do movimento de massas para perseguição aos supostos adversários da revolução cultural e, nessa medida, reforçaram até os seus poderes. O que perderam foi capacidade de intervenção no domínio de acção dos elementos esquerdistas, deixando impunes todas as suas acções criminosas. Com efeito, nesta fase as leis e a política caminhavam lado a lado. Todavia, a política tinha primazia. E por isso as leis vigentes na China só tinham validade na medida em que não contrariassem as orientações de natureza política. Mantinham por isso validade diplomas como o regulamento para a punição da contra-revolução, o regulamento para a punição de corrupção, a lei de detenção e prisão, etc., não com validade geral mas apenas na medida em que servissem os objectivos do movimento de massas.

Esta posição era claramente assumida pela decisão do comité central do partido, de 18 de Agosto de 1966, na qual se dizia expressamente que, fora dos casos comprovados de homicídio, fogo posto, envenenamento, sabotagem, furto de segredos de Estado e outras actividades contra-revolucionárias, a tratar de acordo com a lei, os problemas relacionados com estudantes do ensino universitário, secundário e primário, ficariam fora do alcance da lei.[352]

Três dias mais tarde, o departamento político geral do EPL publicava um regulamento que consagrava as mesmas linhas. Perante pedidos das autoridades locais, no sentido da intervenção das forças armadas, esse regulamento impedia as forças armadas de se envolverem em actividades de repressão do movimento estudantil e muito menos de abrir fogo contra estudantes. Mesmo no caso de conflitos entre os próprios estudantes ou entre estes e as massas. A intervenção das forças armadas só seria possível no caso de comprovados crimes de natureza contra-revolucionária, como homicídio, fogo posto, envenenamento, furto de segredos de Estado, etc., quando os serviços de segurança pública não tivessem meios suficientes.

---

[351] Han Yanlong韩延龙, *Zhonghua Renmin Gongheguo Fazhisi* 中华人民共和国法制史, Zhonggong Zhongyang Dangxiao Chubanshe, 1998, Vol. II, pág. 636 e ss.
[352] Han Yanlong 韩延龙, obra citada, Vol. II, pág. 639.

Capítulo V – A situação durante a revolução cultural

Particularmente cruel era o número 7 deste regulamento no qual se estipulava: "Qualquer pessoa que tente evitar o confronto (luta) fugindo para qualquer esconderijo ou instalação militar deverá ser mandada voltar para o local de onde veio, recusando-se-lhe protecção".[353]

O ministério da segurança pública também não se deixou ficar para trás neste processo. Pelo que, em 22 de Agosto de 1966, emitiu também um regulamento proibindo a polícia de reprimir o movimento estudantil e considerando mesmo qualquer actividade de repressão desse movimento como ilegal e criminosa.[354]

O regulamento proibia actividades de repressão ou interferência no movimento estudantil, fosse a que pretexto fosse, bem como o disparo de armas contra professores ou estudantes revolucionários. Proibia a prisão de qualquer pessoa envolvida nesses movimentos de massas, excepto nos casos comprovados de crimes contra-revolucionários e ia ao pormenor de proibir a entrada da polícia na escolas, devendo deixar-se ficar na rua para a manutenção da ordem.

Temos aqui um exemplo claro da política, com dimensão supra-legal, a bloquear a acção do direito, em ordem a permitir o ajuste de contas a nível do movimento de massas.

Estas normas, à medida que a facção maoista se ia apoderando das estruturas do partido, iam perdendo validade. Todavia, os seus efeitos foram devastadores.

A esta política não eram imunes os tribunais que na época se viam confrontados com casos de homicídio e ofensas corporais resultantes dos confrontos entre grupos, colocação de cartazes de crítica ou denúncia e de buscas domiciliárias. Vejamos alguns casos[355]:

Dai Jingchuan era estudante numa escola agrícola de Taiyuan. No início da revolução cultural, devido aos seus antecedentes familiares e a umas afirmações que terá proferido, que foram consideradas reaccionárias, foi criticado em cartazes afixados na escola por Han Guomei e outros estudantes. Dai Jingchuan, enfurecido com esse facto, na noite de

---

[353] Michael Schoenhals, Ed. *China's Cultural Revolution, 1966-1969, not a Dinner Party*, M.E.Sharp, 1996, pág. 49.

[354] Han Yanlong 韩延龙, obra citada, vol. II, pág. 629 e ss.

[355] Estes casos são mencionados por Han Yanlong 韩延龙, obra citada, vol. II, pág. 630 e ss e colhidos em diversos jornais da época por ele referidos.

246   *Lei Penal da República Popular da China*

22 de Junho de 1966, utilizando uma faca, matou Han Guomei e feriu, com propósito de matar, um outro estudante.

Foi contra ele instaurado um processo por sabotagem da grande revolução cultural e proletária, tendo sido acusado de crimes contra--revolucionários de homicídio e ofensas corporais de estudantes esquerdistas.

Em 2 de Julho de 1966, o tribunal intermédio de Taiyuan leu publicamente a sentença pela qual condenou à morte Dai Jingchuan, pela prática de crime contra-revolucionário previsto pelos artigos 2.º e 9.º n.º 4 do regulamento para a punição de contra-revolucionários.[356]

Pang Yulai era operário numa empresa da cidade de Wuhan. Em 20 de Junho de 1966, Cai Xianmei e outros trabalhadores denunciaram-no através de cartazes, a pretexto de umas afirmações feitas por Pang, que foram consideradas reaccionárias.

Pang Yulai, indignado com esse facto, agrediu com uma pedra Cai Xianmei, ferindo-o na cabeça. Por esse facto, foi contra ele instaurado um processo por sabotagem da grande revolução cultural e proletária, em que era indiciado pelo crime de homicídio contra-revolucionário.

O tribunal do distrito de Qingshan condenou Pang Yulai à morte, apesar de, na altura da condenação, o ofendido se encontrar já livre de perigo.[357]

Em 22 de Julho de 1966, o tribunal intermédio da prefeitura autónoma de Qiandongnan condenou à morte Lu Anding, por sabotagem da grande revolução cultural proletária, por homicídio de um estudante esquerdista.

O que há a realçar nestes casos é o facto, não só da violência principalmente da segunda condenação, mesmo para os padrões chineses de aplicação da lei penal, mas a circunstância de as condenações se terem ficado a dever não ao crime em si, mas à sua natureza contra-revolucionária. Os homicídios, num dos casos simples tentativa, foram punidos pelo facto de as vítimas serem estudantes esquerdistas. Se isso se não verificasse, essas condutas não seriam punidas. Foi o que aconteceu com os milhares de mortos e feridos pelos guardas vermelhos e outros agentes da arruaça esquerdista.

---

[356] "Shanxi ribao 山西日报", edição de 3 de Julho de 1966.
[357] "Hubei ribao 湖北日报", edições de 7 e 8 de Julho de 1966.

Para além disso, a caracterização das condutas como contra-revolucionárias desprezava por completo as motivações dos agentes, presumindo como contra-revolucionárias as condutas apenas em função da posição política das vítimas. Com efeito, a caracterização dos crimes como contra-revolucionários não se enquadrava minimamente com o disposto na lei então vigente. Voltemos ao caso de Daí Jingchuan, que foi indiciado e condenado pelos crimes previstos nos artigos 2.º e 9.º número 4 do regulamento para a punição dos crimes contra-revolucionários.

Dizia o artigo 2.º do citado regulamento: "Todos os criminosos contra-revolucionários cujo objectivo seja derrubar o regime democrático popular ou sabotar a causa da democracia popular serão punidos de acordo com este regulamento".

Por sua vez dizia o artigo 9.º número 4:

"Aqueles que, com propósito contra-revolucionário, planeiem ou executem algum dos seguintes crimes de sabotagem ou homicídio serão punidos com pena de morte ou prisão perpétua; quando as circunstâncias do caso sejam de menor gravidade, serão punidos com pena de prisão não inferior a 5 anos:

[...]

4. Atacar, matar ou ferir cidadãos ou empregados públicos".

É óbvio que, em qualquer dos referidos casos, não havia qualquer propósito de derrubar o poder socialista ou minar a causa da democracia socialista. Tratou-se simplesmente de uma reacção violenta contra provocações de elementos esquerdistas, porventura até injustas ou sem qualquer fundamento.

Estes casos mostram pois, não só a natureza da lei penal, tal como era entendida, mas o estado de submissão dos tribunais, evidenciado na forma como a aplicavam. O que fazia da lei e dos tribunais não factores de harmonia, mas de violência social.

Só em Beijing e apenas durante os meses de Agosto e Setembro foram mortas impunemente pelos guardas vermelhos mais de 1000 pessoas.[358] Segundo algumas fontes esse número foi de mais de 1700 pessoas. E em Daxing, só numa semana foram mortas 325 pessoas com

---

[358] Han Yanlong 韩延龙, obra citada, vol. II, pág. 643 e ss.

248   *Lei Penal da República Popular da China*

idades entre um mês e 80 anos tendo, em 22 casas, sido mortas todas as pessoas que lá se encontravam.[359]

A acção devastadora estendeu-se, na campanha contra os "quatro antigos"[360], às relíquias culturais, acções que ficaram também impunes.

O mesmo aconteceu com as acções de buscas domiciliárias ilegais, com as agressões e humilhações que as acompanhavam. Em Agosto e Setembro de 1966 foram feitas buscas em 33.695 residências de Beijing e 84.222 de Shanghai.

Particularmente chocantes eram os casos de mortes de pessoas no decurso das movimentações e agitação de massas promovidas pelas autoridades centrais e que, nos termos das respectivas directivas e regulamentos ficavam fora do âmbito de aplicação da lei, por se não enquadrarem no conceito de actividades contra-revolucionárias. E quando a questão era colocada às autoridades centrais a posição era de expressa ou implícita aprovação dessas actividades criminosas, politicamente legitimadas.

A posição de Jiang Qing pelo seu cinismo merece ser referida.

Em Julho de 1966 afirmava não encorajar as agressões mas ao mesmo tempo perguntava: "as agressões que mal têm"?[361]

Mais claro era o então ministro da "segurança" pública, Xie Fuzhi, que afirmava em Agosto de 1966 que não aprovava as agressões e mortes mas que não podia conter o ódio das massas em relação aos maus elementos. E num encontro com responsáveis da "segurança" pública dizia: "os mortos estão mortos. Não queremos saber das razões. Não podemos nestes casos seguir a rotina do passado e tratá-los de acordo com as leis".[362]

Estes incentivos, vindos da vice-presidente do grupo da revolução cultural e do ministro da "segurança" pública, foram um sinal para que os guardas vermelhos se transformassem num bando de assassinos sem qualquer constrangimento legal, já que os tribunais estavam impedidos de intervir e activamente davam o seu aval à ditadura de massas, condenando pesadamente quem se lhe opusesse.

---

[359] Jin Jiu, *The Culture of Power, The Lin Biao Incident in the Cultural Revolution*, Stanford University Press, 1999, pág. 84.

[360] Campanha lançada em Junho de 1966 contra as velhas ideias, velha cultura, velhos hábitos e velhos costumes.

[361] Han Yanlong 韩延龙 obra citada, vol. II, pág. 643.

[362] Han Yanlong 韩延龙, obra citada, vol. II, pag 644.

Capítulo V – A situação durante a revolução cultural 249

Esta situação manteve-se basicamente até fins de 1970, embora o período mais agudo tenha sido até 1969 e, dentro deste, até princípios de 1967.

Foi precisamente em Janeiro de 1967, que surgiu uma das mais importantes directivas para este período que, formalmente, só deixou de vigorar em 1979. Tratava-se da directiva de seis pontos para a segurança pública, emitida conjuntamente pelo comité central e pelo conselho de Estado. Após, esclareça-se, um período de absoluta anarquia, a que a directiva de resto não iria por termo, que já tinha afastado do centro da liderança política a maior parte dos adversários de Mao.

Nos termos da referida directiva[363]:

1. Devem ser punidos, de acordo com a lei, os elementos contra-revolucionários autores de homicídio, fogo posto, envenenamento ou roubo, que cometam assassinatos dissimulados de acidentes de viação ou façam ataques abertos contra prisões ou instituições onde se encontrem criminosos, que mantenham relações ilícitas com países estrangeiros, furtem segredos de Estado ou estejam envolvidos em actividades destruidoras.

2. Serão punidos, de acordo com a lei, todos aqueles que ataquem ou difamem o grande líder presidente Mao e o seu camarada de armas Lin Biao, através do envio de cartas anónimas contra--revolucionárias, aberta ou dissimuladamente, enviando pelo correio ou disseminando panfletos contra-revolucionários, escrevendo ou gritando slogans reaccionários.

3. As massas revolucionárias e as organizações revolucionárias de massas serão protegidas. Os esquerdistas serão protegidos. As lutas são proibidas. Serão punidos os principais culpados, aqueles que estejam fortemente envolvidos ou os que estejam por trás das agressões às massas revolucionárias.

4. Latifundiários, camponeses ricos, contra-revolucionários e direitistas não serão autorizados na grande troca de experiências revolucionárias, a introduzir-se em organizações revolucionárias ou a criar as suas próprias organizações.

---

[363] Kwok Singli, *A Glosary Political Terms of the People's Republic of China,* The Chinese University Press, 1995, pág. 119 e ss.

250   *Lei Penal da República Popular da China*

5. É proibido disseminar declarações reaccionárias sob pretexto da grande democracia ou por outros meios.
6. Serão punidos os elementos do partido, do Estado, das forças armadas ou da segurança pública que violem as estipulações acima definidas, suprimam as massas revolucionárias ou fabriquem acusações.

Esta directiva, que constituía uma espécie de código penal[364], mostra de forma eloquente como foi a lei e a ordem durante este período.

O seu número um delimitava o âmbito de aplicação aos elementos contra-revolucionários.

O número dois alargava o âmbito dos crimes contra-revolucionários, neles inserindo qualquer forma de propaganda contra Mao Zedong e Lin Biao. Este âmbito foi posteriormente dilatado porquanto se passou a entender que a oposição a Mao Zedong abrangia ainda o seu quartel-general, que era o "grupo da revolução cultural". Pelo que a oposição a qualquer das pessoas desse grupo passava também a constituir crime contra-revolucionário.[365]

O número três reservava a protecção do Estado aos revolucionários e massas revolucionárias. E embora proibisse as lutas, a sua parte final era bem clara no sentido de que só seriam punidos aqueles que estivessem envolvidos em acções contra as massas revolucionárias.

Para maior exposição dos alvos a abater, os latifundiários, camponeses ricos e direitistas eram proibidos de participar na revolução cultural, por forma a que não pudessem por essa via ter qualquer protecção.

O número quinto impedia que o clima de abertura da revolução cultural pudesse ser aproveitado por qualquer opositor.

Finalmente, o número seis impedia qualquer pessoa de qualquer organização de reprimir as condutas levadas a cabo pelos esquerdistas, que, aliás, eram expressamente protegidos nos termos do ponto três.

Entretanto, à medida que o sector maoista se ia apoderando das estruturas do partido, iam sendo publicados diversos documentos que procuravam pôr termo aos excessos do período mais agitado.

---

[364] Os seis pontos para a segurança pública transformaram-se no código penal para oprimir o povo, na expressão de Wu Lei 吴磊, *Zhongguo Sifa Zhidu* 中国司法制度, Zhongguo Renmin Daxue Chubanshe, 1992, pág. 38.

[365] Han Yanlong 韩延龙, obra citada, pág. 647.

Capítulo V – A situação durante a revolução cultural 251

Um desses documentos foi uma ordem da comissão militar central, de 6 de Abril de 1967, que proibia a prisão indiscriminada de pessoas e a crítica de massas a pessoas detidas. Relativamente aos indivíduos em relação aos quais se concluísse, através de investigações, serem contra-revolucionários e que deveriam ser presos, tal prisão teria que se basear em provas conclusivas e ser autorizada.

Em 13 de Setembro de 1967, o comité central, o conselho de Estado, a comissão militar central e o grupo da revolução cultural, emitiram um aviso "sobre a estrita proibição de furto de materiais e produtos pertencentes ao Estado e assalto a armazéns, para garantir a segurança dos bens do Estado". Aí se determinando que, na apreciação de casos de furto de bens do Estado, os latifundiários, camponeses ricos, contra-revolucionários, maus elementos e direitistas que se tivessem aproveitado da confusão para se infiltrarem nas organizações de massas, seriam punidos de acordo com as circunstâncias, sendo os cabecilhas punidos com rigor.

Um outro aviso do comité central, conselho de Estado, comissão militar central e grupo da revolução cultural de 2 de Dezembro de 1967, para garantir a segurança dos transporte de mercadorias por caminho de ferro, mandava punir com rigor os agentes do inimigo e traidores, latifundiários, camponeses ricos, contra-revolucionários, maus elementos e direitistas envolvidos em actividade de sabotagem e furtos.

Em 28 de Agosto de 1969, foi dada ordem do comité central para os comités revolucionários das províncias, cidades e regiões autónomas fronteiriças e unidades do PLA estacionadas nas regiões fronteiriças, preconizando uma rigorosa punição para os inimigos que instigassem à desunião ou sabotassem a união entre o povo e as forças armadas ou entre os grupos étnicos, que tivessem relações ilícitas com o estrangeiro, que planeassem a fuga para o exterior, sabotassem a segurança pública, roubassem bens do Estado, sabotassem a produção, matassem incendiassem, envenenassem ou usassem a crença religiosa para instigar à rebelião. Para além disso, determinava a colocação sob rigoroso controlo das massas, em reforma pelo trabalho, de maus elementos e direitistas que se não tivessem emendado.

A par destas foram adoptadas outras medidas com reflexos penais, visando a contenção dos grupos radicais, as quais nem sempre foram observadas.

Em 6 de Junho de 1967, o comité central, conselho de Estado, comissão militar central e grupo da revolução cultural, emitiram uma circular visando proibir excessos quer de indivíduos quer de organizações. Proibia a prisão de pessoas, a apropriação e utilização de carimbos do partido, do governo e das forças armadas, a violação da propriedade pública ou privada, agressões e confisco de bens individuais, revistas e buscas domiciliárias. Determinava ainda que os autores de homicídio ou ofensas corporais fossem presos e punidos de acordo com a lei e os autores de sabotagem e violação da propriedade pública ou privada tivessem que devolver ou indemnizar.

O aviso do comité central proibia a ida dos campos para as cidades para a participação nas movimentações de massas.

A circular do comité central de 6 de Fevereiro de 1968 considerava como contra-revolucionários os cabecilhas de acções de sabotagem dos caminhos de ferro.

A estes documentos subjazia uma ideia comum. O partido procurava uma dissuasão ideológica para a manutenção da ordem. Obviamente que, durante o período da revolução cultural, todos os potenciais contra-revolucionários estavam na defensiva, pelo que se não envolveriam nas acções que, segundo tais documentos, seriam puníveis. Obviamente que as aludidas condutas eram levadas a cabo em acções de massa ou por elementos esquerdistas. A solução era pois, relativamente a esse tipo de comportamentos, colocar-lhes um cunho ideológico que constituísse factor de dissuasão.

A proibição da utilização de carimbos oficiais mostra o nível de promiscuidade a que tinham chegado as relações entre as instituições do Estado, do partido, das forças armadas e as organizações de massas ou grupos esquerdistas.

05.3 As instituições judiciárias

Em 18 de Dezembro de 1966, Jian Qing acusava o ministério da segurança pública, as procuradorias e o supremo tribunal popular de serem estruturas burocráticas oriundas de países capitalistas, que se colocavam acima do partido e do governo e que sempre se tinham oposto ao presidente Mao.[366]

---

[366] Wu Lei 吴磊, obra citada, pág. 37.

Capítulo V – A situação durante a revolução cultural   253

Em de Agosto de 1967, Xie Fuzhi declarava ser necessário destruir os serviços de segurança pública, as procuradorias e os tribunais.[367]

Na altura em que proferiu tais afirmações já essa tarefa estava praticamente consumada. Serviços de segurança pública, procuradorias e tribunais foram tomados de assalto, como as restantes instituições, ficando muitos deles paralisados ou tendo pura e simplesmente desaparecido. O seu papel passou a ser realizado por organizações irregularmente constituídas, de diferente natureza mas que assumiam as funções que esses órgãos levavam a cabo.

Casos havia em que essas tarefas eram executadas por comissões de controlo militar. Noutros, por grupos constituídos pelos comités revolucionários locais. Outros ainda, por organismos temporários de ditadura, os comités de ditadura.[368] Quando as velhas estruturas se mantivessem, estavam totalmente subordinadas aos novos princípios e directivas.

A junção destas funções conduziu a uma mistura que, progressivamente, foi provocando a erosão das especificidades próprias de cada organismo. O que não deixou de contribuir para o desaparecimento das procuradorias que, apesar de formalmente terem desaparecido apenas com a constituição de 1975, em 1969 já haviam sido totalmente suprimidas[369].

O trabalho das secções criminais dos tribunais ressentiu-se de toda esta situação. Tomando como exemplo o que se passou na província de Hebei, verifica-se que o número de processos entrados baixou de 19.110 em 1966 para 7.460 em 1967, 2.612 em 1968, ausência de qualquer registo em 1969, subindo em 1970 para 8.407, número que todavia baixou em 1971 para 4.597, o qual se manteve relativamente próximo nos anos seguintes.[370]

Para além disso, na execução das directivas da revolução cultural, grupos de organizações de massas levavam a cabo prisões, detenções e mesmo julgamentos. Organizando grupos especializados para a apreciação de certos casos ou mesmo tribunais populares.

---

[367] Hu Sheng, obra citda, pág. 680.

[368] Han Yanlong 韩延龙, obra citada, vol. II, pág. 664 e ss.

[369] Wu Lei 吴磊, *Zhongguo Sifa Zhidu* 中国司法制度, Zhongguo Renmin Daxue Chubanshe, 1992, pág. 37.

[370] Han Yanlong 韩延龙, obra citada, vol. II, pág. 666 e ss.

254   *Lei Penal da República Popular da China*

Finalmente as instituições judiciárias passaram por mini-movimentos de rectificação, como o "movimento de limpeza das fileiras", que foi lançado a nível nacional em 5 de Maio de 1967, destinado a descobrir inimigos de classe encobertos nas várias organizações de massas. O movimento para a investigação da organização contra-revolucionária de 16 de Maio, lançado em 8 de Setembro de 1967, destinado a investigar a natureza de um movimento de jovens criado naquela data, que supostamente terá disseminado propaganda contra o primeiro-ministro Zhou Enlai. E finalmente o movimento "uma agressão e três oposições" (Yi da san fan 一打三反), desencadeado em 31 de Janeiro de 1970, no qual se pretendia, por uma via atacar a sabotagem dos contra-revolucionários e seus colaboradores (o movimento foi lançado após ataques da União Soviética) e por outro, combater a corrupção, a especulação e desperdício.

Em qualquer destas campanhas, os organismos judiciários foram organismos expectantes, cujo papel foi mais uma vez secundarizado pela acção de massas.

Particularmente dura foi a última campanha. Estimulava-se a acção de massas, o julgamento público dos casos mais importantes em que deveria haver condenações à morte ou a pesadas penas de prisão, as quais deveriam ser decretadas após consulta às massas, publicamente anunciadas e de imediato executadas. Neste movimento, entre Fevereiro e Novembro de 1970, terão sido expostos 1.840.000 traidores, espiões e contra-revolucionários, presos 284.800 e cerca de 1000 executados.[371]

Na maior parte dos casos, no entanto, os suspeitos eram entregues às massas para serem sujeitos a controlo e reabilitação pelo trabalho.

O caso mais chocante ocorrido durante esta última campanha ocorreu com Zhang Zhixin 张志新, que, ao tempo do início da revolução cultural, era membro do comité do partido de Shenyang e do departamento de propaganda de Liaoning. Presa em 1969 por críticas a elementos do bando dos quatro, foi em 20 de Agosto de 1970 condenada em prisão perpétua como contra-revolucionária activa. Em 3 de Abril de 1975 foi condenada à morte e executada no dia seguinte, após lhe terem cortado a garganta para a fazer parar de protestar.[372]

---

[371] Han Yanlong 韩延龙, obra citada, vol. II, pág. 676.

[372] Kwok Singli, obra citada, pág. 519 e 565. Este caso teve o envolvimento directo de Mao Yuanxin 毛远新, sobrinho de Mao Zedong, que viria a ser um dos arguidos no

Capítulo V – A situação durante a revolução cultural 255

A situação de anomia foi sendo revertida a partir do momento em que Lin Biao desapareceu e Zhou Enlai ganhou preponderância no partido. Por sua vez, consolidada a posição da ala maoista, havia que reconstruir o partido e as diversas instituições do partido e do Estado. Com efeito, Mao não desdenhava a existência de um sistema legal. O que pretendia era um sistema em que a lei estivesse subordinada à sua vontade, em que a lei não fosse um empecilho à sua política.

Daí que o próprio Mao, em 8 de Março de 1970, tenha proposto a convocação da IV assembleia nacional popular, a revisão da constituição e a eliminação do cargo de presidente da República.

É curiosa esta posição de Mao, que havia sido o primeiro presidente, lugar de que abdicou em 1959, posteriormente ocupado por Liu Shaoqi. Talvez um psiquiatra pudesse explicar esta aversão de Mao ao lugar de presidente da República, do qual teve que abdicar num acto de auto-crítica pelo fracasso da sua política económica e que por certo considerava "poluído" pelo seu sucessor. Ou talvez Mao receasse que a eleição de novo presidente pudesse fazer lembrar o antecedente...

Desde 1966 até 1975, nenhuma lei foi publicada. Apenas alguns regulamentos e fundamentalmente directivas políticas. A China passava a ser governada não com direito mas com slogans[373], assim se evitando o risco de que a lei de alguma forma se constituísse obstáculo do poder do partido e do Estado. O pensamento de Mao Zedong substituiu-se, definitivamente, ao confucionismo[374] já que, se ideologicamente muito afastados, ambos concordariam na prevalência dos ritos em desfavor das leis[375]. Ideia que de

---

processo movido contra o bando dos quatro e outros envolvidos nos crimes da revolução cultural, tendo sido condenado a 17 anos de prisão.

[373] Gilbert Padoul, obra citada, pág. 220

[374] Gilbert Padoul, obra citada, pág. 222.

[375] O confronto entre os ritos (li 礼) e as leis (fa 法), remonta ao século V antes da era cristã, sendo a expressão mais visível de uma luta entre duas escolas de pensamento: a escola confuciana (rujia 儒家) e a escola legalista (fajia 法家). Segundo os confucianos a sociedade deveria ser regida de acordo com os ritos, que mais não eram do que os valores tradicionais que se manifestavam pela prática costumeira, invadiam todas as esferas da vida social e se centravam no indivíduo, não em si, mas na sua relação, no seu papel social, fosse na família, fosse na comunidade. A lei era de evitar e, quando tivesse que existir, seria um mal necessário já que era observada não por convicção mas para se evitar uma sanção. Já para os legalistas a lei, cuja observância era garantida através de pesadas sanções para o seu incumprimento, era a melhor garantia não só de igualdade entre os

256 *Lei Penal da República Popular da China*

resto já havia sido expressa por Mao durante a conferência de Beidaihe, em Agosto de 1958, não aludindo embora aos ritos mas a princípios, que naturalmente não poderiam ser outros que não os por si proclamados. O irónico da situação é que, quando na China se assumiu socialmente esta atitude, de governo não pelas leis mas pelos princípios da ética comunista, foi quando se desencadeou uma luta contra Confúcio[376] e Mao proclamou a superioridade dos legalistas.

Talvez esta súbita paixão de Mao por Qin Shi Huandi[377], para além de dar estruturação formal ao novo modelo de poder e à nova orientação ideológica, expliquem a preocupação de aprovar uma nova constituição. E dizemos nova constituição e não revisão constitucional, porque de facto a constituição de 1954 tinha perdido validade "por não uso".

05.4 A constituição de 1975

A constituição de 1975 veio dar consagração a estas teses, entrando formalmente em ruptura com o modelo soviético, já repudiado no plano político mas ainda subsistente, ao menos teoricamente, no domínio jurídico, representado principalmente pela constituição de 1954.

A constituição de 1975 foi moldada às concepções que Mao tinha das leis, mesmo das leis fundamentais. As leis eram um ponto de refe-

---

indivíduos (igualdade que os confucianos não aceitavam) mas de eficaz concretização da vontade do soberano. Sobre esta questão V. Derk Bodde e Clarence Morris, Law in Imperial China, Harvard University Press, 1967, pág. 15 e ss.

[376] A campanha contra Confúcio foi lançada em 1973, visando também Lin Biao (Pi Lin pi Kong yundong 批林批孔运动). A verdade é que na campanha contra Confúcio havia uma intenção subliminar do bando dos quatro de a orientar contra Zhou Enlai.

[377] Qin Shi Huangdi 秦始皇帝 (259-210 AC). Imperador do Estado de Qin, unificou a China fundando a dinastia Qin 秦朝 (221-209), que pouco tempo sobreviveu à sua morte. Imperador violento e cruel, colocou o império sob a sua vontade, manifestada através da lei, executada por uma burocracia imperial, regime depois mantido ao longo dos séculos. Para pôr termo às ideias confucionistas mandou queimar todos os livros dessa e outras escolas, ordenando que todos aqueles que os conservassem fossem enterrados vivos. Aspirando à imortalidade, ordenou todavia a construção de um túmulo sumptuoso, guardado por milhares de guerreiros de terracota. Apesar de tudo adoptou medidas que deram importante contributo para a unidade da China, com destaque para a unificação da escrita.

Capítulo V – A situação durante a revolução cultural　　　257

rência cujo conhecimento resultava não propriamente de estudo atento do seu conteúdo mas da ligação que as mesmas deviam ter à política. O próprio Mao admitia que não se conseguia lembrar do que dizia a constituição de 1954[378].

Pois bem, a constituição de 1975 tinha apenas 30 artigos, consagrava basicamente os princípios da revolução cultural e tinha pendor acentuadamente esquerdista.[379]

No seu preâmbulo consagrava o pensamento de Mao Zedong, a par do marxismo-leninismo como linha orientadora.

Consagrava ainda o princípio maoista da revolução permanente sob ditadura do proletariado e, o artigo 12.º dava assento ao princípio da "ditadura totalitária" que deveria invadir todos os domínios da superestrutura.

O artigo 2.º para além de reafirmar este princípio básico, estatuía que o partido comunista era o centro de liderança, pelo que se sobrepunha a qualquer órgão do Estado. Daí que o seu art. 16.º dissesse no seu número 1 que a assembleia nacional popular era, sob liderança do partido comunista, o supremo órgão do Estado. Esta posição de subordinação revelava-se ainda no facto de à assembleia nacional popular caber, nos termos do artigo 17.º, a nomeação e exoneração do primeiro-ministro e membros do conselho de Estado, mediante indicação do comité permanente do bureau político do comité central do partido.

O artigo 22.º reconhecia os comités revolucionários como órgãos permanentes das assembleias locais, dando-lhes ainda as competências executivas, assim confundindo a actividade legislativa com a de governo.

O capítulo III, relativo aos direitos fundamentais e aos deveres dos cidadãos tinha quatro artigos (26.º a 29.º). O art. 26.º, primeiro parágrafo, começava por reconhecer o mais fundamental de todos os direitos e deveres: "O direito e o dever fundamental de todo o cidadão é apoiar a direcção do partido comunista, apoiar o regime socialista e conformar-se à constituição e às leis da República Popular da China".

---

[378] Roderick MacFarquhar, Timothy Cheek, Eugene We Ed., *The Secret Speeches of Chaiman Mao*, Harvard Contemporary China Series:6, 1989, pág. 424.

[379] Sobre os aspectos mais radicais da constituição de 1975 V. Guo Chengwei zhubian 郭成伟主编, *XinzhongguoFazhi Jianshi Wushinian* 新中国法制建设五十年, Jiangsu Renmin Chubanshe, 1999, pág. 294 e ss.

O artigo 27.º reconhecia capacidade eleitoral activa e passiva aos maiores de 18 anos, o direito ao trabalho e à educação, a igualdade de sexos, protecção do casamento, família, maternidade e direitos das crianças bem como dos chineses ultramarinos.

O artigo 28.º protegia as liberdades de expressão, correspondência, imprensa, reunião, associação, manifestação, demonstração e greve, bem como de crença ou não crença religiosa. Todavia, reforçava esta última liberdade com a consagração do direito de propaganda do ateísmo, o que não reconhecia às crenças religiosas.

A constituição consagrava ainda deveres específicos para as instituições do Estado e seu pessoal. Como o dever inscrito no art. 11.º de estudo diligente do marxismo leninismo e do pensamento de Mao Zedong, de manter no comando a política proletária, de oposição ao burocratismo, de manter estreita aliança com as massas, servir o povo de alma e coração. Os quadros deviam ainda, nos termos do mesmo artigo, participar no trabalho produtivo junto das unidades colectivas.

Foi abolido o princípio da igualdade dos cidadãos perante a lei, consagrado na constituição de 1954, bem como os direitos de fixar e mudar de residência.

O art. 13.º reconhecia ainda outros direitos, não individuais, mas às massas. Consagrava expressamente as quatro grandes liberdades (si da 四大): de expressão, de exposição de todos os pontos de vista, dos grandes debates e de colocação de posters com grandes caracteres (Da ming, da fang, da bianlun, da zibao 大鸣,大放,大辩论,大字报), como nova forma de construção do socialismo pelas massas populares.

Naturalmente que as liberdades individuais tinham que ser exercidas nos limites permitidos pela ditadura do proletariado. As liberdades eram apenas para o povo e para a defesa de pontos de vista de acordo com os seus interesses. Os quais eram definidos pelo partido comunista.

Por isso, nos termos do artigo 14.º, o Estado protegia o sistema socialista, reprimindo todas as actividades de traição e contra-revolucionárias e punindo todos os seus agentes. Daí que, nos termos do parágrafo segundo do mesmo artigo, os latifundiários, camponeses ricos, capitalistas reaccionários e outros maus elementos ficassem, durante certo período, privados de direitos políticos, o que abrangia as liberdades individuais.

A secção V do segundo capítulo, que tinha um único artigo (25.º), referia-se aos órgãos de julgamento e procuradoria.

Capítulo V – A situação durante a revolução cultural

Eliminava a referência à independência e simples subordinação à lei dos tribunais e das procuradorias e confiava o trabalho das procuradorias aos serviços de segurança pública.

Eliminava a proibição de interferência das autoridades locais e nacionais nas actividades de julgamento e da procuradoria, punha termo à assessoria popular e aos princípios da publicidade da audiência e da defesa.

Determinava que no trabalho de procuradoria e julgamento fosse seguida a linha de massas devendo, nos casos mais graves de processos de crimes contra-revolucionários ser suscitada a discussão e crítica de massas.

Apesar de tudo o parágrafo segundo do artigo 28.º protegia a liberdade pessoal e domicílio dos cidadãos, proibindo a prisão sem mandado judicial ou autorização dos serviços de segurança pública.

05.5 **O estudo do direito**

> **Comunicado da associação de estudos políticos e jurídicos da China. Protesto contra as autoridades portuguesas pela perseguição ao líder operário português Rodrigues (Luodeligezi)**
>
> (Beijing, 16 de Fevereiro de 1966)

As autoridades portuguesas, em finais do mês de Janeiro do corrente ano, prenderam ilegalmente o líder operário português Rodrigues (Luodeligezi 罗德里各兹*)[380] e sua esposa bem como os seus quatro filhos com idades entre os 4 e os 14 anos, no propósito de lhe infligir feroz perseguição. Esta atrocidade é uma violação grosseira dos direitos fundamentais e um ataque aos direitos democráticos que não pode deixar de suscitar a ira do povo português e da opinião pública mundial.*

Recentemente, o povo português constituiu uma frente que lançou um apelo escrito para salvar Rodrigues mas, tendo receio que a sua vida corra perigo, apelam a todos os amigos da paz, da democracia, da liberdade e responsáveis da justiça que impeçam a violência fascista

---

[380] Tratava-se de Francisco Martins Rodrigues, membro do comité marxista-leninista português (CMLP).

260 *Lei Penal da República Popular da China*

das autoridades portuguesas, apelo que vem obtendo cada vez maior apoio internacional.

Os trabalhadores de direito da China manifestam veementemente o seu protesto contra a forma ilegal e violenta das autoridades portugue-sas na repressão do movimento democrático e perseguição de patriotas. Os trabalhadores de direito da China bem como o povo chinês apoiam firmemente o apelo para salvar Rodrigues, lançado pelo movimento popular português.

Este pedido é conforme à justiça e ao humanismo e está de acordo com os modernos princípios democráticos internacionalmente reconhe-cidos, respeitantes à garantia jurídica dos direitos fundamentais da pessoa. Os trabalhadores de direito da China exigem das autoridades portuguesas a imediata libertação de Rodrigues e seus familiares, res-tituindo-lhes a liberdade sem quaisquer condições e garantindo-lhes a segurança pessoal; bem como que seja posto termo à perseguição às forças democráticas e patriotas portuguesas. Os trabalhadores de direito da China acreditam firmemente que a luta dos democratas e patriotas portugueses será vitoriosa.

Este comunicado, publicado na página 4 do número 1, de 1966, da revista "zhengfa yanjiu", espelha o conteúdo das publicações de natureza jurídica que, na altura, ainda havia na China. É de resto antecedido de um outro comunicado em prol da luta de libertação da população negra dos Estados Unidos da América. Na página imediata e seguintes constava um artigo com a receita para um bom trabalho de julgamento: estudar e aplicar, de forma criativa, as obras do presidente Mao (huoxue huoyong Mao Zhuxi zhuzuo, zuohao shenpan gongzuo 活学活用毛主席著作做好审判工作).

Apesar das cautelas que politicamente havia nos trabalhos de edição, buscando temas consensuais que não produzissem os efeitos da livre discussão verificada em 1957, a verdade é que temas de natureza jurídica deixaram de aparecer. Os temas reduziam-se a dar conta da luta do movi-mento operário internacional e das obras do presidente Mao.

Esta tendência era herdeira da luta anti-direitista. Com efeito, a partir daí, no propósito de combater a chamada tendência direitista e revisionista que se estaria a afirmar no domínio da ciência jurídica, os artigos de opinião passaram a incidir sobre temas de cariz fundamental-mente ideológico, sobre o balanço dos movimentos de massas, natureza de classe do direito e instituições e até mesmo dos sentimentos pessoais.

Capítulo V – A situação durante a revolução cultural

A ponto de se ter discutido se o amor materno tinha natureza de classe ou era simplesmente um instinto natural.[381]

Apesar disso, a publicação desta e de outras revistas seria suspensa ainda no ano de 1966.

05.6 Conclusão

A propósito da experiência revolucionária chinesa e no contexto das relações entre direito e revolução formaram-se duas diferentes correntes. Uma delas, de pendor clássico, sustentando que o sistema de ditadura do proletariado substituíra o direito reaccionário tradicional pela legalidade socialista. Uma outra, defendendo que a pouca atenção dada ao direito pela RPC, designadamente durante a revolução cultural, representava a existência de uma sociedade sem direito e portanto harmoniosa[382].

Na verdade, o que se verificava não era a existência de uma sociedade harmoniosa mas o exercício do poder sem partilha, mesmo no seio do PCC, com aqueles que não fossem perfeitos seguidistas da ideologia maoista.

Como já vimos, durante os primeiros anos da RPC, assistiu-se a uma tentativa real, embora nem sempre consistente, de elaboração de um sistema jurídico. Esforço que se começou a esvaziar, curiosamente, pouco após a aprovação da primeira constituição, de 1954, que deveria ser a base do trabalho legislativo que se iria seguir.

Os avanços prometidos pela constituição, mormente no plano das liberdades individuais, cedo começaram a ceder perante as campanhas de intimidação que pretenderiam levar a cabo os objectivos do partido, quer de perseguição dos contra-revolucionários, quer de aprofundamento da revolução, com avanços para novas etapas, a começar nas cooperativas e a terminar nas comunas.

O trabalho legislativo praticamente terminou e os organismos de segurança pública foram ganhando espaço aos tribunais. Este estado de

---

[381] Sobre esta magna questão V. Lun Muai de Jiejixing 论母爱的阶级性, in *Zhengfa Jiaoxue* 政法教学, n.º 3 de 1960, pág. 18 e ss.

[382] Gilbert Padoul, Droit et Idéologie en Chine populaire, in Claude Aubert, Lucien Bianco, Claude Cadart, Jean-Luc Domenach, Regards froid sur la China, Éditions du Seuil, 1976, pág. 214 e ss.

coisas atingiu a "perfeição" precisamente durante a revolução cultural, em que as instituições públicas foram conquistadas pelas massas e o partido foi posto à mercê de uma facção que, em nome de Mao, se apropriou do poder a todos os níveis.

A certa altura até os organismos de segurança pública, para além das procuradorias e tribunais eram tidos como ninhos de reaccionários e revisionistas, pelo que se impunha o esmagamento dessas instituições, subtraindo esses bastiões da justiça burguesa ao inimigo e colocando-os ao serviço da ditadura de massas. Para isso era necessária uma fase prévia de ausência de lei, por forma a que, posteriormente emergisse uma ordem legal proletária[383].

Será que era esse o pensamento de Mao?

Segundo o seu médico, ele nunca terá tido um verdadeiro plano para a revolução cultural.[384]

É difícil saber se assim seria. Aceita-se é que Mao considerasse, como afirma o mesmo autor, que o grande caos conduzia à grande ordem.

Mao era um adepto e observador da dialéctica. Não poderia por isso dispensar a contradição e a luta de classes. Resolvida uma contradição, outra surgiria de imediato. O que, no quadro quer do partido quer da sociedade chinesa, ia reduzindo o espectro do conflito mas agudizando a intensidade da contradição.

A contradição jogou-se de início com o GMD e com as forças estrangeiras. Conseguida a vitória jogou-se com os latifundiários e o capitalismo burocrático. Atingiu posteriormente a burguesia nacional e os camponeses ricos. Quando os capitalistas desapareceram instalou-se no seio do partido. Ao chegar ao núcleo da elite dirigente, o combate foi violento, sem tréguas e sem regras.

Mas desta dialéctica não podemos afastar uma questão mais próxima e mais terrena que era o projecto de poder do próprio Mao e a sua estratégia para o manter. Não se duvida que Mao tinha um projecto de sociedade. Mas tinha que ser ele a concretizá-lo. A alternância de poder, de aliados, de líderes, de vias a seguir pelo partido, era expressão das

---

[383] Jasper Becker, The Chinese, John Murray, London, 2000, pag 326.
[384] Li Zhisui, *The Private Life of Chairman Mao*, Chatto & Windus, 1994, pág. 461.

Capítulo V – A situação durante a revolução cultural 263

diversas contradições e da forma de as ultrapassar. Mas era também o caminho de Mao para não deixar instalar eventuais opositores. Daí as diversas entradas e saídas de cena da linha burocrática, da alternância entre a ideologia e o pragmatismo.

A evolução do direito teve um trajecto semelhante. Em cada grande combate o direito saía de cena. Ultrapassada porém a fase mais aguda da luta, emergia numa tentativa de organizar os destroços. Ia sobrevivendo até ao combate seguinte e assim sucessivamente. Saiu totalmente de cena durante a revolução cultural, durante o grande caos. Voltaria timidamente com a constituição de 1975. Não que esta pretendesse ser a base legitimadora da grande ordem. Nem Mao desejaria que assim acontecesse. A constituição seria um mero depósito de materiais de referência ideológica como a luta de classes, a revolução permanente sob a ditadura do proletariado, as quatro grandes liberdades, a primazia do partido e das massas, a ditadura totalitária, etc. A ordem não era um ponto de chegada mas de partida. A ela se voltava sempre que necessário dar de comer ao corpo. Assim aconteceu após cada uma das crises económicas que se abateram sobre a China, ao longo do seu processo político. No entanto, logo que satisfeitas as necessidades mesquinhas do corpo, havia que prosseguir com a luta, enfrentar novas contradições, descobrir ou inventar novos inimigos, ousar ir mais além. Para alimento da alma nada melhor que uma revolução.

Mao vivia em Zhongnanhai mas sonhava com Jingangshan e Yan'an.

Não se atribua porém, apenas a Mao, o esquecimento do direito. É que o "caldo" da revolução cultural foi cozinhado durante a campanha anti-direitista. Na qual participaram activa e entusiasticamente importantes quadros da linha burocrática que depois viriam a ser vítimas da revolução cultural. As quatro grandes liberdades foram a raiz da situação de caos vivida durante a revolução. Todavia essas grandes liberdades foram usadas durante os movimentos "sufan", campanha anti-direitista e grande salto em frente. E considerava-se mesmo que elas eram a manifestação da democracia socialista, devendo mesmo ter manifestação no trabalho judicial como expressão da combinação do trabalho de julgamento com o debate com as massas[385].

---

[385] Wei Kejia魏克家, Wo dui Fating Shenpan he Qunzong Bianlun Xiangjiehe de Shenpan Jingyan de Renshi 我对法庭审判和群众辩论相结合的审判经验的认识, in *Zhengfa Yanjiu* 政法研究, n.º 1 de 1960, pág. 22 e ss.

Capítulo VI

O FIM DO RADICALISMO MAOISTA E O DESPERTAR DO SISTEMA LEGAL CHINÊS

06.1 Introdução

O número de Outubro (10) da revista "bandeira vermelha", do ano de 1976, era diferente. O retrato de Mao Zedong, que normalmente ocupava toda a capa da revista, era neste número a preto e branco.

A China e o partido comunista estavam de luto. Mao tinha morrido no dia 9 de Setembro.

Este primeiro número do "bandeira vermelha" após a morte de Mao, é eloquente. E lido com atenção daria desde logo importantes pistas quanto ao problema da sucessão na liderança.

Seria de pensar que, logo após a morte do grande timoneiro, este órgão do comité central do partido comunista relegasse para momento posterior as questões de intriga política. O estatuto de Mao Zedong assim o reclamaria. Não foi isso todavia o que aconteceu.

Logo no comunicado do comité central do partido, do comité permanente da assembleia nacional popular, do conselho de Estado e da comissão militar central do partido, a fls 5 e seguintes, os elogios a Mao são acompanhados de ataques aos seus supostos antigos adversários, começando em Chen Duxiu e terminando nos contra-revolucionários revisionistas Liu Shaoqi, Lin Biao e Deng Xiaoping. Esta tónica mantém-se nos artigos seguintes, sendo que progressivamente vão emergindo apenas os nomes de Liu Shaoqi, Lin Biao e Deng Xiaoping.

Finalmente, a partir da página 56, os ataques são especificamente orientados contra Deng Xiaoping. Que na altura não desempenhava qualquer cargo relevante, sendo apenas membro do partido.

O "bandeira vermelha" fazia uma avaliação correcta sobre quem se poderia apresentar à sucessão.

Com efeito, o bando dos quatro seria preso em 6 de Outubro, num golpe palaciano em que foram protagonistas Hua Guofeng, Ye Jianying, Li Xiannian e Wang Dongxing 汪东兴.

Estava entreaberta a porta para o regresso de Deng Xiaoping, que no entanto iria deparar com alguns obstáculos.

A questão da sucessão não se colocava de imediato. Com efeito Hua Guofeng tinha a "legitimidade imperial" porquanto constava que Mao teria escrito uma nota dizendo: "contigo ao leme ficarei tranquilo – ni banshi wo fangxin 你办事我放心".

Assumiu pois Hua Guofeng a liderança partidária, não só em razão das funções que já ocupava, mas também fundado no testamento político de Mao. Consciente porém da fragilidade do poder, que tão facilmente lhe viera parar às mãos, impedido de romper com os dogmas do seu falecido patrono político e forçado a adoptar medidas para remediar o caos em que o país se encontrava, iria ser forçado a opções políticas sem rumo credível.

06.1.1 *A situação económica da China após a Revolução Cultural e a política de Hua Guofeng*

O mais importante dos problemas com que a China se deparava ao tempo da morte do grande timoneiro era o da economia. Após a Revolução Cultural a economia chinesa estava desorganizada. As primeiras medidas adoptadas após a prisão do bando foi fazer regressar à ordem principalmente as empresas industriais e mineiras, transportes, comunicações e caminhos de ferro[386].

---

[386] Sobre a situação económica neste período V. Hu Sheng Ed., *L'Histoire du Parti Communiste Chinois 1921-1991*, Editions en Langues Etrangeres, Beijing, 1994, pág. 751 e ss.

Capítulo VI – O fim do radicalismo maoísta... 267

As medidas adoptadas nesse sentido tiveram grande sucesso, tendo-se registado acentuado aumento na produção agrícola e industrial. A produção cerealífera atingiu 300 milhões de toneladas em 1978 e o crescimento industrial foi em 77 e 78 de 14 e 13.5%, respectivamente. Em 1977, 60% dos trabalhadores viram os seus salários aumentados pela primeira vez em 10 anos. Em 1978 o poder de compra da população aumentou em 5.1%. Todavia isto era insuficiente. A economia chinesa era atrasada e incapaz de satisfazer as necessidades da população sem prévia modernização.

Hua Guofeng, consciente do sucesso das iniciativas económicas do princípio dos anos 50, mas atado pelas ideias esquerdistas de Mao, tentou combinar as duas vias. Copiando a ideia das quatro modernizações, proposta em 1964 e retomada em 1975 por Zhou Enlai[387], tentou ser o seu porta-estandarte, representar a convergência dos dois nomes mais importantes da política chinesa, Mao e Zhou[388]. O resultado foi o plano económico para 1976-1985[389].

O plano era ambicioso. Nele se previam 120 grandes unidades industriais, incluindo: 10 para a produção de aço e ferro, 8 para a produção de carvão, 10 campos de petróleo e gás, 30 unidades de produção de energia, 6 novas linhas férreas e cinco importantes portos. Era um plano de investimento de tipo soviético, semelhante ao primeiro plano quinquenal. E que iria ter algum sucesso nos anos de 77 e 78, mas como simples resultado de alguma ordem económica em consequência do travão na deriva do radicalismo maoísta. Ainda assim esse sucesso viria a ter um importante impacto na moral da liderança, de tal forma que se chegou a falar num novo grande salto em frente.

Só que o plano era irrealizável e baseado em dados irrealistas. Por exemplo, a produção de petróleo não se baseava em qualquer actividade de prospecção minimamente credível.

---

[387] As quatro modernizações propostas por Zhou Enlai eram na agricultura, indústria, defesa, ciência e tecnologia.

[388] Roderick MacFarquhar, The succession to Mao and the end of Maoism, in *The Cambridge History of China*, Cambridge University Press, 1991, vol. 15, pág. 376 e ss.

[389] Este plano era a recuperação do que havia sido discutido em 1975, no conselho de Estado.

268 *Lei Penal da República Popular da China*

Um dos pressupostos do plano era a criação de novos campos petro-líferos como Daqing[390]. Mas isso não era de facto possível e a previsão, baseada em meras possibilidades e não em actividades de pesquisa, naturalmente falhou. Por outro lado não havia divisas por forma a poder fazer os necessários investimento na produção de aço.

Não era possível a aquisição de tecnologia estrangeira para tão maciço investimento. As exportações chinesas eram predominantemente de produtos agrícola e bastante limitadas devido à grande procura interna, principalmente nas cidades. Procura que subiu também nas zonas rurais com os incentivos à produção dados aos camponeses, que viram aumentada a sua capacidade aquisitiva. A China não tinha ainda, nem capacidade para pagar os débitos para aquisição de tecnologia, nem sequer técnicos para a sua utilização.

A situação económica da China não suportaria por isso um plano de tais proporções sem apoio estrangeiro. Por outro lado, os tempos tinham mudado. Nem mesmo Chen Yun apoiou este programa de modernização. Na qualidade de líder da comissão de economia e finanças apoiava uma via mais moderada traduzida nos slogans "reajustamento, reestruturação, consolidação e progresso". Política que, traduzida em termos mais concretos, consistia em dar prioridade à agricultura, indústria ligeira e desenvolvimento comercial.

06.1.2 *A abordagem de Deng Xiaoping*

Deng fez um regresso muito cauteloso à política chinesa.

Hua Guofeng tinha tido a bênção de Mao. Para além disso tivera um papel importante na decisão que levou à prisão do bando dos quatro.

Tinha todavia diversos pontos fracos.

Era um líder sem carisma, sem ligações ao EPL, ligações com os elementos radicais durante a revolução cultural, não participara na grande

---

[390] Daqing era o mais importante campo petrolífero da China, cuja exploração se iniciara em 1959. Com a saída dos técnicos soviéticos da China, em 1960, levantaram-se inúmeros problemas para a continuação da exploração e do trabalho de pesquisa. Todavia, com grandes sacrifícios e um enorme trabalho de mobilização foi possível ultrapassar as dificuldades. A partir de então o partido dava Daqing como exemplo (aprender com Daqinq, xue Daqing 学大庆) para o trabalho na indústria.

marcha e tinha fraco apoio nos meios políticos de Beijing. Era visto, mesmo pelos elementos do bando antes da sua prisão, como alguém que mais cedo ou mais tarde cederia o poder.

Aquilo que realmente o segurava era o facto de diversos elementos do politburo, devido às suas posições políticas anteriores, recearem a reabilitação dos líderes moderados, com possíveis represálias subsequentes.

Hua Guofeng sabia também que a coabitação com Deng Xiaoping não seria possível. Não só devido às ambições de Deng mas também porque tinham diferentes visões sobre o que deveria ser o futuro da China.

Deng rejeitava a teoria da revolução permanente sob a ditadura do proletariado. Esta teoria, fora o cerne da política de Mao desde 1962 e era aceite pela liderança chinesa mesmo após a prisão do bando dos quatro.

Porque rejeitava Deng esta teoria?

Porque do seu ponto de vista a principal contradição na sociedade chinesa não era de natureza classista. Haveria certamente alguns contra-revolucionários. Só que, após 30 anos de transformação socialista, esse problema era irrelevante.

Qual a principal contradição na perspectiva de Deng?

A principal contradição era o fosso real entre as necessidades da população e o nível de desenvolvimento das forças produtivas.

E como se resolveria essa contradição?

Através de uma política de abertura ao mundo exterior e das quatro modernizações.

Só esta receita permitiria a libertação das forças produtivas e consequente desenvolvimento económico sem o perigo de se resvalar para uma situação de caos social.

06.1.3 *O caminho de Deng para o poder*

A via preconizada por Deng tinha como óbvio pré-requisito o controlo do poder, processo que decorreria em três etapas.

A primeira era a reabilitação dos perseguidos durante a revolução cultural, principalmente os seus apoiantes.

A segunda era o combate à ortodoxia maoista, principalmente a teoria dos dois apoios incondicionais.

270 *Lei Penal da República Popular da China*

A terceira a promoção ao centro da liderança política.

O primeiro e o segundo passo eram instrumentais do último. O próprio Deng foi reabilitado apenas em Julho de 1977, se bem que praticamente após a prisão do bando exercesse importante influência política.

A reabilitação de outros lideres moderados e sua nomeação para os anteriores postos deram a Deng um importante apoio dentro do partido, minando a posição de Hua Guofeng.

Para o combate à ortodoxia maoista era absolutamente necessário pôr fim à revolução cultural, mostrar os erros cometidos e demonstrar a reversibilidade das decisões de Mao, não excluindo naturalmente a designação de Hua Guofeng como líder. Não menos importante, este combate poria os esquerdistas na defensiva, deixando a iniciativa política nas mãos dos moderados.

Logo após a prisão do bando dos quatro, Hua Guofeng defendeu que o bando devia ser criticado mas que a crítica se deveria manter também em relação a Deng Xiaoping, o qual não deveria ser reabilitado[391]. Em nome deste objectivo foi proclamada a teoria dos dois apoios incondicionais (liangge fanshi 两个凡是), segundo a qual se deveriam respeitar todas as decisões políticas e todas as instruções do presidente Mao (fanshi Mao zhuxi zuchu de juece, women dou jianjue weihu, fanshi Mao zhuxi de zhishi, women dou shizhong buyude zunxun 凡是毛主席作出的决策，我们都坚决维护，凡是毛主席的指示，我们都始终不渝地遵循[392]".

Esta teoria foi sustentada nas edições dos principais jornais e revistas "diário do povo", "bandeira vermelha", "diário libertação", nas suas edições de 2 de Julho de 1977, tentando influenciar as reuniões de trabalho da direcção do partido, que no dia seguinte se iriam iniciar e que, entre outras matérias, iriam discutir a eventual reabilitação de Deng Xiaoping. Deng veio de facto a ser reabilitado no dia 16 desse mês.

Mas o combate político não se ficou por estas questões. De facto, a teoria dos dois apoios incondicionais, tendo sido formulada para impedir o regresso de Deng Xiaoping ao centro da liderança política e garantir o papel dirigente de Hua Guofeng, prendia-se com inúmeras outras ques-

---

[391] Sobre este período V. Pang Song zhubian 庞松主编, *Jianming Zhonghua Renmin Gongheguo Shi* 简明中华人民共和国史, Guangdong Jiaoyu Chubanshe, 2001, pág. 414 e ss.

[392] Pang Song 庞松主编, *Jianming Zhonghua Renmin Gongheguo Shi* 简明中华人民共和国史, Guangdong Jiaoyu Chubanshe, 2001, pág. 417.

tões que se projectavam na orientação política e económica do país e que não podiam ficar reféns de decisões e instruções de um dirigente já embalsamado. Em contraponto a essa posição conservadora e imobilista defendia Deng Xiaoping a teoria da procura da verdade nos factos (shishi qiushi 实事求是), fazendo da prática o único critério de verdade.

Ao longo de um ano decorreu um aceso debate sobre esta questão. Em Dezembro de 1978, durante o III pleno do XI comité central, as teses de Deng obtinham vencimento, assim se abrindo o caminho à consagração como o novo líder do partido.

06.1.4 *Deng Xiaoping, ni hao* 邓小平你好 *(Olá, Deng Xiaoping)*

Foi no Outono de 1978 que se começaram a sentir, em Beijing, grandes movimentações. Curiosamente a maioria dos seus animadores eram jovens que anos antes haviam sido a tropa de choque maoista. Aproveitando o período de abertura que se seguiu à prisão do bando e que acompanhou os processos de reabilitação, saíram dos campos para as cidades onde promoviam manifestações para uma reavaliação dos acontecimentos de 5 de Abril de 1976, que haviam conduzido à queda de Deng Xiaoping, instigada pelo "bando dos quatro".

Os jovens, agora aliados de Deng Xiaoping, dirigiam-lhe mensagens de simpatia e reivindicavam que tal movimento fosse considerado patriótico.

Deng Xiaoping soube rentabilizar tais manifestações, que indiscutivelmente tiveram peso no III pleno do XI comité central.

Todavia as manifestações não se bastavam com isso. Pretendiam muito mais e designadamente aquilo que apelidavam de 5ª modernização: a democracia.

Esta 5ª modernização não estava claramente nos planos de Deng Xiaoping. Que entendia até que ela poderia minar a concretização das primeiras quatro.

Daí que Deng, num importante discurso proferido em 30 de Março de 1979[393], tenha apontado os quatro princípios cardiais, que passariam a

---

[393] "Uphold the four cardinal principles" in *Selected Works of Deng Xiaoping (1975-1982)*, Foreign Languages Press, Beijing, 1984.

272 *Lei Penal da República Popular da China*

ser a referência política e ideológica: a via socialista; ditadura do proletariado; liderança do partido comunista; marxismo-leninismo e pensamento de Mao Zedong.

Deng esqueceu a argumentação do ano anterior, na qual legitimava a conduta dos manifestantes com o disposto na constituição. O seu discurso endureceu com graves acusações aos defensores da democracia e dos direitos humanos, que acusava de ligações a forças de Taiwan e do estrangeiro.

Foi pois sem surpresa que o elemento mais destacado deste movimento democrático, Wei Jingsheng 魏京生, foi preso e, em Outubro de 1979, condenado em 15 anos de prisão.

06.2 A constituição de 1978

Nos primeiros tempos após a prisão do bando dos quatro, as preocupações de ordem jurídica não eram dominantes. Era necessário antes de mais pôr termo aos conflitos surgidos em diversos locais, alguns deles armados, resultantes de resistência por parte de elementos afectos à ala esquerdista. Para além disso era necessário limpar o partido dessa influência. A primeira tarefa ficou praticamente concluída em meados de 1977 e a segunda foi concluída em 1978[394].

Não foi imediata a reabilitação de Deng Xiaoping. Proposta em Março de 1977 por Chen Yun, a mesma foi consumada durante o terceiro pleno do X comité central, que decorreu entre 16 e 21 de Julho de 1977, retomando Deng os lugares de membro permanente do bureau político, vice primeiro ministro e chefe do estado maior do EPL.

A revisão da constituição fora já decidida em 1977, tendo sido constituída uma comissão para o efeito, presidida por Hua Guofeng.

A nova constituição viria a ser aprovada em 3 de Março de 1978, durante a primeira reunião plenária do V congresso da assembleia nacional popular.

---

[394] Hu Sheng Ed., *L'Histoire du Parti Communiste Chinois 1921-1991*, Editions en Langues Etrangères, Beijing, 1994, pág. 746.

Capítulo VI – O fim do radicalismo maoista...   273

A nova constituição reproduzia as posições políticas de Hua Guofeng. Era uma tentativa de conciliação da ortodoxia maoista, da teoria dos dois apoios incondicionais, com os princípios herdados da constituição de 1954. Tentativa impossível, tanto no domínio jurídico como no económico. Retomava pois a constituição alguns dos princípios anteriores, mas deixando intocados alguns aspectos que impediam a construção de um sistema legal minimamente credível.

De positivo e na óptica das questões que mais directamente se relacionam com a nossa questão, temos os seguintes aspectos:

- A reinstalação das procuradorias populares;
- O princípio da subordinação dos tribunais e das procuradorias à lei, embora sem a consagração expressa da sua independência;
- A consagração dos princípios da publicidade da audiência e da defesa.

Todavia noutros aspectos mantinha os princípios da constituição de 1975 e até os agudizava. Assim:

- Consagrava o princípio da revolução permanente sob a ditadura do proletariado com o seu corolário da ditadura totalitária:
- Mantinha o partido comunista como o centro da liderança nacional (art. 2.º);
- Mantinha a consagração do marxismo leninismo e pensamento de Mao Zedong como ideologia orientadora;
- Consagrava os princípios "quem não trabalha não come" e "de cada um segundo as suas capacidades a cada um segundo o seu trabalho" (art. 10.º);
- Mantinha os comités revolucionários ao nível dos órgãos locais;
- Mantinha as quatro grandes liberdades (si da), se bem que estes direitos, consagrados no art. 15.º a par dos restantes direitos fundamentais, tenham sido suprimidos na revisão operada em 10 de Setembro de 1980.
- Ia mesmo mais longe do que a constituição de 1975 quando, no seu artigo 18.º, previa não apenas a punição de traidores e contra-revolucionários mas também de novos capitalistas.

Pode pois dizer-se que a constituição de 1978 representa uma solução de compromisso, que seria naturalmente provisório. Tão provisório como o poder de Hua Guofeng, que durou aproximadamente o mesmo tempo que o da vigência desta constituição.

Todavia a aprovação da constituição, para além das melhorias que foram assinaladas, particularmente no que respeita aos reforço dos organismos judiciários, tinha ainda um outro significado. Representava uma ruptura, ainda que não total, com a constituição maoista de 1975 e nessa medida ia ao arrepio dos princípios do duplo apoio incondicional defendidos por Hua. Mais importante que isso, a ideia de uma nova constituição significava relançar a questão do problema da criação de um sistema legal. E este impulso, fundamentalmente devido a Deng Xiaoping, nunca mais se perdeu.

Não há nada que seja absolutamente bom nem nada que seja absolutamente mau.

Deng Xiaoping não tinha um passado de particular apego às leis ou de empenho na construção de um sistema legislativo. Bem pelo contrário. Participou activamente na qualidade de secretário-geral do partido, numa das maiores acções de sabotagem de um sistema legal, que foi a campanha anti-direitista.

A revolução cultural mostrou a Deng e seus apoiantes, e particularmente àqueles que tiveram que ser reabilitados, na sequência do movimento de reabilitação e reapreciação de processos, a importância das leis e de um mínimo, ainda que básico, de garantias.

Estas lições tiveram eco importante na imprensa oficial. Em 1979 escrevia a "revista de Beijing":

"Pagamos um preço elevado mas aprendemos importantes lições que não tínhamos compreendido antes. Acabamos por verificar que um fenómeno histórico como Lin Biao ou o bando dos quatro tinham fortes raízes em causas sociais e políticas da China. E ainda que a inadequação das nossas leis, a falta de um sistema legal sólido e a falta de eficiência das instituições para proteger a democracia socialista lhes deram a oportunidade. Tem que haver um sistema legal com efectiva aplicação: estas são convicções ganhas à custa do sangue e das vidas do nosso povo".

Ou o "diário do povo":

"Dez anos de caos deram-nos uma lição sobre a lei que será para sempre inesquecível: quando o proletariado obtém o poder político tem que construir e consolidar um sistema legal e usá-lo para proteger os interesses do proletariado e de todo o povo. Não enfatizar o sistema legal, não cumprir a lei e actuar como se nada houvesse acima de nós

Capítulo VI – O fim do radicalismo maoista...

próprios, só beneficia os maus elementos e não o povo. Esta dolorosa lição devemos lembrá-la para sempre".[395]

O III pleno do XI comité central foi um momento de grande importância para Deng, já que aí ganhou o partido. Foi porém e ainda um momento de grande significado para a criação de um sistema legal. Na sessão de encerramento do encontro, Deng Xiaoping proferiu um importante discurso que marcou politicamente o futuro da República Popular da China. Sob o título "Libertação das mentalidades, procura da verdade nos factos e unidade com vista ao futuro"[396], Deng colocava a construção do sistema legal como condição da democracia. Democracia não apenas nas palavras mas institucionalizada e convertida em lei, "para haver garantia de que as instituições e as leis não mudam sempre que muda a liderança ou quando os líderes mudam de ponto de vista ou alteram o objecto da sua atenção".

Reconhecendo o atraso do sistema legal bem como a insustentável situação de ser considerado violação da lei a opinião divergente em relação aos dirigentes, Deng afirmava a necessidade de aprovar os grandes códigos e de legislação orientada para a atracção do investimento estrangeiro.

Tão importante como o reconhecimento desta necessidade era a vontade de romper com a prática do passado em que, a pretexto da complexidade das leis, o processo da sua elaboração se arrastava de forma indefinida. Sustentava por isso Deng Xiaoping a premência em se avançar com a produção legislativa de imediato, legislação que no futuro iria sendo aperfeiçoada.

Outra questão importante colocada por Deng era a separação entre o Estado e o partido. Deng não se alongava no assunto mas, a necessidade de separar uma coisa da outra, estava patente na sua afirmação segundo a qual "tal como o país tem que ter leis, o partido tem que ter normas e regulamentos".

---

[395] Citados por Albert HY Chen, *Legal System of the People´s Republic of China*, Butterworths, 1998, pág. 35.

[396] Deng Xiaoping, *Selected Works (1975-1982)*, Foreign Languages Press, Beijing, 1984, pág. 151 e ss.

276   Lei Penal da República Popular da China

Pode pois dizer-se que com o III pleno se iniciou a segunda revolução do sistema legal chinês, que desta vez iria ser bem sucedida, bem como a sua modernização.[397]

Em 13 de Outubro de 1978, no grupo dirigente dos assuntos políticos e jurídicos do comité central, tinha já havido uma reunião para tratar das questões relacionadas com o sistema legal, recomeçando desde então o trabalho de elaboração do código penal, que adoptou como base de trabalho a anterior 33ª versão do projecto[398].

Reconhecia-se que este projecto era um importante documento, que incorporava uma vasta experiência e importantes estudos. Tinha também passado por muitas consultas, aos mais diversos níveis, pelo que estava elaborado numa base muito consensual. Todavia tinham passado 15 anos desde o abandono ou pelo menos esquecimento desse projecto e novas realidades se tinham deparado à China durante os períodos das quatro limpezas, da educação socialista, da revolução cultural e mesmo do período pós-Mao. Daí que fosse necessário ter em conta as novas circunstâncias, os novos problemas e as novas experiências.[399]

Significava isso que era necessário retirar as consequências dos ensinamentos da revolução cultural e fazer um diploma que tivesse em conta o novo ciclo que se pretendia inaugurar, o das quatro modernizações.

Visando prevenir situações idênticas para o futuro, havia que delimitar com mais precisão o conceito de crime contra-revolucionário, por forma a obstar à sua utilização indiscriminada, como aconteceu durante a revolução cultural. Os exemplos referidos no capítulo anterior mostram em que circunstâncias esse crime era considerado. Haveria ainda que criminalizar acções como injúrias, difamação, danos e pilhagem e condutas anti-sociais como aquelas que as "quatro grandes liberdades – si da 四大" constitucionalmente permitidas, poderiam proporcionar.

Por outro lado havia que criar, através do direito penal, não só um elenco de normas orientadas para a protecção à actividade económica,

---

[397] Gong Pixiang zhubian 公丕祥主编, *Dangdai Zhungguo de Falü Geming* 当代中国的法律革命, Falü Chubanshe, 1999, pág. 295 e ss.

[398] Gao Mingxuan zhubian高铭暄主编, *Xingfaxue Yuanli* 刑法学原理, Zhongguo Renmin Daxue Chubanshe, vol. I, 1993, pág. 95.

[399] Han Yanlong zhubian 韩延龙主编, *Zhonghua Renmin Gongheguo Fazhi Tongshi* 中华人民共和国法制通史, Zhonggong Zhongyang Dangxiao Chubanshe, 1998, vol. II, pág. 815.

mas também para garantir a estabilidade e ordem social, por forma a tornar possível o investimento económico, principalmente por parte dos investidores estrangeiros.

Em Fevereiro de 1979 foi constituído na assembleia nacional popular um comité de assuntos legislativos para dar apoio ao comité permanente que, após sucessivas alterações do projecto existente, remeteu o projecto de lei penal para ser apreciado na segunda sessão do V congresso da assembleia. O código penal, o primeiro da República Popular da China, seria aprovado no dia 1 de Julho de 1979, quase 30 anos após a fundação da RPC.

A aprovação do código penal, que entraria em vigor apenas no dia 1 de Janeiro de 1980, teve um importante significado pela ligação próxima entre a lei penal, os direitos dos cidadãos e, em geral, os princípios do Estado de direito. Todavia, a par deste facto houve um outro que teve um significado não menos importante do que este, pelo sinal que pretendeu transmitir aos elementos do partido e à sociedade chinesa em geral. Referimo-nos ao julgamento do "bando dos quatro".

O julgamento era um assunto melindroso, fundamentalmente por duas razões. Por um lado, pretendia-se responsabilizar o bando e seus mais próximos colaboradores esquerdistas, mas sem envolver Mao Zedong, o que era quase impossível. Por outro, havia que ter em conta o facto de, nos corpos dirigentes do partido, haver ainda muitos antigos colaboradores deste sector radical, desde logo Hua Guofeng e Wang Dongxing. Daí que a decisão sobre quem seria levado a julgamento e quando isso aconteceria tenha sido difícil e tomada apenas em 29 de Setembro de 1980. A decisão final do julgamento foi proferida em 25 de Janeiro de 1981, com pesadas penas para os acusados, se bem que nenhum deles tenha sido executado.

O julgamento poderá não ter constituído um exemplo de isenção. Mas teve um importante significado só por si. Antes da era de Deng Xiaoping não teria que haver qualquer julgamento e ninguém procuraria saber do destino dos elementos do bando dos quatro. As contas seriam acertadas no seio do partido, pelos seus próprios meios.

O julgamento do bando, para além do significado político e da acção de propaganda que lhe esteve subjacente, foi um importante acto simbólico sobre o novo papel do sistema legal e das instituições judiciárias.

Para além da constituição de 1978 e até meados de 1979 não houve produção de diplomas com relevância no plano do direito criminal. As

278 Lei Penal da República Popular da China

decisões que neste domínio se fizeram sentir foram fundamentalmente de ordem política, como a reabilitação de milhões de pessoas que haviam sido perseguidas em razão das suas posições políticas.

Para além da reversão de veredictos nos casos mais conhecidos como o do "grupo dos 61 traidores"[400], "san jiacun"[401] o caso "Tiananmen"[402], etc. ou a reabilitação de casos individuais como Deng Xiaoping, Liu Shaoqi, Hu Yaobang, Yang Shangkun, etc., foram reabilitadas cerca de 2.900.000 pessoas. Segundo o relatório do supremo tribunal popular, apresentado em 27 de Junho de 1979 à assembleia nacional popular, cerca de 40% das acusações relativas a actividades contra-revolucionárias eram falsas, percentagem essa que em alguns locais chegava a 60 ou 70%.[403]

Estes números davam a percentagem geral. Vistas as coisas com mais pormenor a situação era ainda mais grave. Na verdade, a percentagem de acusações fabricadas em matéria de crimes contra-revolucionários era de 72% e, mesmo em matéria de crimes comuns, essa situação ocorria em cerca de 10% dos casos.[404]

Também nesta actividade se concentraram especialmente os tribunais. Com efeito, das respostas produzidas neste curto período, nenhuma delas merece especial referência. De todo o modo sempre será de realçar pequenas intervenções do supremo que de alguma forma revelam preocupações que no ciclo político anterior pouca relevância teriam.

---

[400] O caso dos 61 traidores foi uma falsa acusação contra Liu Shaoqi, fabricada por Kang Sheng e aceite por Mao para, durante a revolução cultural, o afastarem do partido. Em 1936, durante a invasão japonesa, 61 militantes do partido, o mais conhecido dos quais era Bo Yibo, foram feitos prisioneiros. Liu Shaoqi fez uma proposta à direcção do partido no sentido de eles serem autorizados a fazer declarações de arrependimento, para que fossem libertados. A proposta foi aprovada, todos foram libertados e de imediato voltaram ao trabalho partidário.

[401] "Sanjiacun zhaji 三家村札记" era o título de uma coluna da revista "qianxian" que, no início dos anos 60, era muito crítica dos radicais maoistas. Os autores de tais críticas, que usavam pseudónimo, eram Wu Han, Deng Tuo e Liao Mosha. Por esse motivo foram todos perseguidos durante a revolução cultural.

[402] Manifestações populares na praça de Tiananmen, em 5 de Abril de 1976, de homenagem a Zhou Enlai, que levaram à destituição de Deng Xiaoping, acusado pelo "bando dos quatro" de as ter fomentado.

[403] Gao Mingxuan zhubian 高铭暄主编, obra citada, vol. I, pág. 92.

[404] Wu Lei zhubian 吴磊主编, *Zhongguo Sifa Zhidu* 中国司法制度, Zhongguo Renmin Daxue Chubanshe, 1988, pág. 38.

Capítulo VI – O fim do radicalismo maoista...

A maior parte destas intervenções do supremo teve a ver com contagem das penas e possibilidade, em casos específicos, de redução das penas e liberdade condicional. Respondeu ainda a questões relacionadas com crimes contra-revolucionários e de sabotagem do casamento de elementos das forças armadas no activo e de pessoal em serviço no estrangeiro.

Quanto às questões acima referidas a posição do supremo ia no sentido de dar relevância a todas as situações de privação da liberdade, sofridas antes de julgamento, operando o respectivo desconto na pena aplicada, quando a mesma não se mostrasse ainda totalmente cumprida. Nestas situações eram designadamente abrangidos os casos de libertação sob caução para tratamento médico (resposta de 9-12-76) ou os casos de detenção domiciliária (prévia à prisão) para investigação. Nestes casos o supremo alertava mesmo (resposta de 21-10-78) para a ilegalidade de tais procedimentos. E numa consulta feita pelo tribunal superior da província de Jilin, a que deu resposta em 11-06-79, declarava que esses casos de detenção para investigação deviam ser considerados, quer as detenções tivessem sido feitas pelos serviços de segurança pública, quer por organizações que abusivamente as tivessem levado a cabo (obviamente durante os períodos da ditadura de massas da revolução cultural).

06.3 O código penal de 1979

06.3.1 *Introdução*

A investida que no plano legislativo se iniciou com a constituição de 1978, culminou com a sua revisão, operada em 10 de Setembro de 1980, durante a III sessão plenária do V congresso da assembleia nacional popular, que entre outras medidas eliminou do elenco dos direitos fundamentais dos cidadãos as chamadas quatro grandes liberdades (si da). Nesta mesma sessão foi adoptada uma outra resolução para criação de uma comissão de revisão constitucional, que iria conduzir à adopção de uma nova constituição em 1982.

Entre esses dois momentos realizaram-se outras importantes iniciativas que lançariam as bases do sistema legal actual.

No âmbito que nos interessa são de destacar o regulamento sobre detenção e prisão, de 23 de Fevereiro de 1979; a lei orgânica dos tribu-

280 — Lei Penal da República Popular da China

nais populares, de 5 de Julho; a lei orgânica das procuradorias populares, também de 5 de Julho; o código de processo penal, de 7 de Julho e, naturalmente, o código penal, de 6 de Julho[405]. Estes últimos quatro diplomas, todos de 1979, entraram em vigor em 1 de Janeiro de 1980. Foram aprovados durante a segunda sessão plenária do V congresso da assembleia nacional popular, que foi por certo o evento de maior significado na história legal da República Popular da China.

O trabalho de elaboração do código penal teve como base de trabalho a versão 33ª do projecto, a qual deveria ser reapreciada tendo em conta as experiências recentes e o processo de modernização que estava em curso. O processo seguido foi, segundo Peng Zhen, conhecer as posições dos especialistas ocidentais por um lado e dos da União Soviética e países socialistas da Europa por outro, discutir, comparar, estudar, analisar e por fim fazer as opções tendo em conta a realidade chinesa[406]. O mesmo Pen Zhen, em 26 de Junho de 1979, apresentava durante a segunda sessão do V congresso da assembleia nacional popular o projecto de lei penal, relativamente ao qual salientava os seguintes sete aspectos[407]:

- Uma das importantes funções da lei penal é proteger a propriedade pública da sociedade socialista, bem como a propriedade legitimamente obtida, dos cidadãos;
- Os direitos pessoais, direitos democráticos e outros direitos dos cidadãos devem ser protegidos de violações ilegais por parte de qualquer pessoa ou organização;
- O alvo principal da lei penal são as condutas contra-revolucionárias e outras condutas criminosas;
- A pena capital, não podendo para já ser abolida, deve ser usada o menos possível;
- A lei penal deve não apenas dar toda a protecção ao povo no exercício dos seus direitos democráticos, mas também manter a

---

[405] Sobre o código penal de 1979 V. Júlio Pereira, *Comentário à Lei Penal Chinesa*, Livros do Oriente, 1976.

[406] Han Yanlong zhubian 韩延龙主编, *Zhonghua Renmin Gongheguo Fazhi Tongshi* 中华人民共和国法制通史, Zhonggong Zhongyang Dangxiao Chubanshe, vol. II, pág. 817.

[407] Peng Zhen, Explanation of the Seven Draft Laws, in *The Laws of the People's Republic of China* (1979-1982), Foreign Languages Press, Beijing, 1987, pág. 420 e ss.

ordem na sociedade, produção, trabalho, educação, investigação científica e vida normal das massas e do povo;

- A intervenção da lei criminal deve limitar-se a infracções de natureza penal;
- Os problemas anteriores à data de entrada em vigor da lei penal (1 de Janeiro de 1980) devem ser resolvidos de acordo com as anteriores orientações, políticas, leis e decretos do partido e do Estado.

Deve desde já dizer-se que este discurso de Peng Zhen não reflectia inteiramente as opções do legislador, consagradas na lei penal, particularmente no que se referia às prioridades, em termos de valores protegidos. Reflectia isso sim as preocupações da elite dirigente relativamente a alguns aspectos que deveriam ser salvaguardados e que tinham ligação directa com os acontecimentos da revolução cultural e com os novos caminhos que a China pretendia percorrer.

Na primeira questão focava-se um aspecto importante que era o da protecção da propriedade dos cidadãos. Protecção esta que não tinha relevância no direito anterior, que esgotava as suas preocupações na protecção da propriedade do Estado ou propriedade colectiva.

O segundo pretendia pôr cobro a situações de violação dos direitos pessoais, como as ocorridas durante a revolução cultural, em que indivíduos ou organizações, em nome do exercício da ditadura de massas, exerciam sevícias, invadiam residências e destruíam bens de supostos contra-revolucionários ou reaccionários.

O terceiro aspecto referia-se àquilo que se considerava ser o objectivo verdadeiro e prioritário da lei penal: o combate às actividades contra-revolucionárias. Mas ainda aqui Peng Zhen acrescentava que seria necessária uma mais precisa definição do que era uma conduta contra-revolucionária.

Aludia ainda à necessidade de uso moderado da pena de morte. O que não deixa de ser curioso dado o facto de Peng Zhen, durante os anos 50, ter sido um animador de sessões públicas de julgamento de massas com condenações à morte. Os excessos da revolução cultural e necessidade de, numa política mais virada para o exterior, mostrar uma política criminal mais tolerante, terá sido a razão de ser desta posição.

O quinto aspecto referia-se à necessidade de ampla protecção por parte da lei penal, visando condutas nos vários domínios da sociedade.

No sexto aludia à necessidade de limitação da intervenção penal, do seu papel subsidiário, restrito às condutas socialmente mais graves.

Finalmente sustentava-se o princípio da aplicação da lei penal para o futuro.

O código penal de 1979 tinha um total de 192 artigos, 89 na parte geral e 103 na parte especial.

A parte especial tinha os seguintes oito capítulos:crimes contra--revolucionários; crimes contra a segurança pública; crimes contra a ordem económica socialista; crimes contra os direitos pessoais e direitos democráticos dos cidadãos; crimes contra a propriedade; crimes contra a ordem social; crimes contra o casamento e a família e crimes de violação de deveres.

Esta sistematização da parte especial é que verdadeiramente reflectia a ordem de preocupações da lei penal e os valores que primordialmente lhe competia defender.

Esta prioridade decorria do artigo 2.º da parte geral, que apontava os fins da lei penal e que rezava o seguinte:

"O fim da lei penal da República Popular da China é usar a punição criminal para combater todas as condutas contra-revolucionárias e outras condutas criminosas, defender o sistema da ditadura do proletariado, proteger a propriedade socialista pertença de todo o povo e a propriedade colectivamente pertença das massas trabalhadoras, proteger a propriedade privada legitimamente pertencente aos cidadãos, os direitos pessoais, os direitos democráticos e outros direitos dos cidadãos, manter a ordem social, a ordem na produção, no trabalho, na educação e investigação científica e na vida das massas populares e salvaguardar o progresso harmonioso da causa da revolução socialista e da construção do socialismo".

Temos pois a definição das prioridades, que tinha tradução correspondente na parte especial e que consagrava a defesa do sistema da ditadura do proletariado como primeira prioridade, expressa na parte especial nos capítulos I (crimes contra-revolucionários) e II (crimes contra a segurança pública). Vinha de seguida a protecção da infra-estrutura da sociedade socialista que na parte especial se exprimia no III capítulo (crimes contra a ordem económica socialista). Só depois cuidava o código dos direitos pessoais e outros direitos.

O código mantinha pois rigorosamente a matriz ideológica do direito penal anterior, que de resto era anunciada no artigo 1.º: "A lei

Capítulo VI – O fim do radicalismo maoista... 283

penal da República Popular da China adopta o marxismo-leninismo e o pensamento de Mao Zedong como guia e a constituição como base...".

Vejamos os aspectos mais significativos do código no que respeita à parte geral:

06.3.2 *Princípios fundamentais*

A lei penal da RPC, de 1979, não consagrava explicitamente qualquer princípio. E também não havia unanimidade doutrinária sobre quais fossem esses princípios. No entanto podemos apontar os seguintes quatro como os frequentemente mais citados[408]:

Princípio da legalidade, princípio da proporção entre o crime e a pena, princípio da responsabilidade individual e princípio da combinação da punição com educação.

06.3.2.1 *Princípio da legalidade*

Apesar de o princípio da legalidade ser sempre o primeiro a ser referido pela doutrina, o certo é que, para além de o código de 1979 lhe não dar consagração expressa, previa ainda um instituto que basicamente é hostil a este princípio: a analogia.

Para além disso esta situação veio a ser posteriormente agravada com a publicação de dois diplomas avulsos nos quais se consagrou o princípio da retroactividade da lei penal, com efeitos desfavoráveis aos arguidos.

Por outro lado sofria também o código de um défice de previsão, não só pelo número reduzido de artigos e sua linguagem excessivamente conceptual, mas ainda porque ignorava matérias com importantes reflexos

---

[408] V. entre outros Gao Mingxuan zhubian 高铭暄主编, *Xingfaxue Yuanli* 刑法学原理, Zhongguo Renmin Daxue Chubanshe, 1993, vol. I, pág. 168 e ss; Gao Mingxuan zhubian 高铭暄主编, *Xingfaxue* 刑法学, Beijing Daxue Chubanshe, 1989, pág. 36 e ss; Gao Mingxuan zhubian 高铭暄主编, Ma Kechang fuzhubian 马克昌副主编, *Zhongguo Xingfaxue* 中国刑法学, Zhongguo Renmin Daxue Chubanshe, 1989, pág. 30 e ss.; Su Huiyu zhubian 苏惠鱼, *Xingfaxue* 刑法学, Zhongguo Zhengfa Daxue Chubanshe, 1994, pág. 30 e ss; He Bingsong zhubian 何秉松主编, *Xingfa Jiaokeshu* 刑法教科书, Zhongguo Fazhi Chubanshe, 2ª ed., pág. 30 e ss.

284   *Lei Penal da República Popular da China*

nos direitos pessoais, como as sanções denominadas administrativas, o regime de reabilitação pelo trabalho e as medidas de segurança.

O problema da retroactividade será analisado na parte relativa à aplicação da lei no tempo. Vamos pois verificar os outros aspectos do princípio da legalidade para cuja correcta compreensão se exige uma incursão no conceito e estrutura do crime, a qual nos obrigará mesmo a sair do campo do direito penal tal como ele é entendido na RPC.

06.3.2.2 *Conceito de crime*

Vejamos o art. 10.º do código penal:

"Todas as condutas que ponham em perigo a soberania e integridade territorial do Estado, que ponham em risco o sistema de ditadura do proletariado, desestabilizem a revolução socialista e a construção do socialismo, minem a ordem social, violem a propriedade pertença de todo o povo ou colectivamente pertencente às massas trabalhadoras, violem a propriedade privada legitimamente pertencente aos cidadãos, infrinjam os direitos pessoais, os direitos democráticos e outros direitos dos cidadãos, e outras condutas que ponham em perigo a sociedade, se de acordo com a lei deverem ser criminalmente punidas, são consideradas crimes; porém se as circunstâncias forem claramente insignificantes e diminuta a perigosidade, não serão consideradas crimes".

Esta definição fornecia os elementos básicos da conduta criminosa, indicando os valores que ao direito penal cumpria defender e dando até indicação do seu escalonamento sob o ponto de vista legislado. Finalmente fornecia um critério para retirar natureza criminosa a condutas que, em abstracto, caberiam na previsão da primeira parte da norma.

Sobre os elementos fundamentais do conceito de crime existia um amplo debate doutrinal, havendo quem apontasse desde dois até seis elementos. A teoria dominante ia no sentido de que esses elementos eram três.

Repare-se que esta questão, particularmente no âmbito do código de 79, não tinha interesse meramente académico – havendo embora quem sustentasse tal ponto de vista[409] – por dois motivos. Desde logo, porque

---

[409] Shao Yansheng zhubian 邵宴生主编, *Zhongguo Xingfa Tonglun* 中国刑法通论, Shanxi Rebmin Chubanshe, 1994, vol. I, pág. 97.

o código penal recorria a um grande número de conceitos indeterminados, como "circunstâncias insignificantes", "circunstâncias graves", "circunstâncias especiais", "montante elevado", etc., de cuja verificação ou não, muitas vezes dependia a qualificação de um facto como crime, ou diferente pena para o mesmo crime. Por outro, porque o código, como iremos ver, não consagrava em toda a dimensão os princípios da legalidade e da tipicidade, permitindo o recurso à analogia, nos termos do seu art. 79.º.

Assim sendo, a noção de crime e os seus elementos fundamentais tinham um papel primordial como veículo orientador da apreciação dos aludidos conceitos e da possibilidade de recurso à analogia. Com efeito, e no que a esta questão diz respeito, pressuposto indispensável para uma integração analógica, era que o facto não previsto nas disposições especiais ou em legislação avulsa, devesse ser qualificado como crime nos termos do art. 10.º.

Quais eram então esses elementos?

06.3.2.3 *Perigosidade social da conduta*

Uma conduta só podia ser considerada criminosa se atentasse contra as relações sociais protegidas pelo direito penal, à volta de valores que se podiam integrar em quatro grandes núcleos:

- Integridade do Estado, ditadura do proletariado e sistema socialista;
- Bases da economia socialista;
- Direitos pessoais, políticos e económicos dos cidadãos;
- Ordem social (na produção, no trabalho, no ensino, na investigação científica e na vida da população).
- Conduta violadora da lei penal.

O primeiro requisito por si só não bastava para qualificar uma conduta como crime. De um modo geral pode dizer-se que qualquer acção perturbadora das relações sociais envolve um maior ou menor perigo ou mesmo dano. Todavia, o direito penal protege apenas valores essenciais e quando esses valores não possam ser tutelados por outra via. Só intervém, pois, a partir de certo grau de perigosidade e quando a questão envolvida não possa ser resolvida no âmbito do direito civil, fiscal, administrativo,

286 *Lei Penal da República Popular da China*

etc. Exigia-se pois ainda que a conduta fosse socialmente perigosa e violadora da lei penal.

06.3.2.4 *Conduta criminalmente punível*

Exigia-se finalmente que, verificados aqueles requisitos, a conduta fosse criminalmente punível, designadamente que os elementos constitutivos de um crime se encontrassem preenchidos, que o agente fosse criminalmente responsável, não ocorresse qualquer facto que legitimasse a conduta, como por exemplo a legítima defesa e não se verificasse a restrição da parte final do art. 10.º.

06.3.2.5 *Alcance da última parte do artigo 10.º. As sanções administrativas. Infracções à segurança da administração*

Como já foi referido, o código penal só dava relevância a actos que se revestissem de maior gravidade. Fora desse contexto, não havendo circunstâncias reveladoras de especial perigosidade, quer quanto à forma de actuação quer quanto à pessoa do agente, não haveria crime, sendo os factos, embora ilícitos, considerados como infracções de natureza não penal mas meramente administrativa.

As infracções administrativas em boa parte correspondem ao domínio contravencional ou contra-ordenacional. Todavia casos há em que tais sanções podem implicar restrição ou privação da liberdade e são precisamente esses casos que aqui pretendemos focar. Referimo-nos particularmente às infracções à segurança da administração e a um caso muito especial de sanções administrativas, que é a reabilitação pelo trabalho.

Os casos de infracções à segurança da administração eram investigados, apreciados e decididos, ao tempo da publicação do código penal, pelos organismos de segurança pública, sem intervenção das procuradorias e dos tribunais, nos termos do respectivo regulamento de 22 de Outubro de 1957.

Esse regulamento, com vasto âmbito de aplicação, colidia fortemente com o princípio da legalidade.

Nos termos do seu art. 2.º, todo aquele que perturbasse a ordem social, pusesse em perigo a segurança pública, infringisse os direitos dos cidadãos ou violasse a propriedade pública ou privada, ficariam sujeitos à disciplina prevista no regulamento, caso as circunstâncias não fossem de gravidade tal que merecessem sanção penal.

Ora logo aqui intervinha uma ampla margem de discricionaridade que deixava aos organismos de segurança pública larga margem de decisão quanto às matérias a enviar ou não a apreciação judicial.

A partir do artigo 5.º o regulamento descrevia uma série de condutas que praticamente cobriam toda a área de previsão do código penal,[410] algumas das quais eram puníveis com detenção.

O regime de detenção, consistindo numa privação de facto da liberdade pessoal, na sua essência não diferia da medida de detenção criminal, embora legalmente consideradas de diferente natureza.

Por tais razões e ainda porque a lei não estabelecia de forma clara uma diferenciação entre crime e infracção administrativa, um cidadão estava sujeito a ser privado da liberdade ou mesmo, como iremos ver, submetido ao regime de reabilitação pelo trabalho, sem intervenção dos tribunais.

06.3.2.6 A reabilitação pelo trabalho

Outra importante limitação ao princípio da legalidade consistia na reabilitação pelo trabalho, de acordo com o regime estabelecido por decisão do conselho de Estado, de 1-8-57, e ao qual já em capítulo anterior fizemos também referência.

Este regime foi criado em nome das necessidades da construção socialista, sendo aplicável a quem, tendo capacidade para trabalhar, levasse uma vida ociosa, violasse a lei ou a disciplina, desde que os seus actos não assumissem gravidade para configurar crimes.

O regime instituído em 1957 foi complementado por uma resolução do CPANP, de 29 de Novembro de 79, que determinou a criação de comités de reabilitação pelo trabalho nas províncias, regiões autónomas,

---

[410] Entre outras as seguintes: furto ou burla envolvendo pequenas quantias, ofensas corporais sem consequências graves, distúrbios em locais públicos, uso de certo tipo de armas, introdução em casa alheia, injúrias, difamação, danos, linguagem obscena, jogo, sobrelotação de viaturas ou estabelecimentos, etc.

288 *Lei Penal da República Popular da China*

cidades sob dependência directa do governo central e cidades de média e grande dimensão, que seriam responsáveis pela aplicação e administração do regime. O prazo de reabilitação seria de 1 a 3 anos, eventualmente prorrogável por um ano. Era proibida a discriminação de pessoas sujeitas a este regime e criado um sistema de supervisão por parte das procuradorias populares.

06.3.2.7 *As medidas de segurança*

O direito penal chinês não prevê medidas de segurança. Não significa isto que não existam medidas similares (internamento de inimputáveis perigosos em hospitais psiquiátricos, internamento para recuperação de toxicodependentes, cancelamento de autorização de residência em determinados locais, reabilitação pelo trabalho para vadios, "hooligans", vendedores de material pornográfico, prostitutas, etc.). Acontece é que tais medidas são adoptadas fora do enquadramento da lei penal, em regra pelos organismos de segurança pública e comités de reabilitação pelo trabalho e por isso com mais reduzidas garantias para os visados.

Relativamente às medidas de segurança havia diferentes posições na doutrina. Se havia quem entendesse ser importante colher ensinamentos na experiência de outros países, em ordem a pelo menos alcançar um sistema de coordenação com o direito penal[411], havia também quem encarasse com acentuadas reservas as soluções dos países ocidentais no que respeita a medidas de segurança[412].

É manifesto que todas estas situações, detenção, reabilitação pelo trabalho ou internamentos, se traduziam numa privação de liberdade, e no caso da reabilitação com sujeição a trabalhos forçados. Retirava-se assim do âmbito do direito penal um amplo leque de condutas que, a aferir pelas respectivas consequências para os direitos pessoais dos visados, não poderiam deixar de ser vistas sob o ângulo do direito penal. Com efeito, a detenção criminal e a reabilitação pelo trabalho são verdadeiras penas.

---

[411] Fan Fenglin zhubian 樊凤林主编, *Xingfa Tonglun* 刑罚通论, Zhongguo Zhengfa Daxue Chubanshe, 1994, pág. 700 e ss.

[412] Gan Yupei, Yang Chunxi, Wenzhu zhubian 甘雨沛、杨春洗、张文、主编, *Fanzui yu Xingfa Tonglun* 犯罪与刑法通论, Beijing Daxue Chubanshe, 1991, pág. 561.

Capítulo VI – O fim do radicalismo maoista...

E as medidas de segurança, ainda que como tal não sejam encaradas, teriam que, pelas respectivas consequências, seguir um processo dotado das necessárias garantias que só a via judicial poderia proporcionar.

06.3.2.8 *Da analogia. Estrutura do crime*

O art. 10.º dava-nos uma noção do que é o crime, mas não era suficiente para configurar a sua estrutura. Só um ordenamento pautado pelo arbítrio dispensaria mais especificações no sentido da indicação dos requisitos objectivos e subjectivos para a concreta verificação de um crime. O conjunto de tais requisitos, e de todos eles, encerra precisamente a noção de estrutura do crime.

Na China nem sempre se deu importância a esta questão. Assim, na época da campanha anti-direitista, as discussões teóricas sobre estrutura do crime eram consideradas argumentação reaccionária, instrumentos da burguesia para poupar contra-revolucionários à justiça das massas.

Ultrapassado porém esse período e a revolução cultural, o problema voltou ao núcleo central da dogmática jurídico-penal da RPC

Ora entendia a doutrina que os elementos objectivos do crime têm que constar de norma penal, indicados de forma objectiva, só relevando na medida em que a lei expressamente os considerasse atentatórios dos bens protegidos, não havendo crime na ausência de qualquer desses requisitos, sustentando-se, por isso, nesta matéria, a vigência dos princípios da legalidade, objectividade, normatividade e essencialidade[413].

Efectivamente não era assim que acontecia, já que tal posição doutrinal deparava com uma importante limitação ao princípio da legalidade, constante do art. 79.º do código.

Nos termos desse art. 79.º, quando um crime não estivesse previsto nas disposições especiais seria punido de acordo com o preceituado em artigo de conteúdo mais análogo, embora tal decisão estivesse sujeita a aprovação do STP.

O recurso à analogia fazia parte da tradição do direito penal da RPC. E se antes tal opção se afigurava natural, como instrumento indispen-

---

[413] Su Huiyu zhubian 苏惠鱼主编, *Xingfaxue* 刑法学, Zhongguo Zhengfa Daxue Chubanshe, 1994, pág. 104 e ss.

sável para a eliminação de elementos contra-revolucionários, já após a aprovação do código de 1979 não deparava com uma atitude consensual, embora em sua justificação se invocassem razões relacionadas com o circunstancialismo histórico e a ideologia orientadora da lei penal.

Entendeu o legislador que, num país tão vasto como a China, com tão acentuadas diferenças étnicas, culturais e económicas, orientada para rápidas transformações a todos os níveis da sociedade, a analogia seria um mecanismo de defesa que permitiria flexibilizar o sistema penal, levando-o ao encontro de novas exigências colocadas pela evolução social. Daí que se considerasse que a lei penal da RPC aderia basicamente ao princípio da legalidade, sendo a analogia um "complemento" de tal princípio.

O recurso à analogia estava, contudo, sujeito a diversas e importantes restrições.

A primeira restrição decorria do teor do artigo 10.º. Não era qualquer conduta que podia por analogia ser considerada criminosa, mas apenas aquelas condutas que, por um acentuado grau de perigosidade, atentassem contra as relações sociais protegidas pelo direito penal.

Exigia-se ainda, naturalmente, que a conduta não estivesse prevista em qualquer tipo de crime.

Só poderia haver analogia relativamente a condutas dolosas.

Impunha-se a integração da conduta na norma penal de conteúdo mais análogo.

Exigia-se ainda que os valores violados coincidissem com os protegidos pela norma que iria ser aplicada.

Finalmente a aplicação analógica de uma norma estava sujeita a aprovação por parte do STP.

Este poder era indelegável ao contrário do que por exemplo veio a acontecer com a aprovação das sentenças que aplicavam a pena de morte nos casos de homicídio, violação, roubo, acções bombistas e outros crimes que punham seriamente em causa a segurança da população e a segurança pública, em que o STP foi autorizado a delegar os poderes de aprovação no tribunal superior provincial ou da região autónoma respectiva ou da cidade sob administração directa do governo central – art. 13.º da lei orgânica dos tribunais populares da RPC, com a alteração que lhe foi introduzida em 28 de Setembro 1983, pela CPANP.

06.3.2.9 *Dos conceitos indeterminados*

Outra importante limitação ao princípio da legalidade e seu corolário da tipicidade, intimamente ligada com a questão da analogia, decorria do facto de o código conter apenas 192 artigos e recorrer com frequência a conceitos indeterminados.

Ora, se alguns desses conceitos tinham um conteúdo já bastante preciso, quer na doutrina quer na jurisprudência – como acontecia por exemplo nos conceitos de "furto ou de "burla" –, o mesmo não acontecia relativamente a muitos outros, designadamente no que se referia às circunstâncias do crime.

O código penal recorria com frequência ao conceito de circunstâncias "graves", "muito graves", "especialmente graves" etc. Na maioria dos casos tais conceitos funcionavam como pressupostos de atenuação ou agravação e já aí se exigiria uma cuidadosa definição. A situação agravava-se, contudo, nos casos em que essas circunstâncias podiam determinar ou não a verificação de um crime ou a aplicação de penas de diferente moldura.

06.3.2.10 *Princípio da proporcionalidade entre crime e pena*

Este princípio era tido como intimamente associado aos fins das penas. Estas, dizia-se, só podiam cumprir verdadeiramente a sua função se houvesse equilíbrio entre a medida da pena e a gravidade do crime, medida esta tendo em conta quer os elementos objectivos quer os elementos subjectivos do crime.

Uma pena leve imposta por um crime grave não cumpriria a função reeducadora e preventiva.

Uma pena pesada para um crime leve não seria justa.

Este princípio concretizava-se, desde logo, no escalonamento das penas em função da importância dos bens jurídicos protegidos.

Estava também presente nas diferentes medidas das penas em função do grau de perigosidade ou danosidade da conduta, sendo diferentes as penas consoante as fases da realização do crime, do seu resultado e forma de imputação.

Estava ainda expresso na medida da pena tendo em consideração o modo de realização crime.

292 *Lei Penal da República Popular da China*

Tinha finalmente em conta as circunstâncias relativas ao próprio agente.

06.3.2.11 *Princípio da responsabilidade individual*

Pode parecer estranha a referência a este princípio a propósito do direito penal de finais do século XX.

Há no entanto que ter em conta que, até praticamente ao fim da monarquia, a lei penal chinesa previa a punição não só do agente mas também dos seus familiares no caso da prática de certos crimes de maior gravidade que, por exemplo no crime de traição, poderia envolver várias gerações de uma família. Casos havia até, em tempos mais recuados, em que podiam ser responsabilizados os vizinhos ou mesmo uma determinada comunidade.

Durante o período da República esta situação foi sendo alterada, mas, no concreto, em face do clima de convulsão política então vivida, não raros eram os casos em que, pela prática de um crime, eram responsabilizados não só os seus agentes mas também os seus familiares.

Situação semelhante viveu-se durante o período da revolução cultural em que, supostos crimes cometidos por uma pessoa, envolviam por vezes a sua família e até amigos, conterrâneos ou companheiros de trabalho que com o agente tivessem uma relação mais próxima.

A lei penal de 1979 assentava toda ela no princípio da responsabilidade individual, entendido no sentido de que só os agentes de um crime podiam ser criminalmente responsabilizados.

Manifestações claras deste princípio estavam, entre outros, nos artigos 11.º, 12.º e no art. 55.º a propósito do confisco de património, que só abrangia os bens do próprio delinquente.

06.3.2.12 *Princípio da combinação da punição com a educação*

O direito penal socialista assenta na ideia de que o crime é um fenómeno inerente à sociedade classista, que portanto desaparecerá numa sociedade em que não existam exploradores nem explorados.

O direito penal teria pois de orientar-se tendo em vista esse percurso evolutivo até ao desaparecimento do crime, para o que teria também que contribuir na tarefa da construção de um homem novo, servindo-se por um lado da punição e por outro da educação, por forma a transformar as tendências negativas do criminoso em tendências positivas.

Isso passava pela elevação do seu nível cultural, educação política, aproveitamento dos seus dotes artísticos, aprendizagem de uma determinada profissão e principalmente pelo trabalho, maxime trabalho produtivo.

A recuperação pelo trabalho teve sempre na política criminal chinesa uma importância extraordinária, de tal forma que, não obstante se inserir num ramo à parte, complementar do direito penal, se poderia considerar como um princípio autónomo do direito penal.

Ao regime de reforma pelo trabalho estão sujeitos todos os delinquentes que, tendo capacidade para trabalhar, estejam a cumprir penas privativas de liberdade.

06.3.2.13 *Outros princípios*

Os referidos quatro princípios são os frequentemente indicados pela doutrina. Todavia, pelo menos dois outros poderiam ser apontados: o princípio da culpa e o princípio da combinação do rigor com a benevolência.

Princípio da culpa. A dogmática jurídico-penal chinesa não é pródiga a pronunciar-se sobre a questão da culpa para além das referências a esta temática a propósito dos artigos 11.º e 12.º, ou seja, do dolo e da negligência.

A culpa prende-se com o aspecto subjectivo do crime e a doutrina incide mais na análise do aspecto objectivo. O núcleo fundamental do crime situa-se na danosidade ou perigosidade social, até porque o social tem predominância relativamente ao individual.

De todo o modo é manifesto que o princípio da culpa tinha assento privilegiado no código penal chinês de 1979.

Desde logo porque um facto só podia ser considerado crime quando imputável a uma pessoa a título de dolo ou negligência. Por outro lado, as molduras penais tinham em conta essas diferentes modalidades de culpa e davam importante relevância a situações de culpa diminuída como no caso dos crimes cometidos por menores, cegos, surdo-mudos, cúmplices coagidos, em excesso de legítima defesa, etc., etc..

De resto, o princípio da culpa já estava de certo modo contido nos princípios da proporção entre o crime e a pena e da responsabilidade individual.

Princípio da combinação do rigor com a benevolência. É um princípio de política criminal mas que tinha também ampla consagração na lei penal.

Considerava-se que o criminoso, mesmo quando se encontrasse à beira do abismo, ou mesmo após a prática do crime, deveria ter uma oportunidade.

Este princípio manifestava-se fundamentalmente nos institutos da rendição do criminoso às autoridades e a propósito da desistência de prosseguir na prática do crime.

Ambas as possibilidades eram consagradas de uma forma muito ampla e com importantes reflexos atenuativos.

O princípio tinha ainda uma importância tal, que nas várias campanhas contra o crime desencadeadas na RPC, era frequente fixar aos criminosos um determinado prazo para se entregarem às autoridades e confessar os respectivos crimes. Decorrido tal prazo sem que o tivessem feito, ficariam sujeitos a penas mais pesadas.

A rendição era mais eficaz se os criminosos, para além de confessarem os próprios crimes, denunciassem outras condutas criminosas, considerando-se tal atitude como prestação de serviços meritórios.

O termo confissão é aqui empregue num sentido lato que inclui a própria rendição.

06.3.3 *Âmbito da aplicação da lei penal*

O âmbito de aplicação da lei penal chinesa era regulado pelos artigos 3.º a 9.º do código, os quais respondiam à questão de saber onde, a quem e quando a mesma era aplicável.

Saber onde e a quem a lei é aplicável tem a ver com a jurisdição da lei penal chinesa.

Saber quando uma lei é aplicável é questão que se prende com o início e termo da sua vigência e se tem ou não efeito retroactivo.

No que respeita à aplicação da lei no tempo orientava-se o código no sentido da aplicação da lei mais favorável.

Em matéria de aplicação da lei no espaço, o código assentava basicamente no princípio da territorialidade, complementado, por ordem decrescente da respectiva importância, pelos princípios da nacionalidade, da protecção e da universalidade.

06.3.3.1 *Aplicação no tempo*

Esta questão abrange a temática do início e termo de vigência da lei penal e de saber se a mesma é aplicável a factos ocorridos antes da sua entrada em vigor.

Quanto ao início de vigência há duas possibilidades: ou a própria lei fixa a data a partir da qual entrará em vigor ou, caso isso não aconteça, vigorará a partir da data da respectiva publicação.

O sistema da imediata entrada em vigor era o da generalidade da legislação aprovada.

Todavia, no caso do código penal, embora aprovado em 1 de Julho de 1979, o início da sua vigência, por necessidade da respectiva divulgação e preparação dos órgãos incumbidos de lhe dar execução, foi deferido para 1 de Janeiro de 1980.

Em 1979 assistiu-se na RPC ao relançamento da actividade legislativa, praticamente paralisada desde 1957. Colocou-se então a questão de saber se a legislação aprovada antes daquela data e desde a fundação da RPC se e em que medida se mantinha em vigor, face ao conjunto dos modernos diplomas.

O assunto foi objecto de decisão do comité permanente da assembleia nacional popular, de 29 de Novembro de 1979, segundo a qual as leis e decretos aprovados desde a fundação da RPC se manteriam em vigor na parte em que não contrariassem a constituição e as leis aprovadas pelo 5.º congresso da ANP bem como pelo seu comité permanente.

06.3.3.2 *Aplicação retroactiva. Antecedentes históricos*

Por altura do estabelecimento da RPC, era tarefa prioritária dar combate aos chamados elementos contra-revolucionários. Há que ter presente que a RPC emergiu após prolongada luta, quer no plano interno quer no externo, que aliás não cessou com a proclamação do novo regime.

296   *Lei Penal da República Popular da China*

Desta circunstância resultou que as primeiras leis penais se orientassem pelo princípio da aplicação da lei nova, abrangendo factos ocorridos antes do início da sua vigência. Tinha sido aliás este o caminho trilhado, por motivos semelhantes, pelo código penal da Rússia de 1922 e pela legislação penal revolucionária da China, anterior à proclamação da RPC.

Foram dois os diplomas penais mais significativos publicados após a fundação da República Popular.

O Regulamento para a punição da contra-revolução, publicado em 21 de Fevereiro de 1951, previa expressamente no seu art. 18.º que seria aplicável a crimes contra-revolucionários anteriores à sua publicação.

Orientação semelhante, embora com limitação temporal na sua retro-actividade, ocorreu com o regulamento de 21 de Abril de 1952, para a punição de crimes de corrupção. Não continha este diploma qualquer disposição concernente com o âmbito temporal da sua aplicação. Contudo, a partir da exposição de motivos constante do respectivo projecto, entendeu-se que era aplicável a actos ocorridos a partir data do estabelecimento da RPC, em 1 de Outubro de 1949, podendo ainda ser aplicável a casos especialmente graves ocorridos a partir da data da libertação de cada uma das grandes cidades ou províncias da respectiva ocorrência.

Esta situação foi radicalmente alterada com a entrada em vigor do código penal que, no seu art. 9.º, veio consagrar o princípio da aplicação da lei antiga (vigente à data dos factos), complementado com o princípio da aplicação da lei mais favorável.

Dispunha o art. 9.º:

«Esta lei entra em vigor em 1 de Janeiro de 1980. Se uma conduta foi levada a cabo depois da fundação da RPC e antes da entrada em vigor desta lei e, de acordo com as leis, decretos e políticas então vigentes não era considerada crime, serão aplicáveis as leis, decretos e políticas da altura. Se à altura a conduta era considerada crime, e se de acordo com as disposições do Capítulo 4, Secção 8 das disposições gerais desta lei dever ser julgada, a responsabilidade criminal deverá ser apurada de acordo com as leis, decretos e políticas então vigentes. Contudo se esta lei não considera a conduta como crime ou se lhe aplica uma pena mais leve, será esta a lei aplicável».

Todavia a aplicação da lei mais favorável deparava com o limite do caso julgado. Transitada uma decisão, o conteúdo da mesma já não seria afectado por lei nova mais favorável.

06.3.3.3 *Momento da prática do facto*

Este problema deparava com uma dificuldade dos casos de continuação criminosa, quando a mesma decorresse no âmbito de duas leis. Colocava-se nesse caso a questão de saber qual o momento relevante para determinação da lei vigente na altura do facto.

De acordo com a doutrina[414], a solução deveria ser idêntica à consagrada no art. 78.º, relativamente ao problema da prescrição. Ou seja, o momento relevante para determinação da lei aplicável era aquele em que cessasse a conduta.

Ainda segundo o autor referido na nota anterior, nos casos de acumulação de crimes, a lei aplicável era determinada em função de cada um dos crimes, sendo depois efectuado o cúmulo das penas nos termos do art. 64.º.

06.3.3.4 *Aplicação no espaço:*

06.3.3.5 *Princípio da territorialidade*

Art. 3.º:
"Esta lei é aplicável a quem cometer crimes no território da RPC, salvo o especialmente disposto por lei.

Esta lei é também aplicável a quem cometer crimes a bordo de navios ou aeronaves da RPC.

Quando a prática do crime ou o seu resultado tiverem lugar no território da RPC, considera-se que o crime foi cometido no território da RPC."

De acordo com o disposto neste artigo, todo aquele que cometesse um crime em território da RPC, independentemente da sua nacionalidade, ficaria sujeito à lei penal deste país.

Isto mesmo veio a ser reafirmado pela lei sobre entrada e saída de estrangeiros nas fronteiras da RPC, aprovada em 22 de Novembro de 1985.

Aí se garantia a protecção pelo Estado chinês dos direitos e interesses dos estrangeiros na RPC, sendo-lhes porém exigido, pelo artigo

---

[414] Gao Mingxuan zhubian 高铭暄主编, *Xingfaxue Yuanli* 刑法学原理, Renmin Daxue Chubanshe, 1993, vol. I, pág. 349 e 350.

5.º do referido diploma, que acatassem as leis chinesas, não podendo, designadamente, lesar a segurança do Estado chinês, lesar os interesses colectivos ou prejudicar a ordem social.

Este diploma nada acrescentava ao disposto no artigo 3.º do código penal, em matéria de aplicação da lei no espaço, que de resto estava em absoluto conforme com os direitos de soberania da RPC.

A noção de território na lei da RPC não difere da consagrada na generalidade dos países, apesar das situações especiais de Macau, Hong--Kong e Taiwan, onde há aplicação de diferente lei penal, no último caso pela situação de Taiwan como "província rebelde" e nos restantes em resultado da política "um país dois sistemas". O território abrange, para além da costa terrestre delimitada por fronteiras, as águas interiores, águas marítimas territoriais até 12 milhas marítimas (declaração do governo chinês de 4-9-58), subsolo e espaço aéreo respectivos.

Como corolário do princípio da territorialidade, o art. 3.º, no seu parágrafo 2.º, consagrava a jurisdição chinesa relativamente a crimes praticados a bordo de navios ou aeronaves da RPC. Esta disposição abrangia navios e aeronaves civis e militares, em trânsito ou parados em portos ou aeroportos, onde quer que se encontrassem, independentemente de outro país reservar a jurisdição sobre os mesmos factos quando ocorressem dentro dos seus limites territoriais.

Todavia, a última parte do parágrafo 1.º salvaguardava o especialmente disposto na lei.

Restrições à aplicação da lei penal. A doutrina apontava três excepções à aplicação da lei penal, se bem que só a primeira se prendesse com a questão da jurisdição, tendo as restantes a ver com o problema do conflito de leis internas.

Eram elas as seguintes:

A situação prevista no art. 8.º relativamente à responsabilidade criminal de estrangeiros usufruindo de privilégios e imunidades diplomáticas. Estes cidadãos não estavam sujeitos à jurisdição chinesa e, quando autores de crimes, o problema seria resolvido através dos canais diplomáticos, nos termos do direito internacional.

A situação contemplada no art. 80.º do código penal – que previa, relativamente às regiões autónomas habitadas por grupos étnicos, a possibilidade de ser aplicável legislação especial, baseada nas especificidades políticas, económicas e culturais desses grupos étnicos.

Capítulo VI – O fim do radicalismo maoista...

Finalmente, a situação de Macau e Hong-Kong onde, nos termos dos acordos celebrados entre a RPC e Portugal, por um lado, e o Reino Unido, por outro, seriam aplicáveis as leis criadas pelos órgãos legislativos de ambos os territórios, enquanto regiões administrativas especiais.

06.3.3.6 *Princípio da nacionalidade*

O Estado chinês, garantindo protecção aos seus nacionais, mesmo quando se encontrassem em país estrangeiro, reivindicava o direito de exigir aos seus cidadãos o cumprimento das leis chinesas.

A referida exigência não podia, todavia, ser absoluta por razões diversas.

Desde logo porque em muitos casos as ligações entre um cidadão e o seu país de nacionalidade são muito ténues, por via de diferenças culturais e de diferente legislação entre o país da nacionalidade e o da residência ou daquele em que se encontrem. Para além disso é imprescindível uma mútua cedência entre jurisdições conflituantes. Finalmente, relativamente a certos crimes, a premência do exercício de jurisdição não é tão intensa se os mesmos forem praticados em país estrangeiro.

Neste contexto, os artigos 4.º e 5.º do código penal previam a aplicação da lei penal chinesa a cidadãos chineses por crimes cometidos fora do território da RPC, sob diferentes condicionalismos.

Dispunha o art. 4.º:

«Esta lei é aplicável a todos os cidadãos da RPC que cometam os seguintes crimes fora do território da RPC:

1. crimes contra-revolucionários;
2. crimes de falsificação de moeda nacional (art. 122.º) e falsificação de outros títulos de valores (art. 123.º);
3. crimes de peculato (art. 155.º), corrupção passiva (art. 185.º) e divulgação de segredos de estado (art. 186.º); e
4. crime de usurpação da qualidade de funcionário com o objectivo de burlar e defraudar (art. 166.º) e falsificação de documentos oficiais, certificados e carimbos (art. 167.º)».

Relativamente a este conjunto de crimes que, no entendimento do legislador, afectavam gravemente os interesses da RPC, a lei chinesa era aplicável, sem quaisquer restrições, aos seus nacionais.

Dispunha por sua vez o art. 5.º do código penal:

«Esta lei é também aplicável aos cidadãos da RPC que, fora do território da RPC, cometam crimes que não os especificados no artigo anterior, desde que segundo esta lei sejam puníveis com pena mínima não inferior a 3 anos de prisão; exceptua-se o aqui disposto se o crime não for punível de acordo com a lei do lugar onde foi cometido».

Exigiam-se portanto dois requisitos: o primeiro era que os factos, sob o ponto de vista da lei chinesa, assumissem certa gravidade, traduzida na circunstância de serem puníveis com pena mínima não inferior a 3 anos de prisão; o segundo era que esses factos fossem também puníveis no local da respectiva ocorrência.

06.3.3.7 *Princípio da protecção*

Os princípios da territorialidade e da nacionalidade só por si não bastariam para, no âmbito da sua jurisdição penal, um Estado defender os interesses nacionais e dos seus cidadãos, perante crimes cometidos fora do território nacional.

Há todavia consciência de que o Estado não pode afirmar ilimitadamente a sua jurisdição quanto a crimes cometidos fora do seu território, por variadas razões, entre as quais as mesmas que levam à limitação do próprio princípio da nacionalidade, o respeito pela soberania dos outros Estados, e à inviabilidade de dar execução a uma dimensão alargada do princípio da protecção.

Dispunha por isso o art. 6.º:

«Esta lei poderá ser aplicável aos estrangeiros que, fora do território da RPC, cometam crimes contra o Estado da RPC ou contra os seus cidadãos, sempre que esta lei preveja uma pena mínima não inferior a 3 anos de prisão; exceptua-se o aqui disposto se o crime não for punível de acordo com a lei do lugar onde foi cometido».

De acordo com este artigo, a aplicação da lei chinesa deparava com três pressupostos:

O primeiro decorria da própria essência do princípio da protecção ou seja, o facto só era relevante se praticado contra o Estado da RPC ou os seus cidadãos;

Em segundo lugar exigia-se que o crime se revestisse de certa gravidade, sendo punível com pena mínima não inferior a 3 anos de prisão;

Finalmente os factos deveriam também ser puníveis de acordo com a lei do lugar da sua prática.

Haverá por último que registar uma diferença entre a redacção dos artigos 4.º e 5.º e do art. 6.º. Enquanto na previsão dos dois primeiros artigos a lei chinesa *era* aplicável, nos casos previstos no último artigo a lei chinesa *poderia* ser aplicável.

06.3.3.8 *Princípio da universalidade*

O princípio da universalidade decorre da necessidade, sentida pela comunidade internacional, de conjugar esforços contra o crime trans-nacional, particularmente contra o crime organizado. Nesse sentido apontam várias convenções internacionais, visando travar fenómenos criminosos como o terrorismo, o tráfico de droga, etc..

De acordo com este princípio qualquer Estado deve perseguir a prática desse crimes, tornando-lhes extensiva a sua jurisdição, independentemente do lugar da sua prática ou da nacionalidade dos respectivos agentes.

O código penal não consagrava qualquer norma que incorporasse este princípio. No entanto passou posteriormente a ser aplicável na RPC por via de adesão a algumas convenções, todas relativas à segurança da navegação aérea. Em face do que, em 23 de Junho de 1987, o CPANP adoptou uma decisão no sentido de que a RPC exerceria os seus poderes de jurisdição penal relativamente a crimes previstos em convenções internacionais a que tivesse aderido, independentemente da nacionalidade dos agente ou país da prática dos factos.

Para além das convenções internacionais este princípio obteve posteriormente consagração em alguma legislação penal avulsa, particularmente em matéria de tráfico de drogas.

06.3.3.9 *Relevância do julgamento em país estrangeiro*

O conjunto das normas referidas não impedia naturalmente o surgimento de conflitos de jurisdição.

Suscitava-se por isso o problema da relevância na RPC de julgamentos ou condenações em país estrangeiro, envolvendo crimes que, de acordo com a lei penal da RPC, seriam também da sua jurisdição.

302   *Lei Penal da República Popular da China*

A este problema respondia o art. 7.º:

"Quem cometer crime fora do território da RPC pelo qual nos termos desta lei deva ser criminalmente responsabilizado, poderá ser julgado nos termos desta lei, ainda que tenha sido julgado em país estrangeiro; no entanto quem tiver sido criminalmente punido no estrangeiro, poderá ser isento de pena ou ter uma pena especialmente atenuada".

Daqui resultavam duas conclusões:

A primeira a da total irrelevância de decisão absolutória em país estrangeiro;

Segunda a eventual relevância de decisão condenatória, hipótese em que, em julgamento pelos tribunais da RPC, sendo o arguido condenado, poderia ser isento de pena ou receber uma pena especialmente atenuada, consoante a punição sofrida no estrangeiro.

06.3.3.10 *Lugar da prática do facto*

O último parágrafo do artigo 3.º tomava posição quanto ao problema de saber se o princípio da territorialidade devia ser apreciado sob o ponto de vista da acção ou sob o ponto de vista do resultado. A lei atribuía a jurisdição chinesa em qualquer dos casos ou seja, quando a acção ou o resultado tivessem lugar no território da RPC. Isso aconteceria quando a acção ou o resultado aí ocorressem, total ou parcialmente e, no caso de comparticipação criminosa, quando a acção de algum ou alguns dos comparticipantes aí se verificasse.

06.3.4 *Modalidades do crime*

Não obstante a lei penal chinesa ser parca em referências à culpa, esta tinha grande relevância no código de 1979.

Com efeito os artigos 11.º, 12.º e 13.º previam diferentes modalidades de realização do crime, na perspectiva da postura do agente, com consequências completamente diferentes.

Assim, nos termos do artigo 13.º, se a conduta não pudesse ser imputada ao agente a título de dolo ou negligência, resultando antes de forças irresistíveis ou causas imprevisíveis, não seria considerada crime.

Diferentemente, nos termos do artigo 11.º haveria sempre responsabilidade criminal no caso de o crime ter sido praticado com dolo. E haveria dolo se o agente tivesse consciência de que a sua conduta poderia provocar um resultado socialmente perigoso e não obstante desejasse esse resultado ou fosse indiferente à sua ocorrência. Repare-se que a lei não exigia que o agente representasse todos os elementos que constituíam um tipo de ilícito. Bastava que o agente tivesse consciência de que da sua conduta poderia advir resultado socialmente perigoso.

Nos termos do artigo 12.º havia negligência se o agente, devendo ter previsto que a sua conduta poderia provocar resultado socialmente perigoso, por falta de cuidado não tivesse feito tal previsão, ou tendo previsto o resultado levianamente acreditasse que o poderia evitar. Nestes casos só haveria responsabilidade criminal nas situações expressamente previstas.

06.3.5 *Responsabilidade criminal*

O código previa diversas situações relativas à responsabilidade criminal. Em função da idade e da falta de capacidade ou limitação da capacidade de querer e entender.

A idade de plena imputabilidade criminal era de 16 anos, conforme o preceituado no artigo 14.º, parágrafo 1.º. Todavia, relativamente a crimes de especial gravidade, como homicídio ou ofensas corporais graves, roubo, fogo posto, furto habitual e outros casos que atentassem gravemente contra a ordem social, havia responsabilidade a partir dos 14 anos. Em qualquer caso, relativamente a delinquentes com menos de 18 anos, o artigo 14.º parágrafo terceiro previa a atenuação geral ou especial.

Quanto aos problemas de anomalia psíquica o artigo 15.º isentava de responsabilidade criminal os incapazes de reconhecer ou controlar a sua conduta, ainda que nos casos de incapacidade intermitente, desde que o facto fosse praticado nos momentos de incapacidade. Em contrapartida havia plena responsabilidade penal em relação aos crimes cometidos em estado de embriaguez.

Relativamente a cegos ou surdo-mudos poderia, nos termos do artigo 16.º, haver atenuação geral ou especial ou isenção de pena.

06.3.6 *Formas do crime*

Apesar de se entender que a prática de um crime tem que se consubstanciar num facto, numa actividade ou numa omissão de conduta devida e não num simples pensamento, ao código de 79 estava subjacente a ideia de "estado de perigosidade" como fundamento de intervenção da lei penal.

Daí que, nas formas de revelação da actividade criminosa se contemplassem, para além da consumação e da tentativa, a preparação.

A preparação do crime não é algo que o direito penal dos países ocidentais ignore. Todavia encara-se em geral essa situação como excepção e não como regra. A conduta é punível na medida em que actos preparatórios sejam autonomamente punidos e não enquanto fase de um processo de cometimento de um crime.

O código de 1979 levava mais longe a esfera de intervenção penal, abrangendo, não como excepção mas como regra, a preparação criminosa. Preparação que, nos termos do artigo 19.º, se poderia referir aos instrumentos de execução ou à criação de condições para a sua prática.

06.3.7 *Comparticipação*

A política criminal chinesa sempre teve em conta os diferentes modos de participação no crime, sendo particularmente rigorosa para com os cabecilhas e autores principais e revelando alguma benevolência para com os autores secundários, ou cúmplices, particularmente quando cúmplices coagidos.

O artigo 23.º definia o autor principal como aquele que organiza ou lidera uma associação para a prática de crimes ou desempenha um papel principal num crime comparticipado. No caso de organização ou liderança de grupo criminosos, o autor principal era também designado por cabecilha. Dada a natureza da sua participação previa-se que tivesse uma pena agravada, excepto se a sua qualidade já fosse tida em conta na disposição aplicável.

Diferentemente, para o cúmplice, porque desempenhava um papel secundário ou suplementar, o artigo 24.º previa a atenuação, atenuação especial ou mesmo isenção de pena. Caso se tratasse de cúmplice coagido a pena seria especialmente atenuada ou haveria isenção de pena, nos termos do artigo 25.º.

06.3.8 *As penas principais*

Um dos aspectos de maior importância do código penal foi o de vir definir com rigor o elenco de penas bem como os pressupostos da respectiva aplicação.

Como tivemos já oportunidade de verificar havia grande diversidade de procedimentos e de sanções e respectivos pressupostos, situação a que o supremo tribunal popular pretendeu pôr cobro com o documento elaborado em 1956 e a que já fizemos referência. Devido às vicissitudes políticas posteriormente ocorridas, a situação não se resolveu totalmente. Com o código foram criadas as condições para a ultrapassar.

É de realçar o elevado número de artigos que o código dedicava a esta questão. Na verdade, no conjunto de apenas 89 artigos da parte geral, 30 artigos eram dedicados à definição das penas e sua execução. Neste número não incluímos os referentes à sua aplicação ou modificação.

O artigo 27.° dividia as penas em principais e acessórias. Cada crime só poderia ser punido com uma pena principal, que no entanto podia ser complementada por pena acessória, sendo que esta poderia ser também aplicada isoladamente.

O artigo 28.° previa cinco penas principais: controlo, detenção criminal, prisão, prisão perpétua e morte.

O artigo 29.° previa aspenas acessórias: multa, privação dos direitos políticos e confisco de património.

O artigo 30.° previa ainda a pena especial de expulsão, aplicável a estrangeiros.

06.3.8.1 *Pena de controlo*

A pena de controlo era a mais leve e a única pena principal não privativa de liberdade, embora restritiva da mesma. Nos termos do artigo 33.° o período de controlo não poderia ser inferior a três meses nem superior a 2 anos.

O controlo era uma pena com aplicação anterior à fundação da República Popular da China, aplicável fundamentalmente a traidores e colaboracionistas, durante a guerra sino-japonesa, sendo os delinquentes enviados para as zonas rurais para aí trabalharem sob supervisão das massas[415]. Posteriormente passou a aplicar-se também a contra-revolucionários. Daí que tradicionalmente fosse uma pena muito estigmatizante e nem sequer houvesse grandes preocupações com a forma da sua execução. Dada a indefinição da sua natureza, um misto de sanção penal e administrativa, era aplicada ora pelos tribunais ora pelos organismos de segurança pública passando, a partir de 1956, a ser aplicada apenas pelos tribunais.

O parágrafo 2.º do artigo 33.º dizia expressamente que a pena de controlo era decidida pelos tribunais populares e executada pelos organismos de segurança pública.

Esta questão sobre a competência para aplicação da pena não estaria ainda muito clara, o que de resto não seria de estranhar, dada a situação vivida na China antes da aprovação do código. O facto de o artigo 144.º prever expressamente o crime de aplicação ilícita da pena de controlo, indiciava que práticas deste tipo por parte de organismos que não os tribunais seria comum.

Com o código de 79 a pena de controlo perdeu a natureza odiosa de antigamente, em que andava associada a inimigos de classe. Com efeito, neste código era prevista para 20 crimes, dos quais só três crimes contra-revolucionários e, os restantes 17, crimes de menor gravidade contra o património, contra a ordem social, contra o casamento e a família.

O indivíduo condenado em pena de controlo ficava, nos termos do artigo 34.º, sujeito às seguintes regras:

Observar as leis e decretos, submeter-se à supervisão das massas e participar activamente no trabalho produtivo da colectividade ou noutro trabalho;

Informar regularmente o órgão de execução do controlo sobre as suas actividades;

Solicitar e obter aprovação do órgão de execução do controlo para mudar de residência ou sair da sua área.

O trabalho prestado pelo indivíduo condenado em pena de controlo era remunerado.

---

[415] Fan Fenglin zhubian 樊凤林主编, *Xingfa Tonglun* 刑罚通论, Zhongguo Zhengfa Daxue Chubanshe, 1994, pág. 181 e ss.

06.3.8.2 *Detenção criminal*

Detenção criminal era uma pena privativa de liberdade que, nos termos do artigo 37.º poderia ir de 15 dias a 6 meses. Este máximo, no caso de acumulação de infracções e nos termos do artigo 64.º, não podia exceder 1 ano.

A designação detenção criminal devia-se à necessidade da distinção com a detenção processual, a detenção administrativa e a detenção civil.

A detenção processual é uma medida de coacção, imposta nos termos do processo penal, no decurso da investigação, pela entidade competente.

A detenção civil, imposta pelo tribunal de acordo com as regras de processo civil, tinha um misto de sanção administrativa e de medida de coacção, destinando-se nuns casos a sancionar pequenas infracções, como perturbação do julgamento, ou para obrigar alguém a comparecer, quando houvesse recusa.

A detenção administrativa é uma sanção de carácter administrativo, imposta pelos órgãos de segurança pública, de acordo com o regulamento sobre violação da segurança da administração.

A detenção criminal, de que ora estamos tratando, era executada pelo organismo de segurança pública mais próximo, por forma a que o condenado pudesse ficar próximo da família. O artigo 38.º permitia mesmo que o condenado fosse a casa 1 ou 2 dias em cada mês.

06.3.8.3 *Pena de prisão. Prisão perpétua*

A prisão é uma pena privativa de liberdade por um período longo que podia variar, nos termos do artigo 40.º, entre o mínimo de 6 meses e o máximo de 15 anos.

O máximo da pena de prisão podia ir até 20 anos nos seguintes casos:

Acumulação de infracções – artigo 64.º;

Redução da pena de prisão perpétua, após comutação da pena de morte – artigo 46.º;

Redução da pena de prisão perpétua – artigo 71.º.

Diferentemente do que acontecia com a pena de detenção criminal, a pena de prisão era cumprida em prisão ou campo de trabalho – artigo 41.º.

A pena de prisão era a mais comum e com maior frequência de aplicação e era prevista em todos os artigos do código penal.

A pena de prisão perpétua, prevista em 22 artigos do código e geralmente associada à pena de morte, consistia na privação da liberdade durante toda a vida. No entanto, nos termos do artigo 71.º a pena poderia ser reduzida se durante o seu cumprimento o delinquente mostrasse arrependimento verdadeiro ou tivesse conduta meritória. Todavia o período de efectivo cumprimento não poderia ser inferior a 10 anos.

Nos termos do artigo 41.º a pena de prisão perpétua seria cumprida em prisão ou em outro local para reforma pelo trabalho. Ou seja, campo de trabalho ou instituições próprias para jovens, no caso de o condenado ter entre 14 e 18 anos.

A condenação em prisão perpétua implicava a perda vitalícia dos direitos políticos, conforme disposto no artigo 53.º.

06.3.8.4 *Pena de morte. Pena de morte com suspensão*

A privação da vida do delinquente, encontrava-se prevista em 16 artigos do código, estando prevista para um total de 26 crimes. No caso dos crimes contra-revolucionários a sua aplicação só estava excluída relativamente aos seguintes:
- Organização ou liderança de grupo contra-revolucionário ou participação activa nesses grupos – artigo 98.º;
- Organização ou utilização de superstições feudais, seitas supersticiosas ou sociedades secretas para levar a cabo actividades contra-revolucionárias – artigo 99.º;
- Incitamento às massas, com propósito contra-revolucionário, para sabotar a implementação de leis ou decretos do Estado; propaganda, através de palavras de ordem contra-revolucionárias, panfletos ou outros meios, para incitar ao derrube do poder político da ditadura do proletariado e do sistema socialista – artigo 102.º.

Com efeito, o artigo 103.º previa que os crimes do respectivo capítulo, com excepção dos acima referidos, poderiam ser punidos com

Capítulo VI – O fim do radicalismo maoista... 309

a pena de morte, quando os danos causados ao povo fossem particularmente graves e as circunstâncias especialmente odiosas.

A pena de morte era ainda prevista par alguns crimes contra a segurança pública: fogo posto, rebentamento de diques, acções bombistas, envenenamento, sabotagem de meios ou equipamentos de transporte, equipamentos de energia eléctrica ou de gás, equipamentos de combustíveis ou explosivos; crimes contra as pessoas: homicídio voluntário e violação (em casos particularmente graves); e contra a propriedade: roubo, resistência violenta nos casos de furto, burla ou esbulho e peculato.

Há que esclarecer que em nenhum caso a pena de morte era prevista como punição exclusiva, para qualquer dos crimes. E o único crime em que a pena de morte era prevista em primeiro lugar era no crime de homicídio – artigo 132.º. Em todos os casos era prevista alternativamente com outras penas, em regra com a prisão perpétua ou prisão não inferior a 10 anos, cabendo ao tribunal decidir qual a pena em função da natureza e das circunstâncias do crime e do agente, conforme o disposto no artigo 57.º, segundo o qual: "Quando se decida punir um criminoso, a pena será determinada em função dos factos do crime, da natureza e das circunstâncias do crime, do grau de danosidade social e de acordo com as disposições relevantes desta lei".

A aplicação da pena de morte estava sujeita a certas limitações:

Menores: o artigo 44.º determinava que a pena de morte não seria aplicável a quem não tivesse completado 18 anos à data da prática do crime. Todavia previa o mesmo artigo que, nos casos especialmente graves, se o agente tivesse já 16 anos, poderia ser condenado na pena de morte, com suspensão por dois anos da sua execução.

Mulheres: o mesmo artigo proibia a aplicação da pena de morte a mulheres grávidas ao tempo do julgamento. Esta disposição suscitou divergências de entendimento quanto à questão de saber se a pena poderia ser aplicável caso houvesse aborto ou entretanto a criança tivesse nascido. Qualquer destas situações propiciaria fraude à lei, como o aborto forçado ou o adiamento do julgamento. Por isso rapidamente se formou entendimento, quer na doutrina quer na jurisprudência, no sentido de que caso a mulher estivesse grávida, qualquer que fosse a fase do processo, a pena de morte não seria aplicável. Assentando-se ainda que nem sequer seria possível a condenação com pena suspensa.

Aprovação: a última limitação referia-se à necessidade de aprovação das condenações à morte por parte do supremo tribunal popular ou pelo tribunal superior, no caso de a pena ter sido suspensa. Este requisito estava previsto no segundo parágrafo do artigo 43.º, relativamente a todas as condenações com excepção das pronunciadas pelo supremo tribunal. Esta exigência foi entretanto dispensada, por diploma de 2 de Setembro de 1983, que alterou o artigo 13.º da lei orgânica dos tribunais populares então vigente, dando possibilidade de delegação dessas competência nos tribunais superiores das províncias, regiões autónomas e cidades sob jurisdição directa do governo central, relativamente a casos particularmente graves com importante impacto em matéria de segurança pública.

A suspensão da execução da pena de morte começou por ser usada em relação a crimes contra-revolucionários, nos casos em que não houvesse "dívidas de sangue", foi depois alargada aos casos de corrupção e acabou por poder ser usada relativamente a muitos outros crimes.

Nos termos do artigo 43.º do código penal a suspensão poderia ser declarada caso a execução imediata não fosse necessária.

Saber quando é que a execução imediata não era necessária, podendo dar-se uma oportunidade ao condenado à morte, era questão que não encontrava resposta precisa na lei. Isso dependia da natureza do crime, forma da sua realização, atitude do agente perante as autoridades, papel da vítima, etc.

06.3.9 *Penas acessórias*

06.3.9.1 *Pena de multa*

A pena de multa estava prevista em 20 artigos da parte especial e era normalmente aplicada em casos envolvendo interesses económicos, maxime crimes praticados com intuito lucrativo.

Podia ser também aplicada como pena principal. Por exemplo, o crime de dano previsto no artigo 156.º era punível com prisão até 3 anos, detenção criminal ou multa. Neste caso, na hipótese de haver aplicação da pena de multa, nenhuma outra sanção podia ser aplicada.

Podia assumir a natureza de pena acessória ou principal. Assim acontecia com o artigo 172.º, que para o caso de receptação previa as

Capítulo VI – O fim do radicalismo maoista...

penas de prisão até 3 anos, detenção criminal ou controlo e ainda ou exclusivamente multa.

Finalmente havia casos em que só podia ser aplicada acessoriamente. Como no artigo 123.º, relativamente ao crimes de falsificação de cheques ou outros títulos em que o agente, para além da punição em pena de prisão até 7 anos, podia ainda ser condenado em multa.

A pena de multa não podia ser substituída por prisão. Nos termos do artigo 49.º recorria-se ao pagamento coercivo podendo o devedor, em casos excepcionais, ter redução ou ser isento do pagamento.

06.3.9.2 *Privação dos direitos políticos*

Nos termos do artigo 50.º a privação dos direitos políticos consistia na privação dos seguintes direitos:
* Direito de eleger e ser eleito;
* Direitos previstos no artigo 45.º da constituição[416];
* Direito de exercer funções nos organismos estaduais;
* Direito de exercer funções de direcção em qualquer empresa, instituição ou organização popular.

O prazo, nos termos do artigo 51.º, não podia ser inferior a 1 nem superior a 5 anos. Todavia, nos termos do artigo 53.º, a privação dos direitos políticos era vitalícia nos casos de condenação em pena de morte ou prisão perpétua. E quando as penas de prisão perpétua fossem reduzidas para prisão, o prazo seria fixado entre 3 e 10 anos.

Haverá que ter em conta que os referidos prazos se contavam a partir da libertação já que, durante o cumprimento de pena, se entendia que havia sempre privação dos direitos políticos – artigo 54.º.

---

[416] Ao tempo da aprovação do código vigorava ainda a constituição de 1978 cujo art.º 45.º consagrava os direitos de expressão, correspondência, imprensa, reunião, associação, manifestação e demonstração, para além das "quatro grandes liberdades – si da 四大": liberdade de expressão total, exposição de todos os pontos de vista, organização de grandes debates e criação de grandes cartazes. As chamadas quatro grandes liberdades foram a arma da arruaça maoista, já que as mesmas só existiam, sem qualquer limitação, para proclamar os pontos de vista radicais e atacar os opositores. Por isso, as quatro grandes liberdades foram retiradas da constituição na revisão de 1980.

312 *Lei Penal da República Popular da China*

Dada a natureza desta pena acessória, a mesma devia ser sempre aplicada aos autores de crimes contra-revolucionários. Para além disso, nos termos do artigo 52.°, era também aplicável a crimes que pusessem seriamente em causa a ordem social.

06.3.9.3 *Confisco de património*

Nos termos do artigo 55.° consistia na perda total ou parcial do património do delinquente a favor do Estado.

Estava prevista em 24 artigos da parte especial, nomeadamente nos capítulos dos crimes contra-revolucionários, por força do artigo 104.°, aqui sempre com natureza acessória, contra a ordem económica socialista e contra a propriedade.

06.3.10 **Os crimes contra-revolucionários no código de 1979**

Os agentes dos crimes contra-revolucionários no código de 1979 estavam numa situação particularmente gravosa.

Desde logo porque, com as excepções que já foram referidas, todos os crimes poderiam ser punidos com pena de morte, verificadas que fossem as condições referidas no artigo 103.°

Independentemente da gravidade do crime e da pena aplicada, era obrigatória a imposição da pena acessória de privação dos direitos políticos.

A todos eles podia ser aplicada acessoriamente a pena de confisco.

A reincidência tinha um tratamento mais rigoroso no caso de crimes contra-revolucionários.

Assim, no caso de reincidência geral, os seus pressupostos eram, segundo o artigo 61.°, a condenação em pena não inferior à de prisão por crime doloso e a prática, dentro do prazo de 3 anos, posterior ao cumprimento da pena ou do seu perdão, de novo crime doloso pelo qual devesse haver condenação a pena também não inferior à de prisão.

Relativamente à reincidência especial ou contra-revolucionária a mesma verificava-se, de acordo com a artigo 62.°, a partir do momento em que o agente cometesse um segundo crime contra-revolucionário,

Capítulo VI – O fim do radicalismo maoista...   313

após o cumprimento da condenação por outro crime da mesma natureza. Não era pois exigível que a condenação fosse em pena de prisão e não se verificava a restrição do prazo de 3 anos.

Dada a pressuposta perigosidade dos criminosos contra-revolucionários, os mesmos não poderiam beneficiar do regime de suspensão da pena, como expressamente referia o artigo 69.º, que para este efeito os colocava na mesma situação dos reincidentes.

O código não excluía os crimes contra-revolucionários para efeitos de redução da pena. Todavia, já em 8 de Setembro de 1991, o supremo tribunal popular viria, através de uma directiva, alertar para a necessidade de especiais precauções em matéria de redução de penas relativamente a contra-revolucionários, cabecilhas de associações criminosas, autores principais, criminosos reincidentes ou habituais.

Não era contudo excluída a concessão de liberdade condicional aos condenados por crime contra-revolucionário.

Havia todavia uma melhor definição dos crimes contra-revolucionários, no total de 20, previstos em 12 artigos. Eram eles: traição à pátria; conspiração para subversão do governo; conspiração para desmembramento do Estado; instigação à deserção; instigação à rebelião; deserção para o inimigo; rebelião de massas armadas; invasão de massa às prisões; organização de fuga das prisões; espionagem; serviço secreto; auxílio ao inimigo; organização e liderança de grupo contra-revolucionário; participação activa em organização contra-revolucionária; aproveitamento de crenças feudais para acções contra-revolucionárias; organização e aproveitamento de associações secretas reaccionárias para acções contra--revolucionárias; sabotagem contra-revolucionária; homicídio contra--revolucionário; ofensas corporais contra-revolucionárias e propaganda e incitamento com propósito contra-revolucionário.

O artigo 90.º definia o crime contra-revolucionário como os actos lesivos da RPC levados a cabo com o propósito de derrubar o poder político da ditadura do proletariado e o sistema socialista.

Naturalmente que nem a definição das condutas relativamente aos crimes já referidos nem a dimensão subjectiva a que se refere o artigo 90.º impediam a utilização do código e especificamente deste capítulo como arma política. Pode até dizer-se que, relativamente ao regulamento para a punição dos crimes contra-revolucionários, para além da redução do âmbito de incidência, não havia diferenças muito assinaláveis.

06.4 Conclusão

O período em análise foi fundamentalmente de reconstrução e lançamento de novas bases para um sistema legal sólido.

A reconstrução passou pelo partido e por todas as instituições do Estado, particularmente das instituições judiciárias, passando também pelas leis, cuja validade tinha sido posta em causa durante a revolução cultural.

A reconstrução do partido foi uma tarefa que passou por diversas etapas, a primeira das quais foi a prisão do bando dos quatro, seguida depois pela reabilitação de Deng Xiaoping e que teve um passo decisivo no III pleno do XI comité central.

A reconstrução do sistema judicial passou pela nova constituição de 1978 que, ficando embora aquém do consagrado na constituição de 1954, ainda assim reconhecia que os tribunais estavam subordinados à lei, o que era um compromisso com a sua independência, sempre relativa face à dependência de órgãos controlados pelo partido. Para além disso reinstituiu as procuradorias, instrumento fundamental não só de maior isenção em investigação criminal, mas também de supervisão das actividades ligadas à investigação e administração da justiça.

Diga-se aliás que esta decisão foi tomada na mesma sessão em que foi aprovada a nova constituição e que, mesmo antes da aprovação da nova lei orgânica das procuradorias populares, já a suprema procuradoria estava a funcionar (a partir de 1 de Junho de 1979).

Momento significativo foi também o ocorrido em 13 de Setembro de 1979, durante a 11.ª sessão do V congresso do comité permanente da assembleia nacional popular, que adoptou a decisão de criar o ministério da justiça para "fazer face às necessidades de construção do sistema legal socialista e reforçar o trabalho da administração judicial".[417]

O marco mais importante foi todavia a aprovação do código penal bem como do código de processo penal, os primeiros da República Popular da China. Finalmente foram vencidas as hesitações daqueles que, politicamente, consideravam que a sua aprovação poderia constituir um bloqueio da acção política e da proeminência do partido.

---

[417] Wu Lei 吴磊, obra citada, pág. 39.

O código penal, para além de medidas especificamente orientadas para combater os excessos da revolução cultural, de que eram bons exemplos os artigos 137.º (ajuntamentos para agressão, destruição ou pilhagem), 138.º (denúncia caluniosa) ou 145.º (injúria ou difamação através de diversos meios, inclusive cartazes ou jornais murais), estabelecia pela primeira vez desde na República Popular da China, não só o conjunto de regras gerais relativas à aplicação da lei penal, mas também a definição das condutas que, não obstante a possibilidade de recurso à analogia, consistiam no cerne das actividades criminalmente puníveis.

Apesar do que foi referido a propósito do princípio da legalidade e da analogia, o código penal de 1979 representou um enorme progresso, quer em termos de construção do sistema legal, quer de reforço das garantias dos cidadãos.

Capítulo VII

O REFORÇO DO SISTEMA LEGAL
E O REGRESSO ÀS CAMPANHAS

07.1 Introdução

O momento simbolicamente mais importante após o III pleno do XI comité central foi o VI pleno do mesmo comité que decorreu entre 27 e 29 de Junho de 1981.

Importância devida não só ao impacto que isso teve na nova liderança mas também ao facto de ter revelado um compromisso numa matéria que criava sérias divergências no seio do partido.

A posição de Deng vinha sendo reforçada desde o III pleno, que consagrou as suas teses. Todavia Hua Guofeng contava ainda com importantes apoios da ala maoista e mesmo de um sector intermédio que, não sendo objectivamente adepto das suas posições, lhe tinha manifestado apoio para o convencer a avançar com a decisão de atacar o bando dos quatro.

O certo é que, a cada pleno, o apoio de Hua ia sofrendo erosão.

No quarto pleno, que decorreu entre 25 e 28 de Setembro de 1979, 12 novos membros acederam ao comité central. Eram todos quadros reabilitados, que engrossam as fileiras de oposição a Hua. De entre eles faziam parte Yang Shangkun, Peng Zhen e Bo Yibo.

No V pleno, que decorreu em Fevereiro de 1980, para além da reabilitação formal de Liu Shaoqi, a que Hua se opunha, este perdeu vários apoios no bureau político, com a demissão de Wang Dongxing, Chen Xilian 陈锡联, Wu De 吴德 e Ji Dengkui 记登奎. Pelo contrário,

318   *Lei Penal da República Popular da China*

dois apoiantes de Deng, Hu Yaobang 胡耀邦 e Zhao Ziyang 赵紫阳, acederam ao comité permanente.

No VI pleno, que teve lugar em Beijing entre 27 e 29 de Junho de 1981, Hu Yaobang assumiu a presidência do partido e Deng Xiaoping a chefia da comissão militar central.

Jürgen Domes faz uma permenorizada análise das facções do partido e sua influência durante este período[418].

Para além do grupo pós-maoista, à volta de Hua Guofeng, havia os revisionistas chefiados por Deng Xiaoping, que dispunham de 8 elementos no bureau político; um grupo de neo-estalinistas esclarecidos, mais próximos de Deng, chefiados por Chen Yun e Peng Zhen, com 6 elementos; o grupo estalinista de Ye Jianying e Li Xiannian que, juntamente com os pós-maoistas, eram 9 elementos. O que significa que Deng estava dependente de Chen Yun para fazer valer as suas posições.

O VI pleno confirmou essa aliança, a qual não foi contudo imune a importantes diferenças no plano ideológico e no que respeita ao ímpeto das reformas.

As divisões e necessidade de compromissos ficaram reflectidos num importante documento cuja aprovação se arrastou por muito tempo e que era uma questão que urgia decidir. Esse documento foi a "resolução sobre algumas questões sobre a história do partido depois da fundação da República Popular da China". Particularmente difícil era o acordo sobre o papel de Mao.

A primeira versão do documento era bastante crítica relativamente a Mao Zedong, chegando mesmo a responsabilizá-lo por crimes durante o período da revolução cultural[419].

Esta versão acabou por não passar, chegando-se a uma posição de consenso em que eram salientadas as suas grandes contribuições para a libertação da China o que, apesar dos graves erros da segunda fase da campanha anti-direitista, do grande salto em frente e da revolução cultural, ainda assim lhe conferiam um saldo positivo.

Para além disso era salientada a importância do pensamento de Mao Zedong, não como contribuição meramente individual, antes como resul-

---

[418] Jürgen Domes, La République populaire de Chine après Mao: consolidation, réformes et décadence, in Marie Claire Bergère, Lucien Bianco, Jürgen Domes, *La Chine au XX Siècle*, vol. II, Fayard, 1990, pág. 98 e ss.

[419] Jürgen Domes, trabalho citado, pág. 103 e ss.

Capítulo VII – O reforço do sistema legal e o regresso às campanhas   319

tado de uma sabedoria colectiva do partido, para a qual outros destacados dirigentes haviam também dado significativo contributo.

Por esta via se preservava um importante símbolo da revolução chinesa, com o inerente contributo legitimador para o próprio PCC[420].

Deng Xiaoping, apesar de ver reforçada a sua influência no seio do partido, de que era o líder indisputado, nunca conseguiu todavia um número de votos que lhe permitisse impor as suas teses sem necessidade de compromisso. Mesmo depois do XII congresso, de 1 a 11 de Setembro de 1982, apesar da saída de Hua do centro da liderança política, ainda assim as facções neo-estalinistas tinham um importante peso que obrigava a consensos.

Essa situação foi fonte de sérios problemas que, não lhe questionando a liderança, o obrigaram a momentos de travagem e contenção.

Com efeito, as reformas económicas que vinham sendo introduzidas desde 1978, estavam a produzir muito bons resultados particularmente nas zonas rurais, onde o sistema de responsabilidade se revelou excelente instrumento de racionalização da gestão da terra, de aumento da produção e de melhoria das condições de vida das populações. A produção agrícola aumentou 50% entre 1978 e 1984.[421]

A vida dos camponeses melhorou substancialmente, o que foi factor de transformação das zonas rurais com o crescimento da indústria de construção e implantação de empresas comerciais e industriais, por forma a responder à procura de bens de consumo e de produtos ligados à actividade agrícola.

No entanto, a tentativa de introduzir esse sistema na gestão das empresas revelou-se inconsistente. A viabilidade de um sistema de responsabilidade exigia vários factores, de momento irrealizáveis. Desde logo uma capacidade de gestão interventiva, que porém era travada pelos órgãos electivos das empresas. O mesmo problema se levantava quanto à necessidade de um diferente sistema de remuneração, que compensasse quem mais trabalhava e as diferentes capacidades, ou à introdução de outro sistema de preços, que não penalizasse o aumento produtivo, como

---

[420] Maurice Meisner, *Mao's China and after*, the Free Press, 1986, pág. 463.

[421] Joseph Y. S. Cheng, China's Modernization Programme in the 1980s, in Joseph Cheng Ed., *China, Modernization in the 1980s*, The Chinese University Press, Hong Kong, 1989, pág. X.

320   *Lei Penal da República Popular da China*

se verificava em relação aos produtos com preços políticos, inferiores aos de produção.

A China necessitava pois de se abrir ao investimento estrangeiro, buscando aí capital, tecnologia e mesmo novas formas de gestão, que lhe permitissem ultrapassar a situação de bloqueio em que se encontrava. A lei sobre "joint-ventures" aprovada em 1 de Julho de 1979 procurava dar resposta a essa questão.

Porém o centro da liderança tinha diferentes pontos de vista. Se por um lado Deng se havia rodeado de colaboradores que se batiam por importantes avanços na abertura do sistema político, como era o caso de Hu Yaobang, bem como na área económica, como Zhao Ziyang, um outro sector tinha uma postura mais cautelosa. Aqui pontificava Chen Yun que, juntamente com os restantes zeladores neo-estalinistas, entendia que se deveria ser mais prudente. Este sector defendia o reforço da economia estadual, sem pôr em causa a política de incentivos e a economia privada, mas dentro de importantes limites. O plano e a economia socialista deveriam ter o papel principal.

As divergências estendiam-se ao domínio político, com grandes clivagens entre a facção conservadora e, não propriamente com Deng, mas fundamentalmente com Hu Yaobang.

Hu Yaobang era um claro defensor da abertura política e manifestamente céptico em relação a algumas teses marxistas. A sua proximidade de Deng permitiu-lhe chegar a líder do departamento de organização, em finais de 1977, chefiar o departamento de propaganda a partir de 1978, secretário geral do partido em 1980 e seu presidente, em substituição de Hua Guofeng, a partir de Julho de 1981.

Por sua vez Zhao Ziyang exerceu funções de primeiro-ministro a partir de Setembro de 1981. Menos preocupado com questões de política pura, estava no entanto virado decididamente para a abertura ao exterior. Daí a sua postura de proximidade em relação aos líderes das zonas costeiras e particularmente das zonas económicas especiais, que seriam o motor da modernização. Zonas que haviam sido criadas por resolução do comité permanente da assembleia nacional popular, de 26 de Agosto de 1980.

Mas os problemas na esfera política e económica não se limitavam à questão da maior ou menor abertura. As transformações entretanto operadas iriam produzir diversos factores de instabilidade social e aumento da criminalidade.

Capítulo VII – O reforço do sistema legal e o regresso às campanhas   321

No que se refere ao primeiro aspecto e não obstante o ataque ao movimento pró-democracia, a corrente defensora da liberalização era imparável, até porque tinha importantes apoios no próprio PCC, a começar por Hu Yaobang. Por outro lado, começaram a emergir problemas de corrupção e situações de dificuldade económica para muitos sectores da sociedade urbana, devido fundamentalmente à inflação. A nova situação proporcionou novo movimento em direcção às cidades, zonas económicas especiais e regiões abertas ao investimento. A nova legislação relativa à reabilitação pelo trabalho abriu as portas dos "gulags" a milhares de pessoas que lá se encontravam.

Apesar dos problemas que levaram à campanha contra o crime, bem como da resistência da ala conservadora da liderança do partido, o ímpeto das reformas não abrandou. Bem pelo contrário, o III pleno do XII comité central aprovou medidas que seriam decisivas para a reforma da economia urbana, no sentido de a aproximar dos paradigmas da economia de mercado.

Na economia urbana pretendia repetir-se o sucesso das reformas no mundo rural, com o impacto havido não apenas na esfera económica mas também na política. Na verdade, graças ao sistema de responsabilidade[422], principalmente a partir do momento em que o prazo de utilização da terra foi alargado para 15 anos, com possibilidade de ser ainda mais longo para projectos de gestão mais duradoura, as comunas populares foram completamente desmanteladas. Em resultado do sucesso na produção agrícola surgiram as empresas industriais ligadas à agricultura que acabaram por estabelecer uma economias mercantil a nível rural. Em 1985 seria abolido o sistema de entrega de produtos e de venda obrigatória ao Estado, sendo tal regime substituído por pagamento de impostos, o que reforçou ainda mais essa tendência mercantil[423].

---

[422] O sistema de responsabilidade consiste num contrato de exploração privada da terra, mediante uma retribuição. Inicialmente as cláusulas contratuais eram muito detalhadas, impondo inclusivamente o tipo de produtos que deviam ser produzidos, sendo o pagamento feito em géneros. Posteriormente foi dada mais liberdade de exploração, alargados os prazos do contrato e dada a possibilidade da sua transmissão entre vivos ou mortis causa.

[423] Sobre a evolução neste período V. Marie-Claire Bergère, *La Chine de 1949 à nos jours*, Armand Colin, 2000, pág. 198 e ss.

322   *Lei Penal da República Popular da China*

Um passo fundamental para a reforma da economia urbana era enquadrar a produção nas regras de mercado, ainda que com as limitações do sistema, tendo em conta a questão do valor de produção e as respectivas consequências expressas nos preços. Para além disso era importante impedir a interferência política na gestão empresarial, premiar a produtividade e criar sistemas de efectiva responsabilidade.

Daí até 1987 deu-se não apenas uma grande importância à economia não estadual mas, mesmo nas empresas do Estado, avançou-se para um diferente estilo de gestão. A zona costeira criou mais zonas abertas ao investimento estrangeiro.

Todavia novos problemas iriam surgir a partir de 1985, com a agitação que progressivamente se ia avolumando.

Essa agitação tinha íntima ligação às divisões no partido e procurava claramente dar força à ala reformadora.

A população, particularmente os intelectuais, sentiam que a ala reformadora do partido, Zhao Ziyang e principalmente Hu Yaobang, não conseguiam ir da reforma económica para a reforma política, que se considerava ser indispensável para uma afirmação coerente de uma economia de mercado e uma democracia. Daí que, principalmente nas grandes cidades, se fizesse sentir a agitação e propaganda a favor dos direitos humanos, em que se destacaram Fang Lizhi 方励之, astrofísico da universidade de Hefei e o jornalista Liu Binyan 刘宾雁.

As motivações em 1985 eram principalmente a inflação e a corrupção. Em 1986 a agitação concentrou-se mais claramente nas exigências da reforma política. Para isso terá por certo contribuído o discurso proferido por Hu Qili 胡启立, membro do politburo e próximo de Hu Yaobang que, no dia 1 de Maio de 1986, desafiou os intelectuais a cortar com os conceitos marxistas que a experiência tinha demonstrado estarem incorrectos[424].

Estas manifestações atingiram a sua máxima expressão em Dezembro de 1986, com enormes concentrações nas grandes cidades.

Sob impulso da facção conservadora foi então lançada uma campanha contra o liberalismo burguês, desencadeada pelo editorial de 6 de

---

[424] Richard Evans, *Deng Xiaoping and the Making of Modern China*, Penguin, 1995, pág. 278.

Capítulo VII – O reforço do sistema legal e o regresso às campanhas   323

Janeiro de 1987, do "diário do povo"[425], à qual Hu Yaobang não resistiu, tendo ainda nesse mês pedido a demissão do cargo de secretário-geral do partido.

Logo de seguida, a 22 de Janeiro, o comité permanente da assembleia nacional popular aprovou a "decisão sobre a intensificação da educação sobre o sistema legal e a salvaguarda da estabilidade e da unidade". A decisão não decidia coisa nenhuma. Era simplesmente uma proclamação quanto a esses objectivos que, por um lado se assumia como autocrítica mas que por outro lado comportava uma ameaça. Esta decisão era reveladora do ambiente social que então se vivia e das preocupações do partido.

Começando por lembrar os quatro princípios cardeais, passava depois a referir diversos aspectos da constituição, reforçando a importância da ideologia e do centralismo democrático.

Depois, dando agora voz às críticas e preocupações da população, assumia as insuficiências do sistema legal e a falta de preparação de alguns quadros para a sua correcta aplicação. Problemas entre as massas e o partido resultariam em boa parte dessa falta de preparação, com o consequente desrespeito pela constituição e as leis, pelo que era necessário o reforço do estudo do sistema legal, para sua correcta observância. Passando de seguida da autocrítica do sistema para a ameaça, lembrava o documento as disposições do código penal determinando a punição de actos como a reunião de massas para agressão, destruição e pilhagem, bloqueios de tráfego, resistência à autoridade, injúrias e difamação, propaganda para derrube do poder da ditadura democrática do povo, distúrbios e danos em locais públicos, etc. O documento terminava apelando à necessidade de elevar a dignidade do sistema legal.

O conteúdo da decisão era revelador do ambiente social então vivido na China e das preocupações do partido comunista. É de ter em conta que o regime soviético de Gorbatchev, após o acidente nuclear de Chernobyl, em 1986, dava os primeiros sinais de fragilidade. Fragilidade sentida também em outros países do leste europeu, como a Polónia e a Checoslováquia. O poder vivia intranquilo em Beijing e esta decisão era a confissão disso mesmo.

---

[425] Marie-Claire Bergère, obra citada, pág. 207.

324 · Lei Penal da República Popular da China

À demissão de Hu Yaobang seguiu-se uma purga de elementos do partido, tendo dele sido expulsas as personagens que mais se expuseram no apelo à democratização, nomeadamente Fang Lizhi e Liu Binyan.

A ala conservadora ganhou preponderância especialmente no sector de ideologia e propaganda e o caminho ficara aberto para uma sua figura ocupar lugar importante na hierarquia do partido e do Estado. Essa figura seria Li Peng 李鹏 que, não hostilizando o prosseguimento e aprofundamento das reformas, se mostrou posteriormente figura determinante na estratégia dos conservadores. Entretanto Deng conseguiu limitar os danos com a eleição de Zhao Ziyang para secretário-geral do partido. Que todavia teve também que arrefecer os propósitos de abertura política, manifestando como prioridades do partido o aumento da produção e o combate ao liberalismo burguês, num recuo táctico que julgava possibilitar-lhe salvar pelo menos a reforma económica.

O XIII congresso do partido, que decorreu entre 25 de Outubro e 1 de Novembro de 1987, parecia representar um novo passo em direcção à política de reforço da reforma económica. Desde logo porque os elementos mais idosos e mais influentes do partido, Deng Xiaoping, Chen Yun e Peng Zhen, resignaram às suas posições no comité central, o que teoricamente abriria caminho a uma liderança mais rejuvenescida. Para além disso o congresso consagrava a teoria segundo a qual a China se encontrava na fase primária do socialismo, tese que permitiria dar suporte ideológico a várias medidas que Zhao pretendia introduzir, nomeadamente uma maior liberalização da política de preços e a possibilidade de compra e venda e sucessão do direito de uso da terra. E nestes propósitos reformadores parecia também estar empenhado o novo primeiro-ministro, Li Peng, apesar das suas ligações ao sector mais conservador, numa posição de claro compromisso com a política de reforma económica urbana, advogava mesmo a liberalização da política de habitação, com a submissão às regras de mercado, o que constituía uma reforma ousada dada a importância dessa questão nas cidades e a tradicional política do partido[426].

---

[426] Sobre a posição de Li Peng relativamente à política de reforma económica V. Jonathan Spence, *The Search for Modern China*, Hutchinson, 1990, pág. 727 e ss e Immanuel Hsü, *The Rise of Modern China*, Oxford University Press, 1990, 4ª ed., pág. 888 e ss.

Capítulo VII – O reforço do sistema legal e o regresso às campanhas   325

Foi neste clima que decorreu a sessão plenária da assembleia nacional popular, em Março e Abril de 1988, a mais aberta e participada de todas quantas se tinham realizado até então.

Tudo prometia um avanço no sentido de maior abertura, sucedendo-se novas manifestações por parte dos intelectuais. Para além da questão política havia o problema da corrupção que só um governo transparente poderia enfrentar, o desemprego e a inflação que empurravam para o campo reivindicativo dos intelectuais importantes estratos da população rural e principalmente urbana.

Estas manifestações demonstraram o fracasso da campanha contra o liberalismo burguês. Ou antes, revelaram que as contradições da sociedade chinesa se mantinham e se haviam agudizado. Afinal era esse o preço de uma política de abertura económica sem o assumir das respectivas consequências no plano político, onde os quatro princípios cardeais bloqueavam a afirmação plena dos princípios constitucionais. Tal situação dificilmente poderia ser mantida sem repressão, tal como nos tempos de Mao, em que os adversários eram presos ou afastados para regiões distantes onde, em reabilitação pelo trabalho, não desafiavam a liderança política.

Este acumular de tensões atingiu o extremo com a morte de Hu Yaobang, em 15 de Abril de 1989. O desaparecimento de Hu representava a perda da referência democrática dentro do partido comunista. E nas concentrações em sua homenagem nasceu o conflito que levaria a Tiananmen.

Tiananmen foi entre Abril e Junho um palco onde se degladiaram as várias tendências do partido.

De um lado Li Peng e a facção conservadora que, não hostilizando parte importante das reivindicações estudantis, entendiam que estes estavam sendo manobrados por elementos hostis ao socialismo e que por isso o movimento deveria ser encarado e suprimido com firmeza. Do outro Zhao Ziyang que, sendo adepto da via do diálogo, sentia também que o movimento lhe poderia proporcionar a afirmação definitiva na liderança. Cometeu a imprudência de subestimar o peso de Deng do qual se pretendeu demarcar. Perdeu e foi substituído por Jiang Zemin 江泽民, responsável do partido em Shanghai, que enfrentara com firmeza a contestação ao regime que vinha sendo feita pela imprensa, encerrando o jornal "world economic herald", que apoiava

326 *Lei Penal da República Popular da China*

o movimento[427]. Mas a chamada de Jiang Zemin ao topo da liderança, ilustra também a visão estratégica de Deng Xiaoping, que compensou a maré conservadora instalada em Beijing com a facção de Shanghai, para onde se iria deslocar o próximo grande pólo de desenvolvimento, com a criação da zona económica especial de Shanghai-Pudong.

Tiananmen confirmou com o seu desfecho a política dos quatro princípios cardeais. A transição de poder da segunda para a terceira geração teria que pautar-se pela continuidade e não pela ruptura. Foi a vitória do preâmbulo da constituição sobre o seu articulado. Ou seja, da política sobre a lei. O que não constitui qualquer surpresa, atento o percurso evolutivo da lei e a sua relação com a política.

O discurso reformista sofreu um sério revés com os acontecimentos de Tiananmen, em Junho de 1989, mas foi retomado com todo o vigor em Fevereiro de 1992[428], num esforço último de Deng Xiaoping, buscando dar um novo impulso aos elementos liberais do partido, por forma a reforçar a sua posição para o XIV.º congresso, que decorreria em Outubro.

Nesse ano assistiu-se a uma das lutas mais renhidas entre as facções conservadora e liberal do PCC[429] e, durante esse período, Deng formulou o princípio de que a fase inicial do socialismo se manteria por, pelo menos, 100 anos.

Esta tese foi acolhida na revisão aos estatutos do partido em 1992 e na revisão constitucional de 1993.

---

[427] Sobre Tiananmen V. Andrew J. Nathan, Perry Link Ed., The *Tiananmen Papers*, Litle, Brown and Company, London, 2001.

[428] Entre 18 e 21 de Fevereiro de 1992, Deng Xiaoping efectuou a histórica viagem ao sul, tendo-se deslocado às cidades de Wuchang, Shenzhen, Zhuhai e Shanghai, defendendo um modelo acelerado de crescimento económico, independentemente de o mesmo poder ser apelidado de socialista ou capitalista, criticando indirectamente as políticas de Jiang Zemin e de Li Peng, que apelidou de formalistas. Esta iniciativa provocou uma profunda alteração na correlação de forças dentro do partido comunista, até porque foi seguida de uma importante purga no seio do exército popular de libertação, visando os elementos mais chegados à chamada "facção Yang ".

[429] O ponto mais aceso deste combate pode situar-se em 25 de Abril de 1992, quando Tian Jiyun, ironicamente, defendeu a criação de "regiões esquerdistas especiais", para os adversários da política de reformas, onde a comida fosse racionada e de onde ninguém pudesse viajar para o estrangeiro.

Capítulo VII – O reforço do sistema legal e o regresso às campanhas   327

A visita de Deng Xiaoping ao sul, perante a onda de apoios que foi colhendo, "conquistou" até a simpatia de Chen Yun que, no 1.º de Maio de 1992, manifestou apoiar maiores avanços no sentido da reforma. No entanto e um pouco a par disso, Bao Tong 鲍彤, braço direito de Zhao Ziyang, era em Julho condenado em 7 anos de prisão.

O XIV congresso marcou o regresso de Deng, através dos velhos generais do PLA, que afastaram a facção que esteve envolvida em Tiananmen e garantiram o apoio à nova liderança. A comissão consultiva central[430] foi abolida e o trio que iria ter o poder na China estava constituído: Jiang Zemin, Li Peng, Zhu Rongji 朱镕基. Para além destes, destacava-se tyambém Qiao Shi 乔石, que teria um importante papel no reforço da capacidade de intervenção da assembleia nacional popular.

Os receios de que com a morte de Deng Xiaoping pudesse haver ruptura política, alegadamente por falta de carisma de Jiang Zemin, não se confirmaram. Revelando-se hábil conciliador das diversas tendências partidárias e apresentando como crédito uma liderança bem sucedida durante o período mais difícil atravessado pela China, após o fim do maoismo, Jiang conseguiu um compromisso para o afastamento de Qiao Shi durante o XV congresso, em 1997, consolidando definitivamente o poder no trio acima referido.

Há quem considere o período de 1978 até aos nossos dias como o da segunda revolução do direito na China[431]. Este novo período poderia dividir-se em três fases.

A primeira fase, de Dezembro de 1978 a Novembro de 1982, caracterizada pelo abandono do nihilismo legal, renovação do sistema

---

[430] A comissão consultiva central foi criada em 1982, durante o XII congresso do partido. O objectivo foi afastar os mais antigos dirigentes de funções executivas, acabar com os cargos vitalícios e dar oportunidade a dirigentes mais jovens, imbuídos de espírito reformista. Este processo, iniciado por Deng Xiaoping, foi por ele encerrado dez anos mais tarde, quando se consolidou a prática partidária de reformar os dirigentes com mais de 70 anos que, a não ser em casos especiais, deixaram a partir dessa altura de exercer cargos dirigentes, quer no partido quer no Estado. As únicas excepções foram Deng Xiaoping e Jiang Zemin e, no caso de outros dirigentes, apenas pelo período necessário para completarem os respectivos mandatos.

[431] Gong Pixiang zhubian 公丕祥主编, *Dangdai Zhongguo de Fazhi Geming*, 当代中国的法律革命, Falü Chubanshe, 1999, pág. 295 e ss.

legal, reposição da ordem e estabilidade, reforço do combate ao crime, abertura ao exterior e eliminação das influências esquerdistas. Deu-se também um importante reforço do trabalho judicial, apontando-se como bandeira deste trabalho a reabilitação 3.000.000 de quadros, vítimas de erros judiciais, o julgamento dos elementos do bando dos quatro e outros, afectos a esse grupo, o reforço da jurisdição cível e criminal. Só no ano de 1982, entre Janeiro e Setembro, foram concluídos 220.000 processos relativos a crimes económicos[432].

A segunda fase correspondeu ao período de Dezembro de 1982 a Outubro de 1992. Este período foi marcado no seu início pela aprovação da constituição. Caracterizou-se por um reforço da actividade legislativa, não só por parte da assembleia nacional popular e seu comité permanente mas também por parte do conselho de Estado e organismos locais. No âmbito do direito criminal foram inúmeras as intervenções legislativas como teremos oportunidade de constatar.

A terceira fase, a partir de Outubro de 1992, teve como referência inicial o XIV congresso do partido comunista.

No que respeita à primeira fase o momento mais significativo na perspectiva em causa neste trabalho foi a aprovação do código penal, ao que fizemos referência no capítulo anterior.

Interessa-nos agora abordar a constituição de 1982 bem como o retorno ao espírito das anti-campanhas e o reforço das medidas legislativas contra o crime, que como veremos provocaram profundas alterações na lei penal aprovada em 1979.

07.2 A constituição de 1982

Embora a constituição tinha sido aprovada em 1982, o certo é que o seu espírito nasceu com o III pleno do XI CC, com a aceitação pelo partido das posições de Deng. A constituição de 1982 é a constituição de Deng Xiaoping, tal como a de 1978 foi a de Hua Guofeng, a de 1975 de Mao Zedong e a de 1954 da linha burocrática do partido[433].

---

[432] Gong Pixiang 公丕祥, obra citada, pág. 344.

[433] Embora as intervenções legislativas no âmbito constitucional tenham sempre sido designadas por "revisão" constitucional, a verdade é que se traduziram, com excep-

Capítulo VII – O reforço do sistema legal e o regresso às campanhas   329

Não se pode dizer que a nova constituição, aprovada em 4 de Dezembro de 1982 na V reunião plenária do V congresso da assembleia nacional popular, tenha merecido reservas por parte do plenário. Com efeito, dos 3.040 delegados presentes, 3037 votaram favoravelmente, tendo havido apenas 3(!) abstenções.[434]

A nova constituição era uma exigência das políticas de abertura ao exterior e de modernização. Retomando o paradigma da constituição de 1954, eliminou do seu conteúdo os resquícios esquerdistas mantidos na constituição de 1978 e consagrou as teses de Deng Xiaoping.

O preâmbulo da constituição aponta os quatro princípios cardeais assinalados em 1979 por Deng Xiaoping, passa a designar a ditadura do proletariado por ditadura democrática do povo, elimina as referência à revolução permanente, o combate ao revisionismo e o ênfase na luta de classes, acentuando antes as quatro modernizações, a construção do sistema legal, a participação dos intelectuais na construção do país, a importância da frente patriótica e da conferência consultiva política.

Por fim, chama a atenção para a importância da própria constituição como lei fundamental do Estado e autoridade suprema, que deveria ser adoptada como standard fundamental de conduta por todos os grupos étnicos, órgãos do Estado, forças armadas, partidos políticos, organizações públicas, empresas e instituições.

Foi eliminada a referência que se fazia no artigo 2.º da constituição de 1978 ao partido como centro da liderança nacional.

Também a referência ao marxismo-leninismo e pensamento de Mao Zedong, que a constituição de 78 fazia constar do mesmo artigo, passou para o preâmbulo, inscrita agora nos princípios cardeais.

O artigo 5.º consagra a superioridade da constituição e obrigatoriedade da sua observância por todos os órgãos, instituições e partidos políticos.

O artigo 8.º consagra expressamente a possibilidade de uso privado da terra, protegendo o artigo 11.º a economia individual como complemento da economia socialista.

ção das intervenções operadas em 1980 relativamente à constituiçao de 1978 e as de 1988, 1993, 1999 e 2004 em relação à constituição de 1982, em novas leis fundamentais.

[434] Xu Chongde zhubian 徐崇德主编, *Zhongguo Xianfa* 中国宪法, Zhongguo Renmin Daxue Chubanshe, 1989, pág. 104 e ss.

O artigo 18.º dá o aval da constituição à política de abertura ao investimento estrangeiro.

No que respeita à lei criminal o artigo 28.º define como alvos prioritários as actividades de traição e actividades contra-revolucionárias, os crimes contra a segurança pública, contra a ordem económica socialista e outros crimes. Consagra o princípio da combinação da punição com a reforma dos delinquentes.

Em matéria de direitos fundamentais a constituição de 1982 registou importantes avanços em relação à de 1978. No artigo 33.º consagra o princípio da igualdade dos cidadãos perante a lei, ignorando qualquer distinção em função do status pessoal.

Consagra as liberdades fundamentais, no artigo 35.º, eliminando porém do seu elenco o direito à greve. Não consagra também as quatro "grandes liberdades" que aliás tinham sido suprimidas da constituição de 78, na revisão de 1980.

Mantém no artigo 36.º a liberdade de crença religiosa, elimina a referência à liberdade de propagação do ateísmo, mas impede as organizações religiosas de qualquer sujeição a dominação estrangeira.

Para além dos direitos à liberdade pessoal, inviolabilidade de domicílio e correspondência, honra e dignidade pessoais consagra ainda, no artigo 41.º, o direito a reparação por violação dos direitos cívicos, por parte de órgãos ou funcionários do Estado.

A constituição dedica 13 artigos (artigo 123.º a 135.º) aos tribunais e às procuradorias.

O princípio da publicidade da audiência é consagrado no artigo 125.º, que acolhe também o princípio da defesa.

O princípio da independência está reconhecido quer para os tribunais quer para as procuradorias, nos artigos 126.º e 131.º, respectivamente.

Os tribunais e procuradorias são responsáveis perante as assembleias populares, ao respectivo nível.

Estes os aspectos mais relevantes da constituição de 1982 para a matéria que estamos tratando.

Se a constituição de 1978 representou a base para o lançamento de um sistema legal, a constituição de 1982 veio dar-lhe consistência.

Com efeito, a constituição de 82 não é apenas uma nova lei fundamental. Ela vem dar textura definida e mais precisa aos diferentes órgãos do Estado, definindo a sua constituição e poderes. O sistema legal não subsiste só com leis mas carece também de instituições que, efectivamente, levem a cabo as respectivas funções com observância das mesmas.

É exactamente a partir da constituição de 1982 que se irá fazer sentir o peso das diversas instituições do Estado que, progressivamente, vão ganhando autonomia em relação ao partido, e passo a passo se evidenciam ciosas das suas competências.

O processo não é imediato, desde logo porque não é fácil. Tomemos o exemplo dos tribunais e das procuradorias. Naturalmente que num país governado por políticas e não por leis, ou em que as leis tenham pouco detalhe ou expressão, não é absolutamente necessário que os seus aplicadores tenham formação jurídica.

As massas populares ou os quadros do partido tinham perfeita capacidade para apreciar uma conduta à luz dos objectivos políticos do partido. E nunca se coibiram de assumir essas funções quando eram chamados a desempenhá-las.

A situação é bem diferente quando a actividade dos tribunais está sujeita a leis, em que tem que se conhecer as regras da sua interpretação e aplicação, entrada em vigor e revogação, hierarquia das diferentes leis, etc. Isso só é possível havendo formação jurídica. Mas tal estava longe da realidade. A China estava extremamente carecida de quadros com formação jurídica, crise que levaria alguns anos a ser minimamente ultrapassada.

O que aconteceu na esfera judiciária verificou-se também ao nível legislativo. O órgão legislativo central é a assembleia nacional popular. Que todavia reúne apenas uma vez por ano. E nem o seu comité permanente tinha capacidade para dar execução plena a essa tarefa. Pelo que teve que autorizar o conselho de Estado a produzir legislação, situação que se manteve durante vários anos mas que foi sendo atenuado através da progressiva afirmação, quer da assembleia nacional quer das assembleias regionais, para os domínios das respectivas competências.

07.3 O reforço da segurança pública e o renovar das anti-campanhas

07.3.1 *A nova disciplina da reabilitação pelo trabalho*

Uma importante medida adoptada logo após a aprovação do código penal de 1979, foi a resolução do comité permanente da assembleia

332   *Lei Penal da República Popular da China*

nacional popular, de 29 de Novembro de 1979, criando disposições suplementares relativamente ao regime de reabilitação pelo trabalho[435].

Este regime, vigente desde 1 de Agosto de 1957, não continha qualquer disposição limitando o período de aplicação dessa medida. Entretanto, no ano de 1962, terão sido dadas instruções governamentais no sentido de a duração ser limitada a 3 anos. Norma que todavia não seria respeitada, sendo normalmente encontrada forma de manter as pessoas nos campos de trabalho, muitos deles a próprio pedido.[436]

Ora, esta resolução de 1979 veio impor expressamente um limite temporal a essa medida, o qual seria de 3 anos, podendo haver prorrogação por mais um ano. Para além disso, dado o impacto que a medida teria com a libertação de milhares de pessoas que aí se encontravam há muito mais tempo, determinava que tais pessoas, bem como os seus familiares, não fossem sujeitas a qualquer medida de discriminação.

Era a extensão, ao plano da intervenção administrativa, das regras de contenção da arbitrariedade, com a consagração de um mínimo de garantias, tal como tinha acontecido com a aprovação da lei penal.

Diga-se porém que, pouco tempo depois, se assistiu a um recuo nessa política. Com efeito, logo no início do ano de 1980, perante a deterioração do clima social, Deng Xiaoping alertava para a necessidade de tratar com severidade os criminosos, como forma de defender o povo e o partido. A lei, dizia Deng, tem que ser observada, os delinquentes têm que ser punidos com severidade e todos são iguais perante a lei.[437]

Esta mensagem tinha diferentes destinatários. Por um lado, eram visados contra-revolucionários e sabotadores, criminosos e gangs criminais. Mas por outro lado, quando referia a necessidade de aplicação do princípio da igualdade perante a lei, a mensagem dirigia-se para dentro

---

[435] Sobre a legislação penal avulsa produzida após a aprovação do código de 1979 e até à revisão penal de 1997 V. Júlio Pereira, *Comentário à Lei Penal Chinesa*, Livros do Oriente, 1996, pág. 54 e ss.

[436] Jerome Alan Cohen, *The Criminal Process in the People's Republic of China 1949-1963, an Introduction*, Harvard University Press, 1968, pág. 269. Este autor interroga-se sobre os motivos que levariam as pessoas a querer permanecer nos campos e pergunta que técnicas os guardas usariam para as convencer.

[437] Deng Xiaoping, The Present Situation and the Tasks Before us, *Selected Works* (1975-1982), 1984, pág. 238 e ss.

Capítulo VII – O reforço do sistema legal e o regresso às campanhas 333

do próprio partido e aludia claramente à criminalidade económica e envolvendo corrupção.

Deng foi ainda mais explícito quando, em 18 de Agosto de 1980, numa reunião alargada do bureau político do comité central, se referia a situações mais chocantes de poluição espiritual, como a pornografia, mas apontava o dedo principalmente a quadros do partido e seus familiares envolvidos em corrupção, contrabando e especulação, pondo em causa a dignidade do Estado.[438]

A resposta a esta situação foi dada ao nível político e ao nível legislativo, com o renovar do espírito das anti-campanhas, embora nesta fase já sob estrito controlo partidário.

Ao nível essencialmente político, foram desencadeadas campanhas contra a poluição espiritual e o liberalismo burguês, a que fizemos já referência.

Mais no plano jurídico, e com forte incidência na lei penal, tiveram sucessivamente lugar campanhas contra a criminalidade grave, contra o furto e contra as seis peçonhas[439].

07.3.2 *A campanha contra a criminalidade grave*

O aumento da criminalidade grave começou a sentir-se principalmente nas grandes e médias cidades e particularmente a partir de 1979[440]. A situação revestia-se de tal gravidade que Deng a equiparava à acção dos contra-revolucionários e sabotadores, considerando que o combate

---

[438] Deng Xiaoping, On the Reform of the System of Party and State Leadership, obra citada, pág. 321.

[439] A campanha contra as seis peçonhas foi lançada em 1989 e era dirigida contra a prostituição, a pornografia, o rapto de mulheres e crianças, a droga, o jogo e a superstição, considerados como os males que estavam minando a sociedade chinesa. A estas seis peçonhas foi somada uma outra, na província de Guangdong, que era a das tríades. V. Kwok Singli, A Glosary of Political Terms of the People's Republic of China, The Chinese University Press, Hong Kong, 1995, pág. 246 e ss.

[440] Han Yanlong zhubian 韩延龙主编, *Zhonghua Renmin Gongheguo Fazhi Tongshi* 中华人民共和国法制通史, Zhonggong Zhongyang Dangxiao Chubanshe, II vol., 1998, pág. 868.

334 · Lei Penal da República Popular da China

contra criminosos e gangs criminais, não constituindo luta de classes, continha elementos da luta de classes[441].

A primeiras medidas foram adoptadas no seio do partido e especificamente orientadas para as grandes cidades, apontando no sentido de um endurecimento das penas.

Dado porém que o crime não parava de aumentar, foram em 10 de Junho de 1981 adoptadas pelo comité permanente da assembleia nacional popular duas importantes decisões, que constituíram um acentuado recuo, quer relativamente ao código penal, quer à resolução de 1979 sobre reabilitação pelo trabalho.

A primeira resolução prendia-se especificamente com crimes graves contra a segurança pública, tais como homicídio, roubo, violação, acções bombistas ou fogo posto, envenenamento, rebentamento de diques ou sabotagem de equipamento para transporte de energia eléctrica.

A resolução dispensava a aprovação das penas de morte pela prática dos referidos crimes, verificado que fosse algum dos seguintes pressupostos:

- ter a condenação sido proferida em última instância por tribunal superior provincial, de região autónoma ou cidade sob jurisdição directa do governo central;
- ter a condenação sido proferida em primeira instância por tribunal intermédio, ausência de recurso pelo arguido e aprovação da decisão por tribunal superior;
- ter a condenação sido proferida em primeira instância por tribunal superior e ausência de recurso pelo arguido.

Nos termos do número 2 da mesma resolução, o supremo tribunal reservava-se o poder de aprovação para casos de corrupção e para os crimes contra-revolucionários.

Esta resolução ia contra o disposto no artigo 43.º do código penal. E não mereceu generalizado apoio, já que havia quem considerasse que, havendo diferentes organismos com competência para aprovação das penas de morte, isso conduziria a diferentes critérios na sua aplicação,

---

[441] Deng Xiaoping, The present Situation..., obra citada, pág. 238.

Capítulo VII – O reforço do sistema legal e o regresso às campanhas   335

situação indesejável dada a gravidade da pena e impossibilidade da sua reparação[442].

Será curioso assinalar que a resolução foi aprovada para vigorar durante os anos de 1981 a 1983. Talvez houvesse a crença de que, na sequência de severas condenações e rapidez de execução das penas de morte, esses crimes diminuiriam. Não foi isso que aconteceu e, já no ano de 1983, a lei orgânica dos tribunais populares foi alterada, possibilitando a delegação do poder de aprovação nos tribunais superiores.

A segunda resolução, da mesma data, dizia respeito àqueles que, tendo saído dos campos de reforma ou de reabilitação pelo trabalho, ou tendo daí escapado, continuavam a cometer crimes.

Começando por referir que muitos dos crimes eram levados a cabo por pessoas que tinham saído ou fugido desses locais, adoptava as seguintes medidas:

- Indivíduos que praticassem algum crime, no prazo de 3 anos após saída de campo de reabilitação pelo trabalho ou no prazo de 5 anos depois de lá terem fugido, seriam punidos com pena agravada e veriam cancelado o registo de residentes nas cidades pelo que, completado novo período, ficariam nos centros como empregados;
- Delinquentes que fugissem de campos de trabalho, para além do cumprimento da pena inicialmente imposto, sofreriam outra não superior a 5 anos. Caso cometessem crime depois da fuga seriam punidos com pena superior ao máximo previsto. Se novo crime fosse cometido após a libertação, seriam punidos com pena agravada. Em qualquer caso ficavam também impedidos de voltar às cidades, devendo permanecer como empregados nos locais da reforma pelo trabalho.

Relativamente aos condenados em reabilitação pelo trabalho, esta resolução faz regressar o regime à situação anterior. Em relação aos condenados em reforma pelo trabalho, que após a fuga cometessem crimes, o regime era muito gravoso porque, por um lado não fixava qualquer prazo entre a fuga e a verificação do crime. Por outro, podendo a pena exceder

---

[442] Han Yanlong 韩延龙, obra citada, pág. 871.

336   *Lei Penal da República Popular da China*

o máximo legalmente previsto, ou seja, fixando-se no escalão imediatamente superior, facilmente levava à aplicação da pena de morte.

Apesar das medidas entretanto tomadas, o crime não parava de aumentar. Deng Xiaoping entendia que isso se devia ao facto de se ter sido demasiado hesitante no seu combate. E daí perguntar: porque não fazer duas ou três campanhas contra o crime? Deng considerava ser de novo necessário mobilizar as massas. Havia que prender os autores dos crimes mais graves, condená-los a longos anos de prisão e matar alguns deles. A começar por Beijing e prosseguir pelas restantes cidades.[443]

Na sequência desta posição, manifestada em 19 de Julho num encontro com responsáveis da segurança pública, em 25 de Agosto de 1983 o comité central do partido aprovou uma resolução no sentido do combate severo ao crime grave como homicídio, fogo posto, acções bombistas, roubo, violação, gangs criminais, furto grave, rapto, coacção ou indução ao exercício da prostituição. A campanha iria decorrer durante três anos e sob o lema "punição rápida e severa"[444].

Foi neste espírito que o comité permanente da assembleia nacional popular, em 2 de Setembro de 1983, adoptou importantes medidas, com destaque para uma decisão sobre a punição severa de criminosos que põem gravemente em causa a segurança pública e uma outra para acelerar a decisão desses processos.

Nos termos da primeira decisão, os máximos previstos nas disposições respectivas da lei penal, eram elevados para o escalão seguinte, não se excluindo a aplicação da pena de morte, quando se tratasse dos seguintes casos gravemente lesivos da segurança pública:

- cabecilhas de grupos de vândalos ou quem se envolvesse armado em actividades de vandalismo, em circunstâncias graves, ou em actividades deste tipo que conduzissem a consequências graves;
- Ofensas corporais voluntárias que conduzissem à morte, ou agressões a funcionários ou cidadãos que acusassem, denunciassem ou prendessem delinquentes, ou pusessem termo à sua actividade;

---

[443] Deng Xiaoping, Crack Down on Crime, in *Selected Works*, vol. III, 1994, pág. 44.

[444] Punição rápida e severa significava, segundo Jiang Hua, o presidente do supremo tribunal ao tempo do lançamento da campanha, aplicar pena mais pesada, mas dentro da moldura penal prevista e decidir atempadamente dentro dos prazos legalmente previstos. V. Han Yanlong 韩延龙, obra citada, vol. II, pág. 869.

Capítulo VII – O reforço do sistema legal e o regresso às campanhas   337

- Cabecilhas de grupos para rapto de pessoas, ou quem se dedicasse a tráfico de pessoas em circunstâncias graves;
- Manufactura, comércio ou transporte ilegais, furto ou roubo de armas, munições ou explosivos, quando em circunstâncias graves ou com graves consequências;
- Organizadores de sociedades secretas reaccionárias, ou quem usasse superstições feudais para levar a cabo actividades contra-revolucionárias, pondo em causa a segurança pública;
- Indução ou coacção de mulheres à prostituição, ou acolhimento para esse fim, quando em circunstâncias graves.

Previa-se ainda a punição da divulgação de métodos criminosos que, em face da gravidade das circunstâncias, poderia conduzir a uma pena inferior a cinco anos mas que, se as circunstâncias fossem graves, não seria inferior a cinco anos e, em casos de especial gravidade, prisão perpétua ou morte.

Para além disso, uma outra decisão alterava os artigos 110.º e 131.º do código de processo penal. Para os casos referidos, dada a sua gravidade, o tribunal não ficava vinculado a qualquer prazo entre a notificação do acusado e o julgamento (na redacção primitiva do código era de pelo menos 7 dias), que poderia ser imediato e o prazo de recurso baixava de 10 para 3 dias.

Esta segunda decisão, sobre a aceleração processual dos casos envolvendo criminosos que pusessem gravemente em causa a segurança pública, não evitou polémica até pelos termos em que se encontrava formulada. Por um lado, reduzia as formalidades e os prazos precisamente nos processos para os quais se previam as penas mais graves. O que revelava acentuada preocupação com a segurança mas quase desprezo pelos direitos de defesa do arguido. Por outro, e esta parte mereceu as críticas mais severas, formulava a questão em termos que sugeriam ser o julgamento uma mera formalidade, com vista à aplicação de pena previamente determinada. Com efeito, o número 1 da referida resolução dizia: "Relativamente a criminosos aos quais deva ser aplicada a pena de morte por homicídio, violação, roubo, acções bombistas e outros factos que atentem gravemente contra a segurança pública, quando os factos dos principais criminosos sejam claros, as provas irrefutáveis e seja grande a indignação popular, deverão os processos ser rápida e prontamente decididos, não ficando os tribunais vinculados às restrições do artigo 110.º do C. P. Penal...".

A redacção do artigo induzia a uma decisão prévia da pena a aplicar[445], em ordem a poder adoptar-se um procedimento simplificado. A versão chinesa desta disposição é aliás mais incisiva do que a tradução apresentada. A expressão *deva ser* aplicada a pena de morte é em chinês "yingdang 应当" que tem também o sentido "ter de".

Foram esses os instrumentos da maior campanha de combate ao crime que foi levada a cabo na China na era pós-Mao e que, entre Agosto de 1983 e finais de 1986, levou a que fossem julgados 1.400.000 processos e condenados 1.721.000 indivíduos.[446]

Mas a par desta campanha, que visava especificamente sete categorias de crimes, tantas quantos os parágrafos da resolução sobre a punição dos criminosos que atentam gravemente contra a segurança pública (6 no número 1 e o do número 2), desenvolveu-se nos tribunais uma política de combate firme ao crime, que levou a elevado número de pesadas condenações e que foi bem para além do termo da campanha em causa. Quase se poderia dizer, até pela linguagem dos relatórios do supremo tribunal popular, que não mais abandonou dos seus relatórios a expressão "ataque severo" (yanda), que a campanha de combate ao crime mais grave nunca chegou a cessar.

Quanto aos seus efeitos os dados são escassos. Apesar de os relatórios do supremo tribunal popular indicarem o número de condenações, são omissos quanto aos casos de condenação em pena de morte. Há quem aponte o número de cerca de 10.000 execuções durante a referida campanha, mas sem indicar a fonte[447].

A política da punição severa prosseguiu, com campanhas sazonais contra o crime em geral ou determinada criminalidade em particular, nomeadamente a pornografia e o furto. No entanto relativamente ao crime comum, na área da segurança, não foi produzida outra legislação significativa. Será apenas de referir dois diplomas, com motivações sobretudo políticas.

Com a campanha contra o liberalismo burguês e em resultado das reivindicações democráticas, instalou-se na liderança do partido a ideia

---

[445] Han Yanlong zhubian 韩延龙主编, obra citada, pág. 871.

[446] Han Yanlong zhubian 韩延龙主编, obra citada, pág. 870 e ss.

[447] Jasper Becker, *The Chinese*, John Murray, 2000, pág. 332.

Capítulo VII – O reforço do sistema legal e o regresso às campanhas   339

de que forças do exterior pretendiam usar os democratas chineses no sentido de uma evolução pacífica do regime (heping shenbian 和平深变). Daí a aprovação, em 5 de Setembro de 1988, de disposições suplementares para a punição do crime de revelação de segredos de Estado, as quais agravavam substancialmente as penas previstas no código penal.

O desvio de aeronaves, principalmente para Taiwan, verificava-se com relativa frequência. O que por certo contribuiu para que, em 28 de Dezembro de 1992, tenha sido aprovada uma decisão para a sua punição.

07.3.3 *A campanha contra as seis peçonhas*

A campanha contra as seis peçonhas estava intimamente ligada à que no plano político era feita contra a poluição espiritual e procurava combater, não só os males especificamente visados pela lei penal mas, numa perspectiva mais lata, a influência nefasta do pensamento burguês, que se fazia sentir sobretudo nos hábitos dos cidadãos.

Em resultado desta campanha foi produzida diversa legislação avulsa.

Em 28 de Dezembro de 1990, o CPANP aprovou uma decisão relativa à punição de crimes de contrabando, fabrico, tráfico e divulgação de artigos de conteúdo pornográfico. O que aqui estava em causa não era tanto o fabrico ou contrabando na sua vertente económica mas a natureza dos objectos sobre ao quais as condutas incidiam.

Na mesma data, foi aprovada uma decisão relativa à proibição de drogas que, em 16 artigos, previa e punia diversos crimes, nomeadamente contrabando, tráfico, transporte, fabrico e detenção de drogas, encobrimento de narcotraficantes, lavagem de dinheiro proveniente de narcotráfico, crimes estes que eram severamente punidos, alguns deles (contrabando, tráfico, transporte e fabrico), quando ocorridos em circunstâncias de maior gravidade, com pena de morte.

Em 4 de Setembro de 1991, foi aprovada uma decisão para a punição de crimes de rapto e venda de mulheres e crianças e uma outra sobre proibição da prostituição que, em 11 artigos, previa diversos crimes como exploração da prostituição, coacção para o exercício da prostituição, auxílio para a exploração da prostituição.

A coacção para o exercício da prostituição podia ser punida com a pena de morte, quando ocorrida em circunstâncias de especial gravidade.

Durante esta campanha terão sido presas 770.000 pessoas. Destas 6.129 terão sido punidas criminalmente, 5.650 sujeitas e reeducação pelo trabalho e as restantes sancionadas administrativamente[448].

07.4 A emergência do direito penal económico

Mas, para além do combate aos crimes contra a segurança pública, a China defrontou-se ainda com uma situação que minava fortemente o prestígio da classe dirigente.

Deng Xiaoping tinha consciência de que o partido, enfraquecido pelas sucessivas lutas entre facções, em resultado de sucessivas crises de liderança, tinha que buscar novas bases de legitimação. Para isso, além de promover políticas que elevassem o nível de vida das populações, tinha que dar o exemplo em termos de padrões éticos.

Não era de forma alguma isso que se estava a verificar.

Em 10 de Abril de 1982, num discurso perante o comité central, especificamente virado para a questão do crime económico, Deng afirmava que a situação era mais grave do que a verificada durante as anti--campanhas dos anos 50.[449]

Deng sustentava que a luta contra o crime económico era uma forma de assegurar a manutenção da via socialista e as quatro modernizações, pelo que não deveria haver contemplações em relação aos prevaricadores, que deveriam ser expulsos do partido, das forças armadas e da função pública.

Todavia este problema não teve resposta imediata já que, como o próprio Deng reconhecia no mesmo discurso, devido a hesitação de alguns camaradas, não fora ainda possível chegar a consenso para desencadear uma luta contra o crime económico, hesitação que de resto se manteria por muitos anos e que seria uma das causas de sérias perturbações, principalmente no ano de 1989.

Esta posição de Deng teria certamente a ver com dificuldades de implementação da decisão para a punição severa de criminosos que lesem

---

[448] Jasper Becker, obra citada, pág. 332.
[449] Deng Xiaoping, Combat Economic Crime, obra citada, Vol. II, pág. 380.

Capítulo VII – O reforço do sistema legal e o regresso às campanhas 341

seriamente a economia, adoptada pelo comité permanente da assembleia nacional popular, em 8 de Março de 1982.

A decisão visava especificamente as actividades de contrabando, especulação, arbitragem especulativa, corrupção, furto de bens do Estado, furto e venda de relíquias culturais. Visados eram em especial funcionários de organismos do Estado e pessoas com eles coniventes.

A decisão, para além de providências no sentido de levar os funcionários públicos a cumprir o respectivo dever, impedir o encobrimento de actividades criminosas, fomentar as denúncias desse tipo de actividades ilícitas, passava em revista os artigos do código penal e elevava as respectivas penas, por forma a poderem até ser punidos com a pena de morte.

Assim, relativamente a casos de contrabando e especulação para lucros exorbitantes, previstos no artigo 118.º (contrabando ou especulação profissional, contrabando ou especulação em larga escala, cabecilhas de associações para a prática de contrabando ou especulação); furto previsto no artigo 152.º (furto, burla e esbulho); venda de narcóticos prevista no artigo 171.º (produção, venda ou transporte de narcóticos) e transporte clandestino para exportação de relíquias culturais preciosas previsto no artigo 173.º (furto e exportação de relíquias culturais) determinava a decisão que as penas seriam de prisão não inferior a 10 anos, prisão perpétua ou pena de morte e eventualmente de confisco de património.

Os funcionários que se aproveitassem das vantagens do cargo para a prática desse tipo de crimes, teriam a pena agravada.

Em relação ao crime de corrupção passiva previsto no artigo 185.º e que era punido com pena de prisão até 5 anos ou detenção criminal, determinava agora a decisão que, quer se tratasse de extorsão, quer de aceitação de suborno, a pena passaria a ser a correspondente ao crime de peculato, previsto no artigo 155.º, cuja pena era de prisão não inferior a 5 anos, prisão perpétua ou morte, caso as circunstâncias fossem especialmente graves.

Para além disso a decisão previa diversas providências e punições para funcionários, seus familiares e ex-funcionários que se aproveitassem das respectivas funções, encobrissem tais tipos de actividades ou delas tirassem algum proveito, destruíssem provas, levassem a cabo actividades retaliatórias, etc.

Esta decisão tinha uma particularidade que encerrava um novo estilo de campanha contra o crime.

342   *Lei Penal da República Popular da China*

Com efeito, nos termos do seu número 2, a mesma entraria em vigor a partir de 1 de Abril. Ao mesmo tempo, relativamente aos crimes praticados antes da sua entrada em vigor, concedia prazo até 1 de Maio para a entrega voluntária dos autores desses crimes ou, relativamente aos que já estivessem detidos, para a confissão total e verdadeira dos crimes e denúncia de outros agentes envolvidos. Quem aproveitasse essa oportunidade, seria julgado e punido de acordo com as disposições vigentes antes da entrada em vigor da decisão. Aqueles que não se entregassem ou que não confessassem as suas condutas e de outros envolvidos, seriam punidos nos termos desta decisão.

Finalmente a decisão apelava à mobilização de todas as organizações e instituições, do Estado, do partido, das forças armadas, escolas, empresas, jornais, rádios, organizações de massas etc. para a sua divulgação e discussão.

Esta mobilização era naturalmente uma forma encapotada de apelar à discussão mas também exposição e denúncia, não se atrevendo porém o poder a apelar a uma mobilização de massas ao velho estilo, tão presentes estavam ainda as más memórias do passado próximo.

O balanço da luta contra o crime económico, feito em 15 de Agosto de 1989, pelo então presidente do supremo tribunal popular Ren Jianxin 任建新, referente ao período desde o início de 1982 e até finais de 1988, apontava para o julgamento de 360.000 processos, com 460.000 condenações das quais 81.433 por peculato, 13.026 por corrupção passiva, 14.949 por especulação e 2454 por contrabando[450].

Os números apontados não contrariam a posição pessimista de Deng acima referida quanto às determinação dos camaradas do partido, no combate à corrupção. Posição que aliás terá reiterado durante os incidentes de Tiananmen, quando em conversa com Zhao Ziyang e Yang Shangkun, terá afirmado que o problema no combate à corrupção era o envolvimento nessa actividade criminosa de altas figuras do partido e seus familiares[451].

---

[450] Ren Jianxin 任建新, Guanyu Renmin Fayuan Guanche Zhixing Lianyuan "Tonggao" de Qingkuang Baogao 关于人民法院贯彻执行两院通告的情况报告, in *Zhonghua Renmin Gongheguo Zuigao Renmin Fayuan Gongbao Quanji* 中华人民共和国最高人民法院公报全集 *(1985-1994)*, Renmin Fayuan Chubanshe, 1995, pág. 871.

[451] Andrew Nathan, Perry Link Ed., *The Tiananmen Papers*, pág. 151.

Capítulo VII – O reforço do sistema legal e o regresso às campanhas 343

Foram precisamente escândalos vindos a público e as movimentações de massas contra a corrupção, que estimularam a produção de novas medidas no plano legislativo.

Em 21 de Janeiro de 1988, o comité permanente da assembleia nacional popular aprovou um regulamento suplementar para a punição dos crimes de contrabando, e um outro para a punição dos crimes de peculato e corrupção.

Estes dois diplomas, para além de um agravamento geral das penas relativamente ao previsto no código penal, criaram vários tipos de crime e consagram pela primeira vez, na lei penal da R. P China, a responsabilidade penal das pessoas colectivas[452].

Obviamente em consequência dos acontecimentos de Tiananmen, sob proposta do CC e do conselho de Estado, o supremo tribunal popular e a suprema procuradoria popular emitiram, em 15 de Agosto de 1989, um aviso conjunto dando a todos os autores de crimes de peculato, corrupção passiva, especulação e outros crimes a possibilidade de, até 31 de Outubro, se apresentarem e confessar esses crimes e, mediante compensação dos prejuízos ou prestação de serviços meritórios, poderem beneficiar de uma política de clemência. Pode dizer-se que foi esta a primeira campanha propriamente dita contra o crime económico, com a particularidade de ter sido desencadeada pelos "dois supremos". 360.000 pessoas terão aproveitado esta oportunidade[453].

A legislação na área económica e financeira continuou a ser produzida nos anos 90, mas agora em áreas que se prendiam mais com a própria dinâmica da economia chinesa, que não tinha tradução no código de 1979, desenhado para uma situação de economia planificada.

Em 4 de Setembro de 1992, foram aprovadas pelo CPANP disposições suplementares sobre a punição de crimes de evasão fiscal e de resistência ao pagamento de impostos. Crimes que podiam ser punidos, nas situações de maior gravidade, com pena de prisão até 7 anos, mas que acentuavam uma tendência que já se registara na primeira legisla-

---

[452] A primeira vez em diploma de incidência estritamente penal. Com efeito, a responsabilidade penal de pessoas colectivas já havia sido prevista no artigo 47.º n.º 3 da lei das alfândegas, de 22 de Janeiro de 1987.

[453] Han Yanlong zhubian 韩延龙主编, obra citada, pág. 874.

ção avulsa nesta área, que era a progressiva utilização das sanções de natureza pecuniária.

Em 22 de Fevereiro de 1993, foram aprovadas as disposições suplementares para a punição de crimes de contrafacção de marca comercial registada e, em 2 de Julho do mesmo ano, uma decisão para a punição de crimes de produção ou venda de produtos de má qualidade. Crimes estes que eram punidos com prisão mas que, em certos casos, nomeadamente fabrico de medicamentos ou produtos alimentares perigosos, de que resultasse a morte ou perigo grave para as pessoas, podiam ser punidos com pena de morte.

Um ano mais tarde, em 7 de Julho de 1994, foi aprovada nova decisão, esta para a punição de crimes de violação dos direitos de autor.

Em 22 de Maio de 1995 foi aprovada uma decisão para a punição de crimes de violação da lei das sociedades, que nos casos mais graves previa penas até 5 anos de prisão, mas que recorria também às sanções de natureza pecuniária tanto para pessoas individuais como para pessoas colectivas.

No mês seguinte, em 30 de Junho, foi aprovada uma decisão para a punição de crimes de sabotagem da ordem financeira. As situações aqui contempladas eram de maior gravidade, tais como falsificação ou alteração de títulos de crédito, cartas de crédito, cartões de crédito, burlas com utilização desses instrumentos financeiros, etc. Daí que, mantendo-se embora as tendências já referidas, a pena de morte estivesse prevista para quatro situações.

O último diploma aprovado antes da revisão penal de 1997 foi a decisão, de 30 de Outubro de 1995, relativa à punição dos crimes de emissão indevida, falsificação e venda ilegal de facturas especialmente usadas para tributação do imposto sobre o valor acrescentado.

Este conjunto de legislação emergiu das grandes transformações económicas operadas na China. Algumas delas foram adoptadas após grande pressão do exterior, designadamente a legislação referente à protecção de marcas e de direitos de autor. Independentemente disso, criaram um novo direito penal, o direito penal económico, que estava completamente fora das previsões do código de 79. Código que, com todas as alterações e diplomas suplementares, ficou totalmente desactualizado e com o espírito que lhe estava subjacente em boa parte subvertido.

Capítulo VII – O reforço do sistema legal e o regresso às campanhas   345

07.5 **A actividade judicial**

Os tribunais e procuradorias, particularmente ao nível mais elevado, tiveram um papel de decisiva importância durante este período. Como dissemos, a China tinha agora um importante conjunto de leis sem que todavia tivesse um número suficiente de juristas para lhes dar correcta e eficiente aplicação. Muitos juízes e procuradores não tinham qualquer formação jurídica, sendo sujeitos a acções de formação com as limitações inerentes a um processo desta natureza, num país com tão vastos problemas e enormes carências no plano do direito.

A China tinha pois que concentrar recursos ao nível central, que permitissem a análise das maiores dificuldades na execução das leis, transmitindo orientações, respostas, decisões interpretativas, etc. para as diferentes instituições.

O supremo tribunal e a suprema procuradoria, por vezes em conjunto com outros serviços, com destaque para o ministério da segurança pública, tiveram um importante papel na divulgação e esclarecimento de dúvidas de aplicação do código penal e em particular no preenchimento de lacunas e melhor definição de alguns conceitos indeterminados.

De especial importância foram as respostas de 20 de Setembro e 30 de Dezembro de 1983, 18 de Julho e 21 de Agosto de 1985 que, inventariando uma série de questões colocadas pelos tribunais superiores provinciais, emergentes das principais dificuldades surgidas após a publicação do código penal e das decisões relativas ao combate ao crime contra a segurança pública e ao crime económico, dava respostas bastante claras a esses problemas.

Para além destas intervenções de natureza interpretativa, o supremo tribunal popular defrontou-se com inúmeras dificuldades ligadas à necessidade de constantemente ajustar a lei penal aos novos problemas emergentes, nomeadamente na esfera económica, e para os quais havia que apontar pistas para decisão, em consonância com a nova legislação publicada. Há que lembrar a grande carência de quadros devidamente habilitados, com o que isso significava de responsabilidades acrescidas para as instituições judiciárias de nível superior[454].

---

[454] O ensino do direito foi suspenso durante a revolução cultural. A faculdade de direito da universidade de Beijing foi a primeira a reabrir os respectivos cursos, em

346 *Lei Penal da República Popular da China*

Por esse facto, as supremas instituições judiciárias ganharam enorme prestígio e têm tido um grande peso, não só obviamente em termos da aplicação da lei, tarefa que lhes compete, mas na dogmática associada ao desenvolvimento do direito na República Popular da China.

Por outro lado, e aqui entra em linha de conta a permeabilidade entre o judicial e o político, os tribunais e procuradorias tiveram o papel preponderante no âmbito da repressão penal, diferentemente do que acontecera até finais dos anos 70 em que, quando o poder político iniciava qualquer campanha, avançavam as massas e recuavam as instituições judiciárias.

A intervenção dos tribunais no âmbito do político e a influência do partido nas decisões, tem que ser entendida à luz da política de repartição de tarefas, com recusa do princípio da divisão de poderes. E nesta fase os tribunais mostraram capacidade para dar execução às políticas do partido, até onde o partido permitiu que os tribunais fossem já que, como tivemos oportunidade de verificar, o combate à corrupção não conseguiu ainda nesta fase atingir os escalões mais elevados do poder político.

Fora desse âmbito, os tribunais tiveram importante actividade e puniram com severidade como lhes era politicamente recomendado. Expressando isto mesmo está o facto de as condenações em penas de prisão superior a 5 anos, prisão perpétua e pena de morte andarem em percentagens que oscilavam entre 30 e 40%, como se pode constatar através dos relatórios anuais do supremo tribunal popular.

Ainda assim haverá que ter em conta que diversas intervenções interpretativas, particularmente quanto ao uso da pena de morte relativamente a menores e mulheres grávidas, tiveram um efeito moderador e de salvaguarda dos direitos desses arguidos.

E relativamente a Tiananmen?

São parcos os elementos existentes sobre o tratamento dado aos envolvidos nos acontecimentos, com excepção dos mais conhecidos,

---

1974, mas para um número muito limitado de estudantes. As restantes universidades começaram o ensino do direito, progressivamente, a partir de 1977. Em 1980 havia na China apenas 570 estudantes de direito. V. Hungdah Chiu, Institutionalizing a New Legal System in Dens's China, in Michael Ying-Mao Kau, Susan H. Marsh Ed., *China in the Era of Deng Xiaoping*, M.E. Sharp, 1993, pág. 70 e ss.

Capítulo VII – O reforço do sistema legal e o regresso às campanhas   347

cuja situação foi sendo acompanhada pela imprensa estrangeira. No seu relatório sobre a actividade judicial em 1989, apresentado à assembleia nacional popular em 1990, o então presidente do supremo tribunal popular apresentou um retrato relativamente benévolo da situação. Distinguindo entre o motim contra-revolucionário de Beijing e os distúrbios políticos de outros locais, Ren Jianxin afirmou ter sido feita uma rigorosa apreciação entre simples manifestações de natureza política e crimes, entre crimes contra-revolucionários e crimes comuns, contestando vigorosamente as acusações de forças inimigas estrangeiras[455].

Para além do latíssimo conceito de propósito contra-revolucionário, que transforma a reivindicação democrática em propósito de derrube do regime, e que levou à condenação de diversos activistas por crime contra-revolucionário, não há elementos concretos sobre outras situações de subversão na aplicação da lei. É aliás de acentuar que a imposição da pena capital por crimes contra-revolucionários entrou em declínio a partir dos anos 80, diferentemente do que aconteceu relativamente aos crimes económicos e contra a segurança pública[456].

07.6 Conclusão

Este período tem feições contraditórias que só o acompanhamento da situação política permite compreender.

A construção do sistema legal era uma necessidade imperiosa da China, para poder dar execução às políticas propostas por Deng Xiaoping. O direito era indispensável para o lançamento das bases daquilo que mais tarde viria a ser designado por economia de mercado socialista. Sem leis não era possível atrair investimento estrangeiro, nem induzir a população a participar na actividade económica.

Para além disso era imprescindível travar os factores que poderiam permitir situação semelhante à que se viveu na revolução cultural.

---

[455] No sentido de que devem ser encaradas com cepticismo as notícias relativas a execuções secretas V. Andrew Scobell, The Death Penalty in Post-Mao China, in *The China Quarterly*, n.º 123 (Setembro 1990), pág. 514.

[456] Ronald C. Keith, *China's Struggle for the Rule of Law*, 1994, pág. 148.

Finalmente, era necessário criar novas bases de legitimação para o poder do partido comunista.

O código penal e outros diplomas, tais como código de processo penal ou leis orgânicas dos tribunais e procuradorias, foram componente importante desse processo de construção, que teve o seu ponto cimeiro na aprovação de uma nova constituição, em 1982.

Durante este longo período iria porém assistir-se à progressiva degenerescência do código penal, perante as novas realidades da China emergentes da política de economia de mercado socialista.

Com efeito, o código de 1979 foi pensado para uma economia planificada, em que a economia individual não tinha praticamente expressão. A criminalidade económica era escassamente contemplada e a criminalidade financeira ignorada de todo. A própria estrutura do código era excessivamente simplificada, obrigando, para se tornar eficiente, a um recurso excessivo à analogia. A complexidade da vida económica e social que se seguiu à política de reforma económica, tornava o código quase imprestável.

Os sucessivos diplomas que foram publicados e a que fizemos referência, foram a solução encontrada para ir de encontro a uma nova realidade, que seria de uma forma abrangente contemplada na revisão de 1997.

Dotou-se nesta fase a China dos instrumentos que se consideravam adequados para enfrentar a criminalidade contra a segurança pública e crimes económicos, financeiros, património cultural, crimes contra a dissolução dos costumes e alguns outros que representavam o retorno a velhos hábitos do passado, como o rapto de mulheres e crianças.

Aparentemente tudo se encaminhava para um rigor na observância das leis, sem as distorcer ou aligeirar, como se tinha verificado nos anos 50.

Acontece que a abertura não trouxe apenas prosperidade. Trouxe também inflação, desemprego, descontentamento entre intelectuais que exigiam maior abertura política e uma enorme onda humana, constituída por indivíduos vindos das zonas rurais e muitos de campos de reabilitação pelo trabalho.

A resposta dada ao aumento da criminalidade e dissolução dos costumes não conteve a forte reacção por parte dos sectores mais conservadores do partido, que acusavam o avanço excessivo das reformas de proporcionar a poluição espiritual da sociedade chinesa e reclamavam medidas de contenção.

Capítulo VII – O reforço do sistema legal e o regresso às campanhas   349

O endurecimento na aplicação da lei penal no âmbito da criminalidade mais grave e da criminalidade económica, bem como as diversas campanhas nesse âmbito desencadeadas, foi a resposta do partido. Deng Xiaoping canalizou o descontentamento do partido para objectivos que não punham em causa a política de abertura. Procurava no essencial demonstrar que o clima pouco saudável em termos de segurança e de valores se devia, não à abertura económica, mas à falta de firmeza no combate ao crime.

A campanha contra o crime, que no plano estritamente legislativo se iniciou em 1981, mas que no plano social, como campanha de massas, só teve lugar em 1983, levou a milhares de execuções[457.] Só nessa altura foram aprovadas leis de aplicação retroactiva, com efeito desfavorável, contrariando o disposto no artigo 9.º do código penal. Nesse sentido constituíram um forte retrocesso. A participação das massas, embora sob estrito controlo das organizações do Estado e do partido, demonstrou que tais movimentos não eram definitivamente do passado. No entanto, tal participação operou-se, não ao nível da execução da lei, mas da colaboração com as procuradorias, segurança pública e tribunais, assumindo as instituições judiciárias a responsabilidade exclusiva de aplicação da lei.

Ficou assim demonstrada, durante este período, a possibilidade de a lei servir de moeda de troca em questões de estratégia política, pelo que também neste âmbito o sistema legal se revelou importante instrumento de contenção do sector conservador e de salvaguarda da política de reforma económica.

Conseguindo Deng que o movimento de rectificação que havia sido decidido no XII congresso se centrasse no combate ao crime e às tendências esquerdistas ainda existentes na sociedade e no partido, que a luta contra a poluição espiritual se travasse fundamentalmente na frente ideológica, na qual os intelectuais, como "engenheiros das almas", eram instados a não propagar valores que promovessem o liberalismo burguês[458], a economia saiu imune dessa ofensiva conservadora. Remetidos os conservadores para o âmbito da propaganda e da ideologia, em

---

[457] Jasper Becker, *The Chinese*, John Murray, London, 2000, pág. 332
[458] Deng Xiaoping, *Fundamental Issues in Present Day China*, Foreign Languages Press, Beijing, 1990, pág. 24 e ss.

poucos anos se veriam na posse de património político de irrisório valor estratégico, porquanto os valores ortodoxos propagados pela facção conservadora estavam cada vez mais distanciados da realidade e mereciam progressiva indiferença das massas.

As instituições judiciárias ganharam um importante peso durante este período, podendo dizer-se que só a partir de então os tribunais e procuradorias viram reconhecido o seu papel como órgãos de aplicação da lei penal. Apesar do seu comprometimento político com o partido, quer quanto à forma de aplicação da lei, quer quanto ao lançamento de algumas campanhas, o papel das instituições judiciárias foi reforçado e o seu estatuto socialmente reconhecido.

Finalmente, tanto naquilo que representou progresso, como no que representou retrocesso, houve o cuidado de ter a lei como base, tendo sido vastas as intervenções legislativas com vista a possibilitar a execução das políticas do partido. Não que isso tenha especial significado em termos de protecção de garantias do cidadão. Efectivamente, quando de adoptam decisões, ao nível cimeiro do poder legislativo, no sentido de que, em certos casos de aplicação da pena de morte, o arguido não tem praticamente prazo para apreciar a acusação; quando os prazos de recurso por sentenças com condenação à morte são reduzidos a 3 dias ou quando se admite que nesses casos o condenado "não queira" recorrer, é legítimo perguntar se a lei tinha de facto algum significado ou se ao delinquente era na verdade facultada a possibilidade de interpor recurso. Ou se o recurso tinha de facto alguma utilidade. Ainda assim não foi abandonado o princípio de decisão conforme à lei, impedindo-se por essa via o regresso ao nihilismo legal.

Porém, percorrido o caminho que neste capítulo foi assinalado, chegou-se a um ponto em que a lei penal era uma manta de retalhos, constituída por um código de 1979 totalmente desajustado, tanto em termos de lei positiva como dos pressupostos político-sociais em que assentava, e por inúmeras intervenções avulsas que procuravam dar resposta aos novos problemas económicos e sociais.

Da reparação desta situação anómala iria cuidar a revisão de 1997, que iria produzir um novo código penal.

Capítulo VIII

PRINCIPAIS ASPECTOS DA REVISÃO PENAL DE 1997. PARTE GERAL

08.1 Introdução

No dia 14 de Março de 1997, a quinta reunião plenária da oitava legislatura da assembleia nacional popular, aprovou o diploma de revisão da lei penal da República Popular da China, de 1 de Julho de 1979[459].

Na mesma data, este diploma era promulgado pelo decreto número 83, do presidente da república, para entrar em vigor no dia 1 de Outubro de 1997.

Para se fazer uma ideia do alcance desta medida legislativa, dir-se--á que o código penal da República Popular da China de 1979, o mais pequeno do mundo com apenas 192 artigos[460], passava a ter, após a revisão, 452 artigos, dos quais 101 na parte geral, 350 na parte especial e 1 na parte suplementar, que versa apenas matéria referida nos dois anexos do próprio código, relativos à revogação ou subsistência de legislação penal avulsa.

---

[459] Temos usado e usaremos indiferentemente as designações "lei penal ou "código penal" da República Popular da China para aludir a este diploma, quer na versão original quer na versão revista.

[460] Ou Yangtao, Wei Kejia, Liu Renwen zhubian 欧阳涛,魏克家, 刘仁文, *Zhonghua Renmin Gongheguo Xinxingfa Zhushi yu Shiyong* 中华人民共和国新刑法注释与适用, Renmin Fayuan Chuban she, 1997, pág. 2.

08.1.1 *Antecedentes da revisão*

O código penal de 1979 representou uma corrida contra o tempo. Apesar de a República Popular da China ter sido fundada em 1949 e no ano seguinte ter começado a circular um documento visando o estabelecimento das linhas gerais de uma lei penal, a verdade porém é que, por razões políticas de diversa ordem e nos capítulos anteriores referidas, só decorridos 30 anos se assistiu à publicação de um código. Até então verificara-se a mera elaboração de leis penais sectoriais, sem unidade sistemática, que por vezes não passavam de projectos, e que eram complementadas com recurso às chamadas políticas criminais. Com efeito, a tentativa de criação de um sistema legal, iniciada com a aprovação da constituição de 1954, deparou sistematicamente com obstáculos resultantes da radicalização da situação política, inicialmente com a chamada "campanha anti-direitista", seguida do "grande salto em frente" e, finalmente, da "revolução cultural"[461].

A essa carência aludia Deng Xiaoping ao advogar a aprovação dos códigos, entre os quais o penal, por forma a evitar que as instituições e as leis mudassem com a mudança da liderança política, ou até com a mudança de pontos de vista ou dos focos de atenção dos líderes. Ou mesmo até para evitar a confusão, que frequentemente ocorria, entre a lei e a opinião dos dirigentes[462].

O código de 1979 veio pois, de certo modo, consagrar um conjunto de garantias mínimas, mas sem retirar ao sistema a maleabilidade de que necessitava para dar combate ao crime, dados os longos períodos de exercício não judicializado da "justiça penal", falta de quadros e abandono a que fora votada a ciência do direito, principalmente durante a "revolução cultural". Daí a linguagem excessivamente abstracta do código, o grande número de tipos abertos e a possibilidade de recurso à analogia.

---

[461] Sobre a evolução do direito penal na R.P.China V. Júlio Pereira, *Comentário à Lei Penal Chinesa*, ed. Livros do Oriente, 1996, pág. 27 e ss.

[462] Discurso de Deng Xiaoping, de 13 de Dezembro de 1978, na reunião preparatória da terceira sessão plenária do 11.º comité central do P.C.C. – *Selected Works of Deng Xiaoping, 1975-1982*, pág. 157 e ss.

Capítulo VIII – Principais aspectos da revisão penal de 1997

No entanto, a par do reforço do sistema legal, a China enveredou por uma política de abertura e modernização, com vista à progressiva substituição de um sistema de economia planificada por um sistema de economia de mercado socialista.

Daí resultaram transformações profundas nos planos político, económico e social, que bem cedo revelaram as insuficiências do código de 1979.

O diploma ignorava totalmente os crimes das pessoas colectivas, delitos financeiros, delitos por violação de direitos de autor, de violação da propriedade industrial, etc.

Estava orientado basicamente para a protecção do poder político instituído e da ordem económica socialista, mas sem dar a devida atenção aos direitos pessoais e direitos e interesses emergentes da iniciativa privada.

A adesão da R.P. China a algumas convenções com incidência em matéria penal, como crime transnacional ou protecção de menores, revelaram também carências do velho código, que o incompatibilizavam com obrigações internacionalmente assumidas.

Interna e externamente iam-se avolumando as reservas à não consagração plena do princípio da legalidade e à existência dos chamados crimes contra-revolucionários.

Todos esses factores levaram a que, logo em 1982, se iniciasse a publicação de legislação penal avulsa e o aparecimento, em diplomas diversos, de normas versando matéria penal.

De tal forma que, antes desta revisão, já haviam sido publicados 23 diplomas penais avulsos e, no seio de legislação cível, económica e administrativa, podiam contar-se 130 normas com incidência penal[463].

Esta evolução não apanhou desprevenido o comité permanente da assembleia nacional popular, cuja comissão para os assuntos legislativos, já em 1982, ponderava a necessidade de se estudar a revisão da lei penal.

Os primeiros documentos sobre esta questão começaram a surgir logo no ano de 1983 mas, o primeiro esboço de revisão, apareceu apenas

---

[463] V. Chu Huaizhi, Liang Genlin 储槐植, 两根林, Lun Xingfadian Fenze Xiuding de Jiazhi Quxiang 论刑法典分则修订的价值取向, in *Zhongguo Faxue* 中国法学, n.º 2, 1997, pág. 31.

354   *Lei Penal da República Popular da China*

em 16 de Novembro de 1988, o qual foi trabalhado até surgir a versão oficial, em 25 de Dezembro do mesmo ano.

Este trabalho foi todavia travado pelos acontecimentos políticos ocorridos em 1989, quer a nível externo quer interno.

A evolução política da então União Soviética, com os inevitáveis reflexos em todo o mundo socialista e as reivindicações democráticas que se fizeram sentir na própria China, relegaram as preocupações de reforço e melhoria do sistema legal para um plano secundário.

O renascimento das tendências conservadoras na política chinesa, que surgiram em 1986 com a demissão de Hu Yaobang, e se acentuaram com a purga de Zhao Ziyang, após as manifestações de Tainanmen, fez--se sentir até 1992, arrefecendo as preocupações de reforma legislativa.

A célebre viagem ao sul efectuada por Deng Xiaoping, de 18 de Janeiro a 21 de Fevereiro de 1992, veio no entanto dar novo alento à continuação da política de modernização, com vista à criação de uma economia de mercado socialista.

São então acelerados os trabalhos de revisão dos quais, em fins de 1993, resultou uma compilação articulada sobre a parte especial do código.

Em 8 de Agosto de 1995 ganham forma dois anteprojectos, um da parte geral e outro da parte especial, dos quais nasceu o projecto de revisão, publicado em 10 de Outubro de 1996, para uma última recolha de opiniões.

Ultrapassada esta fase e após intensos debates e diversas alterações, em 17 de Fevereiro de 1997 concluiu-se o projecto definitivo, sendo a revisão aprovada, finalmente, em 14 de Março do mesmo ano[464].

08.1.2 *Alcance da revisão*

A importância da revisão penal é assinalável e não apenas pela consagração expressa do princípio da legalidade e consequente abolição

---

[464] Para um estudo mais detalhado do processo de revisão V. Ou Yangtao, Wei Kejia, Liu Renwen 欧阳涛, 魏克家, 刘仁文, obra citada, pág. 5 e ss. V. ainda Chen Xingliang 陈兴良, *Xingfa Shuyi* 刑罚疏议, Zhongguo Renmin Gongan Daxue Chubanshe, 1997, pág. 17 e seguintes. Sobre o processo legislativo na China V. Zhou Wangsheng 周旺生, *Lifa Lun* 立法论, Beijing Daxue Chubanshe, 1994, pág. 135 e ss.

Capítulo VIII – Principais aspectos da revisão penal de 1997

da analogia, o que frequentemente é apresentado como imagem de marca deste trabalho legislativo.

É-o ainda por vir renovar a unidade sistemática do código penal, bastante debilitada com a enorme quantidade de legislação avulsa, a qual tinha já criado maior número de tipos de crime do que aqueles que o diploma base previa. A integração no código dessa legislação, bem como do regime penal aplicável aos elementos das forças armadas, provocou o grande aumento do número de artigos no diploma revisto.

Para além disso, melhorou-se a sua linguagem sob o ponto de vista técnico, aperfeiçoaram-se alguns dos institutos, consagraram-se princípios gerais de direito penal e relativos à responsabilidade penal das pessoas colectivas, foi dado maior detalhe na definição de diversos tipos de crime, etc..

08.2 Fundamentos e fins da lei penal

O código penal revisto, conforme tinha já acontecido na revisão do código de processo penal[465], afasta do seu capítulo I a alusão à ideologia orientadora.

Resultam daí alterações importantes nos artigos 1.º e 2.º, que se podem sumarizar no seguinte:

1. Omissão das referências ao marxismo-leninismo e pensamento de Mao Zedong, à ditadura do proletariado e à revolução socialista;
2. Não consagração expressa de princípios de política criminal;
3. Desaparecimento da designação "crimes contra-revolucionários";
4. Diferente avaliação das tarefas e dos bens que ao direito penal incumbe promover e proteger.

São diversas as razões subjacentes a cada uma das aludidas alterações.

---

[465] Sobre as linhas de evolução do C.P.Penal e sobre o C. Penal, quanto a este numa visão prospectiva V. Júlio Pereira, *Comentário à Lei Penal Chinesa*, 1996, Ed. Livros do Oriente, pág. 9 e ss.

356 Lei Penal da República Popular da China

a) Em Março de 1979, Deng Xiaoping apontava, como requisito básico para se conseguir a modernização, a afirmação de quatro princípios cardeais[466]:

1. Via socialista;
2. Ditadura do proletariado;
3. Liderança do partido comunista;
4. Marxismo-leninismo e pensamento de Mao Zedong.

A adopção destes princípios, que não tinham consagração expressa na constituição de 1978, então vigente, levou a que os mesmos ficassem a constar de alguns diplomas entretanto aprovados, entre os quais o código penal.

Esses mesmos princípios foram no entanto incorporados no preâmbulo da constituição de 1982, embora a expressão "ditadura do proletariado" tenha sido substituída por "ditadura democrática do povo".

Ora, sendo a constituição a base e o fundamento das restantes leis, entendeu-se nesta revisão não haver necessidade de no código penal invocar a linha ideológica, já referida na constituição.

Pelas razões acima apontadas expurgou-se do código a "ditadura do proletariado".

A omissão da expressão "revolução socialista" representa um realinhamento com a história. Ultrapassada a concepção esquerdista da "revolução contínua sob a ditadura do proletariado"[467], passou a entender--se que a revolução socialista se concluiu com as três grandes transformações (san da gaizao) ocorridas entre 1950 e 1956 na agricultura, manufactura e indústria e no comércio capitalistas, estando-se na presente fase no período da construção da modernização socialista[468].

---

[466] V. *Selected Works of Deng Xiaoping* (1975-1982), 1ª ed., pág. 171 e ss.

[467] Esta teoria foi avançada em 1967 por Mao Zedong, na primeira fase da revolução cultural, tendo vindo a ser repudiada em 1981, altura em que a expressão "ditadura do proletariado" foi substituida pela de "ditadura democrática do povo", mais consonante com a tradição do partido e com as posições políticas do próprio Mao-V. *Selected Works of Mao Zedong* vol. IV, 4ª ed., pág. 411 e ss. E vol. V, 1ª ed., pág. 384 e ss. V. ainda Kwong Sing Li, *A Glossary of Political Terms of the People's Republic of China*, HK, 1995, pág. 475 e ss.

[468] Ou Yangtao, Wei Kejia, Liu Renwen zhubian 欧阳涛, 魏克家, 刘仁文, *Zhonghua Renmin Gongheguo Xinxinfa Zhushi yu Shiyong* 中华人民共和国新刑法注释与适用, Renmin Fayuan Chuban she, 1997, pág. 36.

Capítulo VIII – Principais aspectos da revisão penal de 1997   357

"Revolução socialista" era pois uma herança esquerdista desajustada do momento em que se efectuou a revisão e que era necessário retirar do código.

b) Do artigo 1.º desapareceu também a alusão ao princípio da combinação da punição com a benevolência.

Não deixou tal princípio de estar presente na política criminal subjacente ao código revisto. Acontece é que se optou por uma redacção mais genérica, ao referir que o diploma foi formulado tendo em conta a experiência concreta na luta contra o crime e a situação actual.

Considerou-se que tal experiência concreta no combate ao crime já corporizava esse princípio, que por isso não tinha que ser explicitamente invocado[469].

c) A consagração no código dos chamados "crimes contra-revolucionários" era motivo de contestação fundamentalmente nos meios académicos e mesmo de embaraço para o Estado chinês, particularmente em matéria de cooperação judiciária. Vinha-se por isso defendendo a eliminação dessa designação e sua substituição pela de "crimes contra a segurança do Estado".

É óbvio que isso, só por si, não resolve a questão de fundo que consiste em saber se uma dada categoria de crimes pretende a defesa da pessoa colectiva Estado e dos valores que lhe são inerentes, ou se pretende, em primeira linha, a defesa de determinado regime.

O novo código não elimina este último objectivo, até porque reconhece, como valor tutelado no direito penal, a causa da construção socialista e a ditadura democrática do povo.

Todavia é diferente a perspectiva sobre o Estado na versão revista. Deixa de ser encarado como mero instrumento ao serviço do poder político de determinada classe e sai reforçada a ideia de Estado como pessoa jurídica a defender, designadamente no que respeita à sua soberania, unidade e integridade.

d) Finalmente operou-se nova avaliação das tarefas e dos bens jurídicos que à lei penal incumbe promover e defender.

O artigo 2.º abstém-se de pormenorizar domínios da sua intervenção, como acontecia na redacção inicial do código, designadamente no que se

---

[469] Zhubian Ou Yangtao, Wei Kejia, Liu Renwen, ob. Citada, pág. 33.

refere à ordem na produção, trabalho, educação e investigação científica e vida das massas populares, limitando-se a aludir à manutenção da ordem social e económica. Reduz-se por esta via o seu antigo "espírito de missão", sobressaindo a vertente protectora de bens jurídicos.

Esta postura, ditada pela política de economia de mercado socialista, levou também o legislador a que, neste mesmo artigo, ao referir-se à protecção da propriedade privada dos cidadãos, eliminasse o termo "legitimamente" pertencente.

Ao legislador não é indiferente a proveniência lícita ou ilícita desses bens. Só que tal expressão, exclusivamente em relação à propriedade privada, vincava a ideia de que o código colocava em diferentes níveis os diversos tipos de propriedade, presumindo reservas relativamente à propriedade privada, ideia esta que se pretendeu eliminar.

08.2.1 *Fundamentos*

Diz o artigo 1.º do Código: *"Para punir o crime e proteger o povo, nos termos da constituição e combinando a experiência concreta do nosso país na luta contra o crime com as circunstâncias actuais, é aprovada a presente lei"*.

O código começa por definir os fundamentos da lei penal, quer no plano formal, a constituição, quer no plano material. No que a este diz respeito, é claro o propósito de valorizar os dois objectivos do direito penal. O direito penal tanto pretende punir como proteger. Este propósito não era suficientemente realçado na redacção primitiva do artigo 1.º, ficando agora mais patente a complementaridade de ambas as vertentes.

Realça ainda este artigo duas notas frequentemente sublinhadas pelos autores da R.P. China[470].

Por um lado, as características nacionais em que assente o código e por outro a busca da verdade através dos factos. Ambas estão contidas no fundamento que assenta na experiência concreta do país na luta contra o crime, conjugada com as circunstâncias actuais.

---

[470] Chen Baoshu 陈宝树, Xingfa Xiugai de Zhidao Sixiang 刑罚修改的指导思想, in *Faxue Zazhi* 法学杂志, 1997, 1, pág. 13.

Capítulo VIII – Principais aspectos da revisão penal de 1997   359

Enfim, este artigo, para além dos fundamentos da lei, aponta os fins da própria revisão que. segundo o autor na nota acima referida e trabalho nela citado citado, são:

- Ajustar o código às exigências de um sistema de economia de mercado socialista;
- Dar efectiva protecção aos direitos e interesses legítimos dos cidadãos;
- Punir e prevenir o crime, de forma a salvaguardar a estabilidade e promover o progresso sociais.

08.2.2 *Fins*

Diz o artigo 2.º: "*O fim da lei penal da República Popular da China é usar a sanção criminal para combater todas as condutas criminosas, por forma a defender a segurança do Estado, o poder político da ditadura democrática do povo e o sistema socialista, proteger a propriedade do Estado, a propriedade colectiva pertença das massas trabalhadoras, proteger a propriedade privada dos cidadãos, proteger os direitos pessoais, direitos democráticos e outros direitos dos cidadãos, manter a ordem social, a ordem económica e salvaguardar o progresso harmonioso da causa da construção socialista*".

Como acentua Cao Zidan[471] este artigo encerra:

Duas "defesas" (baowei保卫):

a) segurança do Estado;

b) ditadura democrática do povo e sistema socialista.

Três "protecções" (baohu 保护¹):

a) propriedade do Estado e propriedade colectiva pertença das massas trabalhadoras;

b) propriedade privada dos cidadãos;

c) direitos pessoais, direitos democráticos e outros direitos dos cidadãos.

Uma "manutenção" (weihu 维护¹):

a) da ordem social e económica.

---

[471] 曹子丹 Chengfa Fanzui, Baohu Renmin Sixiang de Tuchu Tixian 惩罚犯罪, 保护人民思想的突出体现, in *Zhengfa Luntan* 政法论坛, 2, 1997, pág. 23.

360   *Lei Penal da República Popular da China*

Uma "salvaguarda" (baozhang 保障):

a) do progresso harmonioso da causa da construção socialista.

O fim da lei penal passa pois a ser a luta contra todas as condutas criminosas, sejam elas quais forem e não, como se verificava na primitiva redacção, combater em primeira linha os crimes contra-revolucionários e depois os restantes crimes.

Naturalmente que há diferentes valorações dos bens a defender, de acordo de resto com o escalonamento que lhe é dado no próprio artigo 2.º e na parte especial do código[472].

A esse escalonamento subjaz uma opção política, que parte dos grandes objectivos actuais do Estado chinês. Todavia a redacção actual do código encerra um claro compromisso de dar combate a todos os crimes, independentemente da sua natureza, eliminando-se dos fins da lei penal a sombra tutelar e privilegiada dos chamados crimes contra-revolucionários.

08.3 Princípios fundamentais da lei penal

O código penal chinês, na versão de 1979, não consagrava expressamente qualquer princípio fundamental.

No entanto, a doutrina era praticamente unânime quanto à existência dos quatro seguintes princípios: princípio da legalidade, princípio da proporcionalidade entre o crime e a pena, princípio da responsabilidade individual e princípio da combinação da punição com a educação[473].

Optou o legislador por consagrar expressamente, no diploma revisto, três princípios fundamentais:

Princípio da legalidade (artigo 3.º);

Princípio da igualdade dos cidadãos perante a lei penal (artigo 4.º);

Princípio da proporcionalidade entre o crime e a pena (artigo 5.º).

---

[472] Sobre este escalonamento V. Huang Taiyun, Teng Wei 黄太云, 滕炜, *Zhonghua Renmin Gongheguo Xingfa Shiyi yu Shiyong Zhinan* 中华人民共和国刑释义与适用指南, Hongqi Chubanshe, 1997, pág. 2 e ss.

[473] Sobre esta questão V. Júlio Pereira, obra citada, pág. 32 e ss.

Capítulo VIII – Principais aspectos da revisão penal de 1997   361

Não significa isto que o legislador tenha pretendido colocar fim à querela doutrinal sobre quantos os princípios gerais da lei penal. De resto, esta questão foi muito debatida, havendo quem defendesse a consagração de outros princípios e mesmo quem entendesse que só o princípio da legalidade merecia consagração expressa[474]. Acabou o legislador por dar guarida explícita aos três princípios enunciados, sem com isso pretender travar as opiniões doutrinais sobre o tema, à semelhança do que na primitiva redacção se verificava[475].

08.3.1 *Princípio da legalidade*

De todas as questões discutidas no âmbito do direito penal chinês, nenhuma delas terá suscitado tanto debate e controvérsia e motivado tantos artigos de opinião como o princípio da legalidade.

O código de 1979 não se lhe referia, mas a doutrina entendia que o princípio estava nele consagrado. Tal posição doutrinal encontrava uma difícil barreira no facto de o art. 79.º do código permitir a analogia, embora sujeita a restrições que iam até à necessidade de a incriminação por tal via estar sujeita a aprovação pelo supremo tribunal popular.

Isso levava a que se entendesse que o código consagrava, "basicamente", o princípio da legalidade, embora "complementado" pelo recurso à analogia. Inicialmente tal concepção não foi contestada, até porque o código de 1979 representava, mesmo nessa formulação, um grande progresso no que respeita às garantias individuais. Porém, com o progressivo aperfeiçoamento do sistema judiciário e a experiência resultante dos anos de vigência do código de 1979, a doutrina foi-se tornando progressivamente mais crítica relativamente a essa formulação,

---

[474] V. Zhao Bingzhi 赵秉志, Lun Xingfadian zongce de Gaige yu Jinzhan 论刑法典总则的改革与进展, in *Zhongguo Faxue* 中国法学, n.º 2, 1997, pág. 6 ss.

[475] Num dos primeiros trabalhos publicados após a revisão do código, Fan Fenglin 樊凤林 –Wo Guo Xingfadian Guiding de Jiben Yuanze 我国刑法典规定的基本原则, in *Faxue Zazhi* 法学杂志, n.º 3, 1997, pág. 13 e ss– acrescenta, aos princípios enumerados no código, o princípio da responsabilidade individual, o princípio da unidade entre o elemento subjectivo e o objectivo (que visto pelo lado subjectivo se reconduz ao princípio da culpa e pelo objectivo ao da não punibilidade da mera intenção) e o princípio da combinação da punição com a educação.

362   *Lei Penal da República Popular da China*

propondo-se a expressa consagração do princípio, com a consequente abolição da incriminação por analogia.

A questão não foi todavia pacífica. Havia quem entendesse que o recurso à analogia deveria ser mantido. Consideravam o defensores desta corrente que a manutenção do sistema estava de acordo com as características nacionais, reforçava as capacidades de protecção dos interesses do Estado e dos cidadãos e contribuía para preservar a estabilidade do próprio sistema penal[476].

Não foi difícil contestar tais argumentos.

Ao contrário do sustentado pelos defensores da manutenção da analogia, a consagração plena do princípio da legalidade é requisito da protecção dos direitos pessoais que, de outra forma, poderiam muito mais facilmente ser atropelados.

Desde o XI congresso do partido comunista que se tinha decidido prosseguir no sentido da consagração de um Estado de direito. Ora o princípio da legalidade é uma exigência de um Estado de direito.

Finalmente, a consagração plena do princípio da legalidade, representa uma tendência que vinha sendo seguida por praticamente todos os países desde a segunda guerra mundial[477].

E se nos referimos a esta argumentação, é porque a controvérsia girava à volta de opções que na altura marcavam forte presença no debate político da R.P.C.

Para aqueles que estavam mais próximos de uma visão centralizada, assente numa economia planificada, tinha sentido acentuar a prevalência do interesse colectivo, dos interesses do Estado e defender o recurso à analogia.

Para os defensores da economia de mercado socialista, essa matriz tinha que ser alterada, tornando-se necessário o reforço dos direitos dos cidadãos, que não consente a admissão da analogia nem da interpretação

---

[476] Sobre as diversas posições nesta questão V. Ou Yangtao, Wei Kejia, Liu Renwen 欧阳涛, 魏克家, 刘仁文, obra citada, pág. 38 e ss.

[477] V. Ma Kechang 马克昌, zuixing fading yuance lifahua chuyi 罪刑法定原则立法华刍议, in zhubian Gao Mingxuan 高铭暄主编, *xingfa xiugai jianyi wenji* 刑罚修改建议文集, Zhongguo Renmin Daxue chuban she, 1997, pág. 93.

Capítulo VIII – Principais aspectos da revisão penal de 1997

extensiva. Nesta perspectiva era manifesta a contradição entre princípio da legalidade e analogia[478].

O legislador acolheu plenamente o princípio da legalidade, consagrando no artigo 3.º:"*As condutas que a lei expressamente preveja como crimes serão, nos termos da lei, criminalmente punidas; as condutas que por lei não estejam expressamente previstas como crimes, não poderão ser criminalmente punidas*".

Tornou-se pois claro que só poderão constituir crimes as condutas que como tal estejam claramente previstas, sendo puníveis conforme o que estiver prescrito na lei, assim se dando satisfação plena ao princípio "nullum crimen nulla poena sine lege".

08.3.2 *Princípio da igualdade dos cidadãos perante a lei penal*

Diz o artigo 4.º do código revisto: "*A lei será igualmente aplicável a todos aqueles que cometam crimes. A ninguém será reconhecido privilégio que se sobreponha à lei*".

O princípio da igualdade dos cidadãos perante a lei consta do parágrafo 2.º do artigo 33.º da constituição, pelo que a sua consagração na lei penal seria dispensável.

Sucede porém que tal direito, sendo de fácil consagração é de mais difícil implementação, particularmente num país com pouca tradição nesse domínio.

O princípio da igualdade era ignorado no período imperial que, recordemos, se manteve até início do século XX.

O período republicano também não assistiu a condições que propiciassem o efectivo exercício deste princípio.

O direito penal revolucionário, empenhado que estava numa luta de classes, nem sequer o reconhecia em toda a sua dimensão.

O princípio, em boa verdade, embora constasse já da constituição de 1954, só suscitou verdadeiras preocupações de efectiva implementação

---

[478] Chen Xingliang 陈兴良, *xingfa shuyi* 刑罚疏议, Zhongguo Renmin Gongan Daxue chuban she, 1997, pág. 74.

364   *Lei Penal da República Popular da China*

com a criação do sistema legal que se iniciou com a constituição de 1978 e principalmente com a constituição de 1982.

Nem sempre porém o mesmo era levado até às devidas consequências e com frequência se assistia à violação impune da lei por parte de quadros do partido e do governo e até por parte de familiares seus.

Tais situações levaram os responsáveis da R.P. China a, por diversas vezes, intervirem no sentido da efectiva aplicação da lei penal, independentemente do status dos prevaricadores, levando também à decisão de consagrar expressamente este princípio na lei penal.

Este princípio analisa-se em três aspectos[479]: igualdade na apreciação das condutas e determinação dos respectivos crimes; igualdade nos critérios de medida das penas; igualdade na execução das penas.

Em qualquer de tais situações a lei deverá ser igualmente aplicável, independentemente da nacionalidade, etnia, religião, situação económica ou social, filiação política etc.

08.3.3 *Princípio da proporcionalidade entre o crime e a pena*

Diz o artigo 5.º do código na sua nova redacção: *"A gravidade da pena terá que ser proporcional à conduta criminosa e inerente responsabilidade criminal"*.

Não será difícil entender a lógica deste princípio que impõe que, a aplicação de uma pena e a gravidade da mesma tenham em conta as circunstâncias da prática de um crime e a natureza do mesmo, por forma a que uma conduta grave, quer sob o ponto de vista da sua danosidade social, quer sob o ponto de vista das circunstâncias pessoais do agente, seja punida de forma mais severa do que conduta de menor danosidade ou em que a responsabilidade do agente por alguma forma se encontre diminuída.

Este princípio manifesta-se em três níveis[480]:

Na parte geral do código, onde se prevêem as diferentes situações que conduzem a diferenciadas medidas da punição, como a preparação do crime, tentativa, desistência, entrega voluntária, etc.;

---

[479] V. Chen Xingliang 陈兴良, ob. citada, pág. 74.
[480] V. Huang Taiyun, Teng Wei 黄太云, 滕炜, obra citada, 1997, pág. 5 e ss.

Na parte especial e a propósito de cada um dos crimes, para os quais são previstas diferentes penas, em função fundamentalmente da respectiva danosidade social;

Finalmente em sede de aplicação concreta da pena, em que terá que ser apreciado o resultado concreto em conjugação com as características pessoais do agente e fundamentalmente a sua perigosidade, motivação, idade, antecedentes criminais, etc.

Há que ter em atenção, como refere Chen Xingliang[481], que a expressão "responsabilidade criminal" não tem aqui o mesmo sentido em que é usada no segundo capítulo, primeira secção, respeitante ao crime e responsabilidade criminal. Neste segundo capítulo "responsabilidade criminal" refere-se às condições que podem expôr o agente a ter de suportar uma pena.

Neste artigo aquela situação já está pressuposta, pelo que o que aqui se pretende referir é um maior ou menor grau de responsabilidade criminal, fundamentalmente em razão das circunstâncias atinentes à culpa, que irão influenciar a medida da pena.

08.4 Aplicação da lei penal no tempo

08.4.1 *O problema da retroactividade da lei penal*

O núcleo de toda esta problemática consiste em saber se a um determinado facto deve ser aplicada a lei vigente à data da respectiva ocorrência ou se uma lei posterior lhe pode ser aplicável.

A pergunta coloca-se apenas quando há sucessão de leis, e por isso pode ser formulada em termos de se apurar se deve ser aplicada a lei antiga ou se deverá antes ser aplicada a lei nova.

Há nesta matéria quatro grandes princípios.

O princípio da aplicação da lei antiga, de acordo com o qual a um determinado facto deve ser aplicada a lei vigente à data da respectiva ocorrência.

---

[481] Obra citada, pág. 77.

366 | *Lei Penal da República Popular da China*

O princípio da aplicação da lei nova, segundo o qual a nova lei deve ser aplicada, mesmo aos factos anteriores ao início da respectiva vigência, desde que sobre os mesmos não tenha ainda sido proferida decisão transitada em julgado.

O princípio da aplicação da lei antiga, combinado com o princípio da aplicação da lei mais favorável, nos termos do qual um facto deve ser julgado segundo a lei que vigorava à data da sua ocorrência, excepto se a lei nova não o considerar como crime ou a pena prevista for menos grave do que a sancionada segundo a lei antiga, hipótese em que a lei nova será aplicável.

Princípio da aplicação da lei nova combinado com o princípio da aplicação da lei mais favorável que, aplicando em regra a lei nova, determina a aplicação da lei antiga se, de acordo com esta, a conduta não for considerada crime ou for menos gravemente punida.

Em matéria de retroactividade da lei penal, deparam-se-nos três períodos desde a fundação da República Popular da China.

O primeiro período vai de 1 de Outubro de 1949 até 31 de Dezembro de 1979, véspera da entrada em vigor do código penal de 1979.

O segundo período vai de 1 de Janeiro de 1980 até 30 de Setembro de 1997, último dia de vigência do código penal, na redacção que lhe foi dada em 1979.

O terceiro período inicia-se com o começo de vigência do código revisto.

08.4.1.1 *1 de Outubro de 1949 a 31 de Dezembro de 1979*

Neste período a legislação penal então publicada era de aplicação imediata. Nem poderia, pelo menos numa primeira fase, ser de forma diferente, dado que poucos meses antes da implantação da República Popular, o comité central do partido comunista decidiu revogar toda a legislação nacionalista, com fundamento em que a mesma era um instrumento ao serviço dos latifundiários e do capitalismo burocrático[482].

---

[482] V. Gao Mingxuan zhubian 高铭暄主编, *Xingfaxue Yuanli* 刑法学原理, Zhongguo Renmin Daxue Chubanshe, 1993, Vol. I, página 333 e ss.

Decidiu por isso o partido, em Fevereiro de 1949, que os tribunais apreciariam as questões penais em função não só das leis e regulamentos emanados do governo e do exército popular, mas também das políticas criminais e orientações programáticas do partido.

Esta situação manteve-se durante quase todo o referido período, dado que nunca chegou a ser publicado qualquer código penal e, de maior relevância, só foram publicados dois diplomas, um de Fevereiro de 1951, para a punição dos crimes de contra-revolução e outro, de Abril de 1952, para a punição de actos de corrupção.

Verificou-se pois uma situação semelhante à ocorrida na Rússia após a revolução de 1917 e antes da publicação do código penal de 1922 em que os juízes, perante as lacunas emergentes da parca legislação revolucionária, as preenchiam através do recurso à "noção socialista do direito"[483].

08.4.1.2 *1 de Janeiro de 1980 a 30 de Setembro de 1997*

Neste segundo período adopta-se uma nova linha de orientação, assente no artigo 9.º do código penal, que consagrava o princípio da aplicação da lei antiga, combinado com o princípio da aplicação da lei penal mais favorável.

A verdade porém é que, posteriormente à publicação do código, foram aprovados dois diplomas que foram dotados de aplicação retroactiva.

Um deles foi a decisão do comité permanente da assembleia nacional popular, de 8 de Março de 1982, referente à prática de crimes graves de sabotagem económica, e outro, uma decisão do mesmo órgão, de 2 de Setembro de 1983, relativa a crimes graves contra a segurança pública.

Em ambos os diplomas se procedeu a um agravamento de penas. Apesar disso, o artigo 2.º da primeira decisão expressamente previa a sua aplicação a crimes ocorridos antes da sua publicação. No caso da

---

[483] Sobre a evolução do direito penal soviético V. Marc Ancel, Introduction au système de droit pénal soviétique, in *La Réforme Pénal Soviétique*, Centre français de droit comparé, 1962, pág. VII e ss.

segunda decisão, o seu artigo 3.º previa a respectiva aplicação a casos pendentes em juízo, disposição esta que foi interpretada pelo supremo tribunal popular em termos de só excluir as decisões já transitadas e, mesmo relativamente a estas, ainda assim seria aplicável se viesse a surgir qualquer motivo para cúmulo de penas[484].

08.4.1.3 *A partir de 1 de Outubro de 1997*

Esta data marca o início da terceira fase, caracterizada pela vigência efectiva do princípio da lei antiga combinado com a aplicação da lei mais favorável.

Qual a razão por que dizemos estar agora perante a vigência efectiva do referido princípio?

O que nos leva a crer que não será publicada legislação suplementar com efeito retroactivo, à semelhança do que aconteceu após a publicação do código de 1979?

A razão tem a ver com a consagração expressa do princípio da legalidade.

Como sabemos, o princípio da não retroactividade da lei penal é emanação do referido princípio, no que diz respeito à aplicação de lei desfavorável.

O código, na sua redacção inicial, não consagrava esse princípio. É certo que a doutrina sustentava a sua vigência, mas numa dimensão limitada, de tal forma que até se permitia o recurso à analogia incriminatória.

Na nova redacção do código, o princípio da legalidade tem consagração expressa e plena.

Daí resulta que, se o comité permanente da assembleia nacional popular, aprovasse diploma penal com efeito retroactivo desfavorável, estaria a violar o artigo 62.º número 3 da constituição, por contrariar um dos princípios fundamentais da novo código penal, pelo que eventual revisão seria da competência exclusiva do plenário da assembleia.

Uma tal medida legislativa só poderia ser adoptada pelo plenário da assembleia nacional popular, o que se afigura muito improvável, por-

---

[484] V. Júlio Pereira, obra citada, página 46 e seguintes.

Capítulo VIII – Principais aspectos da revisão penal de 1997 369

quanto se iria contrariar um passo dado como adquirido na caminhada do regime chinês para a consagração do Estado de direito.

Para além disso, ambos os diplomas acima referidos a que foi atribuída eficácia retroactiva, deixaram de vigorar a partir do dia 1 de Outubro de 1997, conforme o disposto no artigo 452.º e anexo I do código revisto.

Temos pois que, de acordo com o disposto no artigo 12.º do código revisto, o regime penal relativamente a factos ocorridos após a fundação da República Popular da China e antes da entrada em vigor da presente lei, será o seguinte:

- Se o facto, segundo a lei então vigente não constituía crime, será aplicada a lei antiga;
- Se o facto era pela lei vigente ao tempo da sua ocorrência considerado crime mas não é como tal considerado pela presente lei, será esta a lei aplicável;
- Se o facto, tanto pela lei vigente ao tempo da sua prática como pela actual é considerado crime e se, segundo as normas do capítulo IV, secção VIII (normas relativas à prescrição do procedimento criminal) dever ser submetido a juízo, será aplicável a lei antiga, excepto se a lei nova consagrar regime mais favorável, hipótese em que esta será aplicada.

Por último consagra o parágrafo segundo do artigo 12.º o princípio do respeito pelo caso julgado. Havendo caso julgado, qualquer que tenha sido a lei aplicada, a decisão será inatacável e terá que ser cumprida.

08.5 Crime e responsabilidade criminal

08.5.1 *Noção de crime*

Artigo 13.º: *"Todas as condutas que ponham em perigo a soberania, integridade territorial e segurança do Estado, criem perigo de desmembramento do Estado, subversão do poder político da ditadura democrática do povo e derrube do sistema socialista, minem a ordem social e a ordem económica, violem a propriedade do Estado ou a propriedade colectivamente pertença das massas trabalhadoras, violem a propriedade privada dos cidadãos, infrinjam os direitos pessoais,*

370 *Lei Penal da República Popular da China*

direitos democráticos e outros direitos dos cidadãos e outras condutas que ponham em perigo a sociedade, se de acordo com a lei deverem ser criminalmente punidas, serão consideradas crimes; porém se as circunstâncias forem claramente insignificantes e diminuta a lesão, não serão consideradas crimes".

Apesar de o código revisto afirmar o princípio da legalidade, o legislador não abdicou de, ainda assim, consagrar no código uma noção material de crime.

A noção de crime, tal como nos é dada no artigo 13.º, não se afasta muito da que estava contida no artigo 10.º da redacção primitiva do código. Só que, se uma definição material de crime era importante num enquadramento legal que admitia a analogia e a interpretação extensiva, num código de tipificação diminuta, já seria dispensável após a consagração do princípio da legalidade.

Este artigo aponta os elementos que a doutrina maioritária considera fundamentais para a verificação de um crime.

— Uma conduta socialmente perigosa.

A intervenção da lei penal só se considera necessária quando ponha em perigo valores que exigem especial protecção. E isso nunca acontece relativamente a condutas que não comportem qualquer espécie de perigosidade social.

— Que a conduta seja violadora da lei penal.

Nem todas as condutas socialmente perigosas justificam a intervenção da lei penal. Para muitas delas será bastante recorrer por exemplo a sanções disciplinares ou administrativas.

— Que a conduta seja criminalmente punível.

Para tal não bastam os dois requisitos acima referidos. Terão ainda que estar reunidas as necessárias condições, objectivas e subjectivas, para expor o agente a ter que sofrer uma pena.

Temos pois que, na definição que nos é dada pelo artigo 13.º, se poderá dizer que crime é uma conduta socialmente perigosa, violadora da lei penal e criminalmente punível.

Sucede porém que, mesmo reunidos tais requisitos, nem sempre haverá necessidade de pôr em andamento um aparelho sancionatório do Estado tão complexo como aquele que se exige para aplicar uma pena. Isso acontece quando o perigo seja insignificante ou a lesão diminuta (por exemplo o furto de uma quantia irrisória) hipótese em que, nos termos da última parte do artigo, a conduta não será considerada crime.

Capítulo VIII – Principais aspectos da revisão penal de 1997

08.5.1.1 As sanções administrativas. Reabilitação pelo trabalho

Mas, pergunta-se, o que acontece aos autores de condutas socialmente perigosas que nos termos da última parte do artigo não devam sofrer sanção penal?

Esta pergunta remete-nos para uma questão que tem a ver com um dos aspectos mais controversos da legislação da República Popular da China, que é o das sanções administrativas e da reabilitação pelo trabalho.

Já noutra oportunidade[485] tivemos ocasião de referir que, sob o ponto de vista do princípio da legalidade, o direito penal chinês sofria de um défice de previsão. Ou seja, condutas que intrinsecamente deveriam estar enquadradas no âmbito penal, em razão das consequências jurídicas decorrentes para os seus autores, não eram como tal consideradas, pelo que a respectiva apreciação ficava à margem de qualquer controlo jurisdicional bem como das garantias próprias do processo penal.

A questão do princípio da legalidade no plano da lei penal "stricto sensu" já foi ultrapassada com a revisão, mas a verdade é que esse outro problema subsiste. Pelo que, face à legislação chinesa, um cidadão poderá ser sancionado administrativamente e sem controlo jurisdicional, com medidas de privação da liberdade.

A situação mais grave prende-se todavia com a reabilitação pelo trabalho.

A história deste regime nada tem a ver com a China dos nossos dias. Foi criado em plena campanha anti-direitista[486], em Agosto de 1957,

---

[485] Júlio Pereira, obra citada, página 32 e ss. V. ainda o capítulo anterior.

[486] O próprio Mao referia a necessidade de submeter os elementos direitistas mais hostis a reabilitação pelo trabalho V. *Selected Works of Mao Tsetung*, 1ª ed., Vol. V, pág. 498 e ss. Sobre esta campanha e a reabilitação pelo trabalho V. também Frederick C. Teiwes, *Politics and Purges in China*, East Gate Book, 1993, pág. 220 e seguintes e ainda Merle Goldman, The Anti-Rightist Campaign, in *The Cambridge History of China*, vol. 14, pág. 253 e ss, segundo o qual, durante a campanha anti-direitista, 400.000 a 700.000 intelectuais terão sido sujeitos a essa medida.

Há que ter em conta que "laodong gaizao 劳动改造" e "laodong jiaoyang 劳动教养" são regimes diferentes, embora por vezes alguns sinólogos sem formação jurídica os confundam. O segundo é o regime de reeducação ou reabilitação pelo trabalho, de que estamos a tratar. O primeiro é o regime de reforma pelo trabalho, que consiste

372 Lei Penal da República Popular da China

tendo entre outras uma tarefa de clonagem ideológica, que ainda mantém, no âmbito dos movimentos de rectificação que desde então foram sendo desencadeados.

Apesar de algumas intervenções legislativas avulsas, o regime base ao tempo da revisão do código, era o que constava da decisão do conselho de Estado relativamente à questão da reabilitação pelo trabalho, aprovada em 1 de Agosto de 1957.

Vocacionados para o internamento, segundo o citado diploma, estavam os indivíduos que fizessem vida através da prática de crimes menores, pessoas despedidas dos respectivos empregos em resultado de abstencionismo ou violações disciplinares, aqueles que após o cumprimento do serviço militar recusassem integrar-se no trabalho produtivo, etc. Pressuposto era que tais pessoas não procurassem modo de vida honesta e se dedicassem à prática de crimes ou infracção das disposições concernentes à segurança pública e que, apesar de advertidas, não pretendessem mudar o seu rumo de vida.

E aplicava-se também a "contra-revolucionários ou revolucionários anti-socialistas" que tivessem cometido pequenas infracções e manifestassem dificuldade em organizar modo de vida, em resultado de terem sido expulsos de organismos governamentais, organizações populares, empresas ou escolas.

Todas essas pessoas estavam sujeitas a internamento em campos para reabilitação pelo trabalho, por período que podia ir até 3 anos, prorrogável por mais um ano, sem qualquer intervenção dos tribunais, embora sob supervisão das procuradorias populares.

Ao tempo em que se preparava a alteração do código penal já se advogava a revisão de todo esse regime. E não se indo ao ponto de pedir a respectiva abolição, sempre se ia insistindo, entre outras medidas, para que fosse aplicável exclusivamente a autores de crimes, que o prazo de internamento fosse reduzido e que os tribunais passassem a ter intervenção no processo de aplicação e execução dessas medidas[487].

---

em trabalho compulsivo a que são sujeitos todos os delinquentes com capacidade para o prestar, durante o cumprimento de penas privativas de liberdade.

[487] V. Lin Xiaochun 林小春, Laodong Jiaoyang Zhidu de Gaige 劳动教养制度的改革, in *Faxue Yanjiu* 法学研究, Setembro, 1997, página 114 e ss.

Capítulo VIII – Principais aspectos da revisão penal de 1997 — 373

08.6 Legítima defesa

08.6.1 *A legítima defesa no código de 1979*

A forma como o código, na sua redacção de 1979, tratava a legítima defesa, vinha sendo objecto de intensas críticas por parte da doutrina[488], algumas das quais encontraram eco e vieram a ser acolhidas na revisão da lei.

Críticas desde logo relativas à inserção sistemática da legítima defesa e do estado de necessidade, tratadas no capítulo referente ao crime e à responsabilidade criminal, o que não teria sentido porquanto tais condutas, não só eram legais, mas mesmo de prática desejável.

Defendia-se por isso que essas condutas, porque legítimas, deveriam ser objecto de capítulo autónomo, o que não só reforçaria a imagem da sua legalidade mas também, por essa via, incentivaria os cidadãos a activamente combater o crime.

Por outro lado, as considerações feitas pela doutrina a propósito da legítima defesa, não se conjugavam devidamente com o tratamento legislativo dada a matéria tão importante.

A doutrina e também a jurisprudência consideravam que a legítima defesa era, não apenas um direito, mas também um dever moral[489]. E por isso se entendia que o cidadão que, perante a violação actual e ilegal dos interesses do Estado, interesses colectivos ou de terceiro, podendo reagir à agressão, se mantivesse indiferente a ela, poderia ser sancionado administrativa ou disciplinarmente, nomeadamente se tivesse responsabilidades no aparelho do Estado ou do partido.

Já relativamente a elementos policiais existia mesmo decisão conjunta do supremo tribunal popular, suprema procuradoria popular, ministério da segurança pública e ministério da segurança do Estado

---

[488] Sobre tais críticas ver sobretudo Zhao Bingzhi 赵秉志, *Xingfa Gaige Wenti Yanjiu* 刑法改革问题研究, Zhongguo Fazhi Chubanshe, 1996, volume III, pág. 168 e seguintes.

[489] Sobre a legítima defesa como direito e como dever moral v. entre outros He Bingsong 何秉松, *Fanzui Goucheng Xitong Lun* 犯罪构成系统论, Zhongguo Fazhi Chubanshe, 1996, pág. 406 e seguintes.

(decisão de 14 de Setembro de 1983)[490], que determinava a instauração de procedimento criminal quando esses elementos, perante situação que reunisse os pressupostos da legítima defesa, se abstivessem de agir. A decisão nem se afigura correcta porquanto, nas circunstâncias a que a mesma se refere, os respectivos destinatários, pela sua qualidade, terão em regra que intervir, não no exercício de um direito de legítima defesa mas no cumprimento de um dever.

Todavia, o código de 79 não traduzia em direito legislado essa preocupação, e a falta de clareza da lei aconselhava cautelas no seu uso.

Com efeito, a lei não era suficientemente clara quanto aos requisitos da legítima defesa, nomeadamente em relação aos bens que se destinava a defender, aos meios de defesa e intensidade do seu uso, ao excesso de legítima defesa, etc. Problemas estes que a doutrina e a jurisprudência foram ajudando a elucidar, mas que de facto careciam de expressa tradução na lei.

Na redacção inicial do artigo 17.º do código, dizia-se no primeiro parágrafo: "não haverá responsabilidade criminal para uma conduta de legítima defesa, levada a cabo para evitar a lesão ilícita e actual de interesses públicos, direitos pessoais e outros direitos do agente ou de terceiro".

Desta redacção sobressaíam os interesses públicos e os direitos pessoais. Vinha de seguida a referência aos outros direitos. Que direitos? Direitos patrimoniais, familiares, laborais, políticos, etc.?

Os direitos patrimoniais, como objecto de tutela legitimadora do exercício da legítima defesa, pareciam não suscitar qualquer dúvida, embora dúvidas se pudessem levantar relativamente a diversos outros direitos. Questão que interessaria também esclarecer.

Problema também debatido foi o da natureza das condutas relativamente às quais se poderia exercer a legítima defesa.

Contra condutas criminosas ou também contra condutas meramente ilegais? A isto se vinha respondendo com a admissibilidade de qualquer delas. Certo porém é que o assunto foi objecto de diferentes opiniões, até em sede de anteprojectos do que veio a ser o código de 1979.

---

[490] V. He Bingsong 何秉松, *Xingfa Jiaokeshu* 刑法教科书, Zhongguo Fazhi Chubanshe, 1994, pág. 248.

Capítulo VIII – Principais aspectos da revisão penal de 1997

A versão de 1954 referia expressamente "condutas criminosas", redacção esta que no entanto foi depois abandonada, mas que ainda assim não logrou firmar opinião unânime quanto à relevância de qualquer conduta lesiva, desde que ilegal, como fundamento do exercício do direito de legítima defesa.

As maiores dificuldades surgiam todavia no âmbito da chamada defesa excessiva. Quando é que se pode dizer que existe defesa excessiva?

Será que as dúvidas quanto a isso não comprometeriam a necessária participação das pessoas na luta contra o crime?

Esta questão revestia-se de tal importância, que se defendia que a defesa excessiva deveria constar de artigo autónomo[491].

A crítica começava logo na designação legal de "excesso de legítima defesa". A defesa se é legítima não é excessiva e, se é excessiva, deixa a partir desse momento de ser legítima.

Considerava por isso o autor que temos vindo a citar, que a palavra "legítima" deveria ser eliminada, falando-se apenas em "defesa excessiva".

O problema maior surgia no entanto na indefinição dos pressupostos do excesso.

Com efeito dizia a lei: "haverá responsabilidade criminal quando a legítima defesa exceda os limites necessários e cause prejuízos excessivos".

Ora a noção, quer de "limites necessários", quer de "prejuízos excessivos", não era pacífica e parecia dar pouca margem de manobra ao defendente, nomeadamente quando a este se deparavam situações de maior gravidade e, vítima do factor surpresa, medo ou nervosismo, levasse cautelarmente a sua defesa a ponto de o rigor da lei a considerar criminosa.

É certo que a lei não deixava de ter em consideração as circunstâncias do caso, prevendo para o excesso uma atenuação especial ou mesmo a isenção de pena. No entanto, a revisão impunha-se.

---

[491] Zhao Bingzhi 赵秉志, obra citada, pág. 170.

08.6.2 *As novas opções do legislador*

O legislador não deixou de ser sensível a algumas destas críticas e, em nossa opinião, chegou mesmo a ir para além daquilo que porventura seria desejável, em matéria de excesso de defesa, como teremos oportunidade de verificar.

O artigo 20.º, onde agora é tratada a legítima defesa, foi um daqueles em que foi introduzido maior número de alterações, tendo agora a seguinte redacção:

Artigo 20.º: *"A conduta praticada para evitar uma violação actual e ilícita dos interesses do Estado ou de interesses colectivos, dos direitos pessoais, direitos patrimoniais ou outros direitos do agente ou de terceiros, e da qual, ao impedir a violação ilegal, resulte lesão para o agressor, considera-se legítima defesa, não gerando responsabilidade criminal.*

Haverá responsabilidade criminal quando a legítima defesa exceda claramente os limites necessários e cause graves prejuízos, mas a pena será especialmente atenuada ou haverá isenção de pena.

A defesa exercida contra a prática actual de crimes de ofensas corporais, homicídio, roubo, violação, rapto ou outros crimes violentos que ameacem gravemente a segurança pessoal e que tenha causado lesão corporal ou a morte do agressor, não se considera defesa excessiva e não gera responsabilidade criminal".

A nova redacção da lei não altera os requisitos da legítima defesa, a qual pressupõe uma agressão actual e ilícita; contra os interesses do Estado ou interesses colectivos, os direitos pessoais, patrimoniais ou outros direitos, do defendente ou de terceiro; que a conduta do defendente seja levada a cabo com o intuito de evitar ou de fazer cessar a agressão ilícita; que a conduta de defesa se contenha nos limites necessários e não cause graves prejuízos.

As alterações mais visíveis, no primeiro parágrafo do artigo, consistem no facto da expressa referência aos interesses do Estado[492] e

---

[492] A referência expressa ao Estado levou a que, na tradução deste artigo, se considerasse agora mais apropriado traduzir "gonggong 公共" por colectivos, diferentemente do que aconteceu na tradução em apêndice ao nosso Comentário à Lei Penal Chinesa.

Capítulo VIII – Principais aspectos da revisão penal de 1997   377

a inclusão, também expressa, dos direitos patrimoniais, a seguir aos direitos pessoais, como objecto de protecção legitimadora da conduta defendente.

As alterações mais importantes vêm porém a seguir.

Com a nova redacção do parágrafo segundo, referente ao excesso de defesa, onde se acentua que só haverá excesso se a defesa exceder claramente os limites necessários e houver graves prejuízos. Assim se dando satisfação a algumas das críticas formuladas pela doutrina.

O legislador foi porém mais longe. E acrescentou um terceiro parágrafo que, a não ser interpretado com algumas cautelas, poderá levar a situações de intolerável impunidade.

De acordo com este parágrafo, não haverá defesa excessiva se a conduta for dirigida contra crimes de maior gravidade, cometidos com violência, como roubo, violação, homicídio, rapto, etc., ainda que da conduta defendente resultem lesões corporais ou a morte do agressor.

A questão é tanto mais grave quanto alguns autores consideram que, estando em causa esses crimes, não se coloca o problema do excesso de defesa, independentemente dos meios utilizados ou dos resultados da conduta[493].

Haverá sempre que ter em conta que a legítima defesa visa afastar um perigo de lesão, pelo que o agente haverá sempre que agir com "animus defendendi" e que o excesso de defesa, levado até ao extremo, pode facilmente desembocar na prática pura e simples do crime doloso.

08.7 Sujeito do Crime:

08.7.1 *O sujeito do crime no código de 1979*

Entende-se por sujeito do crime a pessoa que, sendo imputável em razão da idade e tendo capacidade para responder criminalmente, pratique um facto socialmente perigoso, proibido pela lei penal, e pelo qual tenha que assumir responsabilidade criminal.

---

[493] Cao Zidan e Hou Guoyun 曹子丹, 侯国运, *Zhonghua Renmin Gongheguo xingfa jingjie* 中华人民共和国刑法精解, Zhongguo Zhengfa Daxue chubanshe, 1997, pág. 22.

378 Lei Penal da República Popular da China

Esta definição, que nos é dada por quatro eminentes penalistas chineses,[494] ao tempo da publicação do código de 1979, não suscitaria qualquer controvérsia.

Todavia, alguns anos decorridos, a questão já não era pacífica passando a haver quem entendesse que, na referência à pessoa sujeito de crime, se deveria aludir quer às pessoas físicas quer às pessoas jurídicas[495].

O debate sobre esta temática iniciou-se em 1987, com a aprovação da lei da alfândega, que no seu artigo 47.º, expressamente previa a aplicação da pena de multa a empresas, instituições, órgãos do Estado ou organizações públicas, que se envolvessem em crimes de contrabando.

A este diploma outros se seguiram, cada vez com maior frequência, de tal forma que, até 1996, em diversos diplomas, se passaram a prever cerca de 60 tipos de crimes, cujos autores poderiam ser pessoas colectivas[496], crimes estes na área, mas não exclusivamente, da criminalidade económica. De resto, é entendimento de que foi precisamente a política de abertura e modernização, com o consequente desenvolvimento da actividade económica, que ditou a necessidade da previsão deste tipo de crimes.

A verdade porém é que o código, na sua redacção inicial, pretendia considerar apenas as pessoas singulares como sujeitos de crimes e nunca foi formulada qualquer norma de princípios gerais relativa à criminalidade de pessoas colectivas. A legislação processual também nada previa a esse respeito. Ou seja, código de 1979 estava todo ele estava formulado na perspectiva de que só as pessoas físicas poderiam ser sujeitos de crimes, numa aceitação implícita do princípio "societas delinquere non potest".

A posição de base do legislador do código e os intuitos inovadores da legislação subsequente, deram origem a uma guerra de académicos,

---

[494] Yang Chunxi, Gao Mingxuan, Ma Kechang e Yu Shutong 杨春洗, 高铭暄, 马克昌, 余叔通, *Xingshi Faxue Dacishu* 刑事法学大辞书, Nanjing Daxue Chubanshe, 1990, pág. 150.

[495] No direito penal chinês utiliza-se a expressão "pessoas jurídicas" (Faren 法人). Pela nossa parte utilizaremos tanto a expressão "pessoas jurídicas" como "pessoas colectivas".

[496] V. Zhao Bingzhi, 赵秉志 *Xingfa Zonglun Wenti Yanjiu* 刑法总论问题研究, 1, Zhongguo Fazhi Chubanshe, 1996, pág. 333 e seguintes.

Capítulo VIII – Principais aspectos da revisão penal de 1997 379

e até de escolas de direito, sobre se as pessoas colectivas poderiam ou não ser sujeitos de crimes.

Os argumentos da corrente negativa eram fundamentalmente os seguintes[497]:

- Os chamados crimes das pessoas jurídicas são na realidade crimes de pessoas naturais, cometidos em nome ou no interesse de pessoas jurídicas;
- As pessoas jurídicas podem violar as leis civis, económicas ou administrativas, mas não a lei penal. A tal obsta o processo de formação de vontade de tais entidades, incompatível com os requisitos referentes ao elemento subjectivo do crime;
- Considerar as pessoas jurídicas como sujeitos de crimes, conduz a uma responsabilização colectiva, envolvendo na prática de uma infracção quem eventualmente nela não tenha participado que, mesmo assim, sofrerá as consequências da sanção penal;
- A aplicação de sanções a uma pessoa jurídica é de todo alheia ao fim das penas, que visa a recuperação do delinquente, por via da punição e educação;
- As penas previstas na lei penal não se ajustariam às pessoas jurídicas. A pena de multa, cujo montante nunca é elevado, pouco representaria para a pessoa visada. A pena de confisco de património, no caso por exemplo de empresas do Estado, conduziria a que o Estado se punisse a si próprio.

Em resumo, de acordo com os princípios da lei penal, só as pessoas naturais podiam ser sujeitos de crimes. As excepções previstas em legislação especial ou avulsa, representariam mera perversão de tal princípio.

A estes argumentos respondiam os defensores da tese contrária:

- As condutas socialmente danosas das pessoas jurídicas são uma realidade objectiva, que exige intervenção da lei penal;
- Considerando-se que as pessoas jurídicas podem violar a legislação civil, económica ou administrativa, não há motivo para que igual entendimento não seja adoptado em relação à lei penal;

---

[497] V. Gao Mingxuan e Ma Kechang 高铭暄, 马克昌, *Zhongguo Xingfaxue* 中国刑法学, Zhongguo Renmin Daxue Chubanshe, 1989, pág. 110 e seguintes.

380 — Lei Penal da República Popular da China

- A pessoa jurídica também tem vontade, formada através dos respectivos órgãos, em termos de serem satisfeitos os requisitos subjectivos do crime;
- O óbice de não se poderem usar as penas principais contra pessoas colectivas é ultrapassado através do sistema da dupla penalização.

As posições contrárias foram suavizando à medida que o legislador ia produzindo cada vez mais legislação prevendo a punição de pessoas colectivas. Mas nem todos foram convencidos da bondade da solução e havia quem contestasse a tese de que a revisão deveria prever as pessoas jurídicas como sujeitos de crimes[498].

08.7.2 *As opções do legislador na revisão. Os crimes corporativos*

A posição do legislador foi porém no sentido da solução positiva. E não só passou a prever as pessoas colectivas como sujeitos de crimes, como criou mesmo uma secção especificamente dedicada a essa questão, a secção quarta, do segundo capítulo, que encabeçou com o título de "crimes corporativos".

Deve dizer-se que a expressão "danwei fanzui 单位犯罪" não era utilizada na doutrina, que preferia utilizar "faren fanzui 法人犯罪". "Faren 法人" significa pessoa jurídica. A expressão "danwei 单位" é normalmente traduzida por "unidade", podendo significar unidade de produção, unidade de base, unidade administrativa, etc. Tem portanto um significado mais lato do que pessoa jurídica, abarcando esta no seu

---

[498] Neste sentido Zhao Bingzhi 赵秉志, *Xingfa Gaige Wenti Yanjiu* 刑法改革问题研究, III, Zhongguo Fazhi Chubanshe, 1996, pág. 416 e ss. Zhao Bingzhi é sem dúvida um dos "jovens turcos "do moderno pensamento penalista chinês. Ataca com veemência a consagração das pessoas jurídicas como sujeitos de crimes e chega mesmo a considerar inconstitucional a norma citada da lei da alfândega bem como outras normas sobre esta matéria, aprovadas pelo comité permanente da assembleia nacional popular. Tais normas alegadamente violariam o princípio da que só as pessoas singulares podem ser sujeitos de crimes que, segundo este autor, será um dos princípios fundamentais do código de 1979. Assim sendo, o comité não teria competência para legislar em diferente sentido, visto o disposto no artigo 67.º n.os 2 e 3 da constituição, já que o código penal é uma lei básica.

Capítulo VIII – Principais aspectos da revisão penal de 1997　　381

conteúdo. Isto não obstante haver quem utilize indiferentemente uma ou outra das expressões, o que na verdade não é rigoroso. Entendemos que a palavra corporação, tal como nós a entendemos sob o ponto de vista estrutural, é a que dá maior cobertura aos diversos sujeitos que a lei pretende prever.

Artigo 30.º: *"As sociedades, empresas, instituições, serviços e organizações que pratiquem actos socialmente danosos previstos por lei como crimes corporativos, serão criminalmente responsáveis".*

Diz-nos este artigo quem é que pode ser sujeito de crimes corporativos. A resposta é: sociedades, empresas, instituições, serviços e organizações.

O conceito de sociedade não suscita dificuldades, até porque a sua definição consta do artigo 2.º da lei chinesa das sociedades (aprovada em 29-12-93).

Empresas são todas as organizações económicas, com excepção das sociedades. A lei só não faz incluir as sociedades neste conceito mais lato de empresa, por pretender destacar o estatuto legal daquelas[499].

Instituições são organismos ou instituições patrióticas que desenvolvem actividades de interesse público que, não tendo meios provenientes de actividade económica, precisam de fundos do Estado para prosseguir os seus fins.

Serviços refere-se a estruturas do Estado, serviços públicos nas áreas administrativa, judicial, militar[500].

Organização é qualquer estrutura de base pessoal, assente na comum ligação a certa actividade, área de interesse, estrato profissional, etc.

Para além da indicação dos possíveis sujeitos, a lei diz ainda que o facto anti-social tem que legalmente estar previsto como crime corporativo. Ou seja, tais entidades só podem ser sujeitos em situações concretamente determinadas por lei, ao contrário das pessoas físicas que, com algumas excepções, podem praticar qualquer tipo de crime.

---

[499] V. Chen Xingliang 陈兴良, *Xingfa Shuyi* 刑法疏议, Zhongguo Renmin Gongan Daxue Chubanshe, 1997, pág. 114.

[500] Com uma concepção mais lata (embora admitindo que normalmente o termo "jiguan 机关" se refere a organismos do Estado V. Li Yucheng 李玉成, Danwei Fanzui Zhong "Jiguan" Zhuti Jieding de Ruogan Wenti 单位犯罪中的机关主体界定的若干问题, in *Zhengfa Luntan* 政法论坛, 1997, n.º 3, pág. 11 e ss.

382   *Lei Penal da República Popular da China*

Artigo 31.°: *"Nos crimes corporativos a corporação será punida com multa e os elementos da administração directamente responsáveis bem como outros responsáveis directos punidos com uma pena. Se na parte especial deste diploma e noutras leis se estipular de diferente modo, será conforme o aí previsto".*

Este artigo vem consagrar expressamente, como princípio geral dos crimes corporativos, o sistema da dupla punição.

A corporação, que leva a cabo a prática de crimes, visa em regra auferir proventos por via ilegal. Por isso a lei pune-a patrimonialmente com multa, para além de outras medidas como a perda dos lucros ou dos instrumentos do crime, conforme o que se estipula, quer nos restantes princípios gerais, quer em sede de previsão concreta de cada tipo de crime.

No entanto, a corporação só comete crimes porque pessoas físicas agem em seu nome. E por isso estas pessoas, quer se trate de responsáveis da administração que tenham participado na decisão da prática do crime, quer os que, não tendo embora responsabilidades decisórias, tiveram intervenção directa na sua prática, ficarão sujeitos à aplicação da respectiva pena.

A redacção da lei não é feliz, quando destingue multa por um lado e pena por outro. Naturalmente que a multa é uma pena. O que a lei pretende é restringir o elenco das penas aplicáveis à corporação, que é sempre multa, ao contrário do que acontece às pessoas singulares, também responsáveis, que ficarão sujeitas a qualquer das penas previstas para o respectivo tipo de crime.

08.8 Penas principais e acessórias

Artigo 32.°: *"As penas dividem-se em principais e acessórias".*

Artigo 33.°: *"As penas principais são:*
1. Regime de controlo;
2. Detenção criminal;
3. Prisão por tempo determinado;
4. Prisão perpétua;
5. Pena de morte".

Artigo 34.º: *"As penas acessórias são:*
1. Multa;
2. Privação dos direitos políticos;
3. Confisco de património.

As penas acessórias podem também ser autonomamente aplicadas".

O problema das penas e a necessidade da revisão do código no que a esta temática diz respeito, foi objecto de insistente intervenção por parte da doutrina.

Isso apesar de, aparentemente, a questão das sanções penais ser bastante consensual. Com efeito, pelo menos no que diz respeito à espécie de penas, o código de 1979 previa exactamente as mesmas que constavam já da versão de 28 de Junho de 1956, do projecto de código penal.

E esta foi uma das secções da lei penal em que a versão que veio a ser definitiva foi mais rapidamente resolvida.

Embora o projecto de linhas gerais da lei penal, de 25 de Julho de 1950, apresentasse um elenco de 11 penas, numa linha que seguia de perto a do direito penal soviético[501], rapidamente se evoluiu numa via de progressivo afastamento desse modelo[502].

O projecto de princípios orientadores de 30 de Setembro de 1954 manteve, daquele projecto de linhas gerais, as penas de morte, prisão, trabalhos forçados, privação dos direitos políticos, confisco e multa. Acrescentou as penas de prisão perpétua, controlo, expulsão do país, exílio e eliminou todas as outras.

É porém, como já foi referido, na versão do projecto de lei penal de 28 de Junho de 1956, que surge um elenco de penas tal como veio a ser consagrado no código de 1979.

---

[501] As penas previstas eram as de morte, prisão, multa, confisco de património, privação dos direitos políticos, privação do poder paternal, proibição do exercício de certas actividades ou funções, censura pública, indemnização pelos prejuízos e pedido de desculpas pela prática do crime.

[502] Sobre a evolução do sistema de penas durante o processo legislativo do código penal V. Gao Mingxuan 高铭暄, *Xingfaxue Yuanli* 刑法学原理– III volume, Zhongguo Renmin Daxue Chubanshe, 1994, pág. 91 e seguintes.

384 Lei Penal da República Popular da China

Relativamente ao que se verificava anteriormente, este projecto assinala as seguintes características distintivas dos anteriores:

As penas são divididas em principais e acessórias.

Passam a ser referidas das menos graves para as mais graves, ao contrário do que anteriormente se verificava.

O sistema manteve-se exactamente nesses termos.

Porém, apesar de nesse aspecto, diferentemente do que com outros se verificou, o consenso ter sido rápido e duradouro, o sistema de penas não deixou de ser criticado.

Desde logo pela sua severidade.

A lei penal chinesa recorre excessivamente à pena de morte, nomeadamente por via de legislação penal avulsa, aprovada após a entrada em vigor do código. A China tornou-se o país com mais casos de aplicação da pena de morte, expondo-se a frequentes críticas, designadamente pelo seu uso excessivo em crimes contra o património e crimes económicos.

Expressão desse mesmo rigor era também o elevado número de casos a que poderia ser aplicada a pena de prisão perpétua, bem com a amplitude das molduras penais das penas de prisão.

Acresce que o elenco das penas principais assentava numa política de privação da liberdade do delinquente. De todas as penas principais, só a de controlo não supunha a privação plena de liberdade.

Finalmente, as sanções de natureza pecuniária tinham reduzida importância, sendo certo que em boa parte dos crimes, maxime no que se refere a um bom número dos crimes económicos, a pena de multa seria a mais adequada.

Apontava-se por isso a necessidade de alargar o elenco da espécie de sanções, com novas penas não detentivas, advogava-se a consagração da pena de multa como pena principal e um aperfeiçoamento e aplicação mais frequente da pena de controlo[503].

---

[503] Sobre estas questões V. Zhao Bingzhi 赵秉志, *Xingfa Yanjiu Xilie* 刑法研究系列 *III, Xingfa Gaige Wenti Yanjiu* 刑法改革问题研究, Zhongguo Fazhi Chubanshe, 1996, pág. 455 e seguintes. V. também Chu Huaizhi 储槐植, Xingfa Xiandaihua: Xingfa Xiugai de Jiazhi Dingxiang 刑法现代化刑法修改的价值定向, in *Faxue Yanjiu* 法学研究, n.° 1 de 1997, pág. 111 e seguintes.

Como teremos oportunidade de verificar, não houve qualquer alteração em matéria de elenco de penas, e as medidas adoptadas em sede de revisão do código ficaram aquém do preconizado pela ala mais modernizadora da doutrina.

Se estivessemos de acordo com um ilustre professor da faculdade de direito da universidade de Beijing quando este afirma que "o cerne da modernização da lei penal é a modernização das penas "[504] teríamos que nos questionar sobre se efectivamente terá havido modernização.

Os artigos 32.º, 33.º e 34.º correspondem, sem qualquer alteração, aos artigos 27.º, 28.º e 29.º da redacção de 1979.

No que se refere pois às espécies de penas e sua classificação,[505] nada se evoluiu em relação ao que já constava do projecto de 1956, sendo certo que pelo menos a sugestão de transferir a pena de multa para o elenco das penas principais, se afigurava razoável.

Por outro lado, o acolhimento expresso pelo código dos chamados crimes corporativos, aconselharia a consagração de outras espécies de penas, a aplicar às pessoas jurídicas. Como já foi referido, uma das objecções que se apontavam à possibilidade de responsabilização penal das pessoas colectivas, ao abrigo do código de 1979, era precisamente o facto de as penas terem sido desenhadas em função das pessoas físicas. A situação poderia agora ter sido corrigida.

08.8.1 *A pena de morte. Regime do código penal de 1979*

O código de 1979 não previa um recurso excessivo à pena capital, quando apreciada a questão sob o ponto de vista dos juristas da R. P. China ou dos países que ideologicamente lhe são próximos, como a República Democrática do Vietname. Esta pena era prevista em 15 artigos, para 28 tipos de crime, dos quais 15 crimes contra-revolucionários e 13 crimes comuns.

---

[504] Chu Huaizhi 储槐植, trabalho citado, pág. 111.

[505] Sobre as outras questões relacionadas com as penas, nomeadamente os seus fins, V. Júlio Pereira, obra citada, pág. 116 e seguintes.

386   *Lei Penal da República Popular da China*

Numa proporção relativamente ao número de artigos da parte especial e ao conjunto dos crimes neles previstos, a pena de morte era aplicável nas percentagens de 16% e 18%, respectivamente[506].

Será de realçar que a pena de morte era predominantemente prevista para os então chamados crimes contra-revolucionários e crimes contra a segurança pública. Não se previa para qualquer dos crimes contra a ordem económica socialista, contra a ordem social ou contra o casamento e a família, nem para os crimes de violação de deveres.

Nos crimes contra as pessoas, só os crimes de homicídio voluntário e de violação, de que resultassem lesões graves ou a morte da ofendida, eram sancionáveis com a pena de morte.

Nos crimes contra a propriedade, apenas os autores de crimes de roubo, em circunstâncias graves ou do qual resultassem lesões graves ou a morte de outrem e os autores do crime de peculato, em circunstâncias especialmente graves, poderiam ser condenados à morte.

Esta política corporizava a ideia de que, na China, a pena capital não podia nem devia ser abolida, mas que deveria ser aplicada o menos possível[507].

Tal política correspondia a uma linha de orientação que, aparte alguns períodos de maior "fervor" revolucionário, viria sendo seguida desde a instauração da República Popular[508], com fundamento no chamado "humanismo revolucionário", e tendo mesmo suporte ideológico no pensamento de Mao Zedong, o qual advogaria o uso moderado da pena de morte.

Fazemos estas afirmações em tom dubitativo já que, uma avaliação qualitativa do que seja matar muitas ou poucas pessoas, não assenta em

---

[506] Liang Huaren, Kong Yongcai 梁华仁, 孔永才, Wo Guo Sixing de Lifa Xianzhi 我国死刑的立法限制, in Gao Mingxuan zhubian 高铭暄主编, *Xingfa Xiugai Jianyi Wenji*刑法修改建议文集, Zhongguo Renmin Daxue Chubanshe, 1997, pág. 299.

[507] Peng Zhen, Explanations of the Seven Draft Laws (discurso proferido em 26 de Junho de 1979, na Assembleia Nacional Popular), *The Laws of the People's Republic of China (1979-1982)*, Foreign Languages Press, Beijing, 1987, pág. 420 e seguintes.

[508] Para uma comparação entre o número de crimes puníveis com pena de morte antes da publicação do código penal e na primeira fase de vigência do código penal V. Wang Minghu 王名湖, Jianchi yi Mao Zedong Renmin Minzhu Zhuanzheng Sixingguan Zhiyi Sixing Lifa yu Sifa 坚持以毛泽东人民民主专政死刑观指导死刑立法与司法, in *Faxue Pinglun* 法学评论n.º 1 de 1994, pág. 9 e seguintes.

Capítulo VIII – Principais aspectos da revisão penal de 1997 387

critérios indiscutíveis. Mao Zedong, que admitia terem sido executadas na China 700.000 pessoas durante os anos de 1950 a 1952 e mais 70.000 a 80.000 entre 1953 e 1957[509], considerava esses números pouco significativos[510].

A verdade é que o código de 1979 procurava dar corpo a estas ideias, de uso moderado da pena de privação da vida, prevendo a sua aplicação para crimes que o legislador considerou de enorme gravidade.

Mas para além do número de casos de aplicação da pena de morte, procurou o legislador rodear o processo da respectiva aplicação de algumas cautelas.

Desde logo, determinava o código que todas as decisões em que fosse aplicada a pena de morte, teriam que previamente ser submetidas a apreciação do supremo tribunal popular.

Para além disso, previa-se a suspensão por dois anos da aplicação da pena de morte, nos casos em que se entendesse que a execução imediata não seria necessária, dando-se ao delinquente a possibilidade de recuperação, hipótese em que a pena seria comutada para prisão perpétua e, posteriormente, para prisão por prazo determinado.

Era expressamente vedado condenar à morte menores de 16 anos, à data da prática do crime.

Os menores de 18 anos, mas que ao tempo do crime tivessem já completado 16 anos, poderiam ser condenados à morte, mas a execução seria obrigatoriamente suspensa por dois anos.

As mulheres grávidas ao tempo do julgamento, não seriam condenadas à morte.

A morte seria executada por forma rápida, a fim de evitar sofrimento prolongado ao executado, tendo a execução lugar através de tiro de arma de fogo.

Como já vimos, algumas das ideias base do código de 1979, entraram em crise pouco tempo depois da sua entrada em vigor.

---

[509] V. Roderick Macfarquhar, Timothy Cheek e Eugen Wu – *The Secret Speeches of Chairman Mao*, Harvard University, 1989, pág. 141 e seguintes.

[510] Não há qualquer número que se afigure suficiente fiável, relativamente à quantidade de execuções que terão sido levadas a cabo na China. O número varia entre cerca de 800.000 e muitos milhões.

08.8.1.1 *A primeira fase da luta contra a criminalidade*

Pode dizer-se mesmo que a crise dos princípios sobre a aplicação da pena de morte do código penal de 1979, é quase contemporânea da sua entrada em vigor. Na verdade, se é certo que o legislador adoptou uma política de moderação no que respeita aos casos de aplicação da pena capital, certo é também que a nova política, a par de um aumento de produtividade e dos padrões de vida, se fez acompanhar de um aumento de criminalidade.

Os primeiros sinais de alarme contra aquilo que se considerava ser uma onda de criminalidade desestabilizadora e sabotadora das reformas, foram dados por Deng Xiaoping, em 16 de Janeiro de 1980, num discurso feito perante quadros do partido comunista[511].

Deng Xiaoping alertava então contra várias espécies de contra-revolucionários e sabotadores, criminosos e gangs criminais, advertindo que, a benevolência para com esses delinquentes, poria em perigo os interesses da maioria do povo, bem como os caminhos da modernização.

Se nesse discurso Deng Xiaoping lançava os ataques para fora do partido, apontando para elementos conotados com a contra-revolução, num outro discurso, em 18 de Agosto de 1980, perante o bureau político do comité central do partido comunista, apontava as armas para o interior do próprio partido, acusando quadros e seus familiares, de se envolverem em actos de peculato, corrupção, contrabando e especulação[512].

Finalmente, em 10 de Abril de 1982, numa outra intervenção também perante o bureau político do comité central, mais uma vez Deng Xiaoping alertou para a onda de corrupção e de crimes económicos que, segundo ele, tinham criado no país uma situação mais grave do que a ocorrida durante as "anti-campanhas"[513] dos anos 50.

E mais uma vez apelava para a dureza no tratamento desses casos[514].

Na sequência destas intervenções, apelos e recomendações, desencadeou-se um processo legislativo, protagonizado pelo comité permanente

---

[511] *Selected Works of Deng Xiaoping (1975-1982)*, Foreign Languages Press, Beijing, 1984, pág. 224 e seguintes.

[512] *Selected Works...*, volume citado, pág. 302 e seguintes.

[513] Sobre as "anti-campanhas V. Júlio Pereira, obra citada, pág. 27 e seguintes,

[514] *Selected Works...*, volume citado, pág. 380 e seguintes.

Capítulo VIII – Principais aspectos da revisão penal de 1997   389

da assembleia nacional popular, que progressivamente foi alargando os casos de aplicação da pena de morte.

Diga-se desde já que esse fervor legislativo não passou incólume à crítica de alguns académicos e chegou mesmo a suscitar dúvidas quanto à sua constitucionalidade.

Com efeito, nos termos do artigo 62.º n.º 3 da constituição, a competência para a aprovação e alteração de leis básicas, como é considerada a lei penal, é da própria assembleia nacional popular. O comité permanente não está impedido de aprovar alterações ou disposições suplementares a essas leis, quando a assembleia não esteja em sessão plenária, desde que respeite os princípios fundamentais dessas leis – artigo 67.º n.º 4. Ora, é pelo menos duvidoso que o alargamento desmesurado dos casos de aplicação da pena de morte, não constitua uma violação de princípios básicos do diploma de 1979.

A primeira medida consistiu numa decisão de 10 de Junho de 1981[515], nos termos da qual as penas aplicáveis a indivíduos sujeitos a reabilitação do trabalho, que fugissem durante o cumprimento da medida e que voltassem a praticar crimes, deveriam ser punidos com pena agravada, podendo esta ir para além do máximo legalmente previsto. Significava isso que, no caso da prática de crimes cuja moldura penal atingisse o máximo da prisão perpétua, esse máximo, para tais casos, seria a pena de morte.

Seguiu-se uma decisão de 8 de Março de 1982, referente a crimes de sabotagem económica e, em 2 de Setembro de 1983, uma outra para a punição de crimes graves contra a segurança pública.

Com a aprovação destas duas decisões, a pena de morte passou a ser aplicável a casos não contemplados no código penal, como a crimes de furto, especulação, contrabando, exportação ilegal de relíquias culturais, liderança de grupos para prática de actos de vandalismo, ofensas corporais graves, tráfico de pessoas, tráfico de armas, organização de sociedades secretas reaccionárias, exploração da prostituição, ensino de métodos criminosos e ainda outros casos, quando tais crimes ocorressem em circunstâncias de especial gravidade.

---

[515] Sobre toda a legislação penal avulsa V. Júilio Pereira, Obra Citada, pág. 54 e seguintes.

08.8.1.2 *A segunda fase da luta contra a criminalidade*

Mas nem isso travou o aumento do número de crimes. Com a agravante de que o aumento da criminalidade começou a ser utilizado pelos sectores conservadores da liderança comunista, como arma de arremesso contra a política de reformas económicas, que abririam as portas à poluição espiritual e à corrupção.

Essa onda de contestação, liderada por Chen Yun, um comunista puro e duro que, não obstante ter passado dois anos da sua juventude em Moscovo, sempre se recusara depois a ir ao estrangeiro ou sequer a visitar as zonas económicas especiais, haveria de conduzir à queda de Hu Yaobang, um dos mais firmes aliados de Deng na política de reformas económicas e bem mais ousado que este no domínio das reformas políticas.

Em 17 de Janeiro de 1986 Deng Xiaoping, atento quer aos perigos da contestação, quer à gravidade da situação, insistia no tema da punição severa dos crimes graves e dos crimes económicos, radicalizando o discurso e apelando a uma aplicação mais frequente da pena de morte, perante os aplausos de Chen Yun, o qual, considerando que a execução de alguns podia salvar muitos quadros do partido, lembrava o ditado popular que recomendava "matar um para avisar cem"[516].

A punição severa dos crimes económicos e dos crimes graves contra a ordem social, com aplicação mais frequente da pena de morte, marca um dos aspectos mais significativos da política criminal no pensamento de Deng Xiaoping[517], que iria comandar toda a produção legislativa que se seguiu, e inclusivamente o novo código penal.

O resultado desta nova intervenção de Deng Xiaoping foi, numa primeira fase, uma campanha anti-crime e, de seguida, o início de uma outra fase de produção de legislação penal avulsa, que começou com um diploma de 21 de Janeiro de 1988, referente a crimes de peculato e corrupção e terminou em Outubro de 1995, com um diploma relativo a crimes envolvendo fraudes fiscais.

---

[516] *Selected Works of Deng Xiaoping – vol. III (1982-1992)*, Beijing, 1994, pág. 154 e seguintes.

[517] Ma Kechang, Jia Yu, Kang Junxin 马克昌, 贾宇, 康均心, Deng Xiaoping Xingfa Sixiang Yanjiu 邓小平刑法思想研究, *Faxue Pinglun* 法学评论, n.° 3, 1996, pág. 1 e seguintes.

Na generalidade dos novos diplomas aprovados, com excepção dos referentes a contrafacção de marca registada, violação dos direitos de autor e violação da lei das sociedades, foram previstos novos casos de aplicação da pena de morte.

Para se ter uma ideia da evolução refira-se que, até 1992, o número de crimes passíveis de aplicação da pena capital subira a 65 o que, relativamente ao código de 1979, representava um aumento de quase 150%[518].

Em Outubro de 1995 o número de artigos que previam a aplicação da pena de morte ascendia a 52, sendo aplicável a 77 crimes, ou seja, a cerca de 1/3 da totalidade dos crimes[519].

Se aos tipos previstos na lei penal e legislação complementar, somarmos aqueles que eram previstos no diploma relativo à violação de deveres militares, o número total de crimes puníveis com pena de morte excederá os 90[520].

Em vésperas da revisão do código penal, a pena de morte era já aplicável a crimes de todos os capítulos da parte especial, com excepção do referente aos crimes contra o casamento e a família.

O número excessivo de casos de aplicação da pena de morte e a elevada frequência com que a mesma era de facto aplicada, começaram a suscitar críticas, quer no interior quer no exterior da China, particularmente nos meios académicos chineses e nos organismos internacionais ligados à protecção dos direitos humanos.

A política da punição severa de determinados crimes e de aplicação frequente da pena de morte que, como vimos, caracterizou a política

---

[518] Wang Minghu 王名湖, Jianchi yi Mao Zedong Renmin Minzhu Zhuanzheng Sixiangguan Zhiyi Sixiang Lifa yu Sifa 坚持以毛泽东人民民主专政死刑观指导思想立法与司法, *Faxue Pinlun* 法学评论, n.º 1 de 1994, pág. 9 e seguintes.

[519] Liang Huaren e Kong Yongcai 梁华仁, 孔永才, Wo Guo Sixing de Lifa yu Xianzhi 我国死刑的立法与限制, in Gao Mingxuan zhubian 高铭暄主编, *Xingfa Xiugai Jianyi Wenji* 刑法修改建议文集, Zhongguo Renmin Daxue Chubanshe, 1997, pág. 299 e seguintes. Seguimos o critério destes autores pelo facto de o seu trabalho ser bastante recente, tendo sido publicado imediatamente antes da revisão do código. Há porém que ter em conta que, dadas as deficiências de elaboração do código penal de 1979 e mesmo da legislação avulsa, há grandes divergências na contagem dos casos puníveis com pena de morte, pela diversidade de critérios utilizados.

[520] Zhao Bingzhi 赵秉志, *Xingfa Gaige Wenti Yanjiu* 刑法改革问题研究 *(Xingfa Yanjiu Xilie* 刑法研究系列 *III)*, Zhongguo Fazhi Chubanshe, 1997, pág. 204.

392   *Lei Penal da República Popular da China*

legislativa durante os anos de 1980 a 1995, materializou-se ainda, no plano substantivo, pela redução do leque de opções no momento da escolha da pena o que, em certos casos, conduzia à inexistência de alternativa à pena capital.

Essa política corporizou-se também em aspectos processuais, uns pretendidos pelo legislador, outros insuficientemente regulamentados e outros, embora proibidos, socialmente tolerados.

08.8.1.3 *A aplicação obrigatória da pena de morte*

Como foi já salientado, o código de 1979 assentava numa filosofia de moderada aplicação da pena de morte, crente que estava o legislador de que, ultrapassada a confusão da "revolução cultural", uma política de abertura económica e desenvolvimento, com a consequente melhoria dos padrões de vida, favoreceria a harmonia social, com reflexos positivos nos índices de criminalidade.

Por isso mesmo o código não continha uma única disposição que implicasse a aplicação pura e simples da pena de morte.

No capítulo dos crimes contra-revolucionários nenhum dos artigos previa directamente essa pena, sendo o art. 103.º que, em referência genérica, possibilitava a aplicação da pena capital, em determinados casos de particular gravidade.

Nas outras situações de previsão da pena de morte, esta estava em regra integrada num leque de opções que incluía a pena de prisão superior a 10 anos e prisão perpétua, cabendo ao julgador, apreciadas as circunstâncias em concreto, apurar qual das penas deveria ser aplicada.

Para além disso, em todos os casos, com excepção do crime de homicídio voluntário, para o qual o legislador apontava, em primeira linha, a pena de morte, esta pena estava prevista como última opção, ou seja, quando a gravidade das circunstâncias do caso "não aconselhasse" pena mais leve.

Esta política foi sendo alterada[521] com a legislação penal avulsa, passando o legislador a prever casos em que determinados crimes,

---

[521] Sobre a evolução V. Zhao Bingzhi e Xiao Zhonghua 赵秉志, 肖中华, Lun Sixing de Lifa Kongzhi 论死刑的立法控制, in *Zhongguo Faxue* 中国法学, n.º 1 de 1998, pág. 91 e seguintes.

Capítulo VIII – Principais aspectos da revisão penal de 1997   393

quando ocorridos em circunstâncias de especial gravidade, eram puníveis pura e simplesmente com a pena de morte.

Foi o que se passou com a decisão do comité permanente da assembleia nacional popular, de 4 de Setembro de 1991, cujo art. 2.º, para certos casos especialmente graves do crime de coacção para o exercício da prostituição, previa simples e cumulativamente as penas de morte e confisco de património. Ou também o art. 2.º de decisão da mesma data sobre rapto de mulheres e crianças, quando os crimes fossem acompanhados de violência e em circunstâncias especialmente graves. Ou ainda da decisão de 28 de Dezembro de 1992, para certas situações de sequestro de aeronaves, quando do crime resultassem lesões graves, a morte de pessoas ou danos avultados nos aparelhos, em que a punição era também, pura e simplesmente, a pena de morte.

08.8.1.4 *Alterações processuais*

Em 12 de Fevereiro de 1980, o comité permanente da assembleia nacional popular adoptou uma decisão conferindo aos tribunais superiores das províncias, regiões autónomas e cidades sob jurisdição directa do Governo Central[522], o direito de aprovação de sentenças de morte, em princípio reservado ao supremo tribunal popular, relativamente a crimes de homicídio, violação, roubo, fogo posto e outros crimes graves contra a segurança pública[523].

Esta medida foi reafirmada por decisão de 19 de Junho de 1981, para valer até ao ano de 1983, inclusive, e abrangendo os crimes de homicídio, roubo, violação, acções bombistas, fogo posto, envenenamento, rebentamento de diques e sabotagem de meios de transporte e comunicações. Em tais hipóteses, quando a sentença fosse imposta em última instância por um tribunal superior, quando fosse aplicada em

---

[522] Quando se fizer referência ao supremo tribunal estaremos a aludir ao supremo tribunal popular. Quando a referência for a tribunal superior estaremos a aludir ao tribunal superior de cada uma das províncias, ou regiões autónomas ou cidades sob administração directa do governo central (Beijing, Tianjing, Shanghai e Chongqing).

[523] Acerca das diversas alterações verificadas no que diz respeito aos poderes de aprovação das condenações à morte V. Gao Mingxuan 高铭暄, *Xingfaxue Yuanli* 刑法学 原理 *III volume*, Zhongguo Renmin Daxue Chubanshe, 1994, pág. 145 e seguintes.

394 Lei Penal da República Popular da China

primeira instância por tribunal intermédio e o arguido não interpusesse recurso, ou quando fosse aplicada em primeira instância por tribunal superior e o arguido não recorresse, a aprovação da pena de morte seria da competência dos tribunais superiores.

A mesma decisão excepcionava deste regime as condenações à morte por crimes contra-revolucionários ou por crimes de peculato, casos em que continuava a ser obrigatória a aprovação da sentença pelo supremo tribunal popular.

Esta situação acabou por se tornar definitiva com uma alteração de 2 de Setembro de 1983, ao art. 13.º da lei orgânica dos tribunais populares, que permitiu a delegação dos poderes de aprovação das sentenças de morte, por parte do supremo tribunal e a favor dos tribunais superiores, relativamente aos crimes de homicídio, violação, roubo, acções bombistas e outros crimes de especial gravidade contra a segurança pública.

O supremo tribunal delegou esse poder, por aviso de 7 de Setembro de 1983, excluindo as sentenças aplicadas pelo próprio supremo tribunal e condenações por crimes contra-revolucionários, peculato e outros crimes graves contra a economia.

A última das citadas decisões do CPANP foi complementada com uma outra, da mesma data, que baixava de 10 para 3 dias o prazo de recurso das condenações à morte, proferidas pela prática dos já referidos crimes.

08.8.1.5 *A execução da pena de morte*

Ao progressivo abrandamento das regras relativas à aprovação das condenações à morte e ao encurtamento dos prazos de recurso, há a acrescentar os procedimentos da própria execução da sentença.

Nos termos do art. 155.º parágrafo 3.º, do C. P. Penal de 1979, a pena de morte não deveria ser executada em público, devendo embora ser publicamente anunciada.

A verdade é que nem sempre foi bem acatado o princípio de que a execução não deve ser pública.

Por outro lado, também em nome de um suposto efeito dissuasor da pena de morte, estava radicado o hábito de, principalmente em vésperas das grandes festividades, reunir diversos delinquentes acusados de crimes graves, fazer julgamento conjunto, seguido por vezes de execução

Capítulo VIII – Principais aspectos da revisão penal de 1997

também em conjunto. Tais procedimentos, embora quase generalizados, ocorriam principalmente nas zonas económicas especiais.

Por vezes tinham também lugar procedimentos degradantes para os condenados, como a sua exibição pública pelas ruas das cidades, antes de se proceder à sua execução.

Num trabalho publicado cerca de um ano antes da aprovação do novo código, um autor[524] apontava os seguintes problemas em matéria de execução da pena de morte:

a) A execução da sentença, consumada através de tiro de arma de fogo, era nos diferentes locais levada a cabo de diferentes formas, embora geralmente através de tiro na nuca, e nem sempre em circunstâncias de garantir o menor sofrimento do delinquente.

b) Em algumas cidades e certas ocasiões, particularmente por alturas de mais ampla divulgação das sentenças, acontecia serem as execuções presenciadas pelas massas populares. Isso devia-se ao facto de o local das execuções ser conhecido e não ter as condições necessárias para o efeito. O que aconselharia, segundo o autor, que a execução tivessem lugar no interior de estabelecimentos prisionais, ou em locais que não permitissem a observação de quem não estivesse legalmente autorizado.

c) Aos já referidos julgamentos em conjunto, sucediam-se por vezes situações de "execução em massa", facto que de resto era com alguma frequência noticiado.

d) O hábito de passear os condenados, expondo-os a humilhação pública, antes da execução.

Este procedimento desumano deu lugar a um aviso, de 21 de Novembro de 1984, do departamento de propaganda do comité central do PCC, do supremo tribunal popular, suprema procuradoria popular, ministério da segurança pública e ministério da justiça, proibindo tais práticas.

O aviso não terá produzido os efeitos desejados, tanto assim que foi publicado um outro, em 24 de Julho de 1986, do STP, SPP, MSP e MJ, visando principalmente as "cidades abertas", onde tais "passeios" eram mais frequentes, proibindo mais uma vez essas condutas e alertando para a má influência que isso tinha na reputação do país.

---

[524] Jia Ning 贾宁, Lun Sixing de Zhixing 论死刑的执行, *Faxue Pinglun* 法学评论, n.º 2 de 1996, pág. 17 e seguintes.

396   *Lei Penal da República Popular da China*

O aviso, agora apenas do STP, SPP e MSP foi reafirmado em 1 de Junho de 1988, chamando desta vez a atenção para a eventualidade de serem pedidas responsabilidades a quem organizasse esse tipo de manifestações.

Apesar de tudo isso o autor do trabalho citado não garantia que esses procedimentos tivessem sido totalmente banidos.

A alusão a estes factos, de certo modo alheios à questão do direito substantivo da aplicação da pena capital, foi para tentar dar uma ideia sobre ambiente vivido na China, no seio do qual se suscitou o debate dos anos 90, sobre a pena de morte.

08.8.1.6 *O debate sobre o âmbito de aplicação da pena de morte*

O número de condenações, o progressivo amolecimento das regras relativas à aprovação das sentenças, a redução dos prazos de recurso e as situações concretas de execução da pena de morte, a par de alguns abusos que foram referidos e que deram azo à intervenção das mais altas instâncias do poder político e judicial, criaram as condições para que na China se iniciasse um amplo debate sobre a pena de morte, particularmente sobre o âmbito da respectiva aplicação.

Não se pense todavia que o exagero de condenações ou o excesso de previsão da pena capital eram o mote desse debate. A política legislativa que criou essa situação não poderia ter nascido a par de opiniões exclusivamente hostis. Tinha que ter algum apoio, de que efectivamente desfrutava. Havia até quem entendesse que o legislador deveria ir mais longe na sua política de aplicação da pena de morte, porque o grande volume de legislação penal avulsa quebrou a unidade do sistema penal e permitiu que se criassem situações de injustificada diversidade de tratamento penal (por exemplo a pena de morte poderia ser aplicada em casos de furto ou especulação mas não de burla ou esbulho). Consideravam por isso que o âmbito da pena de morte deveria ser alargado, para que se pudesse aplicar em todos esses casos[525].

---

[525] Dando conta dessas opiniões, embora sem as perfilhar V. Chen Xingliang 陈兴良, *Xingzhong Tonglun* 刑种通论, Renmin Fayuan Chubanshe, 1993, pág. 142.

Capítulo VIII – Principais aspectos da revisão penal de 1997   397

A política de maior rigor era caucionada principalmente pelos círculos ligados ao poder judicial e, em geral, encontrava eco favorável junto da opinião pública.

As reservas a essa política eram oriundas fundamentalmente dos meios académicos[526]. Era exactamente nestes meios, quer pela frequente comparação com o que se passava nos outros países, quer pela pressão sentida no âmbito do intercâmbio a nível internacional, que mais se sentiam os efeitos perversos da política de rigor.

Os defensores da linha dura sustentavam que, estando a China na primeira fase da instauração de uma ordem económica de mercado, e perante o recrudescimento do crime e variedade de formas do seu aparecimento, seria necessário aumentar ainda mais os casos de aplicação da pena de morte. E defendiam, não só a extensão da pena a outros tipos de crime, mas inclusivamente a eliminação de algumas das restrições constantes do código de 79, como a da não aplicação da pena capital a mulheres grávidas ao tempo do julgamento.

Pelo contrário, os defensores da aplicação restrita da pena de morte, faziam valer a sua posição chamando a atenção para o facto de a realidade ter vindo a demonstrar a falta de poder de dissuasão da pena de morte, para a necessidade de defesa dos direitos humanos e para as tendências que neste campo se faziam sentir noutros países, que em geral estavam a enveredar por uma política de restrição.

Em tal polémica, a abolição da pena de morte era assunto que nunca se colocava, como solução a curto ou médio prazo. Questão que por alguns autores era tida como debate de países ocidentais, concedia-se que a abolição da pena seria problema cuja solução, enquando não fosse naturalmente encontrada em resultado do desaparecimento de classes e do crime, só poderia ser encontrada, na melhor da hipóteses, decorridos longos anos, até se criarem as condições que permitissem essa solução. Sustentava-se até, que a manutenção da pena de morte, contribuiria para a abolição (!!!) da mesma pena. Utilizada como instrumento na luta contra o crime, ajudaria a criar as condições para que, no futuro, não tivessem razão de ser, quer a pena de morte quer as restantes penas.

---

[526] Zhao Bingzhi 赵秉志, *Xingfa Gaige Wenti Yanjiu* 刑法改革问题研究 (*Xingfa Yanjiu Xilie* 刑法研究系列 *III*), Zhongguo Fazhi Chubanshe, 1996, pág. 116 e seguintes.

398   *Lei Penal da República Popular da China*

Uma das teses mais "optimistas" que nos foi dado conhecer[527], é a da possibilidade de abolição da pena de morte, na China, no prazo de... 100 anos, que decorreria em três fases.

A primeira fase iria até ao ano 2010. Neste período, a tarefa seria tornar a pena de morte aplicável apenas a cerca de 15 crimes, excluídos os crimes militares.

O autor fundamentava esta solução principalmente (para além da evolução económica e comparação com a situação de países com níveis próximos de desenvolvimento), no facto de, na realidade, as condenações à morte serem em regra por crimes que não excedem esse número, com destaque para os casos de homicídio, roubo, violação, furto, rapto de pessoas, envenenamento, acções bombistas, etc.

A segunda fase iria do ano 2010 a 2050. Neste período a tarefa seria abolir a pena de morte para a generalidade dos crimes, com excepção dos de homicídio voluntário, traição à pátria e terrorismo.

Finalmente na terceira fase, que decorreria entre 2050 e 2100, na qual então de assistiria de facto à completa erradicação da pena capital, começando-se pela suspensão da sua execução, e evoluindo-se progressivamente até à sua total eliminação.

Em toda esta discussão há um dado incontroverso. Todos os autores reconhecem que a República Popular da China é dos países, para não dizer o país, não só com o maior número de casos a que é aplicável a pena de morte, mas também em que tal pena é de facto executada[528]. E estamos a medir a situação sob o ponto de vista proporcional já que, numa perspectiva meramente quantitativa, os números não teriam o mesmo significado, atento o facto de a República Popular da China ter cerca de um quinto da população mundial.

---

[527] V. Hu Yunteng 胡云腾 Wo Guo Sixing Zhidu Lifa Wanshan 我国死刑制度立法完善, in Ma Kechang, Ding Muying 马克昌, 丁慕英, *Xingfa de Xiugai yu Wanshan* 刑法的修改与完善, Renmin Fayuan Chubanshe, 1995, pág. 113 e seguintes. Zhao Bingzhi 赵秉志, ob. citada, pág. 117 e seguintes.

[528] Fan Fenglin 樊凤林, *Xingfa Tonglun* 刑罚通论, Zhongguo Zhengfa Daxue Chubanshe, 1994, pág. 167;

08.8.1.7 *As propostas da doutrina para a revisão da lei penal*

Para corrigir esta situação, o que se preconizava então?

Pode dizer-se que as críticas procuravam, no essencial, fazer voltar a situação à pureza dos princípios consagrados no código de 1979, e levar ao aperfeiçoamento do regime consagrado neste diploma, relativamente a aspectos pontuais que oportunamente iremos referir.

Diversas foram as medidas propostas, referentes quer à parte geral, quer à parte especial, do código de 1979.

Deixaremos para depois a análise das medidas propostas em sede de parte geral, e vamos observar um pouco do que se terá passado em sede de parte especial.

A legislação penal avulsa aumentou substancialmente o número de tipos de crime puníveis com a pena capital. A correcção desta anomalia passaria, obviamente, por um movimento de sinal contrário, traduzida fundamentalmente por duas medidas[529].

Todos os crimes económicos, que não atentassem de forma directa contra a segurança pessoal dos cidadãos ou a segurança pública, não deveriam ser punidos com pena de morte.

A pena de morte deveria ser aplicada simplesmente a crimes violentos, bem como a crimes que lesassem com acentuada gravidade a segurança pública ou a segurança do Estado. Naturalmente que, quando se fala em crimes violentos, não se pretendem abranger todos os crimes praticados mediante recurso à violência, mas aqueles que, por essa via, lesassem valores de grande importância.

As propostas não se ficaram por aqui. Poderíamos citar um grande número de autores e de trabalhos sobre este assunto. Todavia, o núcleo das suas propostas e sugestões, reconduzia-se a estas duas ideias, que na verdade encerravam os problemas fundamentais que neste âmbito se suscitavam.

No entanto, uma inversão da política de aplicação da pena de morte, aos chamados crimes económicos, não era tarefa fácil, já que consistiria

---

[529] Chu Huaizhi 储槐植, Xingfa Xiandaihua: Xingfa Xiugai Jiazhi Dingxiang 刑罚现代化刑法修改价值定向, *Faxue Yanjiu* 法学研究, Janeiro de 1997, pág. 111 e seguintes.

Lei Penal da República Popular da China

na negação das opções sucessivamente reafirmadas, não apenas no seio da actividade legiferante, mas também no seio do poder político, a braços com graves problemas motivados por corrupção, peculato, contrabando e outros crimes, que constituíam grave perigo para a própria legitimidade do papel dirigente do partido comunista.

Daí terem surgido sugestões[530] no sentido de uma evolução progressiva na abolição da pena de morte, para esses crimes.

Numa primeira fase seria abolida a pena de morte relativamente a crimes "genuinamente" económicos, como os crimes de falsificação de moeda, especulação, contrabando (quando não envolvesse produtos perigosos, como drogas) etc.

Numa segunda fase seria excluída a pena de morte de crimes económicos envolvendo abuso de funções por parte de funcionários públicos, como os crimes de corrupção ou peculato. Uma outra categoria de crimes económicos, com consequências graves para a saúde ou vida dos consumidores, deveria ser remetida para ao capítulo dos crimes contra a segurança pública e aí tratados em conformidade.

08.8.1.8 *O impacto das propostas da doutrina na revisão da parte especial do código*

Quais os reflexos destas opiniões no legislador de 1997?

Pode dizer-se que o legislador não se desviou substancialmente das linhas que vinha seguindo desde 1980. Se é certo que o número de crimes puníveis com a pena de morte baixou[531] para 58, neste número incluídos os crimes que constavam de legislação penal avulsa, a verdade é que este número excede ainda, largamente, o que estava previsto no código de 1979. E apesar dessa redução, o código penal chinês continua a ser um daqueles que prevê um número mais elevado de crimes, puníveis com a pena capital.

---

[530] V. Liang Genlin, Zhang Wen 梁根林, 张文, Dui Jingji Fanzui Shiyong Sixing de Lixing Sikao 对经济犯罪适用死刑的理性思考, *Faxue Yanjiu* 法学研究, Janeiro de 1997, pág. 121 e seguintes.

[531] Zhao Bingzhi, Xiao Zhonghua 赵秉志, 肖中华, , Lun Sixing de Lifa Kongzhi 论死刑的立法控制, *Zhongguo Faxue* 中国法学, n.º 1 de 1998, pág. 91 e seguintes.

Capítulo VIII – Principais aspectos da revisão penal de 1997   401

No que respeita aos crimes económicos o legislador foi insensível aos apelos da doutrina. Limitou-se a, em alguns crimes, ser mais rigoroso nos requisitos de aplicação da pena o que, para todos os efeitos, acabava por limitar a respectiva incidência.

08.8.1.9 *As regras gerais de aplicação da pena após a revisão do código*

Vejamos agora as propostas que foram colocadas ao legislador, no que concerne à parte geral do código e no respeitante à pena de morte, com vista à eventual revisão.

As propostas de revisão eram, no fundamental, quatro[532], todas elas visando limitar a incidência da aplicação da pena:
– Redefinição dos critérios gerais da sua aplicação;
– Redução do leque dos respectivos destinatários, em função da idade, estado físico ou psíquico;
– Alargamento das possibilidades de suspensão da execução da pena, quer quanto ao respectivo âmbito, quer alargando as possibilidades de comutação;
– Não delegação das competências para aprovação das penas de morte.

A primeira parte do artigo 43.º do código penal de 1979, estabelecia como princípio geral que a pena de morte seria unicamente aplicada a criminosos que cometessem "os crimes mais odiosos". Logo aqui começava o problema de delimitação dos casos sujeitos a pena tão grave, em matéria que à partida exigiria uma clara definição.

Sobre o significado daquela expressão não se pronunciava a lei nem havia claro entendimento por parte da jurisprudência. Na doutrina

---

[532] V. Liang Huaren e Kong Yongcai 梁华仁, 孔永才, Wo Guo Sixing de Lifa Xianzhi 我国死刑的立法限制, in Gao Mingxuan zhubian 高铭暄主编, *Xingfa Xiugai Jianyi Wenji* 刑罚修改建议文集, Zhongguo renmin Daxue chuban she, 1997, pág. 299 e seguintes; Zhao Bingzhi 赵秉志, *Xingfa Gaige Wenti Yanjiu* 刑罚改革问题研究 *(Xingfa Yanjiu Xilie* 刑罚研究系列 *III), Zhongguo* Fazhi chubanshe, 1996, pág. 116 e seguintes.

também havia diferentes pontos de vista. No entanto, e em geral, entendia-se que, para a verificação deste requisito geral, eram imprescindíveis dois pressupostos.

Um pressuposto subjectivo, que exigiria uma enorme perversidade do agente, por forma a se considerar afastada a possibilidade da sua recuperação. E um pressuposto objectivo que consistiria na enorme gravidade do crime, quer em função da conduta quer do seu resultado.

Na falta de qualquer desses requisitos, não poderia haver condenação à morte, mesmo que suspensa na respectiva execução.

Entendia-se todavia que tais pressupostos deveriam constar expressamente da lei.

No que diz respeito à aprovação da pena de morte, a doutrina vinha-se também pronunciando pela necessidade de o poder voltar a ser exercido, exclusivamente, pelo supremo tribunal popular, lembrando-se mesmo que, até no passado histórico da China, havia casos em que a condenação à morte, estava sujeita à aprovação do imperador.

A delegação da competência para a aprovação, não só se considerava incorrecta sob o ponto de vista da política de rigor relativamente a esta importante questão, mas estaria em contradição com o disposto no artigo 199.º do código de processo penal (como de resto já anteriormente acontecia relativamente ao artigo 144.º do código de processo antigo).

Finalmente faziam-se propostas no sentido de limitar os destinatários da pena de morte.

No código de 1979, o artigo 44.º dava a possibilidade de condenação de menores de 18 anos, mas com 16 anos completos, desde que o crime fosse de especial gravidade, devendo no entanto a pena ser suspensa na sua execução.

Este era um dos aspectos contestados no código, defendendo-se que a pena de morte, fosse ou não suspensa, deveria ser apenas aplicada a quem tivesse 18 anos completos à data da prática do crime. Até porque, a citada disposição violava uma convenção subscrita pela R. P. China, a convenção para a protecção dos direitos dos menores, cujo art. 37.º claramente estipula a proibição da condenação à morte, de menores de 18 anos.

Para além deste caso e do aperfeiçoamento do regime previsto para as grávidas, defendia-se também a limitação ou proibição da aplicação da pena de morte a maiores de 70 anos, bem como a pessoas com problemas psíquicos que, embora imputáveis, não usufruíssem da plena capacidade de avaliação e determinação.

Capítulo VIII – Principais aspectos da revisão penal de 1997   403

Há no entanto que ter em conta que, pelo menos no último caso, a situação já estaria contemplada no requisito subjectivo do critério geral, inicialmente referido, de aplicação da pena de morte.

08.8.1.10 *Os pressupostos gerais da aplicação da pena de morte*

Em que medida foram tais propostas contempladas pelo legislador?
Artigo 48.º: *"A pena de morte será apenas aplicada a delinquentes que tenham praticado crimes de extrema gravidade. Aos delinquentes que devam ser condenados com a pena de morte, se a execução imediata não for necessária poderá, simultaneamente com a condenação à morte, ser decretada a suspensão por dois anos da sua execução.*

Todas as condenações à morte, com a excepção das pronunciadas nos termos da lei pelo supremo tribunal popular, serão submetidas a este tribunal para aprovação. As condenações à morte com suspensão da execução poderão ser pronunciadas ou aprovadas por um tribunal popular de grau superior".

Comparando este artigo com o equivalente da versão primitiva, o artigo 43.º, constata-se que, no segundo parágrafo, não houve qualquer alteração. Mas houve alteração no parágrafo 1.º.

Esquecendo por agora a questão da suspensão da pena, assunto este que merece tratamento mais cuidado e que agora não pode ser desenvolvido, vejamos então que novidades nos são trazidas pelo código revisto.

A alteração principal tem a ver com a substituição da expressão "crimes mais odiosos" pela expressão "crimes de extrema gravidade".

Quais os reflexos dessa alteração? Em nosso entender esta alteração vem simplesmente recomendar maior rigor na aplicação da pena capital, vindo substancialmente confirmar os pontos de vista da doutrina que foram citados, quanto aos requisitos que deveriam, já ao abrigo da primitiva redacção, ser exigidos para que a pena pudesse ser aplicada. O legislador absteve-se no entanto de consagrar critérios mais claros pelo que, nesta parte, ficou insatisfeita a pretensão da doutrina. Todavia, a expressão adoptada, "crimes de extrema gravidade", faz apelo a uma necessidade de maior objectividade do que a anterior, "crimes mais odiosos", que representava um resquício dos tempos dos julgamentos populares e da linha de massas.

404   *Lei Penal da República Popular da China*

No que diz respeito ao regime de aprovação das sentenças de morte, não houve qualquer alteração. O agora estipulado, que é de natureza processual e que só consta do código penal em função da importância que o legislador pretendeu atribuir a este problema, não difere do que constava do velho código penal ou do velho código de processo penal.

Por outro lado, também nada veio resolver enquanto a lei permitisse, em certos casos, a delegação da competência de aprovação por parte do supremo tribunal popular.

08.8.1.11 *Limitações à aplicação da pena de morte*

Artigo 49.º: *"A pena de morte não será aplicada a quem não tenha completado 18 anos ao tempo da prática do crime nem a mulheres grávidas ao tempo do julgamento"*.

A grande alteração deste artigo tem a ver com a eliminação da possibilidade de condenação à morte de menores de 18 anos, com suspensão da execução, tal como estava consagrado no artigo 44.º, na redacção do código de 1979. O código, nesta nova versão, afasta expressamente essa possibilidade, colocando a lei penal de acordo, como já foi referido, com a convenção dos direitos dos menores, a que a R. P. China aderiu, em Novembro de 1991.

Este artigo insiste ainda numa redacção que, na versão primitiva, suscitou dúvidas e controvérsia, mas que o legislador decidiu manter. Tem a mesma a ver com a questão das mulheres grávidas.

Numa análise meramente literal, poderíamos ser levados a concluir que a pena de morte não seria aplicável a mulheres grávidas ao tempo do julgamento, mas que nada impediria a sua condenação à morte se, na altura do julgamento, a mulher já não estivesse grávida, ou pelo facto de a criança ter entretanto nascido, ou na hipótese de ter havido aborto. Com esta interpretação se conformaria de resto a "ratio" do preceito, que assentaria precisamente no propósito de não executar também o feto, inocente dos crimes cometidos pela progenitora[533]. Dadas as possibilidades de

---

[533] Embora seja esta a razão apontada pela doutrina, não deixa a mesma de ser estranha, dada a quase nula protecção do feto e a admissão praticamente ilimitada, e até recomendada, do aborto, na República Popular da China.

Capítulo VIII – Principais aspectos da revisão penal de 1997

fraude e manipulação processual que essa interpretação poderia ocasionar, no início da vigência do código de 1979, levantaram-se importantes dúvidas em matéria de interpretação da lei, no caso em concreto.

Por isso mesmo, para a presente revisão, havia quem entendesse que a lei deveria consagrar diferente regime, que poderia mesmo ser o da condenação à morte com suspensão da execução ou a estipulação de que a execução da sentença de morte não teria lugar enquanto durasse a gravidez.

Manteve-se todavia nesta parte a redacção primitiva do código, pelo que a sua aplicação terá de conformar-se com as decisões interpretativas do supremo tribunal popular anteriormente produzidas.

Uma dessas decisões, de 30 de Dezembro de 1983, decidiu que nos casos em que a lei impede a aplicação da pena de morte a mulheres grávidas, se quer abranger também a pena de morte suspensa na sua execução.

Uma outra decisão, de 20 de Setembro de 1983, decidiu que quando a lei se refere ao "tempo do julgamento", quer referir-se a todo o processo e não apenas à fase do julgamento propriamente dito[534]. O que significa que, se a mulher esteve grávida no decurso do processo, mesmo que ao tempo da audiência já não esteja, por ter abortado ou ter dado à luz, não lhe poderá ser aplicada a pena de morte.

08.8.1.12 *A suspensão da execução da pena de morte*

Como foi referido, no termos do artigo 48.º, parágrafo 1.º, relativamente aos delinquentes condenados à morte, se a execução imediata não for necessária poderá, simultaneamente com a condenação, ser decretada a suspensão por dois anos, da sua execução.

Resulta do exposto que há dois tipos diferentes de condenação à morte: a condenação com execução imediata e a condenação com suspensão da sua execução.

---

[534] Sobre as citadas decisões interpretativas V. Li Chun, Wang Shangxin, Li Shuqin e Huang Taiyun 李淳, 王尚新, 李淑琴, 黄太云, *Xingshi Falu Shiyong Shouce* 刑释法律使用手册, Renmin Fayuan Chubanshe, 1994, pág. 13 e seguintes.

406 Lei Penal da República Popular da China

A expressão "execução imediata" tem produzido alguns equívocos e sido fonte de alguns embaraços para a R. P. China. Tal expressão resulta da letra da própria lei, é regularmente utilizada pela doutrina e pela jurisprudência, mas é susceptível de ser mal entendida por quem não tenha formação jurídica e desconheça o direito penal chinês.

Condenação à morte com execução imediata não significa que o condenado seja executado logo após o julgamento. Tal só acontece após o trânsito da decisão, após o recurso, se for interposto ou, mesmo que o não seja, após aprovação da sentença pelo tribunal superior, nos casos de competência delegada, ou pelo supremo tribunal.

Ou seja, condenação com imediata execução significa simplesmente que, no caso concreto, o condenado não usufrui da suspensão da execução por dois anos.

Foi já também salientado que uma das vias apontadas pela doutrina para a redução da incidência da pena capital, consistia em melhorar o regime da suspensão da execução da pena de morte.

08.8.1.13 *O regime da suspensão no código de 1979*

Relativamente ao código de 1979 quais as críticas que se faziam? Nos termos da lei os requisitos da suspensão eram:

Condenação à morte;

Desnecessidade da execução imediata.

Se relativamente ao primeiro requisito não se suscitavam quaisquer duvidas, já o mesmo não acontecia em relação ao segundo. Quando se poderia dizer que a execução imediata não era necessária?

Para suprir esta lacuna defendia-se que a lei deveria definir critérios, pelo menos alguns critérios que tivessem uma função orientadora, como por exemplo, conjunto de circunstâncias atenuantes, entrega voluntária do delinquente às autoridades, prestação de serviços meritórios, culpa da vítima, papel de menor relevância no crime comparticipado, etc.

Vimos já, todavia, que aqui não foi introduzida qualquer alteração.

Um outro ponto, objecto de crítica, eram os requisitos de comutação da pena de morte, decorrido o período de suspensão.

De acordo com o artigo 46.º, parte final, do código de 79, a pena de morte seria executada decorrido o período de suspensão, "apurando--se de forma clara que o condenado resistiu à reforma em circunstâncias graves" e após aprovação do supremo tribunal.

Capítulo VIII – Principais aspectos da revisão penal de 1997

Este conceito é excessivamente vago e deu lugar a diferentes interpretações, designadamente quanto a saber se, para a execução da pena de morte, seria necessário um comportamento que configurasse a prática de crime.

A resposta a este problema veio a ser dada pelo código de processo penal, ao colocar como pressuposto a prática de crime doloso. De todo o modo o código penal deveria colocar-se neste aspecto em conformidade com o código de processo penal.

08.8.1.14 *O regime da suspensão no novo código*

Artigo 50.º: *"Quem tiver sido condenado à morte com suspensão da execução, se durante o período da suspensão da execução não tiver cometido crime doloso, completado o período de dois anos terá comutada a pena para prisão perpétua; caso se demonstre ter prestado serviços muito meritórios, decorrido o período de dois anos terá a pena comutada para prisão por prazo não inferior a 15 nem superior a 20 anos; feita a prova de que cometeu crime doloso, mediante aprovação do supremo tribunal popular, será executada a pena de morte".*

A nova redacção do artigo 50.º tem desde logo a vantagem de eliminar algumas dúvidas que existiam na redacção do correspondente artigo (art. 46.º) na redacção primitiva do código.

Na velha redacção do código, para além do decurso do período da suspensão, eram requisitos para a comutação da pena para prisão perpétua, o "verdadeiro arrependimento".

A comutação para a pena de 15 a 20 anos de prisão pressupunha "verdadeiro arrependimento" e prestação de "serviços meritórios".

Haveria execução da pena de morte se o condenado "resistisse à reforma em circunstâncias graves".

Todos esses conceitos eram demasiado vagos e deram lugar a diferentes interpretações. Quando se poderia considerar haver verdadeiro arrependimento? E quando se podia dizer que haveria resistência à reforma em circunstâncias graves?

Para além de que o regime comportava imensas lacunas. "Quid juris" se não houvesse verdadeiro arrependimento, mas se por outro lado também não ocorresse resistência à reforma em circunstâncias graves?

Os citados requisitos foram eliminados na nova redacção da lei, conforme de resto havia já acontecido no art. 210.º n.º 2 do novo código de processo penal.

Contempla agora a lei três situações distintas[535]:

1. Se o arguido, durante o período de suspensão cometer crime doloso, após investigação e prova desse facto e aprovação do supremo tribunal, será executada a pena de morte;
2. Se o arguido, durante o período de suspensão, não tiver cometido crime doloso, a pena de morte será comutada para prisão perpétua;
3. Se para além de não ter cometido crime doloso tiver prestado serviços muito meritórios[536], a pena de morte será comutada para prisão de 15 a 20 anos.

Não deve porém deixar de se alertar para o facto de o requisito de execução da pena de morte se afigurar excessivamente rigoroso, numa interpretação literal da lei.

Ao abrigo do velho código havia quem entendesse[537], e numa interpretação que estava ganhando terreno, quer na doutrina quer na jurisprudência, que a resistência à reforma pressupunha a prática de um crime, não de qualquer crime, mas de crime de alguma gravidade. A lei actual, tal como está redigida, ao assentar no simples pressuposto da prática de um crime doloso, pode levar a que um condenado veja a pena de morte executada, pelo facto de ter praticado um crime doloso, mesmo que de gravidade diminuta. Não parece que isto esteja conforme com o espírito da lei, que terá tido em vista a prática de crime doloso de certa gravidade.

---

[535] Zhang Qiong 张穹 *Xiuding Xingfa Tiaowen Shiyong Jieshuo* 修订刑法条文实用解说 Zhongguo Jiancha Chubanshe, 1997, pág. 52 e seguintes.

[536] O código penal não diz o que se deva entender por serviços meritórios, pelo que tal conceito tem vindo a ser preenchido pela jurisprudência, frequentemente com recurso a legislação prisional. Serviços meritórios consistem em condutas que de forma muito clara se reflectem positivamente no domínio do combate ao crime, no ambiente prisional, na actividade produtiva, etc, como por exemplo, a denúncia de actividades criminosas, invenções na área do trabalho produtivo, grande dedicação ao trabalho, etc. V. sobre esta questão Júlio Pereira, obra citada, pág. 148 e seguintes.

[537] Sobre esta questão V. Chen Xingliang 陈兴良 *Xingfa Shuyi* 刑罚疏议, Zhongguo Renmin Gongan Daxue Chubanshe – 1997, pág. 142 e seguintes.

Capítulo VIII – Principais aspectos da revisão penal de 1997

De resto outras questões se podem suscitar, que exigem intervenção no plano interpretativo, dada a deficiência de previsão que o artigo encerra. Por exemplo, qual a solução para a hipótese em que o condenado, tendo embora praticado um crime, tenha por outro lado prestado serviços muito meritórios? A solução poderá passar pela ponderação dos interesses ofendidos com a prática do crime e o valor dos interesses salvaguardados pela prática dos serviços meritórios[538]. No entanto, tudo isto é demasiado abstracto, para questão tão grave como a da execução de uma pena de morte.

08.8.2 *A pena de privação dos direitos políticos*

A pena de privação dos direitos políticos constitui a segunda pena acessória e, pelo menos até à revisão do código, a mais importante deste tipo de penas.

A privação dos direitos políticos sempre esteve presente no direito revolucionário da R. P. da China e chegou mesmo a ter consagração constitucional.

Na constituição de 1954, a primeira a ser aprovada após a fundação da República Popular, determinava o artigo 19.º que os latifundiários feudais e ao capitalistas burocratas seriam privados dos direitos políticos pelo período que a lei determinasse. E o artigo 18.º, segundo parágrafo, da constituição de 1978, previa também a privação dos direitos políticos, relativamente a latifundiários, camponeses ricos e capitalistas reaccionários, que não se tivessem corrigido[539].

A consagração constitucional desta pena deixou de se verificar a partir da constituição de 1982, pelo que a questão foi remetida para a lei ordinária.

Pela definição que a doutrina nos dá da privação dos direitos políticos, consiste esta pena numa incapacidade para a participação em actividades políticas ou na administração do Estado. Na realidade, a pena é mais gravosa, como teremos oportunidade de verificar. E por isso mesmo

---

[538] V. Zhao Bingzhi 赵秉志, Lun Sixing de Lifa Kongzhi 论死刑的立法控制, in *Zhongguo Faxue* 中国法学, n.º 1, 1998, pág. 98 e seguintes.

[539] Gao Mingxuan 高铭暄, *Xingfaxue Yuanli* 刑法学原理, vol. III, pág. 161 e ss.

410   *Lei Penal da República Popular da China*

houve até quem considerasse que o seu âmbito era excessivo e invadiria domínios que a remeteriam para o campo da inconstitucionalidade, nomeadamente quanto à proibição do exercício de direitos fundamentais, como os consagrados no artigo 35.º da constituição.

Diga-se, no entanto, que este ponto de vista não mereceu nunca grande acolhimento. E havia até quem considerasse que o âmbito da proibição dos direitos políticos deveria ser mais amplo, restringindo-se ainda mais a proibição de exercício de funções públicas, proibindo-se o exercício de outras actividades (como a condução automóvel) ou profissões (como a de contabilista ou tesoureiro), bem como o uso de determinados títulos (como o de trabalhador modelo).[540] E há até quem considere que a privação dos direitos políticos abrange direitos como o de crença religiosa[541]. De qualquer modo, durante o debate sobre a revisão do código, o tema da privação dos direitos políticos não foi assunto que merecesse muita atenção da doutrina, pelo que, neste domínio, poucas foram as alterações introduzidas.

08.8.2.1 *O conteúdo da pena de privação dos direitos políticos*

Artigo 54.º: *"A privação dos direitos políticos consiste na privação dos seguintes direitos:*
1. *Os direitos de eleger e de ser eleito;*
2. *Os direitos à liberdade de expressão, imprensa, reunião, associação, manifestação e demonstração;*
3. *O direito de exercer funções em organismos do Estado;*
4. *O direito de exercer funções de direcção em sociedades, empresas e instituições do Estado e em organizações populares".*

O artigo 54.º esclarece-nos sobre o alcance da pena de privação dos direitos políticos.

À cabeça surge-nos a proibição de participação política, expressa na privação dos direitos de eleger e de ser eleito. Esta proibição refere-se não só aos órgãos representativos, a qualquer nível das instituições

---

[540] Fan Fenglin 樊凤林 *Xingfa Tonglun* 刑罚通论, pág. 253 e ss.
[541] Cao Zidan, Hou Guoyun 曹子丹, 侯国运, obra citada, pág. 46.

Capítulo VIII – Principais aspectos da revisão penal de 1997   411

do Estado, mas também, como se verá a seguir, aos órgãos de gestão de empresas, sociedades e instituições do Estado ou organizações populares.

Vem em segundo lugar a privação do exercício dos direitos fundamentais de expressão, imprensa, reunião, manifestação e demonstração.

Em terceiro e último lugar vem a privação dos direitos de exercer funções, não só nos órgãos do Estado (abrangendo o aparelho político, administrativo e judicial) mas também nas sociedades, empresas e instituições do Estado ou em organizações populares.

Relativamente ao exercício de funções em organismos estaduais, a proibição é absoluta. Quanto ao exercício de funções em sociedades, empresas, instituições do Estado ou organizações populares, a proibição é relativa, já que só está vedado o exercício de funções de direcção.

Comparativamente ao que constava da redacção do correspondente artigo no código de 1979, assinalam-se duas diferenças.

Uma delas consiste na alusão expressa aos direitos de expressão, imprensa, reunião associação, manifestação e demonstração. Na redacção primitiva do código, o artigo 50.º aludia antes à privação dos direitos consagrados no artigo 45.º da constituição. Acontece que o código tinha sido aprovado ao tempo da vigência da constituição de 1978, pelo que, com a aprovação da constituição de 1982, em que os mesmos direitos passaram a constar do artigo 35.º, a referência à constituição passou a ser enganadora. Para evitar novos problemas com futuras revisões constitucionais ou com nova constituição, optou agora o legislador por se referir expressamente aos direitos de que o condenado fica privado.

A outra alteração, e esta a mais importante, teve a ver com a proibição do exercício de funções de direcção. Ao abrigo do código de 1979, essa proibição referia-se a qualquer empresa, instituição e organização popular. Actualmente mantém-se a proibição relativamente a organizações populares mas, no que se refere a sociedades, empresas e instituições, a mesma só vale relativamente àquelas que sejam propriedade do Estado. No fundo, a alteração reflecte as transformações que se verificaram entretanto na China, com a abertura da economia à iniciativa privada. Temos que ter presente que, ao tempo da aprovação do código de 1979, a economia estava toda no âmbito do Estado.

412   *Lei Penal da República Popular da China*

08.8.2.2 *A duração da privação dos direitos políticos*

Artigo 55.º: *"Salvo o disposto no artigo 57.º desta lei, o prazo de privação dos direitos políticos não será inferior a um nem superior a cinco anos.*

Havendo condenação na pena de regime de controlo e acessoriamente de privação dos direitos políticos, os prazos de privação dos direitos políticos e do regime de controlo serão idênticos e as penas simultaneamente executadas".

Refere-se este artigo ao prazo de privação dos direitos políticos que, em geral, será de 1 a 5 anos. Comporta no entanto este regime excepções, que são as previstas no artigo 57.º, às quais oportunamente nos iremos referir.

A pena de privação dos direitos políticos é uma pena acessória cujo cumprimento não é contemporâneo com a privação da liberdade. Com efeito, nos termos da lei, o indivíduo que se encontre preso, "ipso facto" está privado dos direitos políticos, desde que acessoriamente esta pena lhe tenha sido imposta. Mas a contagem da pena só se inicia após a sua colocação em liberdade, ainda que em liberdade condicional.

A única pena principal não detentiva é a pena de controlo, pelo que, quando a pena de privação dos direitos políticos seja acessória desta, nenhum impedimento existe para que ambas sejam simultaneamente cumpridas.

Este artigo vem exactamente determinar que, em tais casos, o cumprimento seja simultâneo, determinando ainda que o prazo de ambas as penas seja idêntico. Por isso comporta também uma outra excepção, para além da que consta do primeiro parágrafo, que diz respeito à duração da pena de privação dos direitos políticos a qual, quando acessória da pena de controlo, fica sujeita à duração desta última que, como se sabe, pode ir de 3 meses a 2 anos, nos termos do artigo 38.º.

Neste artigo não foi introduzida qualquer alteração relativamente ao que constava da redacção primitiva.

08.8.2.3 *Aplicação necessária ou facultativa da pena de privação dos direitos políticos*

Artigo 56.º: *"Os delinquentes de crimes contra a segurança do Estado serão acessoriamente privados dos direitos políticos; os delin-*

quentes de crimes de homicídio voluntário, violação, fogo posto, explo-
sões, envenenamento, roubo e outros crimes graves contra a ordem
social, poderão ser acessoriamente privados dos direitos políticos.

A aplicação autónoma da privação dos direitos políticos será con-
forme o disposto na parte especial desta lei".

O regime de privação dos direitos políticos pode ser vinculado ou discricionário.

Considera o legislador que, traduzindo-se os direitos políticos nos direitos de participação nas actividades políticas e nas tarefas de admi-nistração do Estado, esses direitos devem ser retirados a quem cometa crimes contra a segurança do Estado.

Na redacção primitiva do código, o mesmo regime era consagrado em relação a autores de crimes contra-revolucionários. Eliminada esta categoria de crimes, idêntica disciplina passou a vigorar relativamente a autores de crimes contra a segurança do Estado, nova designação do capítulo que anteriormente previa os chamados crimes contra-revolucio-nários.

O legislador ignorou as propostas da doutrina no sentido de a pri-vação dos direitos políticos se referir apenas aos cidadãos nacionais[542]. Se é certo que só os cidadãos nacionais podem ser plenamente privados dos direitos políticos, certo é também que a privação pode afectar alguns dos direitos de que gozam os cidadãos estrangeiros. Por isso a opção do legislador não é incorrecta.

No que diz respeito à privação discricionária dos direitos políticos, o legislador, diferentemente do que acontecia na redacção do código de 1979, concretiza agora, embora de forma não exaustiva, os crimes em que pode haver privação dos direitos políticos.

O segundo parágrafo não suscita quaisquer dificuldades. Possibi-lidade de punição autónoma com a privação dos direitos políticos está consagrada, por exemplo, nos artigos 103.º, 104.º, 105.º, 107.º, 109.º ou 111.º do código.

---

[542] Chen Xingliang 陈兴良, *Xingfa Shuyi* 刑法疏议, pág. 152.

08.8.2.4 *A privação dos direitos políticos nos casos especiais de condenação à morte ou a prisão perpétua*

Artigo 57.º: *"Os delinquentes condenados em pena de morte ou em prisão perpétua serão privados vitaliciamente dos direitos políticos.*

Quando a pena de morte com suspensão da execução ou a pena de prisão perpétua sejam comutadas para prisão por prazo determinado, a duração da pena acessória de privação dos direitos políticos será alterada para limite não inferior a três nem superior a dez anos".

Uma das questões debatidas pela doutrina era precisamente a utilidade do primeiro parágrafo desta norma.

O parágrafo primeiro deste artigo consagra mais duas situações de aplicação necessária da pena de privação dos direitos políticos: nos casos em que haja condenação à morte ou a prisão perpétua.

Com efeito, embora se diga que o delinquente será privado "vitaliciamente" dos direitos políticos, a verdade é que esta tradução, correcta sob o ponto de vista literal[543], não corresponde ao que alguma doutrina sustenta sobre esta questão. Isto porque há quem entenda que o termo "vitaliciamente" significa aqui "perpetuamente", "eternamente"[544].

Sendo nestes casos a privação dos direitos políticos efectiva durante o período de privação da liberdade, porquê a necessidade desta pena acessória nestes dois casos?

As razões apontadas são normalmente três[545].

Antes de mais, a aplicação desta pena acessória, corresponde a uma valoração negativa sob o ponto de vista político, pela prática de crimes de gravidade tal, que implicam a aplicação de penas tão graves, como a pena de morte ou de prisão perpétua.

---

[543] O termo utilizado por lei é "zhongshen 终身", que significa "toda a vida".

[544] "Zhongshen 终身" deverá ser interpretado como "yongyuan 永远", que significa "para sempre", "eternamente". V. Huang Taiyun, Teng Wei 黄太云, 滕炜, *Zhonghua Renmin Gongheguo Xingfa Shiyi yu Zhinan* 中华人民共和国刑法释义与指南, Hongqi Chubanshe, 1997, pág. 69 e ss.

[545] Huang Taiyun, Teng Wei 黄太云, 滕炜, obra citada, pág. 69 e ss. Chen Xingliang 陈兴良, *Xingfa Shuyi* 刑法疏议, Zhongguo Renmin Gongan Daxue Chubanshe, 1997, pág. 153 e ss.

Capítulo VIII – Principais aspectos da revisão penal de 1997   415

Por outro lado, pretende-se que os delinquentes condenados à morte ou a prisão perpétua, no caso de beneficiarem de perdão ou de liberdade condicional, não venham a utilizar os seus direitos políticos, eventualmente até para a prática de novos crimes.

Pretende-se finalmente que, mesmo após a morte do delinquente, os seus herdeiros não possam exercer alguns direitos de que ele em vida tenha sido privado, em resultado desta pena acessória, como a publicação de obras da sua autoria.

É que, como já foi dito, segundo o entendimento de um largo segmento da doutrina, a proibição mantém-se para além da morte do condenado, excepto no caso de a obra ser considerada socialmente útil e, para efeito de publicação, houver autorização das entidades competentes[546].

Deve dizer-se que tais argumentos, consagrando embora a tese dominante e merecendo o acolhimento da jurisprudência, se defrontam com uma posição que, embora minoritária é bem mais sólida sob o ponto de vista dogmático, pelo menos no que se refere à pena de morte.

A valoração política de uma conduta, traduzida na aplicação de uma pena, existe independentemente da sanção acessória de privação dos direitos políticos. Ora, a aplicação da pena capital ou mesmo da pena de prisão perpétua, só por si, comportam uma avaliação negativa sob o ponto de vista político. Que valorações mais negativas poderá haver?

O argumento do perdão no caso dos condenados à morte é também improcedente. Há desde logo que ter em conta que o perdão foi concedido diversas vezes na China, mas antes da aprovação do código penal que, agora, o não prevê. Para além disso, na hipótese de um perdão ser concedido, nada impediria que, então, cumulativamente, o beneficiado fosse privado temporariamente dos direitos políticos.

Finalmente, os direitos conexos com os direitos de autor, são de natureza civil e não política. E se o simples facto de serem abrangidos pelo conteúdo desta pena acessória já contraria a política de abertura e modernização do país, que fica privado do contributo da capacidade intelectual do condenado, de forma nenhuma se justifica que os herdeiros

---

[546] Cao Zidan, Hou Guoyun 曹子丹, 侯国运, *Zhonghua Renmin Gongheguo Xingfa Jingjie*, 中华人民共和国刑法精解, Zhongguo Zhengfa Daxue Chubanshe, 1997, pág. 48 e ss.

416 *Lei Penal da República Popular da China*

deste, após a sua morte, mesmo que esta ocorra em resultado de execução de sentença penal, deles continuem privados[547].

08.8.2.5 *A privação dos direitos políticos no caso de comutação das penas*

Havendo comutação das penas de prisão perpétua ou de morte, nos casos em que esta tenha sido suspensa e não venha a ser executada, haverá também, nos termos do segundo parágrafo deste artigo, alteração da duração da pena acessória de privação dos direitos políticos.

Só que, diferentemente do que acontece nos casos normais de aplicação da pena de prisão por prazo determinado, os novos prazos de duração da pena acessória não serão de um a cinco, mas de três a dez anos.

Conjugando o disposto nos artigos 55.º e 57.º temos, no que respeita à duração desta pena, quatro situações diferentes:

No caso de a pena de privação dos direitos políticos ser acessória da pena de controlo, a duração da pena acessória será idêntica à da principal.

Havendo aplicação autónoma ou acessória das penas de detenção ou de prisão por prazo determinado, a duração será de um a cinco anos.

Na hipótese de comutação das penas de morte com suspensão, ou de prisão perpétua, a duração desta pena acessória será de três a dez anos.

Nos casos de condenação à morte, ou a prisão perpétua, a privação será vitalícia.

08.8.2.6 *A contagem da pena acessória de privação dos direitos políticos*

Artigo 58.º: *"A duração da pena acessória de privação dos direitos políticos é contada a partir do dia em que a prisão ou a detenção*

---

[547] Wu Ping 吴平 Dui Panchu Sixing Fan Boduo Zhengzhi Quanli Zhongsheng Guiding de Zhiyi 对判处死刑反剥夺政治权利终身规定的质疑 in *Faxue Yanjiu* 法学研究, 1995, n.º 2, pág. 36 e ss.

Capítulo VIII – Principais aspectos da revisão penal de 1997 417

criminal findarem ou da data da liberdade condicional; a privação dos direitos políticos é efectiva durante o período em que estiver em execução a pena principal.

Os delinquentes condenados em privação dos direitos políticos, no período da respectiva execução, terão que acatar as leis, regulamentos administrativos e normas respeitantes à fiscalização e controlo emanadas dos serviços de segurança pública dependentes do Conselho de Estado, bem como submeter-se a supervisão; não poderão exercer nenhum dos direitos enumerados no artigo 54.º desta lei".

Em relação à redacção primitiva do código, a diferença consiste no segundo parágrafo.

De acordo com o parágrafo primeiro, o cumprimento da pena de privação dos direitos políticos só começa a ser contado a partir da data do termo da pena principal, ou da data da libertação condicional. Acrescenta no entanto o mesmo parágrafo que a privação dos direitos políticos é efectiva durante a execução da pena principal.

Este parágrafo carece no entanto de dois esclarecimentos. O primeiro é que, quando se refere ao facto de a privação dos direitos ser efectiva durante a execução da pena principal, a lei se quer referir ao período em que o delinquente se encontra privado da liberdade. Quando esteja em liberdade condicional, embora ainda em cumprimento de pena, já estará a contar o tempo para efeitos de execução da pena acessória, diferentemente do que acontece enquanto o delinquente estiver privado da liberdade.

Em segundo lugar, importa esclarecer que, pelo simples facto de alguém estar privado da liberdade, em resultado de condenação em pena de detenção ou prisão por prazo determinado, não se encontra automaticamente privado do exercício dos direitos políticos. Tal só acontece se o delinquente tiver de facto sido condenado nesta pena acessória. Se não houver condenação, o delinquente poderá exercer os direitos cujo exercício não seja incompatível com a sua situação prisional[548], salvaguardadas naturalmente as situações especiais contempladas no artigo anterior.

O segundo parágrafo é novo e pretenderia explicitar melhor o conteúdo dos deveres a que o condenado fica sujeito. Dizemos pretenderia,

---

[548] Huang Taiyun, Teng Wei 黄太云, 滕炜, , obra citada, pág. 71.

418 Lei Penal da República Popular da China

dado que isso de facto não acontece. O alcance desta pena está traçado no artigo 54.º e, o que seria desejável, era que este artigo deixasse bem claro que todas as normas de controlo do cumprimento da pena, não poderão ir para além do que consta do citado artigo. Na falta dessa indicação o acrescento revela-se de pouca ou nula utilidade.

Uma questão que ficou também sem resposta nesta revisão, tem a ver com a possibilidade, ou não, de esta pena acessória poder ser aplicada a menores. Sobre o assunto, e em sentido positivo, já se havia pronunciado o supremo tribunal popular, em 16 de Agosto de 1985, em resposta a questão formulada pelo tribunal superior da província de Hubei[549].

Doutrinalmente há quem entenda, reconhecendo embora que a questão necessita de intervenção por parte da jurisprudência, que a menores não pode ser aplicada autonomamente a pena de privação dos direitos políticos e que, acessoriamente, tal só poderá ser permitido nos casos da prática de crimes de grande gravidade, sendo a pena executada apenas a partir do início da maioridade.

08.8.3 *Confisco de património*

A pena de confisco de património é uma pena acessória particularmente gravosa, que se aplica especialmente a crimes contra a segurança do Estado, a crimes mais graves contra a ordem económica socialista e, em geral, a crimes praticados com intuito lucrativo.

Consiste esta pena numa entrega forçada e gratuita ao Estado de parte ou da totalidade do património do delinquente.

Esta pena teve uma importante função política, particularmente durante a guerra civil e nos primeiros anos da República Popular, como instrumento da política de colectivização, inicialmente contra o capitalismo burocrático e latifundiários mas, posteriormente, contra os restantes capitalistas e outros proprietários rurais[550].

---

[549] Wang Zuofu, Su Huiyu 王作富, 苏惠鱼, *Xingfa Tonglun* 刑罚通论, Zhongguo Fangzheng Chubanshe, 1997, pág. 198 e ss.

[550] Júlio Pereira, obra citada, 1996, pág. 29 e ss.

Capítulo VIII – Principais aspectos da revisão penal de 1997   419

Ultrapassado esse período, até em boa medida por falta de objecto, perdeu grande parte da sua importância mas, ainda assim, no código de 1979 era prevista para os crimes contra-revolucionários, crimes contra a propriedade, crimes económicos e crimes praticados com intuito lucrativo como contrabando, especulação, peculato, falsificação de moeda, lenocínio, furto, roubo, etc.[551]. Ganhou de novo importância com a política de abertura e com a aprovação de legislação penal avulsa, particularmente no âmbito da legislação de combate à criminalidade económica.

A pena de confisco é mais gravosa do que a de multa, assentando a diferença entre ambas nos seguintes aspectos[552]:

A multa é aplicável a crimes de menor gravidade ao passo que o confisco se aplica a crimes mais graves.

A multa é em quantia determinada, abstraindo do facto de o delinquente ter bens. O confisco incide sobre os bens, quaisquer que eles sejam, efectivamente pertencentes ao delinquente.

O montante da multa pode ser reduzido e o condenado pode mesmo, em certas circunstâncias, ser isento do respectivo pagamento, situações estas que não ocorrem relativamente à pena de confisco de património.

Dados os antecedentes e pressupostos, maxime de natureza política, da pena de confisco, houve durante o processo de revisão quem defendesse a sua eliminação do elenco das penas. A posição maioritária foi no sentido da sua manutenção, mas muitos consideravam que a respectiva incidência deveria ser drasticamente reduzida, aplicando-se antes a pena de multa. O confisco seria de aplicar exclusivamente a casos de especial gravidade, puníveis com penas não inferior a 10 anos de prisão[553].

---

[551] Gao Mingxuan zhubian 高铭暄主编, *Xingfaxue Yuanli* 刑法学原理, Zhongguo Renmin Daxue Chubanshe, 1994, vol. III, pág. 167.

[552] *Xingfaxue Quanshu* 刑法学全书, Shanghai Kexue Jishu Wenxian Chubanshe, 1993, pág. 193 e ss.

[553] Xian Tieke 鲜铁可, Meishou Caichanxing ji qi Lifa Wanshan 没受 i财产刑及其立法完善 in Ma Kechang, Ding Muying 马克昌, 丁慕英, *Xingfa de Xiugai yu Wanshan* 刑法的修改与完善, Renmin Fayuan Chubanshe, 1995, pág. 165 e ss. No sentido de que a aplicação desta pena deve ser limitada a alguns tipos de crime, de maior gravidade, V. Também Yuan Jilin 阮齐林, Lun Caichanxing de lifa Wanshan 论财产刑的立法完善, in Gao Mingxuan zhubian 高铭暄主编, *Xingfa Xiugai Jianyi Wenji* 刑法修改建议文集, Zhongguo Renmin Daxue Chubanshe, 1997, pág. 374 e ss.

420   *Lei Penal da República Popular da China*

Mas havia também quem considerasse que o seu âmbito de aplicação deveria ser alargado. O legislador teria era que aperfeiçoar a lei, por forma a definir com mais rigor os casos de confisco total e os de confisco parcial, critério que deveria ter por base a gravidade da pena principal. Assim, o confisco total só se deveria verificar havendo condenação à morte ou prisão perpétua. Se a pena principal fosse inferior, o confisco deveria ser meramente parcial[554].

Diga-se no entanto que estas ideias de restrição na aplicação da pena de confisco não foram acolhidas pelo legislador. A pena mantém um cunho de aplicação mais ampla do que a que vinha sendo recomendada pela doutrina[555].

08.8.3.1 *Âmbito da pena de confisco de património*

Artigo 59.º: *"Confisco de património é o confisco parcial ou total de bens próprios do delinquente. No caso de confisco total de património terá que ser salvaguardado o necessário para as despesas de subsistência do próprio delinquente e dos familiares seus dependentes.*

Quando haja condenação em confisco de património os bens que pertençam ou que sejam devidos aos membros da família do delinquente não poderão ser confiscados".

O artigo 59.º consagra basicamente a disciplina que constava já do art. 55.º do código, na redacção de 1979. A pena de confisco tem por objecto os bens pertencentes ao próprio delinquente, quer sejam sua propriedade exclusiva, quer aqueles de que seja comproprietário, e na medida daquilo a que tenha direito, não abrangendo porém os bens pertencentes a qualquer outro membro do respectivo agregado familiar, ou a parte que pertença a outras pessoas, relativamente a bens de que o delinquente seja comproprietário.

Há para além disso que ter presente que o confisco incide sobre os bens cuja pertença seja legítima. Bens que ilegitimamente estejam

---

[554] Chen Xingliang 陈兴良, *Xingzhong Tonglun* 刑种通论, Renmin Fayuan Chubanshe, 1993, pág. 456 e ss.

[555] Chen Xingliang 陈兴良, *Xingfa Shuyi* 刑法疏议, pág. 155.

Capítulo VIII – Principais aspectos da revisão penal de 1997   421

na sua posse serão apreendidos, independentemente desta sanção, para serem entregues a quem de direito, ou ao Estado, no caso de bens cuja posse seja proibida a particulares.

No caso de se tratar de instrumentos da prática de um crime ou obtidos em razão de conduta criminosa, os bens serão também apreendidos, mas independentemente do regime desta pena acessória.

Porém, e relativamente à redacção inicial do código, o legislador introduziu uma importante alteração ditada, segundo a doutrina, pelo princípio da humanidade das penas[556].

Consistiu essa alteração na salvaguarda expressa dos bens considerados necessários para a subsistência do próprio delinquente e dos familiares que dele estejam dependentes, ou seja, das pessoas a que legalmente ele esteja obrigado a manter e dele necessitem para o efeito. De resto, este era um aspecto em que a doutrina vinha insistindo, ao abrigo do velho código, havendo quem defendesse que, em sede de revisão e no que respeita à imposição da pena de confisco, a sentença deveria fixar o montante dos rendimentos do condenado que seriam necessários para o seu sustento e do respectivo agregado familiar[557].

A proibição do confisco de bens que não pertençam exclusivamente ao delinquente, decorre naturalmente do princípio da responsabilidade individual pela prática de crimes.

08.8.3.2 *Responsabilidade por dívidas*

Artigo 60.º: *"As dívidas da responsabilidade do delinquente, regularmente contraídas antes do confisco de património, que careçam de ser pagas através dos bens confiscados, serão pagas a pedido do credor".*

Este artigo responde à questão de saber até que ponto os bens confiscados devem satisfazer dívidas contraídas pelo delinquente condenado na pena de confisco.

---

[556] Zhao Bingzhi赵秉志, *Xin Xingfadian de Chuangzhi* 新刑法典的创制, Falu Chubanshe, 1997, pág. 91 e ss.

[557] Chen Xingliang 陈兴良, *Xingfa Shuyi* 刑法疏议, Zhongguo Renmin Gongan Daxue Chubanshe, 1997, pág. 156 e ss.

422   *Lei Penal da República Popular da China*

Os requisitos são três:

As dívidas terão que ter sido contraídas antes do confisco de património. Para tal efeito considera-se a data em que os bens tenham sido selados. Só a partir deste momento se considera existir a necessária publicidade da situação do arguido, que permita salvaguardar terceiros de boa fé.

O segundo requisito é o da regularidade das dívidas. Ficam pois excluídas dívidas contraídas com o propósito de subtrair os bens aos efeitos desta pena acessória, dívidas provenientes da cobrança de juros usurários ou mesmo obrigações naturais, como as dívidas de jogo, etc.

Finalmente, e desde que reunidos os aludidos requisitos, só serão satisfeitas as dívidas cujo pagamento seja solicitado pelo credor. Fica afastado qualquer procedimento oficioso nesta matéria, como aliás já acontecia anteriormente.

Também aqui se verificou importante alteração relativamente ao que constava do código de 1979. Neste diploma, no artigo 56.º, dizia-se simplesmente: "Quando seja necessário recorrer aos bens confiscados para pagar dívidas legitimamente contraídas pelo criminoso antes de os bens serem selados, tal será decidido pelo tribunal a pedido dos credores".

Dessa redacção não decorria um dever peremptório de pagamento, situação que era apreciada pelo tribunal. Face à nova redacção da lei, o tribunal não tem neste domínio qualquer poder discricionário. Verificados os requisitos legalmente fixados, as dívidas terão necessariamente que ser pagas através dos bens confiscados, na medida em que o valor dos mesmos seja suficiente para o efeito.

08.9 Aplicação concreta da pena. Medida da pena

A seguir ao capítulo dedicado às penas, o código abre um novo capítulo versando o tema da sua aplicação concreta, consagrando a secção primeira deste capítulo à medida da pena.

Esta secção comporta apenas quatro artigos que, na revisão, não sofreram grandes alterações.

Os dois primeiros mantiveram a redacção que já vinha do código de 1979, tendo os dois últimos sido alterados por forma a, num caso restringir os poderes dos comités de decisão judicial, que funcionam junto dos tribunais, em matéria de apreciação das circunstâncias dis-

Capítulo VIII – Principais aspectos da revisão penal de 1997   423

cricionárias, e no outro prover de forma clara sobre o destino dos bens apreendidos e confiscados na sequência de processo crime, bem como do montante das multas.

08.9.1 *Princípios gerais para a determinação da medida da pena*

Artigo 61.º: *"Quando se condene um delinquente, a pena será decidida em função dos factos do crime, da natureza do crime, das circunstâncias e do grau de danosidade social, de acordo com as disposições relevantes desta lei"*.
Este artigo contém os princípios fundamentais em matéria de determinação da medida da pena.
O primeiro desses princípios consiste em adoptar "os factos como fundamento". Este princípio está contido na primeira parte deste artigo.
O segundo princípio, constante da última parte do artigo, é uma emanação do princípio da legalidade e traduz-se em adoptar "a lei como critério".
Os factos são a base da responsabilidade criminal. Sem a sua ocorrência não se pode falar de crime e consequentemente de pena.
Na realidade objectiva do crime incluem-se, não só os seus elementos constitutivos, mas também aqueles factos que, sendo embora estranhos a esse núcleo, têm a ver com a natureza do crime, circunstâncias da sua ocorrência e os ligados ao grau da danosidade social da conduta criminosa.
É a partir desses factos que vai ser determinado o tipo de crime e a medida da pena.
Para além disso, haverá ainda que considerar os factos ligados à personalidade do agente e a sua conduta posterior ao crime, já que isso permitirá, não só avaliar o grau da sua perigosidade, mas também auxiliar à formulação de juízos de prognose quanto ao seu futuro percurso de vida. No entanto, o artigo em análise não se refere a esses elementos. É certo que isso já está de certa forma abrangido no artigo 5.º, razão pela qual há quem entenda que a sua formulação neste artigo não seria necessária. Há no entanto que ter em conta que o artigo 5.º é um princípio geral de direito penal e não apenas de determinação concreta das penas. E a aceitar-se esse argumento, este artigo nem seria necessário.

424 Lei Penal da República Popular da China

Por isso se afiguram certeiras as críticas dirigidas a esta disposição, no sentido de que a mesma omite alguns aspectos relevantes para efeito de determinação da medida das penas[558], precisamente aqueles que se referem à pessoa do delinquente.

08.9.2 *Agravação e atenuação*

Artigo 62.º: *"Quando um delinquente reuna circunstâncias que nos termos desta lei agravem ou atenuem a pena, será condenado numa pena dentro da moldura penal legalmente prevista"*.

Este artigo fixa as regras de determinação da medida da pena, quando ocorram circunstâncias gerais, sejam agravantes os atenuantes[559]. Em função do número e da importância dessas circunstâncias, a pena será agravada ou atenuada, mas dentro da moldura legalmente fixada para o crime respectivo, sem que as agravantes possam fazer com que o máximo seja excedido ou sem que, no caso de atenuantes, a pena possa ficar aquém do mínimo legalmente previsto.

Esta questão remete-nos para uma outra, que é a de saber a base para a determinação da medida da pena. Pode dizer-se que a doutrina repudia a tese segundo a qual o julgador deveria partir da média entre o mínimo e o máximo e, a partir daí, agravar ou atenuar a pena em função do número ou da qualidade das circunstâncias.

O ponto de vista defendido é o que sustenta que deve haver uma avaliação prévia da natureza do crime e dos factos do crime, com a determinação da pena correspondente, a qual não tem que ser necessariamente fixada na linha média e, posteriormente, fazer incidir o peso das circunstâncias. Seria de resto difícil traçar a tal linha média quando a previsão legal envolvesse diversas penas aplicáveis em alternativa e, uma tal opção, prescindiria em boa medida dos restantes factores de determinação da medida da pena, o que seguramente não é o pretendido por lei[560].

---

[558] Chen Xingliang 陈兴良, *Xingfa Shuyi*, 刑法疏议, Zhongguo Renmin Gongan Daxue Chubanshe, 1997, pág. 160 e ss.

[559] Sobre as diversas espécies de circunstâncias V. Júlio Pereira, obra citada, pág. 132 e ss.

[560] Sobre esta questão V. Gao Mingxuan zhubian 高铭暄主编, *Xingfaxue Yuanli* 刑法学原理, Zhongguo Renmin Daxue Chubanshe, 1994, pág. 254 e ss.

08.9.3 *Atenuação especial*

Artigo 63.°: *"Quando um delinquente reuna circunstâncias que nos termos desta lei atenuem especialmente a pena, será condenado numa pena inferior à da moldura legalmente prevista.*

Embora o delinquente não reuna as circunstâncias que nos termos desta lei atenuem especialmente a pena, de acordo com especiais circunstâncias do processo, mediante aprovação do supremo tribunal popular, poderá também ser condenado em pena inferior à da moldura penal".

O artigo 63.° contempla, no seu parágrafo primeiro, o caso de se verificarem atenuantes especiais. Neste caso, a pena será inferior ao mínimo legalmente previsto para o crime correspondente. Significa isto que, se ao crime corresponder uma pena de 10 a 15 anos de prisão, havendo uma atenuação especial (como por exemplo em casos de tentativa ou desistência) a pena efectivamente aplicável terá que ser inferior a 10 anos.

Neste aspecto não se regista qualquer alteração de vulto relativamente ao código de 79.

O que de importante se registou foi uma recusa do legislador em consagrar a previsão da agravação especial, como era reclamado por alguns sectores da doutrina.

O código de 1979 não previa a agravação especial. No entanto, a mesma foi introduzida por diploma penal avulso, de 10 de Junho de 1981, relativamente a indivíduos que, em regime de reabilitação pelo trabalho, se tivessem posto em fuga e cometido novos crimes.

Em face desse precedente havia quem considerasse que a revisão deveria consagrar a figura da agravação especial, o que, como se vê, não foi aceite pelo legislador.

O parágrafo segundo consagra uma medida de escape para aquelas situações em que, não havendo circunstâncias legais que permitam a atenuação especial, o conjunto das atenuantes gerais é de tal ordem que torna excessiva a pena legalmente prevista, ainda que no seu mínimo. Nesses casos a pena poderá ainda ser especialmente atenuada, mas mediante aprovação do supremo tribunal popular.

O legislador decidiu aqui ser mais restritivo, impedindo que essa atenuação se operasse mediante mera intervenção do comité de decisão judicial, como acontecia ao abrigo do regime de 1979.

426 Lei Penal da República Popular da China

A medida é positiva em vários sentidos. Desde logo por limitar a intervenção de um órgão que é de clara interferência política na actividade judicial[561]. Para além disso, a atribuição deste poder ao supremo tribunal popular, vai permitir uma realização mais efectiva do princípio da igualdade dos cidadãos perante a lei.

08.9.4 *Destino dos bens apreendidos ou confiscados e do produto das multas*

Artigo 64.º: *"Todos os bens ilegalmente obtidos pelo delinquente serão apreendidos ou ser-lhe-á ordenada a sua restituição; aqueles que legitimamente pertençam ao ofendido ser-lhe-ão prontamente restituídos. Artigos cuja posse seja proibida e bens pertencentes ao delinquente usados na prática do crime, serão confiscados. Os bens confiscados e o produto das multas reverterão na totalidade para o tesouro do Estado, não podendo ser afectados a outra finalidade ou discricionariamente utilizados".*

Relativamente à redacção que já constava do código de 1979, pretendeu o legislador reforçar dois aspectos.

Por um lado salvaguardar de forma mais eficaz os interesses do ofendido. Na verdade, na redacção primitiva nada se dizia sobre os bens a este pertencentes, embora se entendesse que deveriam ser restituídos. Agora a lei não só diz isso expressamente, como refere que a restituição deve ser prontamente feita, o que nem sempre aconteceria, e não apenas nos tribunais chineses.

Por outro lado, vem a lei reforçar a defesa dos interesses do tesouro, ao pôr cobro a qualquer utilização dos bens apreendidos, que não seja a que aqui é expressamente fixada. No código de 79 nada se dizia sobre o destino do montante das multas, dos bens confiscados ou dos bens apreendidos, não pertencentes legitimamente aos ofendidos. Doutrinalmente nunca houve dúvidas de que reverteriam a favor da fazenda nacional. E foi isso mesmo que agora o legislador quis claramente consagrar.

---

[561] Sobre os comites de decisão judicial V. Chen Guangzhong 陈光中, *Xingshi Susong Faxue* 刑事诉讼法学, Zhongguo Zhengfa Daxue Chubanshe, 1997, pág. 44 e ss.

08.10 **Reincidência**

O termo actualmente usado na lei chinesa para designar a reincidência (leifan 累犯) é recente, tendo sido usado pela primeira vez em 1910, no novo código Qing.

No entanto, o uso de uma expressão equivalente (zaifan 再犯), remonta à dinastia Wei do norte (386-534). Posteriormente, durante a dinastia Tang (618-907) e na respectiva lei penal, que influenciou todo o direito posterior até praticamente à república, nasceu uma nova expressão (sanfan), que mais não é do que uma forma especial de reincidência, referindo-se aos casos da prática de três ou mais crimes[562].

Esta curta referência histórica justifica-se porque a mesma nos ajuda a compreender o regime específico que este instituto assume na lei penal chinesa, e que tem a ver com a distinção entre reincidência geral e especial. Bem como a entender a multiplicidade de soluções que eram propostas em sede de revisão.

08.10.1 *A reincidência geral*

Artigo 65.º: *"O delinquente que tenha sido condenado em pena não inferior à de prisão por prazo determinado e que, dentro de cinco anos após o cumprimento da pena ou o seu perdão cometa outro crime pelo qual deva ser condenado em pena não inferior à de prisão por prazo determinado será considerado reincidente e condenado numa pena agravada; não se aplica o aqui disposto se o crime for negligente.*

Quando ao delinquente tenha sido concedida a liberdade condicional, o período fixado no parágrafo anterior começará a ser contado a partir da data do termo da liberdade condicional".

Este artigo indica-nos os requisitos da reincidência geral.

Primeiro: a prática de um crime pelo qual tenha havido condenação em pena não inferior à de prisão por prazo determinado.

Segundo: a prática de novo crime pelo qual o agente deva também ser condenado em pena não inferior à de prisão por prazo determinado.

---

[562] Gao Mingxuan zhubian 高铭暄主编, *Xingfaxue Yuanli* 刑法学原理, Zhongguo Renmin Daxue Chubanshe, 1994, vol. III, pág. 271 e ss.

428   *Lei Penal da República Popular da China*

Terceiro: que, entre a data do termo do cumprimento da pena do primeiro crime ou a data do perdão da respectiva pena e a prática do novo crime, não tenham decorrido mais de cinco anos.

Quarto: que tanto o primeiro como o segundo crime sejam dolosos.

Comparando o regime ora vigente com o consagrado na versão inicial do código, então no artigo 61.º, constata-se que a solução actual é mais gravosa, na medida em que o período entre o cumprimento da pena anterior e a prática do novo crime passou de três para cinco anos. E esta acabou por ser a única alteração introduzida nesse artigo, a par da sua própria numeração.

Quem reunir os requisitos previstos no artigo 65.º, nos termos da última parte do primeiro parágrafo, será condenado numa pena agravada.

O segundo parágrafo, refere-se à situação em que o delinquente tenha beneficiado de liberdade condicional. Neste caso, apesar de se encontrar em liberdade, não começará a decorrer o prazo para efeitos de reincidência. A contagem dos cinco anos inicia-se apenas a partir da data do termo da liberdade condicional, ou seja, da extinção da pena.

O regime da reincidência, ao abrigo do código de 1979, era confuso e suscitava reparos por parte da doutrina. Inclusivamente, chegou a levantar-se a questão de saber em que medida estaria em vigor o artigo 61.º, que como vimos então consagrava o regime da reincidência geral. Isto porque, com a aprovação de um diploma penal, em 10 de Junho de 1981, sobre delinquentes em reforma pelo trabalho que praticassem novos crimes, se previa a agravação das penas independentemente do tempo decorrido desde o cumprimento da pena do crime anterior, bem como da natureza do novo crime cometido.

Essa questão ficou ultrapassada pela revisão que, não só aprovou o regime da reincidência que temos estado a apreciar, mas também revogou o referido diploma legal.

As propostas de alteração do regime da reincidência geral assentavam fundamentalmente em três aspectos:

Alargamento do prazo, de três para cinco anos, entre o cumprimento da pena do crime anterior e a prática do crime posterior;

Alargamento do elenco de crimes passíveis de punição ao abrigo da reincidência, que se verificaria mesmo nos casos em que os crimes fossem punidos com pena de detenção;

Sujeição ao mesmo regime dos casos em que o crime posterior fosse cometido durante o cumprimento da pena pelo crime anterior.

Capítulo VIII – Principais aspectos da revisão penal de 1997

No sentido da aceitação de todas estas propostas se orientava o projecto de revisão de 25 de Dezembro de 1988. O projecto de 8 de Agosto de 1995 já só acolhia a primeira e a última das referidas propostas.

O legislador, todavia, considerando que as situações em que o novo crime fosse cometido, durante o cumprimento da pena pelo crime anterior, deveriam ser tratadas no âmbito da acumulação de infracções[563], acabou por se limitar a alargar os prazos, nos termos já referidos.

Rejeitadas foram também as sugestões no sentido de esses prazos variarem em função da gravidade do crime cometido pelo arguido.

08.10.2 *A reincidência especial*

Artigo 66.º: *"Os delinquentes de crimes contra a segurança do Estado que, em qualquer altura após a sua pena ter sido cumprida ou perdoada voltem a cometer crime contra a segurança do Estado, serão sempre considerados reincidentes".*

O artigo 66.º consagra uma modalidade especial de reincidência: a reincidência de crimes contra a segurança do Estado. Esta modalidade estava prevista exactamente nos mesmos termos, no código de 79, relativamente aos crimes contra-revolucionários, e daí ser então também designada por reincidência contra-revolucionária. Tinha por objecto os crimes previstos no primeiro capítulo da parte especial do código, que anteriormente previa os crimes contra-revolucionários e que, no novo código, se designam por crimes contra a segurança do Estado. Daí a alteração de nome, apesar de as alterações introduzidas no capítulo primeiro da parte especial não se terem limitado a isso.

O requisitos para a verificação desta modalidade de reincidência são os seguintes:

Primeiro: a prática de um crime contra a segurança do Estado.

Segundo: a prática de novo crime contra a segurança do Estado, após cumprimento da pena imposta pelo crime anterior, ou após perdão dessa mesma pena.

---

[563] Havia quem entendesse não haver qualquer incompatibilidade entre as duas situações. Neste sentido Zhao Bingzhi 赵秉志, *Xingfa Gaige Wenti Yanjiu* 刑法改革问题研究, Zhongguo Fazhi Chubanshe, 1997, pág. 219 e ss; V. Ainda do mesmo autor e He Xingwang 和兴旺, *Xin Xingfadian de Chuangzhi* 新刑法典的创制, Falu Chubanshe, 1997, pág. 396 e ss.

430 Lei Penal da República Popular da China

A lei não coloca agora qualquer restrição, em razão do tempo da prática do segundo crime, da pena imposta em qualquer dos crimes ou da própria natureza do crime.

A pena pode mesmo não ter sido privativa da liberdade. Sob o ponto de vista temporal, o único limite à verificação da reincidência é o caso de o segundo crime ter ocorrido antes do cumprimento da pena anterior. Verificado esse requisito, não haverá depois qualquer limite.

Quanto à natureza do crime, a lei não impõe que algum deles seja doloso. De todo o modo, a parte especial do código não prevê crimes negligentes contra a segurança do Estado, todos tendo natureza dolosa.

As consequências deste tipo de reincidência são as mesmas: agravação da pena.

O maior rigor do regime tem a ver com os pressupostos e não com a medida da pena.

O problema das diversas modalidades de reincidência colocou-se durante os debates sobre a revisão. Chegou inclusivamente a ponderar-se a hipótese de ser eliminada a reincidência especial, face à previsível eliminação da categoria dos chamados crimes contra-revolucionários.

No entanto havia quem defendesse a existência, não de duas mas de três categorias de reincidência, com fundamento em que, para além dos crimes contra a segurança do Estado, havia outros tipos de crime que, pelo perigo ou prejuízo que representavam para a sociedade, deveriam ter um tratamento mais rigoroso do que o regime previsto para a reincidência geral. E haveria então a reincidência geral, a reincidência especial e a reincidência em crimes contra a segurança do Estado.

Em contrapartida defendia-se também que os menores de 18 anos não deveriam ser considerados reincidentes[564].

Seria no fundo um regresso à tradição clássica da aceitação das várias modalidades de reincidência, a que nos referimos no início, ainda que em diferentes termos.

Estas ideias não tiveram expressão na parte geral do código, mas uma forma particular de reincidência ficou prevista no artigo 356.º, o qual

---

[564] Jiang Lihua 江礼花, Wanshan Wo Guo Leifan Zhidu de Sikao 完善我国累犯制度的思考, in Gao Mingxuan zhubian 高铭暄主编, *Xingfa Xiugai Jianyi Wenji* 刑法修改建议文集, Zhongguo Renmin Daxue Chubanshe, 1997, pág. 396 e s.

Capítulo VIII – Principais aspectos da revisão penal de 1997

diz: *"quem tiver sido condenado por contrabando, tráfico, transporte, fabrico ou detenção ilegal de droga e volte a praticar qualquer dos crimes previstos nesta secção, será punido com uma pena agravada"*.

Aqui temos uma modalidade particular de reincidência, mais gravosa do que a reincidência geral, que de resto já constava da decisão sobre proibição de drogas, de 28 de Dezembro de 1990 e que, no retomar da linguagem do direito penal clássico, dois conhecidos penalistas designam por "zaifan"[565].

08.11 Entrega voluntária e serviços meritórios

Há entrega voluntária quando o delinquente, após a prática de um crime, se apresenta voluntariamente às autoridades e confessa com verdade os factos da sua acção criminosa, aceitando a investigação e o julgamento por parte do Estado[566].

A prestação de serviços meritórios é uma conduta do delinquente que consiste em denunciar outras actividades criminosas ou fornecer elementos que permitam às autoridades deslindar outros crimes.

Para além dos "simples" serviços meritórios há ainda os serviços "muito meritórios", referentes a condutas que, pelo seu valor, merecem maior relevância atenuativa.

Tanto um como o outro dos regimes têm influência na determinação da medida da pena.

A entrega voluntária estava já prevista, com a mesma natureza, na redacção primitiva do código.

Os serviços meritórios estavam previstos no código de 1979, como factores importantes para redução de pena ou concessão da liberdade condicional e, mesmo no âmbito da entrega voluntária, no caso de crimes de maior gravidade, mas não eram considerados como causa autónoma com influência na medida da pena, ou seja, como circunstância legal de atenuação.

---

[565] Zhao Bingzhi, He Xingwang, obra citada, pág. 450.

[566] Gao Mingxuan zhubian 高铭暄主编, *Xingfaxue Yuanli* 刑法学原理, Zhongguo Renmin Daxue Chubanshe, 1994, vol. III, pág. 271 e ss.

08.11.1 *Entrega voluntária*

Artigo 67.º: *"Há entrega voluntária quando alguém se apresenta voluntariamente às autoridades após a prática de um crime e confessa com verdade a sua conduta criminosa. Aos delinquentes que se entreguem voluntariamente pode ser aplicada uma pena atenuada ou especialmente atenuada. De entre estes, sendo os crimes de gravidade menor, poderá haver isenção de pena.*

Os suspeitos objecto de medidas de coacção, arguidos e delinquentes em cumprimento de pena que confessem com verdade outros crimes por si cometidos ainda não esclarecidos pelas entidades judiciais, serão tratados como se tivesse havido entrega voluntária".

No que diz respeito à entrega voluntária, a doutrina apontava três aspectos em que deveria incidir a revisão.

Sustentava-se antes de mais que deveria haver uma definição precisa do conceito de "entrega voluntária".

Dado o diferente tratamento que poderia ser dispensado ao delinquente, em função da gravidade do crime cometido, defendia-se também a necessidade de indicação legal do que deveria ser entendido por crime grave ou menos grave.

No intuito de obter maior sucesso na luta contra o crime, considerava-se que seria de conceder ao delinquente detido, sujeito a medida de coacção ou mesmo em cumprimento de pena, a possibilidade de ser tratado como se tivesse havido entrega voluntária, caso confessasse outros crimes ainda não esclarecidos pelas autoridades[567].

O primeiro aspecto que sobressai da revisão relativamente à entrega voluntária é precisamente o acolhimento da primeira das referidas propostas, com a definição deste instituto.

---

[567] Sobre estas propostas V. Li Xihui, Xie Wangyuan 李希慧, 谢望原 Wo Guo Xingfa Ying Jianli Wanshan de Zishou, Tanbai, Ligong Zhidu 我国刑法应建立完善的自首, 坦白, 立功制度, , in Gao Mingxuan zhubian 高铭暄主编, *Xingfa Xiugai Jianyi Wenji* 刑法修改建议文集, Zhongguo Renmin Daxue Chubanshe, 1997, pág. 387 e ss.

08.11.2 *Requisitos da entrega voluntária*

Na redacção primitiva do código não se dizia em que consistia a entrega voluntária, pelo que o respectivo conceito foi construído pela doutrina e pela jurisprudência. E o código reproduz agora aquilo que como tal vinha sendo entendido.

Para a verificação da entrega voluntária exigem-se três requisitos:

Apresentação às autoridades.

Confissão com verdade da conduta criminosa.

Aceitação da investigação e do julgamento.

A apresentação às autoridades pode verificar-se em três situações diferentes:

Após a prática do crime e antes de este ter sido descoberto pelas autoridades judiciais.

Após a descoberta do crime mas antes de se saber a respectiva autoria.

Já após haver suspeitas quanto à autoria do crime mas antes de o delinquente ter sido convocado para interrogatório, ou antes da imposição de qualquer medida de coacção.

Importa ainda esclarecer que se tem entendido que a apresentação às autoridades de um delinquente, feita por iniciativa dos seus pais, por outros familiares, ou até por um amigo, deve ser considerada relevante para efeitos de aplicação deste regime, desde que se verifiquem os restantes pressupostos. Com essa medida, sancionada pelo supremo tribunal popular, suprema procuradoria popular e ministério da segurança pública, em decisão interpretativa de 16 de Abril de 1984, pretendeu-se um envolvimento quase comunitário na luta contra o crime, estimulando os familiares e amigos do delinquente a colaborar com as autoridades, dando como contrapartida um tratamento mais benevolente[568].

Quanto ao segundo requisito, exige-se do delinquente uma colaboração o mais aberta possível com as autoridades, quanto à sua conduta criminosa, por forma a que as circunstâncias e os factos do crime possam ser esclarecidos. No caso de haver comparticipação deverá esclarecer pelo menos os aspectos mais relevantes da acção criminosa. Só assim a entrega será relevante.

---

[568] Júlio Pereira, obra citada, pág. 139.

434   *Lei Penal da República Popular da China*

Exige-se finalmente que o delinquente se mantenha à disposição das autoridades, quer durante a fase de investigação quer durante o julgamento. Caso se ponha em fuga, a sua apresentação deixará de ter qualquer valor.

A entrega voluntária consagra um regime de clemência, mas é ao mesmo tempo uma medida de política criminal, que visa esclarecer o maior número possível de crimes e por essa via lutar mais eficazmente contra o crime.

Por isso, o parágrafo segundo deste artigo, na sequência da última das sugestões acima referidas, veio dar a possibilidade àqueles que, estando já sujeitos a medidas de coacção, aguardem julgamento ou estejam mesmo em cumprimento de pena, serem tratados ao abrigo deste mesmo regime, caso confessem outros crimes por si praticados, que ainda não estejam esclarecidos pelas autoridades judiciais.

Para os casos de apresentação voluntária pode haver atenuação, ou atenuação especial da pena. Em qualquer dos casos, a atenuação é facultativa, dependendo naturalmente da gravidade do crime, grau de danosidade ou perigosidade, grau de colaboração do arguido, etc.

Há ainda a possibilidade de isenção de pena, caso os crimes sejam de gravidade menor.

Como ficou dito o conceito de crime de menor gravidade deveria estar traduzido na lei. A doutrina sugeria como critério de distinção a pena legalmente prevista. Seriam crimes de gravidade menor todos aqueles que fossem puníveis com pena não superior a três anos[569]. O legislador absteve-se no entanto de quanto a isso se pronunciar.

08.11.3 *Serviços meritórios*

Artigo 68.º: *"Os delinquentes que revelem crimes praticados por outrem, que venham a ser apurados de forma clara, ou forneçam pistas importantes que permitam esclarecer outros processos ou prestem outros serviços meritórios, poderão ser punidos com pena atenuada ou*

---

[569] Li Xihui, Xie Wangyuan 李希慧, 谢望原, obra citada, pág. 390.

especialmente atenuada; havendo serviços muito meritórios podem ser condenados com pena especialmente atenuada ou haver isenção de pena.

Quando após a prática do crime haja entrega voluntária e serviços muito meritórios, a pena será especialmente atenuada ou haverá isenção de pena".

Na redacção de 1979, a prestação de serviços meritórios poderia contribuir para a atenuação ou mesmo isenção de pena, mas relativamente àqueles delinquentes que tivessem feito apresentação voluntária, conforme dispunha então o artigo 63.º do código.

A doutrina defendia porém que a prestação de serviços meritórios deveria ser considerada como circunstância autónoma de atenuação ou isenção, tendo sido sugerida a criação de uma norma como a que consta do primeiro parágrafo deste artigo[570].

Em boa verdade esse caminho vinha já sendo seguido em alguma legislação penal avulsa. A decisão relativa à proibição de drogas, de 28 de Dezembro de 1990, no seu artigo 14.º, previa os serviços meritórios como circunstância de atenuação, atenuação especial ou isenção de pena. E posteriormente, a lei de segurança do Estado, de 1993, relativamente ao crime de espionagem, veio prever como causas autónomas de atenuação ou mesmo isenção, os serviços meritórios, aludindo já aos serviços muito meritórios, embora sem dar qualquer definição ou indicar critérios de distinção.

A lei autonomiza agora esta circunstância e define "serviços meritórios", que se traduzem na denúncia de crimes praticados por outrem, cuja ocorrência seja apurada de forma clara, ou no fornecimento de pistas que permitam esclarecer outros casos.

Não diz porém a lei o que se deva entender por serviços muito meritórios. Um bom critério de orientação é o que consta do artigo 78.º do código, onde se prevêem diversas condutas como o impedimento da prática de crimes, a denúncia de crimes graves, invenções na área da produção e inovações tecnológicas importantes, espírito de sacrifício em prole de outrem, actividade proeminente no combate a calamidades naturais ou na remoção de acidentes graves e prestação de outros contributos importantes ao Estado ou à sociedade.

---

[570] Li Xihui, Xie Wangyuan 李希慧, 谢望原, obra citada, pág. 395.

Para estas situações, a lei dá a possibilidade de uma atenuação geral ou mesmo de atenuação especial, embora seja simples faculdade que poderá ou não ser usada.

Diferente é a situação contemplada no segundo parágrafo, que prevê a hipótese de a favor do delinquente haver conjuntamente entrega voluntária e serviços muito meritórios. Neste caso a lei impõe que haja atenuação especial, ou mesmo isenção de pena.

08.12 Concurso de crimes e cúmulo de penas

De acordo com o código penal chinês existe concurso de crimes quando o agente, após ter cometido um crime, vem a cometer novo crime antes de a pena imposta pelo anterior ter sido integralmente cumprida.

Para além desta particularidade quanto ao âmbito temporal em que se pode verificar o concurso, considera a jurisprudência que só se coloca o problema do cúmulo de crimes, quando as diversas infracções sejam de diferentes tipos. Tratando-se do mesmo tipo de crime não haverá lugar a cúmulo, mas simplesmente à aplicação de uma única pena, embora agravada[571]. Apesar das resistências que a doutrina tem levantado a este entendimento, é esta a posição que neste domínio tem vindo a vigorar.

08.12.1 *Regra geral do concurso*

Artigo 69.º: *"Quem, antes de proferida sentença cometer vários crimes, excepto no caso de ser condenado à morte ou a prisão perpétua, será condenado, de acordo com as circunstâncias, numa pena não superior à soma das penas parcelares, mas não inferior à pena parcelar mais pesada; todavia o prazo do regime de controlo não poderá exceder três anos, o prazo de detenção criminal não poderá exceder um ano e a prisão por prazo determinado não poderá exceder vinte anos.*

Se entre os crimes algum tiver sido punido com pena acessória, esta será sempre executada".

---

[571] Júlio Pereira, obra citada, pág. 141 e ss.

Capítulo VIII – Principais aspectos da revisão penal de 1997   437

Este artigo define as regras de punição para os diferentes casos de acumulação de infracções.

Resulta do teor do mesmo que o código segue, como regra geral, o princípio da acumulação limitada das penas parcelares.

A pena imposta não pode ser inferior à pena parcelar mais pesada, nem superior à soma das diferentes penas parcelares.

Esta regra básica, mesmo assim, comporta outras limitações no que respeita ao máximo da pena aplicável.

Se forem impostas diversas penas de controlo, o cúmulo não pode ser superior a três anos. Cumulando-se penas de detenção, não poderá o máximo exceder um ano. E se o cúmulo for de penas de prisão, o máximo não poderá ir para além de 20 anos.

Isto no pressuposto que as penas a cumular são da mesma espécie. A lei nada diz para o caso de as penas parcelares serem de espécie diferente.

Para resolver esta situação, defrontam-se na doutrina três teorias:

Uma delas defende também aqui a aplicação do princípio da absorção. A pena mais grave absorveria todas as restantes.

Uma outra tese sustenta que nestes casos se deve seguir o princípio da execução separada, cumprindo-se primeiro as penas mais graves e depois as menos graves.

A última teoria e a que merece maior adesão, defende a aplicação do princípio da conversão numa única pena, de acordo com o disposto nos artigos 41.º e 44.º, para de seguida se proceder de acordo com o princípio regra aqui fixado.

Para além disso, o princípio da acumulação limitada cede perante dois outros princípios, como resulta da primeira parte do primeiro parágrafo do artigo e do segundo parágrafo.

Se o delinquente for condenado a pena de morte ou a prisão perpétua, qualquer destas penas ou a primeira, se ambas tiverem sido impostas, absorve todas as outras. Nestes casos regerá o princípio da absorção, com imposição pura e simples da pena mais grave. Não teria sentido condenar um delinquente várias vezes à morte ou a prisão perpétua ou à morte e a mais 10 ou 20 anos de prisão.

Por outro lado, tendo o delinquente sido condenado em penas acessórias, estas serão sempre executadas, pelo que neste particular rege o princípio da acumulação material.

438   *Lei Penal da República Popular da China*

Chegou a ser feita uma proposta, constante do projecto de revisão de 25 de Dezembro de 1988, no sentido da acumulação das penas de multa, mas da absorção pela mais grave no caso da imposição de duas ou mais penas de privação dos direitos políticos[572]. Porém, esta proposta foi rejeitada. Haverá no entanto que ter em conta que o limite máximo de privação dos direitos políticos fixado no artigo 55.º terá que ser respeitado.

O código não sofreu aqui qualquer alteração, à semelhança de resto do que aconteceu com os dois artigos seguintes, em que houve apenas uma melhoria de redacção.

08.12.2 *Conhecimento superveniente do concurso*

Artigo 70.º: *"Se depois de ter sido proferida sentença mas antes de a pena ter sido integralmente cumprida se descobrir que, antes de proferida a sentença, o condenado cometeu outro crime pelo qual não foi julgado, terá de ser proferida sentença para o novo crime descoberto e a pena a cumprir pelas penas parcelares de ambas as sentenças, será decidida de acordo com o disposto no artigo 69.º desta lei. O período já cumprido deverá ser contado na duração da pena fixada na nova sentença"*.

Refere-se este artigo às situações de conhecimento superveniente do concurso. Ou seja, situações em que, após alguém ter sido condenado pela prática de um crime, se vem mais tarde a descobrir que antes de proferida essa sentença, tinha cometido ainda um outro ou outros crimes.

Nestes casos o cúmulo é feito segundo a regra "primeiro a agravação depois a atenuação". O que é que isto significa?

Vamos supor que **A** foi condenado numa pena de 5 anos de prisão.

É entretanto descoberto que ele tinha cometido um outro crime pelo qual, ao abrigo deste artigo e quando tinha já cumprido 3 anos de prisão, é julgado e condenado numa pena de 4 anos.

---

[572] Zhao Bingzhi, He Xingwang 赵秉志, 和兴旺, *Xin Xingfadian de Chuangzhi* 新刑法典的创制, Falu Chubanshe, 1997, pág. 118.

Capítulo VIII – Principais aspectos da revisão penal de 1997

Seguindo as regras do artigo 69.º e o princípio acima referido, são somadas ambas as penas *(agravação)* o que nos dá, para efeito de cúmulo, uma pena máxima de 9 anos e uma pena mínima de 5 anos, correspondente à pena parcelar mais grave.

Se o tribunal decidir aplicar uma pena de 7 anos, descontam-se *(atenuação)* de seguida os 3 anos já cumpridos, pelo que o delinquente terá que cumprir apenas mais 4 anos de prisão.

08.12.3 *Concurso sucessivo*

Artigo 71.º: *"Se depois de a sentença ter sido proferida, mas antes de a pena ter sido integralmente cumprida, o condenado cometer outro crime, será proferida sentença pelo novo crime cometido e a pena ainda não cumprida pelo crime anterior bem como a pena a cumprir pelo último crime, será decidida de acordo com o disposto no artigo 69.º desta lei".*

Finalmente o artigo 71.º coloca-nos perante uma situação que não tem paralelo, por exemplo, no código da Região Administrativa Especial de Macau. Em Macau considera-se que só há concurso relativamente aos crimes praticados antes de transitar em julgado a condenação por qualquer deles (artigo 71.º). É de resto este o entendimento seguido nos códigos que se inserem na mesma família jurídica. Fora deste quadro legal está-se perante uma situação de sucessão de crimes mas não de concurso. A elaboração deste admite-se, após a condenação com trânsito, apenas nos casos de conhecimento superveniente.

É por desconhecer esta distinção que Zhao Bingzhi, um dos mais brilhantes penalistas da R. P. China, tece considerações infelizes a pro-pósito dos artigos 71.º e 72.º do código de Macau, afirmando que o novo código chinês é aqui cientificamente mais acabado e que poderia até servir de modelo[573].

O artigo 71.º consagra um regime de concurso que não é aceite pela generalidade dos códigos modernos.

---

[573] Zhao Bingzhi, sobre os Princípios Fundamentais do Novo Código Penal de Macau, in *Boletim da Faculdade de Direito da Universidade de Macau,* ano I, n.º 3, pág. 78 e 79.

440   *Lei Penal da República Popular da China*

Um delinquente que comete novo crime quando já em cumprimento de pena, revela insensibilidade perante a punição e por isso não se justifica que a situação seja decidida num quadro de tratamento privilegiado. É a despropósito que os juristas chineses invocam o princípio da proporcionalidade, para justificar essa solução. No código chinês há um vasto campo onde esse princípio pode ser aplicado, por exemplo no domínio da aplicação da pena de morte, mas aqui não se afigura correcta a sua invocação, porque vai introduzir uma atenuação com base em pressupostos que justificam antes a agravação.

E de certo modo a lei chinesa reconhece isso mesmo, já que a solução é aqui mais rigorosa do que nos outros casos.

Na hipótese deste artigo, contrariamente ao que se verifica no anterior, segue-se o princípio "primeiro a atenuação depois a agravação".

Vamos buscar o caso anteriormente citado.

A foi condenado numa pena de 5 anos de prisão.

Quando em cumprimento de pena comete novo crime, pelo qual foi julgado quando tinha já cumprido 3 anos da pena anterior, tendo sido condenado em 4 anos de prisão.

A pena será determinada entre o mínimo de 4 anos e o máximo de 6 anos (pena do novo crime mais a pena ainda não cumprida do crime anterior).

Se o tribunal lhe impuser uma pena unitária de 5 anos, ele na prática terá que cumprir 8 anos, dado que a pena já cumprida não é considerada para efeitos de cúmulo.

08.13 Suspensão da pena

08.13.1 *Introdução*

O instituto da suspensão da pena existiu desde sempre na República Popular da China, se bem que sem uma base legal que lhe conferisse rigor, quer no que se refere aos pressupostos da sua aplicação, quer da respectiva revogação.

A primeira orientação que se verificou nesta matéria, consistiu numa "explicação", de 20 de Maio de 1950, do ministério da justiça, segundo a qual "Em geral a suspensão da pena deve ser usada nos casos de menor perigosidade social, punidos com pena de menor duração, relativamente

Capítulo VIII – Principais aspectos da revisão penal de 1997   441

aos quais se considere, de acordo com as circunstâncias concretas, que convém, temporariamente, não dar execução à pena"[574].

Este princípio foi complementado com intervenções das instâncias judiciais, a primeira das quais consistiu numa "resposta" do supremo tribunal popular, de 26 de Dezembro de 1953, que fixou algumas regras de procedimento referentes à aplicação, execução e revogação da suspensão, que de certo modo vieram a constituir as bases do sistema consagrado no código de 1979.

Será interessante referir que o instituto de suspensão da pena, aplicado aos crimes em geral, vigorou em paralelo com um outro de natureza especial, criado a partir das "anti-campanhas"[575] dos anos 50 e orientado especificamente para os casos de peculato. Este regime especial, que na prática funcionava como um regime de prova para efeitos de comutação da pena, permitia não só a suspensão nos casos de controlo e prisão por prazo determinado, mas também em casos de prisão perpétua e mesmo pena de morte. A suspensão não tinha pois como pressuposto a aplicação de pena privativa de liberdade e só era excluída nos casos de sanção disciplinar ou de reabilitação pelo trabalho, situações estas fora do universo do direito penal.

Um regime unificado – excepto para os casos de crimes de guerra que ficaram sujeitos a disciplina própria[576] –, e com o mínimo exigível de rigor científico, surgiu apenas com o código penal.

A revisão penal de 1997 assenta em boa parte no regime do primitivo código. No entanto foram introduzidas algumas alterações importantes que consistiram, fundamentalmente, no alargamento de crimes susceptíveis de verem a pena suspensa e numa mais minuciosa regulamentação dos deveres do condenado durante o período de prova. A par

---

[574] Sobre a evolução do instituto da suspensão da pena na R.P. China V. Gao Mingxuan zhubian 高铭暄主编, *Xingfaxue Yuanli* 刑法学原理, Zhongguo Renmin Daxue Chubanshe, 1994, vol. III, pág. 446 e ss.

[575] Sobre estas campanhas V. segundo capítulo.

[576] Para os crimes cometidos por militares em tempo de guerra, quando punidos com pena até 3 anos de prisão, desde que se considerasse que não havia perigosidade social, poderia o agente redimir-se do crime através de serviços meritórios, hipótese em que a pena primitiva seria revogada. Sobre este regime V. Wang Zuofu, Su Huiyu 王作富, 苏惠鱼, *Xingfa Tonglun* 刑罚通论, Zhongguo Fandzheng Chubanshe, 1997, pág. 240 e ss.

442   *Lei Penal da República Popular da China*

disso procurou-se reforçar a legalidade dos procedimentos tendentes à aplicação e revogação do regime.

08.13.2 *Pressupostos*

Artigo 72.º: *"Poderá ser declarada a suspensão da pena aos delinquentes condenados em detenção criminal ou prisão por prazo determinado até três anos se, de acordo com as circunstâncias do crime e manifestação de arrependimento, o uso da suspensão verdadeiramente não representar perigosidade social.*

Se o delinquente a quem a pena tenha sido suspensa tiver sido condenado em pena acessória, esta será sempre cumprida".

Este artigo reproduz, com uma ligeira alteração, o que já constava do artigo 67.º da versão de 1979.

A suspensão da pena pressupõe antes de mais uma condenação em pena privativa da liberdade: detenção criminal ou prisão.

Não será todavia permitida a sua utilização em casos de maior gravidade. Daí que, nos casos de condenação em pena de prisão (já que a pena de detenção se aplica sempre relativamente a crimes de gravidade menor), a medida não possa ser utilizada quando a pena imposta seja superior a três anos de prisão.

Finalmente terá que haver um juízo de prognose favorável quanto ao comportamento futuro do delinquente. Tal juízo é formulado em face das circunstâncias do crime e da manifestação de arrependimento. A suspensão não poderá ser decretada, se for de supor que o delinquente voltará a praticar crimes. Esta é a razão pela qual, como veremos, os reincidentes não podem beneficiar deste regime.

Qual o sentido da expressão "poderá ser decretada a suspensão da pena"? Será que se trata de um dever ou de uma mera faculdade? Tendo em conta a redacção utilizada pelo legislador, noutros casos em que dúvida semelhante se poderia colocar, devemos considerar que deveria aqui ser mais preciso. No entanto, a doutrina considera que se está perante um dever de aplicação da suspensão[577].

---

[577] Chen Xingliang 陈兴良 *Xingfa Shuyi* 刑法疏议, Zhongguo Renmin Gongan Daxue Chubanshe, 1997, pág. 117.

Capítulo VIII – Principais aspectos da revisão penal de 1997　　443

A pena acessória, nos termos do parágrafo segundo deste artigo, não é abrangida pela suspensão, pelo que terá de ser cumprida.

08.13.3 *Período de prova*

Artigo 73.º: *"O período de prova para a suspensão da pena de detenção criminal não será inferior à duração da pena inicialmente fixada nem superior a um ano, mas nunca poderá ser inferior a dois meses.*

O período de prova para a suspensão da pena de prisão por prazo determinado não será inferior à duração da pena inicialmente fixada nem superior a cinco anos, mas nunca poderá ser inferior a um ano.

O período de prova para a suspensão da pena é contado a partir da data do trânsito em julgado da sentença".

Também este artigo mantém os prazos do período de prova que já estavam consagrados no artigo 68.º, do código de 1979.

A única alteração introduzida refere-se ao período mínimo de regime de prova no caso de condenação em pena de detenção criminal. Esse período, que anteriormente era de um mês, foi em consequência da revisão elevado para dois meses.

Resulta do disposto neste artigo, que a suspensão da pena de detenção tem como limites mínimo e máximo, respectivamente, dois meses e um ano. O limite máximo do período de suspensão coincide com o máximo possível de duração desta pena, no caso de acumulação de infracções, já que, não havendo cúmulo de penas, o limite é de seis meses.

À semelhança do que sucede com a pena de detenção, o mínimo de tempo de suspensão, no caso de condenação em pena de prisão, corresponde ao dobro do mínimo legal da duração desta pena, que é de seis meses, sendo porém a suspensão de, pelo menos, um ano. O máximo nunca excederá os cinco anos.

A suspensão em caso nenhum é pura e simples, ficando o delinquente, durante o regime de prova que acompanha a suspensão, sujeito a alguns deveres que oportunamente apreciaremos.

08.13.4 *Reincidentes*

Artigo 74.º: *"Aos reincidentes a pena não será suspensa".*
O artigo 74.º consagra uma das grandes alterações introduzidas na revisão. O artigo 69.º da redacção primitiva, que era a disposição correspondente, dizia: "a suspensão da pena não será usada relativamente a criminosos contra-revolucionários ou reincidentes".

A primeira restrição foi eliminada, pelo que agora só os reincidentes ficam impossibilitados de gozar da suspensão.

Como é sabido, a categoria dos chamados crimes contra-revolucionários foi banida após a revisão da lei penal. O capítulo da parte especial, que continha os crimes que cabiam nessa designação, foi substituído pelo capítulo agora designado por crimes contra a segurança do Estado. De todo o modo, dada a alteração introduzida, a aplicação da suspensão, verificados os pressupostos do artigo 72.º, deve ser usada qualquer que seja o crime praticado, excepto no caso de haver reincidência. Nesta situação, no entender do legislador, o delinquente não oferecerá suficientes garantias quanto à sua não perigosidade social.

08.13.5 *Obrigações que acompanham a suspensão*

Um dos aspectos criticados no código de 1979, era o facto de a lei não estabelecer quaisquer obrigações, relativamente aos delinquentes condenados com suspensão da pena. É que essa omissão, se por um lado se conciliava com o facto de o código só prever expressamente a revogação para o caso de cometimento de novo crime, por outro lado não se enquadrava com a circunstância de o artigo 70.º determinar que o delinquente, durante o período de suspensão, ficasse sujeito a observação. Daí resultavam diversos problemas emergentes da omissão do legislador quanto aos direitos e deveres, não apenas do condenado mas também dos elementos com poderes de supervisão.

A alteração legislativa foi ao encontro de algumas dessas questões, se bem que não as tenha resolvido por inteiro.

Artigo 75.º: *"Os delinquentes condenados em pena suspensa terão que observar as seguintes disposições:*

1. Acatar as leis, regulamentos administrativos e submeter-se a supervisão;

Capítulo VIII – Principais aspectos da revisão penal de 1997   445

2. Dar conhecimento das suas actividades conforme as normas do organismo de observação;

3. Acatar as normas do organismo de observação relativamente a visitas;

4. Solicitar e obter autorização do organismo de observação para sair da cidade ou distrito de residência ou para mudar de residência".

Este artigo, que não tinha disposição equivalente na versão inicial do código, vem dar resposta a uma lacuna que suscitou imensos problemas no âmbito dos tribunais e vastas críticas por parte da doutrina[578]. O silêncio da lei, no que diz respeito aos direitos e deveres do condenado, bem como no que se refere aos poderes e deveres dos órgãos de execução do regime, obrigaram a algumas intervenções das instâncias judiciais[579] que, dando resposta a algumas questões, deixaram muitas outras sem lhe responder ou sem tratamento uniforme.

Este novo artigo pretende colmatar a referida lacuna.

O primeiro dos deveres que é imposto, consiste no acatamento das leis e regulamentos administrativos e sujeição a supervisão.

A referência expressa ao dever de acatar as leis, parecendo óbvia e quase redundante, reveste-se todavia de grande importância, como veremos ao tratar da parte respeitante à revogação da suspensão.

O dever de dar conhecimento das respectivas actividades verificava-se já ao abrigo do velho código, não em resultado de imposição expressa da lei, mas em consequência da submissão a um regime de supervisão ou controlo. Uma directiva do ministério da justiça, de Março de 1987,

---

[578] Sobre atis críticas V. Fan Fenglin 樊凤林, *Xingfa Tonglun* 刑罚通论, Zhongguo Zhengfa Daxue Chubanshe, 1994, pág. 548 e ss; Cao Zidan, Miao Shuquan 曹子丹, 缪树权, Chongfen Fahui wo Guo Huanxing Zhidu de Zuoyong 充分发挥我国缓刑制度的作用, in 杨敦先主编, *Xingfa Yunyong Wenti Tantao* 刑法运用问题探讨, Falu Chubanshe, 1992, pág. 98 e ss.

[579] Tais intervenções referiam-se a situações como a possibilidade de os condenados exercerem actividades comerciais, de exercer funções de direcção em empresas colectivas ou do Estado, possibilidade de sair do local de residência por virtude de emprego, negócios, tratamento médico, etc. V Zhao Bingzhi 赵秉志, *Xin Xingfadian de Chuangzhi* 新刑法典的创制, Falu Chubanshe, 1997, pág. 123 e ss.

recomendava que tal conhecimento fosse dado, por qualquer forma, uma vez em cada mês[580].

O número 3 exige que o delinquente siga as instruções das autoridades no respeitante a visitas, o que tem por finalidade evitar o contacto entre o condenado e pessoas que possam pôr em causa o processo de recuperação.

Exige-se finalmente autorização para sair da cidade ou distrito de residência, ou para mudar de residência. Naturalmente que não se trata aqui de qualquer saída, mas daquelas que se situem fora da rotina normal da vida do condenado.

08.13.6 *Observação do delinquente*

Artigo 76.º: *"O delinquente a quem tenha sido declarada a suspensão da pena, no decurso do período de prova para suspensão será observado por organismo de segurança pública em coordenação com a respectiva unidade ou organização de base e, não ocorrendo qualquer das circunstâncias previstas no artigo 77.º desta lei, completado o período de prova para a suspensão, a pena inicialmente fixada não será cumprida, o que será publicamente anunciado".*

Este artigo contém duas alterações importantes relativamente ao seu equivalente na versão de 1979 (aí o art. 70.º).

Resulta agora da lei que, quem executa as tarefas de observação, é um organismo de segurança pública, embora isso deva ser feito em coordenação com a respectiva unidade ou organização de base, diferentemente do que antes acontecia, em que o delinquente era entregue a estas organizações para observação. O regime institucionalizou-se, a que certamente não é alheio o processo de transformações sociais na China, que vão tornando progressivamente mais difícil um trabalho de "massas", em questões desta natureza.

Por outro, estabelece-se expressamente que, se durante o período nada de anormal ocorrer, a pena não será executada e isso será publicamente anunciado. Com esta medida procura tornar-se clara, perante a

---

[580] Cao Zidan 曹子丹, obra citada, pág. 87.

Capítulo VIII – Principais aspectos da revisão penal de 1997 447

comunidade, a situação do condenado, assim se reforçando os respectivos direitos de cidadania.

08.13.7 *Revogação da suspensão*

Artigo 77.º: *"Ao delinquente a quem tenha sido declarada a suspensão da pena que durante o período de prova para a suspensão cometa novo crime ou relativamente a quem se descubra que antes de proferida sentença tinha praticado outro crime pelo qual não fora julgado, será revogada a suspensão, proferida decisão relativa ao novo crime ou ao crime descoberto e a pena a cumprir em resultado das penas pelos crimes anterior e posterior será decidida conforme o disposto no artigo 69.º desta lei.*

Ao delinquente a quem tenha sido declarada a suspensão da pena que no decurso do período de prova para a suspensão, em circunstâncias graves viole a lei, os regulamentos administrativos ou as normas dos organismos competentes para a supervisão e controlo da suspensão da pena, do ministério da segurança pública e do conselho de Estado, será revogada a suspensão, executando-se a sentença inicial".

Este artigo vem, para além do mais, responder a uma série de dúvidas[581] que se colocavam ao abrigo da primitiva redacção.

O código de 1979 dizia simplesmente que, se durante o período de suspensão o criminoso não praticasse mais crimes, a pena inicialmente fixada não seria cumprida.

As três dúvidas que então se suscitavam eram as seguintes:

- A prática de crime negligente durante o período de suspensão é fundamento de revogação?
- O conhecimento posterior de concurso de crimes é fundamento de revogação?
- A suspensão pode ser revogada por violação grave da lei, independentemente de tal conduta integrar a prática de crime?

---

[581] Sobre tais dúvidas V. Gao Mingxuan zhubian 高铭暄主编, *Xingfaxue Yuanli* 刑法学原理, Zhongguo Renmin Daxue Chubanshe, 1994, vol. III, pág. 475 e ss; Zhao Bingzhi 赵秉志, *Xingfa Tonglun Wenti Yanjiu* 刑罚通论问题研究, Zhongguo Fazhi Chubanshe, 1996, pág. 565.

448   *Lei Penal da República Popular da China*

A primeira dúvida não subsistiu por muito tempo. Generalizou-se rapidamente o entendimento de que, não fazendo a lei distinção, qualquer que fosse o crime praticado durante o período de prova, independentemente de ser doloso ou negligente, de ser mais ou menos grave, se impunha a revogação da suspensão. O legislador considerou a questão de tal forma pacífica que nem fez neste domínio qualquer alteração.

Quanto à segunda questão, chegou a haver uma resposta do supremo tribunal popular, em 1985, no sentido de que, se posteriormente à condenação com pena suspensa, se descobrisse que o delinquente tinha cometido outro crime, ainda não julgado, também nesse caso haveria revogação.

A questão ficou agora esclarecida com o primeiro parágrafo deste artigo.

Finalmente e no que concerne à última dúvida, foi a mesma resolvida pelo segundo parágrafo do artigo.

São portanto três as situações que implicam revogação da suspensão: prática de novo crime durante o período de prova; descoberta, posterior à condenação, de que o delinquente havia anteriormente praticado crime pelo qual não havia ainda sido julgado; violação grave da lei, de regulamentos administrativos ou das normas emitidas pelos organismos competentes para a supervisão do regime de suspensão da pena.

Nos dois primeiros casos, para além da revogação, haverá lugar a cúmulo de penas, nos termos previstos na lei.

08.14 A redução da pena

08.14.1 *Noção e pressupostos*

A redução da pena consiste num perdão parcial da sanção penal imposta a um delinquente, verificados que sejam determinados pressupostos.

O artigo 71.º do código penal de 1979,[582] contemplava a possibilidade de redução da pena relativamente aos delinquentes condenados em

---

[582] Sobre o regime de 1979 V. Júlio Pereira, obra citada, pág. 147 e ss.

Capítulo VIII – Principais aspectos da revisão penal de 1997 449

regime de controlo, detenção criminal, prisão por prazo determinado ou prisão perpétua se, no decurso do cumprimento das respectivas penas, mostrassem verdadeiro arrependimento ou tivessem conduta meritória.

A redução não era obrigatória e, dados os termos em que a mesma era facultada, às autoridades era dada uma ampla margem de discricionaridade.

Entendeu o legislador que os termos da redução da pena deveriam ser mais pormenorizados. Daí que, o artigo correspondente nesta revisão, tenha sofrido uma alteração profunda.

Artigo 78.°: *"O delinquente condenado em regime de controlo, detenção criminal, prisão por tempo determinado ou prisão perpétua se, no decurso da execução, observar escrupulosamente os regulamentos prisionais, aceitar a reforma educativa, manifestar verdadeiro arrependimento ou prestar serviços meritórios, poderá ter a pena reduzida; beneficiará da redução da pena se prestar qualquer dos seguintes serviços muito meritórios:*

1. Impedir outrem da prática de condutas criminosas graves;

2. Denunciar condutas criminosas graves, ocorridas dentro ou fora da cadeia, que se apure de forma clara serem verdadeiras;

3. Criar inventos ou importantes inovações tecnológicas;

4. Arriscar a vida por outrem na actividade produtiva do dia a dia ou na vida quotidiana;

5. Desempenhar papel proeminente no combate a calamidades naturais ou na remoção de acidentes graves;

6. Prestar outros contributos importantes ao Estado e à comunidade.

Nas condenações em regime de controlo, detenção criminal e prisão por prazo determinado, a duração da pena a ser efectivamente cumprida após a redução não poderá ser inferior a metade da duração inicialmente fixada; nas condenações a prisão perpétua não poderá ser inferior a dez anos".

O artigo está dividido em dois parágrafos.

O primeiro refere-se aos requisitos da redução da pena.

O segundo fixa os prazos mínimos de duração da pena, para além dos quais a redução não poderá operar.

No que aos pressupostos diz respeito, o regime não se alterou no que se refere ao elenco de penas que são susceptíveis de redução: as penas

450   *Lei Penal da República Popular da China*

privativas ou limitativas da liberdade. Do conjunto das penas principais só fica naturalmente excluída a pena de morte.

O regime alterou-se, no entanto, no que se refere às condições em que a redução pode ser concedida.

O princípio geral é de que a redução pode ser concedida a quem, tendo sido condenado nas penas de controlo, detenção criminal, prisão por prazo determinado ou prisão perpétua, no decurso da execução observar escrupulosamente os regulamentos prisionais, aceitar a reforma educativa, manifestar verdadeiro arrependimento ou prestar serviços meritórios.

Nesta parte não há diferença sensível relativamente ao regime previamente vigente, excepto no que expressamente se refere à observância dos regulamentos prisionais e aceitação da reforma educativa, o que todavia, não constando de forma expressa, correspondia a exigência implícita.

Todavia a segunda parte do parágrafo prevê um conjunto de situações, consideradas como serviços muito meritórios que, a verificarem-se, impõem a redução da pena, diferentemente dos restantes casos em que a redução não é obrigatória.

Deve dizer-se que a alteração nestes termos do artigo, não esteve isenta de polémica. No decurso do processo de revisão, e ainda na versão do projecto apresentado para discussão em 10 de Outubro de 1996, não se previa a redução da pena nos casos de condenação em regime de controlo, ou de detenção criminal.

O legislador acabou no entanto por adoptar a solução consagrada neste artigo que, em boa verdade, se limitou a transcrever o regime que havia sido consagrado no artigo 29.º da lei prisional de 29 de Dezembro de 1994.

No que se refere ao segundo parágrafo do artigo, a solução não difere da que constava já do código de 1979. Não acatou por isso o legislador a solução preconizada no projecto já referido, que elevava o mínimo de pena a cumprir para dois terços da pena originariamente fixada, nos casos de condenação em prisão por prazo determinado, e para 15 anos nos casos de condenação inicial em prisão perpétua[583].

---

[583] Sobre as soluções contempladas no projecto V. Zhao Bingzhi 赵秉志, *Xin Xingfadian de Chuangzhi* 新刑法典的创制, Falu Chubanshe, 1997, 126 e ss.

Capítulo VIII – Principais aspectos da revisão penal de 1997   451

Ainda neste parágrafo há que ter em conta uma outra alteração de redacção. Inicialmente, o código aludia ao tempo mínimo de duração de pena após "uma ou mais reduções". Esta referência foi omitida mas isso não significa que o legislador tenha pretendido excluir a possibilidade de haver mais do que uma redução. Nada aponta nesse sentido. O única limitação tem a ver com a duração da pena que terá de ser efectivamente cumprida e não com o número de vezes em que a redução pode ser decidida.

08.14.2 *Processo para a redução da pena*

Artigo 79.º: *"Para efeitos de redução da pena do delinquente, o órgão de execução da pena remeterá proposta a tribunal popular de nível não inferior ao intermédio. O tribunal popular terá que constituir colectivo para julgamento, sendo decidida a redução da pena relativamente a quem mostre verdadeiro arrependimento ou tenha realmente prestado serviços meritórios. Não será concedida redução da pena fora do procedimento legalmente prescrito"*.

Este artigo é novo e pretende dar resposta a três questões que, no primitivo código, não estavam devidamente esclarecidas. Essas questões referiam-se à competência para a proposta de redução da pena, à decisão e ao processo a ser seguido.

Resulta do disposto neste artigo que o órgão competente para elaborar a proposta de redução é o órgão de execução da pena. Ou seja, e de acordo com o preceituado nos artigos 213.º e 218.º do código de processo penal, 38.º e 43.º do código penal, os organismos de segurança pública no que se refere às penas de controlo ou detenção e as autoridades prisionais nos casos de penas privativas de liberdade. Torna-se pois claro que, nem as unidades em que o delinquente esteja inserido, nem as organizações de massas, têm poderes para interferir nesta questão.

O poder de decisão compete exclusivamente ao tribunal, de nível não inferior ao intermédio[584] que, para o efeito constituirá tribunal colectivo.

---

[584] De acordo com a lei orgânica dos tribunais populares da RPC, de 1 de Julho de 1979, revista por diplomas de 2 de Setembro de 1983 e de 2 de Dezembro de 1986,

452 Lei Penal da República Popular da China

Finalmente, no prosseguimento de um esforço que tem vindo a ser seguido nos últimos anos, de dar assento legal a estas questões, fica também claro que a redução só pode ser operada com base no processo legalmente definido para o efeito, consagrado no artigo 30.º da lei prisional, de 29 de Dezembro de 1994 e no artigo 221.º do código de processo penal, em conjugação com o disposto neste artigo do código penal.

08.14.3 *Contagem da pena de prisão resultante da comutação da pena de prisão perpétua*

Artigo 80.º: *"A duração da pena de prisão por prazo determinado para que for reduzida a prisão perpétua, será contada a partir da data em que for decidida a comutação da pena"*.

Este artigo manteve o que já se dispunha sobre a mesma questão, no código de 1979. Só se coloca o problema da redução da pena, nos casos de condenação em prisão perpétua, a partir do momento em que essa pena seja comutada para prisão por prazo determinado.

Esta operação tem lugar após cumprimento de dois anos da pena inicial. Em geral, no pressuposto de que o condenado mostre arrependimento ou tenha prestado serviços meritórios, a modificação será para a pena de 18 a 20 anos de prisão. Havendo verdadeiro arrependimento e serviços meritórios, a comutação pode ser para a pena de 13 a 18 anos de prisão[585].

Este regime de comutação da pena foi fixado por decisão interpretativa de 8 de Outubro de 1991, do supremo tribunal popular.

---

o sistema judiciário compreende tribunais locais, tribunais militares e outros tribunais especiais e o supremo tribunal. No plano dos tribunais locais há os tribunais de base, os tribunais intermédios e os tribunais superiores. Os tribunais intermédios apreciam em primeira instância, fora dos casos em que a competência seja legalmente atribuída ao tribunal superior ou ao supremo tribunal, crimes contra a segurança do Estado, crimes puníveis com prisão perpétua ou pena de morte e crimes em que os arguidos sejam cidadãos estrangeiros – art.º 20.º do código de processo penal.

[585] Wang Zuofu, Su Huiyu 王作富, 苏惠鱼, *Zhongguo Xingfa Tonglun* 中国刑法通论, Zhongguo Fangzheng Chubanshe, 1997, pág. 247.

Capítulo VIII – Principais aspectos da revisão penal de 1997

Efectuada a modificação da pena poderá ainda haver redução da mesma, nos termos previstos nas disposições que temos estado a analisar, sendo certo que a pena a ser efectivamente cumprida nunca poderá ser inferior a 10 anos de prisão, conforme o que consta do artigo 78.º.

08.15 Liberdade condicional

08.15.1 *Origens e antecedentes da revisão*

O instituto da liberdade condicional tem uma existência muito curta na história do direito chinês. O mesmo foi consagrado pela primeira vez no código Qing, de 25 de Janeiro de 1911, o qual todavia não chegou a ter aplicação prática dado que, menos de um ano após a sua aprovação, saiu vitoriosa a revolução republicana, que modificou a legislação monárquica. No entanto, as leis penais aprovadas, quer no governo de Beiyang quer do governo do guomindang, previam a sua existência.

Após a fundação da República Popular da China, o primeiro diploma a prever a liberdade condicional, foi um decreto do governo popular do Nordeste, relativamente a alguns crimes, como os de jogo, consumo de droga, abandono, maus tratos ou bigamia[586].

Porém, como forma de execução da pena, a liberdade condicional foi consagrada pela primeira vez num diploma do conselho de Estado, de 7 de Setembro de 1954, sobre reforma pelo trabalho. Contudo, só na lei penal de 1979 o instituto foi previsto e regulado de forma minimamente consistente[587].

De acordo com o artigo 73.º da lei penal de 1979, a liberdade condicional podia ser concedida aos condenados em pena de prisão que tivessem já cumprido pelo menos metade da pena, ou aos condenados em prisão perpétua, que tivessem cumprido pelo menos 10 anos.

A concessão estava dependente de mostrarem verdadeiro arrependimento, por forma a não voltarem a causar dano social.

---

[586] Gao Mingxuan 高铭暄, *Xingfaxue Yuanli* 刑法学原理, Zhongguo Renmin Daxue Chubanshe, 1994, vol. III, pág. 588 e ss.

[587] Sobre o regime do código de 1979 V. Júlio Pereira, obra citada, pág. 149 e ss.

454 Lei Penal da República Popular da China

Verificando-se circunstâncias especiais, o requisito temporal relativamente ao tempo de pena já cumprida, podia ser dispensado.

A revisão do regime da liberdade condicional acompanhou de certo modo o que se verificou relativamente à redução da pena.

O projecto de revisão apresentado para discussão pública em 10 de Outubro de 1996, propunha ainda as seguintes alterações em relação à lei de 1979:

Concessão da liberdade condicional exclusivamente aos condenados em pena de prisão por prazo determinado;

Proibição da sua concessão a reincidentes;

Exclusão da possibilidade de concessão da liberdade condicional, antes da verificação do requisito temporal de cumprimento de pena;

Exigência, para além da mostra de verdadeiro arrependimento, da observância dos regulamentos prisionais e da aceitação da reforma educativa.

A redacção que acabou por ganhar consagração no artigo 81.º do código actual foi a seguinte:

Artigo 81.º: *"Poderá ser concedida a liberdade condicional ao delinquente condenado a prisão por prazo determinado que tenha cumprido pelo menos metade da pena inicialmente fixada e ao delinquente condenado em prisão perpétua que tenha efectivamente cumprido pelo menos dez anos da pena, se cumprir escrupulosamente os regulamentos prisionais, aceitar a reforma educativa e mostrar verdadeiro arrependimento por forma a não voltar a causar dano social. Havendo circunstâncias especiais, mediante aprovação do supremo tribunal popular, poderão não ser exigíveis as limitações acima referidas relativamente aos prazos de cumprimento da pena.*

Os delinquentes reincidentes e os condenados em pena de prisão por prazo determinado não inferior a dez anos ou em prisão perpétua por homicídio, atentado bombista, roubo, violação, rapto e outros crimes violentos, não beneficiarão de liberdade condicional".

A solução adoptada pelo legislador acabou por ser salomónica, entre o que constava da redacção inicial e a disciplina prevista no citado projecto.

Se por um lado aceitou a não concessão da liberdade condicional aos reincidentes, aceitou por outro a possibilidade de dela gozarem os condenados em prisão perpétua.

Capítulo VIII – Principais aspectos da revisão penal de 1997   455

Manteve a possibilidade de em casos especiais ser dispensado o requisito temporal de tempo de pena cumprido, mas rodeou essa faculdade de maiores precauções, ao fazer depender a concessão de aprovação do supremo tribunal popular.

Acolheu a proposta no respeitante aos requisitos do arrependimento, observância da legislação prisional e aceitação da reforma educativa.

Finalmente proibiu também a concessão de liberdade condicional aos delinquentes condenados em pena de prisão não inferior a dez anos ou prisão perpétua, pela prática de crimes de homicídio, atentado bombista, roubo, violação, rapto e outros crimes violentos.

08.15.2 *Requisitos da liberdade condicional*

São portanto os seguintes os requisitos para a concessão da liberdade condicional:

A condenação numa pena de prisão por prazo determinado ou em prisão perpétua. Há no entanto que ter em conta as restrições previstas no parágrafo segundo deste artigo. Para além disso há que atender ao facto de que, no caso de condenação à morte com pena suspensa, se decorridos os dois anos de suspensão, a pena for comutada, inicialmente para prisão perpétua e posteriormente para prisão por prazo determinado, o condenado poderá beneficiar da liberdade condicional. A esta dúvida, colocada ainda ao tempo de vigência do código de 1979, respondeu positivamente o supremo tribunal popular, por decisão interpretativa de 8 de Agosto de 1991.

A opção legislativa suscita-nos um outro reparo, que tem a ver com o facto de a lei aludir à prisão por prazo determinado e à prisão perpétua. A alusão à prisão perpétua seria dispensável já que, praticamente em todos os casos, esta pena é comutada para prisão por prazo determinado. Bastaria por isso a referência à prisão por prazo determinado. Nos casos em que o delinquente não mereça que a pena seja comutada, não merecerá também que lhe seja concedida a liberdade condicional[588].

---

[588] Sobre a desnecessidade de referência à prisão perpétua V. Também Chen Xingliang 陈兴良, *Xingfa Shuyi*, 刑法疏议, Zhongguo Renmin Gongan Daxue Chubanshe, 1997, pág. 187 e ss.

456 Lei Penal da República Popular da China

O cumprimento de pelo menos metade da pena de prisão inicialmente fixada ou, no caso de condenação em prisão perpétua, de pelo menos 10 anos de prisão. Também aqui, no entanto, haverá que ter em conta a excepção contemplada na última parte do primeiro parágrafo, que prevê a possibilidade de dispensa deste requisito em circunstâncias especiais.

Que o delinquente venha mantendo um bom comportamento prisional, com aceitação dos regulamentos prisionais, reforma educativa e mostras de verdadeiro arrependimento, por forma a poder considerar-se que não voltará a adoptar condutas socialmente danosas.

Que não seja reincidente ou criminoso violento, entendendo-se como tal, para este efeito, todo aquele que tenha sido condenado em pena não inferior a 10 anos de prisão, por crimes de homicídio, acção bombista, roubo, violação, rapto ou outros crimes violentos.

Sobre o que deva entender-se por "circunstâncias especiais" para efeitos de dispensa de cumprimento do tempo mínimo de pena, como pressuposto da liberdade condicional, a lei nada diz. Como tal devem ser considerados os casos de prestação de serviços especialmente meritórios e as situações concretamente referidas no parecer emitido em 10 de Abril de 1993, pelo supremo tribunal popular, segundo o qual, desse regime, poderão beneficiar todos aqueles cuja família atravesse especiais dificuldades e necessite desesperadamente do seu contributo e ainda os delinquentes menores. O uso desta faculdade supõe naturalmente a verificação de todos os outros pressupostos, bem como parecer favorável do organismo de segurança pública competente.

08.15.3 *Processo de concessão*

Artigo 82.º: *"Para a concessão a um delinquente da liberdade condicional será utilizado o processo previsto no artigo 79.º deste diploma. Não poderá ser concedida a liberdade condicional fora do procedimento legalmente prescrito".*

O processo para a concessão da liberdade condicional é idêntico ao utilizado para a redução da pena. A proposta é elaborada pelas autoridades prisionais, que a remetem a um tribunal de nível não inferior ao intermédio. É constituído tribunal colectivo que decidirá se, no caso concreto, estão reunidos os requisitos parta a concessão da liberdade condicional.

Capítulo VIII – Principais aspectos da revisão penal de 1997   457

Nos termos do disposto no artigo 32.º da lei prisional, de 29 de Dezembro de 1994, o tribunal deve proferir decisão no prazo de um mês, excepto nos casos de processos complexos ou em que se verifiquem circunstâncias especiais, em que o prazo pode ser prorrogado por mais um mês.

08.15.4 *O período de prova na liberdade condicional, obrigações e supervisão*

Artigo 83.º: *"O período de prova da liberdade condicional no caso de prisão por prazo determinado corresponde ao período da pena ainda não cumprida; o período de prova da liberdade condicional no caso de prisão perpétua é de dez anos.*

O período de prova da liberdade condicional é contado a partir da data da sua concessão".

Sendo a liberdade condicional uma forma de execução da pena, compreende-se que o período de prova no caso de condenação em pena de prisão seja equivalente ao tempo ainda não cumprido. Não sendo possível a mesma solução relativamente à prisão perpétua, a lei fixa para o mesmo efeito o período de dez anos. Quanto a este último prazo, poderia dizer-se que normalmente o condenado em prisão perpétua vê a pena comutada para prisão por prazo determinado pelo que, também nesta situação, o período de prova poderia ser pelo período da pena ainda não cumprida.

Considerou porém o legislador que, dada a gravidade dos crimes que implicam a condenação em prisão perpétua, ou de morte com suspensão por dois anos da sua execução, depois comutada para prisão perpétua, se justifica um período de prova mais longo.

Pela mesma razão, ou seja, pelo facto de este regime se traduzir numa modalidade de cumprimento, a contagem do período de prova é feita a partir da data da respectiva concessão.

Nesta matéria não houve qualquer alteração em relação ao que constava do artigo 74.º do código de 1979.

A liberdade condicional pode ser concedida a despeito de ter havido redução de pena. No entanto, segundo posição interpretativa do supremo tribunal popular, de 10 de Abril de 1993, a concessão de uma não deve ser contemporânea da outra. Por isso, havendo redução de pena, a liber-

458   *Lei Penal da República Popular da China*

dade condicional não deve ser concedida antes de decorrido um ano. Se a redução for de pelo menos dois anos da pena, deverá haver decurso de pelo menos dois anos até à concessão da liberdade condicional[589].

Artigo 84.º: *"O delinquente a quem tenha sido concedida a liberdade condicional terá que acatar as seguintes disposições:*

1. *Observar a lei, regulamentos administrativos e sujeitar-se a supervisão;*
2. *Dar conhecimento das respectivas actividades, conforme as regras dos organismos de supervisão;*
3. *Observar as regras dos organismos de supervisão relativamente a visitas;*
4. *Solicitar e obter autorização do órgão de supervisão para sair da cidade ou distrito da residência ou para mudar de residência".*

Este artigo veio preencher uma lacuna idêntica à que se verificava em matéria de suspensão da execução da pena.

Em qualquer dos casos, a lei de 1979 determinava que os delinquentes, com pena suspensa ou em liberdade condicional, ficassem sujeitos a supervisão.

Não indicava porém o conjunto de deveres a que ficavam submetidos, o que levava a uma diversidade de critérios na execução de qualquer das medidas.

A revisão veio ultrapassar esse problema, fixando um conjunto de obrigações a que os delinquentes em liberdade condicional ficam sujeitos.

Trata-se aqui de um conjunto de regras mínimas, que moldarão os regulamentos mais detalhados, a ser impostos para cada caso concreto pelos organismos de segurança pública, que têm a seu cargo as actividades de supervisão dos indivíduos em situação de liberdade condicional.

Artigo 85.º: *"Durante o período de prova da liberdade condicional, o delinquente a quem a mesma é concedida é supervisionado por um órgão de segurança pública e, completado esse período, se não ocorrer qualquer das circunstâncias previstas no artigo 86.º desta lei, a pena a*

---

[589] Zhang Qiong 张穹, *Xiuding Xingfa Tiaowen Shiyong Jieshuo* 修订刑法条文实用解说, Zhongguo Jiancha Chubanshe, 1997, pág. 98 e ss.

Capítulo VIII – Principais aspectos da revisão penal de 1997   459

que foi inicialmente condenado será considerada totalmente cumprida, o que será publicamente anunciado".

Tal como aconteceu no que respeita ao artigo anterior, também aqui o legislador seguiu o que já se consagrara a respeito da suspensão da pena.

Mantém a regra de que a tarefa de supervisão da liberdade condicional é levada a cabo por um órgão de segurança pública.

Diferentemente do que acontecia na versão inicial do código, a pena só se considera totalmente cumprida se não ocorrer qualquer das circunstâncias previstas no artigo 76.°, e não simplesmente se não praticar qualquer outro crime, como antes a lei dizia.

O anúncio público do cumprimento da pena, à semelhança do que acontece com o termo do período de suspensão, é feito no interesse do arguido, satisfeito pela informação à comunidade de o mesmo ter reassumido a situação de liberdade plena.

08.15.5 *Revogação da liberdade condicional*

Artigo 86.°: *"Ao delinquente a quem tenha sido concedida a liberdade condicional e que no decurso do respectivo período de prova cometer novo crime, será revogada a liberdade condicional, procedendo-se ao cúmulo de penas conforme o disposto no artigo 71.° desta lei.*

Se no decurso do período de prova da liberdade condicional se descobrir que o delinquente que dela beneficiou, antes de proferida a sentença tinha praticado outro crime pelo qual não havia sido julgado, a liberdade condicional será revogada, procedendo-se ao cúmulo de penas de acordo com o disposto no artigo 70.° desta lei.

O delinquente que tenha beneficiado de liberdade condicional, se durante o respectivo período de prova violar a lei, regulamentos administrativos ou as normas dos serviços de segurança pública do conselho de Estado competentes para administrar a supervisão da liberdade condicional, sem que a respectiva conduta constitua novo crime, será de acordo com o processo legalmente prescrito revogada a liberdade condicional, recolhendo à cadeia para cumprimento da pena ainda não cumprida".

A lei, diferentemente do que anteriormente se verificava, prevê agora expressamente três casos de revogação da liberdade condicional.

A primeira hipótese verifica-se quando o delinquente, durante o período de prova da liberdade condicional, tenha cometido novo crime.

A lei não distingue entre crime doloso ou negligente, de maior ou de menor gravidade. Significa isto, à semelhança do que se verifica com a suspensão da pena, que a prática de novo crime, seja de que natureza for, implica a revogação da liberdade condicional[590].

Neste caso será proferida sentença pelo novo crime e procede-se ao cúmulo de penas nos termos do artigo 71.º, ou seja, de acordo com a modalidade mais gravosa para o condenado.

A segunda hipótese ocorre quando, após a concessão da liberdade, se descubra que o arguido, antes da condenação pela qual está em cumprimento de pena, tinha praticado outro crime. Neste caso, haverá revogação da liberdade condicional, seguindo-se o procedimento idêntico ao previsto no parágrafo anterior só que, nesta hipótese, o cúmulo é efectuado nos termos do artigo 70.º, ou seja, de forma mais benévola para o delinquente.

Deve dizer-se que não há unanimidade de opiniões quanto aos casos em que esta norma se aplica. Há quem considere que, quando a descoberta desse crime se tenha verificado por acção das autoridades, a revogação se impõe, mas não quando tal descoberta se deva a confissão espontânea do condenado, já que isso será revelador de arrependimento[591].

Há no entanto quem entenda que, dada a redacção da lei, a revogação é obrigatória em qualquer dos casos[592].

A terceira e última hipótese ocorre quando o condenado, durante o período de prova, não praticando embora qualquer crime, viole gravemente a lei, regulamentos administrativos ou as normas dos serviços de segurança pública competentes para administrar a supervisão.

Haverá que ter em conta que aqui, diferentemente do que se verifica na parte relativa à revogação da suspensão da pena, a lei não fala

---

[590] Gao Mingxuan, Huang Taiyun 高铭暄, 黄太云, *Zhonghua Renmin Gongheguo Xingfa Shiyi yu Shiyong Zhinan* 中华人民共和国刑法释义与适用指南, Hongqi Chubanshe, 1997, pág. 109.

[591] Gao Mingxuan, Huang Taiyun 高铭暄, 黄太云, obra citada, pág. 109.

[592] Ou Yangtao, Wei Kejia, Liu Renwen 欧阳涛, 魏克家, 刘仁文, *Zhonghua Renmin Gongheguo Xingfa Shiyi yu Sheyong Zhinan* 中华人民共和国刑法释义与适用指南, 1997, pág. 98 e ss.

em "violação grave". No entanto, no entendimento da doutrina, se as violações não forem graves, se a perigosidade da conduta for diminuta, não deve ser revogada a liberdade condicional[593].

08.16 A extinção da pena

A doutrina penal da República Popular da China engloba no mesmo conceito de extinção da pena, questões diferentes como extinção do procedimento criminal, extinção da pena propriamente dita, seja por cumprimento ou por outro motivo.

Assim, entre as razões legais da sua extinção são enumeradas as seguintes[594]:
- Cumprimento;
- Decurso do período de suspensão, sem que tenha havido motivo para a revogação;
- Decurso do período de liberdade condicional sem que se tenha verificado motivo para a revogação;
- Morte do delinquente;
- Decurso do prazo de prescrição;
- Remição.

08.16.1 *Cumprimento, decurso do período de suspensão e morte do delinquente*

A extinção da pena por cumprimento não suscita qualquer dificuldade ou qualquer dúvida.

A pena considera-se também extinta no caso de decurso do período de prova da suspensão, sem que ocorra motivo que legalmente exija a respectiva revogação

A liberdade condicional é também uma forma de cumprimento da pena. E decorrido o período de prova sem que deva ser revogada, a pena considera-se também extinta por cumprimento.

---

[593] Zhang Qiong 张穹, obra citada, pág. 103.

[594] Gao Mingxuan zhubian 高铭暄主编, *Xingfaxue Yuanli* 刑法学原理, , Zhongguo Renmin Daxue Chubanshe, 1994, vol. III, pág. 620 e ss.

462 *Lei Penal da República Popular da China*

Todas essas situações foram já abordadas na altura própria, não se afigurando necessário voltar às mesmas.

O código penal nada diz sobre a morte do delinquente no decurso do processo. Essa hipótese é no entanto expressamente contemplada pelo artigo 15.º n.º 4 do código de processo penal, que considera a morte do suspeito ou do delinquente como motivo de extinção do procedimento criminal.

Como se vê são questões diferentes, embora a doutrina as aborde sob a mesma perspectiva, tendo em conta que, por uma ou outra razão, já não haverá que cumprir a pena.

Interessa-nos aqui analisar as questões, ainda não abordadas, da prescrição e da remissão.

08.16.2 *A prescrição*

Artigo 87.º: *"Não será instaurado procedimento criminal por crimes relativamente aos quais tenham decorrido os seguintes prazos:*

1. *Cinco anos quando a pena máxima legalmente prevista seja a de prisão por prazo determinado inferior a cinco anos;*
2. *Dez anos quando a pena máxima legalmente prevista seja a de prisão por prazo determinado não inferior a cinco anos mas inferior a dez anos;*
3. *Quinze anos quando a pena máxima legalmente prevista seja de prisão por prazo determinado não inferior a dez anos;*
4. *Vinte anos quando a pena máxima legalmente prevista seja a de prisão perpétua ou pena de morte. Se for considerado que o procedimento criminal deve ser instaurado decorridos vinte anos, o caso terá que ser submetido à aprovação da suprema procuradoria popular".*

Duas notas se impõem desde já.

A lei não prevê prescrição de penas mas apenas de procedimento criminal

O decurso do prazo de prescrição não confere o direito de ver o procedimento prescrito. Esta disposição expressamente refere que, mesmo decorridos vinte anos, pode ser instaurado procedimento criminal, embora neste caso a decisão tenha que ser aprovada pela suprema procuradoria popular.

Capítulo VIII – Principais aspectos da revisão penal de 1997   463

O legislador acabou, portanto, por não se afastar do regime previsto na lei penal de 1979, apesar de os trabalhos de revisão terem vindo a apontar em sentido diferente.

Cabe aqui recordar que, em nome do reforço da luta contra o crime, havia propostas no sentido de restringir os casos de prescrição do procedimento criminal. Com efeito, o projecto de revisão, na versão divulgada em 10 de Outubro de 1996, expressamente excluía a prescrição relativamente a crimes puníveis com pena não inferior a 10 anos de prisão, prisão perpétua ou pena de morte[595].

Voltando à questão da possibilidade de instauração do procedimento criminal, mesmo decorridos 20 anos sobre a data da prática do crime, importa acrescentar algo sobre essa possibilidade.

A intenção do legislador foi evitar a extinção do procedimento criminal para casos da prática de crimes que tivessem merecido uma mais acentuada repulsa social.

Na generalidade dos casos, decorrido certo prazo, mais ou menos longo, consoante a gravidade do crime, vai-se atenuando a exigência social da respectiva punição e acaba mesmo por se extinguir a "ratio" da aplicação de uma pena. Por outro lado, o aparelho punitivo do Estado tem que se empenhar fundamentalmente na perseguição da criminalidade "actual".

Situações há, porém, em que a sociedade, pela gravidade dos crimes cometidos, não os pode esquecer, como se verifica por exemplo nos crimes contra a humanidade, independentemente do decurso do tempo sobre a prática desses crimes.

É para esse tipo de situações que a parte final do número 4 deste artigo prevê, tal como previa a disposição equivalente no código de 1979 (artigo 76.º n.º 4), a possibilidade de exercício da acção penal, desde que tal mereça a aprovação da suprema procuradoria popular.

Particularmente visados eram os crimes cometidos no decurso da guerra civil e da guerra sino-japonesa.

---

[595] Zhao Bingzhi, He Xingwang 赵秉志, 和兴旺, *Xin Xingfadian de Chuangzhi* 新刑法典的创制, Falu Chubanshe, 1997, pág. 134.

08.16.2.1 *Excepções à imprescritibilidade*

No entanto, também nesta questão o sistema penal veio a admitir cedências impostas pelas políticas de criação da economia de mercado socialista e de abertura ao investimento do exterior.

Em 14 de Março de 1988, o supremo tribunal popular e a suprema procuradoria popular emitiram uma declaração no sentido do não exercício da acção penal contra compatriotas fugidos para Taiwan, relativamente a crimes cometidos na China Continental, antes da instauração da República Popular. E a mesma declaração, explicitando com clareza as respectivas motivações, garantia a protecção legal a esses compatriotas que se deslocassem ao Continente para "visita de familiares, turismo, negócios, investimentos e outras actividades lícitas ".

Após os incidentes de 1989, dadas as dificuldades surgidas na China, o âmbito da referida declaração foi alargado por uma outra, emitida pelas mesmas entidades em 7 de Setembro de 1989, aplicando o mesmo regime a crimes cometidos após a fundação da República Popular, desde que nos locais da prática dos crimes ainda não existisse governo popular local.

A intenção foi abranger a prática dos crimes cometidos durante a guerra civil, após a instauração da R. P. China, fundamentalmente na zona sul do país, por indivíduos que depois foram para Taiwan. Há que ter em conta que, até 1954, só houve governos populares locais nas regiões administrativas do Norte e Nordeste, as primeiras a ficar sob controlo do partido comunista. As regiões Central-Sul, Este, Noroeste e Sudoeste foram no mesmo período governadas por comités político-militares[596], dados os focos de resistência que aí se mantiveram durante alguns anos e a sua exposição a investidas por parte das forças nacionalistas.

Haverá que ter em conta, finalmente, que o código de processo penal, no seu artigo 15.º n.º 3, considera como causa de extinção do procedimento criminal, o decurso dos prazos de prescrição, sem quaisquer limitações.

---

[596] Sobre a divisão administrativa da China após a instauração da República Popular V. *The Cambridge History of China*, vol. 14, pág. 79 e ss.

Capítulo VIII – Principais aspectos da revisão penal de 1997 465

É certo que situação idêntica se verificava já com os velhos códigos, quer penal quer de processo penal, e que o código penal é posterior ao de processo. Todavia, para uma questão tão importante como a da extinção do procedimento criminal, seria de se exigir a publicação de regras claras, fosse por intervenção legislativa ou por posição assumida pelos dois supremos, à semelhança do que aconteceu no caso dos crimes praticados pelos compatriotas de Taiwan.

08.16.2.2 *Prazos de prescrição*

Fora das situações anómalas acima abordadas, o decurso do prazo de 20 anos sobre a prática de um crime punível com pena de prisão perpétua ou pena de morte, extingue o procedimento criminal. Este é o prazo máximo de prescrição.

O prazo mínimo, aplicável a crimes puníveis com pena inferior a 5 anos de prisão, é de 5 anos.

O prazo é de 10 anos quando o crime seja punível com pena inferior a 10 anos, mas não inferior a 5 anos de prisão, e de 15 anos quando o crime seja punível com pena de prisão não inferior a 10 anos.

Quando a lei refere as penas que servem de referência aos prazos de prescrição, tem em vista as penas máximas da norma aplicável ao caso concreto.

08.16.2.3 *Suspensão da prescrição*

Artigo 88.°: *"Após instauração de inquérito na procuradoria popular, órgão de segurança pública ou de segurança do Estado ou após recebimento do processo pelo tribunal popular, havendo fuga á investigação ou ao julgamento, não haverá limite de prazo para o procedimento criminal.*

Se o ofendido tiver deduzido acusação dentro do prazo de procedimento criminal, o tribunal popular, a procuradoria popular ou o órgão de segurança pública terão que registar o processo e enquanto o processo não for registado não corre prazo de prescrição do procedimento criminal".

Prevê este artigo os casos de suspensão da prescrição.

A primeira inovação, relativamente ao disposto no código anterior, consiste na alusão aos órgãos de segurança do Estado. Tem isso a ver com o novo código de processo penal que, no seu artigo 4.º, atribui a estes órgãos os poderes e deveres dos órgãos de segurança pública, quando esteja em causa a investigação de crimes contra a segurança do Estado.

Há que esclarecer que esta inovação do código não é inovação do regime jurídico. A atribuição dos poderes dos organismos de segurança pública aos órgãos de segurança do Estado, nos casos acima referidos, decorria já da lei da segurança do Estado e, especificamente na área do processo penal, esses poderes tinham-lhes sido também conferidos por decisão do comité permanente da assembleia nacional popular, de 2 de Setembro de 1983[597].

Neste particular o código limitou-se, pois, a integrar nesta disposição o que já resultava de legislação avulsa.

Outra alteração tem a ver com a fase do processo em que a fuga à investigação ou ao julgamento tem relevância para efeitos de interrupção da prescrição.

Na versão de 1979, isso só acontecia após a imposição de uma medida de coacção. Com a nova versão do código isso acontece, no decurso do inquérito, desde que a fuga à investigação ocorra após a instauração do processo. Recebido o processo pelo tribunal, a fuga a julgamento é desde logo relevante para o mesmo efeito de suspensão.

A outra inovação refere-se à hipótese de acusação pelo ofendido.

A acusação particular, nos termos do artigo 170.º do código de processo penal, pode ter lugar nos casos em que o procedimento dependa de queixa, nos casos de pouca relevância penal em que o ofendido tenha prova suficiente da prática de um crime e ainda nos casos de ofensas contra a pessoa ou património do ofendido, no caso de este indicar prova bastante contra o arguido e o organismo de segurança pública ou a procuradoria popular se tenham abstido de instaurar acção penal.

Quando isso aconteça, e desde que a acusação tenha sido apresentada dentro dos prazos de procedimento criminal, esse prazo não

---

[597] Sobre este assunto V. Chen Guangzhong, Yan Duan zhubian 陈光中, 严端主编, Zhonghua Renmin Gongheguo Xing*shi Susongfa Shiyi yu Yingyong* 中华人民共和国刑事诉讼法释义与应用, Jilin Renmin Chubanshe, 1996, pág. 7 e ss.

Capítulo VIII – Principais aspectos da revisão penal de 1997

corre enquanto o processo não for registado. Assim se evitará que a inactividade dessas entidades, dolosa ou negligente, venha a prejudicar as pretensões do ofendido no prosseguimento do processo.

08.16.2.4 *Início do prazo. Interrupção da prescrição*

Artigo 89.º: *"O prazo de prescrição do procedimento criminal é contado a partir da data da prática do crime; se a conduta criminosa for continuada ou permanente, o prazo de prescrição será contado a partir da data em que cessa a conduta criminosa.*

Se qualquer outro crime for cometido durante o prazo de prescrição do procedimento criminal, o prazo de prescrição pelo crime anterior será contado a partir da data do último crime".

Consagra esta disposição as regras de contagem do prazo de prescrição, bem como os casos da sua interrupção.

Este artigo é idêntico ao que dispunha o artigo 78.º na primitiva versão do código.

Resulta do disposto no parágrafo primeiro deste artigo que, sendo o crime continuado ou permanente, o prazo de prescrição começará a ser contado a partir da data em que cessa a conduta criminosa.

De acordo com o parágrafo segundo, um novo crime, desde que cometido no decurso do prazo de prescrição de crime anterior, interrompe esse prazo, o qual voltará a correr em simultâneo com o do novo crime.

08.16.3 *Remição da pena*

Embora a doutrina aponte cinco casos de remição da pena (amnistia, perdão especial, isenção da execução da pena, redução da pena e reabilitação)[598], em geral e nesta sede, trata apenas de duas situações: amnistia e perdão especial.

---

[598] Gao Mingxuan zhubian 高铭暄主编, *Xingfaxue Yuanli* 刑法学原理, Zhongguo Renmin Daxue Chubanshe, 1994, vol. III, pág. 672 e ss.

468   *Lei Penal da República Popular da China*

A amnistia estava prevista na constituição de 1954, podendo ser concedida pela assembleia nacional popular. A verdade, todavia, é que esse órgão nunca exerceu tal poder e, nas constituições que se seguiram – 1975, 1978 e 1982 –, nenhuma referência lhe foi feita.

A amnistia é pois desconhecida do actual direito da República Popular da China.

08.16.3.1 *Perdão especial*

Diferente é o que se tem passado com o perdão especial, definido como o poder do chefe de Estado ou o órgão máximo do poder do Estado de isentar delinquentes já condenados, do cumprimento parcial ou total de uma pena[599].

A actual constituição da R. P. China, à semelhança do que se verificava com as constituições anteriores, prevê o perdão especial nos seus artigos 67.º e 80.º.

Diz o artigo 67.º n.º 17 da constituição, que o comité permanente da assembleia nacional popular, tem o poder de decidir a concessão de perdão especial.

Por seu lado diz o artigo 80.º que o presidente da República, de acordo com as decisões da assembleia nacional popular ou do seu comité permanente, faz publicar as decisões de perdão especial.

Diferentemente do que aconteceu com a amnistia, o perdão foi concedido diversas vezes, entre 1959 e 1975.

O primeiro perdão especial foi concedido por decreto de 17 de Setembro de 1959, para comemorar o 10.º aniversário da criação da República Popular. Abrangeu este perdão criminosos de guerra, criminosos contra-revolucionários e também delinquentes comuns.

Em 19 de Novembro de 1960 e 16 de Dezembro de 1961, foram concedidos novos perdões a criminosos de guerra. Em ambos os casos os crimes de guerra abrangidos foram os praticados por elementos afectos a Chiang Kai-shek e crimes de agentes ligados ao chamado Manzhouguo[600].

---

[599] Wang Zuofu, Su Huiyu zhubian 王作富, 苏惠鱼主编, *Zhongguo Xingfa Tonglun* 中国刑法通论, Zhongguo Fengzheng Chubanshe, 1997, pág. 259.

[600] Manzhouguo 满洲国(reino da Manchúria) foi um"Estado" fantoche criado em 6 de Fevereiro de 1932 pelo Japão, com a colaboração de Puyi (Aisin Gioro), o último

Em 30 de Março de 1963, 12 de Dezembro de 1964 e 29 de Março de 1966, os autores dos aludidos crimes de guerra bem como dos crimes de guerra praticados na Mongólia e Xinjiang, foram objecto de novos perdões.

Todos os criminosos de guerra foram abrangidos por um outro perdão, concedido em 17 de Março de 1975.

Refira-se que apenas o primeiro perdão especial abrangeu crimes comuns. Todos os restantes tiveram por objecto "crimes de guerra".

Em nenhum dos casos o perdão abrangeu a totalidade da condenação inicialmente fixada e só foram concedidos a quem já tivesse cumprido uma parte da pena.

Um dos requisitos da sua concessão era a manifestação de arrependimento e sinais claros de ter havido recuperação.

Em todas as situações o perdão foi concedido por decisão do comité permanente da assembleia nacional popular, feita publicar pelo presidente da República.

---

imperador da dinastia Qing, o qual aceitou encabeçar a chefia do "Estado" se bem que, na realidade, a situação fosse inteiramente controlada pelas forças de ocupação japonesas. Curiosamente, Puyi foi um dos beneficiários do perdão de 1959, tendo sido libertado nesse ano, após cumprimento de 10 anos de prisão, e passado a viver em Beijing, onde faleceu no ano de 1967. Para a sua libertação, bem como de outros elementos politicamente afectos às auto-designadas forças nacionalistas, terá tido grande importância a intervenção de Zhou Enlai, consciente da importância que esse gesto de clemência teria para a imagem externa da República Popular da China. V. Sobre este assunto Han Suyin, Eldest Son, *Zhou Enlai and the Making of Modern China, 1898-1976*, Jonathan Cape, 1994, pág. 280 e ss.

Capítulo IX

PRINCIPAIS ASPECTOS DA REVISÃO PENAL DE 1997.
A PARTE ESPECIAL

09.1 Introdução

O impacto da revisão na parte especial do código, está bem patente no número de artigos que constituem o segundo livro.

Na versão do código de 1979, o número de artigos que constituíam a parte especial era de 103. Com a revisão, esse número aumentou para 350 artigos, ou seja, mais 247 do que na versão primitiva.

A que se deveu esse aumento?

O código de 1979 teve como antecedentes trabalhos preparatórios que vinham dos anos 50. Por outro lado, havia a determinação firme do poder político, instalado após o fim da "revolução cultural", de criar rapidamente um sistema legal, que permitisse enquadrar a vida social em "padrões mínimos" de legalidade e levasse a juízo os responsáveis pelos abusos da "revolução", encabeçados por aqueles que ficaram conhecidos como o "bando dos quatro".

O código de 1979 teve pois na sua base concepções jurídico-penais que estavam bem longe das concepções de um "Estado de direito", mesmo sob o ponto de vista muito limitativo pelo qual essa noção é ainda hoje entendida na República Popular da China. Bastará atender ao facto de que o código foi publicado ainda na vigência da Constituição de 1978 que, embora expurgada dos excessos da Constituição de 1975, moldada aos padrões políticos do "bando dos quatro", era mesmo assim fortemente tributária do pensamento maoista mais radical. O que conduziu a que,

472 *Lei Penal da República Popular da China*

no ano de 1982, viesse a ser aprovada nova lei fundamental, ainda hoje vigente, apesar de, por mais de uma vez, ter sido objecto de revisão.

Acresce que a política de abertura, de modernização e da chamada economia de mercado socialista só se inicia, ou só passa a produzir efeitos no tecido económico-social, após a aprovação do código.

09.1.2 *A erosão do código de 1979*

Em muito curto prazo o diploma de 1979 era já insuficiente e, nalguns casos, manifestamente imprestável.

Daí se gerou a necessidade de produção de legislação avulsa, alguma dela para tentar travar o aumento da criminalidade em geral, outra virada para a criminalidade económica, em domínios que inicialmente nem estavam na previsão do legislador e, a partir dos anos 90, para combater a criminalidade financeira.

Essa legislação penal avulsa foi basicamente incorporada no diploma revisto o que, só por si, contribuíu em boa medida para o acréscimo de disposições.

O legislador aproveitou também a oportunidade da revisão para ir de encontro a novos desafios que iam emergindo no tecido social.

Os problemas da criminalidade organizada, da actividade terrorista, da violência étnica, da criminalidade informática ou da lavagem de dinheiro, implicaram a necessidade da elaboração de novos tipos.

Um outro factor que influiu fortemente no aumento do articulado, prendia-se com a filosofia subjacente à revisão, mais virada para o respeito pelo princípio da legalidade. Convém aqui recordar que o código, na versão primitiva, permitia o recurso à analogia, o que após a revisão ficou vedado. Essa alteração exigiu por parte do legislador um recorte mais apurado dos tipos, o que contribuiu também para o avolumar da parte especial.

Finalmente, o código incorporou também na sua parte especial os delitos militares, que anteriormente faziam parte de diploma autónomo, aprovado em 10 de Junho de 1981 e que vigorava desde 1 de Janeiro de 1982.

Na versão de 1979, a parte especial repartia-se por oito capítulos:
1. Crimes contra-revolucionários;
2. Crimes contra a segurança pública;

3. Crimes contra a ordem económica socialista;
4. Crimes contra os direitos pessoais e os direitos democráticos dos cidadãos;
5. Crimes contra a propriedade;
6. Crimes contra a ordem social;
7. Crimes contra o casamento e a família;
8. Crimes de violação de funções públicas.

09.1.3 *Sistemática da parte especial após a revisão*

Na versão revista do código, a parte especial é constituída pelos seguintes 10 capítulos:
1. Crimes contra a segurança do Estado;
2. Crimes contra a segurança pública;
3. Crimes contra a ordem da economia de mercado socialista;
4. Crimes contra os direitos pessoais e os direitos democráticos dos cidadãos;
5. Crimes contra a propriedade;
6. Crimes contra a ordem social;
7. Crimes contra os interesses da defesa nacional;
8. Crimes de peculato e corrupção;
9. Crimes de violação de deveres;
10. Crimes de violação de deveres por militares.

Diferentemente do que se verificava com a versão de 1979, actualmente alguns dos capítulos dividem-se em secções.

Como já foi assinalado, a parte especial contém 350 artigos. Todavia, alguns dos artigos prevêem mais do que um crime.

09.1.4 *A identificação dos crimes*

Um dos problemas que havia na velha redacção e na legislação avulsa, tinha precisamente a ver com a designação de cada um dos crimes, já que a lei não continha nos artigos qualquer epígrafe que os identificasse.

474   *Lei Penal da República Popular da China*

O problema revestia-se de particular dificuldade porquanto, como já foi referido, a estrutura dos diversos tipos, numa formulação de tendência generalizante e aberta à analogia, não primava pelo rigor.

Essa questão preocupava fortemente a doutrina, e por isso havia quem recomendasse que, na revisão, o legislador deveria indicar em cada artigo o crime ou crimes aí descritos[601].

Havia até quem, no decurso dos trabalhos de revisão, indicasse como exemplo o código penal de Macau[602].

Acontece que o legislador, persistindo na opção da redacção inicial do código, absteve-se de fixar a designação de cada um dos crimes.

O problema teria então que ser resolvido no foro judicial, sob pena de os diversos tipos de crime serem conhecidos sob diferentes designações.

Com vista à unificação dessas designações, o supremo tribunal popular aprovou uma decisão, em 9 de Dezembro de 1997, que, percorrendo todo o articulado da parte especial, identificou 413 crimes[603].

Por seu lado, a suprema procuradoria popular adoptou idêntico procedimento, tendo publicado um aviso, com data de 12 de Dezembro de 1997, no qual os crimes são identificados exactamente nos mesmos termos, mas acrescentando um crime ao capítulo IX, ou seja, contabilizando 414 e não 413 crimes[604].

09.2 Crimes contra a segurança do Estado

Uma das fontes de maior incómodo para os académicos da República Popular da China, era o primeiro capítulo da parte especial do código de 1979.

---

[601] Zheng Fengge zhubian 张风阁主编, *Xinxingfa Lilun yu Shiwu* 新刑法理论与实务, Jingguan Jiaoyu Chubanshe, 1997, pág. 176 e ss.

[602] Wang Zhongxing 王仲兴, Lun Zuimin de Lifahua Wenti 论罪名的立法化问题, in Gao Mingxuan 高铭暄, *Xingfa Xiugai Jianyi Wenji* 刑法修改建议文集, Zhonghua Renmin Daxue Chubanshe, 1997, pág. 451.

[603] V. *Zhonghua Renmin Gongheguo Zuigao Renmin Fayuan Gongbao* 中华人民共和国最高人民法院公报, n.º 1 de 1998, pág. 15 e ss.

[604] V. *Zhonghua Renmin Gongheguo Zuigao Renmin Jianchayuan Gongbao* 中华人民共和国最高人民检察院公报, n.º 5 de 1997, pág. 13 e ss.

Capítulo IX – Principais aspectos da revisão penal de 1997 475

Esse capítulo era encabeçado pela epígrafe "crimes contra-revolucionários". O embaraço era de tal ordem que, num livro sobre direito penal do continente, publicado em 1994 por uma editora de Taiwan, livro este da autoria de três dos mais conceituados penalistas chineses, este capítulo, numa antecipação de mais de 3 anos, é já referido sob o título de "crimes contra a segurança do Estado"[605].

Todavia, o conceito de "crimes contra-revolucionários" é inseparável da história do direito penal da R. P. China, até à aprovação da presente revisão. De tal forma que o conceito, só por si e em lata interpretação, particularmente nas fases de maior radicalismo revolucionário, tinha valor incriminatório[606].

A situação era tanto mais grave quanto é certo que nunca houve preocupação de delimitar, com um mínimo de rigor, o respectivo conteúdo.

O primeiro capítulo do código na versão de 1979 tinha as suas bases assentes no "regulamento para a punição dos crimes de contra-revolução" de 21 de Fevereiro de 1951. Todavia, as circunstâncias de 1951 eram radicalmente diversas. A aprovação do diploma era então justificada pela necessidade de combater aqueles que se opunham à afirmação da "ditadura do proletariado" e ao avanço da reforma agrária. A guerra da Coreia somou àquelas razões a ideia de combate ao imperialismo e aos seus aliados internos.

Ao tempo da aprovação do código, as circunstâncias do país eram já bem diferentes. Todavia estava ainda vivo o esquerdismo remanescente da "revolução cultural", pelo que a designação do capítulo se manteve.

09.2.1 *O abandono dos crimes "contra-revolucionários"*

A discussão no sentido da alteração da epígrafe do primeiro capítulo iniciou-se em 1988.

---

[605]V. Gao Mingxuan, Zhao Bingzhi e Bao Zhuxian高铭暄, 赵秉志, 保主线, *Xingfa* 刑法, Yuedan Chubanshe, 1994, Taibei, pág. 230 e ss.

[606] Sobre a evolução do direito penal revolucionário V. *Júlio Pereira, Comentário à Lei Penal Chinesa*, Livros do Oriente, 1996, pág. 27 e ss.

Propunham-se várias designações como "crimes contra o Estado", "crimes contra-revolucionários e outros crimes contra a segurança do Estado" e "crimes contra a segurança do Estado". Acabou por prevalecer esta última.

As razões invocadas foram principalmente as seguintes[607]:

"Crimes contra-revolucionários" é uma expressão ultrapassada. Após o terceiro pleno do XI comité central do partido comunista, as atenções desviaram-se da problemática da luta de classes para as políticas de construção económica, abertura ao exterior e "um país dois sistemas"[608].

O único elemento diferenciador de um "crime contra-revolucionário" e um "crime comum" reside, na maior parte dos casos, no elemento subjectivo. No propósito contra-revolucionário do agente. Ora, em geral, essa determinação reveste-se de grandes dificuldades.

Essa designação colocava os referidos crimes na órbita dos "crimes políticos", o que criava dificuldades ao país, nomeadamente em matéria de cooperação judiciária.

Para além da alteração do nome do capítulo, interessa assinalar outras alterações que tiveram um impacto importante.

A norma genérica do artigo 90.°, na versão de 1979, que dizia *"Todos os actos que lesem a RPC levados a cabo com o propósito de derrubar o poder político da ditadura do proletariado e o sistema socialista são crimes contra-revolucionários"* foi eliminada e não foi criada nenhuma outra, definidora em termos genéricos de crimes contra a segurança do Estado.

Foram eliminados deste capítulo crimes que de facto nada tinham a ver com a segurança do Estado, como o de invasão ou fuga de prisões, uso de crenças feudais, etc.

Finalmente, e este será até o aspecto mais significativo, retiraram-se deste capítulo os crimes que só aqui se inseriam pela sua componente

---

[607] V. Zhao Bingzhi 赵秉志, *Xinxingfadian de Chuangzhi* 新刑法典的创制, Falu Chubanshe, 1997, pág. 146

[608] Esta razão não se afigura muito consistente, já que o terceiro pleno do comité central do XI.° congresso do partido teve lugar em Dezembro de 1978, antes portanto da aprovação do código. Por sua vez a política "um país dois sistemas" só ganhou consagração na constituição de 1982.

Capítulo IX – Principais aspectos da revisão penal de 1997 477

subjectiva, como o de sabotagem, homicídio ou ofensas corporais com propósito contra-revolucionário.

Pode dizer-se que os crimes deste capítulo têm efectivamente como ideia a defesa da segurança do Estado. A excepção vai apenas para o artigo 105.º, no qual o que efectivamente se protege é o poder instituído e o sistema socialista.

Os valores lesados pelos crimes previstos neste capítulo são a "segurança do Estado, o poder político da ditadura democrática do povo e o sistema socialista"[609].

Numa visão mais aproximada, os crimes contra a segurança do Estado consistem em condutas que voluntariamente atentam contra a existência e desenvolvimento da República Popular da China, designadamente conta a independência nacional, a soberania e a integridade territorial; que visam a subversão do poder do Estado e o derrube do sistema socialista; que procuram o desmembramento do país ou sabotam a unidade nacional[610].

E há ainda quem considere que, no centro das preocupações deste capítulo, se situa a estabilidade do poder político, que é posta em causa por acções contra o poder político da ditadura democrática do povo, contra o sistema socialista e contra o sistema emergente da política "um país dois sistemas "[611].

Entende-se que, dados os termos constitucionais de organização do poder político, sob a direcção do partido comunista, o Estado terá que assentar no sistema socialista, indissociável da ditadura democrática do povo.

O capítulo ora em análise, reúne pois o conjunto de normas destinadas a prevenir e reprimir as condutas de todos aqueles que, dentro

---

[609] Zhang Fengge 张风阁, *Xinxingfa Lilun Yu Shiwu* 新刑法理论与实务, Jingguan Jiaoyu Chubanshe, 1997, pág. 180; Gao Mingxuan zhubian 高铭暄主编, Zhao Bingzhi fuzhubian 赵秉志副主编, *Xinbian Zhongguo Xingfaxue* 新编中国刑法学, Zhongguo Renmin Daxue Chubanshe, 1998, vol. I, pág. 489 ss.

[610] Cao Zidan e Hou Guoyun 曹子丹, 侯国运, *Zhonghua Renmin Gongheguo Xingfa Jingjie* 中华人民共和国刑法精解, Zhongguo Zhengfa Daxue Chubanshe, 1997, pág. 87.

[611] Ou Yangtao, Wei Kejia e Liu Renwen 欧阳涛, 魏克家, 刘仁文, *Zhonghua Renmin Gongheguo Xinxingfa Zhushi Yu Shiyong*中华人民共和国新刑法注释与适用, Renmin Fayuan Chubanshe, 1997, pág. 174.

478   *Lei Penal da República Popular da China*

ou fora da República Popular da China, atentem qualquer desses valores que mutuamente se suportam e são uns pressuposto da vigência dos restantes.

Sob o ponto de vista objectivo, os crimes contra a segurança do Estado traduzem-se sempre em condutas que atentam contra as bases, contra os interesses fundamentais do próprio Estado, nestes se considerando incluído o sistema político vigente.

Sob o ponto de vista dos sujeitos, os crimes contidos neste capítulo podem, em geral, ser cometidos por qualquer pessoa que seja criminalmente imputável, seja cidadão chinês ou estrangeiro. Todavia há crimes, como o de traição ou deserção para o inimigo, que só podem ser cometidos por nacionais chineses.

Finalmente, no que se refere ao aspecto subjectivo, qualquer destes crimes supõe dolo directo. Não é possível, por falta de requisito subjectivo, a prática de qualquer destes crimes por negligência.

A doutrina divide-se quanto a saber se estes crimes podem ser cometidos com dolo eventual. No mínimo considera-se que, "em geral", o dolo eventual não basta para ver preenchido o requisito subjectivo do crime[612].

09.3 Crimes Contra a Segurança Pública

O segundo capítulo, com 26 artigos (114.º ao 139.º), ocupa-se dos crimes contra a segurança pública.

Em que consistem os crimes contra a segurança pública? Em condutas dolosas ou negligentes que efectivamente lesam ou são susceptíveis de lesar a vida ou a saúde de um número indeterminado de pessoas, ou de atentar contra a segurança de bens patrimoniais de avultado valor[613].

---

[612] Em sentido negativo V. Zhou Zhenxiang zhubian 周振想主编, *Zhongguo Xinxingfa Shilun yu Zuian* 中国新刑法释论与罪案 Zhongguo Fangzheng Chubanshe, vol. I, pág. 597; em sentido positivo relativamente a alguns crimes, Gao Mingxuan zhubian 高铭暄主编, Zhao Bingzhi fuzhubian 赵秉志副主编, obra citada, pág. 491.

[613] Wang Zuofu e Su Huiyu 王作富、苏惠鱼, *Zhongguo Xingfa Tonglun* 中国刑法通论, Zhongguo Fangzheng Chubanshe, 1997, pág. 287.

Capítulo IX – Principais aspectos da revisão penal de 1997   479

Importa esclarecer que o atentado contra bens patrimoniais tanto se refere a bens públicos como privados.

Por outro lado, haverá de acrescentar-se que aquela definição fica um tanto aquém daquilo que se pode depreender da leitura dos vários artigos deste capítulo, por via dos quais se percebe que o legislador não deixou de ter também em conta a segurança na produção, no trabalho e na actividade diária da população. Daí que haja quem acrescente esses valores, na delimitação do objecto deste género de crimes[614].

Digamos portanto, como noutra circunstância já deixamos escrito[615], que por segurança pública se entende a segurança da vida e saúde das pessoas, segurança dos bens públicos e privados de maior significado económico, segurança na produção, no trabalho e na vida diária da população.

O que faz a distinção entre um crime contra a segurança pública ou um crime contra as pessoas ou o património é que, os crimes deste capítulo, são dirigidos contra bens pessoais ou patrimoniais de um número indeterminado de pessoas ou contra pessoas indeterminadas. Nos outros crimes, a acção é dirigida contra pessoa ou pessoas determinadas.

Na hierarquia dos bens jurídicos protegidos pela lei penal, este conjunto de crimes ocupa o segundo lugar, logo a seguir aos crimes contra a segurança do Estado. Não é por acaso que isso acontece. Na perspectiva do legislador, a segurança pública tem maior importância do que por exemplo os bens jurídicos pessoais, até porque, em boa parte dos casos, estes também aí estão envolvidos.

Na maioria dos crimes o sujeito pode ser qualquer pessoa, desde que criminalmente imputável.

Há no entanto também alguns crimes próprios, designadamente os vários crimes de responsabilidade agravada, os quais exigem que o agente exerça certa profissão ou desenvolva determinada actividade.

Também há casos de crimes de que podem ser autores as pessoas colectivas.

Diferentemente do que acontecia no capítulo anterior, neste não há dúvidas de que há crimes que podem ser cometidos apenas por dolo,

---

[614] V. Ou Yangtao, Wei Kejia e Liu Renwen 欧阳涛, 魏克家, 刘仁文, obra citada, Renmin Fayuan Chubanshe, 1997, pág. 193.

[615] Júlio Pereira, obra citada, pág. 173.

480   *Lei Penal da República Popular da China*

outros por dolo ou negligência e há até crimes que são por natureza negligentes, como é o caso dos crimes de acidente por violação de normas de segurança ou os de responsabilidade agravada.

No que diz respeito a este capítulo, a revisão[616] incidiu fundamentalmente no alargamento de tipos de crimes. Alguns deles novos e outros em resultado de um desenvolvimento das previsões já existentes.

Foram criados diversos crimes, punindo o sequestro de aeronaves, navios, automóveis e perturbação da navegação aérea, organização, chefia e adesão a organização terrorista.

Foram acrescentadas diversas normas relativas a armas de fogo, munições e explosivos e material nuclear, visando principalmente a punição do fabrico, aquisição ou detenção ilícitas, tráfico, transporte ou armazenamento ilícito desses produtos perigosos. O legislador foi particularmente minucioso e rigoroso no que se refere a estes crimes.

Ao conjunto de crimes de acidentes graves foram somados outros tipos, referentes à segurança da actividade ferroviária, navegação aérea, construção civil, equipamentos escolares e combate a incêndios.

Finalmente, aproveitou-se também a revisão para se operar um aperfeiçoamento da própria terminologia do código.

09.4 Crimes contra a ordem da economia de mercado socialista

O capítulo terceiro é o maior da parte especial do código, com um total de 91 artigos – 140.º a 230.º –, distribuídos por oito secções.

Foi este o capítulo em que foram introduzidas mais inovações, tendo incorporado um elevado número de normas contidas em muita legislação penal avulsa.

Dadas as alterações introduzidas seria extremamente difícil fazer a comparação entre o velho e o novo código.

Iremos limitar-nos, por isso, a fazer uma curta referência a cada uma das secções deste capítulo, com alusão aos respectivos crimes e ao enquadramento sancionatório.

---

[616] Zheng Fengge zhubia 张风阁主编, *Xinxingfa Lilun yu Shiwu* 新刑法理论与实务, Jingguan Jiaoyu Chubanshe, 1997, pág. 176 e ss.

Capítulo IX – Principais aspectos da revisão penal de 1997   481

09.4.1 *Crimes de produção e venda de mercadorias contrafeitas de má qualidade*

Refere-se esta secção a um certo número de condutas que, por violarem as normas sobre o controlo de qualidade dos produtos, em resultado das circunstâncias ou das respectivas consequências, são criminalmente puníveis.

As condutas aqui previstas referem-se ao fabrico e venda de produtos falsificados. Todavia o que aqui está em causa não é propriamente a falsificação em si, mas o facto de daí resultarem efeitos negativos na qualidade do produto, lesivos para os seus consumidores. Um produto falsificado, mas que seja melhor que o produto imitado, ficará fora deste elenco de crimes, podendo embora constituir crime punível por falsificação de marca.

Os crimes desta secção são todos eles de produção e venda de produtos contrafeitos, de qualidade inferior, ou deteriorados em função das respectivas condições de armazenamento, uso, ou devido ao prazo de validade.

Nos artigos 140.º a 148.º, prevêem-se os crimes de produção e venda de mercadorias contrafeitas de má qualidade, de medicamentos falsificados, de medicamentos de qualidade inferior, de alimentos não conformes com os padrões de higiene, de alimentos tóxicos ou perigosos, de equipamentos médicos não conformes com os padrões de fabrico, de produtos não conformes com os padrões de segurança, de pesticidas, medicamentos de uso veterinário, fertilizantes ou sementes falsificados de má qualidade e de cosméticos não conformes com os padrões de higiene.

09.4.2 *Crimes de contrabando*

Os crimes de contrabando consistem em condutas, levadas a cabo em circunstâncias graves, que se traduzem em transportar, receber, enviar ou fazer entrar ou sair pelas fronteiras mercadorias, violando as disposições alfandegárias ou fugindo ao respectivo controlo.

O código prevê diversos tipos de contrabando – de armas e munições, de material nuclear, de moeda falsa, relíquias culturais, metais preciosos, animais ou produtos animais raros, plantas ou produtos vege-

482   *Lei Penal da República Popular da China*

tais raros, material pornográfico, mercadorias comuns e detritos sólidos – nos artigos 151.º a 155.º.

09.4.3 *Crimes contra a ordem da administração de sociedades e empresas*

Consistem estes crimes em condutas violadoras de normas relativas à constituição, funcionamento ou contabilidade das empresas, passíveis de sanção penal.

Estas condutas estão tipificadas nos artigos 158.º a 169.º, que prevêem os crimes de falsa declaração de registo de capital, de falso investimento e de desinvestimento, emissão fraudulenta de acções ou obrigações, fornecimento de relatórios financeiros fraudulentos, viciação da contabilidade, corrupção passiva ou activa de empregados de sociedades e empresas, concorrência desleal, favorecimento, gestão danosa, falência fraudulenta e baixa fraudulenta de acções, para venda de bens do Estado.

09.4.4 *Crimes de sabotagem da ordem financeira*

Traduzem-se em condutas criminalmente puníveis, que atentam contra a ordem financeira por via da violação de normas relativas a moeda, banca, crédito, seguros, títulos de valor e títulos de crédito.

Os crimes previstos nesta secção, dos artigos 170.º a 191.º, são os de falsificação de moeda, compra, venda e transporte de moeda falsa, compra e troca de moeda falsa por pessoal de instituições financeiras, detenção e passagem de moeda falsa, alteração de moeda, criação não autorizada de instituição financeira, falsificação, alteração e transmissão de alvará para actividade financeira, usura, captação ilegal de depósitos, falsificação e alteração de títulos financeiros, falsificação e alteração de títulos de valor do Estado, falsificação ou alteração de acções ou obrigações de sociedades e empresas, emissão não autorizada de acções ou obrigações de sociedades e empresas, revelação de informações comerciais, invenção e divulgação de falsas informações sobre títulos, manipulação do valor comercial de títulos, obtenção ilegal de crédito, aceitação ilegal de responsabilidades, pagamento de contas ou concessão de garantias, fuga de capitais e lavagem de dinheiro.

Capítulo IX – Principais aspectos da revisão penal de 1997   483

09.4.5 *Crimes de fraude financeira*

Estes crimes consistem em condutas que, escondendo a realidade ou dando da mesma uma falsa representação, levam as instituições financeiras à prática de actos lesivos do seu património.

Estas condutas estão previstas nos artigos 192.° a 198.°, prevendo os crimes de burla na recolha de fundos, na obtenção de crédito, com utilização de títulos, com utilização de certificados financeiros, cartas de crédito, cartões de crédito, com títulos de valor e ainda a burla de seguros.

09.4.6 *Crimes contra a cobrança de impostos*

Nesta secção, do artigo 201.° ao 209.°, para além dos crimes tradicionais de evasão fiscal e resistência ao pagamento de impostos, são contempladas situações completamente novas, designadamente de falsificação de documentos com vista à evasão ao pagamento do IVA ou recuperação do montante desse imposto.

Esses são os casos de maior gravidade, que chegam a ser puníveis com prisão perpétua – artigos 204.° e 207.° – ou mesmo com a pena de morte – artigos 205.° e 206.°.

09.4.7 *Crimes de violação da propriedade intelectual*

Nos artigos 213.° a 219.°, que são os que constituem esta secção, estão previstos os crimes de contrafacção de marca comercial, venda de produtos contrafeitos, venda de símbolos de marca falsificada, falsificação de patentes, violação de direitos de autor, reprodução de produtos com violação de direitos e violação de segredo comercial.

09.4.8 *Crimes de perturbação da ordem do mercado*

Estes crimes integram-se na última secção deste capítulo, do artigo 221.° ao 230.°, onde e prevêem os crimes de ofensas à reputação comercial e de produtos comerciais, publicidade fraudulenta, conluio em con-

484   *Lei Penal da República Popular da China*

cursos, burla contratual, comércio ilegal, coacção contratual, falsificação ou venda de bilhetes falsificados, especulação com bilhetes de comboio ou barco, transferência ou venda ilegais de direito de uso da terra, fornecimento de certificados falsos e fuga à verificação de mercadorias.

09.5 **Crimes contra os direitos pessoais e direitos democráticos dos cidadãos**

O objecto dos crimes previstos neste capítulo são os direitos pessoais (como a vida ou a saúde), direitos com estes directamente relacionados (como a liberdade pessoal, honra ou a reserva da vida privada), e os direitos de participação político-social (como os direitos de eleger ou ser eleito ou de crença religiosa), reconhecidos pela constituição ou pela lei.

Numa visão mais detalhada desta espécie de crimes, poderemos neles descobrir sete diferentes categorias[617]:
1. Crimes contra a vida e a saúde;
2. Crimes contra a saúde física e psíquica das mulheres e crianças;
3. Crimes contra a liberdade pessoal;
4. Crimes contra o bom nome e o carácter;
5. Crimes contra os direitos democráticos;
6. Crimes de abuso de funções públicas para violação de direitos alheios;
7. Crimes contra o casamento e a família.

Sob o ponto de vista dos sujeitos, a maioria das infracções penais pode ser praticada por qualquer indivíduo penalmente imputável. No entanto, alguns dos crimes, nomeadamente dos que atentam contra os direitos democráticos dos cidadãos, são crimes próprios.

Sob o ponto de vista subjectivo, a esmagadora maioria dos crimes é de natureza dolosa. Só os de homicídio e de ofensas corporais podem também assumir a forma negligente.

---

[617] Li Peize,Zhou Shuiqing李培泽, 周水清, *Xinxingfa Shiyong* 新型法适用, Jingguan Jiaoyu Chubanshe, 1997, pág. 336 e ss.

Numa análise comparativa com o código de 1979, salientamos cinco pontos fundamentais que marcam a revisão deste capítulo[618]:

No essencial foi mantido o elenco de crimes embora, relativamente a alguns deles, a respectiva estrutura e as penas tenham sido alteradas;

Foram acrescentadas as disposições incriminatórias criadas pela decisão do comité permanente da assembleia nacional popular, de 4 de Setembro de 1991, relativa à punição dos crimes de rapto para venda de mulheres e crianças;

Foram incluídos neste capítulo alguns crimes que, na versão anterior do código, constavam do capítulo dos crimes contra o casamento e a família;

Foram eliminados alguns outros que a prática demonstrou que não tinham consistência prática, como o de imposição ilegal do regime de controlo;

Foram acrescentados novos tipos, como o de coacção laboral e de instigação do ódio ou discriminação étnicas.

Quanto ao mais ficaram essencialmente intocados os princípios subjacentes às políticas criminais anteriores à revisão, particularmente no que diz respeito à política de punição "rápida e severa", traduzida no encurtamento dos prazos processuais, severidade das penas e delegação nos tribunais superiores da competência para a aprovação das penas de morte.

Dos referidos princípios, os primeiros são de incidência processual. Todavia, a legislação especial aplicável aos casos de maior gravidade manteve-se em vigor, apesar da entrada em vigor de um novo código de processo.

No que às penas diz respeito, e como teremos oportunidade de verificar, a incidência de aplicação da pena de morte não foi reduzida com a revisão[619].

---

[618] Zhang Fengge 张风阁, *Xinxingfa Lilun Yu Shiwu* 刑法理论与实务, Jingguan Jiaoyu Chubanshe, 1997, pág. 346 e ss.

[619] A política de punição severa iniciou-se com várias resoluções, aprovadas no início dos anos 80, e que se foram sucedendo até praticamente à revisão do código. Visava fundamentalmente dar combate ao aumento da criminalidade, objectivo este que, aparentemente, não foi atingido. Sobre esta política V. Zhao Bingzhi 赵秉志– *Xingfa Yanjiu Xilie* 刑法研究系列, *V. II, Xingfa Gelun Wenti Yanjiu* 刑法各轮问题研究, Zhongguo Fazhi Chubanshe, 1996, pág. 10 e ss.

486   *Lei Penal da República Popular da China*

Um outro aspecto que se manteve intocado, relativamente ao código de 1979, tem a ver com os requisitos da verificação dos crimes contra os direitos democráticos dos cidadãos. No conjunto desses crimes, as condutas só terão relevância penal se ocorrerem em circunstâncias graves. Dessa circunstância decorre que, em boa parte dos casos ou mesmo na esmagadora maioria deles, essas condutas não sejam criminalmente puníveis, seja porque o aludido requisito situe a um nível demasiado exigente a intervenção do ordenamento penal, seja pela ausência de recorte mais detalhado do próprio conceito de "circunstâncias graves".

09.6 Crimes contra a propriedade

Este capítulo assistiu a importantes alterações em sede de revisão.

Na redacção primitiva do código, e dado o pouco significado que tanto a actividade económica como a propriedade privadas tinham na China ao tempo da respectiva aprovação, o violação da propriedade centrava-se fundamentalmente nos sectores estadual e colectivo.

O capítulo dos crimes contra a propriedade tinha apenas sete artigos, prevendo os crimes de roubo, furto, esbulho, burla, extorsão, peculato e dano[620].

No novo código, o número de artigos passou para o dobro. Os referidos crimes foram mantidos, com excepção do crime de peculato, que passou para outro capítulo.

Foram acrescentados os crimes de desvio de fundos, abuso de confiança e o crime de sabotagem da actividade produtiva que, com diferente formulação, estava anteriormente previsto no capítulo dos crimes contra a economia socialista.

A alteração verificada em relação ao crime de sabotagem da actividade produtiva é aliás um bom exemplo das diferentes filosofias subjacentes às formulações de 1979 e de 1997, do código penal.

---

[620] V. Júlio Pereira, obra citada, pág. 241 e ss. Embora fazendo aí referência a mais sete crimes, os mesmos não estavam previstos no código mas em legislação avulsa aprovada apenas nos anos 90. Esses crimes, com excepção do de desvio de fundos que ficou integrado neste capítulo, estão agora previstos no capítulo dos crimes contra a ordem económica.

Esse crime, em 1979, só ocorria quando houvesse lesão na ordem da produção da economia colectiva, mas não da privada. Quando muito, concedia-se que o crime se verificaria no seio da actividade económica privada, mas apenas no caso de os meios de produção serem de proprie-dade pública. As dúvidas foram agora afastadas, aplicando-se a norma em qualquer dos casos em que esteja em causa a actividade produtiva.

Importantes foram também as alterações previstas nas penas. Para além de um elenco mais diversificado, estas foram substancialmente agravadas, na linha do que vinha acontecendo com a legislação avulsa que fora sendo aprovada após a entrada em vigor do código. Com efeito, após a decisão de 8 de Março de 1982, para a punição severa de crimes contra a economia, o furto passou a poder ser punível com a pena de morte. E, após uma decisão interpretativa do supremo tribunal popular, de 2 de Novembro de 1984 (cujo rigor foi atenuado por nova decisão do mesmo tribunal, de 11 de Dezembro de 1992), essa pena passou de facto a ser obrigatória para os casos de furto de valor não inferior a 30.000 RMB.

Porém, na redacção do código de 1979, e no conjunto dos crimes que agora integram este capítulo, só o crime de roubo era punível com prisão perpétua ou pena de morte.

No novo código estas penas podem ser aplicáveis nos crimes de roubo, furto[621], esbulho e abuso de confiança qualificado. E a pena de prisão perpétua pode ser aplicável aos crimes de burla.

---

[621] A pena de morte para os crimes de furto não tem merecido o apoio de boa parte da doutrina. No que pode ser considerado um apelo (não atendido pelo legislador) à sua não previsão para estes crimes no novo código V. Li Yunlong e Shen Deyong 李云龙、沈德咏, Daoqiezui Shiyong Sixing de Lifa Wanshan 盗窃罪适用死刑的立法完善, , in Gao Mingxuan zhubian 高铭暄主编 – *Xingfa Xiugai Jianyi Wenji* 刑法修改建议文集, Zhongguo Renmin Daxue Chubanshe, 1997, pág. 591 e seguintes.

As razões apontadas para essa posição são as seguintes:

A severidade das penas não tem impedido um grande aumento do número de crimes;

No caso do furto, o critério para a aplicação da pena de morte acaba por ser o montante envolvido, sendo que esse não deve ser o único critério para a determinação da medida da pena;

O crime de furto não representa qualquer perigo para a vida ou a saúde das pessoas;

A política de muitos países relativamente ao crime de furto vai no sentido da aplicação de penas mais curtas de prisão e agravação da sanção económica;

O objecto dos crimes previstos neste capítulo é o direito de propriedade, pública ou privada.

A propriedade pública, nos termos do artigo 91.º, engloba a propriedade do Estado, a propriedade colectiva pertença das massas trabalhadoras, ofertas ou fundos especialmente destinados ao auxílio de pessoas necessitadas ou a outras causas de interesse público e a propriedade privada que seja gerida, usada ou transportada por organismos, sociedades ou empresas do Estado, empresas colectivas ou organizações populares. Esta última, sendo de sua natureza privada, é para efeitos da lei penal considerada pública dado que, sendo usada, gerida ou transportada pelo Estado ou entidades públicas, estas são responsáveis perante o respectivo proprietário, suportando o risco de perda das coisas.

Propriedade privada, nos termos do artigo 92.º, engloba os rendimentos legalmente auferidos, poupanças, casas e outros bens de subsistência, acções, títulos, obrigações, meios de produção legalmente afectados à posse de um indivíduo ou de uma família e a propriedade legítima de cada unidade familiar ou empresa privada.

Sob o ponto de vista objectivo podemos distinguir duas diferentes situações.

Relativamente aos crimes de dano e sabotagem, a conduta do agente dirige-se contra as próprias coisas, mantendo inalterada a relação de propriedade. A conduta do agente dirige-se à destruição das coisas e não à respectiva apropriação.

Diferentemente, nos restantes crimes a acção do agente não se dirige contra as coisas, mas visa alterar a relação de propriedade, já que a conduta se orienta no sentido de apropriação indevida da coisa.

Ainda sob o ponto de vista objectivo, podemos deparar com dois tipos diferentes de actuação do agente, em função do processo utilizado. Casos há em que há recurso a violência ou coacção contra as pessoas, como no roubo e coacção. Diferentemente, nos restantes crimes, isso não se verifica.

Na maioria dos crimes o sujeito terá que reunir apenas os requisitos gerais da responsabilidade criminal.

A aplicação nestes casos da pena de morte, não se compatibiliza com as necessidades sociais, nem é conforme aos valores dos finais do século XX.

Capítulo IX – Principais aspectos da revisão penal de 1997   489

Há no entanto que ter em conta algumas situações particulares, e desde logo a possibilidade de, nos termos do art. 17.º, o menor de 16 anos, desde que tenha completado 14 anos, poder ser responsabilizado pelo crime de roubo.

Para além disso, alguns crimes exigem requisitos especiais no que respeita aos sujeitos, como é o caso dos crimes de pilhagem, desvio de fundos ou abuso de confiança qualificado[622].

Sob o ponto de vista subjectivo, qualquer dos crimes deste capítulo pode apenas ser cometido a título de dolo.

09.7 Crimes contra a ordem social

Relativamente a este capítulo, em bom rigor não se pode falar em revisão já que, mais precisamente, se pode dizer que se trata de uma disciplina nova.

O capítulo correspondente do código de 1979 tinha apenas 22 artigos e uma boa parte deles já nem tinha aplicação, visto terem sido tacitamente revogados por legislação penal avulsa.

Para além disso, essa mesma legislação criou novos tipos de crime, que foram agora incorporados no código. É o caso, designadamente, dos diplomas de 21 de Janeiro de 1988, 28 de Dezembro de 1990 e 4 de Setembro de 1991, referentes, respectivamente, a contrabando, proibição de drogas e proibição da prostituição.

O objecto dos crimes contra a ordem social consiste no conjunto das condições que garantam a "protecção da ditadura democrática do povo e o desenvolvimento harmonioso da política de reforma, abertura e de modernização socialistas"[623]. Definição inútil já que nada esclarece, a não ser a dificuldade da definição do próprio objecto.

---

[622] O abuso de confiança é qualificado quando seja praticado por pessoal de socie-dades, empresas ou outras unidades que, aproveitando-se das facilidades decorrentes das respectivas funções, se aproprie de bens pertencentes à unidade respectiva. Haverá que ter em conta que tais unidades terão que pertencer ao sector privado. Caso sejam do sector público o crime será de peculato, tratado noutro capítulo.

[623] Wang Zuofu e Su Huiyu 王作富, 苏惠鱼, *Zhongguo Xingfa Tonglun* 中国刑法通论, Zhongguo Fangzheng Chubanshe, 1997, pág. 547 e ss.

490   *Lei Penal da República Popular da China*

A razão da dificuldade consiste exactamente no facto de os bens protegidos se identificarem em boa parte com os dos restantes capítulos, de tal forma que se diz que este é um capítulo residual.

Qualquer crime, de uma ou outra maneira atenta contra a ordem social. E só se encontram previstas neste capítulo situações, as mais diversificadas e protegendo os mais diversos bens jurídicos, que não mereçam previsão em cada um dos restantes capítulos, ou no regime das infracções à segurança pública, que são puníveis com sanções administrativas. Este regime é aplicável a casos considerados de menor gravidade, pelo que as sanções previstas são aplicadas e executadas por organismos alheios ao aparelho judicial[624].

O capítulo dos crimes contra a ordem social é agora o segundo mais extenso do código, com 105 artigos (277.º a 381.º), repartidos pelas seguintes nove secções:

09.7.1 *Crimes de perturbação da ordem pública (277.º a 304.º)*

Nesta secção estão previstos os crimes de resistência; instigação à resistência pela força à aplicação das leis; usurpação de funções para burla ou fraude; falsificação, alteração ou compra e venda de documentos oficiais, certificados e carimbos; furto, esbulho ou destruição de documentos oficiais, certificados e carimbos; falsificação de carimbos de sociedades, empresas, instituições ou organizações populares; falsificação ou alteração de certificados de residência; produção ou compra e venda ilegais de fardamento policial; obtenção ilegal de segredos de Estado; detenção ilegal de documentos, dados ou objectos classificados (secretos ou confidenciais) pertencentes ao Estado; produção ou venda ilegais de equipamento para espionagem; uso ilegal de equipamento de escuta ou fotografia; intromissão ilegal no sistema informático de computadores; sabotagem do sistema informático de computadores; perturbação da ordem das comunicações de rádio; reunião de massas para perturbação da ordem social; reunião de massas para invasão de serviços públicos; reunião de massas para perturbação da ordem em locais ou transportes

---

[624] Sobre o regime das sanções administrativas V. Júlio Pereira, obra citada, pág. 35 e ss.

Capítulo IX – Principais aspectos da revisão penal de 1997 491

públicos; participação em rixa; provocação de distúrbios; organização, liderança ou adesão a sociedade criminosa; entrada no país para organização de sociedades criminosas; acolhimento ou conivência com sociedades criminosas; divulgação de métodos criminosos; reunião, manifestação ou demonstração ilegais; porte ilegal de armas, instrumentos cortantes sujeitos a controlo ou explosivos, para participação em reunião, manifestação ou demonstração; sabotagem de reunião, manifestação ou demonstração; ofensas à bandeira e emblema nacionais; organização e uso de sociedades secretas, seita religiosa ou crenças supersticiosas para sabotar a aplicação das leis; organização ou uso de sociedades secretas, seitas religiosas ou crenças supersticiosas de que resulte a morte de pessoas; promiscuidade sexual; indução de menores para actos de promiscuidade sexual; furto e profanação de cadáveres; jogo e atraso deliberado do envio de correio.

09.7.2 *Crimes contra a justiça (305.º a 317.º)*

Os crimes previstos nesta secção são os de falsificação de provas; destruição ou falsificação de provas ou influência de testemunhas por defensor ou mandatário; influência de testemunhas; auxílio à destruição ou falsificação de provas; retaliação contra testemunhas; perturbação da ordem da audiência; auxílio a criminosos; recusa de fornecer prova em crime de espionagem; receptação; resistência ao cumprimento de sentenças ou ordens judiciais; selagem, apreensão ou congelamento ilegal de bens; sabotagem da ordem prisional; fuga de presos; organização para fuga de prisões; fuga de prisões com violência e invasão de prisões por massas armadas.

09.7.3 *Crimes contra a administração das fronteiras (318.º a 323.º)*

O conjunto dos crimes que integram esta secção é constituído pelos de organização para passagem ilegal da fronteira; obtenção fraudulenta de documentos para saída pelas fronteiras; fornecimento de documentos falsificados ou alterados para passagem de fronteiras; venda de documentos para passagem de fronteiras; transporte de pessoas para travessia ilegal da fronteira; passagem ilegal da fronteira; sabotagem de marcos de delimitação fronteiriça e sabotagem de marcas de carácter permanente.

492 Lei Penal da República Popular da China

09.7.4 Crimes contra a administração do património cultural (324.º a 329.º)

Nesta secção estão previstos os crimes de dano voluntário em relíquias culturais; dano voluntário em locais de interesse histórico ou turístico; dano involuntário em relíquias culturais; venda ou oferta a estrangeiro de relíquias culturais preciosas; revenda de relíquias culturais; escavação e furto de relíquia culturais antigas e de túmulos antigos; escavação e furto de fósseis humanos ou fósseis ósseos de animais; esbulho ou furto de arquivos do Estado e venda ou transferência não autorizada de arquivos do Estado.

09.7.5 Crimes contra a saúde pública (330.º a 337.º)

Aqui se prevêem os crimes de violação da prevenção de doenças infecciosas; proliferação de germes de doenças infecciosas ou de venenos; violação das regras de quarentena; organização ilegal para venda de sangue; coacção para venda de sangue; recolha ou fornecimento ilegais de sangue, fabrico ou fornecimento ilegais de derivados de sangue; acidente na recolha ou fornecimento de sangue, fabrico ou fornecimento de derivados de sangue; negligência médica; exercício ilegal da medicina; prática ilegal de cirurgia para controlo de natalidade e subtracção à quarentena de plantas e animais.

09.7.6 Crimes contra a protecção dos recursos ambientais (338.º a 346.º)

Nesta secção são descritos os crimes de acidente grave de poluição ambiental; importação ilegal de resíduos sólidos; importação não autorizada de resíduos sólidos; pesca ilegal; caça ou abate ilegais de animais selvagens preciosos ou em vias de extinção; compra, transporte ou venda de animais ou de produtos de animais selvagens preciosos ou em vias de extinção; caça ilegal; ocupação ilegal de terra; mineração ilegal; mineração danosa; abate ilegal ou destruição de espécies florestais preciosas; furto de árvores; desbaste de florestas e compra ilegal de árvores furtadas ou provenientes de desbaste ilegal.

Capítulo IX – Principais aspectos da revisão penal de 1997 493

09.7.7 *Crimes de contrabando, tráfico, transporte e fabrico de drogas (347.º a 357.º)*

Nesta secção se prevêem os crimes de contrabando, tráfico, transporte e fabrico de droga; detenção ilegal de droga; auxílio a narcotraficantes; receptação de droga ou de produtos obtidos através da droga; contrabando de precursores; compra ou venda ilegal de precursores; cultivo ilegal de espécies fonte de matéria prima de droga; tráfico, transporte, posse ou detenção ilegais de sementes ou plantas de espécies fonte de matéria prima de drogas; indução, instigação ou ludíbrio de outrem para consumo de droga; coacção de outrem para o consumo de droga, acomodação de outrem para consumo de droga e fornecimento ilegal de analgésicos ou sedativos.

09.7.8 *Crimes de organização, coacção, indução, favorecimento e intermediação para o exercício da prostituição (358.º a 362.º)*

Nesta secção estão previstos os crimes de organização da prostituição, coacção ao exercício da prostituição; auxílio à organização da prostituição; indução, acomodação ou intermediação para o exercício da prostituição; indução de menores ao exercício da prostituição; propagação de doença venérea e trato sexual com prostitutas menores.

09.7.9 *Crimes de fabrico, tráfico e divulgação de artigos pornográficos (363.º a 367.º)*

Finalmente prevê esta última secção os crimes de fabrico, reprodução, publicação, venda e divulgação de artigos pornográficos; fornecimento de número para edição pornográfica; divulgação de artigos pornográficos; organização de exibições audiovisuais pornográficas e organização de espectáculos pornográficos.

09.8 Crimes contra os interesses da defesa nacional

Os crimes previstos neste capítulo consistem em condutas que, nos termos da lei, devem ser criminalmente punidas, visto porem em perigo os interesses da defesa nacional[625].

Trata-se de um novo capítulo, sobre matérias ignoradas pelo código de 1979, com um total de 14 artigos (368.º a 381.º), prevendo 21 crimes.

A organização da defesa, das forças armadas e das questões militares, como pressupostos da segurança, soberania, integridade territorial, estabilidade social e desenvolvimento económico, não eram consideradas de forma expressa no velho código. Todavia, as situações que agora são objecto de previsão, ocorriam com alguma frequência, acabando por ser punidas, ou através dos tipos que constituíam os chamados crimes contra-revolucionários, ou por legislação penal avulsa,[626] ou por outra via que de alguma forma fosse facilmente acessível através da analogia.

Entendeu o legislador que essas condutas deveriam ser autonomizadas, quer dos crimes contra o Estado, quer dos crimes cometidos por militares por violação dos respectivos deveres.

Relativamente aos crimes contra o Estado é manifesto que estas condutas não chegam a atingir a gravidade daqueles, até porque o seu objecto é mais restrito. A defesa nacional, sendo embora um aspecto importante, não deixa de ser simples componente do espectro mais alargado da segurança do Estado.

No que se refere aos crimes cometidos por militares, a diferença com as condutas deste capítulo assenta desde logo no facto de os agentes destes crimes não terem que ser, e em geral não o serão, militares.

A criação deste capítulo insere-se num contexto legislativo mais amplo. Na verdade, no próprio dia da aprovação da revisão do código penal (14 de Março de 1997), a assembleia nacional popular aprovou

---

[625] Cao Zidan e Hou Guoyun 曹子丹, 侯国云, *Zhonghua Renmin Gongheguo Xingfa Jingjie* 中华人民共和国刑法精解, Zhongguo Zhengfa Daxue Chubanshe, 1997, pág. 336.

[626] Em 1990 o comité permanente da assembleia nacional popular aprovou a lei de protecção das instalações militares, que previa alguns crimes relacionados com a perturbação ou invasão de zonas militares interditas ou sob controle militar.

Capítulo IX – Principais aspectos da revisão penal de 1997

495

também a lei da defesa nacional que todavia, enunciando embora os princípios gerais nessa matéria, os órgãos com competência nesse âmbito, contendo normas relativas aos três ramos das forças armadas, armamento, recursos, formação militar, etc., deixou para o código o tratamento penal de questões que considerou terem dignidade punitiva em sede criminal.

Recorde-se ainda que a defesa nacional era, juntamente com a agricultura, indústria, educação e investigação científica, um dos domínios para os quais se defendia desde há longos anos e pelos elementos da linha pragmática do partido, uma política de modernização[627].

Finalmente, e embora sem se pretender fazer qualquer leitura política do facto, será de ter presente que estas importantes intervenções no plano legislativo se seguiram a vigorosas iniciativas chinesas na área da defesa, incluindo manobras militares, na sequência de acções diplomáticas de Taiwan consideradas mais "ousadas" e do fortalecimento de ideias independentistas aglutinadas fundamentalmente à volta do partido democrático progressista.

O objecto dos crimes deste capítulo consiste nos interesses da defesa nacional, salvaguardados através da manutenção das condições que permitam preservar a própria nação, impedir a agressão externa, garantir a soberania, unidade e integridade territorial e o controlo dos recursos humanos e materiais.

Sob o ponto de vista objectivo, os crimes deste capítulo manifestam-se através de diferentes condutas, que colocam em perigo os aludidos interesses.

Uma análise exaustiva desses comportamentos exigiria a exegese de cada um dos crimes.

Em linhas gerais podemos analisar as diferentes condutas sob três diferentes aspectos.

O primeiro tem a ver com a distinção entre crimes cometidos em tempo de guerra e crimes cometidos em tempo de paz. Os primeiros,

---

[627] A política das quatro modernizações foi diversas vezes enunciada, nem sempre nos mesmos termos. A primeira referência foi-lhe feita por Zhou Enlai em 23 de Setembro de 1954. Este objectivo, porém, só com o "Denguismo" teve tradução efectiva na acção política.

como decorre do aludido pressuposto, só têm relevância penal quando cometidos em tempo de guerra. Os últimos são relevantes quer em tempo de paz quer de guerra, sendo que neste caso tal circunstância agrava as condutas.

O segundo tem a ver com a distinção entre os casos de crimes que só podem ser cometidos através de reunião de massas e os casos em que tal requisito não ocorre.

Quanto ao mais, as diferentes condutas podem ter a ver com a moral das tropas, com as informações militares, manobras militares, fuga aos deveres militares, armamento e instalações, logística em tempo de guerra e fé pública de documentos, certificados ou carimbos das forças armadas.

Quanto aos sujeitos em geral, não são exigidos requisitos especiais, para além daqueles de que sempre depende a responsabilidade criminal de pessoas singulares. O único crime em que se verifica um desvio a esta regra é o do art. 376.º parágrafo 1 (recusa ou fuga ao alistamento ou ao treino militar em tempo de guerra), crime este em que o sujeito terá que ser reservista.

Do conjunto dos crimes previstos neste capítulo, os dos artigos 370.º (fornecimento doloso de armamento ou instalações), 375.º (falsificação, alteração e compra e venda de documentos, certificados ou carimbos das forças armadas) e 380.º (recusa ou atraso voluntário de fornecer abastecimentos em tempo de guerra) podem ser cometidos por pessoas colectivas.

Sob o ponto de vista subjectivo, os crimes deste capítulo só podem ser cometidos na modalidade de dolo, com excepção do crime de fornecimento de armamento ou instalações militares não adequadas, crime este que tanto pode ser cometido por dolo como por negligência.

09.9 Crimes de peculato e corrupção

O regulamento para a punição da corrupção, aprovado na República Popular da China em Abril de 1952, no seu artigo 2.º, definia corrupção como as actividades levadas a cabo por funcionários públicos que consistissem na apropriação indevida, furto ou obtenção fraudulenta de bens do Estado, extorsão de bens alheios, aceitação de subornos e quaisquer outras actividades que se traduzissem no uso indevido de poderes públicos para ganhos privados.

Esta definição lata de corrupção tinha um propósito político bem claro.

O regulamento foi aprovado no período das "anti-campanhas" e, como instrumento jurídico e também arma de rectificação política, pretendia abarcar a totalidade das condutas objecto das referidas campanhas (peculato, desperdício, burocracia, suborno, evasão fiscal, furto de bens nacionais, fraude nos contratos com o governo e furto de informação económica).

No entanto, envolveu no mesmo conceito de corrupção realidades muito diversas, cuja caracterização jurídica se foi realizando por via da jurisprudência e de posteriores intervenções legislativas[628].

No código de 1979, o legislador opera a distinção entre o crime de peculato[629] (tanwuzui 贪污罪), previsto no art. 155.º e os crimes de corrupção passiva (shouhuizui 受贿罪), corrupção activa (xinghuizui 行贿罪) e intermediação para corrupção (jieshao huiluzui 介绍贿赂罪), previstos no art. 185.º.

O passo seguinte foi dado pela decisão suplementar do comité permanente da ANP, relativa à punição dos crimes de peculato e de corrupção, de 21 de Janeiro de 1988 que, para além de proceder ao recorte de cada um dos crimes, os abarca num único diploma. Era o passo necessário para o tratamento autónomo de crimes envolvendo o exercício abusivo de funções públicas, para obtenção de ganhos privados.

A realidade tinha demonstrado a insuficiência do regime penal de 1979, e a decisão suplementar apontava já, no essencial, para a reforma agora consagrada, assente nos três princípios que se entendia deverem presidir à revisão: clareza, rigor e coordenação[630].

---

[628] V. Zhong Shuqin zhubian 钟澍钦主编, *Xinzhongguo Fantanwu Huilu Lilun Yu Shijian* 新中国反贪污贿赂理论与实践, Zhongguo Jiancha Chubanshe, 1995, pág. 19 e ss.

[629] O conceito não é dado pela própria lei, que se abstém de indicar quais as condutas que integram este crime, limitando-se a dizer que comete tal crime o funcionário que se aproveite das respectivas funções para se envolver em actos de...peculato. A definição é-nos dada pela doutrina, fundada na prática judicial.

[630] Sobre estes princípios V. Wang Zuofu e Han Yaoyuan 王作富, 韩耀元, Lun Huilu Fanzui de Xingfa Wanshan 论贿赂犯罪的刑法完善, in zhubian Gao Mingxuan 高铭暄主编 – *Xingfa Xiugai Jianyi Wenji* 刑法修改建议文集– Zhongguo Renmin Daxue Chubanshe, 1997, pág. 630 e ss.

498   *Lei Penal da República Popular da China*

A satisfação desses requisitos exigia a autonomia desses crimes, opção que mereceu a aprovação do legislador. Daí este novo capítulo, na versão revista do código.

Acrescente-se ainda que não constituirá qualquer surpresa uma eventual intervenção avulsa neste domínio. Os problemas do peculato e da corrupção suscitaram desde sempre grande preocupação na R. P. da China[631]. Numa primeira fase sem que a dimensão desses fenómenos fosse excessiva, sendo até que em certas épocas funcionaram mais como armas de pressão política do que pressupostos de intervenção penal. A situação agravou-se após a política de reformas e abertura, o que levou os responsáveis chineses a desencadear sucessivas campanhas anti-corrupção, nem sempre bem sucedidas.

A luta contra a corrupção é hoje vista, não só como instrumento de "legitimação" política, mas como pressuposto necessário à viabilidade das reformas económicas, decididas nos últimos congressos do PCC. De tal forma que, na campanha lançada após o XV congresso, o próprio primeiro ministro se adiantou a entidades que formalmente estariam mais vocacionadas para essa missão, liderando o combate contra a corrupção.

Um traço comum a todos os crimes previstos neste capítulo é o facto de, em todos eles, se exigir a intervenção de funcionário que, aproveitando-se das facilidades decorrentes do exercício das respectivas funções, viola os deveres de honestidade e imparcialidade para obter proveitos ilegítimos.

Sob o ponto de vista dos sujeitos deparamos com diversas situações.

Nos crimes de peculato, corrupção passiva, sinais de injustificada riqueza e ocultação de depósitos, o sujeito é sempre funcionário.

Nos crimes de corrupção activa ou passiva por pessoa colectiva e de distribuição não autorizada de bens do Estado ou bens confiscados, o sujeito é sempre pessoa colectiva, sem prejuízo de eventual punição das pessoas singulares (também funcionários), directamente responsáveis.

---

[631] Sobre o combate à corrupção na RPC V. Júlio Pereira – Estratégias Anti-Corrupção na Região Ásia Pacífico – *Justiça e Transparência* (edição do ACCCIA, 1995), pág. 57 e ss.

Capítulo IX – Principais aspectos da revisão penal de 1997   499

Nos crimes de corrupção activa e intermediação para corrupção, qualquer pessoa, em geral passível de responsabilidade criminal, pode ser autor.

Uma questão que nem sempre foi pacífica era o significado de funcionário para efeitos penais. O conceito fornecido pelo art. 82.º do C P de 1979 era muito impreciso. A dúvida colocava-se principalmente na questão de saber se nele estavam abrangidos os trabalhadores de organizações económicas colectivas. As decisões do CPANP, de 8 de Março de 1982 e de 21 de Janeiro de 1988, vieram dar a essa questão resposta afirmativa, considerando ainda funcionário qualquer pessoa envolvida em serviço público e todos aqueles que tivessem a seu cargo ou tivessem a administração de propriedade pública.

As dúvidas não foram totalmente ultrapassadas, nem mesmo pela redacção do art. 93.º do novo código, ainda hoje se discutindo na doutrina sobre o significado de "envolvimento em serviço público"[632]

O objecto destes crimes é complexo, consistindo no direito de propriedade do Estado e entidades colectivas, no regular funcionamento e prestígio dos serviços públicos e nos deveres de honestidade e imparcialidade dos funcionários. A questão nem sempre foi vista da mesma maneira. O interesse patrimonial tinha inicialmente primazia e, elucidativo disso mesmo, é o facto de o crime de peculato no código de 1979 constar do capítulo dos crimes contra a propriedade. A orientação hoje é mais no sentido da preservação dos interesses do prestígio das instituições, seu regular funcionamento e honestidade dos funcionários[633].

Sob o ponto de vista objectivo o crime envolve o aproveitamento das facilidades decorrentes do exercício de funções públicas, para obtenção de proveitos ilegítimos. Este é o requisito fundamental para a verificação de qualquer dos crimes, na parte que se refere à conduta do funcionário. E pode mesmo acontecer que seja esse elemento que permite a distinção entre, por exemplo, um crime de furto ou de peculato.

Finalmente, no que diz respeito ao aspecto subjectivo, estes crimes são sempre dolosos.

---

[632] Song Jun 宋军 Lun Tanwu Huilu Zhuti de Lishi Yanjiang 论贪污贿赂主体的历史演讲 – in *Faxuejia* 法学家, n.º 4 de 1998, pág. 87 e ss.

[633] V. Zhong Shuqin 钟澍钦, ob. cit. pág. 25 e ss.

09.10 Crimes de violação de deveres

Os crimes de violação de deveres consistem em condutas de pessoal dos organismos do Estado que, abusando dos respectivos poderes, negligenciando os seus deveres, ou colocando o serviço público a reboque de interesses particulares, prejudicam o regular funcionamento dos serviços em que servem, causando avultados prejuízos ao Estado ou aos interesses da população[634].

Na versão primitiva do código estes crimes integravam o último capítulo, com apenas oito artigos.

Tão acentuada parcimónia legislativa explicava-se em parte pelo teor do artigo 187.º. Nele se dizia: "O funcionário do Estado que, em virtude de negligenciar o dever, cause avultados prejuízos à propriedade pública ou aos interesses do Estado ou do povo, será condenado em pena de prisão até 5 anos ou detenção criminal".

Tal disposição, como é bom de ver, poupou ao legislador um grande labor da previsão. Só que, na nova filosofia do código, com reforço do princípio da legalidade, tal formulação não se considerava suficiente. Daí que a revisão tenha dedicado a este capítulo uma particular atenção, aumentando consideravelmente o número de crimes, não apenas dos tipos negligentes mas também dos dolosos, um pouco também à medida da evolução entretanto sofrida pela própria dinâmica social.

Há no entanto que esclarecer que os vício do art. 187.º do velho código não foram de todo erradicados. Com efeito, o actual art. 387.º tem uma redacção muito semelhante, embora à negligência de deveres, acrescente o abuso de poderes. O código evoluiu muito e no bom sentido neste capítulo, mas não o suficiente para poder cumprir com rigor os princípios que enuncia na sua parte geral, designadamente o princípio da legalidade.

Uma das críticas feitas pela doutrina ao capítulo dos crimes de violação dos deveres, tinha a ver com a necessidade de aperfeiçoamento e sistematização e articulação dos crimes de peculato e corrupção[635].

---

[634] Wang Zuofu e Su Huiyu 王作富, 苏惠鱼 – *Zhongguo Xingfa Tonglun* 中国刑法通论– Zhongguo Fangzheng Chubanshe, 1997, pág. 686.

[635] Para uma visão mais alargada da problemática da revisão V. Fan Fenglin e Song Tao 樊凤林, 宋涛 – *Zhiwu Fanzui de Falu Duice ji Zhili* 职务犯罪的法律对策及治理– Zhongguo Renmin Gongan Daxue Chubanshe, 1994, pág. 424 e ss.

Os crimes de corrupção constavam no velho código deste capítulo, diferentemente do que acontecia com o de peculato, integrado no dos crimes contra a propriedade.

Por outro lado, novos tipos de crime criados por legislação avulsa, como o peculato de uso, sinais de injustificada riqueza, ocultação de depósitos no estrangeiro, etc., se bem que não integrados do código, eram doutrinalmente alinhados ao lado dos crimes de violação de funções. Daí a conveniência em juntar todos esses crimes[636].

Esta questão foi ultrapassada, como já vimos, pela criação de um capítulo autónomo.

Mas a razão principal do aparente alheamento do legislador por esta espécie de condutas criminosas, traduzido não só no parco número de artigos mas também no facto de o capítulo se situar em último lugar, encontra-se num outro plano.

Após a fundação da República Popular da China, a criação de um sistema legal não constituiu uma prioridade. E quando esse caminho estava a ser seguido, com a aprovação da primeira constituição, em 1954, a turbulência política pouco tempo depois invadiu o país, para praticamente só terminar em 1976.

O combate às condutas de funcionários públicos, que foram sendo recrutados no seio das novas elites e com base em critérios de confiança política, fazia-se primordialmente no terreno político[637].

Os casos mais graves eram tratados no âmbito disciplinar e só em situações de particular gravidade intervinha o processo criminal.

Assim sendo e apesar das referidas limitações, o código de 1979 representou um progresso assinalável. A revisão penal deu o segundo passo, que de resto já havia sido iniciado com a aprovação de alguma legislação avulsa, não especificamente sobre a violação de deveres, mas disseminada por vários diplomas.

---

[636] Uma das dificuldades que se apontavam relativamente à proposta nesse sentido tinha a ver com uma alegada falta de identidade entre o objecto dos diferentes crimes. Presentemente considera-se que o objecto do crime de peculato não é simplesmente a propriedade do Estado mas também o prestígio e regular funcionamento dos serviços públicos, bem como a honestidade dos funcionários.

[637] Sun Qian e Yin Yiyi 孙谦, – Guojia Gongzuorenyuan Zhiwu Fanzui Lun 国家工作人员职务犯罪论 – in *Faxue Yanjiu* 法学研究, n.º 117 –Julho de 1998–, pág. 54 e ss.

O objecto dos crimes de violação de deveres consiste no regular funcionamento dos serviços, sociedades, empresas e instituições do Estado e organizações populares.

Sob o ponto de vista objectivo, a conduta do agente exerce-se por acção ou omissão, por via da ligação às respectivas funções, abusando dos respectivos poderes, negligenciando os deveres ou violando a lei para fins de interesse meramente privado.

Sob o ponto de vista dos sujeitos, todos os crimes deste capítulo são crimes próprios, apenas susceptíveis de ser cometidos por funcionários públicos, na acepção de funcionário que nos é dada pelo artigo 93.º.

Sobre essa acepção já discorremos anteriormente, a propósito dos crimes de peculato e corrupção.

Tendo em conta os diversos crimes previstos no capítulo, podemos ainda verificar que só determinados tipos de funcionários poderão praticar um certo número de crimes.

Se os crimes de abuso de poderes ou de revelação de segredos de Estado são susceptíveis de ser praticados por qualquer funcionário, outros crimes há que só poderão ser cometidos por funcionários judiciais, ou por funcionários das finanças públicas, funcionários da alfândega, etc.

Finalmente, no que se refere ao aspecto subjectivo, um bom número de crimes são por natureza negligentes, sendo porém que outros podem ser cometidos por dolo ou negligência.

09.11 Crimes de violação de deveres por militares

Este capítulo é novo e resultou da integração no código penal da disciplina, revista, de um diploma penal avulso – o regulamento para a punição de militares que cometam crimes contrários aos seus deveres –, de 10 de Junho de 1981 (que no entanto só entrou em vigor em 1 de Janeiro de 1982).

Não obstante o facto de o citado regulamento ser de natureza transitória, ao longo do processo de revisão do código nunca houve qualquer premência no sentido de as suas normas serem nele integradas.

Havia opiniões da doutrina no sentido da introdução de algumas alterações no mesmo regulamento e até no sentido de o código penal ser aplicável aos militares por crimes cometidos fora do território da

Capítulo IX – Principais aspectos da revisão penal de 1997 503

República Popular da China[638], sugestão que de resto foi acatada pelo legislador que, no art. 7.º parágrafo 2.º, manda aplicar a lei penal chinesa por crimes cometidos fora do território, quando cometidos por funcionários do Estado e militares da República Popular da China, em qualquer caso, ou seja, sem as limitações previstas no parágrafo 1.º do mesmo artigo.

Havia até quem defendesse com vigor a autonomia da legislação penal militar,[639] apontando três razões:

A autonomia da legislação penal militar, tendo em conta a situação e as necessidades das forças armadas, reforçaria a protecção dos interesses militares do Estado.

Incutiria o sentimento de obediência à lei, reforçando a consciência do dever das forças armadas.

O regulamento para a punição de militares, como lei especial, apenas seria aplicável nas circunstâncias especialmente previstas, em tudo o mais ficando os militares sujeitos à disciplina do código penal.

Com base em tais argumentos se defendia que o projecto de diploma pendente na Assembleia Nacional Popular, desde 7 de Dezembro de 1995, para aí enviado para apreciação pela Comissão Militar Central, após um intenso trabalho de revisão do diploma provisório que se iniciou em Novembro de 1993 deveria, com as alterações que se considerassem oportunas, ser aprovado e publicado.

Os argumentos no sentido da autonomia da legislação penal militar não convenceram o legislador. Aliás a sua fragilidade é patente, principalmente se acrescentarmos que eram apresentados à mistura com uma retórica reaccionária, que inclusivamente retomava o espantalho da suposta conspiração estrangeira para promover a evolução pacífica do regime, inspirar o separatismo e sabotar as quatro modernizações.

---

[638] Wu Dahua e Liu Zhiwei 吴大华, 刘志伟– Guanyu Junren Weifan Zhizezui Zongze Guifan Wanshan de Kugan Jianyi 关于军人违反职责罪总则规范完善的若干建议– in Gao Mingxuan zhubian 高铭暄主编, *Xingfa Xiugai Jianyi Wenji* 刑法修改建议文集, Zhongguo Renmin Daxue Chubanshe, 1997, pág. 743 e ss.

[639] V. Huang Linyi黄林异 – Lun Junren Weifan Zhizezui Yingfou Neiru Xingfadian 论军人违反职责罪应否纳入刑法典– in obra citada nota supra, pág. 740 e ss.

Acabou pois o comité permanente da assembleia nacional popular por decidir que os crimes cometidos por militares no exercício das respectivas funções, deveriam integrar um capítulo do código penal[640].

Comparativamente com os crimes dos restantes capítulos, há a registar nestes algumas especificidades, ou não se desse o caso de sobre estes crimes, tanto na China como em outros países, se discutir sobre se devem ou não constar do código penal.

A primeira tem a ver com a amplitude dos sujeitos. Este regime aplica-se apenas a militares no activo ou a quem desempenhe funções no seio das forças armadas.

A segunda especificidade prende-se com a espacio-temporalidade do regime. Há um conjunto de normas que se aplicam apenas em certos locais (teatro de guerra, zonas de protecção militar, território estrangeiro, etc.) ou em apenas certo tempo, nomeadamente o conjunto de artigos que só têm aplicação em tempo de guerra.

Finalmente a terceira é o rigor. De tal forma que, como veremos, a pena de morte está prevista em 11 artigos deste capítulo.

O objecto destes crimes consiste nos interesses militares do Estado, que se traduzem na edificação da defesa nacional, operações de combate, assistência logística, investigação científico-militar, segredos militares, construção das forças armadas, consolidação e reforço da capacidade de combate, etc.[641].

Sob o ponto de vista objectivo, traduzem-se os crimes deste capítulo em condutas que consistem na violação de deveres gerais ou especiais, consagrados nos diversos regulamentos militares que, pela sua gravidade, merecem a previsão de uma pena.

Sob o ponto de vista dos sujeitos, todos os crimes são crimes próprios. O âmbito dos sujeitos está delimitado pelo artigo 450.º, que os circunscreve a oficiais ou soldados e quadros civis das forças armadas ou da polícia armada popular, estudantes de academias militares, reservistas e outro pessoal que esteja envolvido em funções militares.

---

[640] Sobre este assunto V. Yang Dunxian e Zhang Chengfa 杨敦先, 张成法, *Xingfa de Xiugai yu Shiyong* 刑法的修改与适用 Zhongguo Renmin Gongan Daxue Chubanshe, 1997, pág. 456 e ss.

[641] Zhao Bingzhi e Wu Dahua 赵秉志, 吴大华, *Xin Xingfadian Zuiming ji Sifa Jieshi Yaoyi* 新刑法典罪名及司法解释要义, Zhongguo Renmin Daxue Chubanshe, 1998, pág. 539.

Capítulo IX – Principais aspectos da revisão penal de 1997 505

Sob o ponto de vista subjectivo, estão previstos alguns crimes negligentes, sendo porém que a maioria é de natureza dolosa.

09.12 Conclusão

A revisão de 1997 da lei penal de 1979, representa uma importantíssima evolução qualitativa. O código revisto está tão longe da versão de 1979, como esta estava da situação precedente.

O código incorpora grande quantidade de legislação avulsa, adapta-se à riquíssima experiência do país desde 1979, ajusta-se às novas exigências no plano nacional e internacional e aproxima-se claramente dos padrões de um Estado de direito.

O aspecto fundamental do código e principal marca da revisão foi a consagração do princípio da legalidade. Não obviamente pela sua mera inscrição no artigo 4.º, mas pelas consequências daí resultantes que obrigaram a um esforço de previsão e de recorte mais preciso dos tipos de crime, com o consequente reforço das garantias dos cidadãos.

No seu aspecto mais negativo é de realçar a manutenção de um número elevado de crimes puníveis com a pena de morte.

Só para os crimes do capítulo IX (crimes de violação de deveres) não está prevista a pena de morte. Nos restantes capítulos essa pena é prevista relativamente a um número assustador de crimes. Particularmente para os crimes contra a segurança do Estado (aplicável a 7 dos 12 crimes), crimes de violação de deveres por militares (12 dos 31 crimes) e crimes contra a segurança pública (14 dos 42 crimes). Mas o número é também impressionante relativamente a outros crimes cuja condenação com a pena de morte é contestada mesmo na China. É o caso dos crimes contra a economia em que, dos 94 tipos previstos, 16 são puníveis com a pena capital[642].

Concluído este percurso, poderá perguntar-se se será este o verdadeiro código para a China do século XXI.

Durante o processo de revisão, travou-se um debate próximo desta questão, no qual se manifestaram duas correntes bem distintas.

---

[642] Hu Teng zhu, *Cun yu Fei Sixing Jiben Lilun Yanjiu* 存与废死刑基本理论研究, Zhongguo Jiancha Chubanshe, 2000, pág. 335.

506 — Lei Penal da República Popular da China

Havia quem considerasse que não estavam ainda reunidas as condições para se fazer a revisão, pelo que o trabalho deveria prolongar-se por mais algum tempo.

Sustentava-se que a transição da China para a economia de mercado socialista ainda iria suscitar importantes questões e desencadear novos problemas, os quais exigiriam intervenção na área penal.

A situação actual requeria ainda um regime penal cuja severidade excede aquilo que é desejável numa lei básica[643], pelo que também isso exigia uma mais ponderada revisão.

A revisão imediata não iria permitir o estudo de diversas questões que interessaria virem a encontrar assento no código penal, designadamente no que se refere a medidas de segurança, algumas sanções administrativas e particularmente a de reabilitação pelo trabalho e até mesmo sobre um necessário aperfeiçoamento de alguma terminologia penal.

A estes argumentos responderam os defensores da tese contrária, com o facto de o trabalho de revisão ir já com 14 anos, pelo que estavam maduras as condições para com ela avançar.

Avançadas foram também razões de índole política, como a necessidade de se fazer a revisão no decurso da oitava legislatura da assembleia nacional popular.

Mas a razão fundamental, que bastaria para justificar a revisão, consiste no facto de a legislação penal ser já de tal forma dispersa e carente de unidade, que aquela não consentia mais demora.

Mas a pergunta está ainda sem resposta. E sem ela ficará, sem prejuízo das considerações que constarão do próximo capítulo, sobre as perspectivas da lei penal chinesa.

Sempre se adiantará no entanto que o problema da lei penal na República Popular da China, não é diferente daquele que se coloca em relação às restantes questões, "maxime" no que se refere à reforma política, que depara com o obstáculo do monopartidarismo e dos quatro

---

[643] O código penal integra o núcleo das chamadas leis básicas que constituem a "estrutura óssea" do sistema legal. Conforme o disposto nos artigos 62.º n.º 3 e 67.º n.º 3 da constituição, a aprovação de tais leis é da exclusiva competência da assembleia nacional popular. No entanto, o comité permanente da ANP, quando esta não esteja em sessão plenária, poderá introduzir aditamentos e alterações nessas leis, desde que respeite os princípios fundamentais das mesmas.

Capítulo IX – Principais aspectos da revisão penal de 1997

pontos cardeais que têm assento no preâmbulo da constituição. Pelo que, sob o ponto de vista estritamente jurídico, o problema passa antes de mais por uma nova constituição ou, ao menos, por uma revisão constitucional que consagre os avanços entretanto alcançados e abra novos caminhos à quarta geração de lideres da República Popular da China.

Capítulo X

DA TERCEIRA PARA A QUARTA GERAÇÃO. A VIA PARA A SOCIEDADE HARMONIOSA

10.1 Introdução

O XV congresso do partido comunista, entre 12 e 18 de Setembro de 1997, foi um importante momento de clarificação política, pondo termo às dúvidas que os problemas da sucessão tradicionalmente arrastavam.

O problema da sucessão na liderança política da República Popular da China foi sempre objecto de intensa especulação. Durante muitos anos, após a radicalização ocorrida em meados dos anos 50 e até ao início da política de abertura, os "China watchers" observavam o país do exterior e habituaram-se às "danças" a que o presidente Mao obrigava os seus designados sucessores. O primeiro que como tal foi apontado foi Liu Shaoqi, que em meados dos anos 50 chegou a remeter Mao para um papel quase figurativo. Quando Liu se sentia praticamente seguro no seu novo estatuto, confortado com a política de desestalinização da União Soviética e ataque ao culto da personalidade, que em medida idêntica se poderia aplicar a Mao Zedong, este desencadeou uma série de iniciativas com vista a orientar a política do país para o campo do debate ideológico, domínio em que era de inexcedível mestria. Foi assim que, por vezes em conflito com a direcção partidária mas com apoio dos dirigentes provinciais, deu avanço a iniciativas como a "campanha das cem flores", a "campanha anti-direitista", o "grande salto em frente", em todos os casos, em maior ou menor grau, com consequências desastrosas. Este ciclo completou-se com a chamada revolução cultural, para a qual congregou a juventude do país e o exército popular de libertação. Assim se libertou de Liu Shaoqi, designando agora como herdeiro Lin Biao. Não percebeu todavia Lin Biao que, com a destituição da liderança partidária saída do VIII congresso, de 1956, cessava a sua utilidade, pelo que o seu estatuto de sucessor, obtido em 1969, estava circunscrito a curto prazo. Contra ele lançou Mao o "bando dos quatro" e a teia conspirativa de Kang Sheng. Quando Lin Biao se apercebeu do que o esperava terá em desespero tentado uma acção contra Mao. Por ter sido descoberta a alegada conspiração, tentou fugir para o exterior, num avião que se despenhou na Mongólia, assim terminando, em 13 de Setembro de 1971, a vida e o sonho do segundo putativo sucessor. Finalmente terá Mao designado Hua Guofeng para lhe suceder. Foi algo curiosa a forma como Mao "lavrou" o seu testamento político. Terá escrito uma frase dirigida a Hua Guofeng dizendo (ni banshi wo fangxin – contigo no cargo fico tranquilo).

Nunca a liderança de Hua suscitou grande entusiasmo, sendo quase unanimemente considerado como dirigente a prazo. Não apenas por não ter suficientes credenciais no seio do partido, mas também porque as suas ideias para a China se resumiam a uma retoma irrealista das políticas de desenvolvimento industrial dos anos 50. Presos os elementos do "bando dos quatro", ninguém teve dúvidas de que Deng Xiaoping seria o homem que se seguia.

Esta sucessão de acontecimentos criou a impressão de que o problema da sucessão na China girava à volta de golpes e contra-golpes, de resultado imprevisível. Ideia que se acentuou com os afastamentos de Hu Yaobang e de Zhao Ziyang, em 1986 e 1989, respectivamente, como sucessores de Deng Xiaoping. A verdade, porém, é que esta situação foi completamente diferente das anteriores. Tanto num caso como no outro não houve qualquer propósito de Deng de usar algum desses dirigentes com vista a um projecto de poder pessoal. Deng pretendia, genuinamente, um sucessor que desse garantias da continuação da política de reformas e de abertura. E perante a pressão de velhos dirigentes como Chen Yun, Peng Zhen, Li Xiannian, Wan Li, Bo Yibo, Song Ping, Yao Yilin e outros, alguns fora dos corpos dirigentes mas com decisivo peso político, receosos dos efeitos das reformas sem contra-medidas no plano do controlo ideológico, teve que sacrificar ambos esses dirigentes em nome da continuação da via reformista.

Capítulo X – Da terceira para a quarta geração...   511

Quando se adivinhava o desaparecimento de Deng Xiaoping, os observadores da China desdobravam-se em análises quanto à possibilidade de Jiang Zemin segurar o poder, face à sua alegada falta de carisma e poucas ligações ao exército popular de libertação. Jiang era frequentemente comparado a Hua Guofeng, o sucessor de Mao que tropeçou na alta política, largando o poder que foi agarrado por Deng Xiaoping. Relativamente a Jiang Zemin, o mais que se vaticinava era a possibilidade de integrar uma liderança colectiva sem face. Num artigo de Lincoln Kaye para a edição de 4 de Agosto de 1994 da "Far Eastern Economic Review", o tom era exactamente esse. No entanto, o cidadão comum, desconhecedor das subtilezas de análise dos reputados sinólogos, tinha a percepção de que a situação era agora diferente. Por entre as diversas opiniões de especialistas ouvidos por Lincoln Kaye, quanto à incapacidade de Jiang segurar o poder, alguém fugiu ao tom dominante: "porquê a preocupação com a sucessão? Está tudo decidido. O poder passará para este tipo" (referia-se a Jiang Zemin). Quem assim falou foi um vendedor de melões no mercado nocturno da torre do sino, em Xian.

Por tudo isto, à data do congresso era grande a expectativa quanto a saber quem seriam os membros do partido que iriam ocupar a comissão permanente do bureau político do comité central, a estrutura máxima do poder real na RPC. Se, teoricamente, a comissão permanente está subordinada ao bureau político, este ao plenário do comité central e o comité central ao congresso do partido, a verdade é que o congresso, na prática, se limita a ratificar as decisões da cúpula partidária, obviamente negociadas com o bureau político e alguns dos antigos dirigentes que, fora das estruturas formais de decisão, mantinham ainda, contudo, significativa influência.

Sendo a China um país de partido único e dada a sua grande extensão territorial, diversidade de interesses, de economias, de recursos, de culturas e de etnias, as diversas tensões e contradições reflectem-se no seio do partido comunista, o que obriga a uma permanente busca de equilíbrios e compromissos entre diversas facções partidárias, entre os interesses do litoral e do interior, das províncias, regiões autónomas, cidades sob jurisdição directa do governo central e, principalmente, entre o centro e a periferia.

A composição da comissão permanente do bureau político do comité central é o reflexo de todos esses compromissos. Compromissos que todavia são oscilantes, sucedendo-se alianças entre as diversas facções.

512 *Lei Penal da República Popular da China*

O aspecto em que há indiscutível unidade entre os elementos da cúpula partidária é o propósito de, por todos os meios, manter o poder político do partido comunista. Todavia, isso pressupõe um ambiente de concórdia interna que só é alcançada desde que na liderança se reconheçam os "cinco lagos e os quatro oceanos", como Deng Xiaoping gostava de dizer, referindo-se à diversidade de interesses e de posicionamento ideológico.

A comissão permanente do bureau político saída do XV congresso, consagrou a vitória definitiva de Jiang Zemin, na luta travada com a facção mais liberal do partido representada pelo então presidente da assembleia nacional popular, Qiao Shi. Essa vitória resultou de uma cuidada política de alianças, que envolveu diversas cedências e que, no conjunto, permitiu uma representação das diversas tendências na estrutura máxima do poder.

A aliança mais evidente, à data do congresso, foi a de Jiang Zemin/ Li Peng, que permitia ao primeiro o apoio da ala conservadora no seu confronto com a facção mais liberal representada por QiaoShi, seu rival imediato, mas também num eventual confronto futuro de qualquer deles com o tecnocrata Zhu Rongji 朱镕基, peça fundamental da nova equipa de líderes, inspirador de confiança tanto interna, como externamente.

A segunda aliança foi a de Jiang Zemin com Hu Jintao 胡锦涛, o mais jovem dos dirigentes de topo. Aliança que fazia todo o sentido já que Hu Jintao era tido como o futuro líder da quarta geração, ou seja sucessor de Jiang Zemin. Mas para além disso, Hu Jintao tinha fortes apoios não apenas na liga da juventude comunista, mas também no sector mais reformista e liberal.

O grande derrotado acabou por ser Qiao Shi, que saiu não apenas da liderança mas também do CC. Saída que não foi compensada, como pretendia, com a designação para a comissão permanente do bureau político de Tian Jiyun 田纪云, em quem apostava para lhe suceder como presidente da assembleia nacional popular. O elemento politicamente mais próximo que ascendeu à comissão permanente foi Wei Jiangxing 尉健行, responsável da comissão de inspecção disciplinar, que teve papel importante na investigação dirigida contra o mais feroz adversário de Jiang Zemin, o presidente do município de Beijing, Chen Xitong 陈希同, que foi expulso do partido e condenado em pena de prisão por corrupção, facto que, aliás, ajudou a consolidar a posição de Jiang.

Capítulo X – Da terceira para a quarta geração...

Li Ruihuan 李瑞环, dirigente com credenciais reformistas, manteve o seu lugar na comissão permanente. Contribuíndo para o equilíbro da elite dirigente, não se perfilava como candidato a outro cargo para além do que já desempenhava, o de presidente da conferência consultiva política do povo chinês (CCPPC), lugar que na China tem sido porta de saída e não de entrada na política activa.

O elenco da elite dirigente ficou completo com Li Lanqing 李岚清, sem óbvias ligações a qualquer facção, mas ainda assim mais próximo de Jiang Zemin.

O mandato dos dirigentes do XV congresso deparou com diversas dificuldades que, por um lado, complicaram a liderança de Jiang Zemin mas, por outro, lhes facilitaram a postura no que se refere às reivindicações de abertura política. Ao mesmo tempo, a China assistiu também a um importante salto qualitativo, tanto a nível interno como externo.

O bombardeamento da embaixada chinesa em Belgrado, em 1999, a vitória nas eleições presidenciais em Taiwan de um dirigente independentista em 2000, a deterioração das relações com os EUA em resultado da colisão de um caça chinês com um avião americano que, alegadamente, entrara sem autorização no espaço aéreo da China, em 2001, foram momentos difíceis para a China e que azedaram as relações sino-americanas mas que, por outro lado, despertaram no país um sentimento nacionalista, habilmente aproveitado pelo regime. Esses problemas acabaram por ser atenuados face à posição comum assumida contra o terrorismo, em resultado dos ataques de 11 de Setembro de 2001, que deixaram à China terreno livre para lidar com os seus próprios problemas de terrorismo independentista, nomeadamente em Xinjiang.

Neste mesmo período, a política chinesa teve também grandes sucessos, desde logo com a manutenção dos elevados índices de crescimento económico, bem como o retorno à soberania chinesa de Macau e Hong Kong, a criação da organização para a cooperação de Shanghai e a adesão à organização mundial do comércio.

Jiang Zemin teve manifesto sucesso na sua longa liderança, tanto no plano político como no económico. Suportando um período difícil de pressão internacional em resultado da repressão de Tiananmen, conseguiu superar tal situação graças ao impulso da China para a economia mundial e aos poderosos interesses no país de grupos económicos ocidentais, que constituíram importante "loby" contra as sanções que haviam sido impostas em 1989.

514   *Lei Penal da República Popular da China*

As maiores reservas quanto à sua actuação têm a ver com a ausência de medidas efectivas no sentido da abertura democrática, não obstante se terem dado passos importantes no sentido da construção do Estado de direito. Para além disso, durante o mesmo período, alargou-se ainda mais o fosso que separa as zonas ricas costeiras das zonas mais pobres do interior.

10.1.1 *A transição de poder para a quarta geração*

Em Novembro de 2002, realizou-se o XVI congresso do partido comunista[644], no qual se deu o passo mais significativo de transição do poder para a quarta geração de líderes, assumindo Hu Jintao a chefia do partido. Este processo seria completado em 2004, quando Jiang Zemin lhe passou também a chefia da comissão militar central. Este gesto de certa forma anómalo de Jiang Zemin, representou antes de mais um mimetismo relativamente ao que se passou com Deng Xiaoping, que pretendeu manter também a chefia da comissão militar central até que Jiang se mantivesse firme no poder. Todavia nem Jiang tinha o estatuto de Deng, cuja autoridade transcendia as estruturas partidárias e se manteve mesmo quando abandonou todas as funções, nem essa sua manutenção no cargo tinha agora qualquer sentido, que não fosse o de pretender manter-se como entidade tutelar da quarta geração. No editorial de uma revista de Hong Kong, comentando-se o facto de o chefe do Estado, Hu Jintao, estar subordinado ao presidente da comissão militar central, Jiang Zemin, de quem era vice-presidente, perguntava-se: afinal que país é este?[645]

Não obstante tal anomalia, ninguém tem dúvidas de que a sucessão se operou de acordo com a estratégia delineada, desde finais dos anos 80, em que Hu Jintao era já apontado como futura estrela da constelação do poder, prognósticos que se confirmaram quando em 1992 ascendeu

---

[644] Para mais detalhes sobre o XVI congresso V. Júlio Pereira, A quarta geração de líderes face ao legado político de Jiang Zemin, in *Estudos sobre a China VII*, vol. II, ISCSP, 2005, pág. 547 e ss.

[645] Editorial da revista mensal Zheng Ming 争鸣, edição de Outubro de 2003 (n.º 312), pág. 3.

Capítulo X – Da terceira para a quarta geração... 515

à comissão permanente do bureau político do CC. E se é certo que por vezes se afirmava que Hu era herdeiro de Deng mas não de Jiang, o qual procuraria alterar a sucessão a favor do seu conselheiro político Zeng Qinghong, a verdade é que os factos iam desmentindo tais suspeitas já que, consolidado o poder nas mãos de Jiang Zemin, Hu Jintao foi assumindo cargos que evidenciavam a sua caminhada para o topo da liderança, tais como a presidência da escola central do partido, em 1993, a vice-presidência da República, em 1998, e a vice-presidência da comissão militar central, em 1999. Nestas circunstâncias, só um grave acidente ou gravíssimo erro de Hu Jintao o poderiam afastar da chefia do partido e do Estado.

Há, por outro lado, que ter em conta que, independentemente dos referidos cargos, Hu Jintao apresentava credenciais que dificilmente poderiam ser disputadas por qualquer outro candidato. De facto, ascendeu à comissão permanente do bureau político do comité central com o apoio das diferentes sensibilidades do partido. Foi o único dirigente, surgido após a política de Deng, que ascendeu a esse órgão com apenas 50 anos. Exerceu funções como quadro e como dirigente partidário em algumas das regiões mais desfavorecidas da China (Gansu, Guizhou, Tibete). Foi, na primeira metade dos anos 80, secretário da liga da juventude comunista e presidente da união da juventude chinesa, criando laços com a maioria dos actuais dirigentes de nível médio/superior. Foi a partir de 1993 e até 2002 presidente da escola central do partido, gerando relações com os jovens quadros partidários.

É certo que Jiang Zemin conseguiu que o topo da liderança, saído do XVI congresso, fosse preenchido com uma maioria de elementos que lhe eram afectos, caso de Wu Bangguo 吴邦国, Jia Qinglin 贾庆林, Zeng Qinghong 曾庆红, Huang Ju 黄菊 e Li Changchun 李长春. O mesmo aconteceu com o bureau político. Há, no entanto, que ter em conta que estas ligações políticas estão cada vez mais associadas a uma lógica de poder e que por isso se reconvertem perante um novo líder. Acresce que o poder dentro do partido comunista se tem progressivamente institucionalizado, pelo que as lealdades têm cada vez menor cunho pessoal e maior pendor institucional. Reconheça-se, todavia, que na composição dos órgãos dirigentes, os elementos próximos de Jiang Zemin tiveram peso excessivo, facto que naturalmente não contribuiu para a afirmação imediata do novo líder.

516 *Lei Penal da República Popular da China*

Verificando o que se passou no XVI e nos anteriores congressos, evidenciam-se as seguintes linhas de força:

– Não tem havido rupturas mas evolução nos diferentes estádios da política chinesa assinalados pelos diferentes congressos, a partir do XII, em 1982;

– As situações de conflito que afectaram o problema da sucessão, entre a segunda e a terceira gerações, ocorreram inter-congressos, mas não alteraram os aspectos básicos e fundamentais da linha de rumo definida a partir da III reunião plenária do XI comité central, em Dezembro de 1978;

– A personificação da liderança tem vindo progressivamente a esbater-se, diminuindo também a autoridade dos diferentes líderes. Deng Xiaoping tinha grande poder, mas menos que Mao Zedong; Jiang Zemin tinha grande peso mas menos que Deng Xiaping; Hu Jintao será também poderoso mas menos que Jiang Zemin. Antes referia-se apenas o líder (Mao, Deng), depois passou a ser frequente a referência a núcleos de poder (Jiang Zemin/Zhu Rongji; Hu Jintao/Wen Jiabao).

– Em contrapartida, tem vindo a crescer a importância dos órgãos do partido e das instituições do Estado, não apenas do governo mas também da assembleia nacional popular e dos tribunais.

– A ideologia tem vindo a perder terreno a favor da lei, o poder do partido está mais condicionado pelo poder do Estado e a política chinesa está a tornar-se cada vez mais previsível.

– A China tem surpreendido pela capacidade em ultrapassar estados de enorme agitação e mesmo de instabilidade interna, como a que ocorria ainda em 1976 e veio a acontecer dez anos mais tarde, passando para uma situação estável, relativamente próspera, em crescimento constante, a caminho de se tornar uma super-potência. Isto apesar de ter:

– Emergido de um sistema político que claramente se encontrava em degradação;

– Logo no início da era Deng Xiaoping, se ter envolvido numa guerra com o Vietname;

– Assistido ao desabamento da URSS;

– Enfrentado duras negociações com o Reino Unido sobre a questão de Hong Kong;

– Passado por situações difíceis de agitação interna, na segunda metade dos anos 80;

Capítulo X – Da terceira para a quarta geração... 517

– Assistido ao fim do monopólio do poder do guomindang em Taiwan, com o ascendente das ideias independentistas na ilha e...

– Resistido à crise financeira asiática, na segunda metade dos anos 90, para cuja ultrapassagem deu contributo decisivo.

Esta foi a herança recebida pela quarta geração, conseguida através de um processo de desconstrução socialista levado a cabo pelas políticas definidas por Deng Xiaoping, que rompeu com o colete de forças maoista e fez o país enveredar pela modernização e abertura ao exterior.

O grande desafio que se colocou e se coloca aos dirigentes do partido e que se enfatizou após a "perestroika" na política soviética, tem a ver com a capacidade do partido para manter o monopólio da governação, até quando o conseguirá e quais as medidas que terá de adoptar.

Essa questão já tinha sido colocada por Deng Xiaoping, muito antes de se tornar óbvio o colapso dos países de matriz socialista. Para Deng o "status quo" seria possível enquanto houvesse estabilidade e prosperidade. "Wending fanrong 稳定繁荣", ou seja, estabilidade e prosperidade, são os termos do léxico político chinês mais populares dos últimos 25 anos. Há consciência entre os dirigentes do partido que sem prosperidade não será possível haver estabilidade. Mas também que a prosperidade não será possível sem haver um clima de estabilidade. Gerou-se assim um pacto tácito entre o partido e a sociedade chinesa, nos termos do qual o primeiro garante melhoria das condições materiais de vida, recebendo em contrapartida condições para que o processo de crescimento económico se desenvolva. Pacto que, em certos períodos, foi imposto, quando foi desafiado o poder do partido, como aconteceu na segunda metade dos anos 80, com momentos de grande agitação social e que tiveram a mais dramática expressão em Maio e Junho de 1989.

De qualquer forma, e este é o aspecto essencial, a manutenção do poder pelo partido comunista tem como justificação um projecto de sociedade e uma ideologia revolucionária que "legitimam" o exercício desse poder através da chamada ditadura democrática do povo, de quem o partido se apresenta como vanguarda. Na linguagem do PCC, o seu monopólio no poder significa que o povo é senhor do seu próprio destino, justificação que perderia sentido num processo aberto e claramente assumido de desconstrução socialista.

Houve por isso que dotar o processo em curso no sentido de uma economia de mercado de uma capa ideológica construtiva, compatível com o discurso do poder, que preservasse essa legitimidade ou pelo menos a fosse resguardando.

É nisso que consiste a teoria de Deng Xiaoping, apresentada como a sucessão do marxismo-leninismo e pensamento de Mao Zedong, que pretende não ser mais do que a adaptação dessas teorias à realidade chinesa para a construção de uma sociedade com características nacionais. Foi assim que se iniciaram as políticas de reforma e abertura ao exterior, avançando segundo a política de três passos formulada por Deng, num primeiro passo que permitiu ultrapassar a fase em que a população lutava por ter que comer e que vestir, sendo o relógio de pulso, a bicicleta e a máquina de costura símbolos de prosperidade.

Para dar o segundo passo, que consistia em duplicar o rendimento "per capita", havia que adoptar novos instrumentos que permitissem um maior incremento da economia privada. Surgiu então, como doutrina legitimadora desse novo avanço, consagrada no XIII congresso do partido, em 1987, a tese de que a China se encontrava na fase primária do socialismo. Isso levou a uma alteração constitucional em 1988, que veio permitir um uso mais racional da terra por parte dos camponeses e facilitar a transferência de direitos sobre esse uso. Por outro lado a economia privada, embora ainda considerada como complemento da economia socialista, ganhou estatuto próprio, deixando de ser tida como simples economia individual do povo trabalhador.

Em 1992, no decurso do XIV congresso, já sob a liderança de Jiang Zemin mas sob orientação ideológica e pressão política de Deng, foi cunhado o conceito de economia de mercado socialista, visando anular a dicotomia economia planificada/economia de mercado.

Deng acreditava firmemente que a transformação da China sem rupturas dramáticas ou mesmo guerra civil só seria possível através daquilo que ele designava por emancipação das forças produtivas. Para ele a edificação do socialismo consistia na construção, passo a passo, da prosperidade, sendo indiferente, para tal finalidade, a proporção entre economia de mercado e economia planificada. Esta convicção reforçou-se com o colapso político dos países comunistas da Europa de leste, após o falhado movimento golpista, desencadeado em 1991, na antiga União Soviética.

Todavia, não era suficiente falar em regras de mercado para convencer os investidores e a população para o segmento privado da economia. Havia que dar garantias da continuidade dessa política.

Capítulo X – Da terceira para a quarta geração... 519

A resposta a esta questão já havia sido dada em 1992 por Deng Xiaoping que, na sua célebre deslocação ao sul, no início desse ano, havia afirmado que a fase primária do socialismo se manteria na China por mais cem anos[646].

Esta posição ganhou consagração ao mais alto nível a partir do XV congresso. Foi inscrita no preâmbulo dos estatutos do partido e veio a constituir o suporte ideológico para uma nova revisão constitucional, a de 1999, pela qual a economia privada foi elevada ao estatuto de componente importante e não já mero complemento da economia de mercado socialista.

Chegou, porém, uma fase em que era manifesta a contradição entre, por um lado, o nível de liberalização económica e, por outro, o discurso ideológico. O marximo-leninismo e o pensamento de Mao, bem como a economia socialista, estão cada vez mais desfasados da realidade, pelo que os princípios sustentadores da hegemonia do partido se assemelham a um pilar de madeira, em que o cerne da ideologia vai sendo corroído pela realidade da economia.

Atento a esta situação, o partido tem prosseguido a procura de novos caminhos e mecanismos de compensação que preservem pela modernização os princípios clássicos e ao mesmo tempo vão substituindo a legitimidade revolucionária pela legitimidade do mérito. Ao colocar a questão nestes termos, o partido comunista orienta as expectativas de reforma política para as grandes tarefas nacionais de crescimento económico, melhoria das condições de vida, construção de um sistema legal, construção de um Estado de direito, transparência da administração, reunificação nacional, afirmação da imagem internacional do país, etc. E temos de reconhecer que esse percurso tem sido bem sucedido. O que, adoptando os factos como critério da verdade, nos conduz à validação das teses de Deng Xiaoping.

O último grande passo neste processo, dado na liderança de Jiang Zemin, consistiu na teoria das três representações.

Em resultado da política de reformas e abertura ao exterior de Deng Xiaoping, surgiram novos estratos sociais constituídos por gesto-

---

[646] Esta teve um enorme impacto na confiança dos investidores externos, que a partir de então retomaram em grande escala o investimento na China. V. Willy Wo-Lap Lam, *China After Deng Xiaoping*, pág. 17 e ss.

res, empresários, técnicos, cientistas e outros intelectuais, com importância crescente e de que o país não pode prescindir para viabilizar o processo de desenvolvimento e gerir a China no novo quadro de exigências decorrentes da globalização e do papel crescente no plano internacional. Por sua vez, o partido reconhece que esses novos estratos e, em geral, uma classe média que vai tendo peso crescente, não podem ficar sem voz.

As soluções possíveis passariam por abrir a política a novos partidos, por aumentar a participação política dos chamados partidos democráticos ou abrir o partido comunista a essas novas camadas. Esta questão não era nova. Já na altura do XV congresso se havia discutido, como via possível de reforma política, a possibilidade de reforço da capacidade de intervenção dos restantes partidos autorizados na China, os chamados partidos democráticos, o que, na altura, não foi seguido.

A resposta a esta questão foi a teoria das três representações. Através dela assumiu-se que o partido não pretendia abrir a sociedade a outros partidos, nem reforçar o papel dos existentes. Em contrapartida abria-se o próprio partido comunista à sociedade, acolhendo nas suas fileiras os estratos sociais a que fizemos referência. Esta teoria obteve consagração no congresso e os seus estatutos foram alterados em conformidade.

Na parte do preâmbulo, que num partido de forte base ideológica tem tanta importância como o articulado, o partido comunista deixou de ser apenas vanguarda da classe operária, para passar a ser também vanguarda e não simples representante do povo chinês de todas as nacionalidades. Representando também:

– As exigências de desenvolvimento das forças produtivas mais avançadas;
– O rumo de progresso da cultura mais avançada;
– Os interesses básicos da mais vasta camada da população chinesa.

Inclui agora, como guia de acção do partido, para além do marxismo-leninismo, o pensamento de Mao Zedong e a teoria de Deng Xiaoping, a teoria das três representações.

O último congresso arredou dos estatutos do partido a confiança cega no marxismo-leninismo e relativizou a sua importância. Diz-se agora apenas que os seus princípios fundamentais são correctos e têm grande vitalidade. Apontando ainda como ideal atingir o comunismo,

Capítulo X – Da terceira para a quarta geração...   521

foram retiradas as alusões ao "manifesto comunista" e à inevitabilidade da substituição do capitalismo pelo socialismo.

Tais alterações tiveram tradução também no articulado. Desde logo, no art. 1° dos estatutos. O partido, que estava aberto apenas a operários, camponeses, soldados, intetectuais e outros revolucionários, eliminou dos estatutos esta última expressão e substituiu-a por "elementos progressistas de outros extratos sociais".

Com este novo arsenal ideológico, o partido pretende colocar-se de par com as exigências da globalização, preparando a economia chinesa para a competição que se fará sentir e orientando a política no sentido mais favorável ao desenvolvimento produtivo. Pretende ainda manter no seu terreno os principais agentes desse processo, ou seja, todas aqueles que, no plano prático ou teórico, possam dar novo impulso à libertação das forças produtivas e cuja emergência foi já o resultado da política de reformas, em ordem a um desenvolvimento de forma coordenada, no aspecto material, político e espiritual (para utilizar a linguagem do congresso), mas em que a base é representada pelo primeiro vector.

É tendo em conta toda esta evolução que deve ser equacionada a questão da sempre apregoada reforma política.

Em 16 de Setembro de 1989 Deng Xiaoping disse que Hu Yaobang e Zhao Ziyang foram afastados para lhe suceder na liderança do partido por terem errado na questão da adesão aos quatro princípios cardeais e, particularmente, aos dois mais importantes: via socialista e liderança do partido comunista[647]. Ao, alegadamente, se terem deixado seduzir pelo liberalismo burguês, falharam no teste essencial.

Desde aí até ao XVI congresso passaram quase 15 anos.Todavia, a linha geral defendida por Deng Xiaoping, de um centro e dois pontos fundamentais, tem sido sucessivamente reafirmada. Um centro significa o desenvolvimento económico. Os dois pontos fundamentais que o apoiam são, por um lado, os quatro princípios cardeais e, por outro, a política de reforma e abertura. É dentro deste condicionalismo que deve ser encarado o problema da reforma política, sendo certo que, se o congresso preconizou uma atitude aberta a outras experiências, não deixou de sublinhar que duas delas teriam de ser rejeitadas face ao risco de conduzirem a

---

[647] V. *Selected Works of Deng Xiaoping*, vol. III, pág. 314

522   *Lei Penal da República Popular da China*

China ao desastre: a divisão de poderes e a alternância de poder entre vários partidos.

A reforma deverá consistir no desenvolvimento e aperfeiçoamento do próprio sistema socialista, passando pelo reforço do sistema legal, do Estado de direito, ampliação da democracia socialista e participação política dos cidadãos em eleições democráticas, melhoria do sistema de representação nas assembleias populares, aumento da democracia de base, melhoria da supervisão de quadros e administração mais aberta. Tudo isto dentro dos limites e condicionalismos fixados pelo partido e a par do reforço da liderança do partido comunista, que exercerá em exclusivo a governação, embora em contexto de maior diálogo e facultando a participação, em base consultiva, aos chamados partidos democráticos. Enfim, neste domínio as conclusões são uma salada composta pela abertura política e pelo seu contrário, não se vislumbrando qualquer luz que aponte para uma orientação substancialmente diferente da que tem sido seguida desde os últimos 20 anos.

Como resulta do exposto, o XVI congresso trouxe um novo líder mas representou também a coroação do ex-líder, com a consagração nos estatutos do partido do seu contributo doutrinário. Até que ponto iria esta situação condicionar a actuação da nova liderança?

Novos eventos, a nível interno e externo, contribuíram para a progressiva afirmação da autoridade de Hu Jintao, nuns casos pelo protagonismo do próprio Hu, noutros em resultado de factos que expuseram alguns dos problemas dos seus antecessores.

O primeiro desses problemas surgiu com a crise da SARS, em princípios de 2003. Com algum exagero pode dizer-se que crise da SARS esteve para Jiang Zemin, como a crise de Chernobil esteve para Gorbachev. Em qualquer dos casos, a ocultação dos factos contribuiu para a agravação do problema. No caso da SARS[648] a nova liderança,

---

[648] SARS (severe acute respiratory syndrome) é uma grave doença respiratória, cujo primeiro paciente a terá contraído, em Novembro de 2002, na província de Guangdong. As autoridades chinesas só notificaram a OMS da existência da doença, em Fevereiro de 2003, facto que deu origem a inúmeras críticas por ter proporcionado a sua propagação.

[649] Tratava-se de Zhang Wenkang 张文康, que havia sido nomeado, em Março de 1998 e reconduzido, em Março de 2003. O que todavia estava em causa era um pro-

Capítulo X – Da terceira para a quarta geração...

com destaque para o primeiro-ministro Wen Jiabao, foi rápida e determinada. Foi demitido o ministro da saúde[649], homem da confiança de Jiang Zemin, e adoptada uma política de transparência no que concerne a esse grave problema, que acabou por ser ultrapassado mais facilmente do que era suposto.

Um outro factor que contribuiu para a afirmação de Hu Jintao foi a situação internacional.Os ataques terroristas de 11 de Setembro de 2001, a guerra contra o poder "taliban" no Afeganistão, a invasão do Iraque, os programas nucleares da Coreia do Norte e do Irão, puseram em causa o unilateralismo e contribuíram para a afirmação da China no xadrês internacional.

Hu Jintao tinha importantes responsabilidades, no domínio da política externa, ao tempo de Jiang Zemin, quando esta era uma área sem especial protagonismo para a China, atento o poderio americano construído sob a administração Clinton e herdado pela administração Bush. De facto, os EUA tinham um domínio indisputado na arena internacional, quando Hu Jintao teve que enfrentar problemas como o bombardeamento da embaixada chinesa em Belgrado, em 8 de Maio de 1999 ou, em Abril de 2001, a captura de um avião espia americano, que apesar dos dissabores que representaram, ainda assim não deixaram de ser aproveitados para reforço do nacionalismo e aumento da coesão nacional em torno do regime. Todavia, após o 11 de Setembro de 2001, com a intervenção militar no Afeganistão e o estabelecimento de bases americanas em diversos países da Ásia central, o desastre da intervenção no Iraque e a subsequente crise no abastecimento petrolífero, o relativo sucesso do atrevimento político de alguns dos actores do "eixo do mal", nomeadamente do Irão e da Coreia do Norte, deram à China papel de destaque na arena internacional, quer na "six-party talks" com a Coreia do Norte[650], quer no âmbito da busca

---

blema de natureza política, com tradições na política chinesa, de ocultação de situações embaraçosas para a administração que, no caso concreto, afectou seriamente a reputação do país.

[650] Em 2003, a Coreia do Norte decidiu o abandono do "tratado de não-proliferação nuclear". Face aos riscos de se tornar uma potência nuclear, iniciou-se um processo de negociações envolvendo a Coreia do Norte, a Coreia do Sul, a República Popular da China, o Japão, os Estados Unidos e a Rússia. Desde 1993, realizaram-se cinco rondas de negociações, tendo a última reunião, de 2006, ocorrido entre 18 e 22 de Dezembro.

de consensos na comunidade internacional, com vista a enfrentar o desafio nuclear iraniano ou a solucionar o problema iraquiano. Hu Jintao não deixou de aproveitar esta oportunidade para afirmar a necessidade de uma política multipolar, ao mesmo tempo que, ele por um lado e o primeiro-ministro por outro, percorriam o mundo construindo parcerias estratégicas, constituindo-se como alternativa a uma política de desenvolvimento, nomeadamente em África e também na América do Sul, ao mesmo tempo que garantiam o abastecimento energético e de matérias-primas.

Finalmente, e agora mais uma vez no plano interno, surgiram graves problemas herdados da anterior gestão. De facto, a evolução da economia chinesa teve também os seus pontos negros, representados fundamentalmente por uma população rural empobrecida e, em muitos locais, sem acesso a bens ou serviços de primeira necessidade. Uma população rural que se desloca à procura de emprego, em vagas de migração interna, gerando um contingente de população discriminada, dentro do seu próprio país. E mesmo os habitantes das zonas rurais, nas províncias mais prósperas, vêm os seus direitos desprezados face aos interesses ligados à pressão imobiliária e a ânsia de projectos urbanísticos e industriais.

O sintoma mais grave desta última situação, fez-se sentir na segunda semana de Dezembro de 2005, quando ocorreram diversas manifestações na aldeia piscatória de Dongzhou, província de Guangdong, contra o baixo valor fixado para a expropriação de terrenos, no decurso das quais os manifestantes foram atacados pela polícia, do que resultou a morte de várias pessoas. Estas camadas de população constituem o grande exército de excluídos do processo de desenvolvimento económico que se tem verificado na China e é com esta questão que o poder terá que se confrontar.

Todos estes factores deram um contributo decisivo para a afirmação da liderança de Hu Jintao, que cedo deu sinais de que o seu caminho não seguiria as pisadas da elite de Shanghai. O sinal mais claro foi dado na segunda metade de 2005, após várias tentativas pouco sucedidas de colocar no centro da agenda política a questão da "sociedade harmoniosa" (Hexie Shehui 和谐社会).

Pelo nível de relacionamento entre a RPC e a Coreia do Norte, a RPC tem tido um papel "pivot" nessas negociações, internacionalmente conhecidas como "six-party talks".

Em 7 de Setembro de 2005, a edição "online" do "diário do povo" publicava um artigo de Tian Jiyun sobre Hu Yaobang no qual, para além de grandes elogios ao velho dirigente, afirmava que este propunha não apenas a abertura no plano económico, mas também no que se referia ao plano político. Este testemunho não mereceria particular destaque caso o autor fosse um cidadão anónimo. Acontece que Tian Jiyun foi um destacado dirigente, vice-presidente do comité permanente da assembleia nacional popular, membro do comité central do partido comunista desde o XII e até ao XVI congressos, e que, a partir do XIII e até ao XVI congresso (até 2002), integrou mesmo o bureau político do comité central.

No dia 18 de Novembro de 2005, no edifício da assembleia do povo, realizou-se um seminário comemorativo dos 90 anos sobre o nascimento de Hu Yaobang.

Vários aspectos há a realçar em relação a esse evento.

Desde logo, o facto de se comemorar o 90º aniversário do nascimento de um dirigente afastado por pressão da ala conservadora, mas com o aval de Deng Xiaoping. A ideia que esta iniciativa suscita é de que a liderança do partido comunista sente necessidade de reabilitar ou, pelo menos, fazer apelo aos princípios que nortearam a actuação do velho dirigente, conhecido pelas suas posições reformistas, de ruptura com o passado maoista e reparação dos erros cometidos durante a revolução cultural.

O segundo aspecto, tem a ver com o nível de participação que se verificou. Embora o presidente Hu Jintao não tenha estado presente, dado encontrar-se na Coreia para participar na cimeira dos países da região Ásia-Pacífico, marcaram presença, para além do primeiro-ministro Wen Jiabao, dois outros membros da comissão permanente do bureau político do comité central. O vice-presidente Zeng Qinghong e ainda o responsável da comissão de inspecção disciplinar, Wu Guanzheng 吴官正.

Nada disto pode ser lido como resultado do acaso. Se a circunstância de a homenagem ter tido lugar em data em que o presidente se encontrava no exterior pode ser entendida como uma forma de manifestar algum distanciamento em relação à iniciativa, certo é que a mesma não poderia ter ocorrido sem o seu assentimento ou mesmo o seu impulso, sendo de ter em conta que a carreira de Hu Jintao começou a correr em direcção ao topo precisamente a partir do momento em que foi eleito responsável pelo departamento da juventude comunista, organização que tinha em Hu Yaobang a sua principal referência.

526 Lei Penal da República Popular da China

Outro dado a reter, refere-se ao facto de Zeng Qinghong ter feito o principal discurso da cerimónia. Durante vários anos, apontava-se Jiang Zemin como um obstáculo à reversão do veredicto de Tiananmen, evento com significativa ligação a Hu Yaobang, já que os acontecimentos se iniciaram exactamente com uma homenagem, no mês de Maio de 1989, a este dirigente comunista. Tendo Zeng Qinghong sido o grande estratega da política de Jiang Zemin e, porventura, o dirigente da sua maior confiança na actual liderança, assume especial significado a sua intervenção em defesa do "leal combatente comunista" que foi Hu e dos valores que o mesmo defendeu para a actuação política do partido. Refira-se, aliás, que no seu discurso, para além de ter enumerado as diversas tarefas desempenhadas pelo homenageado, não omitiu qualquer dos seus inúmeros contributos para a edificação do partido.

Valor não menos relevante terá que ser dado à presença na cerimónia do responsável pela comissão de inspecção disciplinar, Wu Guanzheng, que aliás teve a seu cargo a organização do evento. De facto, a queda de Hu Yaobang do posto de secretário-geral e o seu apagamento como dirigente político, resultaram de acusações de ter permitido a poluição espiritual e assim dado origem ao liberalismo burguês, que conduziram às enormes manifestações na República Popular da China. Ou seja, as acusações tiveram a ver com condutas que cairiam, caso fossem investigadas, sob a alçada da comissão de inspecção disciplinar, cujo actual responsável se verga perante a memória do falecido dirigente.

Finalmente, ao lado da viúva de Hu, presente na cerimónia, encontrava-se Hu Qili 胡启立, aliado de Hu Yaobang e de Zhao Ziyang, afastado com este da comissão permanente do bureau político do comité central logo após os acontecimentos de Tiananmen.

De assinalar ainda é o facto de, em 7 de Dezembro de 2005, o jornal da juventude da China (Zhongguo Qingnianbao 中国青年报), órgão da liga da juventude comunista, ter publicado um extenso artigo da autoria de Hu Qili, na qual o autor dá conta do seu longo contacto com Hu Yaobang, evidenciando o seu espírito democrático e integral dedicação à causa do povo.

Estes acontecimentos não podem ser dissociados da afirmação política de Hu Jintao que, por diversas formas, preparará o encerramento do ciclo de liderança de Jiang Zemin, agora na arena ideológica, no próximo congresso do partido, provavelmente no Outono de 2007.

Capítulo X – Da terceira para a quarta geração... 527

Será que estes factos pré-anunciam uma reavaliação de Tiananmen? Que serão um ensaio para maior avanço na reforma política? Ou será apenas que o partido, perante o desgaste do poder e os conflitos sociais emergentes pretende invocar o espírito de Hu Yaobang como forma de lançamento de uma vasta campanha de rectificação?

O apelo ao espírito e ao legado de Hu Yaobang representá certamente uma nova orientação ideológica do partido. O reavivar do espírito de Hu Yaobang pretende ancorar o percurso político e ideológico do partido na tradição denguista prévia a Tiananmen. Respeitando-se o legado de Jiang Zemin, homenageado em Agosto de 2006 com a publicação das suas obras, cujo estudo Hu Jintao não se tem cansado de recomendar, a verdade é que se perspectiva o retomar de preocupações que assinalarão, não propriamente uma ruptura, mas uma reorientação relativamente à política de Jiang Zemin, invocando como patrono aquele que é, porventura, o dirigente da segunda geração mais estimado na RPC.

Sente-se, no pulsar da política chinesa, um apelo no sentido de conter a disparidade entre as diversas regiões, encontrando uma via para um processo de desenvolvimento mais equilibrado e mais justo. Nesse sentido aponta a aprovação, em Março de 2006, do XI plano quinquenal, bem como o consenso, na sexta reunião plenária do XVI CC, entre 8 e 11 de Outubro de 2006, sobre as medidas com vista à criação de uma sociedade harmoniosa. A política visando a construção de uma sociedade harmoniosa pretende, sem pôr em causa a política de abertura e modernização, ir ao encontro de novas preocupações que têm a ver com as disparidades entre as zonas rurais e as zonas urbanas, ao mesmo tempo que, em conjugação com o XI plano quinquenal, visa lançar as bases para uma nova economia, mais assente na ciência e na tecnologia e mais amiga do ambiente.

Mas o contingente dos excluídos não existe apenas no plano económico.

Há, no domínio político, milhões de cidadãos que sentem nada terem a ver com os destinos do país e que aspiram a exercer esse direito sem ter que o fazer através da militância comunista. Sentimento que se manifesta principalmente nas gerações mais jovens, mais educadas, e naqueles que activamente participam no processo de construção económica. A China não pode alienar essa população absolutamente fundamental para o seu novo perfil de desenvolvimento.

528   *Lei Penal da República Popular da China*

Os dirigentes do partido debatem-se com duas dificuldades. Por um lado, seria desejável manter o presente nível de crescimento económico, entre 8 e 10%, para o que, todavia, consideram indispensável uma situação de estabilidade, tanto no plano externo como interno. Por outro, acentuam-se as clivagens com a população marginalizada pelo processo de desenvolvimento e com as franjas emergentes do processo de modernização que pretendem ter voz activa no processo de decisão política. Para já, promete-se apenas mais desenvolvimentos na criação do Estado de direito, respeito e garantia dos direitos dos cidadãos.

A China está, no entanto, expectante em relação ao próximo congresso. O cerne da doutrina política está encontrado: sociedade harmoniosa. Tudo aponta para que que o próximo bureau político e a sua comissão permanente tenham uma profunda remodelação[651]. A partir de então, a China será ainda mais exigente com Hu Jintao/Wen Jiabao, o duo que será determinante quanto ao rumo a seguir pela República Popular da China.

10.2 A revisão constitucional de 1999

O XV.º congresso representou, no plano ideológico, a consagração definitiva da teoria de Deng Xiaoping, ao lado do Marxismo-Leninismo e do pensamento de Mao Zedong. Um outro aspecto importante foi a reafirmação do princípio de que a China se encontra na fase primária do socialismo e que, segundo o relatório apresentado por Jiang Zemin, demorará pelo menos um século a completar-se este processo histórico e um período ainda mais longo a sua consolidação[652].

---

[651] Xulio Rios, numa das suas interessantes crónicas sobre a China (Las encrucijadas del Partido Comunista de China, in www.igadi.org/china), aponta para a possibilidade de, na comissão permanente do próximo congresso, apenas permanecerem Hu Jintao e Wen Jiabao. É no entanto provável que pelo menos Wu Bangguo se mantenha. Incerto é que o esforço de colagem a Hu Jintao por parte de Zeng Qinghong, evidente desde finais de 2005, lhe garanta a continuidade na estrutura dirigente.

[652] Jiang Zemin, "*Hold High The Great Banner of Deng Xiaoping Theory For An All-Round Advancement of The Cause of Building Socialism With Chinese Characteristics Intro The XXI Century* "(Relatório apresentado do XV.º congresso, em 12 de Setembro de 1997), in Selected Documents of The XV CPC National Congress, New Star Publishers, Beijing, 1997, pág. 3 e seguintes.

Sendo ainda tarefa prioritária, nesta fase do socialismo, o desenvolvimento das forças produtivas, haveria que prosseguir na política de reforma e abertura, conciliar a propriedade socialista com outras formas de propriedade e permitir diferentes modalidades de remuneração, compatíveis com os diferentes sectores da economia, tipos de propriedade e de gestão.

Daí a necessidade, segundo Jiang Zemin, de:
– Reajustar e melhorar a estrutura da propriedade, permitindo diversas formas da mesma, detendo embora a propriedade socialista uma posição principal;
– Adoptar um novo conceito de sector público da economia, nele incluindo a economia mista, desde que o sector público tenha nela uma posição dominante;
– Reconhecer a importância do sector não público da economia;
– Melhorar o sistema legal, no concernente ao regime de propriedade e à protecção dos direitos e interesses legítimos e justa competição entre todos os tipos de empresa;
– Melhorar a estrutura e modo de remuneração, mantendo como básico o método de distribuição de acordo com o trabalho, mas permitindo a coexistência de outras formas de remuneração;
– Manter e desenvolver o contrato de responsabilidade;

Essas orientações foram aceites no congresso e os estatutos do partido foram alterados em conformidade. Para além disso, definiram o âmbito para a revisão da constituição de 1982, a terceira, que iria ter lugar em 1999[653].

O comité central do partido limitou à partida o âmbito da revisão, determinando que esta se deveria conter no estritamente necessário e, mesmo aí, incidir apenas nos problemas que se considerassem suficientemente amadurecidos. Nos casos em que se considerasse que poderia haver ou não haver revisão, a opção deveria ser pela não revisão[654].

---

[653] Sobre a revisão constitucional de 1999 V. Júlio Pereira, Significado político e impacto económico da revisão constitucional de 15 de Março de 1999, in *I Congresso Portugal – China*, UTAD, 1999, pág. 142 e ss.

[654] V. apresentação do projecto aos delegados à assembleia nacional popular, feita por Tian Jiyun, em 9 de Março de 1999, in "renmin ribao 人民日报", edição da mesma data.

530   *Lei Penal da República Popular da China*

Estas directivas, como bem se compreende, foram profundamente restritivas, impedindo designadamente a consagração de qualquer inovação no plano da reforma política, para cujo adiamento se tem sucessivamente encontrado fundamento.

Relativamente aos debates na assembleia nacional popular, foi noticiado[655] que elementos liberais terão advogado reformas mais ousadas e que a proposta inicial seria de nove pontos, três dos quais terão acabado por cair, numa cedência à ala conservadora do partido. Entre as propostas não aprovadas estaria a da consagração da inviolabilidade da propriedade privada. Para além disso, haveria quem defendesse a consagração constitucional do princípio da presunção de inocência, o que também se não verificou.

A proposta, apresentada em 9 de Março pelo vice-presidente da assembleia Tian Jiyun[656], foi aprovada sem alterações.

A revisão incidiu em seis pontos, a saber:

– A alteração do preâmbulo consagrando a teoria de Deng Xiaoping como doutrina de Estado, reafirmando que o país permanecerá, durante longo período, na fase preliminar do socialismo e manifestando o empenhamento no desenvolvimento da economia de mercado socialista;

– Consagração do princípio do governo pela lei, na construção de um Estado de direito socialista (art. 5.º);

– Consagração da possibilidade de coexistência de diferentes formas de economia e de remuneração (art. 6.º):

– A consagração do princípio do contrato de responsabilidade, como forma base de exploração das organizações colectivas rurais (art. 8.º);

– Elevação das economias individual e privada ao estatuto de componente importante da economia de mercado socialista, com

---

[655] South China Morning Post (S.C.M.P.), edição de 26 de Fevereiro de 1999.

[656] A escolha de Tian Jiyun para a apresentação da proposta não se terá devido apenas ao facto de ser vice-presidente da assembleia. Tian era o elemento mais liberal deste órgão, era politicamente próximo de Zhao Ziyang, assim se fazendo o contraponto a Li Peng, presidente do grupo de trabalho para a revisão e representante mais notável da ala conservadora do partido. A intervenção destacada de ambos neste processo, a par da de Jiang Zemin, criaria a impressão de unidade do partido e da assembleia nesta matéria.

garantia da protecção do Estado dos direitos e interesses legítimos destas formas de economia (art. 11.º);

– Eliminação da categoria de crimes contra-revolucionários, designação substituída pela de crimes contra a segurança do Estado (art. 28.º).

Destes pontos, interessam-nos particularmente o primeiro, o segundo e o último.

A teoria de Deng Xiaoping consiste, basicamente, na constatação de que a contradição fundamental da sociedade chinesa não é a luta de classes, mas o fosso que separa o nível de desenvolvimento das forças produtivas, por um lado, e as necessidades concretas da população, por outro.

A teoria foi evoluindo no sentido da aproximação a teses quase capitalistas, tendo atingido os pontos de maior avanço na sequência do XIII.º congresso, em fins de 1987. Aí foi consagrada a teoria da fase primária do socialismo, sob o impulso de Zhao Ziyang[657].

O discurso reformista sofreu um sério revés com os acontecimentos de Tiananmen, em Junho de 1989, mas foi retomado com todo o vigor em Fevereiro de 1992[658], num esforço último de Deng, buscando dar um novo impulso aos elementos liberais do partido, por forma a reforçar a sua posição para o XIV.º congresso que decorreria em Outubro.

---

[657] Os historiadores do partido comunista chinês procuram minimizar o papel de Zhao Ziyang na formulação desta teoria, fazendo remontar a sua origem a 1979, a um discurso proferido por Ye Jianying por ocasião do XXX.º aniversário da R. P. China. A verdade, porém, é que só no XIII.º congresso do partido a teoria foi formulada com clareza. V. sobre esta questão *L'Histoire du Parti Communiste Chinois, 1921-1991* (sous la direction de Hu Sheng), Editions en Langues Etrangeres, Beijing, 1994, pág. 806 e seguintes.

[658] Entre 18 e 21 de Fevereiro de 1992, Deng Xiaoping efectuou a histórica viagem ao sul, tendo-se deslocado às cidades de Wuchang, Shenzhen, Zhuhai e Shanghai, defendendo um modelo acelerado de crescimento económico, independentemente de o mesmo poder ser apelidado de socialista ou capitalista, criticando indirectamente as políticas de Jiang Zemin e de Li Peng, que apelidou de formalistas. Esta iniciativa provocou uma profunda alteração na correlação de forças dentro do partido comunista, até porque foi seguida de uma importante purga no seio do exército popular de libertação, visando os elementos mais chegados à chamada "facção Yang".

Nesse ano assistiu-se a uma das lutas mais renhidas entre as facções conservadora e liberal[659] e, durante esse período, Deng formulou o princípio de que a fase inicial do socialismo se manteria por, pelo menos, 100 anos.

Esta tese foi acolhida na revisão aos estatutos do partido em 1992 e na revisão constitucional de 1993, que se limitou a registar o facto de o país se encontrar na fase primária do socialismo. Na presente revisão a tese foi reforçada com o princípio de que o país permanecerá durante *longo período* nessa fase o que, a par da teoria de Deng, ganhou consagração constitucional.

A importância deste reconhecimento e consagração resulta de passarem a constituir novas plataformas, jurídica e politicamente consolidadas, para novos avanços particularmente na área económica.

Com a questão da reforma política prende-se o segundo aspecto da revisão.

O problema do sistema jurídico é um dos mais difíceis de resolver na República Popular da China, enquanto se mantiver a associação entre órgãos do Estado e órgãos do partido[660].

Se o avanço das reformas económicas exige um sistema jurídico e uma estrutura judiciária credíveis bem como uma administração pautada por critérios de legalidade, o papel vanguardista do partido torna difícil a obtenção deste desiderato.

O próprio Jiang Zemin, em encontro com representantes de "partidos amigos" para solicitar o seu apoio à revisão constitucional, admitia que a autoridade da constituição não estava totalmente consolidada e que subsistiam ainda problemas relativos à sua implementação[661].

---

[659] O ponto mais aceso deste combate pode situar-se em 25 de Abril de 1992, quando Tian Jiyun, ironicamente, terá defendido a criação de "regiões esquerdistas especiais", para os adversários da política de reformas, onde a comida fosse racionada e de onde ninguém pudesse viajar para o estrangeiro – V. Willy Wo Lap-Lam, Cronology of 1992, in *China Review 1993*, Hong Kong, 1993, pág. XXII e também do mesmo autor, *China After Deng Xiaoping*, Hong Kong, 1995, pág. 166 e ss.

[660] Quando Zhao Ziyang era secretário geral do partido comunista defendeu a separação entre o partido e o governo, tendo os estatutos do partido, designadamente os seus artigos 46.º e 48.º sido alterados em conformidade. O partido recuou nesta política após Tiananmen e, em 1992, os estatutos voltaram praticamente ao modelo anterior.

[661] S.C.M.P., edição de 1 de Fevereiro de 1999.

Capítulo X – Da terceira para a quarta geração...   533

A reforma agora introduzida foi ousada. Pela primeira vez era utilizada a expressão "fazhi 法治" no sentido de governo pela lei e não no sentido de sistema legal "fazhi 法制". Desde 1979 que se apelava à construção de um sistema legal mas só agora se referia a necessidade de um governo pela lei, de um Estado de direito. A diferença é imperceptível para quem não tenha acesso aos textos em chinês já que, governo pela lei e sistema legal se pronunciam exactamente da mesma maneira, embora um dos dois caracteres usados em ambas as expressões seja diferente.

Finalmente, a existência de crimes contra-revolucionários era fonte de embaraço para a República Popular da China, suscitando-lhe problemas quer no plano político, quer no âmbito da cooperação judiciária. Daí haver autores que evitassem essa designação, mesmo quando a mesma ainda vigorava. A revisão veio pôr termo a essa dificuldade[662].

A questão que neste domínio mais nos interessa tem a ver com a consagração da teoria do Estado de direito, opção considerada pelos meios académicos progressistas como a melhor escolha como plano geral de governo do Estado[663].

O governo pela lei como linha geral de governação do Estado é uma expressão nova. Foi utilizada publicamente pela primeira vez por Jiang Zemin, em Fevereiro de 1995, e posteriormente apontada como orientação estratégica para acompanhar a realização do plano, definido em Outubro de 1995, para o desenvolvimento social e económico e objectivos a longo prazo até 2010[664]. Desde 1978 que Deng Xiaoping vinha insistindo na necessidade de construção de um sistema legal "para

---

[662] Esta alteração já tinha sido efectuada no código penal, durante a revisão de 1997.

[663] V. Sun Guohua e Huang Wenyi 孙国华, 黄文艺 Yifa zhiguo: zhiguo fanglue de zuijia xuanze 依法治国方略的最佳选择, in *Faxuejia* 法学家, n.º 1, 1998, pág. 3 e seguintes. Estes autores consideram ainda que a construção do Estado de direito implica um aperfeiçoamento do estilo de liderança do partido comunista, que deverá limitar-se aos campos político, ideológico e organizativo, não devendo imiscuir-se nas actividades dos organismos estaduais e muito menos substituir-se ao poder do Estado – V. pág. 10. Indirectamente, o que aqui se advoga é a separação entre o partido e o governo, à semelhança da reforma ensaiada após o XIII congresso do partido, caminho este que sofreu uma inversão após 1989.

[664] Zhang Jinfan 张晋藩, Yifa zhiguo shi lishi fazhan de biran 依法治国是历史发展的必然 in *Zhongguo Faxue*, 中国法学n.º 4 de 1998, pág. 3 e seguintes.

534   *Lei Penal da República Popular da China*

haver a certeza de que as instituições e as leis não mudam sempre que mude a liderança ou sempre que os líderes mudem de opinião ou alterem o objecto da sua atenção "[665]. Desde então, a palavra chave era "sistema legal" e foi de facto com base nesse slogan que, no prazo de 20 anos, a China assistiu à progressiva construção de um conjunto de leis nos mais diversos domínios e à criação de instituições judiciárias que, praticamente, tinham sido aniquiladas durante a revolução cultural.

O que agora se propôs foi mais que isso, se bem que a criação de um Estado de direito pressuponha a continuação da construção do sistema legal e o seu aperfeiçoamento.

10.3 A revisão constitucional de 2004

O momento mais importante, após o XVI congresso, foi a quarta revisão constitucional, aprovada em 14 de Março de 2004.

O processo de revisão não foi diferente dos anteriores, procurando circunscrevê-lo às alterações decorrentes das políticas que resultaram do anterior congresso do partido. Daí que, à semelhança do que tinha acontecido na revisão de 1999, um telegrama da agência Nova China, de 28 de Dezembro de 2003, enfatizasse a necessidade de acatar o princípio da estabilidade da constituição, não se mudando aquilo que pudesse não ser mudado. Ou seja, reduzindo a revisão ao estritamente indispensável.

Ainda assim, a quarta revisão foi a mais extensa, se bem que sem o impacto, ao menos no plano económico, da anterior. O preâmbulo foi adaptado ao novo contributo ideológico saído do XVI congresso. O art. 10.º foi alterado por forma a dar mais explícito enquadramento legal à requisição e expropriação de terra, prevendo agora expressamente o pagamento de indemnização aos seus utilizadores. O art. 11.º foi alterado por forma a dar mais ênfase à protecção do sector não público da economia. O art. 13.º foi alterado passando a consagrar expressamente o direito de indemnização por expropriação ou requisição de propriedade privada. Ao art. 14.º foi acrescentado um parágrafo determinando que

---

[665] Deng Xiaoping, Emancipate The Mind......, in *"Selected Works of Deng Xiaoping (1975-1982)*, Foreign Languages Press, Beijing, pág. 151 e seguintes.

Capítulo X – Da terceira para a quarta geração...   535

o Estado crie um sistema de segurança social compatível com o nível de desenvolvimento económico. O art. 59.º foi alterado por forma a dar representação às regiões administrativas especiais. O art. 67.º foi alterado, retirando ao CPANP o poder de declarar a lei marcial, atribuindo-lhe antes o direito de declarar o estado de emergência. Alterações idênticas ocorreram relativamente às competências do presidente da República e do conselho de Estado. O art. 81.º reforçou os poderes do presidente da República em matéria de relações externas.

Todavia, a alteração politicamente mais significativa foi a do art. 33.º, ao qual foi acrescentado um parágrafo impondo ao Estado o respeito pelos direitos humanos.

É de esperar que as alterações constitucionais, primordialmente viradas para aspectos económicos, mas que tocaram também em importantes aspectos relacionados com a reforma política, se façam sentir no médio, longo prazo, embora para já num âmbito compatível com a vigência dos quatro princípios cardeais, ou seja, com a auto-reforma do sistema existente. Com efeito, o placebo político representado pela melhoria da democracia socialista, não perdeu ainda todas as virtualidades terapêuticas e a subsistência do "status quo" será explorada até ao seu limite de validade.

10.4 As alterações da lei penal e legislação conexa

10.4.1 *As revisões do código penal*

No plano da lei penal substantiva, e desde a profunda revisão de 1997, o código penal foi objecto de seis alterações, a primeira das quais, de 25 de Dezembro de 1999, que incidiu em alguns crimes da área económica e financeira (artigos 168.º, 174.º, 180.º, 181.º, 182.º, 185.º e 225.º). Esta alteração não mexeu com a estrutura do código, nem fez alteração de penas. Pretendeu apenas responder com mais eficácia à progressiva complexidade da actividade económica e financeira, alargando o seu âmbito de aplicação em matéria de autorização e controlo para o exercício de actividade financeira, em matéria de liquidação de patrimónios, de "inside trading", actividades de perturbação da actividade bolsista, futuros, etc.

536 *Lei Penal da República Popular da China*

A segunda alteração, de 31 de Agosto de 2001, incidiu apenas no artigo 342.º, no sentido de reforçar a protecção das áreas florestais.

A terceira alteração, de 29 de Dezembro de 2001, foi consequência dos acontecimentos de 11 de Setembro do mesmo ano. Aproveitando o clima de luta contra o terrorismo, este diploma veio alterar diversas disposições do código penal (artigos 114.º, 115.º, 120.º, 125.º, 127.º e 191.º) e criar dois novos artigos (120.º-1 e 191.º-1), abrangendo nas respectivas previsões a disseminação, fabrico ou furto de substâncias radioactivas e bacteriológicas, agravando a pena para fundadores e dirigentes de organizações terroristas, bem como dos respectivos participantes activos, punindo o financiamento de organizações ou actividades terroristas, bem como a lavagem de dinheiro relacionado com tais actividades. Para além disso, veio ainda punir a divulgação de falsas informações ou propaganda alarmista relacionada com falsos ataques terroristas.

A quarta alteração foi aprovada em 28 de Dezembro de 2002 e incidiu nos artigos 145.º, 152.º, 155.º, 244.º, 339.º, 344.º, 345.º, 399.º No respeitante ao art. 145.º, que criminaliza o fabrico de instrumentos médicos e produtos de higiene fora das especificações legalmente estabelecidas, tornou o tipo base crime de perigo (estava previsto apenas como crime de dano), baixando a respectiva pena. O art. 152.º acrescentou um segundo parágrafo punindo o contrabando de resíduos sólidos líquidos e gasosos, alterando também em conformidade o parágrafo seguinte, relativo à responsabilidade de pessoas colectivas. O artigo 155.º alargou aos rios e lagos fronteiriços a proibição de venda ou transporte de produtos de importação proibida ou condicionada. A seguir ao artigo 244.º foi acrescentado um outro (244-1), criminalizando a imposição de trabalhos pesados ou perigosos a menores de 16 anos, para além da previsão geral decorrente do artigo anterior. No art. 339.º foi alargada a punição para a importação de resíduos sólidos à de resíduos líquidos e gasosos. O artigo 344.º alargou a protecção já prevista contra o abate e destruição de árvores raras, a outras espécies de plantas especialmente protegidas, punindo ainda a sua compra, venda, transporte e transformação. O art. 345.º passou a punir, para além da compra, o transporte de árvores abatidas ilegalmente, independentemente de existir ou não intuito lucrativo, requisito anteriormente exigido. O art. 399.º ampliou a punição de funcionários por violação de deveres na execução de decisões judiciais, com prejuízo para as partes ou terceiros.

Capítulo X – Da terceira para a quarta geração... 537

A quinta alteração foi aprovada em 28 de Fevereiro de 2005, tendo acrescentado um artigo e alterado dois outros. O novo artigo é o 177.º-1, punindo diversas condutas relativas à falsificação e uso de cartões de crédito falsos ou uso indevido de cartões de crédito de terceiros. O art. 196.º, relativo a diversos crimes relacionados com o uso de cartões de crédito, passa a criminalizar também o uso de falsa identidade relacionada com esse uso. O art. 369.º foi alterado em termos de os crimes nele previstos (sabotagem de equipamentos, instalações e comunicações militares) poderem, no caso da ocorrência de consequências graves, ser punidos a título de negligência.

A última alteração foi aprovada em 29 de Junho de 2006, com a alteração de doze artigos e criação de mais oito[666].

O art. 134.º foi alterado em termos de reforçar a segurança no trabalho por violação das regras de segurança laboral, o mesmo se tendo verificado na alteração ao art. 135.º. Foi acrescentado o art. 135.º-1 punindo movimentos de massas em violação das regras de segurança pública, no caso de verificação de graves acidentes. Também foi acrescentado o art. 139.º-1 prevendo sanções criminais para quem, tendo obrigação de reportar acidentes de segurança, não o tenha feito ou o tenha feito com falsidade, prejudicando as actividades de socorro. O art. 161.º reforçou os deveres de rigorosa informação aos accionistas, punindo a omissão de tal dever ou o seu defeituoso cumprimento. Foi acrescentado o art. 162.º.2 punindo os responsáveis em processos de liquidação que escondam, assumam falsas responsabilidades ou, por outro modo, transfiram activos. O art. 163.º passa a admitir como sujeitos dos crimes neles previstos os empregados de qualquer unidade e não apenas empresas. O mesmo se passou em relação ao art. 164.º.

Foi acrescentado o art. 169.º.1 prevendo punição criminal de condutas traduzidas na violação dos deveres por parte de directores, supervisores, gestores, manipulando os mecanismos de mercado em prejuízo das respectivas empresas. Por exemplo, cedendo a outras unidades, a título gratuito, fundos, mercadorias ou serviços, fornecendo ou recebendo

---

[666] Sobre a sexta alteração, de todas a mais extensa, V. Lü Tu, Yang Henan 途, 杨贺男主编*Zhonghua Renmin Gongheguo Xingfa Xiuzhengan (6) Lijie yu Shiyong* 中华人民共和国刑法修改案六理解与适用, Zhongguo Fazhi Chubanshe, 2006.

Lei Penal da República Popular da China

fundos, bens ou serviços em condições manifestamente não equitativas, ou fornecendo esses mesmos bens e serviços a quem manifestamente esteja desprovido de capacidade para assumir responsabilidade. A concessão ou aceitação de garantias por parte de quem se encontre também sem capacidade financeira, etc.

Foi também acrescentado o art. 175.º 1 punindo a obtenção de crédito, aceites, cartões de crédito ou garantias, mediante artifícios fraudulentos. O art. 182.º foi alterado em termos de, na sua previsão, serem também incluídas as operações financeiras com futuros.

Foi acrescentado o art. 185.º.1 punindo os responsáveis das instituições financeiras que utilizam os fundos dos respectivos a clientes para operações sem o consentimento destes.

O art. 186.º veio impor regras mais restritivas em termos de concessão de empréstimos, alargando o elenco de legislação a que tais operações devem obedecer e impondo em certos casos penas mais graves.

O art. 187.º veio punir o abuso de confiança por parte de funcionários de instituições financeiras, independentemente de agirem ou não com intuito lucrativo.

O art. 188.º, relativo à emissão "contra legem" de instrumentos financeiros por parte dos empregados de instituições de créditos passa a ser punido, não em face dos resultados, mas da gravidade das circunstâncias da acção, ou seja, passa de crime de dano a crime de perigo. O crime do art. 191.º, relativo ao branqueamento de capitais viu a sua previsão alargada por forma a abranger fundos provenientes de outras actividade ilícitas, como corrupção e crimes contra a ordem financeira e actividades terroristas. Foi acrescentado o art. 262.º.1, punindo a utilização de deficientes ou menores de 14 anos para a mendicidade. O art. 303.º alargou o âmbito da punição da exploração de jogo. O art. 312.º alargou o âmbito dos crimes de receptação e foi acrescentado o art. 399.º.1, punindo a prevaricação de árbitros.

Numa análise global das alterações efectuadas, é de destacar o facto de, em nenhum caso, se ter alargado o âmbito de aplicação da pena de morte, facto que é justo salientar porquanto revela uma diferente orientação em relação à política criminal que vinha sendo seguida até 1997.

Um segundo aspecto a salientar, é o de que a maioria das alterações ter a ver com a evolução da economia chinesa, particularmente no aspecto financeiro. Foi aliás neste domínio que a lei penal, desde meados dos anos 80, mais teve que correr atrás dos mercados.

Um impacto muito significativo nas alterações foi o resultante da necessidade de protecção dos consumidores e dos trabalhadores.

O art. 135.º-1 pretende, a nosso ver, responder a situações de agitação popular, do género da que ocorreu em Dongzhou e a que acima fizemos referência.

Finalmente, foi manifesta a influência, na última revisão, da convenção da ONU para o combate à corrupção, convenção ratificada pelo CPANP, em 27 de Outubro de 2005.

Concluindo, pode dizer-se que as alterações à lei penal, se por um lado mantiveram o paradigma que resultou da grande revisão de 1997, teve como aspectos mais positivos o acompanhamento da evolução da China, no aspecto económico e financeiro, uma mais acentuada preocupação com a saúde e segurança dos trabalhadores e dos jovens e, sobretudo, a não continuidade da política de "punição severa", que vinha sendo seguida, desde 1982, já que em nenhum caso aumentou a incidência da pena de morte e, em algumas situações, até baixou as penas previstas.

10.4.2 *A lei de extradição*

Para além das alterações à lei penal, merece também referência a aprovação da primeira lei de extradição da República Popular da China[667].

Naquela que foi a última medida legislativa do segundo milénio da nossa era, o comité permanente da assembleia nacional popular, na sua décima nona reunião, em 28 de Dezembro de 2000, aprovou a primeira lei de extradição.

A lei, com um total de 55 artigos, reparte-se por quatro capítulos referentes a princípios gerais, extradição passiva, extradição activa e princípios suplementares.

---

[667] Nunca a China tinha aprovado qualquer lei ou mesmo tratado de extradição. Todavia, no âmbito do tratado de Nerchinsk, celebrado com a Rússia, em 1689, e do acordo comercial fronteiriço com o Vietname, celebrado com a França em 1886, havia cláusulas em matéria de extradição (V.Yang Chunxi, Gao Mingxuan, Ma Kechang, Yu Shutong zhubian 杨春洗, 高铭暄, 马克昌, 余叔通, *Xingshi Faxue Dacishu*, 刑事法学大辞书 Nanjing Daxue Chubanshe, 1990, pág. 614 ss.

540 *Lei Penal da República Popular da China*

Definindo como objectivo da lei o reforço da cooperação internacional no combate ao crime, protecção dos interesses legítimos de pessoas e organizações, salvaguarda dos interesses do Estado e da ordem social (art. 1.º) consagra, como princípios fundamentais dessa cooperação, a igualdade e reciprocidade, ao mesmo tempo que afasta a cooperação nos casos em que a mesma possa ser lesiva da soberania da RPC, da segurança ou dos interesses colectivos (art. 3.º).

Passando ao capítulo da extradição passiva, ou seja, quando o pedido de extradição seja dirigido por estado estrangeiro à RPC, começa por fixar os requisitos exigidos (art. 7.º):

– Que o facto que motiva a extradição seja considerado crime, quer pela lei da RPC, quer pela lei do Estado requerente;

– Tratando-se de extradição para procedimento criminal, que o facto que a motiva, quer pela lei da RPC, quer pela lei do Estado requerente seja punível com pena não inferior a um ano de prisão;

– Tratando-se de extradição para cumprimento de pena, que ao extraditando falte ainda cumprir, pelo menos, seis meses de prisão.

– O art. 8.º refere as circunstâncias que motivam recusa de extradição por parte da RPC:

– Se o extraditando, de acordo com a lei da RPC, tiver nacionalidade chinesa;

– Se, ao tempo do pedido de extradição e relativamente ao crime que lhe é subjacente, as autoridades da RPC tiverem já pronunciado decisão com trânsito ou tiverem posto termo a processo penal;

– Se a extradição for motivada por crime político ou a RPC tiver dado asilo ao extraditando;

– Se a instauração do procedimento criminal ou da execução da pena se deverem a razões de raça, religião, nacionalidade, sexo, ideologia política ou estatuto pessoal ou se, por qualquer desses motivos, o extraditando puder não vir a ter um processo judicial justo;

– Se, de acordo com a lei da RPC ou do Estado requerente, o crime a que se refere a extradição for considerado crime militar;

– Se, de acordo com a lei da RPC ou do estado requerente, ao tempo do recebimento do pedido de extradição já tiver decorrido o prazo de procedimento criminal ou se, por amnistia ou outro motivo já não dever haver responsabilidade criminal;

Capítulo X – Da terceira para a quarta geração... 541

– Se o extraditando no Estado requerente foi ou puder vir a ser sujeito a tortura ou a tratamento ou pena cruel, desumana ou ofensiva da dignidade humana;
– Se a extradição for pedida com base em condenação proferida à revelia, excepto se o Estado requerente der garantias de que o extraditado terá oportunidade a um novo julgamento.

O art. 9.º indica as seguintes circunstâncias em que a extradição poderá ser recusada pela RPC:
– Se a apreciação do facto pelo qual é pedida a extradição couber na jurisdição da RPC e contra o extraditando estiver pendente ou em vias de ser instaurado procedimento criminal;
– Em razão da idade do extraditando, saúde ou outras razões, de acordo com princípios de natureza humanitária.

O pedido de extradição deve ser instruído, de acordo com o artigo 11.º, com a identificação do organismo requisitante, identificação exaustiva do extraditando, descrição circunstanciada do facto que lhe é imputado com referência ao tempo e lugar da sua prática e seu resultado e ainda as disposições legais relativas ao crime, respectiva pena e prazo de exercício da acção penal.

Esta lei tem um significado particular pelo que encerra em termos de disponibilidade da China para a cooperação no plano judiciário, e também pelos princípios que consagra quanto aos pressupostos da extradição, que se não afastam daqueles que em regra são internacionalmente estabelecidos. Assim, exclui a extradição nos casos de crimes políticos, por motivações de raça, sexo, estatuto pessoal, ideologia política; no caso de possibilidade de imposição de penas desumanas ou não havendo garantias de um processo judicial justo. Naturalmente que se poderá questionar o motivo de tais exigências, sabendo que as mesmas não são cumpridas em muitos aspectos do ordenamento interno. Ainda assim, a linguagem utilizada é útil para a melhoria do sistema e abre a porta a conceitos que reivindicarão assento no sistema penal chinês.

10.4.3 *Sanções administrativas*

Uma lei que merece também referência pela proximidade que tem com a lei penal é a lei sobre sanções administrativas, de 17 de Março de 1996, que entrou em vigor no dia 1 de Outubro do mesmo ano. Trata-se de um diploma que rege esse tipo de sanções, prevendo as suas espécies e processo da respectiva aplicação. É uma espécie de código de contra-ordenações, as quais são aplicadas pelas autoridades administrativas, delas podendo ser interposta reclamação ou recurso.

Mas as sanções administrativas que mais se aproximam e que mais se relacionam com a lei penal são as que se encontram previstas na lei para a segurança da administração. Como já tivemos oportunidade de verificar, o primeiro regulamento desta matéria foi publicado em 1957, consagrando em forma de lei aquilo que na prática já existia. Esse regulamento foi substituído por um outro de 5 de Setembro de 1986, alterado em 1994. Um novo diploma foi aprovado em 28 de Agosto de 2005, agora na forma de lei, tendo entrado em vigor em 1 de Março de 2006.

Os aspectos principais têm a ver com a alargamento das condutas que caem na alçada do diploma, devido à progressiva complexidade da vida na China, com o surto de desenvolvimento a que se tem assistido e o propósito de recorrer ao processo penal apenas nos casos que se consideram de especial gravidade.

Um segundo aspecto traduz-se na imposição das sanções para a segurança pública também às pessoas colectivas, à semelhança do que havia já acontecido com o direito penal.

O leque das sanções previstas foi aumentado passando, para além da admoestação, multa e detenção, a ser também prevista a revogação de licenças emitidas pelos organismos de segurança pública e a proibição de entrada a cidadãos estrangeiros.

O valor das multas foi aumentado, podendo agora ir de 50 a 5000 RMB. Por seu lado, o período de detenção administrativa, que antes podia ir de 1 a 15 dias, passou a ser escalonado, sendo de 1 a 5, 5 a 10 e 10 a 15 dias. Para além disso, no caso de aplicação de duas sanções de detenção, e apenas neste caso, passou a ser possível efectuar cúmulo, sendo de 20 dias o prazo máximo de detenção. A lei passou a prever as medidas de polícia que podem ser adoptadas pelas autoridades no sentido de reposição da ordem pública. Finalmente, a lei passou a prever que o

Capítulo X – Da terceira para a quarta geração...

543

processo de aplicação das sanções fosse o previsto no regime de sanções administrativas, na falta de normas específicas sobre a matéria. Ou seja, o diploma que consideramos ser o regime geral de contra-ordenações passou a ser de aplicação subsidiária.

10.5 A evolução da doutrina

Os juristas chineses não perderam tempo em tirar proveito das inovações que, no plano político, ocorreram nos XV e XVI congressos, bem como das duas mais recentes revisões constitucionais. Apostando-se na criação de um Estado de direito e firmando-se na constituição a obrigação do Estado de respeito pelos direitos humanos[668], havia que projectar esses princípios no domínio, não da mera consagração, mas da aplicação do direito.

Concedendo embora, no plano táctico, que as mudanças terão que ser conduzidas sob a liderança do partido comunista, dogma ainda não ultrapassado, já que a política dos quatro princípios cardeais continua a ser reafirmada, apontam claramente os requisitos que constituem pressuposto necessário de um verdadeiro Estado de direito: democracia, direitos humanos, igualdade, império da lei, legalidade da administração, justiça e independência dos tribunais, limitação e supervisão dos poderes[669].

Uma das temáticas que suscita mais viva preocupação é a da independência dos tribunais. Sendo a independência judicial um pressuposto inquestionável de um Estado de direito, praticamente todos reconhecem as insuficiências neste domínio.

Os problemas relativos à independência judicial têm a ver com questões diversas, desde o "localismo", já que os juizes são eleitos pelas assembleias ao respectivo nível de competência, até à falta de qualificação para a eleição ou nomeação, falta de rigor nas actividades

---

[668] Esta exigência foi consagrada apenas na revisão constitucional de 2004, mas o princípio constava já dos estatutos do partido saídos do XV congresso, em 1997.

[669] Liu Hainian 刘海年, Luelun shehuizhuyi fazhiyuanze 略论社会主义法治原则, in *Zhongguo Faxue* 中国法学 n.º 1 de 1998, pág. 5 e seguintes.'

544   *Lei Penal da República Popular da China*

de supervisão e interferência indevida por parte do partido, assembleias e administração na actividade judiciária concreta[670].

A efectiva independência dos tribunais, condição indispensável para a existência de um Estado de direito, está pois longe de se verificar. E por aqui, bem como por uma rede completa, material e humanamente dotada de pessoal judicial, passa o progresso da realização da lei penal.

Esta questão tem sido profundamente discutida nos meios académicos com uma ênfase e uma abertura que se não reconhece no discurso político de há dez anos atrás. O que vem de encontro ao que é referido por Lee Kuan Yew que destaca a abertura de espírito com que hoje as questões são debatidas na China[671].

Problemas como a elevação da qualidade do pessoal judicial, da reforma global do processo de decisão, elevação da transparência, autonomia financeira do aparelho judicial, consagração de um sistema próprio de nomeação e exoneração de funcionários judiciais, exercício vitalício das funções judiciais, etc., são apontados como garantia da justiça[672].

É certo que este caminho foi, de início, um pouco confuso dadas as antinomias que se criaram entre este projecto e as limitações de ordem constitucional à sua consagração. Daí ocorrerem, por vezes, verdadeiras contradições de discurso ou posições que se revelam de claro insucesso na tentativa de construir uma ponte harmoniosa entre o passado e o futuro[673].

---

[670] Sobre estes problemas V. Liu Hainian 刘海年, trabalho citado, pág. 7 e seguintes e Wang Liming 王利明, Ye tan yifa zhiguo 也谈依法治国, Faxue *Pinglun* 法学评论, n.º 2 de 1999, pág. 43 e seguintes. Estes pontos de vista não são, todavia, unânimes. Há quem sustente a necessidade de controlo da actividade judiciária a três níveis, por parte das assembleias, do partido e dos próprios tribunais de nível superior, por forma a evitar que os tribunais possam vir a constituir uma "reino independente"– V. neste sentido Chen Dongliang 陈东亮, Fazhi yu jiandu 法制与监督, in *Renmin Ribao* 人民日报 edição de 17 de Março de 1999.

[671] Lee Kuan Yew, *From Third World to First, The Singapore Story: 1965-2000*, Harper Collins, 2000, pág. 657 e ss.

[672] V. Wan Exiang 万鄂湘, Lixing Sifa Gaige Weihu Sifa Gongzheng 厉行司法改革, 维护司法公正 in *Faxue Pinglun* 法学评论 n.º 4 de 1998, pág. 18 e 19 e Zhao Xiaojun, Guo Xianghong 赵肖筠, 郭相宏 Fazhi Yuanze Shuyao 法制原则述要, in *Faxue Pinglun*, 法学评论, n.º 4 de 1998,pág. 20 a 25.

[673] Um bom exemplo disto são os artigos de Guo Yuzhao 郭宇昭, publicados nos números 1 e 3 de 1998, pág. 2 e ss.e 3 e ss, respectivamente, da revista *Faxue Zazhi*

Capítulo X – Da terceira para a quarta geração... 545

Não obstante, o discurso tem evoluído no sentido da afirmação clara da exigência do Estado de direito e também da independência dos tribunais, como condição absolutamente indispensável da sua realização, bem como a imparcialidade, justiça e autoridade, que se reconhece não existirem ainda na China[674], mais uma vez se insistindo na necessidade de racionalizar as relações entre o poder político e o poder judicial, impedindo o primeiro de interferir no segundo, prevenir também interferências de estruturas locais do partido e do governo, libertar os tribunais da dependência dos governos locais, reformar o sistema de recrutamento, consagrar o exercício vitalício e em regime de exclusividade das funções de juiz, elevar o seu salário e aceitar o princípio da irresponsabilidade pelas decisões[675].

A par destas intervenções tem a imprensa dando conta das perversões de uma máquina judiciária viciada por conflitos localistas e ou mera teimosia, de que é exemplo mais claro a notícia que fez manchete na edição de 10 de Agosto de 2000, do jornal "Nanfang Zhoumo 南方周末", no qual o jornalista, começando por perguntar quantas vezes podia uma pessoa ser condenada à morte, aludia ao facto de quatro jovens terem sido por 3 vezes condenados à morte pelo tribunal intermédio de Chengde, que outras tantas vezes viu a decisão anulada pelo tribunal superior da província de Hebei. O caso traduzia-se num claro medir de

---

法学杂志。 No primeiro destes artigos, Zhengque Renshi "Yifa Zhiguo" de Neihan, 正确认识"依法治国"的内涵 o autor situa nas amplas massas populares o corpo principal do Estado de direito, cuja força e representatividade se expressariam através da ditadura democrática do povo, sendo o aspecto central do Estado de direito a implementação da linha, dos princípios e da política do partido. No artigo seguinte, Dui "Yifa Zhiguo" Hanyi de Zailun, 对"依法治国"含义的再论 o autor suaviza o discurso, eliminando as referências à ditadura democrática do povo e acentuando o papel protector da lei, a sua função instrumental do Estado de direito. Para além disso, realça o papel da democracia socialista como essência do Estado de direito e a exigência do respeito pela autoridade da constituição e das leis.

[674] Gu Anliang 谷安梁, Lun zou Yifa Zhiguo zhi Lu 论走依法治国之路, in *Faxue Zazhi* 法学杂志, n.º 6 de 1999, pág. 4 e 5.

[675] V. He Rikai 贺日开, Lun Sifa Quanwei yu Sifa Gaige 论司法权威与司法改革 in *Faxue Pinglun* 法学评论, n.º 5 de 1999, pág. 1 a 9; Xu Guozhong 徐国忠, Sifa Gaige yu Sifa Duli, 司法改革与司法独立 in *Faxue Pinglun* 法学评论, n.º 2 de 2000, pág. 51 a 53.

546   *Lei Penal da República Popular da China*

forças entre ambas as instituições, pretendendo o tribunal intermédio à viva força fazer passar o seu veredicto, que por fragilidade de prova não resistia à apreciação superior.

Mas as críticas não têm ficado por aqui. Toda esta problemática está agora a ser associada ao problema mais geral da corrupção, apontando-se a corrupção judicial como expressão da corrupção institucional e apelando-se à necessidade de se passar do governo através da lei ao governo da lei, do governo pela lei ao governo de acordo com a lei e retomando o apelo às necessidade de um sistema judicial pautado pela independência, imparcialidade, justiça e autoridade[676]. Esta crítica, na sua essência, não se afasta das reservas que alguns autores ocidentais colocam à via do Estado de direito proposta no XV congresso[677].

Um dos mais prestigiados processualistas chineses, Chen Guangzhong 陈光中, invocando a alteração ao art. 33.º da constituição, no sentido de obrigar o Estado ao respeito pelos direitos humanos, bem como a doutrina no mesmo sentido constante dos relatórios dos dois últimos congressos do partido comunista, apela para a necessidade de estabelecer um maior equilíbrio entre o combate ao crime e a protecção dos direitos humanos, propondo no âmbito do processo penal diversas medidas, com destaque para as seguintes:

– No art. 1.º, quando se refere que a finalidade do processo penal é "punir o crime, proteger o povo", deve passar a dizer "punir o crime, proteger os direitos humanos" por considerar que, de acordo com os princípios da ditadura democrática do povo, a primeira formulação não protege o arguido.

– Consagração expressa, no art. 12.º, do princípio da presunção de inocência;

– Adopção do princípio "ne bis in idem".[678]

---

[676] Gu Anliang 谷安梁 Lun Wo Guo Sifa Zhidu de Zhuanxing 论我国司法制度的转型, in *Zhengfa Luntan* 政法论坛 n.º 4 de 2001, pág. 121 e ss.

[677] V. Pitman B. Potter, The Chinese Legal System: Continuing Commitment to the Primacy of State Power, in *The China Quarterly*, n.º 159, Setembro 1999, pág. 673 e ss.

[678] Chen Guangzhong 陈光中, Xingshi Susongfa zai Xiugai zhi Jiben Linian 刑事诉讼法再修改之基本理念, in *Zhengfa Luntan* 政法论坛, n.º 3 de 2004, pág. 3 e ss.

Capítulo X – Da terceira para a quarta geração... 547

Aguns juristas têm ido mais longe, questionando mesmo o modelo de democracia proposto pelo partido comunista. Um autor, constatando que a democracia tem progredido mais rapidamente na sociedade civil do que no partido, aponta como tarefa do PCC a criação de condições que permitam a evolução de uma "liderança obrigatória" do partido comunista para uma "liderança não obrigatória", ou seja, embora tal não tenha sido explicitado pelo autor, para uma liderança popularmente sufragada[679].

Mais incisivo é um outro autor que, na mesma revista, começando embora por defender a necessidade da liderança do PCC, se debruça depois sobre a sua legalidade/legitimidade, afirmando como elemento primeiro da legalidade a sua aceitação pelo povo.[680]

Para além disso, face à adesão da China a alguns tratados internacionais, como o pacto internacional sobre direitos civis e políticos, as autoridades começam a ser questionadas sobre a sua observância, bem como sobre determinadas práticas de combate à criminalidade ou à marginalidade, como a prática de trabalho forçado, nomeadamente no regime de reeducação pelo trabalho, relativamente ao qual, numa posição relativamente moderada, se recomenda que o mesmo seja objecto de legislação avulsa e aplicado por um tribunal de pequena instância criminal[681].

10.6 Ainda a questão da pena de morte

Nos dias 20 e 21 de Janeiro de 1998, nas cidades de Qinhuangdao e Lanfang, foram executados 14 indivíduos, por crimes, não especificados, contra a ordem social, *"para a assegurar a tranquilidade durante as festividades do Ano Novo Lunar"*.

---

[679] Liu Songshan 刘松山, Danglingdao Renmin Minzhu de Shuangchong Shuxing 党领导人民民主的双重属性, in *Zhongguo Faxue* 中国法学, n.º 3 de 2005, pág. 14 e ss.

[680] Gong Tingtai 龚廷泰, Zhongguo Gongchandang Zhizheng Hefaxing de Fazhexue Sikao 中国共产党执政合法性的法哲学思考, in *Zhongguo Faxue* 中国法学, n.º 3 de 2005, pág. 33 e ss.

[681] Liu Jian e Lai Jianyun 刘健, 赖建云, Lun Wo Guo Laodong Jiaoyu Zhidu yu Guoji Renquan Gongyue de Chongtu jiqi Tiaozheng 论我国劳动教育制度与国际人权公约的冲突及其调整, in *Faxue Pinglun* 法学评论, n.º 5 de 2001, pág. 29 e ss.

548   *Lei Penal da República Popular da China*

A notícia foi publicada no diário de Hebei e reproduzida nas edições de 2 de Fevereiro de 1998, dos jornais Hong Kong Standard (HKS) e South China Morning Post (SCMP).

O HKS referia ainda que, segundo a imprensa da RPC, mais 89 indivíduos tinham sido executados em Beijing.

Não se trata de factos isolados. A publicitação de execuções de grande número de delinquentes é frequente na China, particularmente nos períodos das chamadas campanhas contra a criminalidade[682]. O recuo a 1998 prende-se apenas com a razão invocada para as execuções.

A política criminal chinesa dá relevância excessiva à vertente da prevenção geral, sendo-se frequentemente confrontado com situações chocantes, como se verifica no caso citado. Não pelos números, que não surpreendem, dadas as elevadas cifras de condenações. Mas pelas razões imediatas que, segundo o jornal, presidiram à execução: *assegurar a tranquilidade durante as festividades do Ano Novo Lunar.*

Para se entender a questão da pena de morte na República Popular China, para além da necessária compreensão da complexidade social há que ter em conta que, neste país, o debate sobre essa temática se iniciou cerca de um século e meio mais tarde do que na Europa.

A reacção contra a brutalidade e crueldade das penas iniciou-se na Europa, já nos séculos XVI e XVII, mas foi verdadeiramente no século XVIII, com a célebre obra de Beccaria "Dos delitos e das penas", publicado em 1764, que a reacção ganhou eco, não só porque eram apontadas alternativas, mas também porque o pensamento por ele expresso se inscrevia na visão iluminista, que acompanhou a viragem histórica representada pela revolução francesa.

A China manteve-se alheia a esse debate e, verdadeiramente, só em fins do século XIX, por influência de alguns intelectuais reformadores,

---

[682] Por exemplo, e entre muitos outros casos: Em 21 de Abril de 2001, o "diário do povo" anunciava doze execuções, por roubo e homicídio; um mês depois o mesmo jornal noticiava a execução, em Shenyang, de 15 "gangsters"; em 19 de Maio de 2002 a agência de notícias "Nova China" (Xinhuanet) anunciava a execução, em 10 desse mês, em Beijing, de 10 indivíduos acusados de homicídio, organização criminosa e outros crimes; em 26 de Junho de 2002, a mesma agência informava que, na província de Fujian, 16 traficantes haviam sido executados no âmbito das comemorações do dia internacional contra a droga.

Capítulo X – Da terceira para a quarta geração... 549

a maior parte dos quais tinha recebido as ideias modernas no Japão, se começou a pensar numa nova lei penal.

A nova lei penal foi apenas publicada em Janeiro de 1911, o que significa que o grande código Qing se manteve em vigor ainda durante a primeira década deste século.

De acordo com o código Qing[683], o sistema de penas assentava nas cinco punições: pancadas (10 a 50) com bambu (cana leve); pancadas (60 a 100) com bambu (cana pesada); servidão penal (acompanhada de 60 a 100 pancadas, consoante o tempo de servidão, com cana pesada de bambu); exílio (acompanhado de 100 pancadas com cana pesada de bambu) e pena de morte[684].

Temos portanto a vigência, até um período relativamente recente, de um sistema penal que assentava na privação da vida e em castigos corporais, em moldes semelhantes ao que acontecia desde o tempo da dinastia Tang (619-906) cuja lei penal serviu de modelo às leis das dinastias que se lhe seguiram, até ao fim da monarquia.

O novo código Qing orientava-se já para uma diferente concepção das penas, quer quanto à sua espécie quer quanto aos respectivos fins, de clara influência europeia continental, se bem que recebida via Japão.

Insistia-se ainda na aplicação da pena de morte mas, ao invés dos castigos corporais, passavam a ser impostas penas de prisão e também de multa.

Este mesmo sistema de penas, com ligeiras diferenças, veio a ser consagrado no novo código, de 1935, da responsabilidade do governo do guomindang.

Após a guerra civil, o direito penal revolucionário recebeu importante influência soviética que, como é sabido, recorria também, frequentemente, à aplicação da pena de morte.

---

[683] Ainda assim há que ter em conta que o sistema penal da dinastia Qing foi especialmente rigoroso. O número de condutas passíveis de aplicação da pena capital chegou a atingir 813; condutas passíveis de pena de morte não excediam na dinastia Tang 233; na dinastia Song 293; na dinastia Yuan 135 e na dinastia Ming 282. V. Chen Xingliang 陈兴良, *Sixing Beiwanglu* 死刑备忘录, Wuhan Daxue Chubanshe, 2006, pág. 30. As condutas passíveis de pena de morte não constavam apenas do código mas também de um conjunto de de disposições avulsas, constantes de diplomas que iam sendo produzidos ao longo de cada dinastia.

[684] Sobre os diversos graus de cada uma destas penas V. William C. Jones, *The Great Qing Code*, Clarendon Press. Oxford, 1994, pág. 33 e seguintes.

550   *Lei Penal da República Popular da China*

Em resumo, para além de a transição para uma concepção moderna de penas ter sido tardia, o debate sobre, por exemplo, a abolição da pena de morte, nunca esteve presente na China, até praticamente meados do século XX.

Já vimos que a política criminal de que resultou o código penal de 1979 era relativamente moderada em relação ao uso da pena capital, política esta que, no entanto, evoluiu dramaticamente para o seu uso excessivo, agravado pelo cerceamento de garantias processuais. Havia a convicção de que através de campanhas de ataque severo (Yanda 严打)[685] à criminalidade grave era possível conter o seu crescimento. Daí o lançamento, em 1983, de uma primeira campanha, que se manteve até Janeiro de 1987 e durante a qual terão sido executadas milhares de pessoas. Todavia, essa campanha não travou a linha ascendente das estatísticas, pelo que uma segunda campanha foi lançada em Abril de 1996, que foi mantida durante quase um ano. As estatísticas criminais continuaram no entanto a subir e, em Abril de 2001, foi iniciada uma terceira campanha, que teve a duração de cerca de dois anos.

As campanhas tiveram um efeito perverso na política de aplicação da pena de morte e sem suporte objectivo na lei penal. De facto, de acordo com o art. 48.º da lei penal, quer antes quer após a revisão de 1997, a pena de morte só deve ser imposta nos "crimes mais odiosos" (versão de 1979) e "crimes de especial gravidade" (versão revista em 1997). Daí que a política seguida fosse: nos casos em que pudesse haver ou não haver condenação à morte, não haveria essa condenação (ke sha ke bu sha de, bu sha 可杀可不杀的, 不杀). Todavia, em resultado das campanhas a política criminal evoluiu para diferente critério: podendo haver ou não haver condenação à morte, deve decidir-se pela condenação (ke sha ke bu sha de, ye yao sha 可杀可不杀的, 也要杀)[686]. Sendo certo que tais campanhas não tiveram o efeito pretendido. De facto o crime tem aumentado, impassível a tais acções, o que tem também contribuído

---

[685] O lema destas campanhas tem sido "com observância da lei, decisão rápida e punição severa" (Yifa Congzhong Congkuai 依法从重从快). Nada indica que o ciclo destas campanhas esteja encerrado.

[686] Chen Xingliang 陈兴良, *Sixing Beiwanglu* 死刑备忘录, Wuhan Daxue Chubanshe, 2006, pág. 217.

Capítulo X – Da terceira para a quarta geração... 551

para a percepção de que a pena de morte não é a solução. Há mesmo quem na RPC chame a atenção para o que se passa em Hong Kong e Macau, regiões administrativas especiais onde não existe a pena de morte, facto que não tem impedido o desenvolvimento económico num clima de estabilidade social[687].

É sabido que a aplicação da pena de morte tem forte apoio por parte da população que não considera excessivo o número de crimes a que a mesma é aplicada[688]. Por outro lado, está fortemente radicada na população a ideia de que a vida é paga pela vida, considerando-se no plano político que a pena de morte deve ser aplicada quando outra pena não consiga aplacar a indignação popular.

Todavia as campanhas, e não apenas as especificamente levadas a cabo contra o crime, têm dado lugar a casos ultrajantes com fins de prevenção geral. O seguinte caso, que ocorreu em data que nos não é indicada, mas que pelo contexto se terá passado duarante a campanha contra o crime dos anos 90, é elucidativo. Na cidade de Guyang, alguns jovens que viajavam de autocarro divertiam-se tentando apanhar pessoas com o laço de uma corda. Um deles conseguiu apanhar uma jovem que conduzia uma bicicleta, a qual foi arrastada alguns metros embora não tenha sofrido ferimentos especialmente graves. Todavia isso ocorreu na altura em que estava em curso uma campanha contra o crime e uma outra no sentido de elevar o estatuto dos técnicos e intelectuais. A jovem ferida era professora. A imprensa lançou uma campanha contra esse jovem, em nome de uma suposta indignação popular. Foi condenado à morte e efectivamente executado[689]. O autor que refere este facto alude ainda a

---

[687] Zhang Wen e Mi Chuanyong 张文, 米传勇, Zhongguo Sixing Zhengce de Guoqu, Xianzai ji Weilai 中国死刑政策的过去, 现在及未来, in *Faxue Pinglun* 法学评论, n.º 2 de 2006, pág. 38 e ss.

[688] Sobre esta questão v. Hu Yunteng 胡云腾, *Cai yu Fei, Sixing Jiben Lilun Yanjiu* 存与废死刑基本理论研究, Zhongguo Jiancha Chubanshe, 2000, pág. 342 e ss. Este estudo revela, entre outras situações, e com base numa sondagem efectuada, que só 0.78% das pessoas defendem a abolição da pena de morte; que o número de crimes a que a pena capital é aplicada é apropriado (31.48%), é baixo (22.47%), não é demasiado (42.2%), é muito elevado (3.04%).

[689] Cai Dingjian蔡定剑, Gongzhong Canyu Jiandu Sifa San Ti 公众参与监督司法 三题, in Xin Chunying e Li Lin zhubian 信春鹰, 李林主编, *Yifa Zhiguo yu Sifa Gaige* 依法治国与司法改革, Zhongguo Fazhi Chubanshe, Beijing, 1999, pág. 569 e ss.

552 Lei Penal da República Popular da China

uma outra questão, associada à participação das massas na administração da justiça, que é a da mistura entre a moral e a lei, que nem sempre têm que coincidir, e à necessidade de uma boa formação jurídica para a correcta aplicação da lei, formação que não é de todo necessária caso a decisão seja tomada em função do sentimento das massas. Este caso insere-se, aliás, num dos três tópicos referidos na nota que tem por título a "administração da justiça e a indignação popular", pretendendo exactamente constituir um alerta contra tal resquício do passado mas que tem ainda forte influência na China.Esta situação agravou-se com a delegação de poderes por parte do supremo tribunal popular nos tribunais superiores para a aprovação da pena de morte. Esta aprovação, para além de dever ser dada por uma entidade suficientemente distante dos sentimentos de indignação popular, para poder apreciar o caso com objectividade, deve ser centralizada para haver critérios uniformes quanto a essa tão importante decisão. Daí que a doutrina não se tenha cansado de reclamar para que o supremo assumisse de novo de forma plena esse poder, na convicção de que tal contribuiria para a redução do número de execuções[690].

Finalmente os apelos da doutrina encontraram eco na assembleia nacional popular. Em 31 de Outubro de 2006, o CPANP aprovou uma decisão alterando o art. 13.º da lei orgânica dos tribunais populares, que impediu a delegação de poderes por parte do supremo tribunal popular, para aprovação das condenações à morte. Na sequência desta decisão, que fixou o dia 1 de Janeiro de 2007 para entrada em vigor, o supremo tribunal popular deu, em 13 de Dezembro de 2006, as necessárias orientações para lhe dar execução.

De grande importância são também as instruções aprovadas em 28 de Agosto de 2006, pelo STP e, em 25 de Setembro de 2006, pela SPP, no sentido da rigorosa observância das disposições legais e de garantia

---

[690] V. Long Zongzhi 龙宗智, Shouhui Sixing Fuhequan Mianlin de Nanti ji qi Pojie 收回死刑复核权面临的难题及其破解, in *Zhongguo Faxue* 中国法学, n.º 1 de 2006, pág. 74 e ss. No sentido de que este problema poderia ser ultrapassado através da definição legal de rigorosos critérios para a aplicação da pena de morte, seguidos de disposições regulamentares por parte do supremo tribunal popular, V. Gao Mingxuan 高铭暄, Lüelun Wo Guo Sixing Zhidu Gaigezhong de Liangge Wenti 略论我国死刑制度改革中的两个问题, in *Faxuejia* 法学家, n.º 1 de 2006, pág. 13 e ss.

Capítulo X – Da terceira para a quarta geração... 553

dos direitos do acusado nos julgamentos em segunda instância, nos casos de condenação da pena de morte, garantindo, entre outras medidas, julgamento público nos casos de condenação à morte sem suspensão da pena ou nos casos de condenação com suspensão, desde que, neste caso, tenha havido recurso do ministério público[691].

Uma outra questão que a doutrina contesta é a manutenção na lei penal de conceitos demasiado abstratos, por exemplo "crimes de especial gravidade", serviços muito meritórios", "valor especialmente elevado", etc., dos quais frequentemente depende a determinação do escalão da pena, inclusivamente da pena de morte[692].

Pode finalmente acrescentar-se que é hoje praticamente consensual entre os penalistas da RPC que é imperiosa a redução do número de crimes puníveis com a pena de morte, para patamares compatíveis com os dos países que ainda aplicam esta pena e com o facto de a RPC ter subscrito, em 5 de Outubro de 1998, o pacto internacional sobre direitos civis e políticos. Existem contudo divergências quanto ao âmbito de tal redução. Para uns o limiar mínimo é o crime de homicídio voluntário premeditado. Há quem seja menos ambicioso, propondo que a pena de morte se circunscreva a crimes de especial gravidade cometidos com violência, o que afastaria a pena capital em relação por exemplo à generalidade dos crimes económicos[693].

---

[691] O art.º 187.º determina que se procêda a sessão pública no julgamento de segunda instância. Todavia, o mesmo artigo dá a possibilidade de a sessão pública não ter lugar, quando os "factos sejam claros", possibilidade que estas instruções afastam, quando esteja em causa a possibilidade de aplicação da pena de morte.

[692] Chen Xingliang 陈兴良, Sixing Beiwanglu 死刑备忘录, Wuhan Daxue Chubanshe, 2006, pág. 219. Sobre este mesmo problema V. Também Júlio Pereira, Comentário à Lei Penal Chinesa, Edições Oriente, 1996, pag.

[693] Sobre estas diversas posições V. entre outros Chen Xinglian 陈兴良, *Sixing Beiwanglu* 死刑备忘录, Wuhan Daxue Chubanshe, 2006, nomeadamente pág. 26 e ss; Zhang Wen, Mi Chuanyong 张文, 米传勇, Zhongguo Sixing Zhengce de Guoqu, Xianzai ji Weilai 中国死刑政策的过去, 现在及未来, in *Faxue Pinglun* 法学评论, n.º 2 de 2006, pág. 38 e ss.

10.7 Conclusão

As autoridades da RPC estabelecem sempre metas de longo prazo no que respeita aos grandes objectivos nacionais. Por exemplo, a VI reunião plenária do XVI CC, que decorreu entre 8 e 11 de Outubro[694], definiu os instrumentos para se alcançar uma sociedade socialista harmoniosa por volta do ano 2020. É perfeitamente compreensível que assim aconteça relativamente aos objectivos estratégicos. No entanto à indicação de metas de longo prazo está também subjacente uma outra ideia. A de que é necessário manter a estabilidade em nome de um objectivo merecedor do apoio popular. O lema político é aproveitar o clima de paz no mundo e harmonia doméstica para fortalecer o país, alterando o modelo de desenvolvimento e conferindo-lhe estatuto compatível na ordem internacional. Objectivo suficientemente mobilizador para arredar outras preocupações relacionadas, por exemplo, com a questão do poder ou da abertura política.

Todavia a mesma reunião, entre os aludidos instrumentos, refere também a melhoria do sistema legal, do funcionamento do Estado de direito e o respeito pelos direitos e interesses da população.

Já vimos que, nos últimos anos, se tem assistido a um recuo na política de endurecimento do regime penal, havendo sinais da sua possível suavização, não sendo de excluir uma revisão penal que contenha em limites mais apertados o âmbito de incidência da pena de morte. Tudo indica que haja uma melhoria da posição do arguido em resultado da reforma do processo penal que está a ser estudada. Também é de crer que uma próxima revisão constitucional venha a consagrar o princípio da presunção de inocência do arguido e mesmo o princípio "ne bis in idem", sendo até possível que a revisão do processo penal antecipe tais medidas.

Há no entanto e para já que reconhecer que, a partir dos anos 90, houve uma substancial melhoria no funcionamento do Estado de direito, entendido este num contexto que, para os padrões ocidentais, tem ainda pouca amplitude. Com efeito, o Estado de direito é ainda mais "governo através da lei" do que "governo da lei". Há ainda muita interferência partidária na administração e na justiça, estando-se longe de uma situa-

---

[94] Sobre esta reunião consultar http://english. Peopledaily.com.cn.

Capítulo X – Da terceira para a quarta geração... 555

ção de independência judicial[695]. Todavia, os padrões de aplicação da lei melhoraram substancialmente, mercê de uma grande aposta na formação de juristas, na China e no estrangeiro, que mudou radicalmente o panorama desolador encontrado no início dos anos 80.

A China progrediu imenso no que se refere ao direito em geral e ao direito penal em particular. Progresso que só não é amplamente reconhecido porque alguns factores mancham de forma irreparável o sistema penal: o número de execuções, que as autoridades continuam a não divulgar; o processo especial, redutor de garantias para os acusados, para os casos de maior gravidade; o número de tipos penais susceptíveis da aplicação da pena de morte; um sistema processual penal que não aceita expressamente o princípio da presunção de inocência.

Outros problemas ainda poderiam ser apresentados, alguns dos quais terão, entretanto, sido corrigidos. A prática de execuções públicas e de exposição pública dos condenados, a avaliar pelo que se tem verificado nos últimos anos, será problema que já está ultrapassado. A delegação de competência para aprovação da pena de morte deixa de vigorar a partir de 2007. O sistema de justiça que assenta num corpo de juízes e procuradores, eleitos pelas assembleias ao nível da respectiva competência, com o que isso representa de precariedade dos respectivos cargos e consequente permissividade aos interesses locais. A cedência do sistema, em nome de uma versão contida da linha de massas, a sentimentos primários na administração da justiça, como seja a adesão a ideias como "vida é paga com vida" ou a necessidade de conter a indignação popular.

A percepção de todos estes problemas é cada vez mais aguda na China. Avoluma-se nos meios académicos e também já na assembleia nacional popular as críticas ao sistema penal. A sua melhoria contribuirá também, positivamente, para a construção da "sociedade harmoniosa".

A terminar não poderemos deixar de salientar o contributo em todo este processo de Deng Xiaoping, naquilo que ele teve de positivo e de negativo.

---

[695] O próprio presidente do STP reconhecia, em 11 de Dezembro de 2001, que sem uma considerável melhoria para assegurar imparcialidade e eficiência, o sistema legal não seria compatível com as exigências decorrentes da adesão à OMC. V. "China to Build Impartial, Efficient Judicial Sistem: Li Peng", in "People`s Daily", edição de 12 de Dezembro de 2001.

O grande contributo de Deng foi ter feito aprovar um corpo de legislação que, de imediato, supriu as carências mais prementes que se faziam sentir desde a fundação da RPC. Transformando em lei as políticas do partido comunista, Deng contribuiu para o reforço do próprio partido, poupando a instituição das querelas fratricidas que se degladiavam em nome da linha justa e que, na falta de uma liderança carismática, conduziriam o partido ao descalabro. Para além disso, deu previsibilidade e confiança aos cidadãos e investidores.

Deng Xiaoping tinha perfeita noção de que a criação apressada de um ordenamento jurídico teria imensas falhas. Suportou, no entanto, esse risco, na convicção de que as leis teriam que ser depois aperfeiçoadas, como efectivamente aconteceu a partir de fins dos anos 80, com especial significado nos códigos penal (1997) e de processo penal (1996).

Caiu todavia, a partir de 1983, numa deriva voluntarista no combate ao crime que, em boa medida, obscureceu o mérito do seu grande esforço de construção de um sistema legal. Comprovando que o crime é um produto das condições sociais, as estatísticas criminais da RPC têm vindo a demonstrar que as campanhas ou a pena de morte não são a solução para o erradicar, tendo vindo, por outro lado, a contribuir para uma imagem profundamente negativa do país, no capítulo dos direitos humanos.

A despeito desse facto, Deng Xiaoping é a grande referência da modernização do direito na China que, a par da construção económica da RPC, lançou também as bases para a construção de um Estado de direito.

CRONOLOGIA DA CHINA DOS SÉCULOS XX E XXI

1900
13 de Junho: invasão de Beijing pelo movimento "boxer".
14 de Agosto: Chegada a Beijing das tropas internacionais, que põem termo ao cerco das legações. Fuga da imperatriz regente Cixi para Xian.

1904
08 de Fevereiro: Início da guerra russo-japonesa.

1905
20 de Agosto: criação por Sun Yat-sen da associação Tongmenhui, que seria o embrião do partido nacionalista (guomindang).
05 de Setembro: fim da guerra russo-japonesa com transferência para o Japão dos direitos da Rússia na Manchúria meridional.
12 de Dezembro: reconhecimento pela China dos direitos adquiridos pelo Japão na Manchúria.

1911
10 de Outubro: revolta de Wuchang, que inicia o movimento republicano na China, com sucessivas declarações de independência por parte de várias províncias.
29 de Dezembro: declaração de independência da Mongólia Exterior.

1912
01 de Janeiro: Sun Yant-sen proclama, em Nanjing, a República.
12 de Fevereiro: termo formal da monarquia, com a abdicação do imperador Puyi.
10 de Março: Yuan Shi-kai assume a presidência da República.
25 de Agosto: criação do partido guomindang.

1913
6 de Outubro: Yuan Shi-kai é eleito presidente da República.
4 de Novembro: Yuan Shi-kai dissolve o guomindang.

1915

Agosto: Yuan Shi-kai anuncia a restauração do regime imperial, anúncio a que se seguiram movimentos de sublevação nas províncias do sul.

15 de Janeiro: O Japão apresenta à China vinte e uma exigências, entre as quais o controlo da Manchúria, Shandong e Mongólia Interior.

1916

06 de Junho: morte de Yuan Shi-kai, que enterrou consigo as esperanças de refundação da monarquia.

1917

14 de Agosto: entrada da China na 1.ª guerra mundial, ao lado dos aliados.

25 de Agosto: proclamação em Cantão, por Sun Yat-sen, de um governo militar, antagónico do governo de Beijing.

1919

30 de Abril: as potências aliadas decidem, na conferência de Versalhes, transferir para o Japão os direitos da Alemanha na província de Shandong.

04 de Maio: Manifestações em Beijing contra as decisões da conferência de Versalhes. A estas manifestações, e até Julho, seguiram-se greves e actividades de boicote contra o Japão, assim como contra todos aqueles que eram considerados pró-japoneses.

25 de Julho: os soviéticos declaram renunciar a todos os privilégios obtidos na China pelo governo czarista.

1921

02 de Abril: estabelecimento em Cantão, por Sun Yat-sen, de um governo republicano.

23-31 de Julho: criação do partido comunista chinês.

1922

29-30 de Agosto: reunião em Hangzhou do CC do partido comunista que, sob pressão do delegado do comintern (Maring), adopta a política de frente unida com o guomindang.

1923

26 de Janeiro: manifesto Sun-Joffe.

Novembro: chegada a Cantão de Mikhail Borodine.

1924

Maio: criação da academia militar de Whampoa.

Julho: criação em Cantão do instituto de formação do movimento camponês.

1925
12 de Março: falecimento de Sun Yat-sen.
30 de Maio: movimento anti-imperialista em resultado do ataque a manifestantes em Shanghai e Cantão.
Junho-Outubro: greve em Cantão, visando as possessões e concessões estrangeiras de Macau, Hong-Kong e Shamian.

1926
Julho: início da expediação ao norte. Ocupação de Changsha e Wuhan.

1927
12 de Abril: ofensiva em Shanghai de Chiang Kai-shek, contra os comunistas.
27 de Abril: abertura do V congresso do PCC.
15 de Julho: ruptura entre o PCC e o GMD no governo de Wuhan.
01 de Agosto: revolta de Nanchang. Nascimento do exército vermelho.
Agosto: levantamento da colheita de Outono. Mao refugia-se em Jingangshan.
11-14 de Dezembro: comuna de Cantão.

1928
Abril: reinício da expedição ao norte, com a chegada a Beijing em Junho.
04 de Junho: atentado contra Zhang Zuolin, levado a cabo pelos japoneses.
18 de Junho a 11 de Julho: VI congresso do PCC, em Moscovo.
10 de Outubro: constituição em Nanjing de um governo nacional, sob a égide do guomindang.

1929
Novembro: expulsão de Chen Duxiu do PCC, do qual fora fundador e primeiro secretario-geral.

1930
Dezembro: início das campanhas de "aniquilação" dos comunistas, pelas tropas do guomindang.
1931
Janeiro: tomada do poder no PCC pelos "vinte e oito bolcheviques".
18 de Setembro: ocupação japonesa da Manchúria, na sequência do chamado "incidente de Mukden".

07 de Novembro: congresso dos sovietes em Ruijin e criação da República Soviética Chinesa, sob liderança de Mao.

1932
09 de Março: fundação do Manzhouguo.

1934
15 de Outubro: início da "grande marcha".

1935
Janeiro: conferência de Zunyi.
Junho/Agosto: cisão do exército vermelho, na sequência do conflito entre Mao e Zhang Guotao.
20 de Outubro: chegada dos comunistas ao norte de Shaanxi, terminando a "grande marcha".

1936
12-24 de Dezembro: incidente de Xian, com a prisão de Chiang Kai-shek por Zhang Zuoliang.

1937
07 de Julho: início da guerra sino-japonesa.
Novembro: tomada e Shanghai pelos japoneses.
Dezembro: tomada de Nanjing pelos japoneses.
22 de Dezembro: constituição da frente unida anti-japonesa entre o PCC e o GMD.

1938
10 de Janeiro: estabelecimento da base comunista de Jin-Cha-Ji (Shanxi, Chahar, Hebei).
Outubro: ocupação de Wuhan e Cantão pelos japoneses. Governo nacional estabelece-se em Chongqing.
18 de Dezembro: Wang Jingwei deserta para os japoneses.

1940
30 de Março: estabelecimento em Nanjing de um governo nacionalista colaboracionista, dirigido por Wang Jingwei.

1941
Janeiro: incidente de Anhui, no qual o novo IV exército, afecto aos comunistas, foi atacado pelas tropas nacionalistas, perigando a aliança nacional contra os japoneses.

1942

Fevereiro: início do movimento de rectificação de Yenan.

1944

Outubro: Chiang Kai-shek pressiona F. Roosevelt a retirar da China o general Stilwell, que defendia a manutenção da aliança entre comunistas e nacionalistas.

1945

23 de Abril a 11 de Junho: VII congresso do PCC, em Yanan.

Agosto-Outubro: negociações entre nacionalistas e comunistas, visando evitar guerra civil.

23 de Dezembro: início da missão de mediação por parte do general George Marshal.

1946

Maio: evacuação da Manchúria pelas tropas soviéticas e retoma do conflito entre comunistas e nacionalistas.

Julho: início da guerra civil.

1947

19 de Março: tomada de Yanan pelos nacionalistas.

10 de Outubro: nova lei agrária do governo comunista, com soluções radicais.

1948

Abril: tomada de Yannan e de Luoyang pelos comunistas.

Setembro: tomada de Jinan pelos comunistas.

Novembro: vitória de Lin Biao na Manchúria.

1949

Janeiro: Beijing rende-se aos comunistas.

24 de Abril: EPL ocupa Nanjing.

27 de Maio: EPL chega a Shanghai.

21-30 de Setembro: realização em Beijing da conferência consultiva política do povo chinês.

01 de Outubro: proclamação da República Popular da China.

14 de Outubro: comunistas ocupam Cantão.

Novembro-Dezembro: tomada de Chongqing. Governo nacionalista foge para Taiwan.

1950

14 de Fevereiro: assinatura do tratado sino-soviético de amizade, aliança e assistência mútua.

28 de Junho: lei da reforma agrária.

25 de Outubro: entrada da China na guerra da Coreia.

Novembro: início da campanha "resistir à América, ajudar a Coreia".

1951

21 de Fevereiro: publicação do regulamento para a punição da contra--revolução.

Dezembro: início da campanha "sanfan" (três contras).

1952

Janeiro: início da campanha "wufan" (cinco contras).

18 de Abril: publicação do regulamento para a punição da corrupção.

1954

06-10 de Abril: quarta reunião plenária do VII CC, com condenação da clique Gao-Rao (Gao Gang – Rao Shushi).

20 de Setembro: aprovação da constituição.

1956

25 de Abril: Mao faz o discurso sobre as "dez grandes relações".

02 de Maio: Mao lança a ideia de uma campanha de criticismo sob a égide "abram-se cem flores, combatam entre si cem escolas de pensamento".

15 de Setembro: início do VIII congresso do partido.

1957

27 de Abril: relançamento da campanha das "cem flores".

08 de Junho: início da campanha anti-direitista.

1958

30 de Abril: criação da primeira comuna popular.

Maio: início do "grande salto em frente".

1959

02 a 16 de Agosto: oitava reunião plenária do VIII comité central em Lushan. Condenação de Peng Dehuai.

1960

Julho: a União Soviética retira o seu pessoal técnico da China.

Cronologia da China nos séculos XX e XXI

1961
14-18 de Fevereiro: nona reunião plenária do VIII CC, que decide mudar a política económica.

1962
Janeiro: reunião dos 7000 quadros, perante os quais Liu Shaoqi condena a política do "grande salto em frente".
24-27 de Setembro: décima reunião plenária do VIII CC e lançamento da "campanha de educação socialista".

1964
16 de Outubro: primeiro ensaio nuclear chinês.

1965
10 de Novembro: publicação do artigo de Yao Wenyuan condenando a peça "A demissão de Hai Rui".

1966
12 de Fevereiro: apresentação das "teses de Fevereiro".
16 de Maio: condenação das "teses de Fevereiro" e criação do Grupo da Revolução Cultural.
01-12 de Outubro: décima primeira reunião plenária do VIII CC, que adoptou a "decisão dos 16 pontos".
Dezembro: Mao incita os guardas vermelhos a levar a revolução cultural até às fábricas.

1967
Janeiro: A comissão militar do partido apoia a tomada do poder pelos "verdadeiros revolucionários".
05 de Fevereiro: proclamada a comuna de Shanghai.
20 de Julhio: início da rebelião de Wuhan.

1968
Janeiro a Março: envio de milhões de jovens para os campos.

1969
01 de Abril: início do IX congresso do partido do PCC.

1970
23 de Agosto: início da segunda reunião plenária do IX CC, com condenação de Chen Boda e recusa das propostas políticas apresentadas por Lin Biao.

1971

13 de Setembro: morte de Lin Biao em acidente aéreo na Mongólia, quando supostamente fugia para a União Soviética.

25 de Outubro: admissão da RPC na ONU.

1972

21-28 de Fevereiro: Visita de Nixon à China e assinatura do comunicado de Shanghai.

1973

24-28 de Agosto: X congresso do partido. Deng Xiaoping regressa ao CC.

1975

13-17 de Janeiro: reunião da IV assembleia nacional popular, que adopta nova constituição. Deng Xiaoping assume funções de vice-primeiro-ministro.

1976

08 de Janeiro: morte de Zhou Enlai.

07 de Abril: destituição de Deng Xiaoping. Hua Guofeng designado primeiro-ministro.

09 de Setembro: morte de Mao Zedong.

06 de Outubro: prisão do "bando dos quatro".

1977

16 a 21 de Julho: terceira reunião plenária do X CC, que reintegra Deng Xiaoping.

12-18 de Agosto: XI congresso do partido.

1978

Início das manifestações em Beijing, junto do "muro da democracia".

12-18 de Dezembro: terceira reunião plenária do XI CC, que adopta as teses de Deng Xiaoping.

1979

Janeiro: restablecimento das relações diplomáticas sino-americanas.

08 de Fevereiro: restabelecimento das relações diplomáticas sino-portuguesas.

29 de Março: prisão do líder das manifestações do "muro da democracia", Wei Jingsheng.

01 de Julho: aprovação do código penal e do código de processo penal;

Julho: criação de quatro zonas económicas especiais, no sul da China.

1980

23-29 de Fevereiro: quinta reunião plenária do XI CC. Hu Yaobang e Zhao Ziyang ingressam na comissão permanente do bureau político do CC.

Novembro: início do processo contra o "bando dos quatro" e cúmplices de Lin Biao.

1982

04 de Dezembro: aprovação de nova constituição.

1983

Julho-Agosto: campanha contra a criminalidade nas grandes cidades.

11-12 de Outubro: segunda reunião plenária do CC, que lança a campanha contra a "poluição espiritual".

1984

Abril: abertura das cidades costeiras ao investimento estrangeiro.

Dezembro: supressão das comunas.

1986

09 de Dezembro: início das manifestações estudantis em Hefei.

1987

06 de Janeiro: lançamento da campanha contra o "liberalismo burguês".

16 de Fevereiro:Hu Yaobang abandona o cargo de secretário-geral do partido, sucedendo-lhe Zhao Ziyang.

04 de Novembro: Li Peng é nomeado primeiro-ministro.

1988

12 de Abril: primeira revisão da constituição de 1982.

1989

15 de Abril: morte de Hu Yaobang.

25 de Abril: manifestações dos estudantes em Beijing, evocando a memória de Hu Yaobang.

13 de Abril: início da greve de fome dos estudantes, exigindo diálogo com as autoridades.

19 de Maio: início da lei marcial.

03-04 de Junho: entrada do exército em Beijing e repressão dos participantes no movimento e Tiananmen.

1990

Abril: Criação da zona especial de Pudong(Shanghai).

04 de Abril: Publicação da lei básica para a futura Região Administrativa Especial de Hong Kong.

1992

18 de Janeiro a 21 de Fevereiro: Viagem de Deng Xiaoping ao sul (Wuchang, Shenzhen, Zhuhai e Shanghai), no sentido de dar novo impulso à política de reformas.

09-10 de Março: o bureau político do partido adere à linha preconizada por Deng na sua viagem ao sul.

25 de Abril: Tian Jiyun, membro do bureau político, faz na escola de quadros do partido um discurso contra os radicais maoistas, sugerindo humoristicamente a criação de "zonas especiais para esquerdistas".

21 de Julho: Bao Tong, braço direito de Zhao Ziyang, é condenado em 7 anos de cadeia, acusado de revelação de segredos de Estado e de propaganda contra-revolucionária.

24 de Agosto: Estabelecimento das relações diplomáticas da RPC com a Coreia do sul.

12 a 18 de Outubro: XIV congresso do partido, que consagra os princípios da "economia de mercado socialista".

1993

29 de Março: ANP aprova nova revisão constitucional, no sentido da "economia de mercado socialista".

31 de Março: publicação da lei básica da futura região administrativa especial de Macau.

05 de Outubro: lançamento pelo CC do partido e pelo conselho de Estado de uma campanha anti-corrupção.

1994

05 de Julho: aprovação da primeira lei laboral da RPC.

12 de Julho: o partido comunista anuncia a adopção de medidas para combate à corrupção, por parte dos seus membros.

1995

04 de Abril: suicídio de Wang Baosen, vice-presidente da câmara de Beijing, suspeito de envolvimento em actos de corrupção.

10 de Abril: morte de Chen Yun.

28 de Abril:demissão de Chen Xitong, presidente da câmara de Beijing.

08 de Junho: visita privada aos Estados Unidos de Lee Teng-hui, presidente de Taiwan, com consequente deterioração das relações sino--americanas.

Cronologia da China nos séculos XX e XXI

1996
08 a 25 de Março: exercícios militares do EPL próximo de Taiwan, agudizando a crise nas relações RPC/Taiwan.
17 de Março: aprovação da revisão do código de processo penal.
15 de Julho: conferência em Beijing sobre reforma dos tribunais.

1997
19 de Fevereiro: morte de Deng Xiaoping.
14 de Março: Aprovação da revisão do código penal.
26 de Abril: morte de Peng Zhen.
01 de Julho: nascimento da Região Administrativa Especial de Hong-Kong.
12 de Setembro: abertura do XV congresso do PCC.

1998
27 de Fevereiro: prisão de Chen Xitong.
25 de Junho: início da visita à China de Bill Clinton.
31 de Julho: anúncio da condenação de Chen Xitong, por crimes de corrupção, em 16 anos de prisão, confirmada em Agosto pelo STP.

1999
15 de Março: terceira revisão da constituição de 1982.
08 de Maio: Bombardeamento da embaixada chinesa em Belgrado.
20 de Dezembro: nascimento da Região Administrativa Especial de Macau.

2000
15 de Março: aprovação da lei de legislação.
18 de Março: eleição de Chen Shuibian como presidente de Taiwan.
14 de Setembro: execução de Cheng Kejie, antigo vice-presidente da ANP, por crimes de corrupção.

2001
01 de Abril: captura de um avião dos EUA, que alegadamente sobrevoara, sem autorização, o espaço aéreo chinês.
14 de Junho: Criação da organização para a cooperação de Shanghai (China, Rússia, Cazaquistão, Quirguistão, Tajiquistão e Uzbequistão).
11 de Dezembro: adesão da China à organização mundial do comércio.

2002
Novembro: XVI congresso do PCC. Hu Jintao substitui Jiang Zemin como secretário-geral do partido comunista.

2003

Março: Hu Jintao substitui Jiang Zemin no cargo de presidente da República.

Abril: crise da SARS

Julho/Agosto: manifestações em HK contra a lei anti-subversão e o artigo 23.º da lei básica.

2004

14 de Março: quarta revisão da constituição de 1982.

16-19 de Setembro: quarta reunião plenária do XVI comité central, durante a qual Hu Jintao sucede a Jiang Zemin como presidente da comissão militar central.

14-16 de Outubro: visita de Vladimir Putin à China, durante a qual ele e Hu Jintao anunciam que China e Rússia tinham ultrapassado todos os diferendos fronteiriços.

2005

14 de Março: aprovação da lei anti-secessão.

Abril: manifestações anti-japonesas em várias cidades da China.

26 de Abril: início da visita à China do líder do partido nacional de Taiwan, Lien Chan.

18 25 Agosto: China e Rússia levam a cabo exercícios militares conjuntos.

2006

01 de Julho: abertuda da linha férrea Qinhai – Tibete.

25 de Setembro: demissão de Chen Liangyu, responsável do partido comunista em Shanghai e presidente deste município, do bureau político do CC, por suspeitas de corrupção.

08-11 de Outubro: sexta reunião plenária do XVI comité central do PCC, que aprovou as medidas tendentes à construção de uma "sociedade harmoniosa", propostas por Hu Jintao.

GLOSSÁRIO

Assembleia Nacional Popular (ANP). A assembleia nacional popular (Quanguo Renmin Daibiao Dahui 全国人民代表大会) é formalmente, nos termos do art.º 57.º da constituição da RPC, o órgão máximo do poder do Estado.É constituída por deputados eleitos pelas províncias, regiões autónomas, cidades directamente dependentes do governo central (Beijing, Tianjin, Shanghai e Chongqing), regiões administativas especiais (Hong-Kong e Macau) e deputados eleitos pelas forças armadas. Cada legislatura tem um período de cinco anos. Como o número de membros ronda os 3000, as competências da ANP que não sejam exclusivas do plenário (que reúne uma vez por ano), são correntemente exercidas pelo comité permanente da assembleia nacional popular (CPANP, Quanguo Renmin Daibiao Dahui Changwu Weiyuanhui 全国人民代表大会常务委员会), que, naturalmente, é eleito pela ANP. A ANP é o órgão legislativo, único com competência para a aprovação de leis, embora outros órgão possam aprovar diplomas de diferente natureza. Mas para além disso dispõe de outros poderes, como a eleição ou demissão, entre outros, do presidente e vice-presidente da República, primeiro-ministro, presidente da comissão militar central, presidente do supremo tribunal e procurador-geral. A ANP tinha tradicionalmente um papel de pouca relevância, sendo encarada como entidade certificadora das decisões do partido comunista. Todavia, após a eleição para seu presidente de Qiao She, em 1993, começou a ganhar alguma autonomia e a impor a sua autoridade, várias vezes obrigando a cedências e compromissos. Esta tendência manteve-se durante a presidência de Li Peng e com o actual presidente Wu Bangguo.

Bando dos quatro (Sirenbang 四人帮). Grupo constituído por Jiang Qing, Zhang Chunqiao, Yao Wenyuan e Wang Hongwen. Este grupo, apoiado na autoridade de Mao Zedong, alimentou o radicalismo durante a última parte da revolução cultural. A partir de 1974, pela sua desmedida ambição de poder, ganhou a hostilidade do próprio Mao, que foi quem apelidou o grupo de "bando dos quatro".

Bao Tong 鲍彤(1932-). Foi secretário de Zhao Ziyang, ao tempo em que este era primeiro-ministro. Foi preso durante as manifestações de Tiananmen e,

570   *Lei Penal da República Popular da China*

acusado de propaganda contra-revolucionária, condenado em sete anos de prisão. Tem continuado a sua actividade política em prol da revisão dos acontecimentos de Tiananmen e reabilitação de Zhao Ziyang.

Beifa 北伐 (expedição militar ao norte). Após a queda da monarquia, em 1911, a autoridade central na China desmoronou-se. Poderosos líderes regionais, conhecidos por "senhores da guerra", organizaram os seus próprios exércitos para controlo das respectivas zonas de influência e algumas províncias, caso do Tibete e da Mongólia Exterior, proclamaram a independência. O grande objectivo de Sun Yat-sen era organizar um exército poderoso para que, a partir de Cantão e numa expedição militar em direcção ao norte, fosse unificando o país sob um governo nacional. Para o efeito aceitou uma aliança com os comunistas e o apoio da União Soviética. A expedição teve início em 1926 e chegou a ser constituído um governo nacional em Nanjing. A unificação total é que nunca foi possível, inicialmente devido á guerra civil com os comunistas e à manutenção do poder de muitos dos "senhores da guerra", que entraram em compromisso com Chiang Kai-shek, mas não foram privados do poderio militar; depois devido à invasão japonesa e, após a derrota das tropas do guomindang em 1949, porque os nacionalistas fugiram para Taiwan, organizando um governo próprio que se intitulava o governo legítimo da China.

Bo Gu 博古 (1907-1946). Aderiu em 1925 ao partido comunista, tendo de seguida ido estudar para Moscovo. Foi um dos mais destacados elementos do grupo dos 28 bolcheviques, adversário das políticas de Mao, no que tinha o apoio do comintern. Comandante militar durante a grande marcha, tal comando foi-lhe retirado a favor de Mao, após a conferência de Zunyi. Nessa altura Bo Gu era o líder de facto do partido, liderança que, como forma de compromisso, foi atribuida a Zhang Wentian. Bo Gu é também conhecido pelo seu verdadeiro nome, Qin Bangxian 秦邦宪. Morreu em 1946 num acidente aéreo, juntamente com outros dirigentes comunistas.

Bo Yibo 薄一波(1908-2007). Último sobrevivente dos oito mais destacados líderes históricos do PCC, vulgarmente designados por "oito imortais", aderiu em 1925 ao partido. Com importante acção política durante a guerra anti-japonesa, conseguiu também que o senhor da guerra Yan Xishan se juntasse, com os seus 200.000 homens ao exército vermelho. Foi eleito para o bureau político no VIII congresso, tendo após a fundação da RPC exercido funções como ministro das finanças, vice-presidente da comissão do plano, presidente da comissão económica estadual e vice primeiro-ministro. Foi preso no início da revolução cultural, o mesmo tendo acontecido aos seus filhos. A sua esposa foi espancada até à morte. Foi reabilitado, após mais de 10 anos na prisão, tendo a partir de 1979 desempenhado funções no âmbito da ANP, como membro de uma comissão especial para a área económica.

Glossário   571

Campanha anti-direitista (Fan Youpai Douzheng 反右派斗争**).** Na sequência da "campanha das cem flores", em 1957, no decurso da qual os intelectuais e os "partidos democráticos" foram convidados a expor livremente os seus pontos de vista, surgiram inúmeras críticas ao partido comunista. O partido decidiu então, em 8 de Junho do mesmo ano, levar a cabo uma "campanha anti-direitista", visando principalmente intelectuais. Foram estabelecidas quotas de direitistas para cada unidade de trabalho (5%), que tinham que ser preenchidas. Só no âmbito dos intelectuais, meio milhão de pessoas terão sido vítimas da campanha, tendo muitas delas sido colocadas no regime de educação pelo trabalho.

Campanha das cem flores (Baihua Yundong 白花运动**).** Em 1956 a liderança comunista lançou um apelo aos intelectuais no sentido de dar voz às suas opiniões. O objectivo era expôr o poder à crítica para melhoria da democracia socialista. A ideia foi de Mao Zedong e, embora teoricamente apoiada pelos restantes líderes, o certo é que não recebeu grande entusiasmo. Todavia foi relançada em 1957, agora também como forma de ultrapassar as chamadas "contradições no seio do povo", no sentido de se evitarem situações como as ocorridas em alguns países do leste europeu, nomeadamente na Hungria. Tendo o partido sido alvo de imenso criticismo, esta campanha rapidamente foi substituída por uma outra, a campanha anti-direitista, de que foram alvo aqueles que ousaram criticar o partido.

Chen Boda 陈伯达 (1904-1989). Nascido na província de Fujian, aderiu ao partido comunista em 1924, tendo participado na expedição ao norte. Foi depois estudar para Moscovo durante quatro anos, tendo regressado para trabalhar no ensino, inicialmente em Beijing e a partir de 1937 em Yannan. Considerado um dos mais fieis intérpretes do pensamento de Mao, de quem foi secretário, escreveu sobre o tema diversas obras e foi o editor da revista "bandeira vermelha". No IX congresso, em Abril de 1969, foi eleito para a comissão permanente do bureau político do comité central. Aliou-se a Lin Biao, erro que lhe custou a hostilidade de Mao, perdendo a partir de 1970 toda a influência política. Após a revolução cultural foi julgado pelos crimes cometidos durante esse período, tendo sido condenado em 18 anos de prisão.

Chen Duxiu 陈独秀 (1879-1942). Não tendo frequentado o sistema público de educação, recebeu no entanto em seio familiar educação clássica, o que lhe permitiu habilitar-se e passar nos exames imperiais, a nível local. Mais tarde bebeu no Japão as ideias modernas, entre as quais os ideais socialistas. Em 1915 fundou a revista "nova juventude" (Xin Qingnian 新青年), que teve uma enorma influência na divulgação de novas ideias nos domínios da cultura e da política. Foi um dos fundadores do PCC e o seu primeiro secretário-geral. As suas divergências com o comintern levaram a que, em 1927, fosse afastado da direcção do partido, do qual foi expulso dois anos mais tarde, acusado de ideias trotskistas.

Chen Shuibian 陈水扁 (1950-). Nascido de uma família pobre no distrito de Tainan, estudou na universidade nacional de Taiwan, onde se formou em direito, especializando-se em direito comercial e direito marítimo. Em 1989 foi eleito deputado pelo partido progressista democrático e, em 1994, ganhou as eleições para a presidência da câmara de Taibei, capital de Taiwan. O seu partido é claramente independentista mas Chen Shibian, nesta matéria, moderou sempre as suas posições, sabendo por um lado que a questão da independência é um tema fracturante na sociedade taiwanesa, e procurando por outro captar a simpatia de eleitorado do guomindang, em permanentes divisões após a morte do sucessor de Chiang Kai-sheck. Por isso, nunca referindo expressamente a intenção de declarar a independência, também nunca negou tal desígnio nem nunca aceitou o princípio de "uma só China", que a RPC tem procuradio impor. Eleito presidente de Taiwan em 18 de Março de 2000, a sua acção esteve sempre condicionada por estar numa situação minoritária, procurando no entanto centrar as grandes questões em Taiwan, usando este nome em vez de China, como era timbre do guomindang. Em 2004 foi tangencialmente reeleito, tendo no entanto havido graves suspeitas de fraude, designadamente quanto a um alegado atentado contra a sua vida, na véspera da eleição, o que determinou que os elementos das forças armadas, tradicionalmente afectos ao guomindang, fossem impedidos de votar, já que foram colocados em estado de alerta. Desde então, Chen Shuibian tem evoluído num sentido mais radical em direcção a ideias independentistas, atitute que tem tido como resultado uma maior aproximação por partes dos dirigentes de outros partidos, nomeadamente do guomindang, em relação à RPC. Recentes escândalos de corrupção fazem emergir dúvidas quanto ao seu futuro político.

Chen Xilian 陈锡联 (1915-1999). Nascido na província de Hubei, juntou-se ao exército vermelho em 1929 e aderiu no ano seguinte ao partido comunista. Fez toda a sua carreira nas forças armadas, tendo em 1955 atingido o posto de general. Veterano da longa marcha e da guerra anti-japonesa, após a proclamação da RPC foi comandante da artilharia chinesa, comandante da região militar de Shenyang e, a partir de 1973, da região de Beijing. Em 1956 foi eleito membro suplente do CC do PCC, tendo durante o período da revolução cultural sido membro do bureau político. Foi ainda, a partir de 1975, vice primeiro-ministro e membro da comissão militar central. A partir dos anos 80 foi membro da comissão consultiva central, até à extinção desta.

Chen Xitong 陈希同 (1930-). Nasceu na província de Sichuan e aderiu em 1949 ao partido comunista, quando era estudante na universidade de Beijing. Nos anos 50 exerceu funções no comité partidário de Beijing. Foi perseguido durante a revolução cultural, dado ter sido secretário de Liu Shaoqi. Em 1981 foi eleito para o CC do partido. Em 1988 foi designado presidente do município de Beijing. Foi um dos firmes apoiantes da supressão do movimento de Tiananmen, em 1989. Em 1992 foi eleito para o bureau político do CC. Em 1995 foi afastado dos cargos por suspeitas de corrupção. Foi expulso do partido comunista em 1997 e, em 20 de Agosto de 1998, foi condenado em 16 anos de prisão.

Chen Yi 陈毅 (1901-1972). Nascido na província de Sichuan numa família relativamente próspera, tornou-se um dos mais notáveis comandantes militares, nomeadamente durante a guerra anti-japonesa e durante a guerra civil, após a rendição do Japão. Depois da instauração da RPC, desempenhou importantes funções políticas, inicialmente como presidente do município de Shanghai, vice primeiro-ministro entre 1954 e 1972 e, a partir de 1958, ministro dos negócios estrangeiros. Durante a revolução cultural, embora sem ser formalmente afastado, foi impedido do exercício das funções de ministro, que passaram a ser desempenhadas por Zhou Enlai.

Chen Yun 陈云 (1905-1995). Nascido na província de Jiangsu, aderiu em 1924 ao partido comunista, tendo entre 1925 e 1927 liderado a união dos sindicatos de Shanghai. Foi membro do bureau político do CC, membro da comissão permanente a partir de 1945, da qual só esteve afastado em resultado da revolução cultural, entre 1969 e 1982. Não obstante não ter tido educação superior foi, a partir da instauração da RPC, responsável pela política económica até ao início do grande salto em frente. Após a revolução cultural apoiou moderadamente as reformas de Deng Xiaoping. Não era todavia adepto de uma política acelerada de abertura e reforma, tendo hostilizado tanto Hu Yaobang como Zhao Ziyang. Líder indiscutível da ala conservadora do partido, posição que compartilhava com a generalidade dos veteranos, foi com todos eles relegado para a comissão consultiva central do partido, expediente encontrado por Deng Xiaoping para os afastar do bureau político do comité central. Comissão que por sua vez foi abolida em 1992.

Chiang Kai-shek. Em mandarim **Jiang Jieshi** 蒋介石 (1887-1975). Nascido numa família da classe média, da província de Zhejiang, recebeu formação militar na academia de Baoding e mais tarde no Japão. Aí conviveu com compatriotas que propagavam ideias republicanas, advogando o derrube da dinastia Qing. Serviu no exército japonês durante dois anos, tendo regressado à China após a revolta de Wuchang, em 1911, que deu início à instauração da República. Foi um dos fundadores da guomindang e, em Cantão, chegou a ser director da academia militar de Whampoa. Após a morte de Sun Yat-sen disputou com Wang Jingwei a liderança do partido. Wang Jingwei tentou uma aliança entre a ala esquerda do GMD e os comunistas, que deu origem ao governo de Wuhan, em 1926. Chiang, anti-comunista, fundou um governo nacionalista em Nanjing. A superioridade militar de Chiang levou à rendição de Wang Jingwei, mantendo porém o conflito com os comunistas, que durou até à constituição da frente unida contra o Japão. Mesmo durante a vigência da frente unida, as relações do GMD e dos comunistas foi em geral conflituosa, tendo degenerado

574   *Lei Penal da República Popular da China*

em nova guerra civil após a rendição do Japão, no termo da segunda guerra mundial. Derrotado pelos comunistas, fugiu para Taiwan onde, em 1 de Março de 1950, foi proclamado presidente da China, cargo que manteve até à morte, em 1975.

Comissão consultiva central (Zhongyang Guwen Weiyuanhui 中央顾问委员会). Órgão criado em 1982 e extinto em 1992, no qual participavam os elementos veteranos do partido. Presidido inicialmente por Deng Xiaoping e depois por Chen Yun, à sua criação presidiu a ideia de afastar os elementos mais idosos do partido das estruturas formais de decisão, atribuindo-lhe tarefas de aconselhamento, abrindo o caminho para o rejuvenescimento da liderança partidária. Foi extinta quando tal tarefa estava no essencial cumprida.

Conferencia Consultiva Política do Povo Chinês (Zhongguo Renmin Zhengzhi Xieshang Huiyi 中国人民政治协商会议). A CCPPC foi constituída em 21 de Setembro de 1949, com a tarefa fundamental de aprovar o "programa comum", documento de natureza constitucional que estabeleceu as bases da organização política da RPC. Era um diploma provisório, que se manteve até à aprovação da constituição de 1954, aprovada pelo primeiro congresso da assembleia nacional popular. Presentemente a CCPPC, cuja existência não está prevista na constituição, é um órgão consultivo, constituído por elementos do partido comunista, dos oito "partidos democráticos", personalidades sem partido, organizações populares, representantes das diferentes etnias, das regiões administrativas especiais, de Taiwan, dos chineses ultramarinos, etc.. A CCPPC reúne normalmente uma vez por ano, por altura da reunião anual da ANP.

Conferência de Lushan (Lushan Huiyi 庐山会议). Entre 2 de Julho e 1 de Agosto de 1959, o BPCC do partido comunista reuniu-se em sessão alargada em Lushan, para aí se discutirem problemas relacionados com o "grande salto em frente". Durante essa conferência, o marechal Peng Dehuai dirigiu uma carta a Mao, na qual criticava vários aspectos da política do GSF. Mao, que se encontrava acossado pelo fracasso que a sua política estava a ter, aproveitou essa carta para desviar as atenções dos verdadeiros problemas determinantes do encontro e criticar Peng Dehuai e os seus apoiantes, acusando-os de "oportunismo de direita". A partir daí, a reunião centrou-se nesta questão. Logo após a conferência teve início a VIII reunião plenária do CC, no decurso da qual Peng Dehuai e aqueles que o haviam apoiado (Huang Kechang, Zhang Wentian e Zhou Xiaozhou) foram obrigados a demitir-se dos postos que ocupavam. O lugar de Peng Dehuai, de ministro da defesa, foi ocupado por Lin Biao. A conferência de Lushan foi e a consequente política de alianças entre Mao e Lin Biao teve grande influência na radicalização da vida política chinesa e surgimento da revolução cultural.

Conselho de Estado (Guowuyuan 国务院). O conselho de Estado é, nos termos do art. 85.° da constituição da RPC, o órgão máximo da administração

Glossário   575

do Estado. É o governo da RPC, sendo composto pelo primeiro-ministro, vice primeiros-ministros, ministros (de ministérios ou comissões), auditor-geral e secretário geral. O mandato do conselho de Estado coincide com a legislatura da ANP, perante quem responde.

Contra-corrente de Fevereiro (Eryue Niliu 二月逆流). Perante a perseguição que os esquerdistas da revolução cultural estavam a fazer aos velhos quadros do partido, em 11 e 16 de Fevereiro Tan Zhenlin, Ye Jianying, Li Fuchun, Chen Yi, Li Xiannian, Nie Rongzhen e Xu Xiangqian entraram em disputa com os membros do grupo da revolução cultural, em reuniões presididas por Zhou Enlai, nas referidas datas. Aí atacaram duramente a actuação dos radicais, acusando-os de conduzir o país para o caos. As reuniões não tiveram outro efeito que não fosse o reforço do poder, pelo "grupo da revolução cultural".

Deng Tuo 邓拓 (1912-1966). Nascido na província de Fujian, aderiu nos anos 30 ao partido comunista. Na base comunista de Jin Chaji foi director da agência "Nova China". Após a instauração da RPC foi responsável do departamento de propaganda do município de Beijing e editor chefe do "diário do povo" entre 1950 e 1958. Na primeira metade dos anos 60 criticou e ridicularizou os radicais maoistas e o próprio Mao, em artigos publicados na revistas Qianxian. Perseguido durante a revolução cultural, suicidou-se em 1966.

Deng Xiaoping 邓小平 (1904-1977). Nasceu na província de Sichuan e, aos 16 anos, foi para França num programa de trabalho e estudo onde, juntamente com outros estudantes orientais, se dedicou ao estudo do marxismo, tendo em 1924 aderido ao partido comunista. Estudou ainda em Moscovo antes de, em 1927, regressar à China. Participante na "longa marcha", foi comissário político junto do exército comandado por Liu Bocheng. Após a fundação da RPC foi secretário-geral do partido comunista. Muito apreciado por Mao, pela sua inteligência e capacidade de trabalho, entraram no entanto em ruptura, já que Deng era adepto de uma linha política mais pragmática. Por isso foi afastado durante a revolução cultural, tendo ido trabalhar como operário para uma fábrica até que, em 1974, dado o estado de saúde de Zhou Enlai, foi chamado de volta a Beijing, para o exercício das funções de vice primeiro-ministro. Com a morte de Zhou Enlai, em Janeiro de 1976, foi afastado em 5 de Abril do mesmo ano, por instigação do "bando dos quatro". Com a prisão destes após a morte de Mao e o apoio de que dispunha entre os veteranos do partido, rapidamente ganhou a liderança procurando, desde a primeira hora, atribuir as tarefas executivas a elementos mais jovens do partido, imbuídos de espírito reformista. Adepto de uma via própria para o socialismo, que considerava compatível com o mercado, seguiu uma política de modernização e de abertura ao exterior, empurrando a economia para um caminho quase capitalista, com fundamento de que se estava na fase primária do socialismo e a tarefa prioritária era superar o fosso que separava as necessidades da população e o nível de desenvolvimento das forças

576   *Lei Penal da República Popular da China*

produtivas. Mas a esta abertura no plano económico não correspondia atitude correspondente no domínio político, para o qual sustentava a necessidade de liderança do partido comunista, sem a qual a via da modernização não seria possível, já que a mesma exigiria estabilidade. Esta atitude conduziu a conflitos sociais, que o regime reprimiu com dureza, o mais grave dos quais ocorreu em 1989, entre Abril e Junho. Deng Xiaoping não exerceu os mais elevados cargos, quer no Estado quer no partido, se bem que fosse, após 1979, o verdadeiro detentor do poder, tendo embora muitas vezes que chegar a compromissos com a ala mais conservadora, na qual nem todos eram adeptos das reformas, tal como ele as propunha. A partir de 1990 procurou dar maior impulso aos reformadores, incentivando a criação da zona económica especial de Pudong, em Shanghai, como forma de ganhar mais um polo de desenvolvimento. O seu último acto político de grande destaque foi a viagem ao sul, em 1992, salientando os bons resultados das zonas económicas especiais e procurando dar força à ala reformista, para o congresso do partido (XIV), que teria lugar esse ano.

Deng Xiaoping disputa, com Mao Zedong, o título de político chinês mais influente do século XX.

Deng Yingchao 邓颖超 (1904-1992). Nascida na província de Henan, destacou-se como líder estudantil. Aderiu em 1925 ao partido comunista e nesse mesmo ano casou com Zhou Enlai. Foi presidente da liga das mulheres chinesas, vice-presidente da assembleia nacional popular e presidente da conferência consultiva política. Entre o VIII e o XII congressos, foi membro do comité central do partido comunista e, nos XI e XI, fez parte bureau político.

Deng Zihui 邓子恢 (1896-1972). Companheiro de Mao desde os tempos de Ruijin, foi responsável a partir da instauração da RPC pela execução dos programas de colectivização agrícola. Afastado de tais responsabilidades, acusado de ser um dos promotores da política "fanmaojin", perdeu peso político a partir do início do "grande salto em frente". Apesar disso sobreviveu incólume ao período agudo da revolução cultural.

Directiva dos seis pontos para a segurança pública (Gongan Liutiao 公安六条**).** Directiva emitida pelo CC e pelo conselho de Estado em 13 de Janeiro de 1967, contendo 6 pontos nos quais se mandava punir os diversos crimes contra-revolucionários, os ataques ao presidente Mao ou ao seu companheiro de armas Lin Biao, se protegia a acção revolucionária das massas, retirando-se quaisquer hipóteses de defesa a latifundiários, camponeses ricos, contra-revolucionários e direitistas. Tratava-se do código de condura da revolução cultural, que na prática legitimou as acções de banditismo dos grupos esquerdistas.

Dois apoios incondicionais (Liangge Fanshi 两个凡是**).** A teoria dos dois apoios incondicionais foi defendida por Hua Guofeng logo após a morte de Mao. De acordo com tal teoria teriam de ser mantidas as políticas sustentadas por

Mao, bem como respeitadas todas as suas decisões. Esta teoria representava um "seguro de vida" para Hua Guofeng que, por essa via, pretendia que as políticas e decisões que o levaram ao poder não fossem questionadas, nomeadamente por Deng Xiaoping.

Dong Biwu 董必武 (1886-1985). Nasceu na província de Hubei, onde fez os primeiros estudos, tendo em 1915 ido estudar direito numa universidade de Tóquio. Em 1919 parcipou nas movimentações de 4 de Maio. Em 1920 constituiu em Wuhan uma célula comunista, de que foi representante no primeiro congresso do partido. Participou na grande marcha. No VII congresso foi eleito para a comissão permanente do bureau político do CC do partido e, após a proclamação da RPC, presidiu a diversos comités, foi vice-presidente da República e presidente do supremo tribunal popular.

Expedição militar ao norte. V. Beifa.

Fang Lizhi 方励之 (1936-). Fang Lizhe é um astrofísico que, enquanto professor da universidade de Anhui, promoveu manifestações em prol da democracia e teve grande influência nos acontecimentos de Tiananmen, em 1989, o que aliás o levou a pedir, juntamente com sua esposa, asilo político na embaixada dos Estados Unidos, em Beijing. Foi expulso do partido comunista em 1987, juntamente com outros destacados combatentes pela democracia, com destaque para Liu Binyan.

Fanmaojin 反冒进. No decurso do processo de transformação socialista no domínio da agricultura, Mao Zedong defendia um rápido avanço para as cooperativas de nível superior. Todavia, os mais importantes quadros do partido declararam estar "contra o avanço precipitado" (fanmaojin) nesse domínio, o que conduziu a uma intensa disputa com Mao Zedong, acabando este por sair vencedor.

Feng Yuxiang 冯玉祥 (1882-1948). Filho de um oficial do exército imperial e ele próprio militar desde os 16 anos, Feng Yuxiang era um indivíduo de mentalidade aberta, o que o levou a converter-se ao cristianismo, sendo conhecido como o "general cristão". Conseguiu constituir uma importante força militar que o tornou um influente "senhor da guerra". Durante os largos períodos de conflito entre diferentes cliques militaristas, geriu alianças em função das suas conveniências, o que o tornou um aliado poderoso mas pouco fiável. Assim, em 1920 aliou-se à clique de Zhili contra a clique de Fengtian. Voltou-se em 1924 contra os seus aliados, apoiando Zhang Zuolin. Posteriormente apoiaria Chiang Kai-shek contra aquele. Não obstante os conflitos com Chiang, acabou por lhe dar apoio durante a guerra sino-japonesa mas, na guerra civil que se seguiu, entre comunistas e nacionalistas, tornou-se mais uma vez adversário de Chiang Kai-shek.

Gao Gang 高岗 (1905-1954). Natural da província de Shaanxi, aderiu ao PCC em 1926. Os seus primeiros contactos com Mao Zedong ocorreram no fim

578   *Lei Penal da República Popular da China*

da longa marcha, já que Gao Gang era o responsável pela base comunista onde a mesma terminou. Visto inicialmente com suspeição, acabou por se tornar um importante aliado de Mao, o que lhe garantiu um lugar no bureau político do CC, para que foi eleito no VII congresso, em 1945. Após a rendição japonesa foi enviado para a Manchúria, onde desenvolveu um trabalho de organização e de recuperação económica, amplamente reconhecido como muito importante para o sucesso das tropas comunistas, que aí derrotaram os nacionalistas. Em 1949 tornou-se o responsável pelo partido na Manchúria. Em 1952 foi nomeado presidente da comissão central do plano, tendo em 1953 sido transferido para Beijing. As suas ambições no partido e hostilidade que tinha em relação a Liu Shaoqi, bem como supostas ligações privilegiadas com Estaline, durante o tempo em que esteve na Manchúria, levaram a que fosse acusado juntamente com Rao Shushi de actividades anti-partido, do qual foi expulso em 1955, já após se ter suicidado, em 1954.

Grande salto em frente (Dayuejin Yundong 大跃进运动**).** Após a morte de Estaline, a denúncia dos seus crimes e a sublevação em alguns países socialistas do leste europeu, as relações entre a China e a URSS foram conhecendo progressivo arrefecimento. A URSS, a braços com os seus próprios problemas, não estava em condições de financiar grandes projectos de investimento na China. Por sua vez Mao Zedong, receoso dos efeitos que o processo de desestalinização poderiam ter na China, encarava com desconfiança o seu homólogo soviético, Nikita Krushechev. Mao, aproveitando o impulso político que lhe foi dado pela campanha anti-direitista, propôs um diferente modelo de desenvolvimento, assente no trabalho barato e intensivo, mobilizando toda a população, que permitiria um enorme aumento da produção agrícola e industrial. De tal forma que, proclamava-se, em 15 anos a China poderia ultrapassar a Grã-Bretanha na produção de aço. Estas ideias conduziriam, de acordo com o editorial do "diário do povo" de 13 de Novembro de 1957, a um "grande salto em frente", no domínio da produção.Para possibilitar a realização de tal objectivo era necessária uma nova forma de organização, baseada em comunas populares, que representando uma forma superior de colectivização, permitiriam melhor gestão de mão-de-obra e de meios de produção. Em 1958 todo o país se mobilizou para o "grande salto" que, todavia, foi um grande salto para...o abismo. Os utensílios domésticos, desnecessários porque as cozinhas e refeitórios eram colectivos, foram derretidos em fornalhas, produzindo metal que em geral era inútil, devido à péssima qualidade. Os projectos de irrigação eram levados a cabo sem consulta de especialistas, entrando rapidamente em colapso. No domínio da agricultura foram feitas experiências que se revelaram desastrosas. Todavia, os responsáveis locais do partido, pretendendo agradar ao líder, inventavam grandes sucessos no âmbito da produção, daí resultando que a quota de transferência de cereais para o Estado fosse muito superior à devida, ficando as províncias sem

Glossário

alimento suficiente.Pela mesma razão, face à "abundância" que se supostamente havia na agricultura, parte do esforço produtivo foi orientado para a indústria. O "grande salto em frente" foi um completo desastre, que matou pela fome dezenas de milhões de pessoas. De tal forma que, sendo o cerne do segundo plano quinquenal de 1958-1962, lhe foi posto termo em princípios de 1960. Para além disso, provocou fissuras no plano político que nunca viriam a ser reparadas, a começar pela demissão de Mao do cargo de presidente da República, demissão de Peng Dehuai na conferência de Lushan e subsequentes atritos entre Mao e Liu Shaoqi, que contribuíram para o desencadear da revolução cultural.

Guan Feng 关锋 (1919-2005). Nascido na província de Shandong, aderiu em 1933 ao partido comunista. Após a instauração da RPC, com o apoio de Kang Sheng foi para Beijing trabalhar no gabinete de estudos políticos do CC. Destacou-se a partir de 1966 quando foi nomeado para o grupo da revolução cultural no qual, juntamente com Wang Li e Qi Benyu, trio que constituía o núcleo mais radical. Após o incidente de Wuhan, encabeçou o grupo daqueles que exigiam o afastamento de alguns elementos das forças armadas, visando nomeadamente Tan Zhenlin. Esta posição foi posteriormente criticada por Mao. Em 28 de Agosto de 1967, Guan Feng foi afastado das suas funções, preso em 1968 e, não obstante não ter contra ele sido instaurado qualquer processo, apenas foi libertado em 1982.

Guo Moruo 郭沫若 (1882-1977). Nascido na província de Sichuan, aderiu ao partido comunista em 1927. Embora tenha estudado medicina no Japão, trabalhou como tradutor, poeta e dramaturgo, tendo após a instauração da RPC sido uma referência política para os intelectuais do regime. Em 1928 foi viver para o Japão mas regressou à China logo que se iniciou o conflito sino-japonês, tendo exercido intensa campanha de propaganda, inicialmente junto do GMD e posteriormente do PCC. Foi presidente da academia de ciências desde 1949 e exerceu tambem o cargo de vice-presidente da assembleia nacional popular. Atacadas as suas obras durante a revolução cultural, Guo Moruo, para desencanto dos seus admiradores, acobardou-se perante tais críticas, dizendo que todo o seu trabalho literário deveria ser queimado, pelo facto de não ter dado suficiente relevo ao pensamento de Mao Zedong.

Guomindang 国民党. Partido criado em 1912 por Sun Yat-sen e Song Jiaoren, agrupando diversas organizações republicanas. Não obstante ter ganho em 1912 as eleições para a assembleia nacional, o seu líder Sun Yat-sen, em nome da consolidação da República, concordou em que a presidência fosse atribuída a Yuan Shi-kai, que em 1913 dissolveu o partido e obrigou ao exílio os seus mais destacados militantes, tendo mesmo mandado assassinar Song Jiaoren. Em 1923 o GMD aceitou o auxílio material e político da União Soviética, fazendo uma coligação com o partido comunista e adoptando uma estrutura leninista, que se manteve durante cerca de 70 anos. Com a morte de

580 *Lei Penal da República Popular da China*

Sun Yat-sen, a liderança do partido foi assumida por Chiang Kai-shek, que teve sempre uma relação conflituosa com os comunistas, mas ainda assim levou a cabo, com relativo sucesso, uma expedição ao norte, o que lhe permitiu criar um enfraquecido governo nacional em Beijing e posteriormente em Nanjing. Após o fim da segunda guerra mundial, iniciou-se o último período da guerra civil, na qual as tropas nacionalistas foram derrotadas, retirando para Taiwan. Aí, Chiang Kai-shek dirigiu um governo ditatorial, não admitindo outros partidos a pretexto da necessidade de combater os comunistas e reconquistar a China continental. Só em 1986 Taiwan viu aparecer um novo partido, o partido progressista democrático, dando-se início a um processo de progressiva democratização.

He Long 贺龙 (1896-1969). Nascido na província de Hunan, filho de um militar, teve uma juventude atribulada e de marginal, visto ter morto um funcionário. Tornou-se todavia, nos anos 20, um militar destacado, tendo chegado ao comando, em 1923, do 20.º exército nacionalista.Em 1927 aderiu ao partido comunista, traindo os desejos de Chiang Kai-shek, que contava com ele no exército nacionalista e que mandou executar dezenas de familiares seus, entre os quais três irmãos e uma irmã. Após a instauração da RPC foi promovido a marechal, foi em 1956 eleito para o bureau político do partido e desempenhou ainda o cargo de vice primeiro-ministro. Foi uma das vitimas da revolução cultural, durante a qual foi preso, tendo morrido em resultado dos maus tratos sofridos.

Hu Feng 胡风 (1902-1985). Nasceu na província de Hubei, tendo sido comentarista em literatura e arte, crítico literário, tradutor e poeta. Em 1934 aderiu à liga dos escritores de esquerda, sendo muito próximo do seu fundador, Lu Xun. Após a instauração da RPC foi eleito para o comité nacional da federação chinesa dos círculos de literatura e arte, de que foi um dos mais importantes responsáveis. Não obstante ter sido um dos mais importantes intelectuais revolucionários, em 1955 foi acusado por Mao Zedong de contra-revolucionário, tendo sido preso em Maio desse ano e condenado, dez anos mais tarde, em 14 anos de prisão. Durante a revolução cultural foi mais uma vez julgado e condenado em prisão perpétua. Em 1980 foi libertado, tendo sido reabilitado.

Hu Hanmin 胡汉民 (1879-1936). Nascido na província de Guangdong, foi um dos principais conselheiros de Sun Yat-sen e candidato à sua sucessão. Estudou no Japão e, durante o governo de Nanjing, foi até 1931 responsável pelo instituto de legislação, tendo tido papel de grande relevância na elaboração dos principais códigos. Adversário desde sempre da aliança com os comunistas, entrou também em conflito com Chiang Kai-shek, tendo chegado a estar preso por ordem deste.

Hu Jintao 胡锦涛 (1942-). Nascido na província de Jiangsu, formou-se em engenharia hidráulica na universidade Qinghua, em Beijing, em 1964, ano em que aderiu ao partido comunista. Começou por exercer funções na província

Glossário 581

de Gansu, onde chamou a atenção do responsável local do partido, Song Ping o qual, mais tarde como responsável do departamento de organização do PCC, o indicou para assumir funções na liga da juventude comunista, da qual viria a ser presidente, em 1984. Nessa qualidade travou conhecimento com Hu Yaobang, ao qual causou a melhor impressão. Foi depois responsável do partido em Guizhou e no Tibete. No XIV congresso, por proposta de Deng Xiaoping, foi com apenas 50 anos eleito membro da comissão permanente do bureau político do comité central, percebendo-se desde logo que era a aposta dos veteranos do partido para no futuro vir a liderar a quarta geração de dirigentes. A sua carreira política evoluiu nesse sentido. No ano seguinte foi nomeado responsável pelo secretariado do CC e encarregado do trabalho ideológico no seio do partido. Em 1998 foi eleito vice-presidente da República. Prosseguindo nesse caminho prédelineado, foi em 2002 eleito secretário-geral do partido, em 2003 presidente da República, em 2004 presidente da comissão militar central do partido e em 2005 da comissão militar central do Estado. Hu Jintao, que tem como braço direito Wen Jiabao, tem seguido uma política que pretende travar o alargamento do fosso que tem vindo a separar as regiões costeiras, cada vez mais ricas, das do interior, cada vez mais ultrapassadas. Política delineada em nome da construção de uma sociedade harmoniosa, que não suporta essa tão acentuada diferença e pretende fazer orientar a China por diferente modelo de desenvolvimento, menos assente em trabalho intensivo e mais apoiado na ciência e inovação..

Hu Qili 胡启立 (1929-). Nascido na província de Shaanxi, aderiu em 1948 ao partido comunista, quando estudante na universidade de Beijing. Exerceu cargos de direcção na liga da juventude comunista, foi presidente do município de Tianjin e membro do secretariado do comité central, a cuja comissão permanente do bureau político acedeu, no XIII congresso, em 1987. Foi afastado do cargo em 1989, por se ter oposto à lei marcial, durante as manifestações de Tiananmen. Não obstante, posteriormente exerceu ainda funções de vice-ministro. Reformador próximo de Zhao Ziyang e Hu Yaobang, participou activamente nas homenagens prestadas a este último na passagem do 100.º aniversário do seu nascimento, em Novembro de 2005.

Hu Yaobang 胡耀邦 (1915-1989). Nascido na província de Hunan, aderiu em 1933 ao partido comunista, tendo participado na longa marcha, fazendo trabalho político sob a direcção de Deng Xiaoping. Após a fundação da RPC foi líder da liga da juventude comunista. Em 1980, na quinta reunião plenária do XI congresso, foi eleito para a comissão permanente do bureau político do partido e designado secretário-geral. Foi responsável pelo processo de reabilitação de milhares de quadros do partido, perseguidos durante a revolução cultural. Devido às manifestações ocorridas em 1986, foi forçado a pedir a demissão do cargo de secretário-geral, ainda que se mantivesse como membro da comissão permanente do bureau político. Falecido em 15 de Abril de 1989, a sua morte

582   *Lei Penal da República Popular da China*

foi causa de manifestações de pesar, que estiveram na origem da repressão de Tiananmen, no mês de Junho do mesmo ano. Em 20 de Novembro de 2005, o partido promoveu uma cerimónia de homenagem pelo 90.º aniversário do seu nascimento.

Hua Guofeng 华国锋 (1921–). Nascido na província de Shanxi, aderiu em 1938 ao partido comunista. Foi eleito para o bureau político do CC do partido, em 1973 e para ministro da segurança pública em 1975. Sucedeu a Zhou Enlai como primeiro-ministro e, surpreendentemente, foi por Mao designado como seu herdeiro, assumindo a presidência do partido após a morte do "grande timoneiro". Participou na acção que levou à prisão do "bando dos quatro" e pretendeu implementar na China uma política de compromisso entre a tradição histórica da linha burocrática do partido e a herança maoista. Defendia por isso, no plano económico, um programa muito semelhante ao que foi levado a cabo na primeira metade dos anos 50 mas, ao mesmo tempo, sustentava a teoria dos "dois apoios incondicionais", a tudo o que o presidente Mao fizera, e a tudo quanto ele havia dito. Esta posição foi desafiada por Deng Xiaoping, que defendia o "princípio da verdade através dos factos" e uma política de modernização e abertura. Hua Guofeng foi politicamente derrotado no III pleno do XI CC, após o que foi afastado da liderança do governo e do partido, substituído, respectivamente, por Zhao Ziyang e Hu Yaobang. Todavia manteve-se no CC, tendo mantido tal posição nos congressos seguintes, até ao XVI, em 2002.

Huang Ju 黄菊 (1938-). Nasceu na província de Zhejiang, formou-se na universidade Qinghua em engenharia electrotécnica e aderiu em 1963 ao partido comunista. Fez toda a sua carreira político-partidária na cidade de Shanghai, onde foi presidente e depois responsável do partido, funções em que substitui Zhu Rongji. Esta posição valeu-lhe o acesso ao CC do partiddo, tendo no XVI congresso acedido à comissão permanente do bureau político.

Huang Kecheng 黄克诚 (1902-1986). Nascido na província de Hunan, aderiu em 1925 ao partido comunista. Teve papel de grande destaque na luta anti-japonesa e na guerra civil como comandante militar, facto que lhe valeu, em 1955, a promoção a marechal. Após a instauração da RPC foi secretário do partido em Hunan, comandante da respectiva região militar, membro do bureau político do comité central, vice-primeiro-ministro. Em 1959, por ter apoiado a Peng Dehuai na conferência de Lushan, foi considerado membro da clique anti-partido, tendo sido perseguido desde então e particularmente durante a revolução cultural. Foi reabilitado em finais de 1977 e, em 1978, nomeado responsável de um departamento especial, junto do CC, com a tarefa de verificar a veracidade de acusações formuladas durante a revolução cultural, contra membros do partido.

Incidente de 5 de Abril. V. Incidente de Tiananmen.

Incidente de Tiananmen (Siwu Yundong 四五运动**).** Após a morte de Zhou Enlai, em 8 de Janeiro de 1976, e dada a precária situação de saúde de

Glossário 583

Mao Zedong, intensificou-se a luta pelo poder na RPC, entre por um lado o "bando dos quatro", e por outro Deng Xiaoping e seus apoiantes. A partir da véspera da celebração do dia dos finados, em 5 de Abril de 1976, e durante este dia, milhares de pessoas concentraram-se na praça de Tiananmen, para homenagear Zhou Enlai, mas também para criticar o bando dos quatro. Por instigação dos elementos radicais, foi decidido pôr termo a tal manifestação, tendo sido presas milhares de pessoas. O incidente foi considerado de natureza contra-revolucionária e, em 7 de Abril, Deng Xiaoping, acusado de ser conivente com tais acções, foi afastado de todos os postos no governo e no partido, do qual todavia não foi expulso.

Ji Dengkui 记登奎 (1923-1988). Nasceu na província de Shanxi, tendo em 1933 aderido ao partido comunista. Antes da instauração da RPC exerceu funções em diversas organizações de juventude e, após a instauração da RPC, teve papel de destaque apenas durante a revolução cultural, tendo em 1971 sido nomeado comissário político junto da região militar de Beijing, ascendendo de seguida ao bureau político do comité central. Demitido em 1980 das suas funções no Estado e no partido, a partir de 1983 integrou uma comissão do conselho de Estado, para o desenvolvimento da agricultura.

Jia Qinglin 贾庆林 (1940-). Nascido na província de Hebei, formou-se em engenharia no colégio de engenharia desta província. Após ter trabalhado em diversas empresas industriais estaduais, foi transferido para a província de Fujian, onde construiu a sua carreira política, tendo sido governador e responsá-vel partidário. Em 1996 foi para Beijing, onde substituiu o ex-presidente deste município, Chen Xitong, expulso do partido e condenado por corrupção. Essa posição valeu-lhe o acesso ao bureau político do CC, em 1997, tendo em 2002 sido eleito para a respectiva comissão permanente. Em 2003 foi eleito presidente da conferência consultiva política do povo chinês.

Jiang Qing 江青 (1914-1991). Nascida na província de Shandong, estudou na Universidade de Qingdao e foi actriz de teatro e cinema em Shanghai. Aderiu ao partido comunista em 1933, tendo ido em 1939 para Yanan, onde conheceu Mao, com o qual acabou por casar. Hostilizada pela generalidade dos dirigentes do partido, teve durante cerca de 20 anos uma intervenção política modesta. Com a radicalização da política chinesa, aliada inicialmente de Lin Biao e integrando posteriormente o chamado "bando dos quatro", exerceu importantes funções no período da revolução cultural. Presa após a morte de Mao, foi julgada e conde-nada à morte, com execução suspensa por dois anos, pena que lhe foi comutada para prisão perpétua. Suicidou-se em 1991.

Jiang Zemin 江泽民 (1926-). Nascido na província de Jiangsu, estudou engenharia mecânica na universidade Jiaotong, em Shanghai.Não obstante ter exercido o cargo de ministro, em 1983, a sua carreira ascendente na política iniciou-se em Shanghai, de cujo município foi presidente, em 1985, e de seguida

584 *Lei Penal da República Popular da China*

responsável do partido. Em 1987 entrou no comité central e em 1989, na sequência da demissão de Zhao Ziyang, assumiu o cargo de secretário-geral do partido, que manteve até 2002. Em 1993 foi eleito presidente da República, cargo em que cumpriu dois mandatos, e sucedeu a Deng Xiaoping como presidente das comissões militares centrais, do partido e do Estado, últimos cargos que exerceu, até 2004 e 2005, respectivamente. Jiang Zemin promoveu, como símbolo da sua liderança, a teoria das três representações, de acordo com a qual o partido comunista deve representar as forças mais avançadas no domínio das forças produtivas, no domínio da cultura e representar também a mais vasta camada da população. Ou seja, o partido comunista deixa de ser um partido classista, abrindo as suas portas aos sectores mais avançados da sociedade.

José Estaline (1878-1953). Nascido na Geórgia, de uma família pobre, estudou no seminário de Tiblisi, de onde terá sido expulso, em 1899. Já envolvido na actividade política, foi diversas vezes preso e exilado.

Após a revolução de Outubro foi, em Abril de 1922, eleito secretário-geral do partido comunista. Após a morte de Lenin, vários candidatos se perfilaram à liderança, entre os quais Stalin, Trotsky, Kamenev, Zinoviev, Bukharin e Rykov. Através de uma cuidadosa política de alianças, Stalin conseguiu em 1928 firmar-se no poder. Para sua maior tranquilidade, a partir dos anos 30, através de processos judiciais fabricados pela polícia política ou de acções clandestinas da mesma polícia, executou todos os seus potenciais adversários. Stalin foi até à sua morte o senhor absoluto da URSS, país que, sob a sua liderança, através de métodos de ilimitada repressão e à custa de milhões de mortos, se transformou de um país atrasado numa superpotência, rival dos Estados Unidos, com os quais de facto partilhou o mundo, a partir do fim da segunda guerra mundial.

Kang Sheng 康生 (1898-1975). Nasceu na província de Shandong, numa família rica, tendo recebido primorosa educação. Aderiu ao partido comunista em 1925. Foi responsável pelo aparelho de segurança do partido e, nessa qualidade, foi em 1933 receber formação em Moscovo, onde se tornou próximo de Wang Ming e levou a cabo actividades de perseguição a supostos dissidentes políticos chineses. Regressado em 1937 à China foi para Yanan, assumindo também aí responsabilidades no aparelho de segurança, funções nas quais se revelou importante aliado de Mao, eliminando muitos dos seus potenciais adversários e contribuindo para a consolidação da sua liderança. A sua estrela perdeu brilho com a consolidação do poder de Mao, mas voltou a brilhar quando Mao começou a perder terreno, face à ala burocrática do partido. Terá voltado a assumir a responsabilidade pelo aparelho de segurança, usado contra os partidários de Peng Dehuai e, durante a revolução cultural, regressou ao centro da liderança partidária. Embora falecido em 1975, foi expulso do partido em 1980, a título póstumo.

Glossário 585

Li Changchun 李长春(1944-). Nascido na província de Liaoning, licenciou-se em 1966 em engenharia electrotécnica. Foi secretário do partido e presidente do município de Shenyang e, mais tarde, governador da província de Liaoning. Nos anos 90 foi responsável do partido sucessivamente nas províncias de Henan e de Guangdong. Acedeu em 1997 ao bureau político do CC e, no último congresso (XVI), foi eleito para a respectiva comissão permanente.

Li Dazhao 李大钊 (1888-1927). Nascido na província de Hebei, de uma família pobre, estudou no Japão, tendo regressado em 1918 à China, exercendo as funções de director da livraria da universidade de Beijing. Foi o mais influente ideólogo marxista dos anos 20, tendo tido um papel decisivo na formação do partido comunista. Em Abril de 1927, as tropas da clique de Fengtian invadiram a embaixada da União Soviética em Beijing, tendo prendido diversas pessoas, entre as quais Li Dazhao, que foi executado no dia 28 desse mês, juntamente com mais 19 militantes comunistas, por ordem de Zhang Zuolin.

Li Fuchun 李富春 (1900-1975). Nascido na província de Hunan, aderiu em 1922 ao partido comunista. Participou depois em todos os combates dos comunistas desde a república soviética de Jiangxi, até á última fase da guerra civil, tendo também participado na longa marcha. Após a instauração da RPC foi ministro da indústria pesada e, em 1954, sucedeu a Gao Gang na presidência da comissão do plano. Nos VIII, IX e X congressos foi membro do bureau político do CC e, em 1966, acedeu à comissão permanente, da qual foi no entanto afastado em 1969.

Li Lanqing 李岚清 (1932-). Nascido na província de Jiangsu, formou-se em gestão industrial na universidade de Fudan, em Shanghai. Em 1952 aderiu ao partido comunista. Após ter exercido diversos cargos, nomeadamente nas áreas da indústria e do comércio externo (nos anos 50 foi colega de trabalho de Jiang Zemin na 1.ª fábrica automóvel de Changchun), foi em 1992 eleito para o bureau político do CC do partido, continuando no cargo de ministro do comércio externo, que já exercia desde 1990. Em 1993 assumiu o cargo de vice-primeiro-ministro. Em 1997 foi eleito para a comissão permanente do bureau político, cargo em que se manteve até 2002.

Li Lisan 李立三 (1899-1967). Nascido na província de Hunan, enquanto estudante em Changsha, conheceu e travou amizade com Mao Zedong. Foi aceite num programa de estudos em França em 1920 mas, um ano depois, foi expulso pelas autoridades devido ao seu envolvimento em actividades políticas. De regresso à China aderiu ao partido comunista, tendo desenvolvido importante trabalho de organização nos meios operários. Com a eleição de Xiang Zhongfa para secretário-geral do partido, assumiu as funções de responsável da propaganda mas, pouco tempo depois, Li Lisan era quem de facto liderava o partido. Li Lisan era um agitador nato, tendo estado por trás da maioria das acções revolucionárias levadas a cabo entre 1927 e 1930, todas elas fracassadas. Li foi

586   *Lei Penal da República Popular da China*

afastado das funções de liderança e chamado em 1931 a Moscovo, para "estudos", onde ficou em regime de semi-detenção, até 1946. Após a instauração da República Popular da China, exerceu funções de ministro do trabalho. Acusado, durante a "revolução cultural", de ser agente soviético, foi preso e morreu em 22 de Junho de 1967, tendo alegadamente cometido suicídio.

Li Peng 李鹏 (1928-). Nascido na província de Sichuan, foi filho adoptivo de Zhou Enlai, já que o seu pai foi executado pelo guomindang, tinha ele apenas 3 anos de idade. Aderiu ao partido comunista em 1945. A sua carreira política ganhou ênfase após a revolução cultural, tendo sido eleito para o comité central em 1982, para o bureau político em 1985 e para a sua comissão permanente em 1987. Primeiro-ministro entre 1987 e 1998, foi neste ano eleito presidente da assembleia nacional popular, cargo que exerceu até 2003.

Li Ruihuan 李瑞环 (1934-). Nascido na cidade de Tianjin, começou por exercer a profissão de carpinteiro, tendo já, com mais de 25 anos, estudado arquitectura. Foi presidente do município de Tianjin, cuja gestão lhe valeu o apreço dos residentes. No XIV (1992) congresso ascendeu à comissão permanente do bureau político do CC. No ano seguinte foi eleito presidente da conferência consultiva política, cargo que desempenhou durante dois mandados, entre 1993 e 2003. Li Ruihuan afastou-se dos cargos partidários no XVI congresso, sendo certo que estava em condições de se manter na comissão permanente do bureau político, até ao XVII congresso. As razões são objecto de especulação. Alegadamente terá decidido afastar-se, no sentido de permitir a afirmação da liderança política da quarta geração. Foi no entanto mal sucedido na tentativa de convencer Jiang Zemin a proceder de idêntica forma, já que este insisitu em se manter à frente da comissão militar central. Li Ruihuan foi um reformador, e via com simpatia uma maior ousadia do partido, no domínio da abertura política.

Li Xiannian 李先念 (1909-1992). Li Xiannian nasceu na província de Hubei e aderiu ao partido comunista em 1927, tendo sido oficial e comissário político do exército vermelho. Após a instauração da RPC, foi presidente do município de Wuhan e, em 1954, vice primeiro-ministro e ministro das finanças. Ascendeu ao bureau político do CC, em 1956. Ofuscado politicamente durante a revolução cultural, foi ainda assim nomeado ministro das finanças, em 1973. Entre 1983 e 1988 foi presidente da república e, a partir da cessação de tais funções, presidente da conferência consultiva política.

Liao Mosha 廖沫沙 (1907-1990). Nascido na província de Hunan, após estudar em Changsha, tornou-se jornalista e novelista. Nos anos 30, em Shanghai, foi membro da liga dos escritores de esquerda. Nos anos 60, Liao Mosha tornou-se conhecido, não tanto pelo cargo político que desempenhava, que era o de presidente do departamento da frente unida do comité partidário de Beijing, mas pelo facto de fazer parte do trio que publicava as crónicas da "aldeia das três famílias" (sanjiacun 三家村), publicadas na revista "qianxian".

A revista pertencia à câmara de Beijing, da qual era presidente Peng Zhen. As referidas crónicas, publicadas entre 1961 e 1964, eram críticas do radicalismo maoista, pelo que Liao Mosha foi preso e exilado durante a revolução cultural, tendo sido reabilitado em 1979, após o que foi ainda membro da conferência consultiva política.

Lin Biao 林彪 (1907-1971). Nascido na província de Hubei, aderiu em 1925 à liga socialista da juventude, ano em que se inscreveu na academia militar de Whampoa. No ano seguinte participava já na "campanha ao norte", na qual revelou méritos que lhe mereceram a promoção a coronel, em 1927. Juntou-se depois a Mao em Jiangxi e, durante a grande marcha e guerra contra a ocupação japonesa, revelou-se importante comandante de guerrilha. Na última fase da guerra civil, comandou as tropas que conquistaram a Manchúria, bem como as que conquistaram Beijing. Após a instauração da RPC não desempenhou de imediato papel de grande relevo e terá passado períodos na União Soviética, alegando razões de saúde. No entanto, em 1958 entrou no bureau político do CC e, no ano seguinte, substituiu Peng Dehuai como ministro da defesa. A partir daí, foi o mais importante aliado de Mao e, em 1969, nomeado como seu sucessor. Porém, logo aí começou o seu declínio. Tendo concertado com Chen Boda uma estratégia de concentração de mais poder em Mao, na perspectiva de lhe suceder percebeu, quando Chen foi removido do bureau político em 1970, que tal afastamento era apenas o prenúncio do seu próprio destino político. Terá então tentado um golpe de estado. Denunciadas as suas intenções, terá tentado fugir de avião para a União Soviética, avião que se despenhou em 13 de Setembro de 1971, na Mongólia Exterior, não tendo havido sobreviventes. A morte de Lin Biao permaneceu em segredo durante longo tempo, e não são ainda claras as circunstâncias em que os factos ocorreram.

Linha geral para a construção do socialismo (Shehuizhuyi Jianshe Zongluxian 社会主义建设总路线**).** Foi uma das "três bandeiras vermelhas" da política radical maoista, aprovada na segunda sessão do VIII congresso do partido, em Maio de 1958, nos termos da qual de deveria avançar decididamente, com objectivos mais ambiciosos para alcançar maiores, mais rápidos melhores e mais resultados económicos na construção do socialismo.

Liu Binyan 刘宾雁 (1925-2005). Nascido na província de Jilin, aderiu em 1944 ao partido comunista. Escritor e jornalista, as suas obras mereceram-lhe, em 1957, a expulsão do partido, por ser apelidado de direitista. Foi readmitdo no partido em 1977, do qual voltou a ser expulso em 1987, no âmbito da campanha contra o liberalismo burguês. Os trabalhos de Liu Binyan tiveram grande impacto nas manifestações ocorridas na China nos anos 80, e que levaram à queda de Hu Yaobang.

Liu Bocheng 刘伯承 (1892-1986). Nascido na província de Sichuan, enveredou pela carreira militar, tendo frequentado a academia de Chongqing.

588   *Lei Penal da República Popular da China*

Em 1916 perdeu o olho direito em combate, passando a ser conhecido como "o dragão de um olho". Aderiu em 1926 ao partido comunista, tendo em 1927 ido para Moscovo aprofundar os seus conhecimentos militares. Apoiou Mao no conflito com os 28 bolcheviques, tanto ao tempo do soviete de Jiangxi como mais tarde, no decurso da longa marcha, na conferência de Zunyi. Foi então nomeado chefe do estado maior do EPL. Durante a guerra anti-japonesa trabalhou com Deng Xiaoping, este na qualidade de comissário político, junto do seu exército.Em 1955 foi promovido a marechal. Foi para além disso membro do bureau político do CC, entre o VIII e o XI congressos, e vice-presidente da assembleia nacional popular. Foi um grande apoiante de Deng Xiaoping, tanto na luta deste com o "bando dos quatro", como relativamente aos seus planos de reforma e abertura. É reconhecido como um dos maiores estrategas do EPL.

Liu Shaoqi 刘少奇 (1898-1969). Nasceu na província de Hunan, numa família rica, tendo feito estudos em Changsha e em Moscovo. Aderiu em 1921 ao partido comunista e trabalhou activamente na actividade sindical e meios operários em Hubei e Shanghai. Juntou-se à longa marcha e foi apoiante de Mao Zedong na conferência de Zunyi, assim como no conflito havido entre ele e os seus adversários apoiados pelo comintern, principalmente Wang Ming. Em 1958 sucedeu a Mao no cargo de presidente da República e entrou em conflito aberto com ele devido às políticas do grande salto em frente. Por esse motivo foi preso em 1967, expulso do partido em 1968 e morreu em 1969, por falta de assistência médica, já que padecia de diabetes. Foi reabilitado em 1980.

Lu Dingyi 陆定一(1906-1996). Nascida na província de Jiangsu, obteve formação superior inicialmente em Shanghai e depois em Moscovo, aderindo nessa altura ao partido comunista. Participou na longa marcha e, em 1945, durante o VI congresso, foi eleita para o comité central do partido. Após a instauração da RPC foi responsável pelo aparelho de propaganda do partido e, em 1965, ministra da cultura. Perseguida durante a revolução cultural, esteve presa até 1978, tendo sido reabilitada em 1979, eleita vice-presidente da conferência consultiva política e membro do comité central do partido.

Luo Gan 罗干 (1935-). Filho de Luo Ruiqing, nasceu em 1935 na província de Shandong e aderiu em 1960 ao partido comunista. Estudou engenharia em Beijing e na Alemanha de Leste. Próximo da facção política de Li Peng, foi eleito em 1998 para o bureau político do comité central e, em 2002, para a sua comissão permanente, sendo responsável pelos assuntos legislativos e matérias de segurança.

Luo Ruiqing 罗瑞卿 (1906-1978). Nasceu na província de Sichuan e estudou na academia militar de Whampoa. Aderiu ao partido comunista quando participava na expedição ao norte. Participou na revolta de Nanchang, juntou-se a Mao em Ruijin e participou na longa marcha. Após a instauração da RPC foi ministro da segurança pública e, em 1956, foi eleito membro efectivo do CC.

Glossário 589

Com a purga de Peng Dehuai, em 1959, foi nomeado vice-ministro da defesa e chefe do estado maior do EPL. No início da revolução cultural foi considerado pró-soviético, facto que lhe mereceu a hostilidade dos radicais, tendo sido preso. Foi reabilitado em 1977.

Mao Yuanxin 毛远新 (1941-). Filho de um "mártir da revolução" (Mao Zemin, irmão de Mao Zedong, executado em Xinjiang), formou-se em engenharia militar, tendo sido secretário do partido na província de Liaoning e comissário da região militar de Shenyang. Muito próximo de Mao Zedong, com quem viveu após a morte do pai, foi o seu elemento de ligação com o bureau político. Elemento destacado dos radicais maoistas, foi preso com o bando dos quatro, vindo depois a ser condenado em 17 anos de prisão.

Mao Zedong 毛泽东 (1893-1976). Mao Zedong nasceu em 26 de Dezembro de 1893, na aldeia de Shaoshan, província de Hunan, numa família de agricultores remediados. Aos 18 anos tentou seguir a carreira militar, da qual rapidamente desistiu, optando antes por prosseguir nos seus estudos. Percorreu diversas escolas, tendo finalmente optado pela primeira escola normal provincial de Hunan, estabelecimento que o cativou devido às ideias progressistas do seu professor Yang Changji, e atributos de sua filha, Yang Kaihui. Foi Yang Changji quem apresentou Mao a Li Dazhao, bibliotecário da universidade de Beijing. Aí, Mao contactou com os mais conhecidos intelectuais de esquerda, factor determinante para a sua adesão ao comunismo, tendo participado no primeiro congresso do partido. Mao casou com Yang Kaihui, embora fosse já casado com uma conterrânea, que nunca reconheceu como esposa, dado que tal casamento fora imposto e organizado pelo seu pai, de acordo com a tradição chinesa. Em 1925 foi para Cantão, trabalhando activamente com o guomindang e dedicando-se a partir dessa altura ao estudo das comunidades rurais. Em 1927, liderando um "exército revolucionário de operários e camponeses", dirigiu o levantamento da colheita de Outono, em Changsha, após o que teve que fugir com o que restava do seu "exército" para as montanhas de Jinggang. Aí se associou a revoltosos locais, que viviam do banditismo, e com tropas de Zhu De, criando o exército vermelho de operários e camponeses da China. Entre 1931 e 1934, estabeleceu-se com as suas tropas em Ruijin, província de Jiangxi, criando a República Soviética da China. Já viúvo, uma vez que a sua esposa fora presa e executada pelo guomindang em 1930, casou com He Zizhen. Tendo resistido às primeiras campanhas de aniquilamento desencadeadas pelo GMD, acabou no entanto por ter que abandonar Ruijin, iniciando em Outubro de 1934 uma "longa marcha", em direcção à província de Shaanxi. Em conflito com a liderança do partido, alcançou no decurso da longa marcha importante vitória, com o apoio, na conferência de Zunyi, de Zhou Enlai e elementos destacados do partido, entre os quais Ye Jianying, Yang Shangkun e Liu Bocheng. A sua liderança consolidou-se com o seu destacado papel na luta de resistência anti-japonesa e

590 *Lei Penal da República Popular da China*

com o movimento de rectificação de Yanan. Durante este período casou com Jiang Qing, a qual viria a ter um papel de relevo na política chinesa, a partir dos anos 60. Após a derrota do guomindang e proclamação da RPC, em 1 de Outubro de 1949, Mao converteu-se no líder incontestado da China. Todavia, revolucionário e agitador nato, Mao esteve sempre em conflito com os dirigentes mais conservadores. Estava convencido de que todos os objectivos eram atingíveis através da mobilização das massas, que considerava terem capacidades ilimitadas, o que o levou a incorrer em erros dramáticos, motivados por essa posição voluntarista, designadamente o "grande salto em frente" e as comunas populares, cujo insucesso no plano económico foi causa de milhões de mortos. Já nos anos 60, em conflito aberto com a liderança do partido, lançou o país numa nova vaga de agitação, a revolução cultural, apoiando-se na juventude, no exército e num núcleo de apoiantes fiéis, com destaque para Kang Sheng e Jiang Qing. Faleceu em 9 de Setembro de 1976.

Mikhail Gorbachev (1931-). Nascido no seio de uma família de agricultores abastados, conheceu logo na infância a repressão estalinista, com a deportação dos seus pais. Gorbachev superou os problemas resultantes da sua origem familiar devido à sua inteligência e empenho com que levava a cabo a suas tarefas. Os resultados escolares abriram-lhe as portas da universidade de Moscovo, onde em 1950 começou a estudar direito. A sua carreira política inicou-se na juventude comunista. Em 1971 foi eleito membro do CC do PCUS e, em 1979, ingressou no bureau político do CC. Em 1985 foi eleito secretário-geral do PCUS. Gorbachev procurou introduzir vários programas de reforma, os mais conhecidos dos quais foram a "perestroika" e a "glasnost", contemplando a abertura e a liberalização nos planos político e económico. Tais reformas conduziram ao colapso económico da URSS mas, ao mesmo tempo, criaram a oportunidade às várias repúblicas da União de se libertarem do controlo do PCUS e do Kremlin. As grandes vítimas das políticas de reformas foram a União Soviética, que entrou em colapso, e o próprio Gorbachev, que em finais de 1991, teve que se demitir. Em contrapartida, as diversas repúblicas da União tiveram a oportunidade de seguir o seu próprio caminho, e a maioria delas enveredou pelo regime democrático. Terminou a guerra fria e ficou definitivamente aberta a via da globalização.

Mikhail Markovich Borodin (1884-1951). Aderiu ao partido bolchevique em 1903, tendo estado preso devido às suas actividades políticas. Em 1908 emigrou para os EUA, regressando à Rússia após a revolução de Outubro, para trabalhar no departamento de relações internacionais do partido. Foi depois agente do comintern no México, Estados Unidos e Reino Unido, funções que a partir de 1923 passou a desempenhar na China, como representante junto do guomindang. Em tal qualidade promoveu a aproximação de comunistas e nacionalistas, situação que se manteve até 1927, ano do rompimento entre os dois

Glossário 591

partidos. Voltou à União Soviética em 1928. Preso na URSS em 1949, veio a morrer num campo de concentração.

Movimento das quatro limpezas (Siqing Yundong 四清运动). V. Movimento de educação socialista.

Movimento de educação socialista (Shejiao Yundong 社教运动). Desde meados dos anos 50 que as relações entre Mao Zedong e Liu Shaoqi se foram deteriorando, situação que se tornou de facto irreversível a partir de Janeiro de 1962 quando, na conferência dos 7000 quadros, Liu Shaoqi atacou duramente Mao e a política das "três bandeiras vermelhas". Mao, para conseguir manter o seu ascendente na política da RPC, precisava de deslocar a agenda nacional das questões económicas para as questões políticas. Com o apoio da facção esquerdista do partido, nesse mesmo ano, durante a X reunião plenária do VIII CC, conseguiu que fosse aprovado o lançamento de uma campanha de educação socialista, para as zonas rurais. Todavia a orientação do movimento foi objecto de intensas disputas entre Mao e Liu. Embora a decisão que esteve na base do documento aderisse à política das três bandeiras vermelhas, Liu procurou dar ao movimento uma orientação virada para os problemas económicos, avançando para a sua realizção com o"movimento das quatro limpezas", visando detectar e corrigir problemas, nomeadamente de corrupção e peculato nas comunas, relacionados com pontos de trabalho, contabilidade, armazéns comunais e propriedade pública. Porém, em princípios de 1965, Mao conseguiu aprovar um outro documento, levando o movimento também para as cidades e agora deslocando os debates para questões de política, economia, ideologia e organização, em nome da necessidade, que Mao constantemente vinha apregoando, de debater o problema da luta de classes. Esta fase do movimento foi o prenúncio da revolução cultural.

Nie Rongzhen 聂荣臻 (1899-1991). Foi uma das mais respeitadas figuras da primeira geração de líderes do partido comunista, a que aderiu, em 1923, em França, para onde fora em 1919. Poliglota, voltou à China em 1925, participou na revolta de Nanchang e na longa marcha. Nie Rongzhen dedicou-se fundamentalmente à área científica, tendo dado importantíssimo contributo para as capacidades do EPL, tendo em 1955 sido promovido a marechal. Foi nomeadamente o responsável pelo programa nuclear da RPC. Embora afastado das controvérsias políticas dos anos 60, manifestou-se contra o tratamento dado pelos guardas vermelhos aos velhos militantes do partido, tendo sido um dos elementos da chamada contra-corrente de Fevereiro.

Nikita Khrushechev (1894-1971). Nascido de uma família pobre, trabalhou como operário e foi sindicalista, tendo aderido ao partido bolchevique em 1918. Em 1934 chegou a membro do CC do partido comunista da União Soviética, tendo no ano seguinte ido para Moscovo, onde exerceu as funções de 1.º secretário do comité local do partido. Após a morte de Estaline liderou um golpe palaciano que prendeu Lavrenty Beria, chefe da polícia política, que foi executado em finais de 1953. Sucedeu a Estaline na liderança do partido, até 1964, cargo que a partir de 1958 acumulou com o de primeiro-ministro. Em Fevereiro de 1956, no XX congresso do partido, denunciou os crimes de Estaline e criticou o "culto da personalidade", tendo entrado em ruptura com os dirigentes conservadores e abrindo o caminho a desentendimento semelhante com Mao Zedong. Foi bem sucedido nas reformas económicas e promoveu alguma liberalização política. Todavia foi impiedoso na repressão do movimento de emancipação na Hungria, em 1956, tendo ordenado a invasão do país pelas tropas soviéticas. Esta terá sido a sua única acção que mereceu total apoio por parte de Mao Zedong, que aliás a terá inspirado.

Oito imortais (Bada Yuanlao 八大元老**).** É a designação que, a partir dos anos 80, passou a ser dada aos mais destacados elementos veteranos do PCC. Eram eles Deng Xiaoping, Chen Yun, Peng Zhen, Yang Shangkun, Bo Yibo, Li Xiannian, Wang Zhen e Deng Yingchao.

Partido Comunista Chinês (PCC) Zhongguo Gongchandang 中国共产党. O PCC foi fundado em 1921, em Shanghai. Pouco após a sua fundação entrou em acordo com o partido nacionalista (guomindang – GMD), com o comum objectivo do estabelecimento de um governo nacional, que pusesse termo aos vários poderes regionais dos "senhores da guerra" e contivesse tentações independentistas de diversas províncias, que se aproveitavam da fragilidade ou ausência de um poder central. Esse acordo manteve-se até 1927, ano em que ambos os partidos entraram em conflito armado, tendo o PCC chegado quase à extinção. Dez anos mais tarde, novo acordo entre ambos os partidos seria alcançado, no âmbito da resistência anti-japonesa. Todavia, finda a segunda guerra mundial, verificou-se o assalto final ao poder, sendo o PCC e o GMD os protagonistas de uma guerra civil, de que o primeiro foi vencedor, tendo a República Popular da China sido proclamada em 1 de Outubro de 1949.

O PCC é e sempre foi um partido de estrutura leninista, tendo como órgão máximo o congresso, que em regra tem lugar de cinco em cinco anos. Entre as competências do congresso incluem-se as eleições do comité central e da comissão para inspecção disciplinar. O comité central, com um número de membros de cerca de 300 pessoas, entre membros efectivos e suplentes reúne, nos termos dos estatutos, pelo menos uma vez por ano. É o comité central que elege o bureau político, a comissão permanente do bureau político e o secretariado do comité central. O bureau político é presentemente constituído por 24 elementos efectivos (um dos quais se encontra suspenso) e um suplente. Reúne em regra uma vez por mês. A comissão permanente do bureau político, saída do XVI congresso, é constituída por 9 membros, reunindo em regra semanalmente. O secretariado, que tem a seu cargo todas as tarefas burocráticas do bureau político e da comissão permanente, tem os seus membros nomeados pelo bureau político, nomeações no entanto sujeitas a aprovação pelo comité central. É também o comité central que escolhe os membros da comissão militar.

Desde a sua fundação, o partido comunista realizou 16 congressos, devendo o próximo ter lugar no último trimestre de 2007. À data do primeiro congresso o partido tinha 50 membros. Presentemente tem mais de 60 milhões.

O PCC é o detentor do poder político desde a fundação da RPC, só admitindo outros partidos na medida em que estes reconheçam ao partido comunista a liderança do poder político.

Partidos Democráticos. Para além do partido comunista existem na China mais oito partidos, normalmente designados por "partidos democráticos". São eles: o comité revolucionário do guomindang; a liga da China democrática, a associação nacional para a construção da China democrática, associação chinesa para a promoção da democracia, partido democrático dos camponeses e operários, partido chinês para o interesse público, sociedade 3 de Setembro e liga democrática para o auto-governo de Taiwan. Todos estes partidos reconhecem a liderança política do partido comunista. Embora sem responsabilidades enquanto partidos nas estruturas do poder, membros dos diversos partidos têm ao longo da história da RPC participado nas assembleias e nos órgãos do Estado.

Peng Dehuai 彭德怀 (1898-1974). Natural da província de Hunan, aí estudou na academia militar provincial, tendo sido oficial no exército nacionalista. Em 1927 juntou-se ao partido comunista, tendo participado na "longa marcha", com importante destaque neste período, bem como durante a guerra sino-japonesa e na guerra civil. Comandou as tropas chinesas durante a guerra da Coreia, tendo em 1955 sido promovido a marechal. Crítico de Mao devido ao "grande salto em frente", foi em 1959 substituído como ministro da defesa por Lin Biao. Caído em desgraça, foi preso em 1966 durante a "revolução cultural", tendo morrido na prisão. Só foi reabilitado em 1978, a título póstumo.

Peng Zhen 彭真 (1902-1997). Aderiu ao partido comunista em 1923, exercendo desde então importante trabalho clandestino de organização. Foi membro do bureau político do CC a partir do VII congresso do partido. Após a instauração da RPC foi também primeiro secretário do partido em Beijing e presidente do município. Aliado de Liu Shaoqi, foi perseguido durante a revolução cultural, tendo sido reabilitado sob a liderança de Deng Xiaoping, tornando-se em 1980 secretário da comissão para os assuntos políticos e legais, do comité central. Em 1983 foi eleito presidente do comité permanente da VI assembleia nacional popular.

Qi Benyu 戚本禹 (1931-). Nasceu na província de Shandong, tendo em 1949 aderido ao partido comunista. Jornalista, o seu percurso político não mereceria qualquer referência não fosse o facto de ter pertencido ao grupo da revolução cultural, integrando o sector mais radical que incluía ainda Wang Li

594   *Lei Penal da República Popular da China*

e Guan Feng. Como jornalista, foi autor de alguns dos artigos mais venenosos publicados na revista "bandeira vermelha" e no jornal "diário do povo", visando os elementos da chamada ala revisionista, afectos a Liu Shaoqi, e outros elementos veteranos do partido, entre os quais Deng Xiaoping. É também apontado como instigador da acção dos guardas vermelhos que levaram Peng Dehuai de Sichuan para Beijing, para aí ser publicamente humilhado. Os seus excessos levaram a que, em Janeiro de 1968, fosse demitido de todas as suas funções. Em 1980 foi preso e, em 1983 condenado a 18 anos de prisão.

Qiao Shi 乔石 (1924-). Nascido em Shanghai, aderiu em 1940 ao partido comunista. Trabalhou predominantemente no departamento de relações internacionais, que chegou a dirigir em 1982. Responsável pelas matérias de inteligência, a partir de 1985, foi em 1993 eleito presidente da assembleia nacional popular, cargo que exerceu até 1998, sendo amplamente reconhecido que deu importante contributo para a afirmação do papel da assembleia como órgão político de primeira importância.

Qu Qiubai 瞿秋白 (1899-1935). Natural da província de Jiangsu. Tradutor,escritor e jornalista, foi correspondente em Moscovo de um jornal chinês, tendo aí aderido, em 1922, ao partido comunista. Durante a sua permanência na Rússia obteve apoios que lhe garantiram as simpatias do comintern para, em 1923, ingressar no CC do partido e, em 1927, suceder a Chen Duxiu como secretário-geral. Responsável por acções fracassadas de pendor esquerdista, como os levantamentos revolucionários de 1927, veio por esse motivo a ser afastado da liderança. Preso em 1935, foi executado pelo guomindang.

Quatro grandes liberdades (Si Da 四大**).** As quatro grandes liberdades, outorgadas aos guardas vermelhos pela decisão do CC do PCC de 8 de Agosto de 1966 (decisão relativa à grande revolução cultural proletária), consistiam na liberdade de expressão, de plena divulgação das respectivas opiniões, de expôr os pontos de vista através de grandes cartazes, de organizar grandes debates (Daming, Dafang, Dazibao, Dabianlun 大鸣, 大放, 大字报, 大辩论). Estas liberdades, de facto eram apenas para os elementos extremistas, e os grandes debates transformaram-se muitas vezes em sessões de agressão e humilhação públicas. As quatro grandes liberdades tiveram consagração nas constituições de 1975 e 1978, tendo sido eliminadas na revisão de 1980.

Quatro princípios cardeais (Sixiang Jiben Yuanze 四项基本原则**).** Os quatro princípios cardeais foram apontados por Deng Xiaoping, em 30 de Março de 1979, definindo o enquadramento em que deveria ser desenvolvida a política de abertura e modernização. Eram eles: via socialista; ditadura do proletariado; liderança do partido comunista; Marxismo-Leninismo e pensamento de Mao Zedong. Com a alteração da constituição e dos estatutos do partido, em 1982, a ditadura do proletariado passou a ser designada por ditadura denocrática do povo. Os quatro princípios cardeais nasceram em boa parte para contrariar as

Glossário 595

reivindicações democráticas. Têm ainda assento, quer nos estatutos do partido comunista, quer no preâmbulo da constituição da RPC.

Rao Shushi 饶漱石 (1903-1975). Natural da província de Jiangxi, aderiu ao PCC em 1925, sendo um dos poucos dirigentes com formação universitária. Em 1929 foi nomeado secretário da juventude comunista e secretário do partido na Manchúria. Entre 1935 e 1939 esteve no estrangeiro, na União Soviética, Estados Unidos e França, países onde levou a cabo trabalho de mobilização da comunidade chinesa no exterior, no sentido do combate contra a ocupação japonesa. Após a derrota do Japão, participou nas negociações com o guomindang, por parte do PCC e, tendo estas falhado, desempenhou importante papel como comandante militar na guerra civil. Após a fundação da RPC foi presidente do comité militar e político da China de leste e presidente do governo da mesma região. Em 1953 foi transferido para Beijing, onde foi nomeado responsável pelo departamento de organização do partido. Foi afastado do partido em 1954 e preso em 1955, situação em que se manteve durante 10 anos, após o que ficou em prisão domiciliária, até à sua morte. Rao Shushi teve sempre uma relação conflituosa com Liu Shaoqi, factor que não terá sido alheio à sua purga do partido.

Reeducação pelo trabalho (Laodong Jiaoyang 劳动教养**).** É uma sanção administrativa imposta a autores recorrentes de factos ilícitos que não tenham gravidade suficiente para serem considerados crimes, podendo também ser imposta a indivíduos que não tenham modo lícito de vida e se furtem ao emprego. A reeducação pelo trabalho, traduz-se de facto numa privação da liberdade, sem intervenção judicial. Tem como limite 3 anos, podendo no entanto ter prorrogação por um ano.

Reforma pelo trabalho (Laodong Gaizao 劳动改造**).** Regime de trabalho, acompanhado de endoutrinação política e formação cultural, a que ficam sujeitos todos os delinquentes condenados em pena de prisão ou pena de morte suspensa, bem como os suspeitos da prática de crimes, enquanto aguardam julgamento, desde que tenham capacidade para o trabalho.

Renminbi 人民币. Renminbi (RMB), literalmente "dinheiro do povo" é a designação da moeda emitida desde Dezembro de 1948 pelo Banco da China, inicialmente nas zonas controladas pelo PCC e posteriormente em toda a China continental. A unidade monetária é o yuan 元. Cada yuan divide-se em 10 jiao 角 e cada jiao em 10 fen 分. O fen está praticamente fora de circulação, devido ao aumento dos preços. É frequente o uso indistinto dos termos renminbi e yuan para designar a moeda chinesa, sendo no entanto o uso do primeiro mais frequente na linguagem falada e do segundo na linguagem escrita. Em 2006, o câmbio médio do yuan correspondia a um valor próximo de 0,1€.

Revolução cultural (Wenhua Dageming 文化大革命**).** A revolução cultural corresponde ao período de radicalização política chinesa, entre 16 de

Maio de 1966 (data da circular que condenou as "teses de Fevereiro") e 6 de Outubro de 1976, data da prisão do "bando dos quatro". Todavia, o período de maior agitação decorreu até Abril de 1969, ou seja, até à realização do IX congresso do partido, que teve lugar entre 1 e 24 de Abril desse ano, após o qual o partido ficou de novo sob inteiro controlo de Mao. A revolução cultural aconteceu em resultado da progressiva radicalização do movimento de educação socialista. No entanto, a causa imediata foi um artigo de Yao Wenyuan, publicado em 29 de Novembro de 1965, no jornal "jiefang ribao", de Shanghai, no qual criticava Wu Han, autor da peça "A demissão de Hai Rui", acusando-o de a mesma constituir um ataque contra Mao Zedong. De facto, a peça referia-se a um mandarim da dinastia Ming, que fora demitido pelo facto de ter ousado criticar o imperados Jiaqing. Na referida peça, o que se pretenderia era criar a ideia de que o marechal Peng Dehuai, demitido dos seus cargos na conferência de Lushan, teria sido vítima de uma justiça idêntica, e que Mao teria actuado como Jiaqing, por causa das críticas formuladas pelo marechal, contra o "grande salto em frente". Wu Han era vice-presidente da câmara de Beijing, da qual Peng Zhen era o presidente. Este tentou defender o autor, constituindo em Fevereiro de 1966 um grupo, que designou de "grupo da revolução cultural" o qual concluiu que a crítica deveria ser remetida para o campo literário e não político. Posição que todavia não foi aceite por Mao, tendo sido rejeitada numa reunião alargada do bureau político do CC, em 16 de Maio, que decidiu ainda constituir um novo grupo da revolução cultural, encabeçado por Chen Boda e Jiang Qing. Com a aprovação, em Agosto de 1966, da decisão de 16 pontos que indicava os objectivos da revolução cultural, e o apelo de Mao para que fosse bombardeado o "quartel general", ou seja, o CC do partido, constituído por uma maioria que lhe não era afecta, iniciou-se o assalto às estruturas do partido e do governo, para as colocar sob controlo maoista, tendo sido mobilizados para o efeito os jovens que se constituíram como guardas vermelhos e, em muitos casos, as estruturas dos serviços de segurança pública bem como do EPL. O radicalismo acentuou-se após a chamada "contra-corrente de Fevereiro", em 1967, altura a partir da qual o poder esteve de facto centrado no "grupo da revolução cultural", que na prática substituiu o bureau político do CC, que deixou de reunir, até porque a maioria dos seus membros foram sendo detidos e alguns morreram. Consolidado o domínio do partido, em 1969, os ajustes de contas passaram para o núcleo interveniente na revolução cultural. As vítimas seguintes seriam Chen Boda e o seu aliado Lin Biao.Com a morte de Lin Biao, em Setembro de 1971, a luta no interior do partido virou-se para os seus aliados. Os beneficiários de tal campanha foram os elementos do "bando dos quatro", que se constituiu como tal em 1973 quando, durante X congresso, Wang Hongwen foi eleito vice-presidente do partido. As ambiões políticas do "bando dos quatro" foram travadas com o

Glossário 597

regresso de Deng Xiaoping à política activa, em 1974 e, posteriormente, com a designação de Hua Guofeng como sucessor de Mao.

San Jiehe 三结合 (**tripla aliança**). Forma de organização dos comités revolucionários durante a revolução cultural. De acordo com o editorial do "diário do povo" de 10 de Março de 1967 e de acordo com directivas de Mao Zedong, nos locais onde o poder tivesse que ser ocupado pelos verdadeiros revolucionários, o mesmo deveria ser exercido de acordo com os princípios da "tripla aliança", constituindo-se um comité onde tivessem assento representantes dos quadros revolucionários, das massas revolucionárias e das forças armadas.

Sanfan Yundong 三反运动 (**movimento dos três contras**). Movimento lançado pelo CC do PCC em Dezembro de 1951, visando combater a corrupção, o desperdício e a burocracia. O momento alto da campanha teve lugar com a execução de Liu Qinshan e Zhang Zishan, dois importantes quadros do partido, em 10 de Fevereiro de 1952. A campanha terminou em Outubro de 1952.

Shi Liang 史良 (1900-1985). Nascida na província de Jiangsu, formou-se em direito na universidade de direito e política de Shanghai, em 1927. Nessa cidade exerceu durante 20 anos a profissão de advogada, tendo sido uma destacada defensora de opositores políticos ao governo do guomindang. Ela própria foi presa em 1926, por advogar o fim das hostilidades contra os comunistas, em nome da unidade nacional contra a invasão japonesa. Foi a primeira titular do ministério da justiça, após o estabelecimento da RPC. Perseguida em 1958 como elemento direitista, foi reabilitada 20 anos mais tarde, chegando posteriormente a exercer importantes funções na assembleia nacional popular e na conferência consultiva política, tendo chegado a ser vice-presidente de ambas as assembleias.

Song Jiaoren 宋教仁 (1882-1913). Fundador e um dos mais importantes dirigentes do guomindang, seria o sucessor natural de Sun Yat-sen, dadas as suas qualidades de agitador político e de líder revolucionário. Foi assassinado em 1913, supostamente às ordens de Yuan Shi-kai.

Song Ping 宋平 (1917-). Nascido na província de Shandong, estudou na universidade Qinghua e aderiu ao partido comunista em 1937. Em 1977 foi eleito para o CC do partido, em 1987 para o bureau político e em 1989, após os acontecimentos de Tiananmen, para a comissão permanente do bureau político. Nos anos 70 e até princípios de 1981, Song Ping trabalhou na província de Lanzhou, onde chegou a desempenhar as funções de secretário do partido. Nessa qualidade contactou com os jovens Hu Jintao e Wen Jiabao, cujas qualidades de trabalho fizeram com que os recomendasse a Deng Xiaoping e Hu Yaobang, que procuravam jovens talentos para rejuvenescer a cúpula partidária e os prepararem para a liderança da quarta geração.

Sufan Yundong 肃反运动 (**movimento para a supressão dos contra-revolucionários**). O movimento para a supressão dos contra-revolucionários

598   *Lei Penal da República Popular da China*

teve lugar entre 1950 e 1953, com especial ênfase após a guerra da Coreia. Foi relançada em 1955, agora mais orientada para o interior do partido, do governo e das forças armadas, combatendo principalmente os opositores ou hesitantes em relação ao processo de transformação socialista. Foi relançado em 1957, agora também contra os chamados maus elementos.

Sun Yat-sen. Em mandarim **Sun Yixian** 孙逸仙 (1866-1925). Nascido na província de Guangdong, foi ainda jovem para o Hawai, onde ficou a cargo de um irmão mais velho e se envolveu no estudo da cultura ocidental, facto que o levou a alguns anos mais tarde aceitar o baptismo cristão. Regressou à China em 1883, tendo no ano seguinte ido para Hong-Kong, onde estudou medicina, que aí veio a exercer, bem como, durante algum tempo, em Macau. Envolvido activamente numa revolta que teve lugar em Cantão, em 1885, e que fracassou, esteve durante 16 anos no exílio, recolhendo fundos para promover uma revolução na China e fazendo propaganda republicana. Na altura da revolta de Wuchang, em Outubro de 1911, à qual foi de todo alheio excepto no que respeita á propaganda contra a monarquia, voltou à China, tendo em Dezembro desse ano sido eleito por delegados das diversas províncias, presidente da República da China, que se iniciaria em 1 de Janeiro de 1912. Acabou por ceder tal posição a Yuan Shi-kai, comandante do exército de Beyang, o único com poder suficiente para fazer abdicar o imperador e conter as manifestações independentistas, por parte de várias províncias. Todavia, Yuan Shi-kai pretendia fundar uma nova dinastia, pelo que ilegalizou o guomindang. Sun Yat-sen foi de novo para o exílio no Japão, de onde voltou em 1917, tendo fundado um governo militar em Guangdong com o propósito de, no futuro, lançar uma campanha de unificação do país, em direcção ao norte. Em 1920 recebeu o apoio do comintern para o seu objectivo, e que levaria posteriormente a uma frente unida com o partido comunista. Foi mesmo criada uma academia militar para formação dos quadros que participariam na expedição militar ao norte, a academia de Whampoa. Sun Yat-sen não conseguiu levar a cabo a sua expedição, visto ter falecido em Abril de 1925. Sun foi um visionário, cujos objectivos depararam sempre com os mais inesperados obstáculos. Todavia, as suas ideias vieram a ser concretizadas, sendo por isso reconhecido como fundador da China moderna, até porque a sua política assentava nos três princípios do povo (nacionalismo, democracia, condições de vida para o povo), princípios esses que, pela sua abstracção, mereciam a aceitação pelo mais amplo espectro político.

Tan Zhenlin 谭震林 (1902-1983). Companheiro de Mao desde os tempos de Jinggangshan, foi após a criação da RPC governador da província de Zhejiang. Em 1954 foi vice-secretário-geral do partido e, a partir de 1957, responsável governamental pela política agrícola. Acedeu ao bureau político do CC do partido, em 1958. Foi um dos membros da contra-corrente de Fevereiro, tendo por isso sido ofuscado durante a revolução cultural. Todavia, em 1973, voltou a ser eleito membro do CC.

Glossário 599

Tao Zhu 陶铸 (1908-1969). Nascido na província de Hunan, aderiu em 1926 ao partido comunista. Após a instauração da RPC trabalhou em Guangdong, tendo chegado a responsável do partido na província e a comandante da respectiva região militar. Em 1965 foi chamado para Beijing, onde assumiu funções de director do departamento de propaganda e vice-primeiro ministro. Em 1966, no XI pleno do VIII CC, foi eleito para a comissão permanente do bureau político. No ano seguinte foi vítima da revolução cultural, tendo sido colocado em prisão domiciliária até á data da sua morte, em 1969. Foi postumamente reabilitado.

Tian Jiyun 田纪云 (1929–). Natural da província de Shandong, em 1945 aderiu ao partido comunista. Após a instauração da RPC exerceu funções até 1969 na provínia de Guizhou e, posteriormente, até 1981, na província de Sichuan. Em 1985 ascendeu ao bureau político do CC do PCC, no qual se manteve até ao XVI congresso. Exerceu ainda as funções de vice-primeiro-ministro, entre 1988 e 1993, e de vice-presidente do comité permanente da assembleia nacional popular, entre 1993 e 2003. Tian Jiyun foi sempre muito próximo de Zhao Ziyang e o elemento mais temido pela facção conservadora do partido, pela forma por vezes desabrida e sempre frontal com que combatia as respectivas posições, em nome da continuação da política de reforma e abertura.

Três bandeiras vermelhas (Sanmian Hongqi 三面红旗**).** As três bandeiras vermelhas eram os pilares em que assentava a política radical maoista, a partir de 1958: a linha geral, o grande salto em frente e as comunas populares.

Três contras. V. Sanfan Yundong.

Tripla aliança. V. San Jiehe.

Wan Li 万里 (1916-). Nascido na província de Shandong, aderiu em 1935 ao partido comunista. Juntamente com Zhao Ziyang foi um reformador, sendo reconhecido o seu papel na melhoria das condições de vida dos agricultores, ao tempo em que foi governador da província de Anhui. Em 1988 foi eleito presidente da assembleia nacional popular.

Wang Dongxing 汪东兴 (1916-). Nascido na província de Jiangxi, aderiu em 1932 ao partido comunista e entrou no mesmo ano no exército vermelho. Após a instauração da RPC, desempenhou importantes funções no domínio da segurança, tendo sido responsável pela segurança de Mao Zedong. Esta posição valeu-lhe posições de destaque no período da revolução cultural, tendo sido eleito para o bureau político em 1969 (como suplente) e em 1973 (como membro efectivo). Participou activamente na prisão do bando dos quatro, facto que não impediu que, em 1980, tivesse que pedir a demissão de todas as funções no partido e no governo. No entanto, em 1982, foi eleito membro suplente do comité central e fez posteriormente parte da comissão consultiva central.

Wang Hongwen 王洪文 (1936-1992). Nascido na província de Jilin, foi operário em Shanghai e teve participação activa, como "guarda vermelho", na

600   *Lei Penal da República Popular da China*

fundação da comuna de Shanghai. Sendo o único operário do bando dos quatro, acedeu em 1969 ao CC e, em 1973, à sua comissão permanente.Foi condenado à morte com pena suspensa, e comutação da pena para prisão perpétua. Faleceu em 1992.

Wang Jiaxiang 王稼祥 (1906-1974). Natural da província de Anhui, estudou na universidade de Shanghai e mais tarde na universidade Sun Yat-sen, em Moscovo, de onde voltou para a China, no grupo dos "28 bolcheviques". No entanto foi sempre fiel a Mao Zedong, facto que não impediu a sua humilhação durante o novimento de rectificação de Yannan, subsequente perda no ranking do partido onde, no VII congresso, não conseguiu mais que um lugar de membro suplente do comité central.Após o estabelecimento da RPC, exerceu cargos de embaixador na URSS e de vice-ministro.

Wang Jingwei 汪精卫 (1883-1944). Nasceu na província de Guangdong e, tal como muitos jovens desse tempo, estudou no Japão, onde se juntou a uma associação de estudantes republicanos. Por se ter envolvido num atentado contra um membro da família imperial chinesa, encontrava-se preso quando se iniciou a revolta de Wuchang e o início da revolução republicana. Foi um membro importante do guomindang, muito próximo de Sun Yat-sen. Após a morte deste, disputou a liderança do partido, aliando-se numa primeira fase aos comunistas, com os quais constituiu em 1926 o governo de Wuhan e, mais tarde, em 1930, aos senhores da guerra Feng Yuxiang e Yan Xishan.Mal sucedido, em quaquer das iniciativas, aliou-se a Chiang Kai-shek mas, em 1940, aceitou liderar um governo sob a égide do invasor japonês. Faleceu no Japão em 1944.

Wang Li 王力 (1922-1996). Nascido na província de Jiangsu, aderiu em 1935 à juventude comunista, ingressou em 1938 no exército vermelho e, em 1939, no partido comunista. Em 1966 era membro do corpo redactorial e sub-director da revista "bandeira vermelha", quando foi nomeado para o grupo da revolução cultural, tendo sido um feroz adversário de Peng Zhen, contribuindo para a sua queda. Em Julho de 1967 foi preso juntamente com Xie Fuzhi, durante o chamado incidente de Wuhan, tendo ambos sido recebidos como heróis, pelos radicais de Beijing. O seu extremismo fez dele o bode expiatório ideal para alguns excessos cometidos no mês seguinte, designadamente a ocupação do ministério dos negócios estrangeiros e o incêndio da missão britânica. Nesse mesmo mês foi afastado dos cargos que exercia e, em 26 de Janeiro de 1968, colocado na prisão onde se manteve, sem julgamento, até Janeiro de 1982.

Wang Ming 王明 (1904-1974). Nascido no seio de uma família pobre, conseguiu ainda assim ingressar numa escola agrícola, terminando os estudos em 1924, ano em que aderiu ao PCC. No ano seguinte foi para Moscovo, para aprendizagem política e de língua russa. Os seus méritos despertaram o interesse do vice-presidente da universidade, Pavel Mif, que em 1927 o levou consigo à China, na qualidade de intérprete. Em 1927 regressou à China com um grupo de

Glossário 601

outros estudantes chineses, que se intitulavam de "28 bolcheviques", seguidores fiéis da linha do comintern. Com a derrota da linha radical de Li Lisan e o apoio de Pavel Mif, entretanto enviado para a China como representante do comintern, Wang foi eleito do bureau político do partido. Em 1931 regressou a Moscovo de onde voltou em 1937, altura em que procurou disputar a liderança do partido. Tais pretensões foram definitivamente arredadas durante o movimento de rectificação de "Yanan", no qual se consolidou definitivamente a liderança de Mao. Tendo embora exercido funções governamentais após a instauração da RPC, o conflito político e ideológico entre a China e a União Soviética levou a que, ido para Moscovo em 1956, aí tivesse permanecido, definitivamente, até à sua morte, em 1974.

Wang Zhen 王震 **(1908-1993).** Nascido na província de Hunan, aderiu em 1927 ao partido comunista e juntou-se em 1929 ao exército vermelho.Foi vice-primeiro-ministro, membro da comissão militar central, director da escola de quadros do CC e vice-presidente da república. Foi membro do CC entre os VII e XII congressos. Nos XI e XII congressos foi eleito para a comissão permanente do bureau político.

Wei Jingsheng 魏京生 (1950-). Nascido em Beijing, participou activamente durante a revolução cultural nas acções levadas a cabo pelos guardas vermelhos e, em 1969, ingressou no EPL. Terminado o serviço militar acabou por ir trabalhar no jardim zoológico de Beijing, onde assistiu à queda do bando dos quatro e à ascensão de Deng Xiaoping. Liderou, em 1979, um movimento contestatário da política de Deng Xiaoping advogando, para além das quatro modernizações, a quinta modernização, que seria a democracia do regime. Foi por isso detido em 29 de Março de 1979 e condenado seis meses mais tarde em 15 anos de prisão. Colocado em liberdade condicional quando tinha cumprido quase integralmente a pena, foi de novo preso em 1994. Três anos mais tarde foi autorizado a deslocar-se, a pretexto da necessidade de tratamento médico, para os Estados Unidos, país onde se encontra radicado.

Wei Jianxing 尉健行 (1931-). Nascido na província de Zhejiang, aderiu em 1949 ao partido comunista, quando era estudante de engenharia, em Shanghai. Em 1985 foi eleito para responsável do departamento de organização do CC e, em 1987, ministro da supervisão. Em 1992 foi eleito para o bureau político do CC e para responsável da comissão de inspecção disciplinar. Em 1997 foi eleito para a comissão permanente do bureau político.

Wen Jiabao 温家宝(1942-). Nascido em Tianjin, formou-se no instituto de geologia de Beijing, tendo em 1965 aderido ao partico comunista. Começou por exercer funções na província de Gansu mas, em princípios dos anos 80, foi chamado a Beijing, onde exerceu funções nos órgãos centrais do partido. No XIII congresso (1987) foi eleito para o comité central, no XIV congresso acedeu ao bureau político e, no XVI congresso, à comissão permanente do bureau polí-

602   *Lei Penal da República Popular da China*

tico. Embora tivesse sido assessor de Zhao Ziyang, manteve os seus cargos no partido, reconhecido como competente, meticuloso e determinado. Foi excelente colaborador de Zhu Ronji, que lhe confiou a supervisão de áreas importantes do sector económico e financeiro. Companheiro de Hu Jintao desde os tempos em que estiveram juntos em Gansu, são presentemente os elementos mais importantes da liderança chinesa, não obstante Wen ocupar o 3.° lugar no ranking partidário. Primeiro-ministro desde 2003, Wen Jiabao tem prestado particular atenção à transparência no exercíco de cargos públicos e ao desenvolvimento da zonas mais pobres do país, na concretização da política definida pela actual liderança, no sentido da construção de uma sociedade harmoniosa.

Wu Bangguo 吴邦国 (1941-). Nascido na província de Anhui, estudou engenharia na universidade Qinghua, em Beijing. Fez grande parte da sua carreira política em Shanghai. Desde 1992 que é membro do bureau político do CC. Ingressou da comissão permanente do bureau político em 2002. Foi vice primeiro-ministro desde 1995 até à sua eleição para presidente da assembleia nacional popular, em 2003.

Wu De 吴德 (1913-1995). Nascido na província de Hebei, aderiu em 1933 ao partido comunista. Como comandante militar, Wu De participou em algumas das batalhas mais importantes, travadas durante a longa marcha e durante a última fase da guerra civil. Foi eleito em 1956 membro suplente do CC. Em 1966 substituiu Peng Zhen na presidência do município de Beijing, em 1969 passou a membro efectivo do CC e, em 1973, ascendeu ao bureau político. Devido ao seu envolvimento político na revolução cultural, foi em Fevereiro de 1980 afastado do bureau político do partido. A partir de 1982 fez parte da comissão consultiva central.

Wufan Yundong 五反运动 (**movimento dos cinco contras**). Campanha quase paralela à dos "três contras", visando atacar os seguintes "cinco venenos": suborno, evasão fiscal, furto de propriedade estadual, fraude nos contratos com o Estado e furto de informação económica. Iniciou-se em Janeiro e terminou em Outubro de 1952. Os objectivos políticos foram, principalmente, dar um novo avanço qualitativo ao controlo da economia por parte do Estado.

Wu Guanzheng 吴官正 (1938-). Nasceu na província de Jiangxi, sendo membro do partido comunista desde os 21 anos. Formou-se em engenharia na universidade Qinghua. Foi presidente do município de Wuhan, governador da província de Jiangxi, responsável do partido em Shandong e, em 1997, foi eleito para o bureau político do CC. No XVI congresso foi eleito membro da comissão permanente do bureau político, sendo o responsável pela comissão de inspecção disciplinar.

Wu Han 吴晗 (1909-1969). Nascido em Shanghai, foi professor das universidades Qinghua, em Beijing, e de Kunming, sendo considerado um grande especialista na dinastia Ming. Sendo embora membro da liga democrática da

Glossário 603

China, Wu Han colaborou activamente com o PCC e participou na primeira conferência consultiva política. Era vice-presidente do município de Beijing ao tempo do grande salto em frente. Quando Mao incentivou a crítica invocando o espírito de Hai Rui, mandarim da dinastia Ming que foi demitido por criticar o imperador Jiaqing, Wu Han escreveu um artigo e depois uma peça com o título "a demissão de Hai Rui", muito popular nos meios literários e em que se percebia que a mesma, invocando figuras do passado, na verdade se referia ao presente, sendo Jiaqing representado por Mao e Hai Rui por Peng Dehuai. Para além disso, Wu Han fazia parte do grupo de intelectuais que, na revista Qianxian, criticavam asperamente os radicais maoistas (os restantes eram Deng Tuo e Liao Mosha). Acusado de, com eles ter formado uma clique anti-partido, foi preso e humilhado durante a revolução cultural, morrendo em circunstâncias pouco claras em 1969.Foi reabilitado em 1978.

Xiang Zhongfa 向忠发 (1880-1931). Nascido em Shanghai de uma família pobre, começou a trabalhar aos 14 anos e cedo se envolveu na actividade sindical, tendo aderido em 1921 ao PCC, para cujo comité central foi eleito em 1926. Crítico da política de compromisso de Chen Duxiu, então secretário-geral do partido, ganhou as simpatias do comintern. Durante o VI congresso do PCC, que decorreu em Moscovo em Junho de 1928, e que foi totalmente manipulado pelo comintern, foi eleito secretário-geral. De regresso à China, deu pulso livre a Li Lisan, que nomeou responsável do departamento de propaganda, tendo o partido, por acção deste, enveredado por políticas esquerdistas de desastrosos resultados. Denunciado pelo responsável da segurança do partido, Gu Shunzhang, foi preso em 21 de Janeiro de 1931 e executado no dia seguinte, por ordem de Chiang Kai-shek.

Xie Fuzhi 谢富治 (1909-1972). Aderiu ao partido comunista nos anos 30, tendo supostamente participado na grande marcha. Após a instauração da RPC, desempenhou cargos militares no sul do país, foi secretário do partido na província de Hunan e, em 1956, foi eleito para o CC. Foi ministro da segurança pública a partir de 1959, mas distinguiu-se durante a revolução cultural, altura em que acedeu ao bureau político do partido, durante o IX congresso, em 1969. Foi presidente do comité revolucionário de Beijing, tendo sido um dos maiores perseguidores dos velhos quadros comunistas, conduta que lhe veleu a expulsão do partido, a título póstumo, finda a revolução cultural.

Xu Xiangqian 徐向前 (1901-1992). Estudou na academia militar de Whampoa. Após o início das hostilidades entre os comunistas e nacionalistas, aderiu ao partido comunista, embora tivesse sido inicialmente membro do guomindang. Durante a longa marcha esteve inicialmente com Zhang Guotao mas, após o conflito deste com Mao, acabou por se juntar a este. Foi um dos dez marechais do EPL. Foi atacado mas não molestado durante a revolução cultural. Após o regresso ao poder de Deng Xiaoping, em 1978, chegou a ser ministro da defesa.

604   *Lei Penal da República Popular da China*

Yang Shangkun 杨尚昆 (1907-1998). Natural da província de Sichuan, estudou em Moscovo e foi um dos membros do grupo dos "28 bolcheviques". Foi inicialmente um apoiante de Zhang Guotao mas, surgido o conflito entre este e Mao, durante a grande marcha, passou para o lado de Mao. Desempenhou importantes funções no partido comunista, a partir do VIII congresso, mas foi perseguido durante a revolução cultural, acusado de espiar Mao Zedong. Foi reabilitado em 1978 e acedeu ao bureau político do partido em 1982. Foi presidente da república, entre 1988 e 1993. Foi também vice-presidente da comissão militar central, posição da qual foi afastado em 1992, devido a receios de Deng Xiaoping, de que pretendesse condicionar a sucessão na liderança do partido, e para permitir a consolidação no poder de Jiang Zemin.

Yao Wenyuan 姚文元 (1931-2005). Crítico literário em Shanghai, editor do "diário libertação", teve importante papel na campanha dos anos 50 contra Hu Feng. Foi o autor do artigo crítico da ópera "a demissão de Hai Rui", uma das mais importantes peças no lançamento da revolução cultural. Em 1969 foi eleito para o bureau político do CC do partido comunista. Preso após a morte de Mao, foi julgado e condenado em 20 anos de cadeia. Libertado em 1996, faleceu em Dezembro de 2005.

Yao Yilin 姚依林 (1917-1994). Nascido na província de Anhui, aderiu em 1935 ao PCC. Antes e após a instauração RPC, desempenhou cargos na área económica e financeira. Em 1979 foi nomeado vice-primeiro-ministro. Em 1987 foi eleito para a comissão permanente do bureau político do CC.

Ye Jianying 叶剑英 (1897-1986). Natural da província de Guangdong e originário de uma família rica de comerciantes, Ye Jianying optou porém pela carreira militar, tendo-se graduado, em 1919, pela academia militar de Yunnan. Aderiu então ao guomindang, leccionou na academia militar de Whampoa mas, em 1927, tornou-se membro do partido comunista. Participou nas revoltas de Nanchang e de Cantão, em 1927, tendo fugido por duas vezes para Hong-Kong, devido ao fracasso de ambas as acções. Seguiu depois para a União Soviética, de onde regressou em 1932. Chefe do estado maior do IV exército de Zhang Guotao, passou durante a longa marcha para o lado de Mao, após o conflito de ambos os comandantes. De facto, enquanto Zhang Guotao defendia que as tropas comunistas deveriam seguir no sentido da província de Sichuan, Mao entendia que deveriam prosseguir mais para norte, local onde teriam maior apoio popular e mais facilidade de obtenção de apoio da União Soviética. Tendo levado consigo os mapas e códigos de comunicação com o comintern, isolou Zhang Guotao e permitiu que Mao acabasse por ser reconhecido como líder, pela União Soviética. Após a fundação da RPC, foi responsável pela província de Guangdong, vindo porém a ser substituído por Lin Biao, devido ao facto de não aceitar as políticas económicas, que considerava excessivamente radicais. Ainda assim, foi promovido a marechal e teve sempre o reconhecimento de Mao, o que

Glossário 605

lhe permitiu dar protecção a alguns dos líderes perseguidos durante a revolução cultural, entre os quais Deng Xiaoping. Em 1976 liderou o golpe que levou à prisão do "bando dos quatro". Foi presidente da assembleia nacional popular entre 1978 e 1983, ano em que formalmente se retirou da actividade política.

Ye Ting 叶挺 (1896-1946). Aderiu em 1919 ao guomindang, tendo em 1921 atingido o posto de comandante de batalhão no exército nacional revolucionário. Aderiu ao PCC em 1924, ano em que foi estudar para Moscovo. Voltou à China no ano seguinte, para participar na expedição ao norte, tendo tido um desempenho que lhe mereceu a promoção, em 1927, a segundo comandante do 11.º exército. Em Agosto de 1927 participou na revolta de Nanchang e, em Dezembro do mesmo ano, na revolta de Cantão. Ambas as iniciativas fracassaram e teve que se exilar. Em 1937 foi comandante do novo IV exército, tendo porém sido preso, tendo sido libertado apenas em 1946. Morreu nesse ano, num acidente aéreo.

Yuan Shikai 袁世凯 (1859-1916). Nascido no seio de uma importante família da província de Henan, Yuan Shikai pretendeu servir na burocracia, tendo porém sido mal sucedido nas duas vezes em que se submeteu aos exames imperiais. Ingressou então no exército onde, com o apoio de Li Hongzhang, foi incumbido de preparar um exército em moldes modernos. Entre 1885 e 1994 serviu na Coreia, onde chegou a comandar as tropas chinesas aí estacionadas. Em 1895 foi nomeado comandante do primeiro novo exército, que era a única força militar capaz, de todo o exército imperial. No conflito que no final do século XIX opôs reformadores e conservadores, assumiu uma posição dúbia, tendo a final tomado posição contra o imperador Guangxu, e a favor da regente Cixi. Em 1899 foi nomeado governador de Shandong, onde suprimiu o movimento "boxer", facto que lhe conferiu o apoio dos países ocidentais. A partir de 1902 foi nomeado vice-rei de Zhili e ministro de Beiyang, tendo então constituído uma importante força militar, o exército de Beiyang, que sempre se lhe manteve fiel. Após a morte da imperatriz regente Cixi foi afastado das suas funções mas, dadas as suas ligações ao exército, foi posteriormente convidado para primeiro-ministro, cargo que assumiu em 1 de Novembro de 1911. Nessa qualidade, e pressionando com as forças armadas, negociou com os republicanos a rendição do imperador, com a condição de ser eleito presidente da República. Tais condições foram aceites por Sun Yat-sen, tendo Yuan sido eleito em 14 de Fevereiro de 1912. Em Dezembro de 1915, Yuan proclamou-se imperador do império chinês. Esta sua pretensão de fundar uma nova dinastia não foi bem recebida, motivando diversas revoltas por parte de antigos aliados. A cerimónia de entronização nunca ocorreu e Yuan Shikai morreria em 5 de Junho de 1916.

Zeng Qinghong 曾庆红 (1939-). Nascido na província de Jiangxi, Zeng Qinghong estudou engenharia no Instituto de Tecnologia de Beijing. A sua carreira política está muito ligada à de Jiang Zemin, com quem trabalhou a partir

606 *Lei Penal da República Popular da China*

de 1984, quando este era presidente da câmara de Shanghai. Considerado o estratega de Jiang Zemin, bem como o seu ideólogo, esse mesmo facto criou-lhe importantes inimizades. De facto, se por um lado é reconhecido como político de grande talento, é por outro apontado como responsável pelo peso excessivo nos órgãos centrais do partido, de elementos da facção de Shanghai. Daí que só em 2002 tenha conseguido a eleição para membro efectivo do bureau político do CC, tendo acedido também à comissão permanente (entre 1997 e 2002 foi membro suplente do bureau político). É vice-presidente da República Popular da China.

Zhang Chunqiao 张春桥 (1917-2005). Jornalista, aderiu ao partido comunista em 1938. Director em Shanghai do diário libertação (jiefang ribao), cargo que cumulava com o de responsável do departamento de propaganda do PCC na cidade, foi um aliado de Jiang Qing e teve importante papel na revolução cultural. Participou na criação da comuna de Shanghai. Durante a revolução cultural foi, sucessivamente, secretário do partido em Shanghai, presidente do município e, em 1969 ingressou no bureau político do CC, tendo em 1973 sido eleito para a sua comissão permanente. Preso em 1976, foi julgado e condenado à morte, cuja pena foi suspensa e depois comutada para prisão perpétua. Foi libertado em 2002, tendo falecido em 2005.

Zhang Guotao 张国焘 (1897-1979). Nascido na província de Jiangxi foi, enquanto aluno da universidade de Beijing, iniciado nos estudos marxistas por Li Dazhao. Teve papel de relevo no movimento de 4 de Maio de 1919 e, em 1921, foi um dos fundadores do partido comunista, para cujo bureau político foi eleito, nos I, II, IV, V e VI congressos. Reconhecido como um dos mais importantes dirigentes do partido, a sua posição começou a declinar a partir de 1935, em resultado do conflito que teve com Mao quanto à orientação que deveria ser dada às tropas no decurso da longa marcha. Mao defendia que deveriam prosseguir para norte. Zhang entendia que deveriam constituir uma base na província de Sichuan. Apesar de a posição de Mao ter obtido apoio maioritário, Zhang seguiu o seu próprio caminho, tendo posteriormente o seu exército sido praticamente aniquilado, pelas razões que Mao previra. Rendido, foi com o que restava das suas tropas para Yannan, perdendo em 1937 a sua posição no bureau político do partido. Em 1938 desertou para o guomindang, tendo em 1949 emigrado para Hong Kong e depois para o Canadá, abandonando a actividade política.

Zhang Wentian 张闻天 (1900-1976). Nascido em Shanghai, aderiu ao partido comunista em 1925 e estudou na Universidade Sun Yat-sen, em Moscovo. Voltou à China em 1930 com o grupo dos 28 bolcheviques. Na conferância de Zunyi passou-se para o campo de Mao Zedong. Foi então nomeado secretário-geral do partido, não porque tivesse real poder, mas numa solução de compromisso entre Mao e Bo Gu, sendo que este passou para Mao o comando militar. Manteve o cargo de secretário-geral até ao congresso seguinte, em 1945. Após a instauração da RPC foi embaixador na União Soviética. Na conferência de Lushan tomou posição a favor de Peng Dehuai, tendo em resultado disso sido considerado membro do grupo anti-partido. Perseguido durante a revolução cultural, morreu no exílio.

Zhang Xueliang 张学良 (1901-2001). Zhang Xueliang teve uma formação militar, tendo sido chefe da guarda pessoal de seu pai, Zhang Zuolin e mais tarde comandante da força aérea de Fengtian. Aberto a ideias ocidentais, era encarado pelos japoneses como pessoa mais aberta aos seus interesses, facto que contribuiu para a eliminação do seu progenitor. Sucedeu a seu pai mas os cálculos japoneses saíram errados, já que uma das primeiras medidas foi executar os oficiais mais dados a simpatias pelo império do sol nascente. Em 1930 aliou-se a Chiang Kai-Shek contra os senhores da guerra Feng Yuxian e Yan Xishan. Após a invasão da Manchúria, pelos japoneses, preferiu retirar-se, consciente da incapacidade para os enfrentar e não arriscando perder um exército, facto que lhe retiraria qualquer influência. Tornou-se sensível ao apelo dos comunistas no sentido de ser constituída uma frente unida contra o Japão, política esta que Chiang Kai-shek rejeitava por considerar que os comunistas eram mais perigosos que os japoneses. Após conversações com os comunistas, no dis 12 de Dezembro de 1936, em Xian, prendeu Chiang Kai-shek, quando este aí se deslocara para ajustar nova ofensiva contra os comunistas, só o tendo libertado quando Chiang concordou na aliança anti-japonesa. Entregou-se depois, tendo sido julgado e condenado. Foi colocado em prisão domiciliária, tendo sido libertado apenas em 1990, ano em que foi viver para os estados Unidos da América.

Zhang Zuolin 张作霖 (1873-1928). Ainda jovem, Zhang Zuolin, nascido na Manchúria, constituiu um grupo de homens armados, que inicialmente actu-avam como mercenários e posteriormente foram integrados, sob seu comando, no exército imperial. O enfraquecimento do poder central, após a queda da monarquia, permitiu-lhe o controlo com as suas tropas das províncias de nor-deste, Manchúria, Heilongjiang e Jilin, bem como da província de Fengtian, para a qual se fizera nomear, em 1916, governador civil e militar. Líder da chamada "clique de Fengtian", agia como se governasse um território independente, tendo em 1922 tomado o controlo do caminho de ferro Beijing-Shenyang, com o que isso representava em termos de receitas e de domínio político-militar. Em 1922 as suas tropas foram derrotadas pelas da "clique de Zhili", situação que se inverteu em 1924, quando Feng Yuxiang se voltou contra os antigos aliados de Zhili, associando-se agora a Zhang Zuolin. As suas pretensões de liderar um governo nacional não foram porém bem sucedidas, pressionado por um lado pela "clique de Zhili" e por outro pelas tropas nacionalistas. Obrigado a recuar para a Manchúria conseguiu ainda retomar Beijing em Junho de 1926. A pressão a que foi sujeito pelos seus adversários fez com que voltasse para

608   *Lei Penal da República Popular da China*

a Manchúria, partindo de Beijing em 3 de Junho de 1928. No dia seguinte, próximo de Shenyang, foi vítima de um atentado à bomba, preparado pelos japoneses, tendo falecido dias depois, em 21 de Junho.

Zhao Ziyang 赵紫阳 (1919-2005). Nascido numa família próspera da província de Henan, aderiu em 1932 à liga da juventude comunista. Começou a ser conhecido como reformador na província de Guangdong, para onde foi após a proclamação da RPC. Em 1965 foi nomeado secretário do partido na província de Guangdong mas, dado o seu apio a Liu Shaoqi, foi perseguido durante a revolução cultural e obrigado a quatro anos de trabalhos forçados. Reabilitado em 1973, foi eleito para o CC e nomeado secretário do partido na província de Sichuan. Aí introduziu importantes reformas no sentido da economia de mercado, com aumento espectacular da produção, que serviram de inspiração para o resto da China a partir da era de Deng Xiaoping. Em 1977 foi eleito membro suplente do bureau político do CC, em 1979 membro efectivo e, em 1982, membro da comissão permanente do bureau político. Em 1980 substituiu Hua Guofeng como primeiro-ministro e, em 1987, ocupou o lugar de Hu Yaobang, como secretário-geral do partido. Enquanto secretário-geral defendeu a teoria da "fase primária do socialismo", que serviria de lastro ideológico para justificar as reformas de índole capitalista. Em 1989, acusado de excesso de diálogo com os manifestantes de Tiananmen, foi substituído nas funções de secretário-geral, afastado de todos os cargos e colocado em regime de residência vigiada.

Zhou Enlai 周恩来 (1898-1976). Nascido na província de Jiangsu, numa família educada mas de baixos recursos, ficou órfão aos 10 anos, tendo então ido para a Manchúria, viver com um tio. Aos 15 anos foi frequentar uma escola prestigiada na cidade de Tianjin, onde se destacou como estudante. Foi depois para a universidade de Tóquio, mas desistiu dos estudos regressando à China em 1919, tomando parte nas grandes movimentações do mês de Maio. A partir de então dedicou-se ao trabalho de organização estudantil, tendo por isso sido preso. Em 1920 foi para França, ao abrigo do programa de trabalho e estudo. A sua tarefa foi no entanto a de organização dos estudantes que se encontravam em França, Bélgica e Alemanha, tendo em 1922 aderido ao partido comunista e constituído uma célula partidária estudantil. Regressou à China em 1924, tendo sido nomeado director do departamento político da academia militar de Whampoa. Após o rompimento entre nacionalistas e comunistas, Zhou enveredou pela actividade clandestina, apoiando inicialmente os 28 bolcheviques mas, na conferência de Zunyi, passou para o lado de Mao. Teve um papel muito activo durante o incidente de Xian, tendo auxiliado à libertação de Chiang Kai-shek, junto de cujo governo foi representante do partido comunista, no decurso da guerra anti-japonesa e durante as conversações que se seguiram à derrota do Japão, sob patrocínio dos Estados Unidos. Após a proclamação da RPC foi designado primeiro-ministro, funções que inicialmente, e após a revolução cultural, acumulou com as de ministro dos negócios estrangeiros. Durante a revolução cultural teve uma acção moderadora dos excessos dos guardas vermelhos, protegendo alguns dos visados na medida em que tal lhe foi possível, promovendo designadamente a reabilitação de Deng Xiaoping. Em conflito com a União Soviética e sabendo que as hesitações americanas em abandonar o Vietname se prendiam com o perigo de expansão soviética na Indochina e sueste asiático, fez de tal receio comum a base do entendimento para restabelecimento das relações diplomáticas sino-americanas. Faleceu em 1976, tendo as homenagens populares que lhe foram prestadas constituído a causa de nova purga de Deng Xiaoping, acusado pelo "bando dos quatro" de as ter promovido.

Zhou Xiaozhou 周小舟 (1912-1966). Nascido na província de Hunan, aderiu enquanto estudante ao partido comunista. Após a instauração da RPC foi secretário do partido em Hunan e membro suplente do CC. Tendo, juntamente com Zhang Wentian e Huang Kechang, apoiado Peng Dehuai na conferência de Lushan, em 1959, foi perseguido durante a revolução cultural, tendo-se suicidado.

Zhou Yang 周扬 (1907-1989). Natural da província de Hunan, aderiu ao partido comunista em 1934. Estudou literatura na universidade de Shanghai e no Japão. Entre 1931 e 1936 foi secretário-geral da liga dos escritores de esquerda. Em 1937 deslocou-se para Yanan, onde chefiou o departamento de educação do partido. Após a instauração da RPC teve responsabilidades no âmbito dos trabalhadores intelectuais, junto dos quais incentivou o cultivo das ideias ortodoxas do partido. Foi adjunto de Lu Dingyi no aparelho de propaganda, a partir de 1949, e vice-ministro da cultura após a instauração da RPC. Perseguido durante a revolução cultural, foi reabilitado em 1979.

Zhu De 朱德 (1886-1976). Nascido na província de Sichuan no seio de uma família rica, foi educado de acordo com os cânones confucianos e chegou mesmo a apresentar-se com sucesso aos exames imperiais, ao nível de distrito. Optou no entanto pela carreira militar, tendo frequentado a academia militar de Yunnan, onde se inscreveu, em 1908. Participou activamente nas rebeliões anti-monárquicas de 1911 e depois juntou-se aos senhores da guerra, da província de Yunnan. Entre 1922 e 1925 estudou na Alemanha, na universidade de Götingen, tendo sido expulso devido às suas actividades políticas. Em 1925 aderiu ao partido comunista, com o patrocínio de Zhou Enlai, estudou durante um ano na União Soviética e voltou para trabalhar no exército do guomindang. Após o levantamento de Nanchang juntou-se a Mao em Jinggangshan, onde ambos formaram o exército vermelho. Acompanhou Mao para Ruijin e participou na longa marcha, mantendo o comando do exército vermelho e depois do exército popular de libertação, até e após a instauração da RPC. Em 1955 foi promovido a marechal. Com importantes posições no partido e no Estado, foi de tais funções afastado durante a revolução cultural, mas não foi pessoalmente molestado, tendo sido reabilitado em 1971, altura em que assumiu a presidência do comité permanente da assembleia nacional popular.

Zhu Rongji 朱镕基 (1928-). Nascido na província de Hunan, estudou engenharia na universidade Qinghua, em Beijing. Notabilizou-se contudo como gestor, pelo seu papel no desenvolvimento da zona especial de Pudong, pela forma como enfrentou a crise financeira asiática dos anos 90, que a China ajudou a ultrapassar, pelas medidas adoptadas enquanto presidente do banco da China, e pela adessão da China à organização mundial do comércio. Considerado rude e destemido, esse seu feito pô-lo em conflito com os radicais maoistas, que o isolaram durante a revolução cultural.

Foi presidente do município de Shanghai, entre 1989 e 1991. Em 1991 assumiu as funções de vice-primeiro-ministro. Acedeu em 1993 à comissão permanente do bureau político do comité central, cargo que manteve até ao termo da sua carreira politica, a par do de primeiro-ministro, que exerceu entre 1998 e 2003.

BIBLIOGRAFIA

An Chen, *Restructuring Political Power in China*, Alliances & Opposition, 1978-1998, Lynne Rienner Publishers, 1999;

Aubert, Claude; Bianco, Lucien; Cadart, Claude; Domenach, Jean-Luc; *Regards Frois sur la Chine*, Éditions du Seuil, Paris, 1976;

Barnett, A. Doak, *China and the Major Powers in East Asia*, The Brookings Institution, Washington DC, 1977;

Becker, Jasper, *La grande famine de Mao*, Éditions Gagorno, 1998;

Becker, Jasper, *The Chinese*, John Murray, 2000;

Bergère, Marie-Claire, *La Chine de 1949 à nos jours*, Armand Colin, 3.ª ed., 2000;

Bergère, Marie-Claire; Bianco, Lucien; Domes Jürgen, *La Chine au XX siècle*, I vol. (1989), II vol. (1990), Fayard;

Bésanger, Serge, *Le Défis Chinois*, Alban, Roissy, 1996;

Bonavia, David, *China's Warlords*, Oxford University Presss, 1995;

Broué, Pierre, *Histoire de L'Internationale Communiste 1919-1943*, Fayard, Paris, 1997;

Byron, John&Pack, Robert, *The Claws of the Dragon*, Simon&Shuster, 1992;

Cao Zidan, Hou Guoyu 曹子丹, 侯国云zhubian, *Zhongguo Renmin Gongheguo Xingfa Jingjie*, 中国人民共和国刑法精解, Zhongguo Zhengfa Daxue Chubanshe, Beijing, 1997;

Cerroni, Umberto, *O Pensamento Jurídico Soviético*, Europa-América, 1976;

Chan, Anita; Richard, Madsen; Unger, Jonathan, *Chen Village under Mao and Deng*, University of California Press, 1984;

Chen, Albert H. Y., *An Introduction to the Legal System of the People's Republic of China*, Butterworths, 1998;

Chen Guangzhong zhubian 陈光中主编, *Xingshi Susong Faxue* 刑事诉讼法学, Zhongguo Zhengfa Daxue Chubanshe, Beijing, 1996;

Chen Guangzhong zhubian 陈光中主编, *Zhongguo Xingshi Susong Chengxu Yanjiu* 中国刑事诉讼程序研究, Falü Chubanshe, Beijing, 1993;

Chen Guangzhong, Yan Duan 陈光中, 严端主编, *Zhonghua Renmin Gongheguo Xingshi Susongfa Shiyi yu Yingyong* 中华人民共和国刑事诉讼法释义与应用, Jilin Renmin Chubanshe, 1996;

612 Lei Penal da República Popular da China

Chen Jian, *Mao's China & the Cold War*, The University of North Carolina Press, 2001;

Chen Weidong, Zhang Tao zhu 陈卫东, 张涛 , *Xingshi Putong Chengxu* 刑事普通程序, Renmin Fayuan Chubanshe, 1994;

Chen Weidong, Zhang Tao zhu 陈卫东, 张涛, *Xingshi Tebie Chengxu de Shijian yu Tantao* 特别程序的实践与探讨, Renmin Fayuan Chubanshe, 1992;

Chen Xingliang zhu陈兴良著, *Dangdai Zhongguo Xingfa Xin Linian* 当代中国刑法新理念, Zhongguo Zhengfa Daxue Chubanshe, Beijing, 1996;

Chen Xingliang zhubian 陈兴良主编, *Xingfa Shuyi* 刑法疏议, Zhongguo Renmin Gongan Daxue Chubanshe, Beijing, 1997;

Chen Xingliang zhubian 陈兴良主编, *Xingfa Yinan Anli Pingjie* 刑法疑难案例评介 Zhongguo Renmin Gongan Daxue Chubanshe, Beijing, 1998;

Chen Xingliang zhu 陈兴良著, Xingfa de jiazhi goucheng 刑法的价值构造, Zhongguo Renmin Daxue Chubanshe, 1998;

Chen Xingliang zhubian 陈兴良主编, *Xingzhong Tonglun* 刑种通论, Renmin Fayuan Chubanshe, Beijing, 1993;

Cheng, Joseph Y.S. Ed., China, *Modernization in the 1980s*, The Chinese University Press, Hong Kong, 1989;

Chong Chor Lau and Geng Xiao, Ed., *China Review 1999*, The Chinese University Press, Hong Kong, 1999;

Cohen, Jerome Alan, *The Criminal Process in People's Republic of China 1949-1963, An Introduction*, Harvard University Press, 1968;

Comité de Législation Étrangère et de Droit International, *La Réforme Pénal Soviétique*, Centre Français de Droit Comparé, Paris, 1962;

Constitution of the People's Republic of China (edição bilingue), Foreign Languages Press, Beijing, 1999;

Criminal Law of the People's Republic of China, (edição bilingue), China Legal System Publishing House, Beijing, 2000;

Criminal Law and Criminal Procedure Law of China (edição bilingue), Foreign Languages Press, Beijing, 1984;

Daubier, Jean, *História da Revolução Cultural Chinesa*, 2 volumes, Presença, 1974;

Deng Xiaoping, *Fundamental Issues in Present-Day China*, Foreign Languages Press, Beijing, 1990;

Deng Xiaoping, *Selected Works*, Foreign Languages Institute, Beijing:

I volume (1938-1965), 1982;

II volume (1975-1982), 1992;

III volume (1982-1992), 1994.

Dillon, Michael Ed., *China, a Cultural and Historical Dictionary*, Curzon, 1998;

Domenach, Jean-Luc; Richer, Philippe, *la Chine*, 2 volumes, Imprimérie National, 1987;

Bibliografia

Dong Biwu 董必武, *Zhengzhi falü wenji* 政治法律文集, Falü Chubanshe, Beijing, 1985;

Dong Biwu Xuanji 董必武选集, Renmin Chubanshe, Beijing, 1985;

Dreyer, June Teufel, *China's Political System*, Modernization and Tradition, Macmillan, 2000;

Du Xichuan, Zhang Lingyuan, *China's Legal System*, New World Press, Beijing, 1990;

Evans, Richard, *Deng Xiaoping and the Making of Modern China*, Penguin Books, 1995;

Eyraud, Henry, *Chine: la réforme autoritaire*, Bleu de Chine, Paris, 2001;

Fairbank, John King, *The Great Chinese Revolution 1800-1985*, Harper & Row. Publishers, 1987;

Fairbank, John King, *China a New History*, Harvard University Press, 1992;

Fairbank, John King, *The United States and China*, 4.ª ed., Harvard University Press, 1983;

Faligot, Roger; Kauffer, Rémi, *Kang Sheng et les Services Secrets Chinois*, Robert Lafont, Paris;

Fan Chongyi 樊崇义, *Xingshi susong faxue* 刑事诉讼法学, Zhongguo Zhengfa Daxue Chubanshe, Beijing, 1996;

Fan Fenglin zhubian 樊凤林主编, *Xingfa tonglun* 刑罚通论, Zhongguo Zhengfa Daxue Chubanshe, 1994;

Fan Fenglin, Song Tao zhubian 樊凤林, 宋涛主编, *Zhiwu fanzui de falü duice ji zhili* 职务犯罪的法律对策及治理, Zhongguo Renmin Gongan Daxue Chubanshe, Beijing, 1994;

Gan Mingxiu zhubian甘明秀主编, *Xingshi susong shiyong daquan* 刑事诉讼实用大全, Hebei Renmin Chubanshe, 1992;

Gan Yupei, Yang Chunxi, Zhang Wen zhubian, *Fanzui yu Xingfa Xinlun*, 甘雨沛, 杨春洗, 张文, 犯罪与刑法新论, Beijing Daxue Chubanshe, 1990;

Gao Mingxuan guwen; Huang Taiyun, Teng Wei zhubian 高铭暄顾问, 黄太云, 滕炜主编, *Zhonghua Renmin Gongheguo Xingfa Shiyi yu Shiyong Zhinan* 中华人民共和国刑法释义与适用指南, Hongqi Chubanshe, Beijing, 1997;

Gao Mingxuan zhubian高铭暄主编, *Xingfa Xiugai Jianyi Wenji* 刑法修改建议文集, Zhongguo Renmin Daxue Chubanshe, Beijing, 1997;

Gao Mingxuan zhubian 高铭暄主编, *Xingfaxue* 刑法学, Beijing Daxue Chubanshe,1989;

Gao Mingxuan zhubian 高铭暄主编, *Xingfaxue Anli Xuanbian* 刑法学案例选编, Zhongguo Renmin Daxue Chubanshe, 1989;

Gao Mingxuan zhubian 高铭暄主编, *Xingfaxue Yuanli* 刑法学原理, Zhongguo Renmin Daxue Chubanshe, Beijing, I vol. 1993; II vol. 1993; III vol. 1994;

Gao Mingxuan zhubian 高铭暄主编, *Zhongguo Xingfaxue*, 中国刑法学, Zhongguo Renmin Daxue Chubanshe, Beijing, 1994;

Gao Mingxuan zhu 高铭暄著, *Xingfa Wenti Yanjiu* 刑法问题研究, Falü Chubanshe, Beijing, 1994;

Gao Xijiang guwen; Ou Yangtao, Wei Kejia, Liu Renwen zhubian 高西江顾问, 欧阳涛、魏克家、刘仁文主编, *Zhonghua Renmin Gongheguo Xin Xingfa Zhujie yu Shiyong* 中华人民共和国新刑法注解与适用, Renmin Fayuan Chubanshe, Beijing, 1997;

Gernet, Jacques, *A History of Chinese Civilization*, Cambridge University Press, 1990;

Gilley, Bruce, Tiger on the Brink, *Jiang Zemin and China's New Elite*, University of California Press, 1998;

Gong Pixiang zhubian 公丕祥主编, *Dangdai Zhongguo de Falü Geming* 当代中国的法律革命, Falü Chubanshe, 1999;

Guo Chengwei zhubian 郭成伟主编, *Xinzhongguo Fazhi Jianshe 50 Nian* 新中国法制建设50年, Jiangsu Renmin Chubanshe, 1999;

Guo Chengwei zhubian 郭成伟主编, *Zhongguo Fazhishi* 中国法制史, Zhongguo Falü Chubanshe, Beijing, 1999;

Han Suyin, Eldest Son, *Zhou Enlai and the Making of Modern China, 1898-1976*, Jonathan Cape, 1994;

Han Yanlong 韩延龙, *Zhonghua Renmin Gongheguo Fazhi Tongshi* 中华人民共和国法制通史, II vol.,Zhonggong Zonhgyang Dangxiao Chubanshe, 1998;

He Baogang, *The Democratization of China*, Routledge, 1996;

He Bingsong zhu 何秉松著, *Xingfa Jiaokeshu* 刑法教科书, Zhongguo Fazhi Chubanshe, Beijing, 1994;

Hook, Brian, ed., *The Cambridge Encyclopedia of China*, Cambridge University Press, 1991;

Hu Chuanzhang, Ha Jingxiong zhu 胡传章, 哈经雄著, *Dong Biwu Zhuanji* 董必武传记, Hubei Renmin Chubanshe, 2006;

Hu Sheng Ed., *L'Histoire du Parti Comuniste Chinois 1921-1991*, Éditions en Langues Étrangères, Beijing, 1994;

Hu Yunteng 胡云腾, *Cun yu Fei – Sixing Jiben Lilun Yanjiu* 存与废, 死刑基本理论研究, Zhongguo Jiancha Chubanshe, Beijing 2000;

Hua Liankui 花联奎, *Zhonghua Renmin Gongheguo Xingfa Xuexi Gangyao* 中华人民共和国刑法学习纲要, Remin Chubanshe, Beijing, 1997;

Huang Taiyun, Teng Wei zhubian黄太云, 滕炜主编, *Zhonghua Renmin Gongheguo Xingshi Susongfa Shiyong Wenda* 中华人民共和国刑事诉讼法实用问答, Liaoning Daxue Chubanshe, 1996;

Hunt, Michael H., *The Genesis of Chinese Communist Foreign Policy*, Columbia University Press, NY, 1996;

Bibliografia

Hsü, Immanuel C.Y., *The Rise of Modern China*, 4.ª ed., Oxford University Press, 1990;

Jian Bikun zhubian 蒋碧昆主编, *Xianfaxue* 宪法学, Zhongguo Zhengfa Daxue Chubanshe, 1994;

Jian Bikun zhu 蒋碧昆著, *Zhongguo Jindai Xianzheng Xianfa Shilüe* 中国近代现正宪法时略, Falü Chubanshe, 1988;

Jin Qiu, *The Culture of Power the Lin Biao Incident in the Cultural Revolution*, Stanford University Press, 1999;

Jones, William C., *The Great Qing Code*, Clarendon Press, Oxford, 1994;

Joseph Cheng Yu-shek, Maurice Brosseau Ed., *China Review 1993*, The Chinese University Press, Hong Kong, 1993;

Joseph Y. S. Cheng Ed., *China Review 1998*, The Chinese University Press, Hong Kong, 1998;

Kang Shuhua zhubian 康叔华主编, *Fanzuixue Tonglun* 犯罪学通论, Beijing Daxue Chubanshe, 2ª edição, 1994;

Karnow, Stanley: *Mao and China, a Legacy of Turmoil*, Penguin Books, 3.ª ed., 1990;

Kau, Michael Yingmao and Marsh, Susan ed.: *China in the Era of Deng Xiaoping, a Decade of Reform,* M.E. Sharp, 1993;

Keith, Ronald C., *China's Struggle for the Rule of Law*, The Macmillan Press Ltd, 1994;

Kuok, Singli, *A Glosary of Political Terms of the People's Republic of China*, The Chinese University Press, Hong Kong, 1995;

La Réforme Pénal Sovietique, Centre Français de Droit Comparé, Paris, 1962;

Ladany, Laslo: *The Communist Party of China and Marxism, 1921-1985*, a Self-Portrait, Hong Kong University Press, 1992;

Lam, Willy Wo-Lap: *China after Deng Xiaoping*, Hong Kong, 1995;

Lam, Willy Wo-Lap: *The Era of Jiang Zemin*, Prentice Hall, 1999;

Lang Sheng zhubian 郎胜主编, *Guanyu Xiugai Xingshi Susongfa de Jueding Jieyi* 关于修改刑事诉讼法的决定解译, Zhongguo Fazhi Chubanshe, Beijing, 1996;

Lee, Ki-baik, *A New History of Korea*, Harvard University Press, 1984.

Legrand, Catherine et Jacques, *Mao Zedong, Chronique*, 1998;

Les Évenements dans LE MONDE, *1949 Mao Président*, Seuil, Paris, 1999;

Lescot, Patrick. Before Mao – *The Untold Story of Li Lisan and the Creation of Communist China*, Harper Collins, 2004.

Lewis, John Wilson Ed.: *The City in Communist China*, Stanford University Press, 1971;

Leys, Simon, *Essais sur la Chine*, Robert Lafont, Paris, 1988;

Leys, Simon: *Les Habits Neufs du Président Mao*, Paris, 1987;

Li Enci zhubian 李恩慈主编, *Tebie Xingfalun* 特别刑法论, Zhongguo Renmin Gongan Daxue Chubanshe, Beijing, 1993;

Li Peize, Zhou Shuiqing zhubian 李培泽, 周水清主编, *Xin Xingfa Shiyong* 新刑法适用, Jingguan Jiaoyu Chubanshe, Beijing, 1997;

Li Zhisui, *The Private Life of Chairman Mao*, Chatto&Windus, 1994;

Liang Heng & Judith Shapiro, *Son of The Revolution*, Vintage Books, NY, 1984;

Liang Huaren, Pei Guangchuan 梁华仁, 裴广川, *Xin Xingfa Tonglun*, 新刑法通论, Hongqi Chubanshe, Beijing, 1997;

Lieberthal, Kenneth, *Governing China*, W.W.Norton, 1995;

Lieberthal, Kenneth; Dickson, Bruce J.: *A Research Guide to Central Party and Government Meetings in China 1949-1986*, An East Gate Book, 1989;

Lieberthal, Kenneth; Lampton, David: *Bureaucracy, Politics and Decision Making in post-Mao China*, University of California Press, 1992;

Lieberthal, Kenneth; Oksenberg, Michael: *Policy Making in China Leaders, Structures and Processes*, Princeton University Press, 1988;

Lin Zhun zhubian 林准主编, *Zhongguo Xingfa Jiaocheng* 中国刑法教程, Renmin Fayuan Chubanshe, 1994;

Liu Jiachen zhubian 刘家晨主编, *Xin Xingshi Susongfa Tiaowen Jieyi* 新刑事诉讼法条文解译, *Renmin Fayuan Chubanshe, 1994;*

Liu Shaoqi, *Oeuvres Choisies*, 2 volumes, Éditions en Langues Étrangères, Beijing, 1990;

Liu Suinian, Wu Qungan Ed.: *China's Socialist Economy, an Outline History (1949-1984)*, Beijing Review, Beijing, 1986;

Liu, Yongping, *Origins of Chinese Law, Penal and Administrative Law in its Early Development*, Oxford University Press, 1998;

Lo Chi Kin, Suzanne Pepper, Tsui Kai Yuen Ed., *China Review 1995*, The Chinese University Press, Hong Kong, 1995;

Lou Yunsheng zhu 娄云生著, *Xingfa Xinzuiming Jijie* 刑法新罪名集解, Zhongguo Jiancha Chubanshe, Beijing, 1995;

Ma Kechang zhubian 马克昌主编, *Fanzui Tonglun* 犯罪通论, Wuhan Daxue Chubanshe, 1999;

Ma Kechang zhubian马克昌主编, *Zhongguo Xingshi Zhengcexue* 中国刑事政策学, Wuhan Daxue Chubanshe, 1993;

Ma Kechang, Ding Muying zhubian 马克昌, 丁慕英主编, *Xingfa de Xiugai yu Wanshan* 刑法的修改与完善, Renmin Fayuan Chubanshe, 1995;

Macciocchi, Maria-Antonietta, *De la Chine*, Éditions du Seuil, Paris, 1971;

MacFarquhar, Roderick, *The Origins of the Cultural Revolution*:

Vol. I, *Contradictions among the People 1956-1957*, Columbia University Press, 1974;

Vol. II, *The Great Leap Forward 1958-1960*, Columbia University Press, 1983;

Vol. III, *The Coming of the Cataclysm 1961-1966*, Oxford University Press, 1997.

MacFarquhar, Roderick; Cheek, Timithy; Wu, Eugene: *The Secret Speeches of Chairman Mao*, Harvard, 1989;

Mao Zedong, *Selected Works*, 5 volumes, Foreign Languages Press, Beijing, 1975;

Maurice Brosseau, Kuan Hsin-chi, Y.Y.Kueh Ed., *China Review 1997*, The Chinese University Press, Hong Kong, 1997;

Maurice Brosseau, Lo Chi Kin Ed., *China Review 1994*, The Chinese University Press, Hong Kong, 1994;

Maurice Broseau, Suzanne Pepper, Tsang Shu-ki Ed., *China Review 1996*, The Chinese University Press, Hong Kong, 1996;

Mury, Gilbert, *De la Révolution Culturelle au X Congrès du Parti Communiste Chinois*, vol. I e II, Union Générale d'Éditions, Paris, 1973;

Nathan, Andrew; Gilley, Bruce, *China's New Rulers the Secret Files*, Granta Books, London, 2003;

Nathan, Andrew J.; Link, Perry ed.: *The Tiananmen Papers*, Little, Brown and Company, 2001;

Nie Rongzhen, *Inside the Red Star the Memories of Marshal Nie Rongzhen*, New World Press, Beijing, 1988;

Oi, Jean C. And Walder, Andrew G. Ed., *Property Rights and Economic Reform in China*, Stanford University Press, 1999;

Pantsov, Alexander, *The Bolsheviks and the Chinese Revolution 1919-1927*, Curzon Press, 2000;

Pasukanis, *A Teoria Geral do Direito e o Marxismo*, Coimbra, 1977;

P'eng Shu-tse, *The Chinese Communist Party in Power*, Pathfinder, 1980;

Pereira, Júlio: A quarta geração de líderes face ao legado político de Jiang Zemin, in *Estudos sobre a China VII*, II vol., ISCSP, 2005, pag. 547;

Pereira, Júlio: *Comentário à Lei Penal Chinesa*, Livros do Oriente, Macau, 1996;

Pereira, Júlio: Crime e Castigo na China Imperial, in *Boletim da Ordem dos Advogados* n.º 23, Nov.Dez. 2002;

Pereira, Júlio: Significado político e impacto económico da revisão constitucional de 15 de Março de 1999, in *I congresso Portugal-China*, UTAD, 1999, pag. 142.

Peyrefitte, Alain, *Quand la Chine S'Éveillera*, Fayard, Paris, 1990;

Potter, Pitman B., *The Economic Contract Law of China, Legitimation and Contract Authonomy in the PRC*, University of Washington Press, 1992;

Potter, Pitman B. Ed., *Domestic Law Reforms in Pos-Mao China*, M.E.Sharpe, 1994;

Pye, Lucian W., *The Spirit of Chinese Politics* (new edition), Harvard University Press, 1992;

Quanguo Renda Changweihui Fazhi Gongzuo Weiyuanhui Xingfashi; Li Chun, Wang Shangxin, Li Shuqin, Huang Taiyun bianzhu, *Xingshi Falü Shiyong Shouce* 刑释法律使用手册, Renmin Fayuan Chubanshe, 1994;

Renmin Fating Shiyong Shouce 人民法庭使用手册, Renmin Fayuan Chubanshe, 2000;

Reynolds, David: *One World Divisible, a Global History since 1945*, Penguin Books, 2001;

Roberts, J.A.G.: *Modern China an Ilustrated History*, Phoenix, 1998;

Romana, Heitor Barras, *República Popular da China A Sede do Poder Estratégico*, Almedina, 2005;

Saich, Tony: *The Rise to Power of the Chinese Communist Party*, M.E.Sharpe, 1996;

Salisbury, Harrison E., *The New Emperors*, Harper Collins, 1992;

Schell, Orville, *Mandate of Heaven*, Simon & Shuster, 1994;

Schoenals, Michael Ed., *China's Cultural Revolution, 1966-1969, not a Dinner Party*, M.E. Shape, 1996;

Schram, Stuart R. Ed., *Mao's Road to Power*, vol. II e III, M.E. Sharpe, 1994, 1995;

Schram, Stuart R. Ed., *The Scope of State Power in China*, School of Oriental and African Studies, London, and The Chinese University Press, Hong Kong, 1985;

Seagrave, Sterling, The Song Dynasty, Harper & Row Publishers, 1985;

Shao Yansheng 邵宴生, *Zhongguo Xingfa Tonglun* 中国刑法通论, vol. I, II, Sanxi Renmin Chubanshe, 1994;

Shih, Chih-Yu, *Collective Democracy in China, Political and Legal Reform*, The Chinese University Press, Hong Kong, 1999;

Short, Philip: *Mao a Life*, Hodder&Stoughton, 1999;

Sifa Jieshi Quanji 司法解释全集, Renmin Fayuan Chubanshe, 1994;

Snow, Edgar, *Red Star Over China*, 1ª revised edition, Grove Press, NY, 1968;

Spence, Jonathan D., *Mao*, Weidenfeld&Nicolson, 1999;

Spence, Jonathan D., *The Search for Modern China*, Hutchinson, 1989;

Steens, Eulalie, *Dicionnaire de la Civilization Chinoise*, Éditions du Rocher, 1989;

Su Huiyu zhubian 苏惠鱼主编, *Xingfaxue* 刑法学, Zhongguo Zhengfa Daxue Chubanshe, Beijing, 1994;

Su Huiyu zhubian 苏惠鱼主编, *Zhongguo Xingfa Jiaocheng* 中国刑法教程, Huadong Ligong Daxue Chubanshe, Shanghai, 1993;

Su Huiyu, Dan Changzong zhubian苏惠鱼, 单长宗主编, *Shichang Jingji yu Xingfa* 市场经济与刑法, Renmin Fayuan Chubanshe, Beijing, 1994;

Teiwes, Frederick C., *Politics and Purges in China*, 2.ª ed. An East Gate Book, 1999;

Teiwes, Frederick C.; Warren Sun, *China's Road to Disaster*, An East Gate Book, 1999;

Terril, Ross, *China in our Time*, Simon & Shuster, 1992;

Terril, Ross, *Madame Mao the White-Boned Demon*, Stanford University Press, 1999;

Terril, Ross: *Mao a Biography*, Simon&Shuster, 1980;

The Laws of the People's Republic of China, Foreign Languages Press, Beijing, I volume (1972-1982), 1987; II volume (1983-1986), 1987; III volume (1987-1989), 1990;

Tissier, Patrick, *Les Communes Populaires Chinoises*, Union Générale d'Éditions, Paris, 1976;

Tsien, Tche-hao, *La Republique Populaire de Chine Droit Constitutionnel et Institutions*, Librairie Générale de Droit et de Jurisprudence, Paris, 1970;

Turner, Karen G.; Feinerman, James V.; R. Kent Guy, *The Limits of the Rule of Law in China*, University of Washington Press, 2000;

Twitchett, Denis; Fairbank, John K.Gen. Ed.: *The Cambridge History of China*, volumes 12 (1983), 13 (1986), 14 (1987), 15 (1991), Cambridge University Press;

Vogel, Ezra F.: *Living with China*, W.W.Norton, 1997;

Wang Guoshu zhubian 王国枢主编, *Xingshi Susong Faxue* 刑事诉讼法学, Beijing Daxue Chubanshe, 1989;

Wang Huilin zhubian 王桧林主编, *Zhongguo Xiandaishi*, 中国现代史, Gaodeng Jiaoyu Chubanshe, Beijing, 1989;

Wang, James C.F., *Contemporary Chinese Politics, an Introduction*, Prentice-Hall International, 5ª Ed., 1995;

Wang Jinchen, Ji Shuxue, Li Yanzhen, Liu Xiaoguang zhubian, 王金成, 齐书学, 李严珍, 刘小光主编, *Zhongguo Falü Wenti Quanshi* 中国法律问题诠释, Heilongjiang Renmin Chubanshe, 1991;

Wang Yongyang zhu, 王永样著, *Zhongguo Xiandai Xianzheng Yundongshi* 中国现代宪政运动史, 1996;

Wang Yuzhu zhubian 王玉柱主编, *Zhongguo Xingfa Xinlun* 中国刑法新论, Zhongguo Jiancha Chubanshe, Beijing, 1997;

Wang Zuofu zhubian 王作富主编, *Xingfaxue cankaoziliao* 刑法学参考资料, Zhongguo Renmin Daxue Chubanshe, Beijing, 1998;

Wang Zuofu zhubian王作富主编, *Zhongguo Xingfa de Xiugai yu Buchong* 中国刑法的修改与补充, Zhongguo Jiancha Chubanshe, Beijing, 1997;

Wang Zhimin, Huang Jingping zhu 王智民, 黄京评著, *Jingji Fazhan yu Fanzui Bianhua* 经济发展与犯罪变化, Zhongguo Renmin Daxue Chubanshe, Beijing, 1992;

Wang Zuofu zhu 王作富著, *Zhongguo Xingfa Yanjiu* 中国刑法研究, Zhongguo Renmin Daxue Chubanshe, Beijing, 1986;

Wang Zuofu, Su Huiyu guwen 王作富, 苏惠鱼顾问, *Xingfa Tonglun* 刑法通论, Zhongguo Fangzheng Chubanshe, 1997;

Wei Dingren zhubian 魏定仁主编, *Xianfaxue* 宪法学, Beijing Daxue Chubanshe, 1989;

Wei Jingsheng, *La Cinquième Modernisation et autres Écrits du Printemps de Péquin*, Christian Bourgeois, 1997;

Wei Qingyuan zhubian 韦庆远主编, *Zhonguo Zhengzhi Zhidu Shi* 中国政治制度史, Zhongguo Renmin Daxue *Chubanshe*, Beijing, 1998;

Wu, Harry, *Retour au Laogai*, Belfond, Paris, 1997;

Wu Lei zhubian 吴磊主编, *Zhongguo Sifa Zhidu* 中国司法制度, Zhongguo Renmin Daxue Chubanshe, 1992;

Wu Yanping zhubian 武延平主编, *Zhongguo Xingshi Susongfa Jiaocheng* 中国刑事诉讼法教程, Zhongguo Zhengfa Daxue Chubanshe, Beijing, 1994;

Xin Chunying, Li Lin zhubian 新春鹰, 李林主编, *Yifa Zhiguo yu Sifa Gaige* 依法治国与司法改革, Zhongguo Fazhi Chubanshe, Beijing, 1999;

Xingfa Gelun 刑法各论, Zhongguo Renmin Daxue Chubanshe, Beijing, 1982;

Xingfaxue Quanshu 刑法学全书, Shanghai Kexue Jishu Wenxian Chubanshe, 1993;

Xingshi Falü Shiyong Daquan 形式法律实用大全, Zhongguo Remin Daxue Chubanshe, 1990;

Xingshi Susongfa de Xiugai yu Wanshan 刑事诉讼法的修改与完善, Zhongguo Zhengfa Daxue Chubanshe, Beijing, 1992;

Xinzhongguo Sifa Jieshi Daquan 新中国司法解释大全, Zhongguo Zhengfa Daxue Chubanshe, Beijing, 1992;

Xu Chongde zhubian 徐崇德主编, *Zhongguo Xianfa* 中国宪法, Zhongguo Renmin Daxue Chubanshe, 1989;

Xu Hanming, Guo Jie, Yang Furong zhubian 徐汉明, 郭洁, 杨芙蓉主编, *Jingji Fanzui Xinlun*经济犯罪新论, Zhongguo Jiancha Chubanshe, Beijing, 1996;

Xu Jingcun, Fan Chongyi zhubian 徐静村, 范崇义主编, *Xingshi Susong Faxue* 刑事诉讼法学, Zhongguo Zhengfa Daxue Chubanshe, Beijing, 1994;

Yan Jianguo, Wang Hongxiang zhubian 闫建国, 王洪祥主编, *Zhongguo Falü Shiwu Daquan* 中国法律实务大全, Beijing Guangbo Xueyuan Chubanshe, 1992;

Bibliografia

Yang Chunxi zhubian 杨春洗主编, *Xingshi Zhengcelun* 刑事政策论, Beijing Daxue Chubanshe, 1994;

Yang Chunxi, Gao Mingxuan, Ma Kechang, Xu Shutong zhubian 杨春洗, 高铭暄, 马克昌, 余叔通主编, *Xingshi Faxue Dacishu* 刑事法学大辞书, Nanjing Daxue Chubanshe, 1989;

Yang Chunxi, Yang Dunxian zhubian 杨春洗, 杨敦先主编, *Zhongguo Xingfalun* 中国刑法论, Beijing Daxue Chubanshe, Beijing, 1994;

Yang Dunxian zhubian 杨敦先主编, *Xingfa Yunyong Wenti Tantao* 刑法运用问题探讨, Falü Chubanshe, Beijing, 1992;

Yang Dunxian, Zhang Chengfa zhubian 杨敦先, 张成法主编, *Xingfa de Xiugai yu Shiyong* 刑法的修改与适用, Zhongguo Renmin Gongan Daxue Chubanshe, Beijing, 1997;

Yang Henan zhubian 杨贺男主编, Zhonghua Renmin Gongheguo Xingfa Xiuzhengan (六) 中华人民共和国刑法修正案与适用, zZhongguo Fazhi Chubanshe, 2006.

Yang Lianfeng zhubian 杨连峰主编, *Zhongguo Xingshe Susong Faxue* 中国刑事诉讼法学, Wuhan Daxue Chubanshe, 1994;

Ye Xiaoxin zhubian 叶孝信主编, *Zhongguo Fazhishi* 中国法制史, Beijing Daxue Chubanshe, 1989;

Yew, Lee Kuan, *From Third World to First*, Harper Collins, 2000;

Zhang Fengge zhubian 张风阁主编, *Xin Xingfa Lilun yu Shiwu* 新刑法理论与实务, Jingguan Jiaoyu Chubanshe, Beijing, 1997;

Zhang Fengge zhubian 张风阁主编, *Xingfa Xin Zuiming Ruogan Wenti Yanjiu* 刑法新罪名若干问题, Zhongguo Renmin Gongan Daxue Chubanshe, Beijing, 1996;

Zhang Jianjun, Li Quanyang zhubian 张建军, 黎全阳主编, *Fanzui yu Xingfa* 犯罪与刑法, Zhongguo Zhengfa Daxue Chubanshe, Beijing, 1995;

Zhang Jinfan zhubian 张晋藩主编, *Zhongguo Fazhishi* 中国法制史, Qunzhong Chubanshe, Beijing, 1998;

Zhang Qiong zhubian 张穹主编, *Xiuding Xingfa Tiaowen Shiyong Jieshuo* 修订刑法条文实用解说, Zhongguo Jiancha Chubanshe, Beijing, 1997;

Zhang Qiong zhubian 张穹主编, *Zhiwu Fanzui Gailun* 职务犯罪概论, Zhongguo Jiancha Chubanshe, 1991;

Zhang Xin 张鑫, *Zhongguo Falü* 中国法律, Xianggang Zhongwen Daxue Chubanshe, 1994;

Zhang Xipo, Han Yanlong 张希坡, 韩延龙主编, *Zhongguo Geming Fazhishi* 中国革命法制史, Vol. I e II, Zhongguo Shehui Kexue Chubanshe, Beijing, 1992;

Zhang Yunxiu zhubian 张云秀, *Faxue Gailun* 法学概论, Beijing Daxue Chubanshe, Beijing, 1995;

Zhang Zhihui zhu 张智辉著, *Xingshi Zeren Tonglun* 刑事责任通论, Jingguan Jiaoyu Chubanshe, Beijing, 1995;

Zhao Bingzhi zhubian 赵秉志主编, *Dupin Fanzui Yanjiu* 毒品犯罪研究, Zhongguo Renmin Daxue Chubanshe, Beijing, 1993;

Zhao Bingzhi zhubian 赵秉志主编, *Fanghai Sifa Huodong Zui Yanjiu*妨害司法活动罪, Zhongguo Renmin Gongan Daxue Chubanshe, Beijing, 1994;

Zhao Bingzhi zhu 赵秉志著, *Fanzui Zhuyi Lun* 犯罪主体论, Zhongguo Renmin Daxue Chubanshe, Beijing, 1990;

Zhao Binzhi zhubian 赵秉志主编, *Xin Xingfadian de Chuangzhi* 新刑法典的创制, Falü Chubanshe, Beijing, 1997;

Zhao Bingzhi zhu 赵秉志著, *Xingfa Yanjiu Xilie* 刑法研究系列, Zhongguo Fazhi Chubanshe:
- *Xingfa onglun Wenti Yanjiu*, 刑法总论问题研究, 1996;
- *Xingfa Gelun Wenti Yanjiu*, 刑法各论问题研究, 1996;
- *Xingfa Gaige Wenti Yanjiu*, 刑法改革问题研究, 1996;
- *Waixiangxing Xingfa Wenti Yanjiu* (shang), 外向型问题研究/上 1997;
- *Waixiangxing Xingfa Wenti Yanjiu* (xia), 外向型刑法问题研究/下1997;

Zhao Bingzhi, Wu Dahua zhu 赵秉志, 吴大华, *Xin Xingfadian Zuiming ji Sifa Jieshi Yaoyi* 新刑法典罪名及司法解释要义, Zhongguo Remin Gongan Daxue Chubanshe, Beijing, 1998;

Zhao Changqing zhubian 赵长青主编, *Zhongguo Xingfa Jiacheng* 中国刑法教程, Zhongguo Zhengfa Daxue Chubanshe, Beijing, 1994;

Zheng Qin zhubian 郑秦主编, *Zhongguo Fazhishi* 中国法制史 Falü Chubanshe, Beijing, 1999;

Zheng Yushuo, Xie Qinkui zhubian 郑宇硕, 谢庆奎主编, *Dangdai Zhongguo Zhengfu* 当代中国政府, Cosmos Books, Hong Kong, 1992;

Zhong Shuqin zhubian 钟澍钦主编, *Xinzhongguo Fantanwu Huilu yu Shijian* 新中国反贪污贿赂理论与实践, Zhongguo Jiancha Chubanshe, 1995;

Zhonghua Renmin Gongheguo Falü Fenlei Conglan Xingshi Falü Quan 中华人民共和国法律分类纵览形式法律全, Falü Chubanshe, 1994;

Zhonghua Renmin Gongheguo Zuigao Renmin Fayuan Gongbao Quanji 中华人民共和国最高人民法院公报全集1985/1994,

Zhongguo Jingji Fazhan Wushinian Dashiji 中国经济发展五十年大事记 *(1949.10-1999.10)*, Zhonggong Zhongyang Dangjiao Chubanshe, Beijing, 1999;

Zhongguo Renmin Daxue Falüxi Xingfajiao Yanshi 中国人民大学法律系刑法教研室, *Zhonghua Renmin Gongheguo Xingfa Zongze Jiangyi* 中华人民共和国刑法总则讲义, Beijing, 1957;

Zhongyang Zhengfa Ganbu Xuexiao XingfajiaoYanshi bianzhu 中央政法干部学校刑法教研室编著, *Zhonghua Renmin Gongheguo Xingfa Zongze Jiangyi* 中华人民共和国刑法总则讲义, Falü Chubanshe, Beijing, 1957;

Bibliografia

Zhou Daoluan zhubian 周道鸾主编, *Zhongguo Xingfa* 中国刑法Zhongguo Zhengfa Daxue Chubanshe, Beijing, 1995;

Zhou Hongmei zhu 周红梅著, *Xingfa Zhixinglun* 刑罚执行论, Liaoning Renmin Chubanshe, Shenyang, 1993;

Zhou Wangsheng zhu 周旺生著, *Lifalun* 立法论, Beijing Daxue Chubanshe, 1994;

Zhou Zhenxiang zhubian 周振想主编, *Zhongguo Xinxingfa Shilun yu Zuian* 中国新刑法释论与罪案, Zhongguo Fangzheng Chubanshe, 1998;

Zou Yu, Gu Ming zhubian 邹瑜, 顾明主编, *Xingfa Dacidian* 法学大辞典, Zhongguo Zhengfa Daxue Chubanshe, 1991;

Zhou Zhenxiang zhubian 周振想主编, *Zhongguo Xinxingfa Shilun yu Zuian* 中国新刑法释论与罪案, Zhongguo Fangzheng Chubanshe, 1998;

Zhu Mingshan guwen; Zhou Daoluan, Dan Changzong, Zhang Sihan zhubian 祝铭山顾问, 周道鸾, 单长宗, 张泗汉主编, *Xingfa de Xiugai yu Shiyong* 刑法的修改与适用, Renmin Fayuan Chubanshe, Beijing, 1997.

Boletins e revistas

Beijing Review, Beijing;

The China Quarterly, School of Oriental and African Studies, London;

Faxue 法学, Huadong Zhengfa Xueyuan Chuban (edição dos anos 50 e 60 da universidade de ciências políticas e jurídicas da China de Leste, Shanghai);

Faxue Pinglun 法学评论, Wuhan Daxue (publicação da faculdade de direito da universidade de Wuhan);

Faxue Yanjiu 法学研究, Beijing (publicação do instituto jurídico da academia de ciências sociais da China);

Faxue Zazhi 法学杂志, (edição do instituto jurídico de Beijing);

Faxuejia 法学家, Zhongguo Renmin Daxue publicação da faculdade de direito da universidade popular de Beijing);

Huadong Zhengfaxueyuan Xuebao 华东政法学院学报 (publicação da universidade de ciências políticas e jurídicas da China de Leste, Shanghai);

Hongqi 红旗, Beijing (órgão do CC do PCC, anos 60 e 70);

Zhengfa Yanjiu 政法研究, Zhongguo Zhengzhi Falü Xuehui, Beijing (edição dos anos 50 e 60, do instituto de estudos políticos e jurídicos da China);

Zhengfa Jiaoxue 政法教学, Beijing Zhengfa Xueyuan (edição dos anos 50 e 60, do instituto de ciências políticas e jurídicas de Beijing);

Zhengfa Luntan 政法论坛, Zhongguo Zhengfa Daxue (publicação da universidade de ciências políticas e jurídicas de Beijing);

Zhongguo Falü 中国法律, China Law (edição bilingue), Hong Kong (China Law Magazine Co. Ltd.)

Zhongguo Faxue 中国法学, (publicação do instituto de ciências jurídicas da China, Beijing);

Zhonghua Renmin Gongheguo Zuigao Renmin Fayuan Gongbao 中华人民共和国最高人民法院公报, Beijing (boletim do supremo tribunal popular);

Zhonghua Renmin Gongheguo Zuigao Renmin Jianchayuan Gongbao 中华人民共和国最高人民法院公报, Beijing (boletim da suprema procuradoria popular).